김창수의 프로페셔널 스키테크닉

김창수의 프로페셔널 스키테크닉

초판 1쇄 인쇄 2011년 12월 05일   초판 2쇄 인쇄 2012년 11월 05일
초판 1쇄 발행 2011년 12월 10일   초판 2쇄 발행 2012년 11월 10일

지은이 | 김창수
펴낸이 | 손형국
펴낸곳 | (주)에세이퍼블리싱
출판등록 | 2004. 12. 1(제2011-77호)
주소 | 서울시 금천구 가산동 371-28 우림라이온스밸리 C동 101호
홈페이지 | www.book.co.kr
전화번호 | (02)2026-5777
팩스 | (02)2026-5747

ISBN 978-89-6023-710-0   13690

PROFESSIONAL SKI TECHNIQUE
김창수 지음
김창수의 프로페셔널
스키테크닉

Skiing is Passion…!!
[Bernt Greber]

스키는 인간과 자연과의 대화이다.

또한 스키는 인간이 자연에 순응하는 것이고,
때로는 자연에 도전하는 것이다.
그러므로 스키를 잘 타기 위해서는
때로는 자연 앞에 겸손해지는 법을 배워야 하고,
어떤 때는 자연 앞에 당당해지는 법 또한
터득해야 한다.

스키의 매력은 시시각각 변화하는 슬로프 위에서
최적의 기술을 발휘하여 최고의 활주를 만들어낼 때
느껴지는 자연과의 일체감이 아닐까 한다.

스키에서는 전세계 어디를 가도 같은 슬로프는 없고,
같은 슬로프라 하더라도 아침과 점심,
그리고 저녁무렵의 설질은 전혀 달라지게 마련이다.
또한 슬로프의 경사도가 끊임없이 변화하기 때문에,
스키를 잘 타기 위해서는
기술의 완성도뿐만 아니라
기술의 다양성도 반드시 겸비되어야 한다.

그리고 카빙스키의 등장이래 혁신을 거듭해 온
장비에도 잘 대응하여,
장비의 성능을 최대한 이끌어낼 수 있는
기술의 적응성도 무시할 수 없는 부분이다.

이렇게 다양한 환경에서 복잡한 장비를 사용하는
스포츠인만큼, 스키는 그 난이도가 다른 스포츠에
비해서 지극히 높게 마련이다.

여기에 짧은 겨울시즌 동안만 즐길 수 있다 보니,
실력을 늘릴 수 있는 시간적인 여유도 부족하기 쉽다.
그러므로 스키를 정말 사랑하기 전에는 결코
최상급자가 되는 것은 불가능하다고도 할 수 있다.

이러한 스키를 잘 타기 위해서 필요한 것이
바로 '열정(Passion)'이다.
열정을 가지고 장비를 고르고,
열정을 가지고 스키장에 가고,
열정을 가지고 연습에 임해야
진정한 최상급자가 될 수 있는 것이다.

그리고 스키는 이 열정들에 대하여
가장 달콤한 열매로서 보상해 준다.
스키를 타면서 맛본 짜릿한 기쁨은 10년이 지나도
뇌리에 또렷하게 남는 최고의 추억이다.

스키를 잘 타기 위한 비법은 없다.
하지만 스키를 잘 타기 위한 방법은 있다.
스키를 잘 타기 위해서는 그 무엇보다 기본기술에
충실하여야 한다.
그리고 그 기본기술의 뼈대 위에 다양한 응용기술의
살과 근육을 꾸준하게 입혀나가야 한다.

스키기술에서 가장 중요한 것은
바로 기본자세이다.

기본자세가 정확하지 않다면, 그 무엇도 제대로
되지 않기 마련이다.
이러한 기본자세를 바탕으로 여러 가지 방법으로
연습을 하여, 두터운 응용기술을 쌓아나가야
시시각각 변화하는 자연환경에 대응할 수 있는 법이다.

또한 저속에서의 슬로스킹을 중요성을
빨리 깨달아야 한다.

저속에서는 보다 미세한 감각으로 순간순간의
스키기술을 정확하게 체감할 수 있다.
특히 기본중의 기본이라 할 수 있는
플루그보겐을 잘 활용하면
저속에서도 고속의 자세연습이 가능하다.

그리고 다양한 포지션과 컨트롤로
꾸준한 연습을 하여야 한다.

스키는 활주환경이나 목적에 따라서
다양한 스키컨트롤이 필요하게 되고,
여기에 맞도록 다양한 신체포지션을
만들어주어야 한다.
이를 위해서는 다양한 패턴으로 끊임없는 연습을
해야 한다.

이 책에서는 이러한 기본자세를 바탕으로,
저속부터 고속까지 다양한 스피드에서,
스키딩부터 카빙까지 다양한 컨트롤과 포지션을
익힐 수 있도록 구성되어 있다.

그러므로 이 책의 내용대로 연습을 한다면 기술의
깊이를 깊게 하는 것은 물론이고,
기술의 폭을 넓히는 것도 가능하여
진정한 엑스퍼트(Expert)로 향하는 힘찬 발걸음을
옮길 수 있을 것이다.

스키기술에는 정답은 없다.
다만 누구나 보편적으로 스키를 타는 방법인
정석은 있을 수 있다.
필자가 말하는 것이 정답은 아니고
때로는 정석에서도 멀 이야기가 될지도 모르지만,
필자의 경험에서 가장 중요하다고 생각하는 것들만
모아서 이 책을 구성하였다.
하지만 세상에는 필자의 방법보다 얼마든지 좋은
방법이 많다는 것은 미리 알려둔다.

스키는 열정이다.

스키를 잘 타기 위해서는
다른 스키어들보다 많이 고민하고,
많이 노력하고 그리고 많이 반성하는 것이 중요하다.
또한 스키는 느끼는 만큼 알게 되고,
아는 만큼 보이게 마련이다.
그러므로 아는 것도 중요하지만 가장 중요한 것은
바로 느끼는 것이다.

이 책을 손에 들고 있는 당신은 다른 누구보다 많은
열정을 가진 스키어일 것이다.
이제 그 열정의 불꽃이 꺼지지 않도록,
시간이라는 연료를 아낌없이 주입하고,
노력이라는 산소를 끊임없이 공급하여
함께 엑스퍼트의 길로 나아가자.

2011년 12월의 첫째날에

꿈꾸는 스키어(DreamSkier) 김창수

[김창수 프로필]

스키센터 목동/잠실 실내스키장 대표

스키 칼럼이스트 / 스키영상 프로듀서

대한 스키지도자 연맹 레벨3(정지도교사)

스키경력 34년 - 강원도 진부령 출신

대한 스키협회 위원

대한 스키지도자 연맹 위원

국제 스키연맹(FIS) 프리스타일심판(B레벨)

프리스타일 스키 해설위원(KBS)

살로몬 데몬스트레이터(1997년~2001년)

살로몬 마케팅 매니저(2001년~2006년)

1998년 일본 앗피리조트 스키지도 교사

1999년 스키 기술선수권 대회 19위

2000년 스키 기술선수권 대회 18위

2000년 모글스키 비디오 "Mogul n Freeride" 제작

2001년 건국대학교 스키수업 전임교수

뉴질랜드(1996~2001년), 캐나다(1999~2000년), 일본(1998~2006), 프랑스(2004~2005년) 스키전지 훈련

2011년 오스트리아 인터스키 참가

www.dreamskier.com

"스키의 이론과 실기에 대해 떳떳하게 말할 수 있는 한 스키어의 경험이 집대성된 책"

이 책의 저자 김창수 씨는 착한 성품을 가진 사람이다. 남에게 피해를 안 주려 힘쓰고, 남을 위해 일하는 가운데, 자신의 할 바를 알고, 일찍이 정한 인생의 방향 그대로, 최선의 노력을 다해 정진하는 사람이다.

대한스키지도자연맹의 정지도자인 그에 대해 얘기하면서 스키를 잘 탄다는 얘기를 할 필요는 없으리라 본다. 그는 스키를 잘 탈 뿐 아니라 잘 가르치는 사람이다. 스키 지도자는 스키를 가르치는 사람이니 그게 당연한 듯하지만, 많은 스키 지도자들 가운데 스키의 이론이 뛰어나고, 그걸 실기를 통해 잘 가르치는 사람의 숫자는 적을 수 있기 때문에 하는 말이다.

김창수 씨는 "강원도 고성군 간성읍 흘리"의 진부령 스키장이 그의 고향인, 태생부터 스키어로 정해진 사람이다. 스키장 부근의 마을에서 태어난다고 해서 모두 스키어가 되는 건 아니나 이 사람은 스키어가 되기로 했다.

그는 대학시절에 이르러 그걸 인생의 중간 목표로 삼았고, 훌륭한 스키어가 되기 위해 그에 필요한 준비를 했다. 스키 지도자 자격증을 따고, 스키 이론을 더 잘 배우기 위해 영어와 일어를 익혔다. 스키 이론서를 읽고, 해외에 나가 스키 선진국의 실상을 알려면 꼭 필요한 일이다. 그 결과 그는 이 두 가지의 외국어를 읽고, 쓰고, 동시통역을 하는데도 지장이 없을 만큼의 수준에 올랐다. 그런 노력을 해 본 사람은 잘 알겠거니와 외국어에 능통하다는 건, 그 사람이 얼마나 피나게 노력하는 사람인가를 증명하는 일이다.

한 때는 참으로 수줍고 말수가 적었던 그 젊은 청년이 지금은 달변의 스키 이론가가 되었음을 보면서 난 그것 역시 자신의 일에 충실하려는 많은 노력을 한 결과로 본다. 그가 대학생이던 1990년대 중반에 스키 전문지에 기고한 글을 보면서 난 그에 대해 처음 알게 되었고, 내가 관심을 가진 프리스타일 모글 분야를 거의 개척하다시피 하는 걸 보면서 그에게 주목하게 되었다.

그러던 그가 대학 졸업을 앞두고 날 찾아왔다. 인생

박 순 백

수필가, 언론학박사
대한스키지도자연맹(KSIA) 이사
대한롤러경기연맹(KRSF) 생활체육위원장
www.drspark.net

의 길을 열어달라는 요청을 하러 온 그는 실은 스키가 좋아 스키를 직업으로 삼고 싶은데, 그래도 되겠나는 걸 물었다. 하지만 젊은 사람의 이런 꿈을 더 키워주지는 못 할망정, 난 그걸 반대했다. 그건 내가 그를 아꼈기 때문이었다. 우리나라가 일 년의 반만 스키를 탈 수 있다고 해도 그 꿈을 밀어주고 싶으나 그걸로 밥벌어먹기는 힘들 테니 다른 걸 생각해 보라고 했다.

그의 뛰어난 머리와 놀라운 노력, 그리고 끈기를 가지면 뭐라도 할 수 있을 것이니 스키어의 꿈을 버리라고 했다. 다른 걸로 호구지책을 삼고, 스키는 즐겁게 타면 된다고 했다. 아무리 스키가 좋아도 그걸 직업으로 삼으면 그게 좋을 수 없을 것이란 소리도 했다. 그의 스키어가 되고자하는 욕망이 워낙 컸음을 알기에 갖가지 이유를 대면서 그 전도유망한 젊은이의 빗나간(?) 꿈을 막으려 했다.

내가 좋아하는 스키 분야에 그런 훌륭한 직업 스키어가 하나 더 생긴다는 건 바람직한 일일 수도 있었다.

하지만 당시의 국가대표 데몬스트레이터 한 사람이 스키 강습 만으로는 생활이 어려워 비시즌에는 농사를 지어야하는 현실을 보면서 가슴이 아팠고, 그래서 내게 미래를 구하는 그에게 스키를 권할 수 없었던 것이다. 적이 실망하는 그를 위로하려고 PC를 사용하는데 프린터가 없어서 애로라는 소릴 들은 길에 옆에 두고도 안 쓰고 있던 버블젯 프린터 한 대를 들려 보냈었다.

하지만 그는 자신의 꿈을 버리지 않았다. 그렇게 말렸음에도 불구하고 그는 스키에 자신의 미래를 걸기로 했다. 스키와 현실 사이에서 자신도 갈피를 못 잡아 고민하던 차에 오히려 나의 강력한 반대가 그의 오기를 더 발동시키는 부작용이 생겨 버렸던 것이다.

스키 강사로 시작해서 한 스키 수입업체의 뛰어난 마케터가 되어 본격적인 사회활동을 시작하고, 결혼을 위해 내게 주례를 부탁했을 때에서야 난 그에게는 스키어가 숙명이라는 걸 인정해야 했다. 이젠 더 말릴 수 없었다. 지금껏 그랬듯이 일단 세운 뜻은 절대 꺾지 말고 일생을 멋지고도 참된 스키어로 살라고, 나도 너의 주변에서 네가 잘 되기를 바라며 돕겠다는 주례사를 했다.

김창수의 "프로페셔널 스키 테크닉"은 특별한 스키 교습서이다. 어느 날 '스키 책 한 번 써 볼까?'하는 생각으로 후다닥 키보드를 두드려 쓴 책이 아니다. 그건 그의 길고도 먼 스키어로서의 여정에서 하나의 이정표를 세워보고자 오래 전부터 기획한 첫 번째의 책이다. 그의 성품을 알면 이 책의 구성이나 저술 방법이나 태도가 이렇게 표현될 수밖에 없겠다는 생각을 하게 된다.

이 책은 스키를 가르치는 사람에게는 가장 효과적인 지도 방법을 알려줄 수 있는 교재이고, 스키를 배우려는 사람에게는 진정한 스키어로서의 삶에서 분명코 한 번은 거쳐야할 큰 난관을 돌파할 수 있게 할 책이다. 그 난관은 바로 "중급자의 함정(the intermediate rut)이다. 이건 개미지옥의 모래 무덤과 같아서 한 번 빠지면 영원히 빠져나올 수 없는 함정으로 알려진 스키어의 무덤이다.

이 중급 스키어의 함정에 빠진 사람은 만년 중급자로 전락하여 더 이상의 발전이 없게 되는데, 이런 사람들은 스키가 늘지 않으면 스키에 대한 관심이 줄고, 결국은 그에 대한 사랑을 포기하게 된다. 결국 이 중급 스키어의 함정에 빠져 거기서 헤어나지 못 한 사람은 스키가 일생을 함께 할 운동이 아닌 "어려운" 운동, 어느 정도에 이르면 더 이상의 진보가 없는 재미없는 운동이 되어 버리는 것이다.

"프로페셔널 스키 테크닉"은 중급자가 스키어의 개미지옥인 "중급자의 함정"을 빠져 나와 비로소 상급을 향해 나아갈 수 있게 하는 지침서이다. 이 지침서를 미리 읽게 되면 스키어들은 그 함정을 미리 피할 수 있고, 그 함정에 빠진 사람이라고 해도 이 책을 잡는 순간 구원의 사다리가 보이게 될 것이다. 절대 더 이상 스키가 늘지 않게 되는 난공불락의 함정을 피해 가거나 타파할 수 있는 방법이 이 책인 것이다.

이 책에는 거의 자기 나이만큼의 오랜 스키 경력을 가진 프로 스키어 김창수의 경험이 녹아있다. 특히 프로 스키어로서의 다년간의 겨울 시즌 스키 강습 경험과 함께 목동 실내스키장과 잠실 실내스키장에서의 연중무휴의 스키 강습을 통하여 얻은 귀중한 지도 경험이 자세한 글과 사진 자료를 통해 망라되고 있다. 실내스키장은 김창수 씨가 목동 실내스키장을 개설하기 전에도 존재했었던 사업 분야이다. 하지만 누구도 그걸 바람직한 수준의 사업으로 끌어올리지 못 했고, 그건 이미 사양산업으로 전락해 버렸던 것이다.

실내스키장이 김창수 씨에 의해 부활하고 있는 것은 실내스키장이라는 하드웨어를 획기적으로 개선했기 때문이 아니라 스키를 가르치는 방법, 즉 그 하드웨어에 곁들인 소프트웨어가 업그레이드되었기 때문이다. 그리고 김창수 씨는 실내스키장을 개설하기에 앞

서 이미 가장 나은 스키 강습 소프트웨어를 확립했다
는 자신감에 충만해 있었다. 그 자신감은 목동 실내
스키장의 성공적인 운영을 통하여 옳았다는 것이 증
명된 것이다. 비시즌에 눈이 없는 실내스키장에서 배
운 스키 기술이 압설된 스키장 현장에서 그대로 통했
기 때문이다.

목동 실내스키장에 이어 잠실 실내스키장이 개설된
것도 같은 맥락에 있다. 가르치는 방법만 좋다면 기존
에 실패한 모델인 실내스키장도 되살려 낼 수 있다는
걸 우리가 알게 된 것이다. 이로써 스키 강습의 새로
운 틈새시장이 개척되었다. 이제는 프로 스키어가 스
키 비시즌에 농사나 상공업 등의 가업에 잠시 종사하
거나 다른 운동 종목의 아르바이트를 하는, 프로로서
의 자존심을 꺾는 일을 하지 않고도 그가 진정으로
사랑하는 스키를 가르치며 살 수 있는 시대를 연 것
이다.

이 책은 바로 그런 자신감의 표현이다. 이 책의 초고
를 읽어보며 난 감탄에 감탄을 거듭했다. 내가 오랫
동안 스키를 타면서 스스로, 혹은 상급 스키어의 지
적을 통해 조금씩 깨달았던 많은 내용들이 거의 모두
기록되어 있었다. 어떤 문제는 내가 생각지도 못 한
더 좋은 방법들을 통해 해결할 수 있음을 알려주기도
했고, 어떤 건 내가 잘못 알고 있었기에 고쳐야한다
는 걸 알려주기도 했다.

이 책은 기본기의 중요성을 얘기해 주고 있으면서도

그걸 어떻게 하면 쉽고, 빠르고, 정확하게 익힐 수 있
는가에 대한 비결을 알려준다. 바보라도 알아들을 수
있을 만큼 쉬운 글을 통해서 하나하나 문제에 접근하
게 하고, 그 해결책을 자상한 설명이 곁들여진 사진
과 함께 보여준다. 실은, 그걸로도 모자라 배우는 사
람이 말을 해 줘도 잊고 넘어가기 쉬운 사항들을 "체
크 포인트"를 통해 되짚고 넘어가게 해 주고, 거기에
"NG(No Good)"의 짧은 설명과 사진을 통해 절대 피
해야할 것이 무엇인가까지 보여준다. 그리고 "플러스
알파"를 통해 스키의 이론적 근간이 될 기초 지식까
지 덤으로 안겨 준다.

이 책은 다른 책들처럼 한두 장, 혹은 서너 장의 한
방향에서 찍은 사진만을 예시하는 것이 아니다. 아래
쪽 앞에서 찍은 것으로 10장 이상, 많은 경우는 20장
까지의 연속 사진으로 보여주고, 또 같은 동작을 옆
에서 찍은 많은 분량의 연속 사진으로 보여주기도 한
다. 철저에 철저를 더한 저술 방법인 것이다. 완전한
초보 기술로부터 최고의 상급 기술에 이르기까지 이
책은 현대 스키의 모든 기술에 쉽게 중급 스키어들이
접근할 수 있도록 해 주고 있다.

그러므로 난 추호의 주저함도 없이 이 책을 스키어 여
러분들에게 추천한다. 이 책은 스키 기술 교습의 새
장을 열었다고 해도 과언이 아니다.

2011년 11월 29일 박순백

신세계스포츠
서울시 강동구 성내동 397-11 우창빌딩 2F
02-473-1965
www.shinsegaesports.co.kr

SKI WEAR COLLECTION
2011/2012
Yoshiyuki Kashiwagi
SAJ23承認第1011号
ON·YO·NE

Contents

PROFESSIONAL SKI TECHNIQUE

Part 5 | 벤딩 테크닉
Bending Technique

Part 6 | 모글 테크닉
Mogul Technique

Part 7 | 튜닝 테크닉
Tuning Technique

Part 8 | 익스트라 테크닉
Extra Technique

비기너 테크닉
Beginner Technique

01

장비 선택법

Beginner Technique

스키는 다른 스포츠에 비해서 많은 장비를 사용하는 스포츠이다. 그러므로 자신에게 맞는 장비를 선택하는 것은 스키를 제대로 즐길 수 있는 첫걸음이라 할 수 있다.

스키장비를 선택할 때는 좋은 장비를 선택하는 것이 당연히 필요하겠지만, 자신의 실력이나 신체조건을 무시하고 고가의 장비만을 선택하면, 오히려 제대로 장비를 활용할 수 없게 된다. 고가의 장비는 어느 정도 이상의 실력이나 근력과 속도가 있어야 그 성능이 발휘되는 경우가 많으므로, 불필요하게 비싼 장비는 오히려 실력향상의 걸림돌이라고도 할 수 있다.

그러므로 자신에게 잘 맞는 장비를 선택하는 것이 보다 빠르고 쉽고 안전하게 스키를 즐길 수 있다. 처음 스키에 입문하는 스키어라면 스키장 앞에 있는 장비대여점에서 장비를 빌려서 사용하고, 어느 정도 스키에 익숙해진 이후에 장비를 구입하는 것도 좋은 방법이다.

스키장비는 스키와 바인딩, 부츠, 폴, 웨어, 기어 등으로 나눌 수 있는데, 특히 부츠는 스키어의 힘과 조작을 직접적으로 스키에 전달하는 역할을 하게 되므로, 스키장비 중에서 가장 신중하게 선택해야 하고, 또한 구입한 이후에도 자신의 발에 맞게 꾸준한 튜닝을 해주는 것이 좋다.

스키장비를 구입하기 위해서는 전문점을 찾아서 자세한 상담을 받도록 하고, 또한 주변의 상급스키어에게 도움을 받기도 하고, 스키동호회에 가입하여 정보를 얻어서 신중하게 구입하도록 한다.

또한 처음부터 비싼 신제품을 구입하는 것보다는, 상대적으로 저렴한 이월제품을 구입하는 것도 좋은 방법이다. 다만 이월제품의 경우에는 자신에게 맞는 장비를 찾아내는 것이 어렵기도 하고, 부츠의 경우는 특히 사이즈가 없는 경우도 있으므로 많은 시간과 노력을 투자하여야 한다.

1. 스키 및 바인딩 선택법

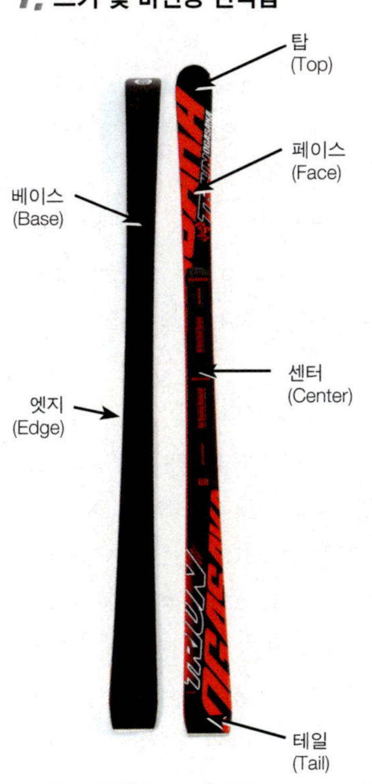

[오가사카(Ogasaka) 스키]

현재 스키샵에서 팔리는 스키들은 모두 카빙스키(Carving Ski)라고 불리는 스키들이다. 카빙스키는 스키의 앞과 뒤가 넓고 가운데가 좁게 만들어진 스키로서, 1990년대 중반부터 등장하여 이제는 스키라고 하면 거의 카빙스키를 지칭하게 될 정도로 주류가 되었다.

이러한 카빙스키는 이전에 팔리던 노말스키(Normal Ski)보다 사이즈가 짧고, 스키의 옆들림이라고 하는 사이드컷(Sidecut)이 깊어서, 회전성이 좋고 다루기도 편해서 초보자도 쉽게 기술향상을 할 수 있고, 스키의 즐거움도 늘어났다.

카빙스키라고 해도 그 종류는 상당히 많다. 사용자에 따라서 분류하면 스키선수가 사용하는 레이싱 모델, 최상급자나 데몬스트레이터들이 사용하는 데모모델, 초중급자나 일반스키어들이 사용하는 스포츠 모델, 여성스키어를 대상으로 하는 레이디 모델, 그리고 어린이들을 위한 키즈 모델등이 있다.

카빙스키를 목적에 따라서 분류하면 커다란 회전호에 맞는 대회전 모델, 작은 회전호에 맞는 회전모델, 다양한 회전호를 그릴 수 있는 올라운드 모델, 모글스킹에 적합한 모글 모델 등이 있다.

스키에는 그 성격을 결정하는 다양한 요소들이 있는데, 대표적인 것이 바로 사이즈(Size)와 사이드컷(Sidecut)과 플렉스(Flex)와 토션(Torsion)이다. 대부분의 스키들은 이 네가지 요소들이 각 스키의 목적과 쓰임새에 따라서 유기적으로 결합되어 설계된다.

사이드컷은 스키판 측면의 곡선을 말하는 것으로서 "옆들림"이라고도 한다. 여기에는 스키의 탑과 센터와 테일의 넓이와 회전반경이 표시되는데, 사이드컷이 클수록 회전반경은 작아지고 옆들림은 깊어지게 되어 스키의 회전성이 좋아지게 된다. 반대로 사이드컷이 작을수록 회전반경은 커지게 되고 옆들림은 얕아져서 스키의 직진성이 좋아지게 된다.

또한 플렉스는 스키가 휘어지는 정도를 의미하는 것으로서, 일반적으로 플렉스가 단단하면 고속과 큰 힘에 버틸 수 있고, 반대로 플렉스가 부드러우면 스키가 쉽게 휘어지므로 깊은 회전호를 그리기가 쉬워진다.

그리고 토션은 스키가 뒤틀림에 버티는 것으로서, 일반적으로 상급스키일수록 토션이 강해지고, 초급스키일수록 토션이 약하게 설정되어 있다. 또한 토션과 플렉스는 비례하는 것이 보통이지만, 특별한 경우에는 플렉스와 토션을 다르게 설정하여 설계하는 경우도 있다.

이렇게 스키샵에 있는 다양한 스키들은 각각의 목적과 스키어의 수준에 맞도록, 사이드컷과 플렉스와 토션이 설정되어 있는 것은 물론이고, 각각의 스키들은 다양한 사이즈가 있으므로 스키를 선택할 때는 스키어의 목적과 신체조건에 따라서 신중한 선택이 필요하다.

초보자가 스키의 종류를 고를 때는 레이싱이나 데모모델은 지나치게 고가이고, 스키의 스펙 또한 잘 맞지 않으므로 추천하고 싶지 않다. 그대신 스포츠 모델이나 레이디 모델이 가격도 적당하고 스펙도 알맞게 만들어져 있어서 보다 적당하다고 할 수 있다.

스키를 목적에 따라서 고른다면, 대회전이나 회전 모델은 대부분 레이싱 모델이므로 상급자나 최상급자에게 맞다고 할 수 있고, 여러가지 회전에 알맞게 설계되어 있는 올라운드 모델이 초급자나 중급자에게 적합하다고 할 수 있다. 또한 모글스킹을 주로 하고 싶은 스키어라면 모글 모델을 선택하는 것이 좋다.

스키를 사이즈에 따라서 선택한다면 노말스키의 시대에는 자신의 키보다 10~20cm 정도 긴 스키를 선택하였지만, 현재의 카빙스키는 자신의 키와 같거나 10cm 정도 짧은 사이즈를 선택하는 것이 보통이다. 즉 여성이라면 155~160cm 정도의 스키를 선택하는 것이 보통이고, 남성이라면 165~170cm 정도의 스키를 선택하는 것이 일반적이다.

하지만 상급자나 최상급자의 경우에는 스키의 선택법이 조금 달라지게 되는데, 레이싱용 모델의 대회전 스키라면 자신의 키와 비슷하거나 10cm 정도가 긴 스키를 선택하는 것이 좋고, 회전스키라면 자신의 키보다 5~10cm 정도 짧은 스키를 선택하는 것이 일반적이고, 또한 올라운드 스키라면 자신의 키와 비슷하거나 5cm 정도 짧은 스키를 선택하는 것이 좋다.

스키의 사이드컷은 브랜드나 종류별로 다양한 종류가 있는데, 대회전 스키의 경우는 탑/센터/테일(회전반경)의 스펙이 보통 105~110/65~70/95~100mm(20~25m) 정도이고, 회전 스키의 경우는 115~120/65~70/100~105mm(10~15m) 정도이고, 올라운드스키는 115~120/70~75/100~105mm(15~20m)의 스펙을 가지고 있는 것이 보통이다.

하지만 이러한 스펙은 각 브랜드와 모델별로 천차만별이므로, 초보자의 경우는 반드시 전문가의 상담을 받고, 제품을 선택하는 것이 좋다. 대개의 경우 초보자는 올라운드 스키나 회전계 올라운드 스키의 사이드컷을 고르는 것이 좋다.

또한 스키의 플렉스와 토션은 각각의 스키에 따라서 딱딱하거나 부드러운 성격을 가지고 있는데, 보통 상급자용이나 레이싱용 스키는 단단하고, 초급자용이나 여성용 스키는 부드럽게 설정되어 있다. 하지만 상급자용 스키라도 경우에 따라서는 플렉스는 부드럽고 토션

사이즈 선택표

구 분	모 델	사이즈	성 별	비 고
노말스키		키 더하기 10~20cm		
카빙스키	일반	키 빼기 0~10cm	남자:165~170cm	남자키 175cm 기준
			여자:155~160cm	여자키 165cm 기준
	대회전	키 더하기 0~10cm		
	회전	키 빼기 5~10cm		
	올라운드	키 빼기 0~5cm		

은 단단하게 만들어진 스키도 있으므로, 스키샵의 점원이나 전문가와 상담을 받는 것이 좋지만, 초보자의 경우는 대개 토션과 플렉스가 부드러운 스키를 선택하는 것이 좋다.

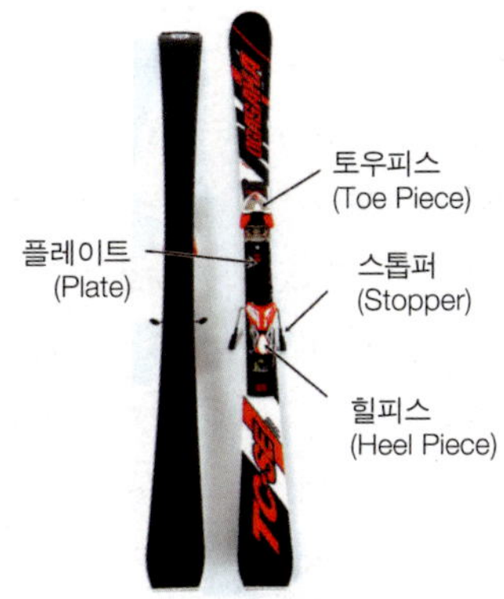

[오가사카(Ogasaka) 스키+마커(Marker) 바인딩]

스키 바인딩의 경우는 예전에는 별도로 선택하여야 했지만, 최근에는 스키와 세트로 구성되는 경우가 대부분이라서, 스키를 선택하면 자동적으로 바인딩도 선택하게 된다. 바인딩의 경우는 어떠한 종류를 선택하는가도 중요하지만, 자신의 신체와 기술과 성별, 연령, 스킹스타일 등에 따라서 바인딩의 해방수치(DIN)을 알맞게 셋팅하는 것이 중요하다.

이러한 해방수치는 스키를 타다가 넘어졌을 때 적절하게 바인딩이 해방되어야 안전함을 물론이고, 자칫 부상을 당했을 때 법적인 해석근거로서도 중요하므로, 신중하게 선택하는 것은 물론이고 반드시 전문가의 조언을 받도록 한다. (자세한 바인딩 해방수치 설정법은 익스트라 테크닉의 스키의학편 참조(318P))

바인딩의 사이즈조절은 스키부츠의 사이즈에 따라서 조절하게 되어 있는데, 예전에는 바인딩을 스키에 나사못으로 고정시키는 타입이 대부분이어서, 한번 바인딩을 고정시킨 뒤에는 추가적인 조절이 어려웠지만, 최근에는 바인딩의 사이즈를 비교적 수월하게 조절하게 되어 있는 경우가 많아서, 보다 사이즈 조절이 수월해졌다.

또한 최근에는 스키와 바인딩의 사이에 플레이트(Plate)라는 높임장치가 부착되어 있는 경우가 많은데, 이 플레이트는 기본적으로 스키의 플렉스가 자연스럽게 만들어지도록 하는 역할을 주로하고, 부츠의 위치도 높여서 회전시 부츠가 설면에 잘 걸리지 않도록 만들어주는 역할도 한다. 또한 이러한 플레이트 덕분에 스키 바인딩의 사이즈 조절이나 결합도 비교적 간단해졌다.

이렇게 스키를 선택할 때는, 다양한 요소들을 고려해야 실패하거나 중복투자 없이 즐겁고 안전하게 스키를 즐길 수 있다. 어느 정도 좋은 스키를 선택하는 것이 오랜 시간을 잘 사용할 수 있겠지만, 지나치게 비싼 스키만을 선택하는 것도 오히려 실력향상에 걸림돌이 될 수 있음을 생각하고, 반드시 전문가의 상담을 받고 현명하게 선택하는 것이 좋다.

2. 부츠 선택법

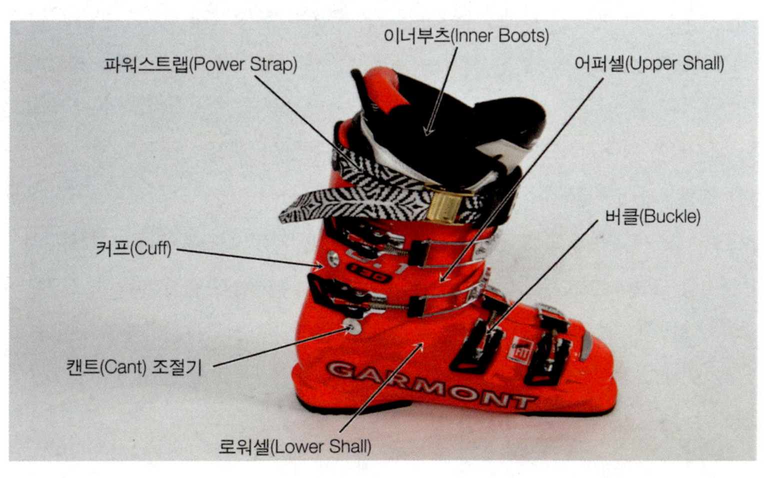

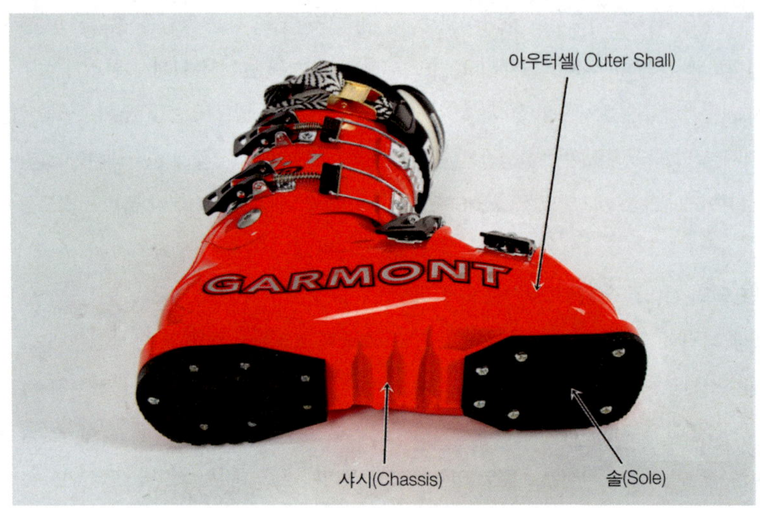

[가몬트(Garmont) 부츠]

부츠(Boots)는 스키장비 중에서 가장 중요한 장비이다. 부츠의 경우에는 직접 발에 신는 장비이므로, 기능적인 면도 중요하지만 발에 잘 맞는 피트감도 중요하게 된다. 자신의 발모양과 기술레벨에 잘 맞는 부츠가 아니라면, 스킹자체가 괴로워질 수도 있으므로 가장 신중하게 선택하여야 한다.

중상급자라면 활주스피드도 빠르고, 다양한 조건에서 스키를 타는 경우가 많으므로, 홀드감이 좋고 조금은 단단한 경기용 모델에 가까운 부츠가 좋을 것이다. 반대로 초중급자면 아우터셀(Outer Shell)이 부드럽고 이너부츠(Inner Boots)도 다소 두꺼운 모델이 착용감도 좋고, 보온성과 쾌적성이 좋으므로 적합하다 할 수 있다.

부츠에는 그 사용목적에 따라서 스키와 마찬가지로 레이싱 모델, 데모 모델, 스포츠 모델, 레이디 모델, 키즈 모델등이 있는데, 일반적으로 상급자나 최상급자의 경우는 레이싱이나 데모 모델을 선택하는 것이 좋고, 초중급자는 스포츠나 레이디 모델을 선택하는 것이 좋다.

다만 상급자라 할지라도 발볼이 지나치게 넓거나 편한 부츠를 원한다면, 스포츠 모델 중에서도 상급자용이 있으므로, 이러한 부츠를 선택하면 보다 편하고 쾌적하게 스킹을 즐길 수 있다.

스키부츠에는 부츠의 단단함을 알려주는 수치인 플렉스(Flex)가 있는데, 레이싱용은 130~150, 데모용은 110~130, 스포츠용은 90~110, 레이디용은 70~90 정도로 설정되어 있는 것이 보통이다.

플렉스가 높아질수록 부츠가 단단해지고 플렉스가 낮아질수록 부츠가 부드러워지는데, 플렉스가 단단해지면 홀드감도 자연스럽게 증가하여 부츠를 신고 벗는데도 많은 노력이 필요하게 되므로, 자칫 발의 압박감이 심해져서 아플 수도 있으므로 주의한다.

대개 상급자나 최상급자의 경우에는 110~130 전후의 플렉스가 적당하고, 초중급자의 경우는 90~110 정도, 여성의 경우에는 70~90 정도의 플렉스가 적당하지만, 체중이나 스키수준 등에 따라서 조금은 달라지게 되므로 전문가의 상담을 잘 받도록 한다.

또한 스키부츠에는 부츠의 넓이를 말해주는 라스트(Last) 수치가 있는데, 이는 발볼의 넓이를 나타내는 것으로서 레이싱용은 95mm가 많고, 데모용은 100mm, 스포츠용은 105mm 정도가 많다. 이러한 라스트 수치는 부츠의 피트감에 특히 중요한 영향을 미치는데, 상급자라 하더라도 발볼이 넓은 스키어는 스포츠용 상급 모델을 고르거나, 레이싱용 모델을 구입하여 튜닝과정을 거쳐야만 쾌적하게 스킹을 즐길 수 있다.

그리고 스키부츠에는 부츠위쪽인 어퍼셀(Upper Shell)이 앞으로 기울어진 전경각도가 있는데, 일반적으로 상급자용 부츠는 조금 세워져 있고, 초중급자용 부츠는 조금 기울어져 있는 것이 보통이다. 일반적으로 상급자의 부츠의 전경각도는 14~15도이고 초중급자용은 16~18도 정도이다. 이는 초중급자의 경우에 조금 전경각도를 기울여서 후경자세를 막으려는 의도이다.

하지만 브랜드에 따라서는 전경각도가 반대로 설정된 경우도 있고, 모델에 따라서 전경각도를 조절할 수 있도록 만들어진 경우도 있고, 어린이용 부츠의 일부 모델은 전경각도가 별로 없는 경우도 있으므로, 다양한 부츠를 신어보고 자신에게 맞는 부츠를 선택한다.

스키부츠를 선택하기 위해서는 우선 자신의 발 사이즈를 정확하게 알아야 하는데, 일반적으로 운동화를 신는 사이즈가 아니라, 실제의 발 크기를 측정하여 "실측수치" 를 알아야 정확한 사이즈의 부츠

를 선택할 수 있다.

대개의 스키샵에 가면 스키어의 실측을 할 수 있는 측정도구가 있는데, 이것은 발 사이즈뿐만 아니라 발볼의 넓이도 함께 잴 수 있으므로, 보다 정확하게 부츠를 선택할 수 있다. 다만 사람의 발은 아침과 저녁에 그 크기가 조금 달라지기 때문에, 발이 조금 붓는 저녁 무렵에 발의 실측을 재고 부츠를 선택해야, 나중에 실제로 스키를 탈 때 부츠로 인한 고통을 줄일 수 있다.

일반적인 경우라면 보통 스키부츠는 자신의 운동화 사이즈보다 5~10mm 정도 작은 것이 딱 맞다고 할 수 있는데, 다만 발볼이 넓은 스키어라면 여기서 5~10mm 정도 큰 사이즈를 선택해야 하므로, 결과적으로 자신의 운동화 사이즈와 같아지기도 한다.

스키부츠는 부츠의 바깥쪽인 아우터셀(Outer Shell)과 부츠의 안쪽인 이너부츠(Inner Boots)로 구성되어있는데, 이너부츠는 일정시간이 지나면 탄성을 잃어버려서, 결과적으로 부츠의 사이즈가 커지게 되므로, 처음부터 너무 넉넉한 사이즈를 선택하면 나중에는 부츠가 헐렁해지게 된다.

또한 부츠의 아우터셀은 10mm 단위로 크기가 달라지고, 이너부츠의 크기는 5mm 단위로 달라지게 된다. 즉, 260mm와 265mm는 아우터셀의 크기는 같고 이너부츠의 크기만이 다르게 되므로, 발볼이 좁은 스키어라면 260mm를 선택하고 발볼이 넓은 스키어라면 265mm를 선택하는 것이 좋다.

부츠를 신고 테스트할 때는 적어도 10분 이상은 신어보고 결정해야 하는데, 인간의 발은 양발의 크기가 다른 경우가 많으므로, 반드시 양쪽 다 신어보고 테스트한다. 또한 양발에 각각 다른 사이즈의 부츠를 신고도 테스트하여, 신중하게 부츠의 사이즈를 고르도록 한다.

인간의 발은 천차만별이지만 스키부츠는 기성품이므로, 스키어의 발에 꼭 맞는 스키부츠를 고르는 것은 어쩌면 불가능할 것일지도 모른다. 그러므로 스키부츠를 선택하는 과정에는 스키부츠를 구입하여, 부츠를 자신에 발에 맞도록 튜닝(Tuning)하는 과정도 포함되어 있다고 봐야 한다.

어렵게 구입한 부츠가 자신의 발에 잘 맞지 않으면, 스키기술 향상에 방해가 되는 것은 물론이고 그 고통으로 인해 스키자

체가 싫어지는 경우도 있고, 부츠의 고통은 점점 커지는 경향이 있으므로, 이럴 때는 즉시 부츠 튜닝샵을 찾아서 자신의 발에 꼭 맞는 부츠를 스스로 만들도록 하자.

3. 폴 선택법

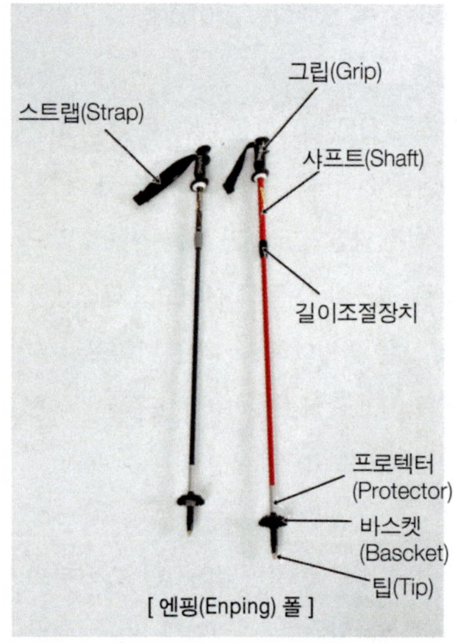

[엔핑(Enping) 폴]

폴(Pole)은 스키에서 중요한 역할을 도구로서, 초보자의 경우에는 평지에서 걷거나 중심을 잡을 때 도움이 되는 지팡이의 역할도 하고, 중상급자의 경우는 회전을 시작하는 계기와 중심이동을 하는 보조 장대와 같은 역할도 한다.

폴을 사용목적에 따라서 다양한 종류가 있는데, 듀랄미늄으로 제작된 레이싱용도 있고, 카본이나 컴퍼지트로 만들어진 상급자용, 알류미늄으로 제작된 초중급자용 폴도 있고, 사용목적에 따라서 길이를 조절할 수 있는 길이조절용 폴도 있다. 초보자라면 가격이 저렴하고 내구성도 비교적 좋은 알루미늄 폴을 선택하는 것이 좋고, 중상급자는 가벼운 카본이나 컴퍼지트폴을 선택하는 것이 좋다. 또한 최상급자의 경우는 사용목적에 따라서 사이즈를 조절할 수 있는 길이조절용 폴을 선택하는 것이 좋다.

폴의 사이즈를 선택할 때는 자신의 키를 기준으로 선택하는 것이 좋은데, 상급자나 최상급자의 경우는 자신의 키의 65% 정도 길이의 폴을 선택하고, 초중급자의 경우는 자신의 키에 70% 정도 길이의 폴을 선택하는 것이 일반적이다.

예를 들어서 자신의 키가 175cm라면 상급자와 최상급자라면 110cm 정도의 폴을 선택하고, 초중급자라면 120cm 정도의 폴을 선택하는 것이 일반적인데, 상급자의 경우는 자신의 스킹 스타일에 맞도록 약간의 가감이 있을 수 있다. 모글스킹을 할 때는 일반적인 길이보다 조금 짧은 폴을 선택하는 것이 좋은데, 일반적인 폴길이보다 5~10cm 더 짧은 폴을 선택하는 것이 모글이 충격과 요철에 잘 대응할 수 있다.

폴을 선택할 때는 전체적인 스윙 밸런스나 폴의 그립감도 중요한 요소가 되는데, 폴을 잡고 앞뒤로 흔들어보면 같은 무게의 폴이라도 스윙 밸런스가 차이가 있으므로, 쉽게 움직일 수 있는 폴을 고르는 것이 좋다. 또한 폴을 쥐었을 때 그립이 손에 잘 잡히는 그립감도 중요한데, 특히 그립감은 맨손이 아니라 장갑을 끼고 쥐었을 때가 중요하므로, 그립감을 확인할 때는 반드시 장갑을 끼고 확인하는 것이 좋다.

4. 웨어 선택법

[온요네(On-Yo-Ne) 아우터웨어]

[온요네(On-Yo-Ne) 미들웨어]

[U-CR+ 이너 웨어]

웨어(Wear)는 스키를 탈 때 사용하는 의류로서, 대부분 디자인을 보고 결정하는 경우가 많지만, 기능이나 피트감이 좋아야 스키를 탈 때 불편하지 않고 쾌적하게 스키를 즐길 수가 있으니, 전문점을 찾아서 잘 선택하도록 한다.

웨어는 크게 아우터웨어(Outer Wear)와 이너웨어(Inner Wear)가 있는데, 보통 스키 웨어라고 하면 바깥쪽에 입는 아우터웨어를 생각하게 되는데, 안쪽에 입는 이너웨어도 필요하고, 최근에는 스프링 시즌에 스키를 타는 경우도 많아지므로 가운데 입는 미들 웨어(Middle Wear)의 중요성도 높아지고 있다.

아우터웨어에는 크게 각 나라의 국가대표팀들이 입는 레이싱 모델(팀복)이 있고, 데몬스트레이터들이 입는 데모 모델(데모복), 중급자들을 위한 스포츠 모델과 여성 스키어들을 위한 레이디 모델, 어린이들을 위한 키즈 모델이 있다. 일반적으로 레이싱 모델은 조금 헐렁하고 편안한 피트로 디자인되어 있고, 데모모델은 조금 슬림한 피트로 디자인되어 있고, 스포츠 모델은 대체로 편안한 피트로 디자인되어 있다.

일반적으로 초중급자라면 스포츠 모델이 가격대비 성능이 좋고, 상급자나 최상급자라면 레이싱이나 데모모델을 선택하는 것이 기능도 좋고 패션성도 뛰어나다고 할 수 있다. 또한 모글스킹을 위해서는 프리스타일 전용모델도 있으므로 자신의 필요와 스타일에 따라서 선택하면 된다.

아우터웨어를 선택할 때는 기본적으로 패션성과 디자인을 중심으로 선택하는 것이 대부분인데, 눈이나 비가 올 때를 대비한 방수성과 방풍성은 물론이고, 날씨가 추울 때를 대비하여 보온성도 고려해야 한다. 다만 최근에는 미들웨어를 입는 것이 대부분이므로 아우터웨어의 보온성은 조금 덜 중요해졌다.

또한 기능성이나 피트감도 중요한데, 시즌티켓이나 고글 등을 수납할 수 있는 전용포켓과 더울 때를 대비한 통기장치나 스키 엣지로부터 바지를 보호하는 엣지가드(Edge Guard) 등도 필요하고, 또한 격렬한 움직임에 대비한 피트감도 빠질 수 없는 선택요소이다.

최근에는 스노보드 웨어를 입고 스키를 타는 경우도 있는데, 스노보드 웨어는 스키복과는 다른 사이즈 선택을 하게 되므로 자신에게 맞는 사이즈를 잘 고르고, 최근의 스노보드 웨어는 피트감이나 기능성을 무시한 채 패션만을 중시한 웨어(커스텀복)도 있으므로, 선택에 주의가 필요하다.

대부분의 스키웨어 전문 브랜드는 이러한 기능성과 피트감은 물론이고 디자인도 뛰어난 제품들을 출시하고 있으므로, 전문 브랜드를 선택하면 실패할 확률이 확실히 줄어들게 된다.

이너웨어는 최근 다양한 스포츠에서 중요성이 높아지고 있는데, 높은 보온성은 물론이고 이너웨어 자체에 테이핑 기능이 있는 모델도 있어서, 근육의 움직임을 보조해 주어 높은 운동효과를 발휘하기도 한다. 또한 땀을 효과적으로 배출하는 기능도 있어서 스프링 시즌 등에 스키복이 몸에 들러붙는 것을 줄여주는 역할도 한다.

이러한 이너웨어를 입게 되면, 등산복에서와 같은 레이어링 시스템(Layering System)의 기능을 발휘하여, 비교적 얇게 입고도 높은 보온성을 가지게 되므로, 몸의 활동성과 보온성을 높이면서도 신체를 움직일 때 불편함을 크게 줄일 수 있다.

스키매니아나 상급스키어의 경우는 테이핑 기능이 있는 전문 이너웨어를 선택하면 보다 다양한 기능을 느낄 수 있고, 초중급자의 경우에는 일반적인 이너웨어를 선택하면 가격대비 높은 성능을 느낄 수 있다.

미들 웨어는 이너웨어와 아우터웨어 사이에 입는 옷으로서, 스키 전문 브랜드들은 다양한 기능의 미들 웨어를 출시하고 있다. 또한 최근에는 아우터웨어와 미들웨어가 셋트로 판매되는 경우도 많아지는데, 이러한 의류를 선택하면 중복투자의 확률을 줄일 수 있다.

미들웨어는 기본적인 방수성과 보온성과 방풍성을 제공하는데, 날씨가 따뜻한 경우나 스프링 시즌에 스키를 탈 때는 미들웨어만을 입고 스키를 탈 수도 있게 만들어져 있다. 스키전문 브랜드의 미들 웨어는 리프트 티켓 케이스가 별도로 마련되어 있고, 고글 케이스 등이 있는 모델도 있다.

이렇게 이너와 미들 그리고 아우터웨어를 갖춰 입게 되면, 스키장에서 보온성과 기능성은 물론이고 패션성에도 뛰어난 의류셋팅을 갖추게 되는데, 전문 브랜드의 제품들은 고가이므로 몇 년간 입을 수 있도록 신중하게 선택하고, 최근에는 스키뿐만 아니라 등산이나 러닝, 자전거 등에서 입을 수 있도록 디자인된 제품이 있으므로 현명하게 선택하도록 한다.

5. 기어 선택법

기어(Gear)란 스키를 탈 때 필요한 액세서리 장비로서 헬멧이나 모자, 고글, 선글라스, 장갑, 가방 등을 지칭한다.

(1) 헬멧과 모자

[POC 헬멧]

우선 스키를 탈 때는 머리부분의 보온과 보호를 위해서 모자(Hat)나 헬멧(Helmet) 등을 착용해야 하는데, "손과 발이 추우면 모자를 착용하라" 라는 말이 있듯이 보온을 위해서는 반드시 모자를 착용해야 한다. 또한 스키는 빠른 스피드에서 활주하는 스포츠이므로, 머리를 보호하기 위해서 헬멧을 착용하는 것이 좋은데, 특히 어린이의 경우는 안전을 위해서 반드시 헬멧을 착용하는 것이 좋다.

헬멧은 다양한 종류가 있지만, 크게 나누어서 머리 전체를 감싸는 풀셀(Full Shell)과 귀 부분이 스펀지로 되어있는 하프셀(Half Shell)이 있다. 예전에는 머리 전체를 감싸는 풀셀을 많이 사용하였지만, 최근에는 귀 부분이 스펀지로 되어 있어서 청력의 저하가 적고, 쉽게 쓰고 벗을 수 있는 하프셀 헬멧의 사용빈도가 높아지고 있다.

초중급자나 일반적인 상급자와 어린이의 경우에는 하프셀을 사용하는 것이 좋고, 최상급자나 레이싱매니아라면 머리 전체를 잘 보호할 수 있는 풀셀을 선택하는 것이 좋다.

헬멧의 사이즈를 선택할 경우에는 머리 둘레의 크기를 기준으로 선택하게 되는데, 전문점에는 머리둘레의 크기를 잴 수 있는 측정장비가 비치되어 있으므로, 일단 머리의 크기를 재서 정확한 사이즈를 선택한다. 다만 초중급자용이나 어린이용 모델의 경우에는 사이즈를 자유롭게 조절할 수 있는 모델도 있다.

중상급자용이나 레이싱 모델에는 대개 사이즈를 선택할 수 없는 경우가 많은데, 이때도 헬멧 안에 붙이는 패드(Pad)를 사용하여, 약간의 사이즈 조절 및 두상에 따른 커스텀 튜닝이 가능하게 만들어져 있다. 헬멧은 너무 사이즈가 크면 스킹시 불편하게 되고, 너무 작으면 머리가 아픈 경우가 있으므로 잘 선택하도록 한다.

(2) 고글과 선글라스

고글(Goggle)이나 선글라스(Sunglass)는 기본적으로 자외선으로부터 눈을 보호하는 기능을 가지고 있는데, 흐린 날씨라도 자외선의 크기 변화는 별 차이가 없으므로, 반드시 고글이나 선글라스를 착용해야 한다.

특히 카빙스키가 등장하면서 활주스피드가 빨라지게 되어, 최근에는 고글을 착용하는 것이 일반적인데, 고글은 선글라스에 비해서 보호기능도 뛰어나고, 사고시 눈을 보호할 수도 있고 또한 바람이나 눈이 들이치는 것을 차단하여 보다 쾌적하고 안전한 스킹을 할 수 있다.

고글은 레이싱 모델이나 스포츠 모델, 레이디 모델, 키즈 모델등이 있는데, 자신

[POC 고글]

의 필요에 따라서 선택하면 된다. 특히 헬멧을 착용할 때는 헬멧의 형태와 잘 맞는 모델을 선택하여야 고글과 헬멧 사이의 빈 공간이 줄어들어서 보다 효과적이다. 대개 헬멧과 고글을 같은 브랜드로 선택하면 이러한 빈공간을 줄이고, 보다 패션성에서도 뛰어난 코디네이션을 할 수 있다.

고글을 선택할 때는 디자인이나 컬러도 중요하지만, 특히 렌즈의 빛 투과성이나 프레임의 시야도 중요하다. 즉 날씨나 상황에 따라서 맑은 날에는 빛 투과성이 적은 렌즈가 눈부심을 방지할 수 있고, 야간 스킹이나 날씨가 흐린 날에는 빛 투과성이 큰 렌즈가 필요하게 되는데, 대개의 전문 브랜드 고글은 렌즈 교환식의 모델이 발매되고 있고, 일부 고글은 빛에 따라서 반응하여 렌즈색이 변하는 변색렌즈가 장착된 경우도 있다.

또한 고글 프레임의 시야도 중요한데, 저가 모델이나 어린이용 모델의 일부는 프레임이 작아서 시야각이 좁은 고글이 있고, 안경착용자용 고글은 프레임이 높아서 시야각이 당연히 좁아지므로 스킹시 옆쪽이 잘 안보여서 위험한 경우도 있으므로 주의하여 선택한다.

특히 저가모델 중에서는 자외선이 잘 차

단되지 않는 고글도 있고, 고글렌즈에 습기를 방지하는 안티포그(Anti Fog)기능이 없는 경우도 있고, 충돌시 렌즈가 파손되어 자칫 위험할 수도 있으므로, 반드시 전문 브랜드의 모델을 선택하는 것이 좋다.

(3) 장갑

[루디스(Ludis) 장갑]

장갑(Globe)는 추위로부터 손을 따뜻하게 하는 보온기능은 물론이고, 혹시 사고가 났을 때 손을 보호하는 보호기능도 필요하고, 폴을 쥐고 움직일 때의 그립감도 중요하게 된다.

특히 초보자나 중급자의 경우에는 보온이나 보호기능이 뛰어난 장갑이 필요한

데, 조금 넉넉한 사이즈를 선택하면 손이 덜 시리게 되고 덧장갑을 낄 수도 있다. 하지만 상급자나 최상급자의 경우는 너무 큰 사이즈의 장갑을 선택하면, 그립감이 떨어져서 폴체킹 감각이 무뎌질 수 있으므로, 자신의 손에 잘 맞는 사이즈의 장갑을 선택하는 것이 좋다.

장갑에는 소재에 따라서 소나 양, 염소의 가죽으로 만들어진 제품이 있고, 나일론으로 만들어진 제품도 있는데, 대개의 최상급자나 상급자용은 부드럽고 내구성이 좋은 염소가죽으로 만들어진 제품이 많고, 초중급자용이나 어린이용은 나일론으로 만들어진 제품도 있다.

전문 브랜드의 제품은 보온성과 방수성

및 보호성이 뛰어난 것은 물론이고, 폴을 쥐었을 때 그립감이 저하되지 않도록, 입체적으로 디자인 된 제품을 발매하고 있으므로, 가능하다면 전문 브랜드 제품을 선택하는 것이 좋다.

또한 장갑을 선택할 때는 꼭 폴을 쥐어보도록 하여, 장갑의 그립감도 테스트하고 자신의 폴그립과의 매칭도 고려해 보도록 한다.

(4) 가방

가방(Bag)은 스키부츠나 기어 등을 수납할 수 있는 가방으로서 대개 부츠백(Boots Bag)이라고 한다. 특히 최근에는 여기에 헬멧도 함께 수납해야 하므로 넉넉한 사이즈를 선택하는 것이 보통이다. 또한 최근에는 백팩 스타일의 가방을 많이 사용하고 있는데, 이러한 백팩 스타일은 가방을 멘 상태에서 스키와 폴을 들기도 편리하므로, 가능하면 백팩 스타일로 넉넉한 사이즈를 권하고 싶다. 스키전문 가방에는 스키부츠와 헬멧을 수납이 가능하고, 고글을 안전하게 수납할 수 있도록 패드가 부착된 보호기능이 있는 모델도 있으므로 여러모로 편리하다.

그리고 최근 일부 모델에서는 전기를 사용하여, 자체적으로 스키부츠를 말릴 수 있는 워밍(Warming) 기능이 있는 모델도 출시되어 스키어들의 흥미를 끌고 있다. 또한 스키백에도 통풍기능이 있어서 스키부츠가 빠르게 건조될 수 있도록 도와주는 역할도 한다. 스키를 타고나서는 스키부츠에 눈이 묻어 있거나 젖어 있는 경우가 많은데, 부츠와 기어를 수납하는 공간이 방수소재로 분리되어 있은 모델이 기어가 젖지 않으므로, 보다 사용에 편리하게 된다.

1박 2일로 스키를 타러 갈 때는 스키복과 세면도구들을 수납할 수 있는 컨테이너백(Container Bag)도 많이 사용하는데, 컨테이너백은 스키복이 구겨지지 않도록 전용 수납공간이 마련되어 있고, 스키부츠를 수납하는 방수 수납공간도 있고, 각종 기어 등을 수납하는 공간도 따로 마련되어 있다.

또한 90~100리터급의 컨테이너백에는 길이조절식의 손잡이와 바퀴가 부착되어 있어서, 보다 편리하게 가방을 운반할 수 있도록 만들어져 있는데, 특히 해외 스키투어 등을 나갈 때는 꼭 필요한 아이템이라고 할 수 있다.

[오가사카(Ogasaka) 가방]

02 헬멧 및 고글 착용법

스키는 아주 빠르게 활주하는 스포츠여서 언제나 잠재적인 위험성을 동반하고 있는데, 혹시 모를 사고에 대비해서 머리를 보호할 수 있는 헬멧을 착용하는 것이 좋고, 특히 어린이의 경우는 반드시 헬멧을 착용하고 스키를 타는 것이 좋다.

일단 헬멧은 구입시 머리에 잘 맞는 사이즈와 종류를 선택하여야 하고, 머리에 착용할 때도 바른 방법으로 착용하여야 보다 쾌적하면서도 안전하게 헬멧을 사용할 수 있다. 또한 고글의 경우에도 얼굴에 잘 맞도록 착용하여야, 활주시 바람이 들어오거나 렌즈에 김이 서리지 않고 고글을 잘 사용할 수 있다.

1. 헬멧 착용법

풀셀 헬멧은 머리 전체를 헬멧이 감싸는 형태이므로, 쓰고 벗기가 불편하고 어렵기 때문에 주의하여 착용하여야 한다. 특히 카본으로 만들어진 헬멧의 경우는 지나치게 힘을 주어 헬멧을 넓히게 되면, 헬멧이 갈라질 수도 있으므로 주의해야 한다.

반면에 하프셀 헬멧은 비교적 간단하게 머리에 쓸 수 있지만, 특히 헬멧의 앞쪽이 이마를 잘 감싸도록 잘 눌러쓰는 것이 좋다.

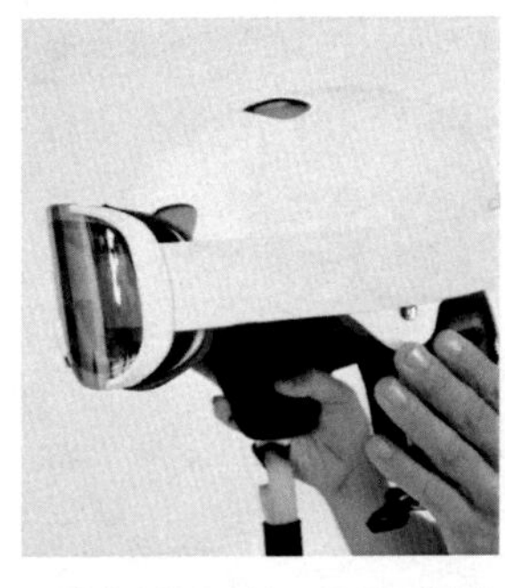

(1) 헬멧의 끝을 양손으로 잡고 가볍게 벌려서 머리에 쓸 준비를 한다.

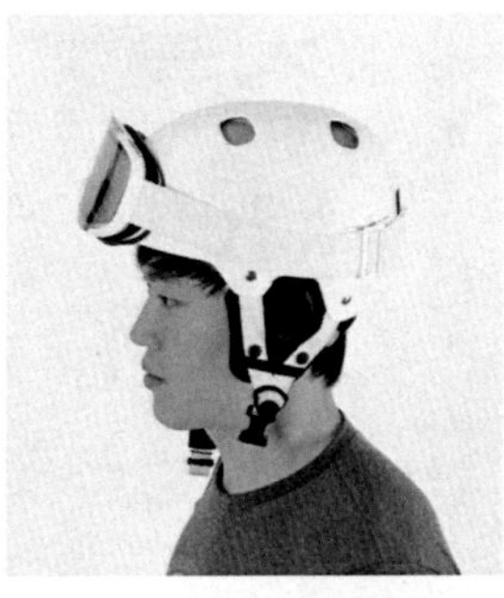

(2) 헬멧의 끝부터 머리에 깊게 눌러 쓰는데, 머리에 쓰고 나서는 가볍게 헬멧을 움직여서 머리 전체에 잘 맞도록 조절한다.

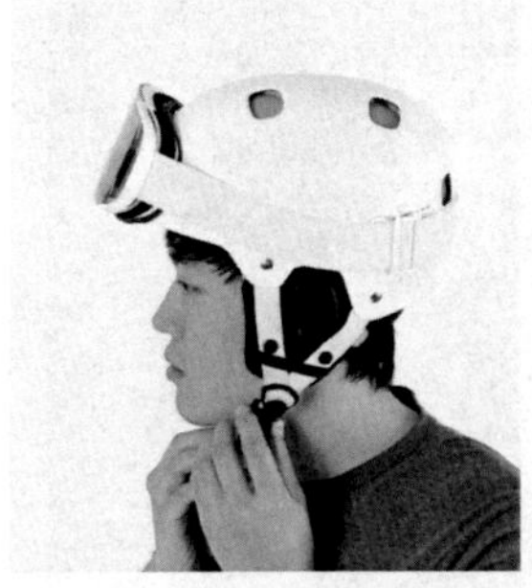

(3) 헬멧의 턱끈을 메고 길이를 잘 조절하여 헬멧이 벗겨지지 않도록 한다.

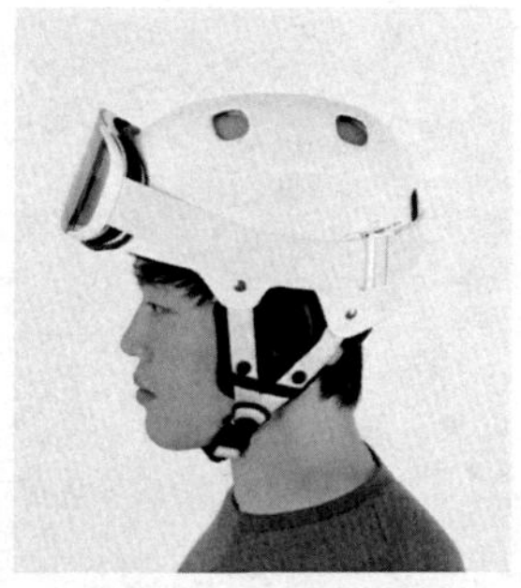

(4) 헬멧의 앞쪽이 이마를 정확하게 덮고, 헬멧의 뒤쪽이 뒤통수를 제대로 덮고 있는지는 확인하다.

2. 고글착용법

헬멧을 착용한 후에는 고글을 착용하게 되는데, 헬멧에 고글 고정용 똑딱이 단추가 달려있는 경우는, 미리 헬멧에 고글을 부착시킨 후에 헬멧을 쓰고 나중에 고글을 착용한다. 반면에 헬멧에 똑딱이 단추가 없는 경우는 헬멧을 착용하고 나서 고글을 쓰는 것이 보다 편리하다.

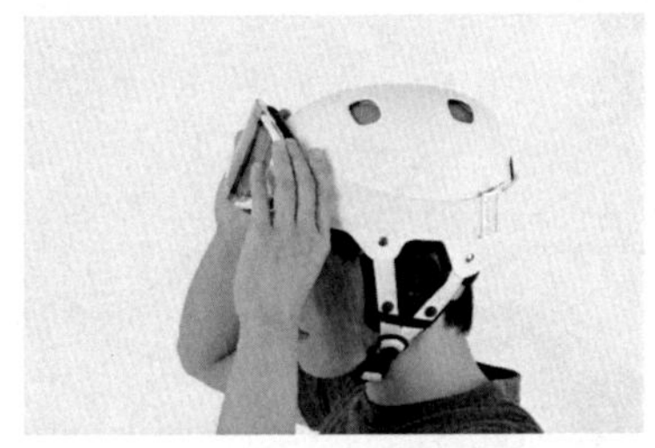

(1) 모자나 헬멧의 뒤쪽에 스트랩을 걸어준 후에 다시 고글을 잡고 얼굴에 내려쓴다.

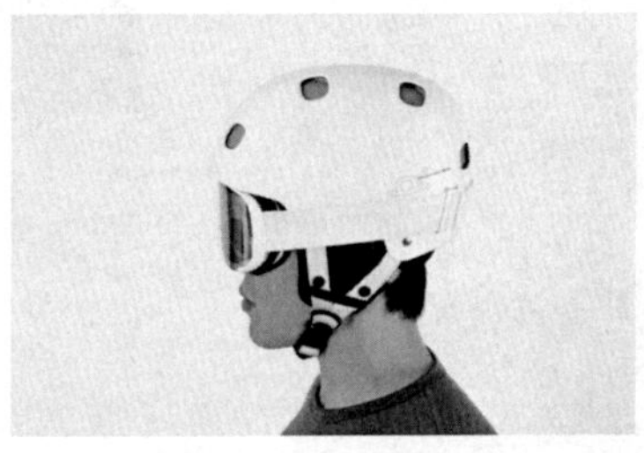

(2) 고글을 쓴 후에는 모자나 헬멧과의 빈틈이 생기지 않도록 잘 조절하고, 또한 고글 프레임의 코받침과 코 사이에 빈공간이 없도록 잘 조절한다.

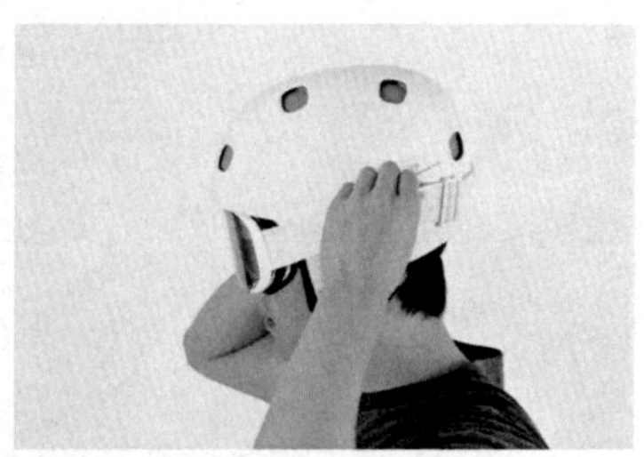

(3) 추가적으로 스트랩이 비뚤어지거나 뒤집혀진 곳이 없는지 확인한다.

03 부츠 착용법

스키는 장비를 많이 사용하는 대표적인 스포츠이므로, 스키를 잘 타기 위해서는 우선 장비를 잘 착용해야 한다. 그중에서 특히 중요한 것이 부츠를 잘 착용하는 것이다.

부츠는 스키어의 파워와 컨트롤을 직접적으로 스키에 전달하는 역할을 하므로, 발에 잘 밀착되도록 착용해야 하는데, 특히 뒤꿈치 부분이 들뜨지 않도록 밀착하여 착용하고, 부츠의 조임고리인 버클을 알맞게 착용하여, 발전체와 부츠가 일체감있게 피트되도록조절한다.

방법

(1) 부츠를 평평한 곳에 놓고 모든 버클과 파워스트랩을 풀어서 부츠를 신을 준비를 한다.

이때 버클의 고리를 약간 돌려놓으면 부츠를 신을 때 버클고리가 제멋대로 걸리지 않아서 보다 편하게 부츠를 신을 수 있다. 이때 스키바지는 아래쪽에 있는 지퍼를 열어주고 눈이 들어오는 것을 막아주는 스노가드를 발위로 올려줘서 부츠를 신을 준비를 한다.

(2) 양손으로 부츠의 목을 넓히고 발가락 부분부터 부츠안으로 집어넣는다.

발이 부츠안으로 들어가면 발을 조금씩 움직여서 부츠안에서 잘 자리잡도록 한다. 그리고 부츠의 뒤꿈치부분을 바닥에 가볍게 내리쳐서, 발뒤꿈치 부분이 이너부츠의 발뒤꿈치 부분과 정확하게 밀착되도록 한다.

(3) 발가락쪽 버클부터 1번 → 2번 버클의 순서대로 채워준다.

이때 한번에 어느 한부분의 버클만 바짝 채우지 말고, 일단 버클을 두칸 정도로 가볍게 채워서 발전체를 고정시킨 상태에서, 추가로 헐렁한 부분을 채워주는 것이 부츠와 발을 잘 밀착시킬 수 있다.

(4) 발등쪽 버클인 1번과 2번 버클을 채웠으면 정강이쪽의 버클인 3번과 4번을 채워주는데, 종아리가 굵은 스키어인 경우는 3번을 먼저 채우고 4번을 채운 다음, 다시 종아리의 굵기에 맞춰서 3번 버클을 다시 채워주는 것이 보다 편하고 정확하게 부츠를 신을 수 있다.

부츠에서 헐렁한 곳이나 아픈 곳이 있다면 추가로 버클을 조절한다.

(5) 버클을 다 채운 뒤에는 부츠 가장 위쪽에 있는 파워스트랩을 채워준다.

파워스트랩은 부츠의 가장 위쪽에서 가장 큰 힘을 받는 부분이므로 정확하게 채워줘야, 파워나 컨트롤에서 손실이 줄어든다. 파워스트랩을 고리에 걸어서 최대한 당긴 다음, 벨크로 부분을 붙여줘서 종아리부분이 헐렁한 느낌없이 부츠에 정확하게 밀착되도록 한다.

(6) 버클과 파워스트랩을 채운 다음에는 눈이 들어오는 것을 막아주는 스노가드를 내려서 부츠 목부분을 잘 덮어준다.

(7) 마지막으로 부츠를 신기위해서 열어두었던 스키바지의 지퍼를 내려줘서 부츠신기를 마무리한다.

(1) 부츠전체의 밀착감을 확인한다.

부츠를 신었을 때는 편안하면서도 발 전체가 고루 밀착되는 어쩌면 모순적인 감각이 느껴져야 한다. 기본적으로 발가락쪽은 약간의 공간이 있기 때문에 발가락은 상하로 움직여지는 것이 보통이다. 그러나 발이 좌우로 움직이거나 발등부분이 헐렁한 느낌이 들면, 버클을 조금 더 조여서 밀착감을 높여야 한다.

(2) 발뒤꿈치의 밀착감을 높인다.

부츠를 신었을 때 특히 중요한 것이 발뒤꿈치의 밀착감인데, 부츠크기가 발에 맞더라도 오랜시간 부츠를 사용하다 보면, 이너부츠의 복원력이 떨어지면서 발뒤꿈치가 들뜨는 경우가 있다.

항상 부츠를 신을때는 부츠 뒤꿈치를 바닥에 내리치면서 뒤꿈치가 부츠에 잘 밀착되어야, 뒤꿈치가 들뜨지 않아서 회전후반부에 가속감있는 회전을 하기가 유리하다.

만약 부츠가 오래되면 이너부츠의 탄성
이 줄어들고 부츠를 잘 신어도 뒤꿈치가
들뜨기 쉬운데,이때는 이너부츠의 뒤꿈
치쪽에 패드를 덧붙여서 뒤꿈치의 밀착
감을 높이는 것이 좋다.

높이면서도 편안함도 동시에 만족되므로
유용한 방법이다.

(1) 리프트 탈 때 부츠 버클 채우고 풀기

스키실력이 향상되다 보면 점점 부츠의
버클을 타이트하게 채우고 스킹을 하게
되는데, 이런 상태에서 오랜 시간 스킹을
하다 보면 자칫 발이 아프거나 압박감이
심하게 올 수 있다.

이럴 경우에는 리프트를 타는 동안에는
부츠의 버클을 풀어서, 발의 혈액순환을
돕고 발이 쉴 수 있도록 해주고, 다시 리
프트에서 내려서 스킹을 할 때는 부츠의
버클을 단단하게 채워서, 보다 정확한 파
워와 컨트롤을 발휘할 수 있도록 한다.
처음에는 다소 귀찮기도 하지만, 어느 정
도 익숙해지면 부츠에 필요한 밀착감을

04 장갑 착용법

장갑은 추위에서 손을 따듯하게 해주는 보온기능은 물론이고, 스킹시 충격이나 손상에서 손을 보호하는 기능을 한다. 또한 스키를 탈때는 폴을 손에 들어야 하므로 손에 잘 맞아야 함은 물론이고, 손 전체에 골고루 잘 밀착되어야 폴을 쥐는 감각이나 폴을 움직이며 찍어주는 폴체킹 감각이 잘 느껴진다.

방법

(1) 장갑을 착용하기 위해서 한쪽손에 장갑을 들고, 장갑의 벨크로스트랩을 떼어서 장갑을 낄 준비를 한다.

(2) 한쪽손으로 장갑의 아래쪽을 잡고 다른손을 장갑에 집어넣는다. 이때 장갑안에서 손가락을 조금씩 움직여서 최대한 밀착되도록 한다.

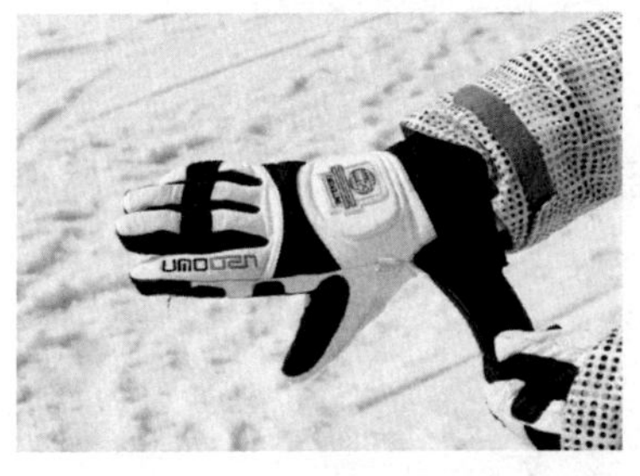

(3) 한쪽손으로 벨크로스트랩을 잡아서 손목부분이 잘 조여지도록 벨크로를 붙여준다.

(4) 장갑을 착용하였으면 스키복의 소매 부분을 내려준다. 대부분의 스키복에는 눈이 들어가는 것을 방지하거나 보온성을 높이기 위해서 벨크로스트랩이 있는데 이 벨크로를 잘 채워져서 보온성을 높이고, 장갑 안에 눈이 들어가는 것을 막아준다.

(5) 장갑은 손을 보호하면서도 폴을 쥐는 역할을 하므로 손에 잘 밀착되어야 한다. 특히 상급으로 가면서 폴을 사용하는 기술이 중요해지므로, 손에 잘 맞는 장갑을 골라서 제대로 착용하여야 한다.

플러스 알파

(1) 얇은 장갑을 사용하여 보온성과 밀착감을 높인다.

스키 초보자의 경우는 보온성이 높은 장갑을 원해서 큰 사이즈의 장갑이나, 두꺼운 장갑을 선택하는 경우도 있는데, 초보자 때는 폴의 사용이 적기 때문에 큰 문제없이 사용이 가능하다.

하지만 본격적으로 폴체킹을 배우는 중급자 이상이 되면, 너무 두꺼운 장갑은 폴을 쥐는 감각을 무디게 하고, 폴을 움직이는 느낌도 잘 오지 않아서 기술향상에 방해가 된다. 중상급자 이상의 스키어라면 장갑을 고를 때 손에 딱 맞는 장갑을 골라야 하고, 반드시 폴을 쥐고 움직여봐서 느낌이 좋은 장갑을 선택하여야 한다.

손에 딱 맞는 장갑은 간혹 손이 시릴 경우가 있는데, 이때는 장갑 안에 얇은 면장갑을 하나 더 끼어주면 착용감이 떨어지지 않으면서 최대한 보온력을 살릴 수 있게 된다.

05 장비 운반법

Beginner Technique

스키는 장비를 많이 사용하는 운동이다. 이러한 장비사용의 첫걸음은 장비를 잘 운반하는 것이다. 장비를 운반할 때는 최대한 힘이 덜 들게 운반하는 것은 물론이고, 혹시 다른 스키어에게 위협이 되지 않도록 안전하게 운반하여야 하며, 스키 운반시에는 주변의 스키어들을 잘 살펴야 한다.

1. 팔에 안고 운반하기

(1) 일단 장비를 잘 운반하기 위해서는 스키를 하나로 포개야한다. 스키 바인딩에는 스톱퍼가 붙어 있는데 양쪽스키 중 하나를 위로 올려서 포개면서 아래로 밀어주면, 스톱퍼가 서로 포개져서 양스키가 단단하게 고정된다. 이렇게 스키가 잘 포개지면 운반시 스키가 흐트러지지 않아서 보다 편하고 안전하게 스키를 운반할 수 있다.

2. 어깨에 메고 운반하기

(2) 어린이 스키어나 초보 스키어의 경우는 스키를 잘 운반하기가 어려운데, 이때 가장 안전하게 장비를 나를 수 있은 방법은 가슴에 안아서 운반하는 것이다. 이 방법은 스키장비가 자신의 시야에 있으므로 비교적 안전하게 장비를 나를 수 있다.

특히 주의력이 부족한 어린이 스키어의 경우는 어깨에 스키를 멜 경우, 몸을 돌리면서 주변 스키어를 스키로 칠 경우도 있으므로 가급적 가슴에 안고 운반하는 것이 좋다. 하지만 이 방법은 장거리를 운반할 때 팔의 피로도가 높고, 자칫 스키복이 젖거나 오염될 수도 있으므로 단거리를 운반할 때 권하고 싶은 방법이다.

(1) 스키를 어깨에 메기 위해서, 폴은 한 손에 몰아쥐고 포개진 양스키를 설면에 내려놓고, 팔을 뒤로 하여 스키의 앞부분을 잡는다.

(2) 팔에 반동을 주면서 스키의 앞부분을 들어올리며 팔을 앞으로 당겨서 스키가 어깨에 메지도록 한다. 이때 주변에 다른 스키어가 있을 경우 위험할 수도 있으므로, 반드시 주변에 다른 스키어가 있는지 확인 후 스키를 메야한다.

면서 운반하고, 스키를 어깨에 멘 상태에서 몸을 돌리거나 멈출때는 주변 스키어에 충분히 주의하도록 한다.

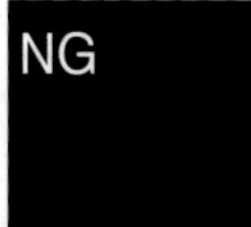

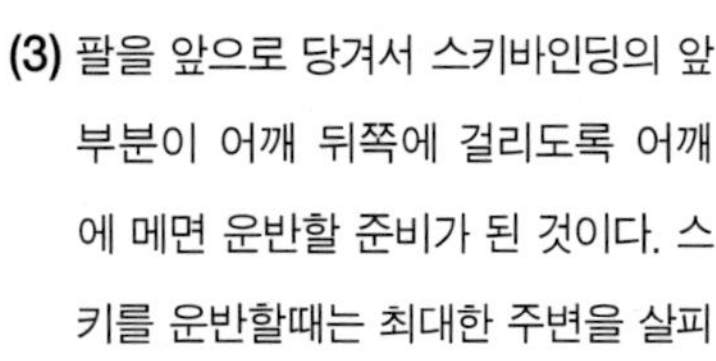

(3) 팔을 앞으로 당겨서 스키바인딩의 앞부분이 어깨 뒤쪽에 걸리도록 어깨에 메면 운반할 준비가 된 것이다. 스키를 운반할때는 최대한 주변을 살피

(1) 스키의 탑이 뒤쪽으로 가도록 어깨에 메는 것은 스키를 처음 멜 때 상당히 불편하고, 스키의 바인딩이 어깨를 짓누르게 되므로 어깨가 아플 수 있다. 또한 바인딩은 눈이 많이 붙어있는 곳

이므로, 이런 방법으로 스키를 메게 되면 어깨부분이 눈에 의해 지나치게 젖을수 있다.

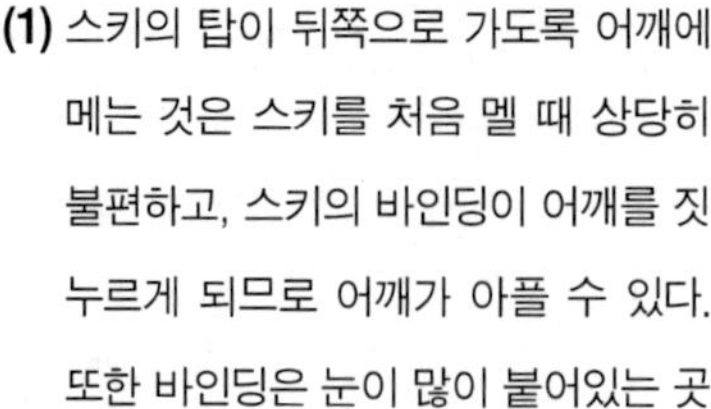

(2) 스키를 세로로 메게 되면 스키엣지가 어깨에 맞닿게 되므로, 어깨가 아프고 상처가 생길수도 있으며, 엣지에 의해 스키복이 찢어질 수도 있으므로 주의한다.

**(1) 스트랩을 사용하여 편리하게 운
반한다.**

스키를 처음 구입하면 스키샵이나 스키
수입상에서 스키를 고정시키는 스트랩을
주는 경우가 많다, 스키의 앞쪽에 스트
랩을 하나 붙여주거나, 스키의 앞과 뒤에
두개의 스트랩을 붙여주면, 양스키가 보
다 단단하게 고정되어 보다 편리하고 안
전하게 스키를 운반할 수 있다.

특히 초보자나 어린이용 스키와 오래된
스키는 스톱퍼의 탄성이 약해서 양스키
가 쉽게 벌어지거나 떨어지는 경우가 있
는데, 이때 스트랩을 사용하면 보다 편리
하다.

폴 착용법

Beginner Technique

폴은 지팡이와 같은 역할을 하기 때문에 스키에서 대단히 중요한 장비이다. 스키를 처음 접하는 초보자의 경우는 자칫 폴이 거추장스럽게 느껴지지도 하지만, 폴은 평지나 경사면을 걷거나 오르내릴 때는 물론이고 활주시에도 균형을 잡거나 회전을 돕는 중요한 장비이므로, 처음부터 제대로 착용하도록 한다.

초보자용 폴의 경우는 대부분 좌우의 구분이 없지만, 상급자용 폴에는 좌우가 정해져 있으므로 잘 구분하여 착용한다. 폴을 쥐기 위해서 우선 폴에 달린 스트랩의 길이를 잘 조절하여야 한다. 폴 스트랩이 너무 짧으면 폴을 쥐기 힘들게 되고, 스트랩이 너무 길면 폴을 쥐었을 때 스트랩이 손을 받쳐주지 못하므로, 폴을 쥐는 손에 힘이 들어가서 피로도가 높아진다.

방법

(1) 폴을 쥐기 위해서 스트랩을 양옆으로 넓혀준다. 이때 사용하지 않는 폴을 설면에 꽂아두면 보다 편하게 폴을 쥘수 있다.

(2) 폴을 쥐는 손을 스트랩의 아래쪽에서 위쪽으로 꿰서 폴을 잡을 준비를 한다.

(3) 스트랩을 엄지손가락과 손바닥으로 감싸면서 폴을 쥐어준다.

(4) 폴을 쥘 때는 스트랩과 그립을 동시에 잘 감싸쥐어야 하는데, 이렇게 하면 보다 적은 힘으로 폴을 쥘 수 있고, 넘어질 때도 폴이 손에서 잘 분리되어 보다 안전하다.

(1) 잘못된 폴착용법

폴을 잡을 때 스트랩을 위쪽에서 아래쪽으로 꿰서 잡으면, 스트랩이 손을 받쳐주지 못하기 때문에 폴을 쥐는 손에 많은 힘이 들어가게 되고, 넘어질 때 스트랩에 걸려서 폴이 손에서 분리되지 않기 때문에 엄지손가락 부상(Skier' s Thumb)을 입을 경우가 많으므로 주의한다.

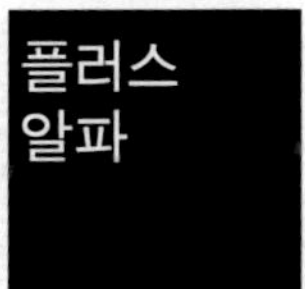

(1) 스트랩을 바르게 준비하는법

폴을 제대로 쥐기 위해서는 스트랩을 제대로 준비해야 하는데, 특히 손의 감각이 예민해지는 중상급자 이상에서는 특히 스트랩을 제대로 준비해야 섬세한 폴감각을 느끼기 쉬워진다.

일부 상급자용 폴은 처음 출고될 때 스트랩이 제대로 꿰져서 판매가 되지만, 초중급자용폴은 대부분 스키어가 구입하여 스트랩을 꿰야 하는데, 스트랩은 손바닥에 잘 밀착되어 그립과 함께 손에 쥐게 되므로, 서로 엇갈리게 꿰줘야 밀착감 있게 폴을 쥘 수 있다.

초보자용 폴의 스트랩은 양쪽이 서로 붙어 있는 경우가 있는데, 제대로 폴을 쥐기 위해서는 스트랩을 다시 빼서 양쪽이 안으로 모이도록 다시 꿰어야 한다.

07 스키착용법

人키부츠와 폴을 착용한 다음에는 스키장비의 핵심인 스키를 신어 보도록 한다. 스키는 평평한 곳에서 신는 것이 보다 편리하다. 만약 경사면에서 스키를 신어야 한다면 우선 스키로 바닥을 내리쳐 눈을 평평하게 다져서, 스키가 수평으로 놓여진 다음 스키를 신는 것이 좋다.

스키를 신을 때는 부츠바닥에 눈이 붙어 있는지를 확인해서, 눈이 붙어있다면 바인딩이나 폴을 이용하여 깨끗하게 털고 신는 것이 좋다.

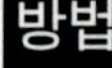
방법

(1) 평평한 곳을 찾아서 스키를 가지런하게 놓는다. 스키를 놓을때는 양스키의 간격을 조금 넓혀서 발을 디딜곳을 만드는 것이 좋다.

(2) 양스키 사이에 발을 놓고 스키를 신을 준비를 한다. 이때 오른발잡이라면 보통 왼발을 양스키 사이에 놓고 오른쪽 스키를 먼저 신는 것이 좋다. 경사면에서는 체중을 싣기 힘든 위쪽 스키보다는 아래쪽 스키를 먼저 신은 다음, 스키 엣지로 확실하게 서서 위쪽스키를 신는 것이 보다 편리하다.

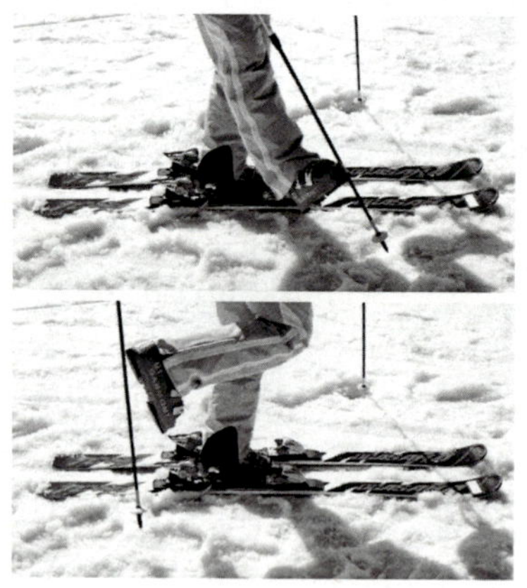

(3) 스키를 신기 전에 부츠 아래쪽에 붙
   어 있는 눈을 폴을 사용하거나 바인
   딩에 두드려서 털어준다.

(4) 스키를 신기 위해서 앞바인딩의 오목
   한 부분에 부츠앞의 볼록한 부분을
   집어넣는다. 앞바인딩이 맞춰졌다면
   시선을 돌려서 뒷바인딩의 간격과 부
   츠 길이가 맞는지 확인한다. 부츠에
   비해서 바인딩의 간격이 너무 좁거나
   넓다면 다시 조절해야 한다.

(5) 앞바인딩에 부츠를 맞추고 뒷바인딩
   의 간격도 잘 맞다면 뒤꿈치를 누르
   면서 스키를 신는다. 이때 "딱" 하는
   경쾌한 소리가 들려야 스키가 제대로
   신겨진 것이다.

(6) 한쪽 스키가 잘 신겨졌다면 반대쪽
   스키도 같은 요령으로 신는다.

폴을 이용하여 바인딩 힐피스를 눌러준다.

부츠를 이용하여 바인딩 힐피스를 눌러준다.

(7) 스키를 벗을 때는 폴을 이용하여 뒷
   바인딩의 튀어나온 부분을 강하게 눌
   러준다. 한쪽 바인딩을 벗었으면, 다
   른쪽은 부츠를 이용하여 뒷바인딩을
   눌러서 벗어도 된다.

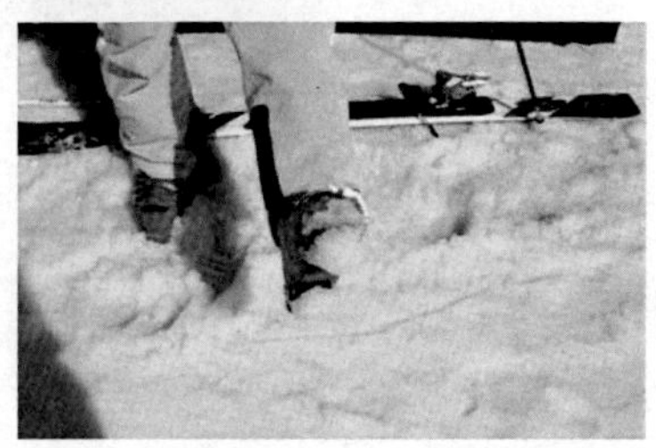

(1) 습기가 많은 눈에서 스키를 신거나,
   대여용 부츠의 경우에는, 특히 부츠
   바닥에 눈이 쉽게 들러붙게 된다. 눈
   이 붙은 상태에서는 스키를 제대로
   신기도 어렵고, 억지로 스키를 신었다
   고 해도 비뚤게 신겨지거나 혹은 제
   대로 신겨지지 않아서, 바인딩이 조기
   이탈되거나 아예 이탈되지 않아서 부
   상의 위험성이 있으므로 주의한다.

   스키를 신을때에는 "딱" 하는 경쾌
   한 소리가 나야하는데, 둔탁한 소리
   가 나거나 소리가 제대로 나지 않는
   경우는, 바인딩의 간격이 부츠와 맞지
   않거나 부츠바닥에 눈이 붙어있는 경
   우이므로, 다시 스키를 벗어서 꼭 확
   인해야 한다.

보행법

Beginner Technique

스키를 올바르게 신었다면 가장 먼저 이동하는 방법을 배워야 한다. 스키를 신고 걷는 것은 미끄러운 눈 위에서 실시하게 되므로, 처음에는 어색할 수도 있지만 차츰 익숙해지면, 미끄러짐을 이용하여 보다 빠르게 걸을 수 있다.

눈위에서 걸을 때는 무거운 스키를 착용하고 있으므로, 스키를 들지말고 설면에서 미끄러뜨리며 걷는 것이, 체력소모도 줄이고 보다 빠르게 걸을 수 있다.

방법

(1) 스키위에 편안하게 선 상태에서 중심을 스키 가운데에 유지하며, 양폴을 설면에 찍어서 안정된 자세를 유지해서 걷기위한 자세를 만든다.

(1) 양스키가 벌어지는 것

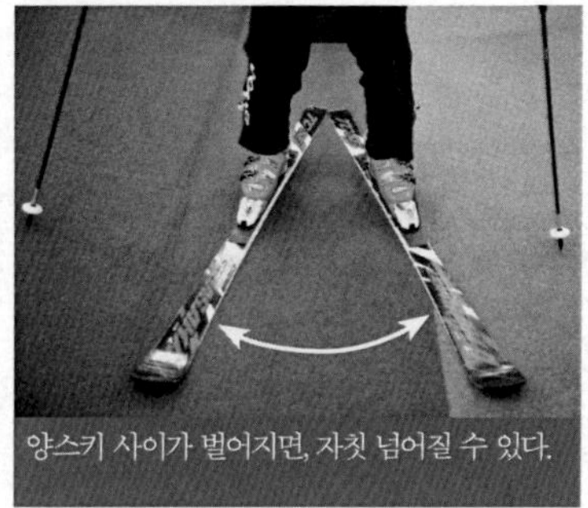
양스키 사이가 벌어지면, 자칫 넘어질 수 있다.

(2) 앞으로 진행하기 위해서 중심을 앞으로 이동시키며, 일상생활에서 걸을 때 팔을 흔드는 것과 마찬가지로, 폴을 내밀어 찍어주며 동시에 반대쪽 스키를 앞으로 내밀면서 걷는다.

이때 스키는 평행을 유지해야 하며, 스키를 들어올리며 걸으면 체력소모도 많고 균형을 잡기가 어려우므로, 스키를 설면에서 떼지 않고 걷는다.

(3) 계속해서 양폴과 양스키를 교대로 내밀면서 중심을 앞쪽으로 적극적으로 이동시키며 걷는다. 익숙해지면 양폴에 힘을 가하면서 뒤쪽으로 밀어주면 보다 빠르게 걸을 수 있다.

평지에서는 물론이고 경사면에서 걸을 때 앞이 벌어지는 경우가 있는데, 특히 팔자걸음을 걷는 스키어에게 많이 생길 수 있다. 이렇게 팔자로 걷게 되면 스키가 미끄러지면서 스키탑이 더욱 벌어지는데, 자칫 양다리가 심하게 벌어지면 앞으로 넘어질 수 있다.

특히 경사면에서는 스키가 미끄러지면서 자칫 위험할 수도 있으니, 스키를 신고 걸을 때는 평행을 유지하며 11자로 걷는 것이 좋다.

(1) 추진활주

양폴을 스키앞쪽에 멀리 찍어준다.

양폴을 당기면서 몸을 앞으로 밀어준다.

어느 정도 걷는 것이 익숙해지면 이제는 양폴을 이용하며 몸을 밀어주면서, 보다 강하고 빠르게 이동할 수 있는 추진활주를 시도해 본다. 추진활주는 양팔의 힘을 이용하여 보다 빠르게 이동이 가능하므로, 주로 단거리를 이동할 때 많이 사용되는 기술이다.

추진활주를 할 때는 양폴을 스키 앞쪽에 멀리 찍어주고, 상체를 앞으로 기울인 전경자세를 만들었다가, 양팔을 뒤로 당기며 밀어서 적극적으로 앞으로 추진하여 활주한다. 이때 추진활주로 길게 미끄러지기 위해서는, 전경자세에서 앞에 있던 중심을 적극적으로 뒤로 이동시키며 활주하여야, 보다 길고 경제적으로 이동할 수 있다.

U.CR+ MECHANISM

U.CR+

인체공학적 설계를 바탕으로한 과학적 커스텀 피팅 의류로 사용자의 움직임을 최적화시켜주는 시스템을 기반으로 한 운동 능력을 높여주는 전문 기능성 의류

제작과정 원천 기술력

기존 기능성 의류의 봉제 방식으로 작업된 제품군들의 피부 쏠림 현상 및 답답함을 개선한 less(무봉제) 방식으로 제작되어 국제특허(PATENT:NO.99202991)를 갖고 있으며 압박감을 최대로 하나 답답함을 느낄 수 없는 신 기술(X–COMPRESS TEC)기술입니다.

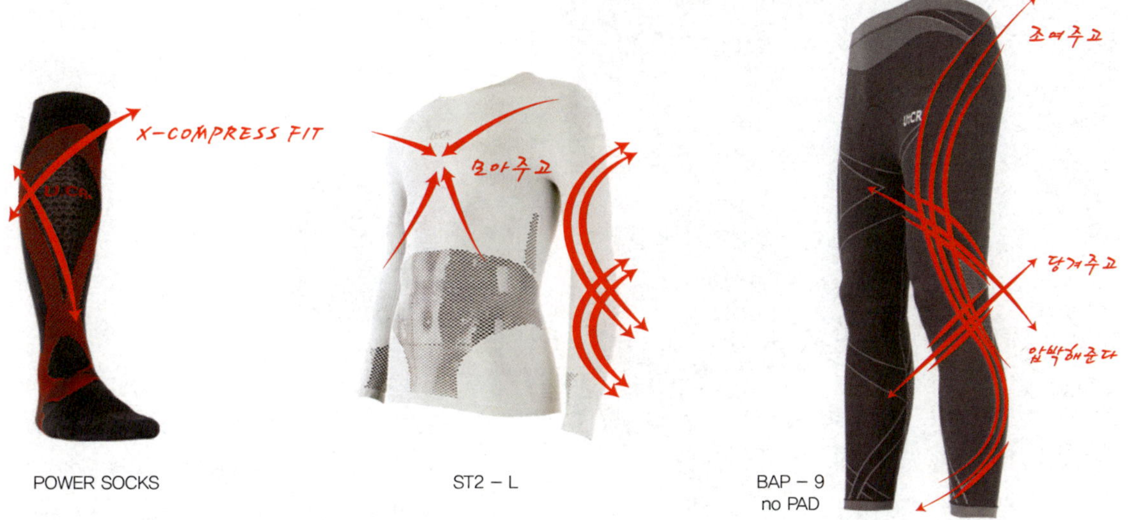

원사

천연소재인 BAMBOO(대나무)에서 추출한 원사 개발로(국제특허:PATENT:NO99204720) 시원한 착용감 및 기존 기능성 소재 보다 5배 이상 빠른 땀 흡수력 및 자연 항균 처리 원사로 작업되어 원단이 피부에 달라붙지 않으며 냄새가 나지 않는 기술력입니다.

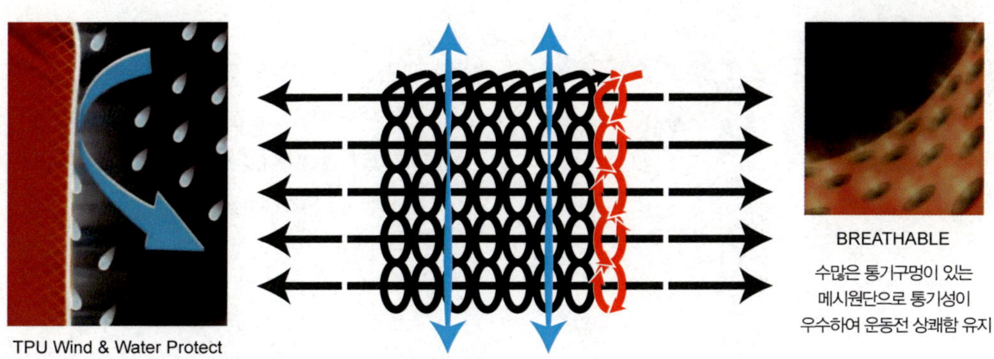

09 스케이팅법

스케이팅(Skating)은 아이스스케이트에서 비롯된 기술로서, 양스키를 교대로 밀어내면서 평지나 완만한 경사를 빠른 속도로 이동할 수 있는 기술이다. 스케이팅을 잘 하기 위해서는 양발과 양손을 리드미컬하게 움직이는 것이 필요하며, 또한 스키의 엣지와 폴을 이용하여 설면을 적극적으로 밀어내야, 보다 쉽게 빠른 속도로 이동할 수 있다.

또한 스케이팅은 안쪽엣지를 사용하면서 적극적으로 중심이동을 하는 감각도 길러지므로, 나중에 배울 회전기술의 사전연습으로서도 효과가 높은 기술이다.

방법

스키를 "V자" 로넓히고 뒷발을 무릎과 발목을 안쪽으로 꺾어주어서, 스키의 안쪽 엣지를 설면에 단단하게 대고 선 상태에서 설면을 발로 차며 추진력을 만들면서, 다른 발을 길게 내밀며 앞으로 나아간다. 이때 설면을 차는 타이밍에 맞춰서 양폴을 설면에 찍어서 밀어주면, 보다 강한 추진력을 낼 수 있다.

앞발이 어느 정도 활주를 하면 체중을 앞발로 완전히 이동시키며, 뒷발을 설면에서 들어서 앞발근처에 가깝게 붙여준다. 이때 양폴을 설면에 찍어주며 다음 스케이팅 동작에 대비한다.

(1) 폴 타이밍에 맞추어 체중을 앞으로 이동한다.

스케이팅은 빠르게 앞으로 활주하는 이동 방법이므로, 여기에 맞춰서 적극적으로 체중도 앞쪽으로 이동시켜야 한다. 또한 스케이팅을 하면서 이동하는 것에 맞춰서 양폴을 찍어서 밀어주어야, 보다 효과적인 스케이팅이 가능하다.

이러한 동작은 양팔과 양발이 함께 움직이는 연동감각이 있어야 하는데, 이렇게 팔과 다리를 함께 움직이는 감각은 나중에 회전을 할 때, 폴을 찍어주며 스키를 회전시키는 연동감각과도 관계가 깊은 동작이다.

10 방향전환법

스키를 타다보면 방향을 바꿔야 하는 필요성이 생긴다. 이때 가장 기본적인 방향전환은 스키를 부채꼴 모양으로 조금씩 넓혔다 좁히는 것을 반복하면서 방향을 전환하는 것이지만, 익숙해지면 킥턴(Kick-Turn)을 사용하여 보다 빠르고 효과적으로 방향전환을 할 수 있다.

특히 경사면에서는 스키가 미끄러지기 쉽기 때문에, 부채꼴 모양의 방향전환을 사용하기가 어려우므로, 킥턴을 연습해서 보다 쉽고 빠르게 방향전환을 하여 보자.

1. 부채꼴 방향전환

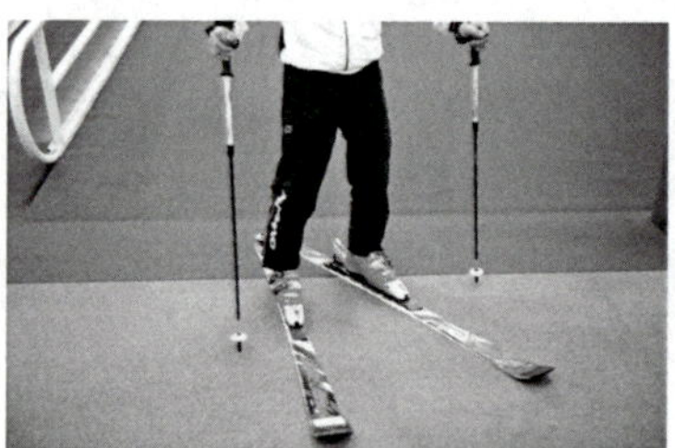

(1) 평지에 양폴을 짚고 편안하게 선 상태에서, 시선과 상체를 방향전환할 곳으로 돌려주며 한쪽스키의 앞을 부채쪽 모양으로 넓혀준다. 이때 폴도 함께 회전하는 방향으로 찍어주어야, 폴이 스키에 걸리지 않고 보다 편하게 방향전환을 할 수 있다.

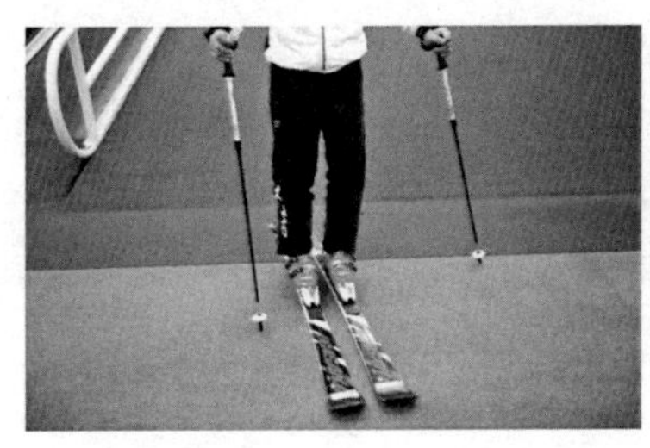

(2) 한쪽스키를 부채꼴 모양으로 넓혔으면 다른쪽 스키의 앞을 붙여주면서 상체를 돌려준다. 스키가 다시 평행하게 모아졌으면 폴을 옮겨 찍어서 방향전환을 마무리한다.

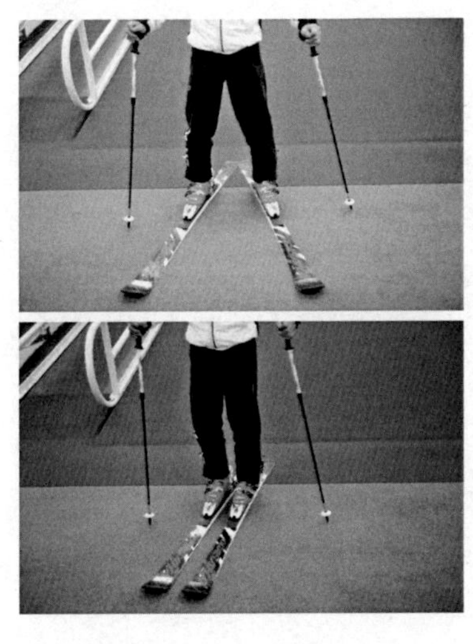

(3) 같은 방법으로 반복하면 다양한 방향으로 방향전환이 가능하다

2. 킥턴

평지에서는 부채꼴 모양으로 조금씩 방향전환을 하면 되지만, 경사가 급한 곳에서는 스키가 미끄러지면서 방향전환이 어려워지게 된다. 이때 보다 빠르고 효과적으로 방향전환을 할 수 있는 기술이, 바로 스키를 차서 돌리는 킥턴이다.

경사면에서 킥턴을 할 때는 경사면에 대하여 옆방향으로 서야만, 스키가 미끄러지지 않고 안전하게 킥턴을 할 수 있다.

(1) 편안하게 선 상태에서 양폴을 찍어서 균형을 잘 잡고 선다.

(2) 킥하려는 스키를 조금 뒤로 빼서 반동을 주어 차올릴 준비를 한다.

(3) 스키는 가능하면 몸에서 멀리 차올려서 다른 스키의 앞부분 근처에 찍어 놓아야 방향전환을 하기가 편해진다.

(4) 차올린 쪽 손을 움직여서 폴을 다른 쪽 스키의 너머에 찍어준다. 이때 균형을 잃지 않도록 주의한다.

(5) 차올린 스키의 테일을 중심으로 스키를 반바퀴 돌려서 다른 스키에 평행하게 붙여준다. 이때 양스키가 평행이 안되면 경사면에서는 다리가 벌어지며 넘어질 수 있으므로 주의한다.

(6) 다른쪽 폴을 옮겨서 반대쪽 스키의 앞쪽에 찍어준다.

(7) 남아있는 스키 한쪽을 반대반향으로 옮겨주면 방향전환이 마무리된다. 킥턴은 양쪽방향 모두 할 수 있어야, 경사면에서도 능숙하게 반대방향으로 돌 수 있으므로 반복해서 연습한다.

(1) 스키가 꼬이지 않도록 주의한다.

스키는 기본적으로 길이가 길기 때문에 주의하지 않으면, 스키가 쉽게 꼬이면서 넘어지기도 하고, 꼬인 스키를 쉽게 풀기도 어려워진다. 특히 초보자의 경우는 중심을 잃을 때, 본능적으로 반대쪽 스키를 먼저 움직이는 경우가 있는데, 이렇게 되면 스키가 꼬이면서 넘어질 수 있다.

이렇게 스키가 꼬이면 스키를 다시 원위치로 돌리기도 어렵고, 자칫 넘어질 수도 있으니 주의하여야 한다. 꼬인 스키를 원래대로 돌리기 어렵다면, 폴을 이용하여 스키를 풀어서 다시 신도록 한다.

(2) 과도하게 스키를 움직이지 않도록 주의한다.

전자와는 반대되는 경우인데, 방향전환하는 방향의 스키를 먼저 움직이더라도 너무 지나치게 많이 움직이게 되면, 반대로 스키의 뒤쪽인 테일이 꼬이면서 밸런스를 잃을 수도 있다. 또한 경사면에서 과도하게 스키를 움직이며 방향전환을 하면, 스키앞쪽이 벌어지면서 넘어질 수도 있으니 주의해야 한다.

스키를 움직일 때는 처음부터 너무 크게 움직이지 말고, 작게 여러 번 움직인다는 이미지를 가져야, 보다 안전하고 쉽게 방향전환을 할 수 있다.

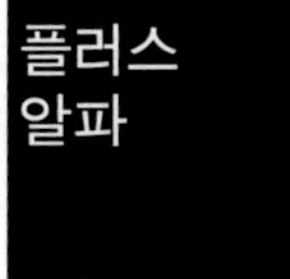

플러스
알파

(1) 경사면에서 방향전환

경사면에서 방향전환을 할 때는 기본적으로 킥턴을 사용하는 것이 좋다. 하지만 초보자의 경우는 활주를 시작하기 위해, 조금씩 방향을 전환하여 아래방향으로 방향전환을 해야 할 경우가 생긴다. 이때는 부채꼴 모양의 방향전환을 이용하여, 원하는 만큼 방향을 조절하면서 안전하게 출발한다.

일단 경사면에 옆으로 선 상태에서 양쪽 폴을 스키 아랫쪽에 단단하게 찍어주어, 상체를 아래방향으로 돌려놓고 몸을 단단하게 고정시킨다. 위쪽에 있는 스키의 테일을 벌려주며 크게 A자를 만들어서, 스키가 아랫쪽으로 미끄러지지 않도록 확실하게 고정시킨다. 이때 손바닥으로 양폴의 머리부분을 단단하게 지지해주면, 보다 효과적으로 몸을 고정시킬 수 있다.

양폴을 아랫쪽에 찍고 스키를 A자로 넓힌 상태에서, 양스키를 조금씩 교대로 움직여서 A자를 유지한 상태에서 아래방향으로 방향을 전환한다. 이때 양스키의 안쪽날인 인엣지를 설면에 잘 고정시키면, 보다 안전하게 방향전환을 할 수 있다.

등행(登行)이란 스키를 신고 경사면을 걸어 올라가는 것이다. 최근에는 스키장에 리프트가 잘 설치되어 있어서 등행의 중요성이 많이 줄어들었지만, 등행은 여전히 가장 기본적으로 익혀야 할 기술 중에 하나이다.

등행은 경사면을 오르는 기술인 만큼 스키바닥의 엣지를 잘 활용하여야 하는데, 엣지쓰는 법은 나중에 회전기술을 배울 때도 필요한 기술이므로, 등행에서 스키의 엣지를 쓰는 방법을 확실하게 익혀두는 것이 좋다.

가장 초보적인 계단등행은 비교적 안전하게 먼거리를 올라갈 수 있는 등행법이고, 개각등행은 비교적 스키에 익숙한 중상급자가 많이 사용하는 등행법으로서, 빠른 시간에 가까운 거리를 이동할 때 많이 사용한다. 개각등행은 완중경사에 많이 사용하지만 급경사에서는 계단등행이 보다 안전하다.

1. 방법(계단등행)

(1) 경사면에 대하여 옆으로 서서 양폴을 설면에 찍어주고, 스키가 미끄러지지 않도록 무릎과 발목을 산위쪽으로 꺾어주어 스키의 엣지를 세우고 선다.

(2) 체중을 아래쪽 발로 잘 버티면서, 위쪽 발의 무릎과 발목을 산위쪽으로 꺾은 상태를 유지하며 위쪽스키를 위로 옮긴다. 이때 찍고 있던 폴도 함께 옮겨주어 스키와 폴이 부딪히지 않도록 한다.

(3) 산위쪽에 있는 스키에 완전히 체중을 옮겨주고, 산아래쪽의 스키를 다시 옮겨서 붙여준다. 이때 산위쪽에 있는 스키의 엣지가 서 있어야, 스키가 미끄러지지 않고 체중을 옮기기가 편리하다. 산아래쪽에 남아있던 폴을 옮겨서 찍어준다.

(4) 위의 과정을 반복하여 실행한다. 먼 거리를 갈때는 중간에 킥턴을 하여 방향을 바꿔주면, 몸양쪽에 있는 근육을 골고루 사용하며 보다 피로감을 줄이면서 이동할 수 있다.

2. 방법(개각등행)

(1) 경사면에 위쪽을 향하도록 서서 스키를 앞이 넓은 V자로 벌리고, 무릎과 발목을 살짝 안쪽으로 꺾어주어, 스키의 안쪽 엣지를 세워서 스키가 미끄러지지 않도록 선다. 이때 양폴도 단단히 찍어주어야 보다 안전하고 편하게 설면을 오를 수 있다.

(2) 한쪽발에 체중을 단단히 고정시키고 다른쪽 발을 위쪽으로 옮겨준다. 이때 걸을 때와 마찬가지로 반대쪽 폴

도 함께 옮기면서 균형을 맞춰주고, 버티는 발은 물론이고 옮기는 발도 무릎과 발목을 위쪽으로 꺾어서 엣지를 세워주어야, 스키가 미끄러지지 않으며 경사면을 오를 수 있다.

(3) 위의 과정을 반복하여 실행한다. 이때 폴은 그립을 잡기보다는 손바닥으로 위쪽을 누르면서 잡아주는 것이, 보다 많은 힘을 버티면서 등행에 도움이 된다.

(1) 계단등행에서의 엣지 세우기

계단등행에서는 양발의 무릎과 발목을 산쪽으로 꺾어주어야, 스키의 엣지가 세워지며 스키가 설면에 단단히 박혀서 고정되어 등행을 하기가 쉽다. 이것은 나중에 배울 패러렐턴에서도 반드시 필요한 감각이므로 잘 익혀두도록 한다.

(2) 개각등행에서의 엣지 세우기

발목과 무릎을 꺾어서 스키의 날을 세워준다.

개각등행에서는 양발의 무릎과 발목을
안쪽으로 꺾어주어야, 양스키의 엣지가
안쪽으로 서면서 설면을 단단하게 잡아
주며 보다 쉽게 경사면을 오를 수 있다.
이렇게 안쪽 엣지를 사용하는 감각은 A
자로 회전을 하는 플루그보겐은 물론이
고, 다른 기술에서도 기본적인 감각이므
로 잘 익혀둔다.

손바닥으로 폴끝을 눌러주며,
등행을 실시한다.

(3) 개각등행을 할 때는 양폴의 그립을
쥐는 것이 아니라, 그립의 위쪽을 손
바닥으로 감싸 쥐고 뒤쪽으로 강하게
밀면서 등행하여야 보다 쉽고 효과적
으로 등행을 할 수 있다.

12 넘어졌다 일어나는 법

Beginner Technique

스키는 경사면을 빠른 속도로 활주하는 스포츠이므로 항상 부상의 위험성을 동반하고 있다. 그러므로 항상 안전의식을 가지고 스키를 즐겨야 하는데, 안전하게 스키를 즐기기 위한 가장 첫걸음은 일단 안전하게 넘어지는 법과 일어나는 법을 배우는 것이다.

초보자의 경우는 스피드를 조절하지 못하는 경우 넘어져서 멈추는 것이 가장 안전한 방법인데, 넘어지는 것을 두려워하여 무리하게 활주하면, 오히려 충돌과 같은 큰 사고와 부상을 당할 수가 있으므로 주의한다.

1. 넘어지는 방법

스키가 멈출때까지 기다리며 무리하게 일어나려고 하지 않는다. 오히려 무리하게 스키의 엣지 등을 강하게 걸면서 일어나려 하다가는, 인대부상 등이 일어날 수 있으므로 주의한다.

2. 일어나는 방법

경사면을 활주하다가 컨트롤이 안되거나 스피드가 빨라지고 충돌의 위험 등을 느끼면, 과감하게 넘어져서 멈추는 것이 가장 안전한 방법인데, 이때 먼저 자세를 낮추어 충격을 줄이는 자세를 취하는 것이 급선무이다.

자세가 낮아지면 엉덩이를 안쪽으로 기울이며, 최대한 설면에서 붙여서 넘어져야 충격을 줄일수 있다. 넘어진 후에는

넘어진 상태에서는 뒤에서 오는 스키어와의 충돌위험이 있으므로 재빠르게 일어나야 한다. 경사면에 대하여 스키가 비스듬하게 눕혀져 있으면 스키가 미끄러지면서 일어나기 어려우므로, 일단 스키를 조금씩 돌려서 경사면에 수직한 위치까지 옮긴다.

이 상태에서 경사면 위쪽에 있는 손을 짚고 일단 무릎을 세운 다음, 앞으로 인사하는 기분으로 상체를 일으킨다.

만약 경사면에 넘어졌을 때 스키가 앞뒤로 꼬여있다면, 우선 위에 놓여진 스키를 들어올려서 다른쪽 스키의 방향으로 포개어 놓는다. 그리고 손이나 폴을 짚고 일어난다. 경사가 완만한 경우에는 폴을 사용하는 것이 훨씬 쉽게 일어날 수도 있다.

경사면에 거꾸로 넘어진 경우 스키가 높은 곳에 있는 상태에서는 일어나기가 어렵다. 이때는 조금씩 스키를 옮겨서 스키가 몸보다 아래쪽에 위치할 때까지 돌려준다. 스키가 몸아래쪽 경사면에 수직한 위치까지 오면 손이나 폴을 짚고 일어난다.

(1) 손이나 무릎을 짚으면서 넘어지는 경우

무릎을 짚으며 넘어지면, 부상의 위험이 크다

넘어질 때 자세를 낮추지 않은 상태에서 무릎이나 손을 먼저 짚고 넘어지면, 충격이 무릎이나 손에 집중되기 때문에, 골절이나 탈구 등의 부상위험이 높아진다. 안전하게 넘어지기 위해서는 자세를 최대한 낮추고, 살이 많은 엉덩이부터 넘어져야 충격을 줄일 수 있다.

(2) 뒤쪽으로 넘어지는 경우

뒤로 넘어지면, 스피드가 줄지 않아서 위험하다.

초보자나 여성스키어의 경우는 겁을 먹고 뒤로 넘어지면서, 스키를 등에 깔고 미끄러지는 경우가 있다. 이럴 경우 스피드가 줄지 않아서 충돌의 위험이 커지게 된다. 넘어질 때는 자세를 낮춘 상태에서 옆쪽으로 넘어져야 빠르게 멈출 수 있다.

(3) 앞쪽으로 넘어지는 경우

앞으로 넘어지면, 부상의 위험이 크다.

초보자는 물론이고 상급자에게도 일어날 수 있는 경우인데, 스키의 탑이 벌어지면 앞쪽으로 넘어질 수 있다. 이 경우에는 얼굴이나 손목에 부상을 입을 수가 있으므로 주의해야 한다.

(1) 헬멧을 착용한다.

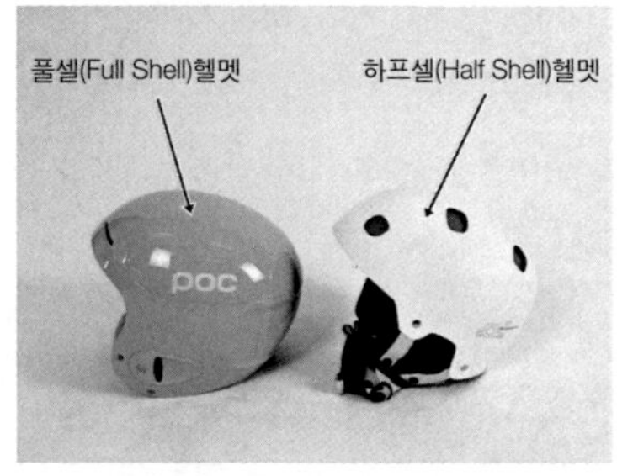

풀셀(Full Shell)헬멧 · 하프셀(Half Shell)헬멧

카빙스키가 등장하면서 활주스피드가 비약적으로 빨라지게 된 만큼, 부상의 위험성이나 정도가 아주 높아지게 되었다. 스키를 타면서 가장 좋은 방법은 넘어지지 않거나 충돌을 하지 않는 것이지만, 만약 넘어지거나 충돌하게 되는 경우 헬멧을 착용하면 머리부상의 위험성을 현저하게 줄일 수 있다.

특히 어린이의 경우는 반드시 헬멧을 사용하기를 권한다. 하지만 헬멧을 착용하는 경우는 청력이나 시야가 나빠질 수 있으므로 주의해야 한다. 또한 스키를 타면서 헤드폰을 끼는 경우가 있는데, 이것은 뒤에서 활주하는 스키어나 보더의 존재를 느끼지 못해서, 아주 위험천만한 행동이라고 할 수 있다.

스키선수나 레이싱을 좋아하는 스키어라면 머리와 귀를 모두 덮는 풀셀(Full Shell)이 보다 안전성이 높아지겠지만, 일반 스키어라면 귀쪽에 스펀지로 덮여서 보다 청각저하가 적고 쓰고 벗기도 편리한 하프셀(Half Shell) 헬멧이 좋다.

UPGRADE YOUR BODY UCR의 효과

근육의 부위별 차등화 피팅시스템

95% 이상이 무봉재로 이루어져 있으며, 원사의 조직구조와 방향을 달리하여 테이핑을 하지 않고서도 심레스테이핑을 한 효과를 만들어 줌으로써 근육에 차등적인 피팅 시스템을 완성하였다.

정맥혈 환류 증가

UCR을 착용하는 부위에 전체적인 저항(압박)을 주어 혈액이 왕성하게 순환될 수 있도록 하여 운동시 적은 열량으로 왕성한 혈액 순환을 이용하여 지치지 않는 지속적인, 보다 높은 운동능력을 발휘할 수 있도록 한다.

운동 후 피로회복과 근육 보정 효과

운동 후 UCR을 착용하면 혈류량이 증가하면서 혈액속의 산소가 근육에 빠르게, 보다 많이 전달되게 되어 인체내에 싸여있는 피로 물질인 젓산 분해를 빠르게 도와주는 효과가 있으며, 운동 후 스트레스 받은 근육이 차등.

친환경 소재 사용

합성수지의 원단이나 나일론 원단과 같이 피부에 자극을 주는 것이 아닌 대나무에서 추출한 천연원사 (특허사진 첨부)를 사용하여 피부에 자극이 없이 쾌적한 착용이 가능하다.

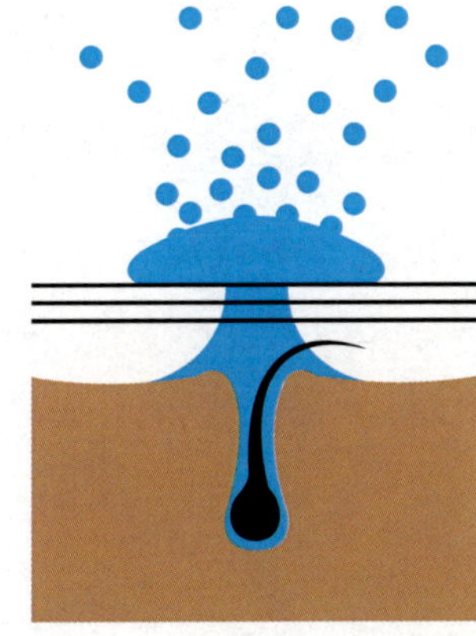

가벼운 속건성 효과

DreamFel 원사는 나일론의 20%, 폴리의 30% 가벼워 타 의류들에 비해 가볍고 부드러운 착용감 주어 사용자가 착용하는 부담을 덜어준다. 또 원단의 조직 안에 공기층을 형성하여, 피부에서 땀이 발생하였을 때, 순식간에 밖으로 밀어내주는 속건성이 매우 뛰어나다. 이는 운동능력을 수행하는데, 보다 쾌적한 환경을 제공한다.

그밖의 기능

항균기능, 근육 조직 보정과 압박, 체온 유지와 빠른 흡수 및 발수

UV BLOCK

ENVIRONMENT

ERGONOMICS

LIGHT WEIGHT

3M 리플렉스

모든 져지 원단 특허

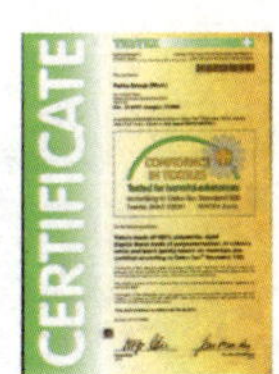

봉제 기술

지퍼 방수

Bamboo yam 봉제

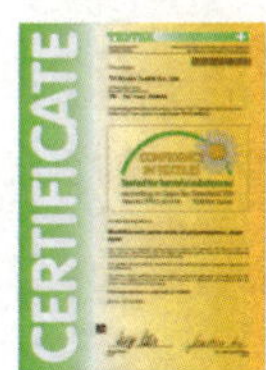

TPU Breating

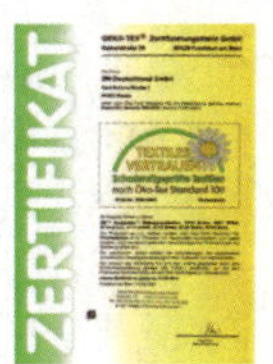

바지봉제기술

베이직 테크닉
Basic Technique

13 기본자세

지구상의 모든 스포츠가 마찬가지겠지만, 스키에서도 가장 중요한 것은 역시 기본자세이다. 스키의 모든 기술은 기본자세에서 시작되므로 기본자세야말로 스키기술의 뿌리이자 줄기라고 할 수 있다. 하지만 대부분의 초급 스키어들은 물론이고 상급스키어들도 기본자세를 소홀히하는 경우가 많은 것이 현실이다.

기본자세가 정확하게 만들어지지 않아서, 잘못된 기본자세로 스키를 탈 경우에는 그 자체만으로도 기술 향상에 방해가 되는 것은 물론이고, 자칫 위험할 수도 있으므로 스키를 탈 때 기본자세를 철저하게 익혀야 한다.

기본자세는 항상 같은 것이 아니라, 설질이나 슬로프 환경(모글, 평사면등), 회전의 목적, 스피드 등에 따라서 조금씩 바뀌는 것이 좋으므로, 매번 스키를 탈 때 첫번째 활주는 천천히 내려오면서 그날의 기본자세와 컨디션 및 슬로프 상황 등을 확인하는 것이, 스키 기술 향상의 지름길이며 안전하게 스키를 즐기는 첫걸음이다.

기본자세를 위해서 온몸에 힘을 빼고 고관절, 무릎, 발목을 가볍게 굽혀서 발바닥 전체에 골고루 하중이 실리도록 한 상태에서 양팔을 넓히고 편안하게 선다. 이때 정강이 각도와 상체의 각도는 평행을 이루도록 설정하고, 양팔의 넓이는 머리와의 연장선을 그었을 때 삼각형이 나오도록 넓혀서 안정되게 중심을 잡도록 한다.

기본자세를 옆에서 보았을 때, 머리와 발끝과의 연장선을 긋는다면 설면과 수직을 이루도록 정확한 중경포지션을 만들어야. 경사면을 내려오면서 스키를 효과적으로 컨트롤할 수 있다.

기본자세에서는 중경포지션이 기본원칙이지만, 초보자의 경우는 경사면을 내려오면서 몸이 뒤로 빠지는 경우가 많으므로, 부츠앞에 가볍게 기대는 전경포지션을 취하는 것이 좋다.

(1) 상체는 힘을 빼고 릴렉스하게 유지한다.

특히 어깨와 허리의 힘을 빼고 릴렉스하게 유지한다.

기본자세는 스키기술이 시작되는 근본이기 때문에, 다양한 포지션으로 변화하며 여러가지 컨트롤을 만들 수 있어야 하므로, 몸전체에 힘을 빼서 릴렉스한 자세를 유지해야 한다.

특히 초급 스키어는 물론이고 상급 스키어도 어깨나 등에 무리한 힘이 들어가 있는 경우가 많은데, 이럴 경우 불필요한 에너지 소모는 물론이고 근육이 잘 움직이기 않아서, 원하는 포지션이나 컨트롤을 만들어내기 어렵기 때문에, 기본자세는 항상 릴렉스하게 유지해야 한다.

(2) 시선은 높게, 턱은 들어준다.

시선은 높게 유지하고, 턱을 들고 기본자세를 만든다.

스키는 경사면을 빠르게 내려가는 스포츠이기 때문에 안전을 위해서 넓은 시야를 확보해야하며, 시야를 넓게 하면 스키를 타면서 여유가 생겨서 훨씬 더 편안하고 즐겁게 스키를 탈 수 있다.

또한 머리는 상체의 끝에 위치하고 있어서, 시선의 높이가 낮아지면 당연하게 상체도 앞으로 숙여지게 마련이다. 이럴 경우 스키의 앞쪽에만 하중이 지나치게 실

리는 전경과다의 포지션이 만들어져서, 상급기술을 익히는데 치명적인 장애가 된다. 스키에서는 전후 밸런스를 유지하는 것이 가장 어려우므로 시선은 슬로프와 평행하게 유지하며, 턱을 살짝 들어서 머리가 움직이지 않도록 주의하자.

(3) 척추는 곧게 펴준다.

척추는 위에서 당긴다는 느낌으로 곧게 펴준다.

예전에는 스키를 많이 밀어서 돌려주는 스키딩(Skidding)기술을 위주로 스킹을 했기 때문에, 골반을 앞으로 집어넣고 척추를 말아주어 구부정한 자세를 만드는 클래식 포지션(Classic Position)을 많이 사용하기도 했다.

하지만 현대의 스키기술은 스키에 하중

을 가하여, 스키가 둥글게 휘어지면서 회전을 하는 기술을 많이 사용하므로, 스키에 하중을 효율적으로 가하기 위해서 척추를 곧게 펴고 골반을 세워주는 파워포지션(Power Position)을 취하는 것이 보통이다.

파워포지션에서는 힘을 뺀 상태에서 머리끝이 위로 당겨진다는 느낌으로 허리를 곧게 펴주게 된다. 이때 웨이트 트레이닝을 할 때처럼 지나치게 허리를 펴다가 오히려 반대로 구부러지는 것도, 신체의 부드러운 움직임을 방해하고 지나치게 스키 앞쪽에만 하중을 걸리게 되므로 주의한다.

(4) 정강이각과 상체각은 평행하게 유지한다.

정강이와 척추각은 평행하게 셋팅한다.

기본자세는 슬로프 위를 미끄러지는 가장 핵심이 되는 자세이므로, 슬로프와 수직을 이루어야 가장 효율적으로 스키에 파워와 컨트롤을 전달할 수 있다. 이를 위해서는 신체의 정강이 각도와 상체의 각도를 평행으로 유지하는 것이 필수이다.

정강이각과 상체각은 스피드와 활주환경, 회전의 목적 등에 따라서 그 각도가 달라지기는 하지만, 이때도 두개의 각을 함께 변화시키며 평행으로 유지해야만 한다. 이렇게 평행이 되어야 스키어의 파워를 스키에 가장 잘 전달하고 스키를 가장 잘 컨트롤할 수 있는 자세가 만들어진다.

다만 모글의 경우에는 모글을 넘을 때 전방에서 전해지는 충격이 크므로, 정각이각보다 상체각을 펴서 충격에 대비하는 자세는 만드는 것이 유리하다.

(5) 주먹은 무릎보다 앞쪽에, 팔꿈치는 가슴보다 앞쪽에 유지한다.

끊임없이 변화하는 슬로프 환경에서 효과적으로 스키를 컨트롤하기 위해서는 밸런스 유지가 중요하다. 스키의 밸런스는 전후, 좌우, 상하 밸런스가 있는데, 이 중에서 가장 중요하고 어려운 것은 전후밸런스를 유지하는 것이다.

기본자세에서 전후밸런스를 잘 잡기 위해서는 상체의 자세도 중요하지만, 팔의 위치가 상체의 밸런스에 많은 영향을 미치게 된다. 특히 양팔이 상체보다 뒤로 빠지면 중심이 뒤로 빠지는 후경포지션이 나올 수 있으므로 주의한다.

기본자세에서 주먹의 위치는 무릎보다 앞쪽에 위치하여 항상 자신의 시야안에 둔다는 생각을 하고, 팔꿈치는 가슴보다 앞쪽에 두어서 활주중에도 양팔이 뒤로 빠지지 않게 유지하는 것이 기본이다.

(6) 양팔은 삼각형을 유지하며 넓게 벌린다.

양팔과 머리는 삼각형을 유지한다.

기본자세에서 양팔의 위치는 밸런스를 유지하는데 상당히 많은 영향을 미치게 된다. 활주중에 양팔을 넓게 벌려주면, 전후밸런스는 물론이고 좌우밸런스를 잡는데도 도움이 된다. 또한 우아하게 넓혀진 양팔은 활주자세를 아름답게 만드는 역할도 한다.

스킹시 양팔은 머리를 중심으로 삼각형을 이루도록 넓게 벌려서 밸런스 유지에 도움이 되도록 하는데, 스키복을 입으면 소매의 영향으로 자신의 생각보다 양팔이 좁아 보이므로, 자신의 생각보다 조금 더 넓힌다는 느낌으로 넓히는 것이 좋다.

(7) 폴을 쥔 손은 가볍게 힘을 주고, 새끼손가락에 힘을 준다.

새끼 손가락에 힘을 줘서 폴끝을 뒤쪽으로 향한다.

스키는 대표적으로 도구를 많이 사용하는 스포츠인데, 발에 신는 스키만큼이나 폴을 잘 쥐는 것도 스키테크닉에 영향을 많이 미치게 된다. 폴을 쥘 때는 손안에 계란을 쥔다는 느낌으로 가볍게 쥐고, 새끼손가락에 힘을 줘서 폴끝이 스키바인딩보다 뒤로 향하여 기울어지도록 만든다. 이렇게 하면 폴끝이 설면에 끌리지 않음은 물론이고, 향후 폴체킹을 할때 보다 힘을 적게 들이는데 도움이 된다.

(8) 스탠스는 허리넓이를 유지한다.

양발의 넓이는 허리넓이의 내츄럴 스탠스로 유지한다.

스키는 환경이나 기술에 따라서 다양한 스탠스를 사용하는데, 가장 기본이 되는 스탠스는 양발의 넓이를 자신의 허리넓이만큼 유지하는 내츄럴스탠스(Natural Stance)이다.

내츄럴 스탠스는 균형을 잡기 쉬우며 중심이동을 하는데도 유리한 스탠스이다. 이 내츄럴 스탠스를 기본으로 다양한 스탠스로의 변화와 응용이 가능하다.

(9) 발바닥은 펴주고 발가락을 오므리지 않는다.

발가락을 펴서 살짝 들어주는 이미지를 가진다.

스킹을 할 때 스키어가 가하는 하중은, 최종적으로 발바닥을 거쳐서 스키까지 전달되게 된다. 이때 하중이 잘 전달되기 위해서는 발가락을 오므리지 않고 쭉 펴주며, 하중을 가할 때는 위쪽으로 젖힌다는 느낌이 있어야 나중에 하중의 전후이동이 수월하다.

(1) 전경과다

스키의 기본자세는 경사면에 수직으로 선 중경이 기본이지만, 적당한 전경자세는 여러모로 유리한 점이 많은 자세이다. 특히 단단한 눈에서 약간의 전경은 스키의 탑이 설면을 파고드는 것이 좋아져서 회전이 쉬워지는 면도 있다.

특히 초보자는 경사면에서 미끄러질 때 가벼운 전경을 취하는 것이, 몸이 뒤로 빠지는 것을 방지하여 유리한 점이 있다. 하지만 지나친 전경은 체중이 스키의 앞쪽에만 집중되므로 턴의 마무리가 나빠지고, 신체의 움직임이 나빠져서 부드러운 스킹에 방해가 되기도 한다.

특히 모글에서는 전경과다가 되면 전방에서의 압력에 대응하지 못하여, 모글에 걸려 앞으로 넘어지는 위험한 상태가 되기도 한다.

(2) 후경자세

이 자세는 초급 스키어에게서 많이 나오는 자세로, 경사면과 활주에 대한 공포심 때문에 많이 발생하게 된다. 또한 상급스키어중에서도 의외로 많은 것이 후경자세인데, 후경이 되면 스키어의 파워가 스키의 테일쪽에만 집중되므로, 스키탑에 압력이 들어가야 하는 회전 전반부에 스키 앞쪽의 설면 파고듬이 나빠지게 된다.

또한 허벅지 근육에 많은 힘이 들어가게 되므로 체력소모가 많고, 결과적으로 스키에 이끌려 가는 자세가 되어버려서 효과적인 스키 컨트롤이 어려워진다.

다만 봄눈이나 저항이 많은 신설 등에서는 적당한 후경자세를 취하는 것이, 전후 밸런스 조절과 스키의 컨트롤에 도움이 되는 경우도 있다.

(3) 낮은시선

초급 스키어에게서 많이 보이는 자세로서, 대부분 스키를 잘 컨트롤한다는 마음이 앞서서 항상 스키를 보면서 활주를 하면, 고개가 숙여지고 상체도 따라서 숙여지는 자세가 만들어진다.

이러한 자세가 만들어지면 회전에 여유

가 없어지는 것은 물론이고, 머리가 숙여짐에 따라서 상체도 앞으로 숙여지는 결과가 발생하는데, 특히 업다운시 상체가 앞뒤로 움직이는 원인이 된다. 상체가 앞뒤로 움직이면 활주시 전후밸런스를 무너뜨리는 결과가 되므로 주의한다.

(4) 전압과다

주로 상급자에게서 많이 보이는 자세로서, 지나치게 전경을 의식하여 부츠 앞을 강하게 눌러서, 스키 앞쪽에만 하중이 집중되고 고관절이 펴진 자세이다.

전압과다가 되어버리면 업다운시 고관절은 움직이지 않고 무릎관절만 움직이므로, 하중이 스키의 앞에만 집중되어 버린다. 이 경우 회전시 하중의 전후이동이 되지 않아서 샤프한 회전이 어렵게 되므

로, 최상급자로 가기 위해서는 반드시 수정해야 하는 자세이다.

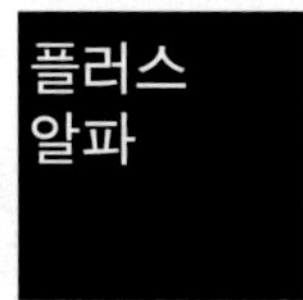

(1) 기본자세 확인

스키의 기술 중에 가장 중요한 것은 바로 기본자세라고 해도 과언이 아니다. 하지만 스키 초보자는 물론이고 최상급자의 경우에도 기본자세의 확인에 소홀한 경우가 많다.

전경이 과다한 자세에서는 스키의 탑에만 하중이 실리게 되므로, 회전의 시작은 쉬워지지만 회전의 후반부에 스키의 테일에 하중이 실리지 않아서, 회전이 매끄럽게 마무리되지 않고 스키가 밀리게 되어 리바운드가 없는 회전이 되어버린다.

또한 전경과다가 되는 스키어들의 스킹을 보면, 하체 전체가 고루 움직이는 것이 아니라 허리만 숙였다가 펴지면서 업다운을 하는 경우가 많은데, 이러한 전경과

다에서는 특히 회전후반부에 스키의 테일이 벌어지게 경우가 많다.

반대로 후경자세가 되어버리면, 스키의 테일에만 하중이 집중되게 되므로, 회전의 시작에 어려움을 겪게 된다. 특히 급사면에서 후경이 되면 스키의 탑이 설면을 파고들지 못해서, 회전을 시작하는데 어려움이 많아지고 자칫 탑이 밀리면서 넘어지기도 한다.

또한 후경자세가 되는 스키어들의 스킹을 보면, 하체의 무릎만이 과도하게 움직이는 업다운을 하여 상대적으로 체력소모가 많고, 회전 전반부에 스키가 잘 돌아가지 않으므로 스키의 탑이 쉽게 벌어지기도 한다.

이렇게 기본자세가 잘못되면 여러 가지 문제점이 발생하게 되고, 일단 제대로 잡힌 기본자세라도 시간이 흐름에 따라서 자꾸 변하기도 하므로, 항상 기본자세를 확인하는 버릇을 갖도록 한다. 슬로프에서 기본자세를 확인하는 방법은 바로 점프를 해보는 것이다.

슬로프에 서서는 물론이고 활주하면서도 점프를 했을 때, 스키의 탑과 테일이 동시에 점프가 되어야 중경포지션이 정확하

게 만들어진 것이다. 특히 패러렐턴이나 숏턴 등을 하며 활주하면서도 점프를 했을 때 편안하게 점프가 가능해야, 정확한 중경포지션이라고 할 수 있다.

(2) 스탠스

●내츄럴 스탠스

스키의 스탠스를 필요에 따라서 다양하게 변화하는데, 가장 기본은 양스키의 간격을 골반넓이 정도로 유지하는 자연스러운 스탠스인 내츄럴 스탠스(Natural Stance)이다.

내츄럴 스탠스는 골반간격과 스키간격이 일치하므로, 불필요하게 엣지가 서거나 힘이 들어가지 않고, 가장 편안하면서도 가장 잘 움직일 수 있는 스탠스라 할 수 있다. 내츄럴 스탠스는 패러렐턴이나 숏턴 등의 일반적인 회전에서 가장 광범위하게 쓰여진다.

●클로즈드 스탠스

클로즈드 스탠스(Closed Stance)는 양발의 간격을 최대한 붙인 스탠스를 말하며, 양발을 붙인 만큼 재빠른 움직임이 가능하고, 양발을 하나처럼 심플하게 움직일 수 있는 장점이 있다. 반면에 양발이 붙어 있으므로 강한 힘에 버티기가 어렵고, 양발이 붙은 만큼 엣지를 많이 세우기도 상대적으로 불리하게 된다.

클로즈드 스탠스는 상대적으로 재빠른 움직임이 필요하고, 스탠스가 넓으면 높낮이 차이가 많이 나는 모글 슬로프에서 많이 사용하며, 또한 양발을 하나처럼 움직여 적극적인 부력을 추구하는 파우더 스킹에서도 많이 사용한다.

●와이드 스탠스

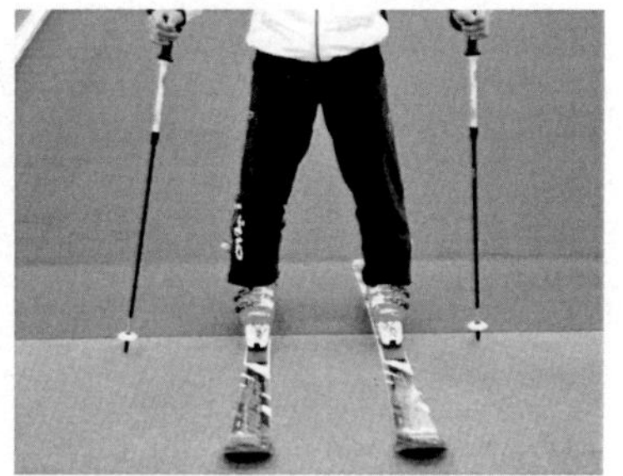

와이드 스탠스(Wide Stance)는 양발의 간격이 골반넓이보다 넓은 스탠스를 말하는데, 대부분 양스키의 안쪽날이 골반의 넓이 정도를 유지하게 된다. 와이드스탠스는 양다리를 넓게 벌린 만큼 밸런스를 잡기가 수월하며, 강한 힘에 버틸 수 있고, 엣지를 많이 세울 때도 유리하다.

반대로 스탠스가 넓어진 만큼 재빠른 움직임에 불리하며, 몸의 기울기가 깊어지면 양발의 높낮이인 고저차가 심해져서 컨트롤이 어려운 단점이 있다. 와이드 스탠스는 고속의 카빙계열의 턴에서 많이 사용되며, 특히 카빙롱턴이나 카빙숏턴 등에 적합하다.

(3) 높은자세와 낮은자세

기본자세의 높낮이는 항상 일정한 것이 아니라, 스피드와 슬로프 경사, 회전의 목적등에 따라서 항상 변화시키며 타는 것이 필요하다. 기본자세를 비교적 높게 유지하는 것을 높은자세라 하고, 기본자세를 낮게 유지하는 것을 낮은자세라고 하는데, 각각의 장단점이 있다.

높은자세는 상체가 높게 셋팅된 자세를 말하는데, 상체의 위치가 높은 만큼 하체의 관절이 상대적으로 펴져 있다. 이러한 높은자세는 상대적으로 편안하고 체력소모가 적게 된다. 하지만 중심의 위치가 높으므로 빠른 스피드에서는 비교적 불안할 수도 있고, 회전시 하체의 기울기를 깊게 유지하는 것도 어렵게 된다.

이러한 높은자세는 주로 완사면이나 저속에서 편안한 스킹을 할 때 많이 사용되며, 패러렐턴이나 숏턴등의 기본기술 등에서 많이 사용된다.

낮은자세는 상체의 높이가 낮게 셋팅된 자세를 말하는데, 상체의 위치가 낮은 만큼 하체의 관절이 굽혀져야 한다. 이러한 낮은자세는 중심위치가 낮으므로, 상대적으로 안정감이 높아지고 회전시 하체의 기울기를 깊게 유지하기도 유리하다. 다만 하체가 깊게 굽혀져 있으므로 상대적으로 체력소모가 많고, 신체에도 부담이 된다.

이러한 낮은자세는 급사면이나 고속에서 공격적인 스킹을 할 때 많이 사용되며, 카빙숏턴이나 카빙롱턴은 물론이고 급사면 숏턴등에서도 많이 사용된다.

(4) 발바닥 감각

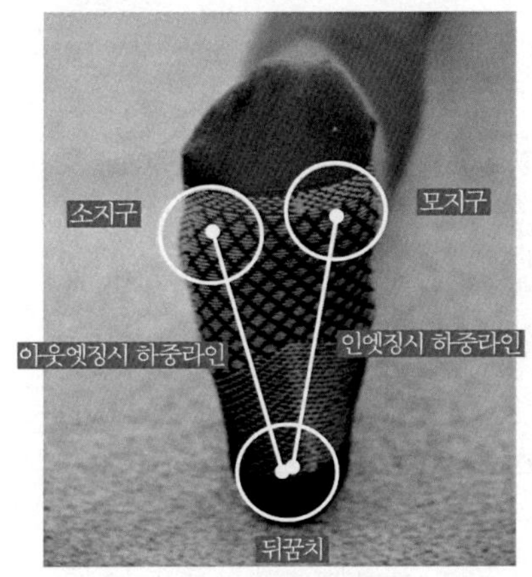

스키어가 만들어내는 하중과 컨트롤은 최종적으로 스키어의 발바닥을 통해서 스키에 전달된다. 그러므로 부츠안에 숨어있는 발바닥 감각은 상당히 중요한 포인트인데, 기본자세에서는 물론이고 회전을 할 때도 발바닥 감각을 정확하게 느껴야 한다.

스키를 탈 때는 발가락 끝부터 발뒤꿈치를 모두 사용하는 것이 아니라, 발가락 아래쪽의 볼록한 부분부터 발뒤꿈치까지를 주로 사용하게 된다. 엄지발가락 아래쪽을 모지구라고 하고, 새끼발가락 아래쪽을 소지구라고 하는데, 실제의 스킹에서는 위의 모지구와 소지구와 뒤꿈치의 3포인트와 이들을 이어주는 하중라인을 의식해야 한다.

일단 기본자세를 취할 때는 발가락을 오무리는 것이 아니라 가볍게 들어줘서, 모지구와 소지구와 뒤꿈치에 골고루 하중이 실리며 3포인트가 부츠 밑바닥에 잘 닿아 있어야 한다. 특히 기본자세에서 위의 3포인트가 들뜨는 느낌이 든다면, 부츠튜닝이나 인솔제작이나 부츠의 캔트조절을 해주어야 한다.

14 플루그자세

Pflug Position

경사면을 미끄러지기 위해서는 우선 스피드를 컨트롤 할 수 있어야 한다. 스피드를 컨트롤하고 회전을 하기 위하여 가장 먼저 "플루그자세"를 익혀야 한다. 플루그란 독일어로 "삽(Shovel)"을 뜻한다. 삽의 모양처럼 스키를 "A자" 형태로 만들고 스키의 양쪽날인 엣지를 세워서, 설면저항을 받아들이며 스피드를 컨트롤하는 자세가 바로 플루그 자세이다.

플루그 자세가 만들어지면 자연스럽게 양스키가 스키어의 몸밖에 위치하며 스키의 엣지가 서게 되는데, 이렇게 양스키가 몸보다 바깥쪽에 있는 자세가 만들어져야 회전이 가능하므로, 플루그 자세는 회전을 위한 예비자세라고 할 수 있다.

또한 플루그 자세에서 스키를 A자 모양으로 넓혀주면, 양스키가 상체의 방향에 대하여 안쪽으로 돌아간 형태가 되는데, 이렇게 스키가 상체에 대하여 어느 정도 돌아가 있는 각도를 회전각이라고 한다. 플루그 자세에서는 기본적으로 회전각이 만들어지게 되므로, 역시 회전을 위한 예비자세가 만들어졌다고 할 수 있다.

기본자세를 유지한 상태에서 양스키를 "A 자" 모양으로 넓혀서 플루그스탠스를 만 들어준다. 이때 스키의 앞쪽인 탑의 간격 은 자신의 주먹하나 정도의 넓이를 유지

하고, 스키의 테일은 충분히 넓혀준다. 또한 스키의 엣지를 효과적으로 세우고 스키어의 하중을 인엣지에 잘 전달되도 록 하기 위해서, 하체의 고관절, 무릎, 발 목을 살짝 안쪽으로 굽혀서 적당한 긴장 감을 유지해야 하는데, 이러한 긴장감은 향후 패러렐턴이나 숏턴 등에서도 반드 시 필요한 감각이다.

플루그 자세는 앞에서 보았을 때, 스키가 A자인 것을 제외하고는 기본자세와 같은 자세이고, 특히 옆에서 보았을 때는 기본 자세와 동일한 자세가 만들어져야 한다.

(1) 하체의 긴장감을 유지해준다.

스키는 회전을 하는 기술이다. 회전을 위 해서는 스키를 한쪽 방향으로 기울이며 돌려주는 엣징이 필요한데, 이를 위해서 는 하체의 긴장감이 필수이다. 이러한 하 체의 긴장감이 처음 만들어지는 것이 바 로 플루그 자세이다.

플루그 자세에서는 발목, 무릎, 고관절을 안쪽으로 살짝 꺾어주어서, 하체안쪽이 전체적으로 조금 긴장되도록 하여야, 보 다 효과적인 엣징이 가능하다. 하체의 긴 장감이 유지되면 고관절부터 발목까지 가 상의 선을 그어줬을 때, 무릎이 조금 안쪽 으로 들어가 있는 자세가 만들어진다.

(1) 오다리자세

보통 초보자나 남자들에게서 많이 나타나는 자세로서, 하체의 긴장감이 부족하여 다리가 벌어진 상태의 플루그자세이다. 이 자세에서는 제동을 위한 엣지각도가 부족하기 때문에 스피드 컨트롤이 어려운 것은 물론이고, 이 자세가 굳어진 상태로 상급기술로 가면 충분한 엣징이 어렵기 때문에 기술향상이 어려워지게 된다.

(2) 엑스다리 자세

보통 골반이 넓어서 허벅지뼈가 모이기 쉬운 여성스키어에게서 많이 보이는 자세로서, 지나치게 하체를 긴장하여 양무릎이 모일 정도로 엣지가 많이 선 자세이다.

이 자세는 긴장감이 과도하기 때문에 기본적으로 불편한 자세이고, 엣지가 지나치게 서 있기 때문에 급격한 제동이 되거나, 스키가 잘 회전하지 않아서 스키의 탑이 쉽게 겹치기도 한다.

이 자세가 굳어진 상태로 상급자가 되어버리면 지나친 엣징으로 인하여, 스키의 회전이 원활하게 이루어지지 않아서 기술발전이 어렵게 된다.

(1) 플루그 자세와 패러렐 자세

플루그 자세는 기본자세로서도 의미가 있지만, 나중에 패러렐턴이나 숏턴을 익혔을 때 나와야 하는 회전의 예비자세로서도 의미가 크다.

즉 플루그 자세에서 한쪽발에 체중을 더 실어주고, 가벼운 발을 다른 쪽 발에 붙여주면 패러렐 자세가 되기 때문에, 일단 플루그 자세에서 정확한 회전자세가 만들어져야 나중에 패러렐 자세도 좋아지게 마련이다.

특히 플루그 자세에서 처음 느끼게 되는 하체의 긴장감은 패러렐 자세까지 연결되어야, 스키의 안쪽날에 하중이 정확하게 실리고 양발의 정각이각도 평행하게 되어 정확한 패러렐 자세를 만들 수 있다.

플루그 자세에서 하체의 긴장감이 부족하게 되면 패러럴 자세로 스키를 붙였을 때, 양무릎 사이가 벌어지면서 충분한 엣징이 이루어지지 않고 스키가 밀리는 원인이 되므로, 정확한 플루그 자세를 만드는 것이 중요하다.

플루그와 패러렐의 바깥쪽 자세는 같다.

15 플루그화렌

플루그 자세를 정확하게 만들었다면 이제는 설면을 미끄러져 본다. 이렇게 플루그 자세에서 활주하는 것을 플루그화렌(PflugFahren)이라고 하는데, 화렌이란 독일어로 앞으로 나가는 것을 의미한다.(Fahren(독) = Drive(영))

이렇게 플루그화렌으로 설면을 미끄러질 때 가장 중요한 것은, 설면저항에 맞도록 하체의 긴장감을 유지하면서, 플루그스탠스의 크기를 조절하여 스피드를 컨트롤하는 것이다. 또한 활주할 때의 옆자세를 설면과 수직으로 유지하는 것도 중요하다.

여기서 스키를 플루그 자세를 유지하면서 설면저항을 느끼는 것이 바로 엣징(Edging)의 출발점이다. 플루그화렌에서 엣징 감각을 제대로 느끼려면, 플루그 자세에서 연습한 하체의 긴장감을 유지하며, 발바닥 안쪽의 하중라인에 정확하게 하중이 실려야 한다.

플루그화렌은 다양한 크기의 엣지각과 스탠스로 활주하며 다양한 엣징감각을 느껴보도록 한다. 즉 엣지각과 스탠스가 작아지면 설면저항이 감소하여 스키가 설면 위에서 잘 미끄러지게 되고, 엣지각과 스탠스가 커지면 설면저항이 증가하여 스키가 설면 위에서 잘 미끄러지지 않게 된다.

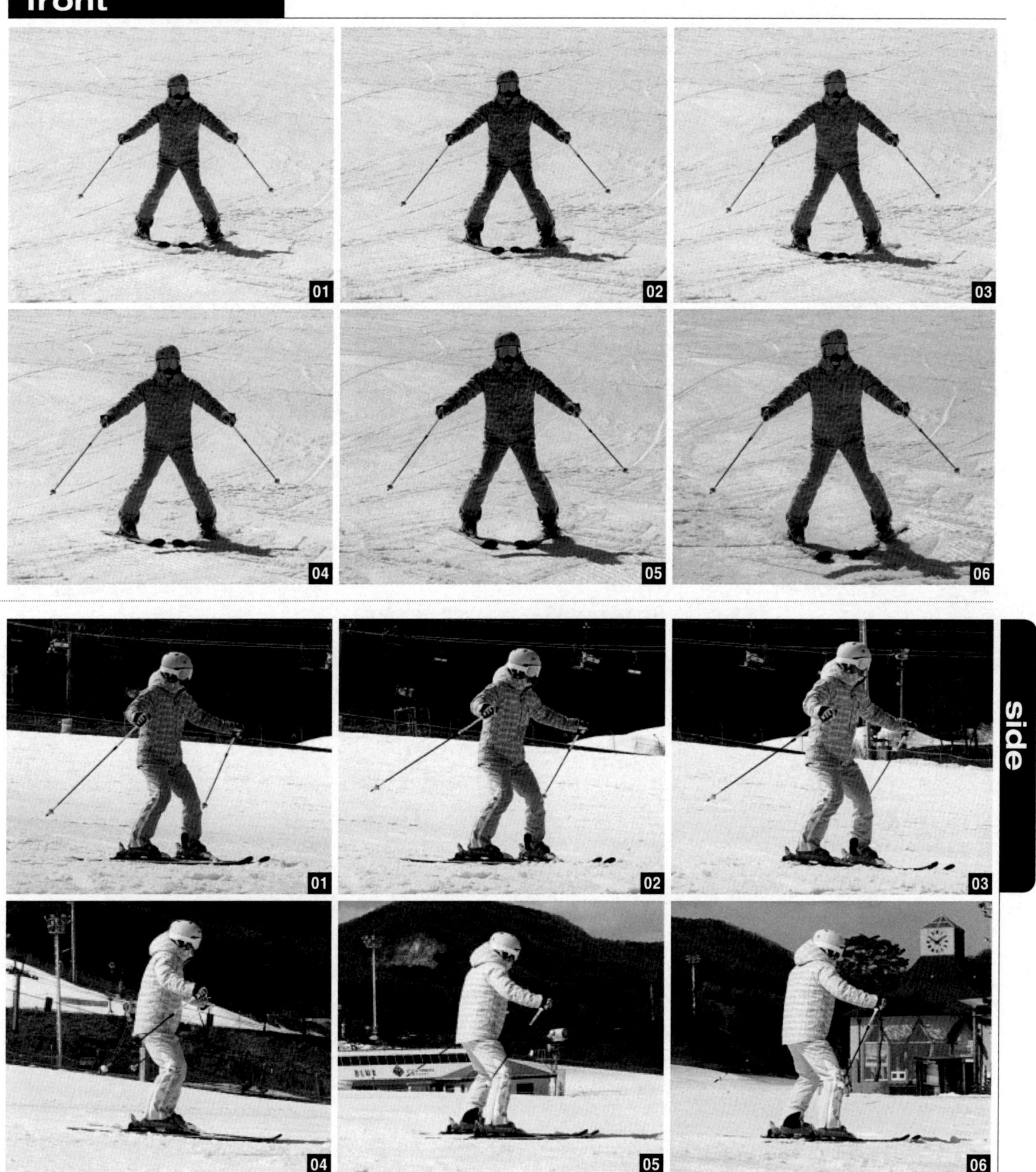
side

경사가 비교적 완만한 곳을 선택하여, 플루그 자세를 유지한 상태에서 서서히 미끄러진다. 스키가 활주하기 시작하면 설면에서 저항감과 반발력이 느껴지는데, 경사면의 각도와 미끄러지는 스피드에 따라서 하체의 긴장감과 힘을 조절하여야, 플루그 스탠스를 일정하게 유지할 수 있다.

이때 스탠스와 엣지각의 크기를 조절하면 스키가 활주하는 스피드를 컨트롤할 수 있는데, 이것이야 말로 스키의 회전을 조절하는 엣지 컨트롤의 기본이므로, 다양한 엣징감각을 느껴보도록 한다.

(1) 신체와 슬로프는 수직을 유지한다.

신체와 슬로프는 수직을 유지한다.

스키가 미끄러질 때, 머리부터 발까지의 신체각도는 슬로프 경사면과 수직을 이루어야 보다 안정적으로 활주할 수 있고, 상급회전을 위해서도 효율적인 자세가 만들어진다.

만약 슬로프와 수직을 이루지 않고 몸이 지나치게 앞으로 기울어지거나 뒤로 빠지면, 스키에 실리는 하중이 탑이나 테일 쪽에 치우치게 되므로, 원활한 활주가 어려워지게 된다.

(2) 발바닥 전체에 하중을 실어준다.

발바닥과 스키 전체에 하중이 실려야 한다.

스키가 활주할 때, 발바닥 전체에 고르게 하중이 실려야, 스키에도 전체적으로 고르게 하중이 실리게 된다. 특히 초보자의 경우는 후경자세가 되기 쉬우므로, 가벼운 전경을 취하며 발바닥 앞쪽에 하중이 약간 더 실린다는 느낌이 있다면, 결과적으로 중경자세를 유지하며 보다 편안하게 활주할 수 있다.

(2) 하체의 긴장감이 지나친 경우

(1) 하체의 긴장감이 부족한 경우

하체의 긴장감이 부족하면 엣지가 서지 않는다

하체의 긴장감이 과다하면 엣지가 지나치게 선다

(1) 번개턴

플루그화렌에서 하체의 긴장감이 부족하게 되면 오다리 모양으로 활주하게 되는데, 이럴 경우에는 스키의 앞쪽이 벌어지게 되고 스키의 엣징도 약해져서, 엣지그립 없이 설면을 미끄러지게 된다.

기본적인 플루그 자세와 마찬가지로 플루그화렌에서도 적당한 긴장감을 유지하여야, 확실한 엣징감각을 느끼면 활주할 수 있다.

반대로 하체의 긴장감이 지나치면 엣지가 너무 서버리게 되어, 스키가 원활하게 미끄러지지 않는 것은 물론이고, 양스키가 안쪽으로 모이면서 스키의 탑이 겹쳐버리기도 한다.

이 자세가 굳어지면 나중에 회전을 할 때도 지나치게 엣지가 서게 되어, 결과적으로 원활한 회전이 어려워지게 된다. 플루그화렌에서는 슬로프 경사나 설질, 스피드 등에 따라서 하체의 긴장감을 적절하게 유지하며, 엣지각과 스탠스의 크기를 조절하여 매끄러운 활주를 하여야 한다.

플루그화렌에서 어느 정도 하체의 긴장감을 조절할 수 있게 되었다면, 이제는 활주하면서 한쪽발은 긴장감을 그대로 유지하고 다른쪽 발의 긴장감을 풀어주어, 양스키가 플루그를 유지한 상태에서 옆으로 비스듬하게 미끄러지는 번개턴을 해본다.

번개턴은 스키가 옆으로 돌아가는 본격적인 회전은 아니지만, 플루그를 유지한 상태에서 하체의 긴장감을 컨트롤하고, 스키의 엣지각을 조절할 수 있는 좋은 연습법이다. 번개턴에서 엣지를 세우거나 풀어주는 조작과 하체를 긴장시키고 이완시키는 동작은, 앞으로 배울 모든 턴에서 응용이 가능한 회전의 필수조작이다.

16

테일슬라이드
플루그화렌

Tail Slide PflugFahren

플루그화렌에서 경사면을 미끄러지는 감각이 어느 정도 길러졌다면, 이번에는 스키의 테일을 넓혀주는 본격적인 플루그화렌을 하면서, 보다 적극적으로 스탠스와 하중을 변화시키며 엣지를 이용하여 스키를 컨트롤하는, 본격적인 엣징감각을 느껴본다.

스키조작에는 스키가 회전하는 형태에 따라서 여러 가지 방법이 있지만, 여기서는 초보자가 가장 먼저 익힐 수 있는 테일 슬라이드(Tail Slide)를이용하여 스키를 컨트롤한다. 테일 슬라이드란 스키의 테일을 바깥쪽으로 밀면서 스키를 컨트롤하는 가장 기본적인 스키조작이다.

이렇게 테일이 넓어지면 스키는 회전의 옆방향으로 밀리는 되는데, 이러한 현상을 스키딩(Skidding)이라고 한다. 스키딩이 커질수록 회전호가 넓어져서 저항을 많이 받게 되는데, 스키딩은 회전의 스피드를 조절하는 가장 기본적인 방법이다.

테일 슬라이드 플루그화렌은 11자의 기본자세에서 출발하여, 양스키의 테일을 넓히며 엣지를 세워서 A자 모양의 플루그 자세를 만든다.

스키가 패러렐로 미끄러질 때는 설면에서의 힘이 거의 느껴지지 않았지만, 점차 스키를 넓혀서 플루그가 되면 힘을 느껴지는데, 여기에 버티며 플루그를 유지하기 위해서는 스키에 지속적으로 힘을 가해야 한다. 이때 스키어가 자신의 체중과 근력을 이용하여 스키에 가하는 힘을 하중(Weight)이라고 하는데, 하중은 회전에 필수적인 "회전의 3요소" 중 하나이다.

스탠스가 패러렐일 때는 스키가 설면 위를 잘 미끄러지고, 스키를 넓히면서 점점 플루그가 커지게 되면 스키가 활주하는 속도가 차츰 줄어들게 된다. 여기서 플루그를 더욱 크게 하고 스키에 강한 하중을 주며 엣지를 세우게 되면, 결국 스키는 멈추게 된다.

이렇게 스키를 세울 때 필요한 하중, 엣지각, 스키 밀어내기는 모두 회전에서 필수적인 "회전의 3요소" 의 비슷한 형태라고 할 수 있다.

비교적 완만한 경사면을 선택하여 기본자세로 천천히 출발한다. 기본자세에서는 스키의 베이스가 설면에 평평하게 닿아있고 아직 스키에 힘이 가해지지 않아서, 전후좌우 및 상하방향으로 중간포지션인 일종의 중립자세(Neutral Position)가 만들어지게 된다.

이러한 기본자세에서 양발의 뒤꿈치쪽에 힘을 가하면서, 양스키를 서서히 A자 모양으로 넓혀준다. 스키를 넓혀줌에 따라서 스키의 엣지가 세워지게되고, 이 엣지가 설면을 파고들면서 설면에서의 저항이 느껴지게 된다. 이렇게 스키가 엣지를 세운 상태에서 설면을 미끄러져 나가는 것이 바로 엣징의 기초이다.

스키가 미끄러지는 속도가 빨라지면 설면에서의 저항도 커지는데, 이를 이겨내며 보다 A자를 크게 넓히기 위해서는, 보다 많은 힘을 스키에 가해야 한다. 즉 강한 저항에 버티기 위해서는 강한 엣징이 필요한데, 이를 위해서는 강한 하중이 필요하다.

(1) 하체의 긴장감을 유지한다.

발목, 무릎, 고관절의 긴장감을 유지한다

스키에 힘을 가할때는 발목과 무릎과 고관절을 가볍게 안쪽으로 굽혀서 하체의 긴장감을 유지하는 것이 보다 효과적인 엣징을 익힐수 있는 첫걸음이다.

패러렐로 출발할 때는 하체의 긴장감이 없이 스키가 설면에 평평하게 활주하지만, 양스키를 플루그로 넓혀주면서 엣징을 할 때는 자연스럽게 하체의 긴장감도 증가하여야 하는데, 이러한 이미지는 나중에 회전을 할 때 회전자세와 중립자세를 오가며 하체의 긴장감을 만들었다가 풀어주는 동작과 연결된다.

(2) 부드러운 하중을 가한다.

부드럽게 하중을 가한다

스키는 마치 운전과 같아서, 자동차 핸들을 급하게 조작하면 자동차를 운전하기가 어려운 것처럼, 엣징시 급격하게 하중을 가하면 스키가 많이 튀거나 엣지의 조작이 어려워져서, 스키의 컨트롤이 어려워지게 된다. 부드럽게 하중을 가하면서 정확한 엣징감각을 익히는 것이 스키조작의 첫걸음이다.

이렇게 부드럽고 여유로운 하중조작은 스피드가 빨라지면 빨라질수록 더욱 필요하게 되는데, 예를 들어 급사면 숏턴에서도 외관상으로는 급격한 엣징을 하는 것처럼 보이지만, 실제로는 숏턴의 리듬

내에서 최대한 부드럽게 하중을 가하는 것이다.

(3) 활주시 상체각을 유지한다.

상체각을 일정하게 유지한다

플루그화렌에서 기본자세는 양발이 모아진 높은자세이고 스키를 넓힌 자세는 양발이 벌어진 낮은자세가 나오게 된다.

이때 지나치게 엉덩이가 뒤로 빠지거나 상체가 들리며 후경자세가 나오는 경우가 많은데, 활주시에도 정지시와 마찬가지로 상체의 각도를 일정하게 유지하고, 머리부터 발끝까지의 신체각이 설면과 수직을 유지하는 것이 효과적인 스키컨트롤의 시작이다.

(1) 회전자세와 중립자세

신체가 스키위에 똑바로 선 중립자세 이미지

신체가 스키 안쪽에 비스듬하게 선 회전자세의 이미지

스키는 연속적으로 회전을 하는 스포츠라고 할 수 있다. 이를 위해서는 회전을 하는 자세인 회전자세(Turn Position)과 양쪽 회전의 가운데 자세인 중립자세(Neutral Position)를 정확하게 오가며 구사할 수 있어야 한다.

이러한 회전자세와 중립자세를 모두 느낄 수 있는 첫단계가 바로 테일 슬라이드 플루그화렌이다. 즉 패러렐 스탠스로 유지하고 미끄러질 때는 양스키가 신체 바로 아래에 위치하고, 전후, 좌우, 상하방향에 대하여 밸런스가 가운데인 중립자세가 만들어지게 된다.

또한 플루그 스탠스를 만들었을 때는 양스키가 신체보다 바깥쪽에 위치하고, 엣징에 의해 발생하는 설면저항에 어울리는 밸런스를 다시 셋팅해주어야 하는데, 이러한 자세는 회전중에 나타나는 회전자세라고 할 수 있다.

이렇게 플루그화렌에서는 회전자세와 중립자세를 정확하게 만들고, 또한 두개의 자세가 유기적으로 연동되며, 자세의 변화가 자연스럽게 이루어 질 수 있도록 해야만, 향후 회전을 배울 때 무리없는 신체동작과 스키조작이 가능해진다.

(2) 테일 슬라이드의 발바닥 감각

발 전체를 회전 바깥쪽으로 밀어주는 감각
(뒤꿈치쪽의 움직임이 발가락쪽보다 크다)

테일 슬라이드는 스키어가 가장 먼저 배우게 되는 조작으로서, 스키의 테일을 회전의 바깥쪽으로 밀어주는 조작만을 하게 되므로 비교적 간단하게 배울 수 있지만, 앞으로 배울 탑테일 슬라이드의 중요한 열쇠가 되므로 확실하게 익혀야 한다.

이것은 스키의 탑을 중심으로 테일이 바깥으로 밀리게 되므로, 여기에 맞게 발 전체를 회전의 바깥방향으로 밀어주여야 하는데, 특히 뒤꿈치쪽에 하중을 잘 실려야 스키가 잘 움직이게 된다. 이때 단순히 발을 밀어주는 것이 아니라 스키의 엣지도 약간 세워줘야 하므로, 발목과 하체를 안쪽으로 꺾어주면서 바깥쪽으로 밀어주는 복합적인 조작이 필요하다.

이러한 테일 슬라이드는 여기서 끝나는 것이 아니라, 앞에서 배울 탑테일 슬라이드에서도 회전 전반부에는 테일 슬라이드의 요소가 나와야 하므로, 보다 정확하게 익혀야 확실한 탑테일 슬라이드로 향하는 첫걸음을 내딛은 것이라 할 수 있다.

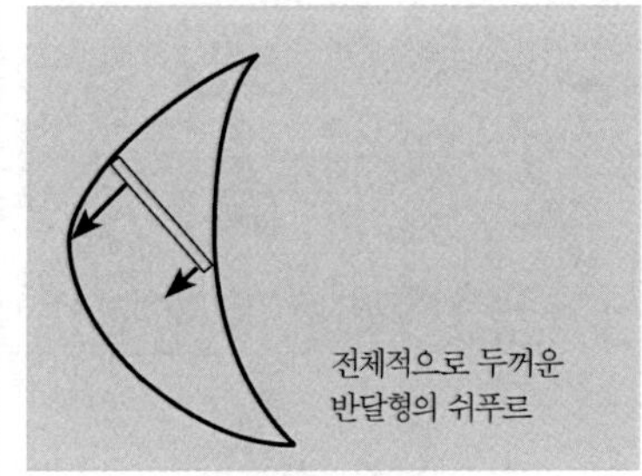

[테일슬라이드의 스킹 자국]

17

테일슬라이드
플루그보겐

Tail Slide PflugBogen

이제부터는 스키의 방향을 돌려주는 회전을 시작하게 된다. 스키가 회전하기 위해서는 여러 가지 요소가 필요하지만, 그중 가장 중요한 하나는 바로 하중(Weight)을 실어주는 것이다.

지금까지는 양발에 같은 양의 하중을 실었지만, 지금부터는 한쪽발에 더 많은 하중을 실어주어서, 스키가 회전을 할 수 있도록 만들어준다. 하중을 실어주는 가장 기본적인 방법은 상체를 하중방향으로 기울여 주는 것이다. 상체를 기울이면 몸의 꺾임이 발생하는데, 이를 회전의 바깥쪽으로 경사가 졌다고 해서 외경(外傾), 혹은 앵귤레이션(Angulation)이라고 한다.

하중을 실은 상태에서 보다 적극적으로 스키를 회전시키기 위해서는, 스키어가 직접 스키를 돌려주는 조작이 필요하게 되는데, 일단 스키의 테일을 회전의 바깥쪽으로 밀어주는 테일슬라이드 조작을 먼저 익힌다.

스키의 테일을 바깥쪽으로 밀어주기 위해서는 하중의 방향을 스키의 바깥쪽으로 유지해야 하는데, 이를 위해서는 상체의 방향을 회전의 바깥쪽으로 향해주어야 한다. 이를 외향(外向), 혹은 카운터포지션(Counter Position)이라고 한다.

이렇게 외향자세를 만들고 하중을 가하면, 스키의 테일이 회전의 바깥쪽으로 밀리면서 자연스러운 스키딩이 일어나게 된다. 이때 하중이 실린 바깥발의 스키딩이 보다 커지므로, 스키는 하중의 반대방향으로 회전하게 된다.

하나의 회전이 끝나면 중립자세로 되돌아왔다가 다시 다음 회전으로 진입하게 되는데, 이러한 중립자세를 잘 만드는 것은 원활한 회전을 위한 첫걸음이다. 또한 연속적으로 회전을 하게 되면, 양발의 하중을 좌우로 옮겨야 하는데, 이를 하중이동(Weight Transfer)이라고 한다.

이렇게 연속회전을 하면, 중립자세에서 스키 바로 위에 위치하고 있던 중심이 회전에 들어가면서 바깥쪽 스키 쪽으로 이동하게 되는데, 이렇게 스키의 진행방향과 중심의 이동방향이 서로 교차(Cross)하며 통과하는(Over) 것을 크로스오버(Cross Over)라고 한다.

플루그보겐에서는 양스키가 몸바깥쪽에 위치하여 스키의 안쪽날인 인엣지(In Edge)만을 사용하므로, 하중이동이 있지만 엣지교환(Edge Change)는 발생하지 않아서, 초보자도 비교적 쉽게 회전을 만들어낼 수 있다.

플루그보겐은 A자의 플루그스탠스를 유지하므로 쉽게 회전할 수 있고 스피드를 컨트롤하기도 편리하지만, 항상 설면에서의 저항을 받으므로 체력소모가 심하고 스피드를 높이기 어려우며, 급사면에서는 하체의 부담이 커지게 된다.

테일 슬라이드 플루그보겐에서는 적극적인 하중이동과 엣징감각을 느끼기 위하여 처음에는 상체를 옆으로 많이 기울이지만, 점차 회전이 익숙해지면 상체의 기울임을 줄여서 보다 체력소모를 줄이고 경제적으로 회전을 하는 것이 좋다.

또한 처음 회전을 익힐 때는 스키의 테일을 많이 밀면서 회전을 하지만, 점차 익숙해지면 테일을 밀어주는 양을 줄여서, 보다 매끈한 회전이 되도록 한다.

비교적 완만한 경사면을 찾아서 플루그 자세로 서서히 활주한다. 회전의 시작에는 상체를 천천히 회전의 바깥쪽으로 기울이며 바깥발에 하중을 가한다. 이때 하중의 방향을 회전의 바깥쪽으로 유지하기 위하여, 적절하게 상체의 외향을 만들어 준다. 또한 바깥발에 하중을 가하면서 발뒤꿈치를 회전의 바깥쪽을 밀어내어 스키의 회전을 이끌어낸다.

회전이 마무리되면, 서서히 상체의 기울기를 원래의 위치로 되돌려서 다시 중립자세로 되돌아온다. 이때 하중이 다시 양발에 똑같이 돌아온 것이 느껴지고, 상체의 방향도 정면으로 되돌아와서 중립자세가 정확하게 만들어지면, 다시 상체를 기울이면서 다음 회전을 이끌어낸다.

바깥발에 하중을 실어주는 타이밍은, 기본적으로 스키가 최대경사선 근처일 때 실어주는데, 익숙해지면 하중을 가하는 타이밍을 최대경사선 앞에서 조금 더 일찍 시작하여, 엣징을 하는 시간을 길게 하여 회전의 안정감을 높일 수도 있다.

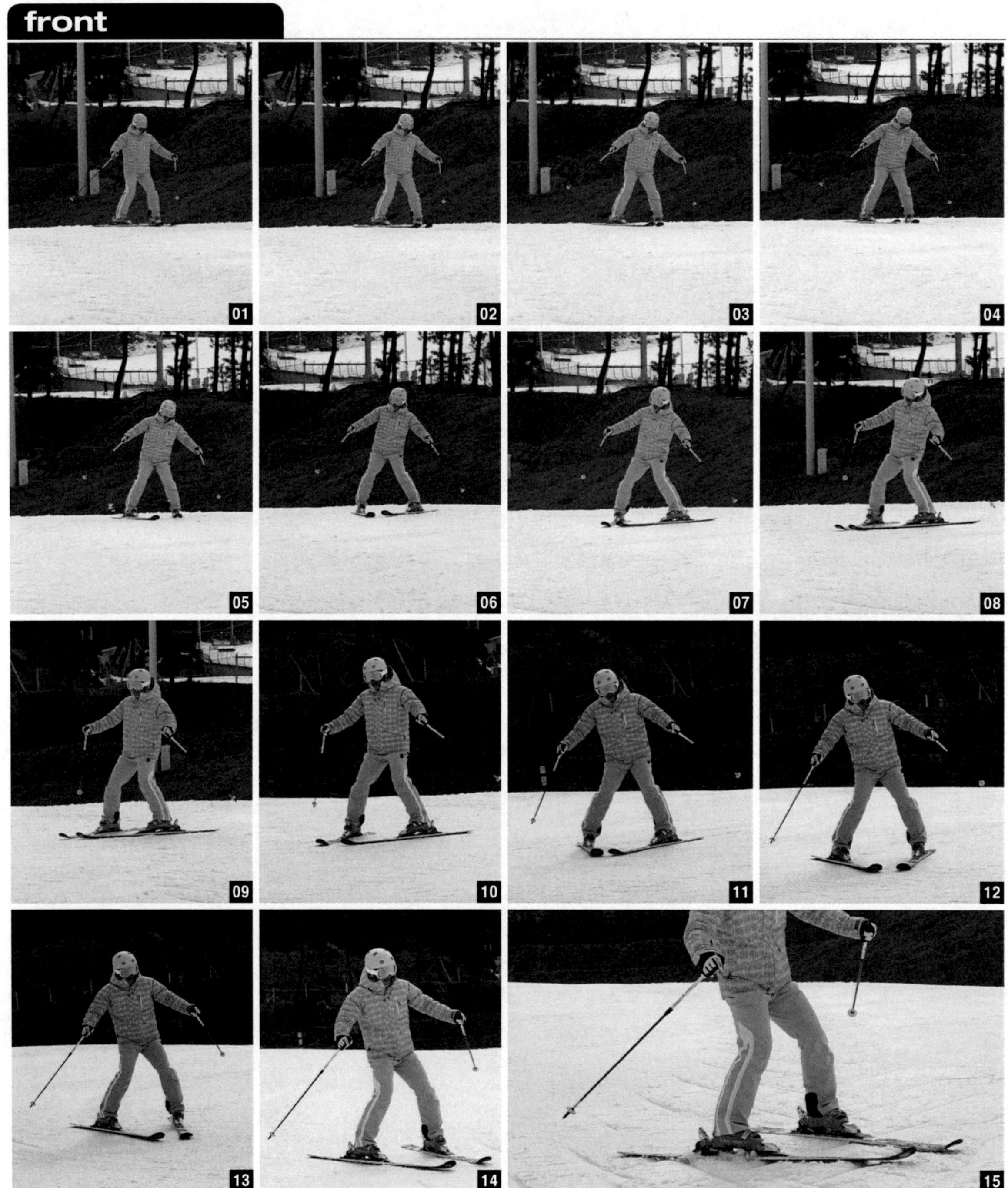

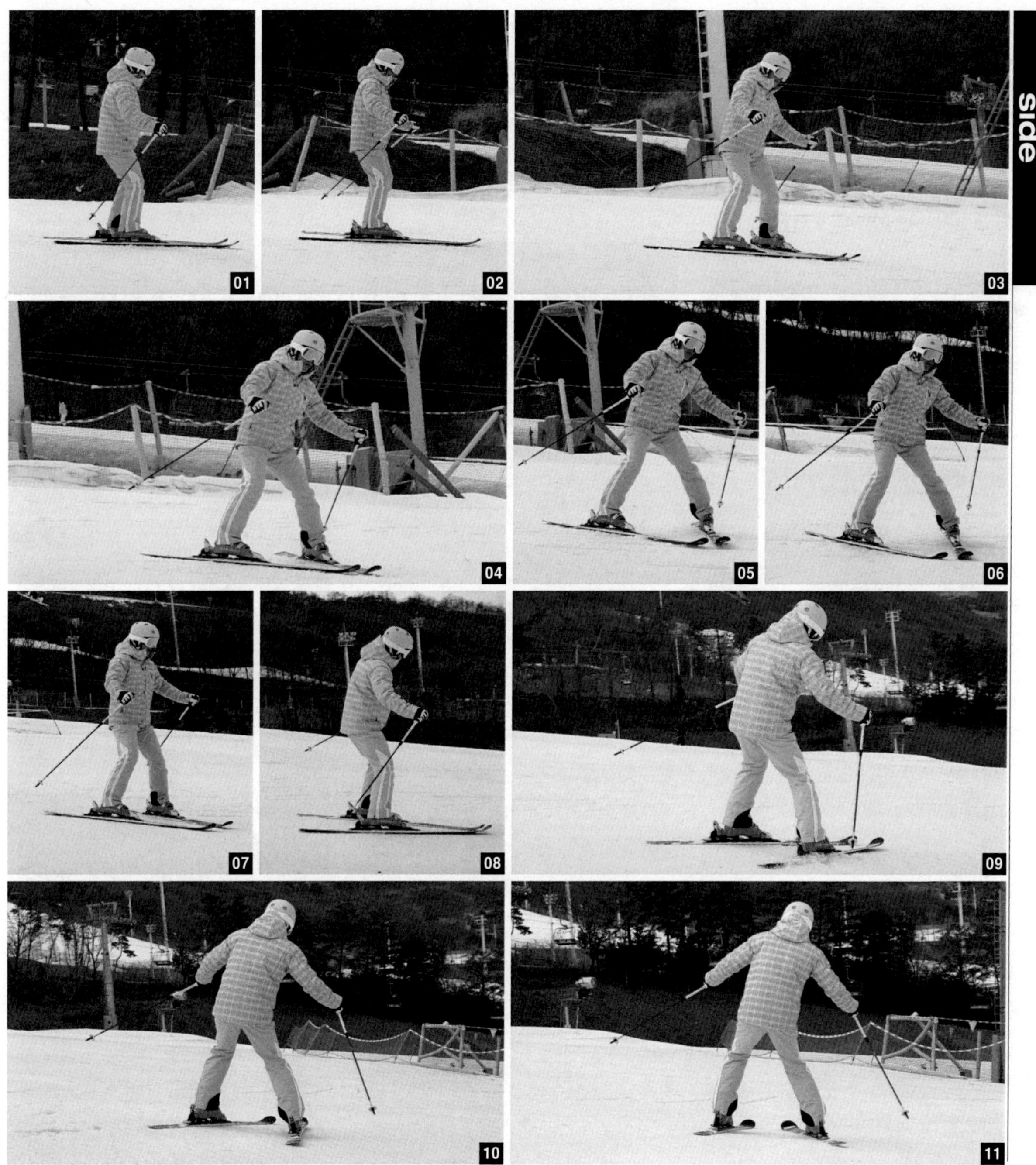

(1) 중립자세는 여유롭게 취한다.

여유롭게 중립자세를 취한다.(슬로프와 수직인 감각)

스키에서는 회전자세와 중립자세가 연속되는데, 이 자세들은 서로 상호보완적인 관계로서, 회전자세가 좋아야 중립자세가 좋아지고, 또한 중립자세가 좋아야 회전자세가 좋아지게 된다.

회전을 시작하면 마음이 급해져서 중립자세의 확인을 생략하고, 회전자세에서 다음 회전자세로 바로 넘어가는 경우가 있는데 좋은 회전자세를 위해서는 중립자세를 여유롭게 확실하게 만들어야 한다. 특히 초보자의 경우는 여유로운 마음을 가지고 중립자세에서 양발에 하중이 똑같게

되돌아오는 것을 느끼고, 다음 회전에 들어가도록 하여야 원활한 하중이동이 가능하다.

(2) 안쪽스키의 회전을 의식한다

안쪽스키와 바깥쪽 스키가 동시에 회전하는 감각이 필요하다.

플로그보겐에서는 바깥스키가 주축이 되어서 회전을 하고(리딩,Leading) 안쪽스키가 바깥스키를 따라서 회전을 하는(팔로잉, Following)하는 형태가 되는데, 이때 바깥스키의 회전에 비해서 안쪽스키가 원활하게 회전이 되지 않는 경우가 많다.

이때는 스키의 A자 크기가 일정하게 유지되는 것이 아니라, 회전하면서 A자가 커졌다가 회전을 끝나면 다시 작아지게 되는 것은 물론이고, 안쪽스키가 원활하게 회

전하지 않아서 바깥쪽 스키의 회전을 방해하게 되어 버린다

플루그보겐에서는 바깥쪽스키가 회전하는 만큼 안쪽스키도 함께 회전하여, A자 스탠스를 일정하게 유지하고 안쪽스키가 바깥스키를 잘 따라가도록 하여야 한다. 이를 위해서는 안쪽스키의 엣지를 느슨하게 유지하면서, 안쪽스키도 바깥쪽으로 함께 밀어주는 이미지가 필요하다.

(3) 상체의 각도를 유지한다

회전자세와 중립자세에서 상체의 각도를 일정하게 유지한다.

회전을 하면서 상체가 앞으로 숙여지고, 회전이 끝나며 상체가 젖혀지는 경우가 흔히 일어나는데, 스키에서는 상체의 각도를 유지해야만 하중이 일정하게 가해지고 스키의 컨트롤이 원활하게 된다.

이러한 상체각도의 변화는 회전시 스키를 보면서 스키의 움직임을 확인하고, 회전이 끝나면 전방을 보는 시선의 변화 때문에 생기는 경우가 많은데, 스키를 탈 때는 전방을 주시하고 시선의 높이를 높게 유지해야, 전후밸런스가 잘 잡히고 보다 빠른 기술발전이 가능하다.

(4) 부드러운 하중과 발중을 의식한다.

스키가 원활하게 회전을 하기 위해서는, 스키에 하중을 실어주는 동작과 하중을 빼주는 동작이 부드럽게 연결되어야 한다. 플루그보겐에서도 바깥쪽 스키에 하중이 실리는 하중(Weighting)과 바깥스키에 실렸던 하중을 빼는 발중(Unweighting) 부드럽게 수행되어야, 원활한 회전을 연속할 수 있다.

(1) 상체가 안쪽으로 기울어지는 회전

초보자에게서 가장 많이 보이는 잘못된 자세로서, 상체를 회전방향으로 기울인 상태에서 몸을 돌려서 무리하게 스키의 회전을 만들어내는 경우이다. 이는 바깥발에 하중이 실리지 않아서 불안하게 되고, 하체의 움직임보다는 상체의 움직임만으로 회전을 만들어내게 되어서 균형을 잡기가 어렵게 된다.

회전의 기본은 상체를 이용한 바깥발 하

중과 하체를 이용한 스키조작으로 이루어져야 하므로, 회전시 상체를 바깥쪽으로 정확하게 기울이고 스키를 바깥쪽으로 밀어주는 조작으로, 정확한 테일 슬라이드 플루그보겐을 실시한다.

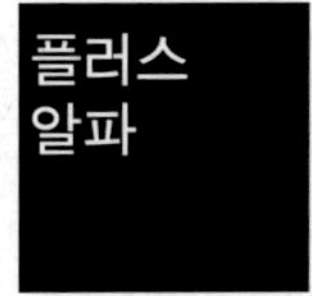

(1) 회전의 구조

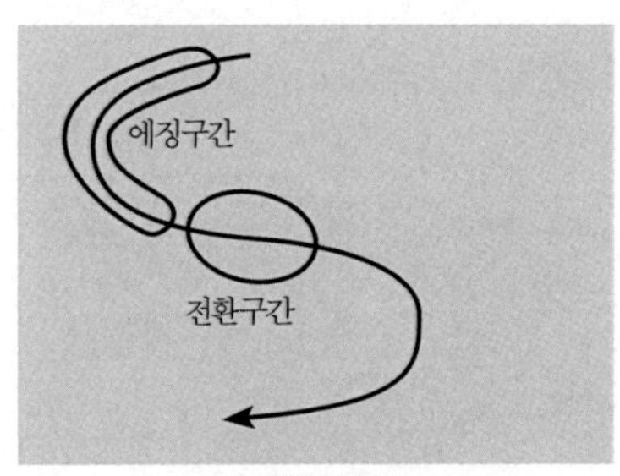

[회전의 구조]

스키는 경사면을 미끄러지며 오른쪽과 왼쪽으로 번갈아서 회전을 만들어내는 스포츠이다. 회전은 스키기술의 모든 것이라고 해도 과언이 아닌데, 이러한 회전에는 실제로 스키가 하중을 받아서 돌아가는 엣징구간(Edging Phase)과 엣징을 풀어주며 다음 회전방향으로 이동하는 전환구간(Transfer Phase)이 있다.

엣징구간에서는 스키가 처음 설면을 파고들면서 아래방향으로 향하는 전반부와 스키가 폴라인 근처를 통과하며 회전을 지속하는 중반부 및 스키가 옆으로 향하며 회전을 마무리하는 후반부가 있다.

전환구간에서는 스키에 가해졌던 하중이 줄어들면서 엣징이 약해지게 되는데, 스키의 엣지각이 없어져서 스키의 활주면이 슬로프와 플랫하며 양발의 하중이 같아지는 중립자세가 이 구간에서 나타나게 된다.

(2) 회전의 3가지 요소

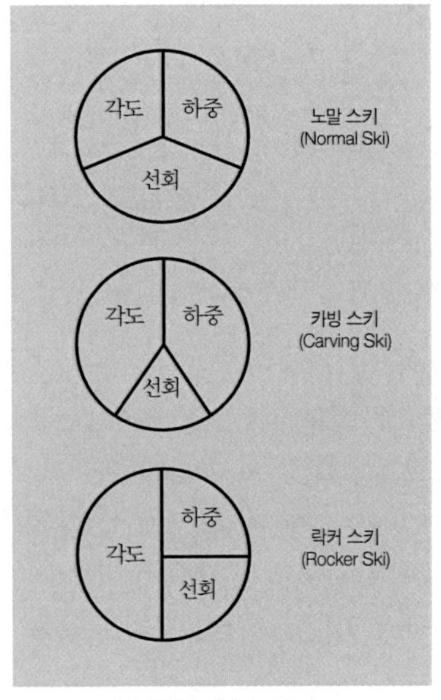

[회전의 3가지 요소]

스키가 원활하게 회전하기 위해서는 다양한 요소들이 유기적으로 조합되어야 하는데, 특히 회전에서 가장 필요한 핵심요소는 스키에 실리는 무게인 하중(Weight)과 스키를 기울여주는 정도인 각도(Angle)과 스키를 돌려주는 조작인 선회(Pivot)가 있다.

위의 세가지 요소들은 꼭 위의 용어로 불리는 것은 아니고, 나라에 따라서 다양한 이름으로 불리는데, 스키의 회전은 위의 세가지 요소들을 필요에 따라서 적절한 비율로 섞어서 사용해야만, 폭넓은 스키 기술이 가능하다.

예를 들어서 강설이나 급사면에서는 하중과 각도를 많이 주고, 선회조작은 적게 가하는 것이 좋고, 반대로 습설이나 완사면에서는 하중과 각도는 적게 주고, 선회조작은 많이 가하는 것이 좋다.

이들 중에서 특히 어렵게 느껴주는 것이 바로 스키를 정확하게 돌려주는 선회조작인데, 카빙스키가 등장하면서 스키자체가 가지고 있는 회전성이 높아졌기 때문에, 선회조작의 사용비율이 상대적으로 적어져서, 스키기술이 보다 쉬워졌다고 할 수 있다.

실제로 회전을 할 때는 위의 세가지 요소

이외에도 여러가지 요소들이 영향을 미치게 되는데, 대표적으로는 스키가 놓여진 넓이인 스탠스(Stance)와 회전에서 전후, 좌우, 상하로 균형을 유지하는 밸런스(Balance), 신체의 움직임을 정확한 시간에 실시하는 타이밍(Timing), 신체의 움직임들이 서로 조화를 이루고 연동되는 코디네이션(Coordination)등이 있다.

(3) 회전시 발생하는 힘

스키라는 스포츠가 가능한 것은 지구의 중력에 의하여 발생하는 낙하력이라고 할 수 있다. 이렇게 중력에 의해서 낙하력이 발생하면 스키가 활주를 시작하고 설면에서 저항력이 발생하게 된다.

중력을 받은 상태에서 스키어가 신체의 근력을 이용하여 스키에 하중을 가하게 되면, 스키가 휘어지면서 회전을 하게 되고 이때 설면에서 반발력이 발생하게 되는데, 이러한 반발력을 잘 활용하면 보다 리듬감과 약진감이 있는 회전이 가능하다.

또한 회전에서는 바깥쪽으로 신체가 밀려나려는 원심력이 발생하게 되는데, 스키어는 적절한 신체동작과 스키조작을 사용하여 회전 안쪽으로 버틸 수 있는 구심력을 만들어야 한다.

(4) 계곡돌기와 산돌기

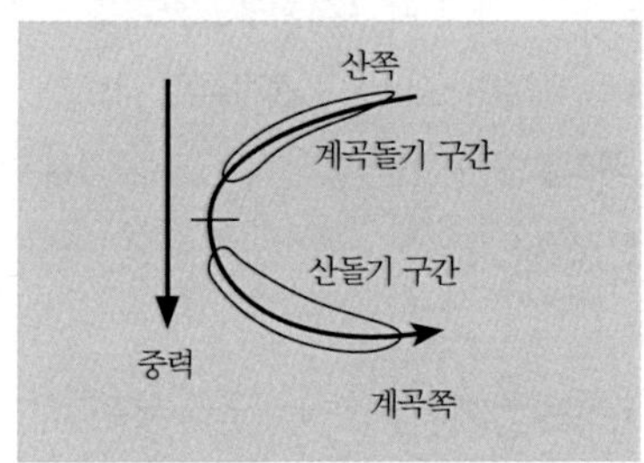

[계곡돌기와 산돌기]

스키의 회전은 최대경사선을 기준으로 두개의 구간으로 나눌 수 있다. 하나는 회전의 시작부터 최대경사선까지의 구간인데, 이때는 스키가 계곡 쪽으로 돌아 내려가는 구간이므로 계곡돌기 구간이라고 한다.

다른 하나는 최대경사선부터 회전의 마지막까지의 구간인데, 이때는 스키가 산쪽으로 돌아 올라가는 구간이므로 산돌기 구간이라고 한다. 회전에서는 중력이 아래방향으로 작용하므로, 계곡돌기에서는 중력과 같은 방향으로 스키가 낙하하는 이미지이고, 반대로 산돌기에서는 중력과 반대 방향으로 거슬러 올라가는 형태가 되어버린다.

회전에서 중력을 효과적으로 이용하기 위해서는, 회전 전반부터 엣징에 들어가서 계곡돌기 구간을 길게 끌어주는 이미지를 가지는 것이 좋다. 반대로 회전 후반부터 엣징에 들어가서 산돌기 구간이 길어지면, 중력에 거스르는 회전이 되어버려서 활주력이 감소해 버린다.

그러므로 회전에서 자연스러운 스피드를 살리기 위해서는, 회전전반부터 미리 엣징에 들어가고 회전후반에는 엣징을 일찍 끝낸다는 이미지를 가져야 가속감이 좋은 회전이 된다. 반대로 스피드를 줄이면서 컨트롤하기 위해서는, 최대경사선 근처에서 엣징을 시작하여 회전후반까지 엣징을 길게 유지한다는 이미지를 가져야 스피드를 줄이며 컨트롤이 가능하다.

다만, 스피드를 컨트롤하기 위해, 너무 늦게 엣징을 시작하여 회전후반에 엣징이 집중되면, 스키가 반동을 받아서 튀어 오르면서 오히려 스키의 컨트롤이 어려워지는 경우도 있으니 주의한다

18
테일슬라이드 슈템턴

Tail Slide Stemn Turn

플루그보겐에서 어느 정도 회전감각이 익숙해졌다면, 이제는 회전하면서 스키를 모아주는 슈템턴(Stemn Turn)을 시도해 본다. 슈템턴은 A자로 회전하는 플루그보겐과 11자로 회전하는 패러렐턴의 중간과정으로서, 플루그로 회전을 시작하여 패러렐로 회전을 마무리하는 기술이라 할 수 있다.

슈템턴에서는 회전을 하면서 스키의 스탠스를 플루그에서 패러렐로 바꾸게 되는데, 이때 스탠스의 변화에 따라서 스키의 안쪽날인 인엣지(In Edge)와 바깥쪽날인 아웃엣지(Out Edge)를 바꾸게 되는데, 이를 엣지교환(Edge Change)이라고 한다.

이번 슈템턴에서는 일단 회전의 마무리 부분인 후반부에 스키를 모아주지만, 점차 익숙해지면 스키를 모아주는 타이밍을 회전의 중반부나 전반부로 빠르게 하여, 스키가 패러렐인 구간을 길게 하여 보다 경제적인 회전을 추구한다.

스키가 플루그가 되면 회전은 쉬워지지만 체력소모가 많아지게 되므로, 슈템턴은 스키를 일찍 모아줄수록 체력소모를 줄여서 경제적으로 스킹을 할 수 있고, 회전속도도 높일 수 있어서 보다 긴거리를 빠르게 활주할 수 있다.

슈템턴이 익숙해지면 다양한 경사의 슬로프에서 안전하게 활주할 수 있는데, 플루그보겐과 마찬가지로 처음에는 상체를 적극적으로 기울여서 큰 앵귤레이션을 만들어야 스키를 모으기가 편하지만, 익숙해지면 상체를 조금 기울여도 스키를 모아주는 것이 가능해진다.

다만 경사가 심한 급경사에서 슈템턴을 구사할때는 적극적으로 상체를 기울여서 바깥스키에 체중을 정확하게 실어주는 것이 안전하게 회전하는 방법이다.

방법

경사가 완만한 완중사면을 선택하여, 패러렐 스탠스에서 출발하여 산쪽스키를 서서히 넓혀서 플루그를 만들고, 상체를 바깥쪽으로 기울여서 회전을 시작한다. 이때 외향경자세를 만들어줘야 스키의 테일이 정확하게 밀리면서 회전을 할 수 있다.

스키가 최대경사선을 지나면 상체의 기울기를 유지한 상태에서 안쪽스키를 패러렐로 붙여준다. 이때 단순하게 스탠스만을 플루그에서 패러렐로 바꿔주기 보다는, 양스키의 각도도 일치시켜야 정확한 패러렐이 된다.

회전이 끝나면 기울었던 상체를 다시 일으키며 스탠스를 플루그로 넓혀주면서 중립자세로 되돌아온다. 중립자세에서는 회전시 만들어졌던 외향경 자세가 다시 정면으로 되돌아오고 양발의 체중도 균등하게 느껴진다. 다시 상체를 기울이면서 다음 회전을 시작한다.

체크 포인트

(1) 상체의 앵귤레이션을 유지한다.

스키를 모을 때 상체의 앵귤레이션을 유지한다.

슈템턴을 할 때 범하는 흔한 실수중에 하나가, 바로 스키를 모아주면서 상체의 기울기인 앵귤레이션이 풀리는 것인데, 앵귤레이션이 풀리면 체중이 바깥발에 유지하는 것이 힘들어지고, 스키의 엣지가 풀리게 되어 원활한 회전도 어려워지게 된다.

슈템턴을 할때는 회전을 시작할 때부터 회전의 마지막에 스키를 모아줄때까지, 상체의 앵귤레이션을 일정하게 유지해야 보다 안정되고 정확한 회전이 가능하다.

(2) 엣지교환을 의식한다.

스키를 모을 때 엣지의 교환을 의식한다.

슈템턴부터는 플루그보겐에서 없던 엣지 교환과 스탠스의 변화가 일어나게 된다. 즉 플루그보겐에서는 A자에서 인엣지만을 사용하며 회전하였는데, 슈템턴에서는 A자에 11자로 변화하며 스키의 양쪽 날을 모두 사용해야 한다.

흔히 슈템턴에서는 플루그에서 패러렐로 바꾸는 스탠스의 변화만을 의식하는 경우가 많은데, 스탠스의 변화만큼이나 엣지의 정확한 교환이 이루어져야, 확실한 슈템턴이 만들어지게 되는것은 물론이고, 엣지를 잘 교환하게 되면 스탠스 변화도 훨씬 쉬워지게 된다.

(3) 외향경자세를 유지한다.

상체의 외향경 자세를 의식한다.

카빙스키에 익숙한 최근의 스키어들은, 상체를 회전방향으로 돌리는 로테이션만으로 회전을 하는 경우가 많은데, 테일 슬라이드에서는 스키의 테일을 회전 바깥쪽으로 밀어주는 조작을 필요하고, 이를 위해서는 상체의 외향경자세가 정확하게 나와야 한다.

테일슬라이드에서는 회전의 시작부터 마지막까지, 꾸준하게 스키의 테일을 바깥쪽으로 밀어주는 조작이 필요하게 되는데, 특히 지나친 카빙의 부작용으로 회전 전반부에 자기도 모르게 상체를 돌리며 스키를 회전시키는 버릇을 가진 스키어가 많은 것이 현실이다.

테일 슬라이드에서는 스키의 테일을 바깥쪽으로 밀어내며 회전을 하는데, 이를 위해서는 정확한 외향경자세를 유지해야 한다.

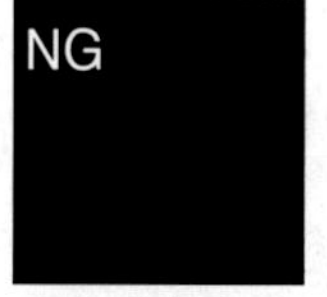

(1) 정확한 패러렐이 되지 않는 경우

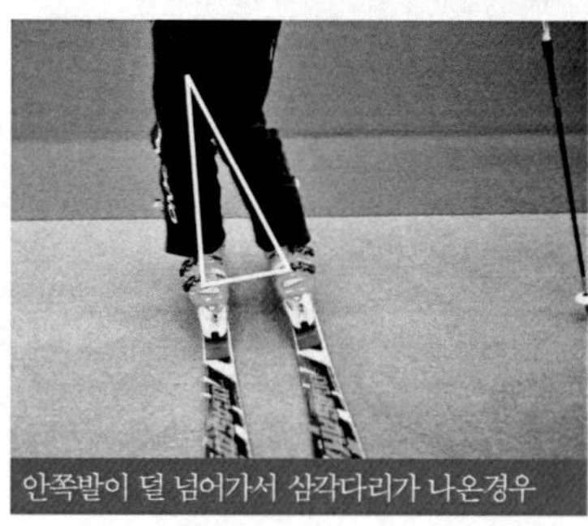

안쪽발이 덜 넘어가서 삼각다리가 나온경우

슈템턴부터는 회전시 패러렐 스탠스가

나타나기 시작하는데, 플루그에서 패러렐로의 스탠스를 변화시킬 때, 특히 안쪽스키가 충분하게 넘어가지 않아서 삼각다리가 나오는 경우가 많다. 이렇게 삼각다리가 생기면 안쪽스키의 엣지각도가 부족하게 되어 회전성이 떨어지게 되고, 결과적으로 안쪽발이 바깥발의 회전을 방해하게 된다.

슈템턴에서 스키를 모아줄 때는, 바깥쪽 스키보다 안쪽스키의 각도를 더욱 크게 만들어 준다는 의식이 있어야, 결과적으로 안쪽스키와 바깥스키가 같은 각도를 유지하여, 양스키가 모두 원활하게 회전할 수 있다.

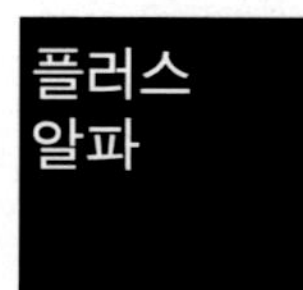

(1) 슈템턴의 스탠스를 바꾸는 방법

스키를 들어서 플루그 스탠스를 만드는 경우

슈템턴에서 패러렐에서 플루그로 스탠스를 변화시키는 방법에는, 스키를 들어올리는 것과 스키를 설면에 붙인 상태에서 바꾸는 것이 있다.

두가지 방법에는 각각의 장단점이 있는데, 스키를 붙이고 스탠스를 바꾸는 방법은 양스키가 설면에서 떨어지지 않기 때문에, 비교적 난이도가 낮고 밸런스를 유지하기가 편하다. 하지만 스키를 설면에 붙인 상태에서 밀어야 하기 때문에 불필요한 저항을 받게 된다. 따라서 슈템턴을 처음 익힐 때나 저속이나 완사면에서 유리한 방법이라 할 수 있다.

반대로 스키를 들어올려서 스탠스를 바꾸는 방법은, 한쪽스키가 설면에서 떨어지기 때문에 보다 높은 수준의 밸런스 감각이 필요하다. 하지만 발을 들어올리기 때문에 상대적으로 저항을 덜 받고 적극적으로 체중이동을 할 수 있게 된다. 따라서 어느 정도 슈템턴이 익숙해지거나 급사면을 빠른 속도로 활주하며 슈템턴을 할 때 유리한 방법이라 할 수 있다.

(2) 발바닥의 하중변화

지금까지 연습했던 플루그화렌이나 플루그보겐에서는 스키의 인엣지만을 사용하기 때문에, 발바닥의 하중이동이 없이, 모지구와 뒤꿈치를 잇는 안쪽 하중라인만을 사용하게 된다. 이와 반대로 슈템턴에서는 회전시 엣지교환을 하면서 발바닥의 하중라인도 변화하게 된다.

즉 인엣지를 사용할 때는 플루그보겐과 마찬가지로 안쪽 하중라인을 사용하지만, 아웃엣지를 사용할 때는 소지구부터 뒤꿈치를 잇는 바깥쪽 하중라인을 사용하게 된다.

이렇게 하중라인을 변화시킬 때는 발목을 각도를 조절하게 되는데, 이때는 새끼발가락쪽이나 엄지발가락쪽을 들어주는 이미지를 가지고 하중라인을 조절하면, 보다 정확하고 미세하게 하중라인을 변화시킬 수 있다.

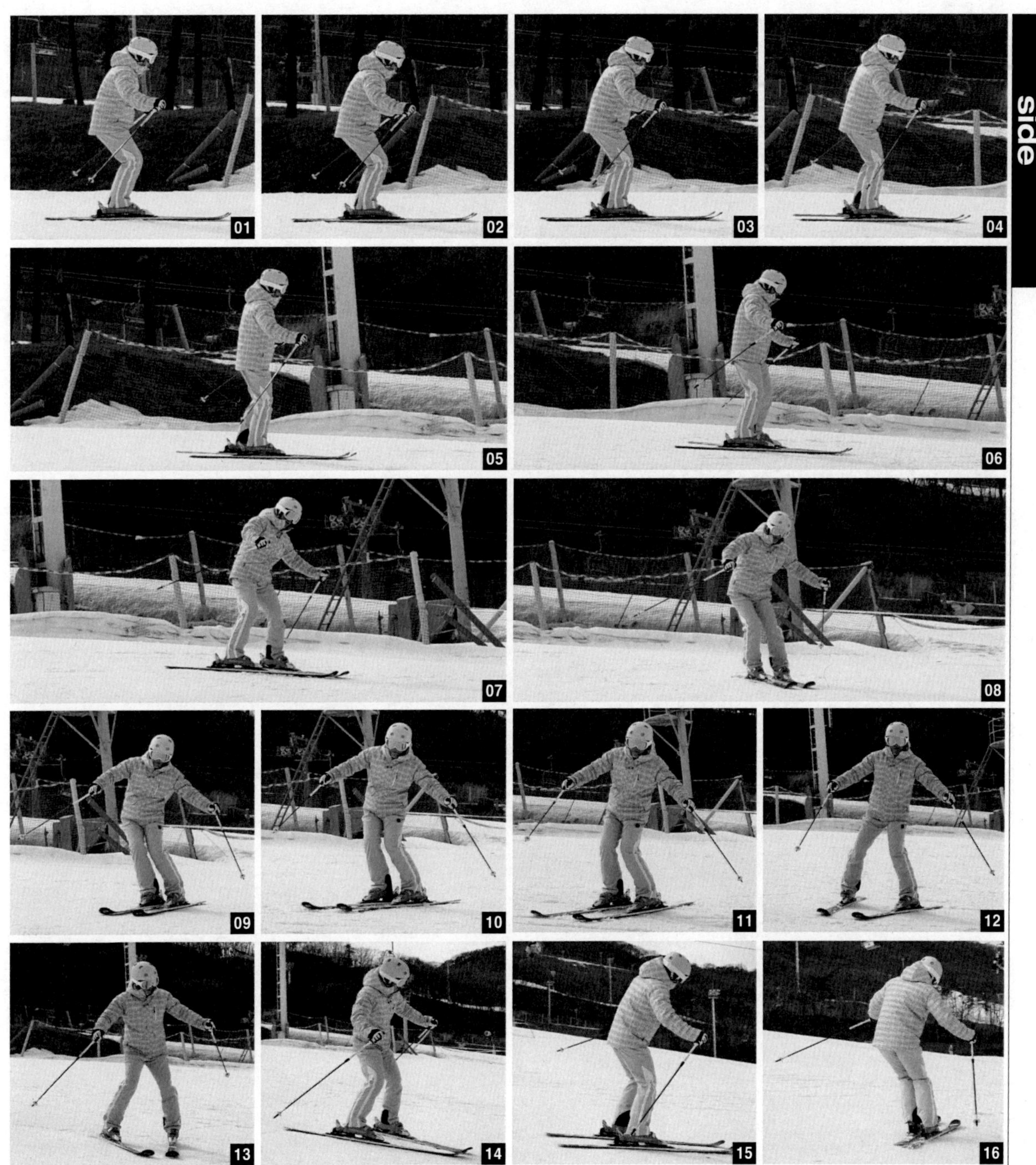

side
01
02
03
04
05
06
07
08
09
10
11
12
13
14
15
16

19

테일 슬라이드 패러렐턴

Tail Slide Parallel Turn

슈템턴에서 스탠스를 변화시키면서 회전을 할 수 있게 되었다면, 이제는 스탠스를 11자로만 유지하며 회전하는 패러렐턴에 도전하여 본다. 패러렐턴은 양스키를 동시에 움직여야 하기 때문에, 플루그보겐이나 슈템턴보다 난이도가 많이 높아지게 된다.

플루그보겐에서는 양스키가 A자 모양을 유지하기 때문에 항상 회전각이 만들어져 있고, 슈템턴에서는 스키를 넓히면서 쉽게 바깥스키의 회전각을 만들었지만, 패러렐턴에서는 스키어가 양스키를 동시에 움직이며 회전각을 만들어야 하기 때문에, 회전을 시작하기가 어렵게 된다.

또한 양스키를 회전의 바깥쪽으로 밀어내면, 스키의 회전각이 만들어지는 동시에 하체가 회전의 안쪽으로 기울이며 내경각을 만들어지게 되는데, 여기에 맞추어 상체를 회전 바깥쪽으로 향하게 한 상태에서 기울여주며 외향경 자세를 만들어야 정확한 패러렐턴이 된다. 즉 패러렐턴에서는 하체의 내경과 상체의 외향경 자세를 동시에 만들며 회전해야 한다.

패러렐턴에서는 양스키가 함께 움직이는 동시조작을 기본으로 하는데, 실제로는 안쪽스키를 먼저 움직이는 이미지가 있어야, 양쪽스키가 동시에 움직이는 것처럼 느껴지게 된다. 즉 회전을 할 때 플루그보겐이나 슈템턴에서는 바깥쪽 스키가 회전을 주도하였다면, 패러렐턴에서는 안쪽스키가 회전을 주도하게 된다.

패러렐턴에서는 상체를 움직여 외향경 자세를 만드는 동시에, 스키의 회전각도 함께 만들어야 하기 때문에 보다 적극적인 스키조작이 필요하게 되는데, 중립자세 없이 회전에서 바로 다음 회전으로 넘어가는 급격한 동작은 오히려 회전이 어려워지므로, 정확하게 뉴트럴포지션을 만들고 여유롭게 안쪽스키부터 돌려주는 느낌으로 부드러운 회전을 한다.

비교적 경사가 있는 중사면에서 패러렐 스탠스로 출발하여 서서히 상체를 회전의 바깥방향으로 기울이면서 회전을 시작한다. 이때 상체의 외향경 자세를 만드는 것과 동시에, 양발의 뒤꿈치를 밀어서 양쪽스키의 테일을 동시에 회전의 바깥쪽으로 움직여준다.

패러렐턴에서는 양발이 동시에 움직여야 하는데, 안쪽스키를 조금더 일찍 움직이고 그 다음에 바깥쪽스키를 움직인다는 이미지가 있어야, 양스키가 동시에 움직이는 것처럼 보이게 된다.

회전이 끝나면 다시 중립자세로 되돌아오면서 외향경 자세를 풀어주는데, 이때 상체 기울기가 스키 위에 수직으로 서게 되고, 상체의 방향도 다시 스키의 앞으로 되돌아와야 다음 회전을 위한 확실한 중립자세가 만들어진다.

정확한 회전을 위해서는 외향경 자세가 확실하게 만들어져야 하는데, 처음에는 상체의 앵귤레이션을 많이 만들어서 회전을 하고, 점차 익숙해지면 상체의 앵귤레이션을 줄어서 회전하도록 한다. 특히 급사면에서는 정확한 바깥발 하중을 위하여 앵귤레이션을 크게 유지하는 것이 좋다.

(1) 양다리의 정강이를 평행하게 유지한다.

양발의 정강이 각도를 평행하게 유지한다.

보통 패러렐턴에서 양스키의 스탠스만을 패러렐로 유지하는 것을 의식하는 경우가 많은데, 정확한 패러렐턴을 위해서는 스탠스 뿐만 아니라, 양스키의 엣지도 같은 각도로 유지하는 것이 중요하다. 이를 위해서는 양발의 정강이 각도를 동일하게 유지해야 하는데, 안쪽 정강이의 각도를 조금더 크게 한다는 의식이 있어야, 실제로는 양발의 정강이 각도가 똑같이 유지된다.

(2) 외향경 자세를 정확하게 유지한다.

정확한 외향경 자세를 유지한다

패러렐턴에서는 양스키의 테일을 동시에 회전의 바깥쪽으로 밀어내면서 회전을 시작하기 때문에, 외향경 자세가 특히 중요해진다. 또한 패러렐스탠스에서 안정감을 높이기 위해서는 외향경 자세를 취하여 정확한 바깥발 하중을 유지해야 한다.

회전에서 양스키의 테일을 바깥쪽으로 밀기 위해서는, 상체의 외향자세가 아주 중요하다. 특히 카빙턴에만 익숙한 스키어들은 외향자세가 어렵게 느껴지는데, 외향자세를 유지하며 테일 슬라이드를 만드는 것은, 나중에 익힐 탑테일 슬라이드의 기초가 되므로 확실하게 익힌다.

(1) 안쪽스키가 넘어가지 않는다.

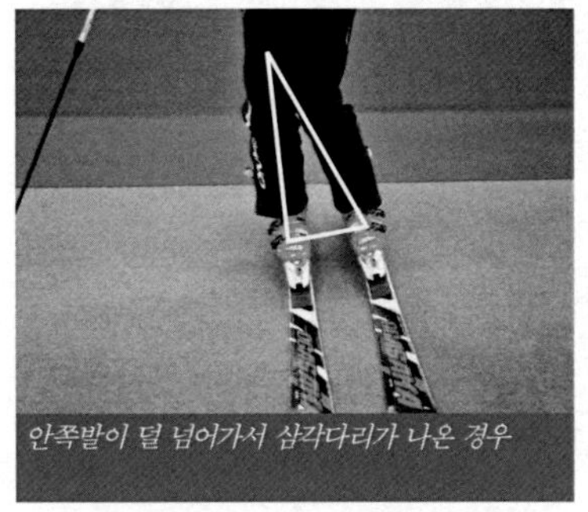

안쪽발이 덜 넘어가서 삼각다리가 나온 경우

패러렐턴에서는 양스키의 패러렐 스탠스가 정확하게 유지되어야 한다. 하지만 회전의 전반부에서 바깥스키만이 넘어가고 안쪽스키가 늦게 넘어가서, 스키어 자신은 패러렐턴을 한다고 생각하지만, 실제

로는 슈템턴을 하는 경우가 많다. 회전을 시작할때는 안쪽스키를 먼저 움직인다는 의식을 가져야, 실제로는 양스키가 동시에 움직이게 된다.

안쪽스키를 잘 넘기기 위해서는, 안쪽발의 소지구에서 뒤꿈치까지의 바깥쪽 하중라인을 잘 의식하여야 하는데, 실제로는 하중은 별로 실리지 않으면서 엣지각도만 세우는 감각이 필요하다.

(1) 신체의 동작

좌우동작 : 신체가 회전의 안쪽과 바깥쪽으로 움직이는 것(내경과 외경)

상하동작 : 신체가 회전의 위쪽과 아래쪽으로 움직이는 것(업다운)

회전동작 : 신체가 회전의 안쪽과 바깥쪽으로 돌아가는것(외향과 내향)

전후운동 : 신체가 회전의 앞쪽과 뒤쪽으로 움직이는 것(전경과 후경)

회전을 할 때 스키를 잘 움직이기 위해서 신체는 다양한 형태로 움직이게 되는데, 그 움직임을 세가지로 분류하자면 크게 좌우동작, 상하동작, 회전동작이 있다.

좌우동작은 신체가 회전의 안쪽이나 바깥쪽으로 기울어지는 것으로서, 신체가 회전의 안쪽으로 기울어지는 내경이나 바깥쪽으로 기울어지는 외경이 여기에 해당된다. 또한 상하동작은 신체가 회전의 위쪽이나 아래쪽으로 움직이는 것으로서, 회전의 보조동작인 업다운이 여기에 해당된다. 그리고 회전동작은 신체의 방향이 안쪽이나 바깥쪽으로 돌아가는 것으로서, 신체가 회전의 안쪽으로 향하는 내향이나 바깥쪽으로 향하는 외향이 여기에 해당된다.

이러한 동작들은 각각 독립적으로 만들어지는 것이 아니라, 회전의 성격에 따라서 두개나 세개가 동시에 일어나게 된다. 즉 테일 슬라이드에서는 좌우운동인 외경과 회전운동인 외향이 합쳐져서 외향경자세가 만들어지게 된다.

또한 탑테일 슬라이드에서는 업다운을 하면서 외향경 자세를 취하기 때문에 상하동작과 좌우동작과 회전동작이 동시에 이루어지게 되고, 카빙에서는 보통 업다운 없이 내향경 자세를 가지고 회전을 이끌어내게 되므로 회전운동과 좌우운동이 동시에 이루어지게 된다.

이러한 동작에 신체와 스키가 앞과 뒤로 움직이는 전후운동이 곁들여지면 더욱 샤프한 회전이 가능한데, 특히 전후운동은 탑테일 슬라이드에서 중요하다. 그러므로 스피드를 빼고 동작과 조작만으로 비교한다면, 탑테일 슬라이드가 가장 난이도가 높은 회전이라고 할 수 있다.

위의 조합은 일반적인 회전의 경우이고, 반드시 이러한 조합을 지켜야 회전이 되는 것은 아니지만, 각각의 회전의 성격에 맞도록 신체의 동작을 만들어주고, 여기에 맞도록 스키를 조작해주는 것이 중요하다. 이것은 일종의 포지션과 컨트롤의 궁합을 맞추는 것으로서, 이러한 것이 바로 회전에 중요한 요소중 하나인 "코디네이션" 이라 할 수 있다.

(2) 테일 슬라이드의 엣징 타이밍

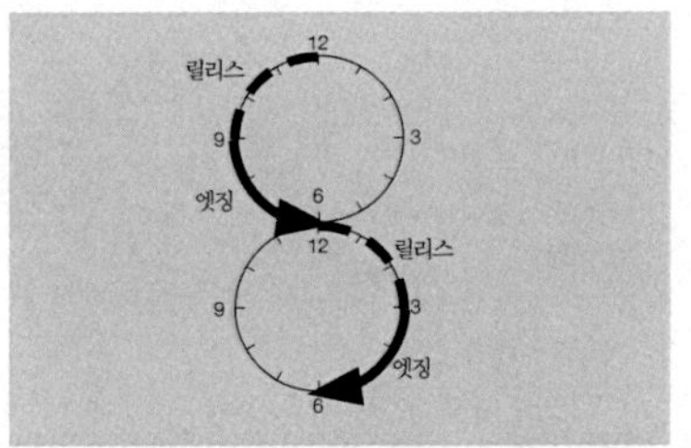

[테일 슬라이드의 엣징 타이밍]

회전에서는 스키에 하중이 가해지면서 엣징을 하게 되는데, 엣징에 들어가는 타이밍은 회전의 성격이나 목적에 따라서 달라지는 것이 보통이다.

즉, 엣징에 들어가고 마무리하는 타이밍이 늦어지면, 회전 후반부에 하중이 집중되는 경향이 있어서 스피드가 줄어드는 제동요소가 강해지고, 반대로 엣징에 들어가고 마무리되는 타이밍이 빨라지면, 감속요소가 줄어들고 활주요소 및 가속요소가 증가하게 된다.

테일 슬라이드에서는 보통 스키가 최대 경사선을 바라보는 9시방향에서 하중이 들어가서 6시반 정도에서 엣징을 마무리하는 것이 기본이지만, 회전이 익숙해지면 조금 더 일찍 엣징에 들어가서 10시 방향쯤에 엣징이 들어가는 것이 좋다.

특히 플루그보겐이나 슈템턴에서는 회전 전반부에 양스키가 플루그가 되어 비교적 쉽게 회전할 수 있으므로, 엣징에 들어가는 타이밍에 여유가 있게 마련이지만, 패러렐턴에서는 회전전반부에 일찍 엣징에 들어가야 패러렐 스탠스를 유지하기가 편해진다.

또한 엣징에 들어갈 때는 한꺼번에 많은 하중을 일시에 집중시키는 것이 아니라, 하중의 시작부터 마무리까지 점진적으로 하중을 증가시키는 이미지를 가져야, 보다 매끄럽고 둥근 회전이 가능하다.

日本スキー
発祥100周年
SKI JAPAN 100 Year Anniversary
1911・2011
일본스키의 역사와 함께 100년
NEW KEO'S series
OGASAKA
OGASAKA
OGASAKA
OGASAKA KEO'S
KEO'S FX
OGASAKA
TRIUN
TRIUN OGASAKA
THE OGASAKA SKI COMPANY FOUNDED IN 1912
100th Anniversary
OGASAKA SKI

컨트롤 테크닉
Control Technique

컨트롤 테크닉은 스키를 타면서 가장 많이 사용되는 기술들로서, 중급자부터 최상급자까지
다양한 레벨의 스키어들이 다양한 조건에서 폭 넓게 사용할 수 있는 핵심적인 스키기술이다.

컨트롤 테크닉은 스키의 탑과 테일을 동시에 돌려주는 탑테일 슬라이드를 이용하여 스키를 회전시키게
되는데, 이때 스키의 움직임은 회전 전반에는 어느 정도 스키가 밀리면서 회전을 시작하고, 회전 중후반에는
상대적으로 샤프하게 회전하는 "스키딩&카빙(Skidding & Carving)"의 형태로 회전이 만들어지게 된다.

이러한 컨트롤 테크닉을 잘 활용하면, 회전시 스피드가 줄지 않고도 샤프하게 회전하는 활주성 회전을 할 수 있다.
컨트롤 테크닉은 상급 스키어로서 첫발을 내딛는 필수기술이라고 할 수 있다.

20

탑테일 슬라이드
플루그화렌

Top Tail Slide PflugFahren

지금부터는 스키기술에서 가장 많이 사용되는 컨트롤 테크닉(Control Technique)을 배우는데, 그중에서 가장 먼저 해야할 것이 바로 스키의 탑과 테일을 동시에 움직이는 탑테일 슬라이드(Top Tail Slide) 조작을 익히는 것이다.

탑테일 슬라이드란 스키의 탑을 회전의 안쪽으로 돌리고, 스키의 테일을 회전의 바깥쪽으로 비틀어주면서, 보다 샤프하게 스키를 회전시키는 조작을 말한다. 탑테일 슬라이드 조작은 스키를 A자로 유지하며 직활강하는 플루그화렌에서 가장 먼저 익힐 수 있다.

베이직 테크닉(Basic Technique)에서 익힌 테일 슬라이드는 쉽게 조작을 배울 수 있다는 장점이 있지만, 스키전체가 회전의 바깥쪽으로 밀려 나가기 때문에, 불필요한 저항을 많이 받고 체력소모가 많아서 경제적이지 못한 조작이라고 할 수 있다.

여기에 비해서 탑테일 슬라이드는 스키의 탑이 회전의 안쪽으로 파고들고, 테일이 회전 바깥쪽으로 밀려나가는 양이 적어서 저항을 적게 받으므로, 보다 효율이 좋은 조작이라고 할 수 있다.
또한 탑과 테일이 돌아가는 양과 비율을 조절하면, 다양한 성격의 회전이 가능하여 폭넓은 응용을 할 수 있다.

또한 탑테일 슬라이드를 하면서 하체를 구부렸다 펴주면서 하중을 가하거나 빼주는 업다운(Up-Down)을 사용하게 되면, 보다 리드미컬한 회전이 가능해지는데, 업다운을 하면서 발바닥 안에서 하중의 전후이동을 하면, 보다 샤프하고 둥근 회전이 가능해진다.

방법

비교적 완만한 슬로프를 선택하여 직활강 자세를 만든다. 이때 양발은 와이드 스탠스보다 많이 넓혀서 스키를 모을 수 있는 공간을 확보한다. 준비자세에서는 양무릎을 조금 넓혀서 태권도의 기마자세를 취하여, 스키의 엣지가 서지 않고 설면에 플랫하게 닿도록 유지한다.

높은자세에서 출발하여 발목, 무릎, 고관절의 하체전체를 구부리며 스키에 하중을 가하면서 안쪽으로 비틀어주고, 스키의 탑을 안쪽으로 스키의 테일을 바깥쪽으로 움직여준다. 이때 스키가 회전함에 따라서 서서히 스키의 엣지도 세워주어서 정확한 엣징감각을 익힌다.

이처럼 높은자세에서 낮은자세로 이동하면서 스키의 하중을 가하는 동작을 다운(Down)이라고 하며, 다시 낮은자세에서 높은자세로 이동하면서 스키에 걸렸던 하중을 빼는 동작을 업(Up)이라고 한다. 업다운을 이용하면 스키에 하중을 가하고 빼는 것이 보다 편해지고, 하체전체를 구부리면서 하중을 가하기 때문에, 스키를 비틀면서 돌려주는 피봇팅(Pivoting, 선회)조작을 하기도 쉬워지게 된다.

업다운과 피봇팅 조작이 어느 정도 익숙해져서 탑테일 슬라이드가 잘 이루어진다면, 이제는 하중의 전후이동을 이용하여 보다 샤프한 회전을 만들어내는 것이 좋다. 높은자세의 업에서 발바닥 앞쪽에 하중이 실어서 회전을 시작하고, 회전이 진행되면서 다운을 하여 발뒤꿈치쪽으로 하중을 이동시키며 피봇팅 조작을 하면, 스키의 움직임이 샤프해지고 보다 효율이 좋은 회전을 할 수 있다.

이러한 전후운동은 상급자가 되기 위한 필수적인 조작이라고 할 수 있는데, 특히 전경자세가 지나치거나 후경자세에서는 이러한 전후운동이 어렵게 되므로, 일단 기본자세에서 정확한 중경자세를 만드는 것이 확실한 탑테일 슬라이드의 필수요소라 할 수 있다.

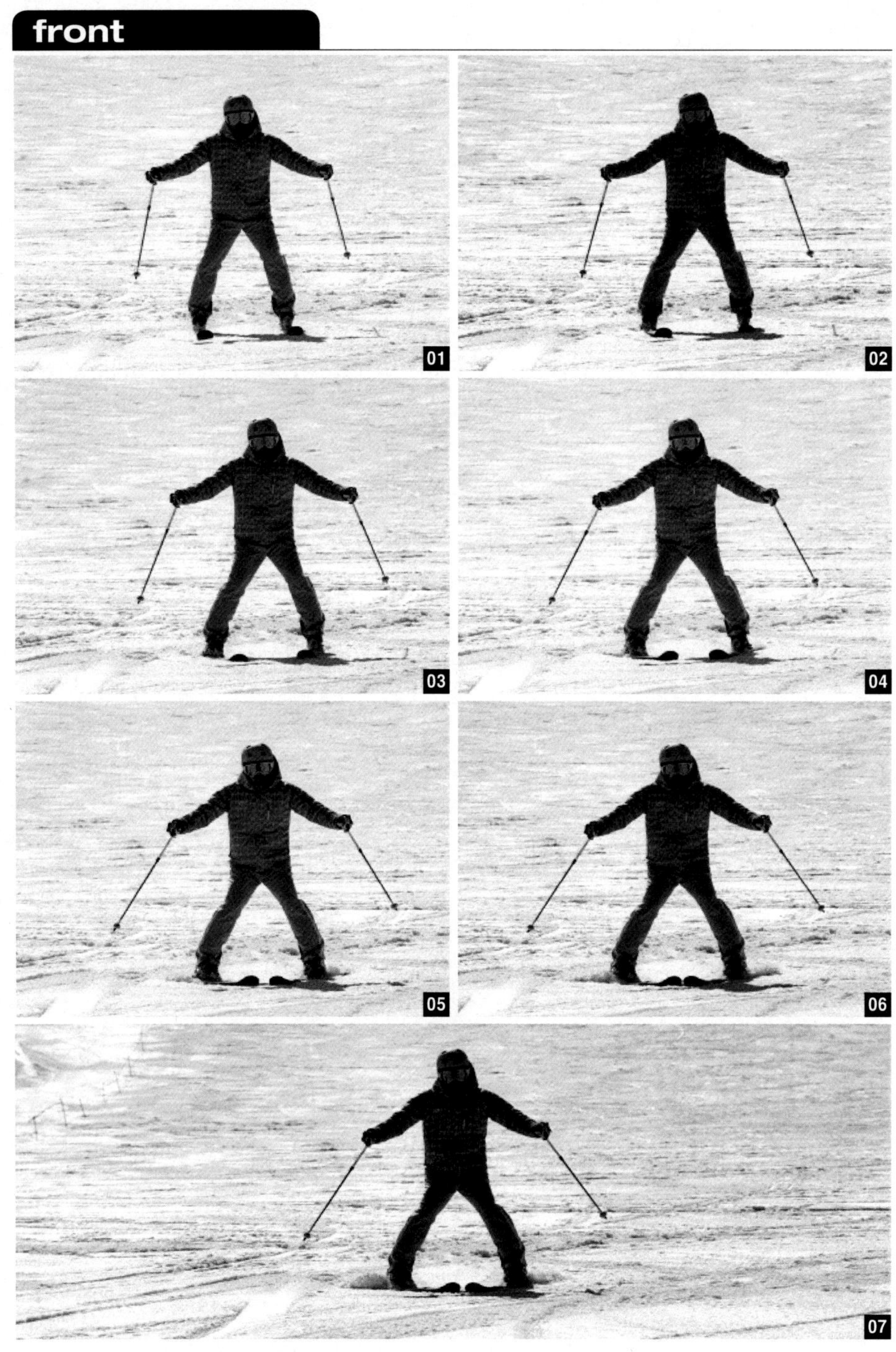

side

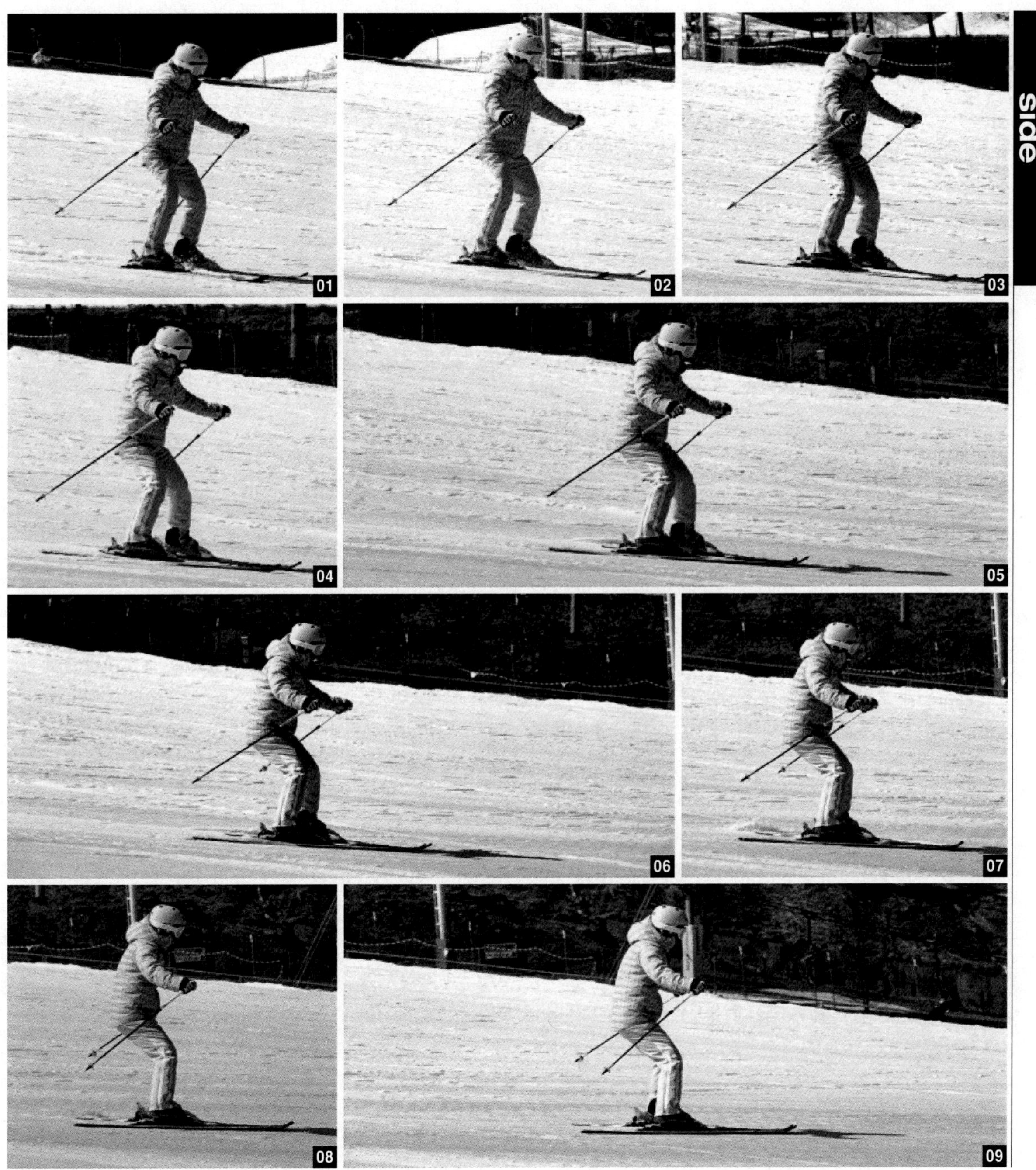

(1) 하체전체를 사용한다.

발목과 무릎과 고관절을 동시에 움직인다.

모든 스키조작은 몸전체가 서로 연동되어 균형감 있게 움직여야 하고, 어느 한쪽만이 지나치게 움직이면 다른쪽은 움직이지 않아서, 균형감이 깨지고 부드럽고 정확한 조작이 어려워지게 된다.

마찬가지로 탑테일 슬라이드 조작에서도 발목, 무릎, 고관절을 모두 사용하여, 결과적으로 하체 전체가 통일감 있게 움직여야 보다 원활한 스키조작이 가능하다. 특히 고관절과 발목이 고정되어 있으면서 무릎의 꺾임만으로 스키를 조작하는 경우가 있는데, 이는 발목이 고정(Locking)

되어 버리는 원인이 되어, 스키기술 향상에 치명적인 방해가 된다.

(2) 허벅지가 비틀리는 감각을 익힌다.

허벅지를 안쪽으로 비틀어주는 이미지를 갖는다.

하체 전체가 원활하게 움직이면서 탑테일 슬라이드가 되면, 결과적으로 양쪽 허벅지가 회전의 안쪽으로 비틀리는 느낌이 생겨나게 된다. 처음에는 발목, 무릎, 고관절의 각각의 움직임을 의식하여 탑테일 슬라이드를 하게 되지만, 이 동작이 익숙해지면 나중에는 허벅지를 비틀어주는 느낌만으로도 하체전체가 함께 움직이며, 보다 자연스럽고 적극적인 탑테일 슬라이드가 가능하게 된다.

이렇게 허벅지가 잘 비틀리려면 꾸준한 연습이 필요한데, 하체에 있는 어느 한 관절을 지나치게 움직이는 것이 아니라, 모든 관절이 균형 있게 움직이기 위해서는 많은 반복훈련이 필요하게 된다.

(3) 전후운동에서도 상체각도를 유지한다.

상체각도를 일정하게 유지한다.

하중의 전후이동이 제대로 되면, 스키가 마치 살아있는 것처럼 능동적으로 움직이는 것이 느껴지게 된다. 이러한 전후운동은 회전시 스키가 설면을 파고드는 것을 향상시켜, 보다 날카로운 회전을 만들어 낼 수 있다. 하지만 전후운동을 지나치게 의식하여 상체가 앞뒤로 흔들리는 경우가 생길 수 있는데, 이는 오히려 전후 밸런스를 무너뜨려서 회전의 방해요소가 될 수 있다.

전후운동은 상체의 각도를 유지한 상태에서 업과 다운을 하면서 느껴지는, 자연스러운 하중의 이동감각에 그 포인트가 있다. 꾸준하게 연습을 하여도 전후운동에 어려움이 있다면, 대부분 기본자세가 잘못 만들어진 것이 원인이므로, 일단 기본자세를 수정하고 전후운동에 다시 도전하는 것이 좋다.

(4) 유연성을 기른다.

상체(척추, 골반)와 하체(고관절, 무릎, 발목)의 유연성을 기른다.

스키는 가장 완벽한 좌우대칭 운동중에 하나이며, 의외로 유연성이 많이 필요한 운동이다. 특히 30대가 넘은 많은 스키어들이 하체의 유연성이 부족하여, 스키의 엣지를 세우면서 동시에 탑과 테일을 돌려주는 정확한 탑테일 슬라이드를 구사하지 못하는 경우가 꽤 많은 것이 현실이다.

스키에서 가장 많이 사용되는 조작인 탑테일 슬라이드를 잘 하기 위해서는 하체의 유연성이 필수인데, 특히 스키를 보다 깊게 회전시켜야 하는 급사면 숏턴에서는, 특히 엣지를 많이 세우면서도 상하체가 깊게 비틀려야 하므로 많은 유연성이 필요하게 된다.

실제로 숏턴을 하면서 많은 연습을 하였는데도 상체가 돌아가고 스키가 밀리는 경우가 있다면, 신체의 유연성 부족이 그 원인일 수도 있으므로, 시즌이 시작되기 전부터 하체의 스트레칭을 꾸준하게 하여 원활한 탑테일 슬라이드를 구사한다.

(1) 잘못된 하체사용

기본적인 플루그 자세를 만들었을 경우와 마찬가지로, 탑테일 슬라이드의 플루그화렌을 구사할때도 하체가 안짱다리가 되거나 오다리가 되는 경우가 많다.

안짱다리는 여성스키어에게서 많이 보이는데, 발목이나 고관절에 비해서 지나치게 무릎을 많이 사용하여, 엣지가 지나치게 서면서 탑테일 슬라이드가 되는 경우이다. 엣지가 지나치게 서면 스키가 너무 설면에 파고들면서, 스키를 돌려주는 피봇팅(선회) 조작이 어려워지므로 주의한다.

반대로 유연성이 좋지 않은 남성스키어에게서 많이 보이는 것이 오다리이다. 이는 발목이나 무릎이 딱딱하여 엣지가 서지 않는 상태로 탑테일 슬라이드가 되는 경우이다. 엣지가 충분히 서지 않으면, 스키가 설면위에서 지나치게 미끄러지게 되어 샤프한 엣징이 이루어지지 않고, 급사면에서는 엣지그립이 약해서 스키가 밀리는 원인이 된다.

(1) 업다운+전후운동의코디네이션

업을 하면서 발가락쪽에 하중을 실어준다.

다운을 하면서 뒤꿈치 쪽에 하중을 실어준다.

회전시 상하운동을 하면서 스키에 하중을 가하거나 빼주는 보조동작인 업다운은, 스키의 하중을 앞뒤로 움직여주는 전후운동과 함께 이루어질 때 비로소 큰 위력을 발휘한다.

전후운동에서는 회전 전반부에 업을 하면서 하중포인트를 발가락 밑쪽에 유지하고, 회전 중반부에는 다운을 시작하면서 하중포인트를 발바닥의 가운데로 옮겼다가, 회전 후반부에는 발뒤꿈치로 하중포인트를 가져가게 된다.

이러한 업다운과 전후운동의 매칭은 마치 그네를 타면서 발을 앞뒤로 움직여주는 동작과도 비슷한데, 그네를 탈 때 이러한 동작들이 잘 이루어지면 쉽고 크게 그네를 탈 수 있다.

마찬가지로 업다운과 전후운동이 잘 이루어지면, 스키의 탑부터 회전을 시작하여 테일로 회전이 마무리되면서 보다 샤프하고 깔끔하면서도 약진감 있는 회전이 가능한데, 특히 숏턴처럼 짧은 시간동안 많은 피봇팅을 하는 경우에 특히 중요하다.

또한 스키기술이 향상되면 업다운을 반대로 하는 벤딩기술이 필요하게 되는데, 이러한 벤딩턴에서도 전후운동이 있어야,

리바운드를 살리는 보다 약진감 있는 회전이 가능하다.

(2) 탑테일 슬라이드의 발바닥 감각

회전 전반부에 발가락쪽에 하중을 실어서, 다운을 시작하면서 뒤꿈치쪽을 회전의 바깥쪽으로 밀어준다.

회전 중반부에 발 전체쪽에 하중을 실어서, 뒤꿈치쪽은 바깥쪽으로 발가락쪽은 안쪽으로 돌려준다.

회전 후반부에 뒤꿈치쪽에 하중을 실어서, 발가락쪽을 안쪽으로 돌려준다.

탑테일 슬라이드는 앞서 배운 테일 슬라이드나 앞으로 배울 탑 슬라이드에 비해서 복잡한 조작이 이루어지는 회전이다. 그러므로 발바닥 내에서도 복잡한 움직임이 만들어지게 되는데, 탑테일 슬라이드는 스키에서 가장 많이 사용되는 기술이기 때문에, 상급자가 되기 위해서는 반드시 정확하게 익혀야 한다.

탑테일 슬라이드에서는 항상 스키의 탑과 테일이 일정한 비율로 움직인다고 생각하기 쉬운데, 탑테일 슬라이드부터는 하중의 전후운동이 합쳐지기 때문에, 회전의 국면에 따라서 탑과 테일이 움직이는 비율이 달라지게 된다.

즉, 회전 전반부에서는 스키의 탑에 많은 하중이 실리기 때문에, 상대적으로 가벼운 테일쪽이 많이 움직이는데, 이것은 앞서 배운 테일 슬라이드와 비슷한 조작이 된다. 따라서 탑테일 슬라이드를 정확하게 하기 위해서는 우선 테일 슬라이드를 확실하게 익혀야 한다.

회전 중반부에서는 스키의 센터쪽에 하중이 실리며 스키의 탑과 테일이 비슷하게 움직이고, 회전 후반부에는 스키의 테일쪽에 하중이 실리며 스키의 탑이 움직이는 비율이 커지게 된다.

이러한 전후운동과 피봇팅을 동시에 하기 위해서는, 발바닥의 하중을 이동시키며 하체전체를 비틀어주는 감각이 필요한데, 회전 전반부에는 발가락 아래쪽에 하중이 실리므로 자연스럽게 뒤꿈치가 움직이며 스키의 테일이 돌아가고, 회전 중반부에는 하중이 발 가운데로 돌아와서 발전체가 움직이므로 스키의 탑과 테일이 동시에 돌아가고, 회전 후반부에는 하중이 발 뒤꿈치로 옮겨지며 발 앞쪽이 움직이며 스키의 탑이 많이 움직이게 된다.

이때 피봇팅과 전후운동을 하면서 스키의 엣지각도 함께 만들어주어야 하므로, 다운을 하면서 하체를 회전의 안쪽으로 꺾어주는 조작도 함께 해주어야 한다. 결과적으로 스키가 전후, 좌우, 상하로 움직이며 회전하는 3차원적인 움직임이 만들어지게 된다.

이렇게 복잡한 동작과 조작을 하여야만 탑테일 슬라이드의 회전이 정확하게 이루어지므로, 아주 시간과 노력을 투자하여야 진정한 스키 상급자가 될 수 있다.

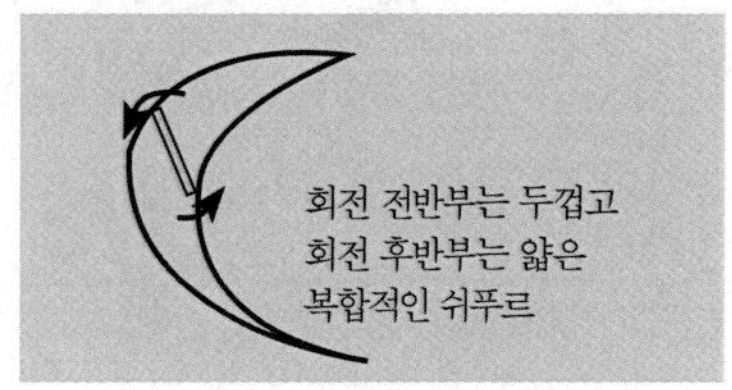

[탑테일 슬라이드의 스킹 자국]

21

탑테일 슬라이드 플루그 보겐

Top Tail Slide PflugBogen

플루그화렌에서 스키의 탑과 테일을 동시에 돌려주는 탑테일 슬라이드의 감각이 어느 정도 길러졌다면, 이제부터는 회전을 하며 보다 본격적인 탑테일 슬라이드를 익힐 차례이다.

플루그보겐에서 정확하게 탑테일 슬라이드를 구사하기 위해서는 여러가지 요소가 복합적으로 필요하게 된다. 일단 업다운을 하면서 지속적으로 스키에 하중을 주거나 빼주는 것이 필요하며, 이 업다운에 맞춰서 하체를 회전방향으로 비틀어주는 피봇팅(선회) 조작을 하면서, 발바닥의 하중을 전후로 이동시키는 조작이 필요하게 된다. 또한 좌우턴을 연속적으로 하기 위하여 스키어가 가하는 하중을 오른쪽 스키에서 왼쪽스키로 서로 이동시키는 하중이동의 감각도 필수가 된다.

테일 슬라이드 플루그보겐이 스피드를 줄이는 제동요소가 강한 회전이었다면, 탑테일 슬라이드의 플루그보겐은 스피드를 유지하는 활주요소가 강한 회전이므로, 테일 슬라이드에 비해 플루그 스탠스를 조금 작게 만드는 것이 저항을 줄이며 매끈하게 회전을 하는 첫걸음이다.

또한 스키에 하중을 가하는 동작이 상체를 옆으로 기울이는 것이 아니라, 어깨를 수평에 가깝게 유지하면서 업다운을 하기 때문에 외경자세가 작아지며, 스키의 탑과 테일을 동시에 돌려주는 조작이므로 힘의 방향도 진행방향을 향하므로 상체의 외향자세도 작아지게 되어, 전체적인 외향경자세는 테일 슬라이드

보다 보다 작은 외향경자세가 만들어지게 된다.

이번 플루그보겐은 테일 슬라이드보다 스피드가 빨라지고 엣징도 강해져서 원심력에 의한 외력이 증가하므로, 여기에 버틸 수 있는 적절한 자세가 필요한데 증가하는 외력에 맞도록 하체의 내경자세가 만들어져야 하므로, 결과적으로 하체의 내경자세과 상체의 외경자세가 적절하게 섞이며 회전을 하게 된다.

탑테일 슬라이드의 플루그보겐은 활주형이므로 테일 슬라이드보다 스피드가 높아지게 된다. 이 스피드를 유지하면서 회전을 하기 위해서는 정확한 엣지그립과 하중에 버틸 수 있는 근력이 필요한데, 이를 위해서 하체의 긴장감을 만들어서 스키어의 하중을 정확하게 스키의 인엣지에 전달하는 것이 필요하게 된다.

탑테일 슬라이드에서는 정확한 컨트롤이 필요하게 되므로, 여기에 맞는 확실한 하중이동이 필요하게 된다. 중립자세에서는 하중을 정확하게 양다리로 유지하다가, 회전자세에 들어가면서 바깥발에 하중을 이동시키는 확실한 하중이동을 익힌다. 이러한 하중이동을 위해서는 적극적인 크로스오버의 이미지가 필요하게 된다.

플루그보겐은 양스키가 A자로 넓혀져 있으므로 중심을 안쪽으로 이동시키는 감각만으로도 쉽게 크로스오버가 되지만, 특히 패러렐턴으로 발전하면 하체를 안쪽으로 기울여주면서 상체를 동시에 바깥쪽으로 기울여야, 상체가 수평이 유지되며 탑테일 슬라이드에 적합한 외향경자세가 만들어진다.

비교적 완만한 경사를 찾아서 경사면에 비스듬하게 출발한다. 중립자세에서 출발하여 업을 하면서 가벼운 전경자세를 취하며 하중을 발가락 아래부분(모지구)으로 옮겨준다. 서서히 다운을 하면서 하중을 뒤꿈치쪽으로 옮겨주며, 하체의 발목, 무릎, 고관절의 하체전체를 안쪽으로 비틀어주어 피봇팅(선회조작)을 하며 스키를 회전시킨다.

스키가 회전할 때는 원심력이 발생하게 되므로, 중립자세에서 양스키의 정가운데 위치하고 있던 몸의 위치가 자연스럽게 회전의 안쪽으로 이동하게 된다. 이를 위해서는 회전시 바깥발의 긴장감이 높아질 때 안쪽발은 긴장감을 풀어주어야 한다. 이 동작이 정확하게 된다면 바깥발의 엣지각도는 증가하고, 안쪽발의 엣지각도는 감소하게 되어, 보다 부드럽고 샤프한 회전이 가능하다.

회전이 마무리되며 다시 업을 하면서 뒤꿈치에 있던 하중을 발바닥의 가운데를 지나서 다시 앞으로 이동시키며, 피봇팅되어 비틀려있던 하체도 다시 풀어준다. 다운의 회전자세에서 바깥발에 실렸던 하중이 업을 하며 중립자세에서 다시 양발에 돌아오게 되면, 다시 다운을 하면서 다음 회전을 이어간다.

다. 이러한 업다운이 가능해야만 스키가 회전을 하면서 설면을 잘 파고들고, 회전의 마무리에서 잘 빠져나오는 날카로운 회전이 가능해진다.

즉, 바깥발은 하중이 많이 실려서 무거운 피봇팅으로 회전하고, 안쪽발은 하중이 적게 실려서 가벼운 피봇팅으로 회전하는 이미지가 필요하다.

(1) 하체전체를 사용하는 업다운을 실시한다.

발목, 무릎, 고관절을 모두 이용한 업다운

(2) 안쪽발도 함께 움직인다.

안쪽발과 바깥발을 동시에 돌려주는 감각이 필요하다.

(3) 스키를 감아주는 의식을 가진다.

스키를 누르면서 앞으로 밀며 돌려주는 "감는 의식"이 중요하다.

업다운에서 흔히 볼수 있는 실수는 바로 무릎만을 구부렸다 폈다 하면서 업다운을 하는 것이다. 이러한 업다운은 부츠앞을 강하게 누르는 의식 때문에 생기게 되는데, 이러한 업다운은 상체의 전경각도가 흔들리고 스키에 가하는 하중이 스키의 탑에만 전달되기 때문에, 회전시 스키의 테일이 지나치게 밀려서 결과적으로 상급형 회전이 어렵게 된다.

좋은 업다운은 상체의 각도를 유지하면서 하체전체를 함께 움직여서, 업다운에 따라서 스키어의 하중이 발바닥의 안에서 전후로 이동되는 입체적인 업다운이

플루그보겐은 기본적으로 바깥발을 중심으로 회전하는 기술이지만, 바깥발이 회전하는 것에 맞춰서 안쪽발도 함께 연동되어 회전하여야, 부드럽고 효율적인 회전이 가능하다. 플루그보겐은 회전시 스탠스가 일정해야 하는데, 회전하면서 스탠스의 변화가 크다면, 그것은 안쪽발이 연동되어 움직이기 않기 때문이다.

안쪽발을 함께 움직이기 위해서는, 회전시 안쪽발의 긴장감을 풀어주며 엣지각을 조금은 줄여주어야 하고, 바깥발이 회전방향으로 피봇팅되는 것에 맞춰서 안쪽발도 함께 피봇팅되는 감각이 필요하다.

테일 슬라이드 플루그보겐에서는 하중의 전후운동이 없기 때문에, 스키가 좌우로만 움직이게 되어서 스키가 설면을 파고드는 "감는 느낌"이 별로 없다. 하지만 탑테일 슬라이드에서는 하중을 가하며 스키를 앞으로 밀어주어 하중이 뒤꿈치까지 정확하게 온다면, 스키가 마치 살아있는 것처럼 설면을 파고들어서 하체가 감기는 느낌이 들게 된다.

이 느낌이 바로 스키가 감기는 감각이다. 이를 위해서는 스키를 단순하게 옆으로 밀어내는 것이 아니라, 스키를 눌러주면서 동시에 앞쪽으로 밀어주어 결과적으

로 스키를 몸 옆에서 휘돌려준다는 느낌이 필요하다. 스키를 감아주는 감각이 왔다면 프로들이 사용하는 기술에 한발짝 들어섰다고 할 수 있다.

(1) 무릎만이 꺾이는 하중

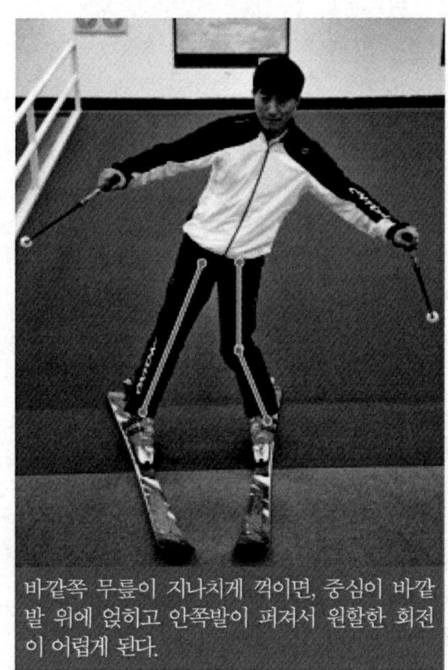

바깥쪽 무릎이 지나치게 꺾이면, 중심이 바깥발 위에 얹히고 안쪽발이 펴져서 원활한 회전이 어렵게 된다.

무릎만을 사용하여 업다운을 하는 스키어중에서 흔히 나타나는 경우가, 바로 플루그보겐에서 바깥쪽 무릎을 지나치게 안쪽으로 꺾어서 회전하는 것이다. 이러한 회전을 하게되면 회전을 하면서 원심력에 맞게 중심이 안쪽으로 이동하는 것이 아니라, 바깥쪽 스키에 얹히게 되므로 효율적인 회전이 어렵게 된다.

또한 골반의 위치가 바깥쪽 발위에 얹혀지므로 안쪽스키의 엣지가 지나치게 서서, 오히려 바깥스키의 회전을 방해하는 요소가 된다.

(1) 플루그보겐의회전자세

중심을 안쪽발 위쪽으로 이동시키고, 바깥발을 누를 수 있는 자세를 만든다.

테일 슬라이드는 제동성 회전이므로, 스키전체가 회전의 바깥쪽으로 밀리면서 엣지그립이 약한 회전을 한 것에 비해서, 탑테일 슬라이드는 활주성 회전으로서, 스키가 설면을 파고들면서 엣지그립이 강해지며 회전을 하게 된다.

이렇게 탑테일 슬라이드의 회전을 하기 위해서는 서서히 강해지는 원심력에 버티면서도, 스키의 엣지를 세우고 바깥발에 정확하게 하중을 가할 수 있는 자세가 만들어져야 한다. 이를 위해서는 하체는 회전의 안쪽으로 기울어지는 내경자세가 만들어지고, 상체는 회전의 바깥쪽으로 적절하게 기울어지는 외경자세가 만들어져야 한다.

플루그보겐에서는 양발이 신체보다 바깥쪽에 위치하고 있으므로, 자동적으로 하체의 내경자세가 만들어져 있는데, 회전을 할 때는 원심력에 의해 외력이 강해지므로, 신체의 중심을 회전의 안쪽으로 이동시켜서 보다 하체의 내경각을 늘려야 한다.

이를 위해서는 신체의 중심이 위치한 체간부(몸통)를 안쪽스키의 근처까지 이동시켜야 하는데, 이러한 자세가 만들어지면, 자연스럽게 안쪽스키의 엣지가 풀어지고 바깥스키의 엣지는 세워져서 보다 부드럽고 원활한 회전을 할 수 있다.

또한 회전을 하면서 바깥발에 하중을 가하고, 신체의 안정감을 높이기 위해서 상체는 외경자세를 만들어야 하는데, 하체의 내경자세가 만들어진 상태에서 상체가 회전의 바깥쪽으로 기울어지며 외경자세가 되므로, 상체의 각도는 결과적으로 설면에 수평한 이미지를 가지고 회전하게 된다.

이렇게 하체의 내경자세와 상체의 외경자세가 연동되어 움직이며 적극적인 중심이동을 하게 되면, 크로스오버를 할 때 중심을 이동시키는 양이 증가하게 되는데, 정확한 크로스오버를 위해서는 확실하게 중립자세를 의식하고 다음 회전의 안쪽으로 중심을 이동시키는 이미지가 필요하다.

(2) 크로스오버의 중심이동

상체각도를 유지하며 전진업을 하면서 스키앞쪽에 하중을 실어준다.

상체각도를 유지하며 다운을 하면서 스키뒤쪽에 하중을 실어준다.

스키어가 가장 많이 듣는 말 가운데 하나가 바로 "전진업" 이다. 전진업이란 회전 마무리의 다운동작에서 빠져나올 때 앞쪽으로 몸을 던지는 듯한 업동작을 하여, 뒤꿈치에 있던 하중을 다시 앞꿈치로 가져가는 동작을 말하는 것이다.

탑테일 슬라이드에서는 하중의 전후이동이 있어야 스키가 감기면서 회전하기 때문에, 전진업은 회전시 도움이 되는 요소 중 하나라고 할 수 있다. 하지만 너무 전진업을 의식하여 회전에 전반부에 지나친 전경과다가 되는 것은 피해야 한다.

회전시 전진업을 하는 정도는, 회전의 깊이에 따라서 달라지게 되는데, 전진업을 할 때는 일부로 상체를 앞으로 보내는 것보다는, 앞서서 배운 전후운동이 포함된 업다운의 이미지를 가지고 심플한 전진업을 하는 것이 좋다.

즉 상체의 각도를 유지한 상태에서 업다운을 하게 되면, 업에서는 하중이 발앞꿈치에 자연스럽게 실리게 되고, 다운에서는 발 뒤꿈치 쪽으로 자동으로 이동하게 되는데, 이러한 자연스러운 하중의 전후이동이 곁들여진 업다운을 사용하는 것이, 보다 안정감을 높이면서 전진업을 할 수 있는 방법이다.

회전이 깊어질 때는 전진업에서 하중을 발앞꿈치로 옮겨주는 양이 많아지기는 하지만, 여기서도 상체를 앞으로 숙이거나 뒤꿈치가 지나치게 들리는 이미지가 있으면, 다운에서 하중을 발 뒤꿈치로 이동시키기가 어려우므로, 깊은 회전에서도 상체의 각도를 유지하면서 업다운을 하는 것이 중요하다.

www.interreports.co.kr 
스윅스 왁스 및 용품 공식수입처
인터레포츠
서울시 송파구 송파동 89-1   Tel. 02-2202-8180
SWIX
SCHOOL

22

탑테일 슬라이드 슈템턴

Top Tail Slide Stemn Turn

플루그보겐에서 어느정도 탑테일 슬라이드의 회전이 익숙해지면, 다양한 경사에서 효과적으로 사용할 수 있는 기술인 슈템턴을 탑테일 슬라이드로 매끈하게 회전하여 본다.

탑테일 슬라이드의 슈템턴은 기본적으로는 테일 슬라이드 슈템턴과 같은 기술이지만, 일단 스키를 모아주는 타이밍이 빨라지고, 스키에 하중을 가하는 방법이나 스키를 돌리는 방법 등이 한층 업그레이드된 기술이다. 또한 탑테일 슬라이드 슈템턴부터는 회전에 맞춰서 설면에 폴을 찍어주는 동작인 폴체킹(Pole Checking)을 함께 실시하여, 보다 적극적인 하중이동과 리드미컬한 회전감각은 물론이고 밸런스 유지에도 큰 도움이 되도록 한다.

슈템턴은 기본적으로 플루그보겐보다 활주속도가 빠르고, 활주하면서 양발의 스탠스를 변화시키기 때문에, 보다 정확한 자세와 섬세한 조작이 필요하게 된다. 특히 탑테일 슬라이드 슈템턴은 회전의 전반부부터 양스키의 스탠스를 모아주기 때문에, 회전시작부터 정확한 외향경 자세와 확실한 바깥발 하중이 필요하게 되고, 스키가 패러렐인 시간이 길기 때문에 상대적으로 회전의 난이도도 높아지게 된다.

또한 폴체킹을 하기 때문에 상체와 하체가 동시에 움직이는 연동감각이 더욱 중요하게 되는데, 회전을 마무리하며 폴체킹을 준비하고 폴을 찍고 회전에 들어가는 폴체킹 동작은 처음에는 어색하지만, 익숙해지면 폴체킹없이 회전을 하는 것이 어렵게 느껴질 정도로 회전에서는 중요한 동작이다. 업다운에 맞춰서 리드미컬하게 폴체킹을 하는 연습을 하여 보다 세련된 회전을 구사하도록 한다.

슈템턴은 플루그보겐보다 원심력에 의한 외력이 보다 커지므로, 외력에 버틸 수 있는 정확한 회전자세가 필요한데, 회전을 마치며 양스키를 플루그 스탠스로 만들며서 기본적인 하체의 내경각도를 만들어주고, 회전에서 하중을 가하며 스피드에 따라서 하체의 내경각도와 상체의 외경각도를 적절하게 조절한다.

슈템턴을 잘 구사하면 급사면이나 기복이 심한 사면은 물론이고, 설질이 좋지 못한 사면에서도 스피드를 쉽게 컨트롤하면서 안전하게 내려올 수 있다. 슈템턴은 특히 급사면에서 필요한 정확한 하중이동, 엣징, 회전도입 감각등을 익힐 수 있는 유용한 연습방법이기도 하다.

어느 정도 경사가 있는 중사면을 선택하여, 패러렐 스탠스를 유지하며 비스듬하게 출발한다. 업을 하면서 스키를 플루그로 넓혀주며 동시에 반대쪽 폴을 들어주어 폴체킹을 준비한다. 패러렐 스탠스에서 바깥발에 가해졌던 하중은 플루그 스탠스를 만들면서 다시 양발로 고르게 분산되어, 다음 회전의 바깥발로 하중이 이동할 준비를 한다.

폴은 앞바인딩 근처에 가볍게 찍어주고, 안쪽스키를 붙여주면서 스키에 하중을 가하기 시작한다. 이때 양다리도 회전방향에 맞게 비틀어지며 양스키를 동시에 피봇팅하게 된다. 슈템턴에서는 양발이 각각 독립적으로 움직이게 되지만, 일단 스키가 회전을 시작하면 특히 안쪽발의 엣징이나 피봇팅을 잘 처리해주어야 수준 높은 회전을 할 수 있다.

플루그보겐과 마찬가지로 슈템턴에서도 하중의 전후이동을 의식하여야 보다 샤프한 회전이 가능한데, 스키를 플루그로 넓히며 전진업을 하여 스키의 앞쪽에 하

중을 가하고, 패럴렐로 스키를 모으며 다운을 할 때 발 뒤꿈치로 하중을 이동시키며, 정확하게 전후운동을 하여야 스키가 매끈하고 샤프하게 회전한다.

회전이 마무리되면 다시 업과 동시에 폴체킹 준비를 하여 중립자세로 되돌아가서 다음 회전을 준비한다.

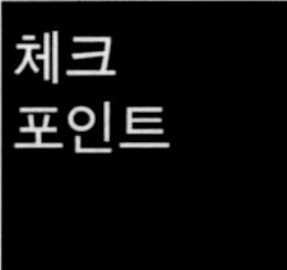

(1) 폴체킹과 스탠스 변화를 매칭한다.

폴체킹과 스탠스 변화를 동시에 실시한다.

스포츠에서 아름다운 동작을 유지하려면, 신체의 동작이 잘 연동되어서 일어나야 하는데, 특히 슈템턴에서는 하체를 넓혀서 스탠스를 바꾸는 동작과 상체의 폴

을 찍어주는 동작이 조화를 잘 이뤄야 멋
진 자세가 나오게 된다.

보통 슈템턴에서는 걸을 때와 마찬가지
로 발을 내미는 동작에 맞춰서 반대쪽 손
을 이용하여 폴을 준비하고, 폴을 찍고
다른 스키를 붙여주는 것이 매끄럽게 연
결되어야 좋은 슈템턴이라고 할 수 있다.

(2) 정확한 바깥발 하중을 유지한다.

회전 전반부부터 정확한 바깥발 하중을
유지한다.

슈템턴은 일반적으로 플루그보겐보다 활
주스피드도 빠르고, 보통 경사도 급한 곳
에서 행하여지므로 정확한 바깥발하중
이 중요한데, 특히 탑테일 슬라이드 슈템
턴에서는 스키를 모아주는 타이밍이 회
전의 전반부이기 때문에 보다 정확한 바
깥발 하중이 필요하다.

회전의 전반부는 경사면에 거꾸로 서서,
경사의 아래쪽인 계곡쪽으로 회전을 시

작하는 구간이기 때문에, 회전 전반부터
정확한 바깥발 하중이 유지되어야 수준
높은 슈템턴이 가능해지는데, 이를 위해
서는 회전이 끝나고 다시 중립자세로 되
돌아갈 때, 양발에 하중을 분산시켰다가
회전에 들어갈 때 다시 바깥발로 옮겨주
는 정확한 하중이동이 필요하다.

(3) 업다운을 활용한 리드미컬한 회 전을 한다.

스탠스를 넓히면서 업동작을 시작한다.

스탠스를 모으면서 다운동작을 시작한다.

폴체킹을 하는 슈템턴에서는 다양한 조
작과 동작이 필요하게 된다. 일단 회전에
맞도록 스탠스를 변화시켜야 하며, 폴체

킹을 하여 보다 편안하게 턴에 들어가게
되고, 또한 업다운을 활용하여 보다 리듬
감있고 샤프한 회전을 하여야 한다.

즉 업을 하면서 스키를 넓혀주며 중립자
세로 되돌아가고, 폴체킹을 하고 스탠스
를 모아주며 회전자세에 들어가는 일련
의 동작들이 업다운 리듬과 잘 맞도록 해
야, 회전이 보다 원활하게 만들어지는 것
은 물론이고 리드미컬하고 아름다운 슈
템턴이 만들어지게 된다.

(1) 외향경 자세가 부족한 슈템턴

회전 전반부에 정확한 외향경 자세가 나와야
원활한 회전이 가능하다.

카빙스키에 익숙한 스키어들 중에서 외향경 자세가 잘 만들어지지 않는 경우가 많은데, 특히 회전전반에 정확한 외향경 자세가 만들어지지 않는 경우가 많아서, 몸을 과도하게 돌리는 로테이션 동작에 의지하여 회전을 하는 경우가 많다.

탑테일 슬라이드 슈템턴을 정확하게 구사하기 위해서는 확실한 외향경 자세가 만들어져야 한다. 특히 회전의 전반부에 상체의 방향이 정확하게 회전의 바깥쪽으로 향하고 있어야, 스키의 테일을 밀어주면서 회전에 원활하게 들어갈 수 있다.

또한 탑테일 슬라이드도 회전 전반부에서는 비교적 테일 슬라이드에 가까운 조작으로 회전을 시작하고, 회전에 들어간 이후에 탑의 움직임을 늘리며 탑테일 슬라이드로 변화하기 때문에, 회전 전반부에는 적절한 외향경자세로 정확한 스키의 컨트롤을 해야한다.

(1) 정확한 폴그립 및 폴체킹

스키는 다른 스포츠에 비해서 장비를 많이 사용하는 스포츠인데, 그 중에서 초보자가 가장 어색해하는 것이 폴이 아닐까 한다. 하지만 폴은 익숙해지면 스키에서 가장 큰 효과를 발휘하는 장비라고도 할 수 있으므로, 슈템턴에서 폴체킹을 제대로 익히는 것이 중요하다.

폴체킹은 회전에서 다양한 역할을 하게 되는데, 일단 리드미컬하게 폴을 찍어주면서 회전의 리듬을 만들어주게 되고, 폴을 찍으며 상체를 다음 회전방향으로 이동시키는 중심이동을 돕는 역할도 하고, 폴을 찍어줌으로서 양발과 폴과의 세 군데로 보다 확실하게 밸런스를 잡게 되기도 하고, 손을 적극적으로 움직여서 하체의 능동적인 움직임을 이끌어내는 역할도 하게 된다.

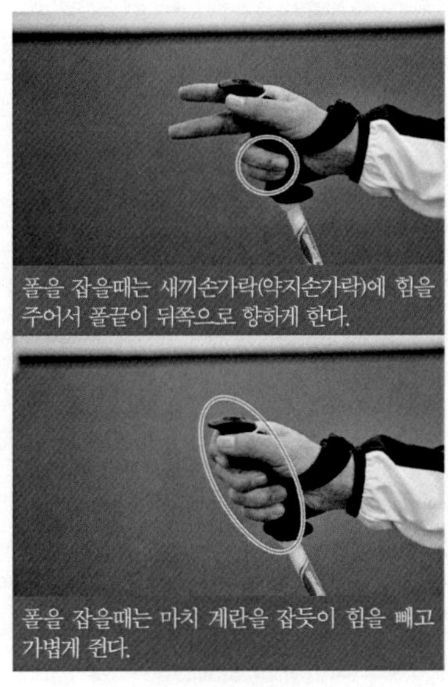
폴을 잡을때는 새끼손가락(약지손가락)에 힘을 주어서 폴끝이 뒤쪽으로 향하게 한다.

폴을 잡을때는 마치 계란을 잡듯이 힘을 빼고 가볍게 쥔다.

[정확한 폴그립]

이렇게 중요한 폴체킹을 잘 하기 위해서는 우선 폴을 제대로 쥐는 정확한 폴그립이 필요하다. 폴을 쥘 때는 손바닥에 힘을 빼고 가볍게 쥐는데, 이것은 마치 손 안에 계란을 잡고 깨지지 않도록 유지하는 이미지라고 할 수 있다. 이렇게 가볍게 쥐어야 폴의 무게감이 느껴지면서 보다 정확한 폴체킹이 가능해진다.

또한 폴을 쥘 때는 새끼손가락에 힘을 가하여 폴끝이 뒤쪽으로 향하여, 뒷바인딩보다 뒤로 향한다는 이미지가 있어야 하는데, 이는 폴체킹을 할 때 힘을 빼고 릴렉스하게 폴체킹을 할 수 있는 방법이다.

즉, 새끼손가락에 힘이 빠져있으면 폴이 수직으로 서게 되어, 폴체킹을 위해 "손에 힘을 주면서" 폴을 움직이게 되지만, 새끼손가락에 힘을 주게 되면 폴이 비스듬하게 기울어져서, 폴체킹을 할 때 "손에 힘을 빼면서" 폴을 움직이게 된다. 이렇게 폴체킹을 하면 보다 힘을 적게 들이면서 폴체킹을 할 수 있음을 물론이고, 특히 숏턴에서 상체를 고정시키고 폴체킹을 할 때 특히 유용한 동작이다.

손의 위치를 바꾸지 않고 폴끝이 앞 뒤로 움직이는 진자운동의 이미지를 가진다.

폴은 내밀면서 찍는 것이 아니라, 내밀었다가 다시 제자리로 돌아오면서 앞바인딩 근처에 찍어준다.

[정확한 폴체킹 이미지와 위치]

폴체킹을 할 때는 폴을 정확하게 앞뒤로 움직이는 것이 중요한데, 이렇게 움직일 때는 마치 시계추처럼 손을 중심으로 폴끝이 앞뒤로 움직이는 진자운동을 하는

것이 필요하다. 즉 내밀거나 다시 되돌릴 때 손의 위치가 변하지 않고 폴끝만이 앞뒤로 움직이면서 폴체킹을 하는 이미지가 필요하다.

또한 폴체킹은 폴을 앞으로 내밀면서 찍어주는 것이 아니라, 앞으로 내밀어졌던 폴이 다시 제자리로 되돌아오면서 찍어주어야 하고, 폴을 찍어주는 위치도 스키의 탑쪽이 아니라 조금 스키의 가운데 쪽에 가까운 앞바인딩 근처에 찍어주는 이미지를 가지는 것이 좋다.

폴을 앞으로 내밀며 찍게 되면 폴체킹의 충격이 커져서 신체에 부담이 가는 것은 물론이고, 업다운의 리듬과도 잘 맞지 않게 된다. 또한 폴체킹의 위치를 너무 탑쪽으로 가져가게 되면 폴체킹을 하면서 팔과 어깨가 돌아가기 쉬워져서 회전의 밸런스가 무너지기 쉬워진다.

폴은 가능하면 가볍게 설면에 터치한다는 느낌으로 찍어야 하는데, 실제로는 폴을 설면에 찍어준다는 이미지보다는, 앞으로 내밀어진 폴이 다시 제자리고 되돌아오면서 자동적으로 "찍혀진다" 는 이미지를 가져야, 충격이 적고 심플한 폴체킹을 만들 수 있다.

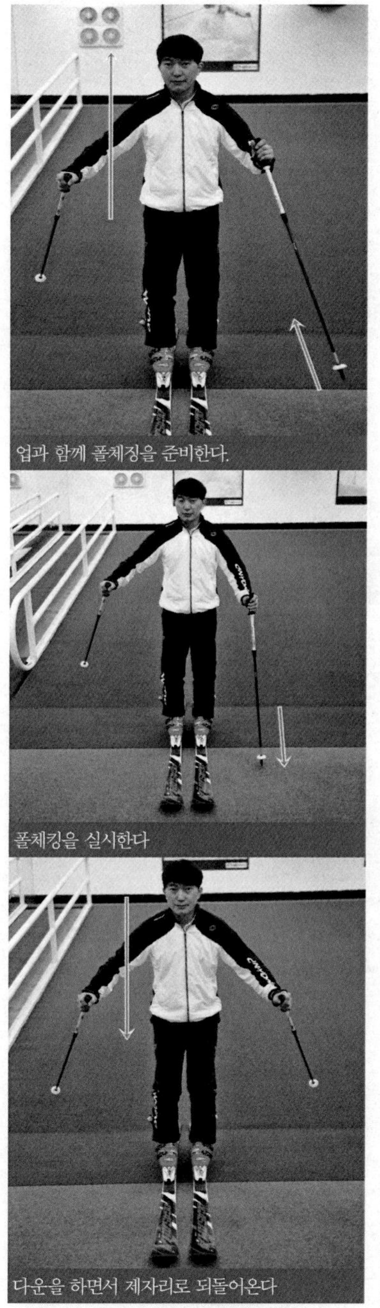

[롱턴에서의 폴체킹]

[숏턴에서의 폴체킹]

폴을 찍어주는 타이밍은 회전호에 따라서 조금 달라지는데, 어느 정도 여유가 있는 패러렐턴이나 슈템턴에서는 업을 하면서 폴을 앞으로 내밀어 폴체킹을 준비하였다가, 폴체킹을 하고 나서 다운에 들어가는 "업+폴체킹 준비 → 폴체킹 → 다운" 의 이미지를 가져야 중립자세 근처에서 정확하게 폴체킹을 할 수 있다.

반면에 숏턴에서는 폴체킹의 타이밍을 조금 빠르게 해야 보다 리드미컬한 폴체킹이 가능한데, 이는 한 회전의 마지막 동작이 바로 다음 회전의 시작동작이 되어야 하는 숏턴의 특징과도 연관이 있다. 숏턴에서 폴체킹이 미리 준비되지 못하면 회전의 리듬이 쳐지게 되는데, 특히 오른발잡이의 경우는 상대적으로 약한 왼발의 맞은편인 오른쪽 폴체킹이 늦는 경우가 많으므로 주의한다.

숏턴에서는 다운에서 폴체킹이 미리 준비되었다가 업을 하면서 폴체킹을 하여야 보다 정확하고 리드미컬한 폴체킹이 가능한데, "다운 + 폴체킹 준비 → 업 + 폴체킹" 의 리듬으로 폴체킹을 하여야 하고, 특히 다운에 들어가며 하중에 가해질 때 폴체킹도 함께 준비되어야 한다.

폴체킹은 스키에서 대표적인 상체의 동작인데, 가능하다면 관절의 사용을 줄여서 심플한 동작의 폴체킹을 만드는 것이 아름다운 스킹자세를 만들 수 있는 지름길이다.

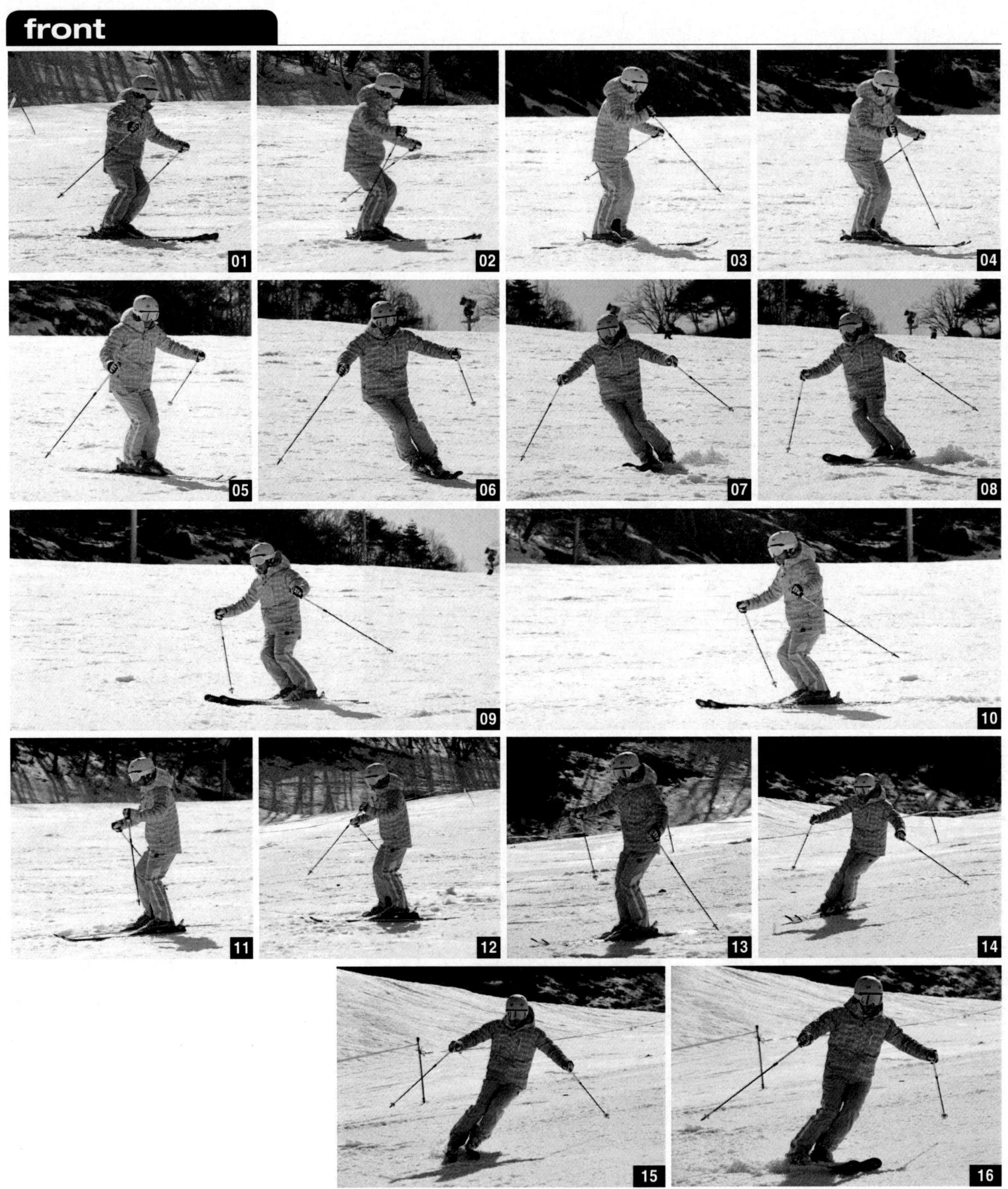

23

탑테일 슬라이드 패러렐턴

Top Tail Slide Parallel Turn

슈템턴에서 탑테일 슬라이드로 다양한 경사면에서 효과적인 컨트롤이 가능해졌다면, 이번에는 스키기술에서 가장 많이 쓰이는 패러렐턴을 탑테일 슬라이드로 하면서 활주성이 좋은 회전을 만들어보자.

패러렐턴은 회전의 처음부터 마지막까지 패러렐 스탠스를 유지해야 하는데, 회전전반에 테일을 몸옆으로 밀어내면서 회전을 시작하고, 회전의 중반에서 후반부로는 스키의 탑과 테일이 동시에 회전하면서, 스키가 감기며 돌아가는 스키의 대표적인 기술이다. 우리가 일반적으로 패러렐턴이라고 부르는 것이 바로 탑테일 슬라이드의 패러렐턴이다.

패러렐턴에서 가장 어려운 부분중 하나는, 회전의 전반부에서 다운이 시작되며 스키가 몸옆으로 움직여서 회전자세가 만들고, 다시 회전중반부터는 하체의 피봇팅을 이용하여 스키를 휘감는 이미지로 회전을 마무리하여, 중립자세에서 스키가 다시 몸아래로 되돌아오는 복합적인 컨트롤을 해야 한다는 것이다.

이를 위해서는 업다운과 피봇팅 및 전후운동이 조화를 잘 이루어야 하는데, 이 세가지를 동시에 능숙하게 하는 것은 상당히 어려우므로 많은 연습과 노력이 필요하게 되며, 이 세가지가 잘 연동되어야 상급자로 향하는 진정한 첫발을 내딛는 것이라 할 수 있다.

패러렐턴의 폴체킹은 슈템턴과 기본적으로 같은 타이밍에 실시하는데, 슈템턴에 비해서 스탠스의 변화가 없으므로 오히려 난이도는 낮아지게 되지만, 활주스피드가 보다 높아지므로 보다 많은 중심이동이 필요하게 되므로, 폴체킹을 활용하여 과감한 중심이동의 이미지를 가져야 한다.

플루그보겐에서는 하체의 내경각이 미리 만들어져 있었고, 슈템턴에서는 플루그를 만들며 하체의 내경각이 쉽게 만들어졌지만, 패럴턴에서는 적극적으로 중심을 안쪽으로 이동시키며 스키를 밀어주어서, 확실한 하체의 내경각을 만드는 것은 물론이고, 정확한 바깥발 하중을 위해서 상체의 외경자세도 동시에 만들어주어야 한다.

이를 위해서는 회전을 시작할 때 보다 적극적으로 중심을 회전의 안쪽으로 이동시키는 능동적인 크로스오버가 필요하다. 특히 업다운을 하면서 전후운동을 하는 동시에 중심을 함께 이동시켜야 하는데, 하체를 회전의 안쪽으로 기울어주고 상체는 바깥쪽으로 적절하게 기울여서, 외향경 자세가 만들어지는 크로스오버가 되어야 한다.

또한 회전에서 정확한 패러렐 스탠스를 유지하기 위해서는, 특히 회전 전반부에 안쪽스키를 미리 움직이는 조작이 필요하게 되는데, 플루그보겐에서는 바깥스키가 먼저 움직이고, 슈템턴에서는 양스키가 독립적으로 움직이는 이미지였다면, 패러렐턴에서는 안쪽스키가 먼저 움

직이는 이미지가 있어야, 결과적으로 양스키가 동시에 움직이는 정확한 패러렐턴이 가능하다.

패러렐턴은 스키를 타면서 가장 많이 사용하는 기술이고, 다양한 스피드와 사면에서도 가장 편안하게 사용할 수 있는 기술이다. 또한 매번 스킹을 시작하기 전에 그날의 컨디션이나 포지션 체크를 위한 워밍업 스킹의 의미로도 프로들은 많이 사용하는 기술이다. 패러렐은 상급자로 가는 첫관문이라고 할 수 있고, 반대로 패러렐턴이 제대로 구사되지 못한다면 진정한 상급자라로 말하기 어려우므로 정확한 패러렐턴을 익히도록 하자.

어느 정도 경사가 있는 중사면 이상의 슬로프를 선택하여 중립자세를 유지하며 출발한다.

폴체킹을 준비하며 발바닥의 중심을 앞쪽으로 옮기며 업을 하는 전진업을 하면서 회전에 들어간다. 폴체킹을 하고 다운을 시작하면서 스키의 테일을 회전의 바깥쪽

으로 밀어주며 회전을 시작하는데, 전진업이 잘 되어 있다면 테일이 가벼워지므로 테일을 밀어주는 동작이 비교적 쉽게 일어난다. 테일을 회전 바깥쪽으로 밀기 위하여 외향경 자세를 확실하게 만들어준다.

회전의 중반부에 들어서는 다운을 계속하면서 하중을 발바닥의 가운데로 이동시키며, 하체를 비틀어주는 피봇팅을 하면서 스키의 탑과 테일을 동시에 돌려주는데, 이때는 하중방향이 회전방향으로 돌아오면서 회전전반에 비해서는 외향자세가 약간 줄어들게 된다.

회전의 마지막에서는 발바닥의 뒤꿈치쪽에 하중을 주어 회전을 마무리하는데, 하중포인트가 잘 이동되었다면 스키가 회전에서 잘 빠져나오는 느낌이 들게된다. 이때는 하중의 방향이 스키의 방향과 거의 일치하며, 상체의 방향도 스키의 방향과 거의 같아지는 정향자세에 가까운 자세가 만들어지며 회전이 마무리되게 된다.

회전이 끝나면 다시 업을 하면서 중립자세를 만들며 폴체킹을 준비하여 다음 회전에 들어가는데, 회전자세에서 바깥발에 하중이 실렸던 것을 중립자세에서는 양발에 균등하게 분포되도록 만들어주어야, 다음 회전에서 원활한 바깥발 하중이 가능하다.

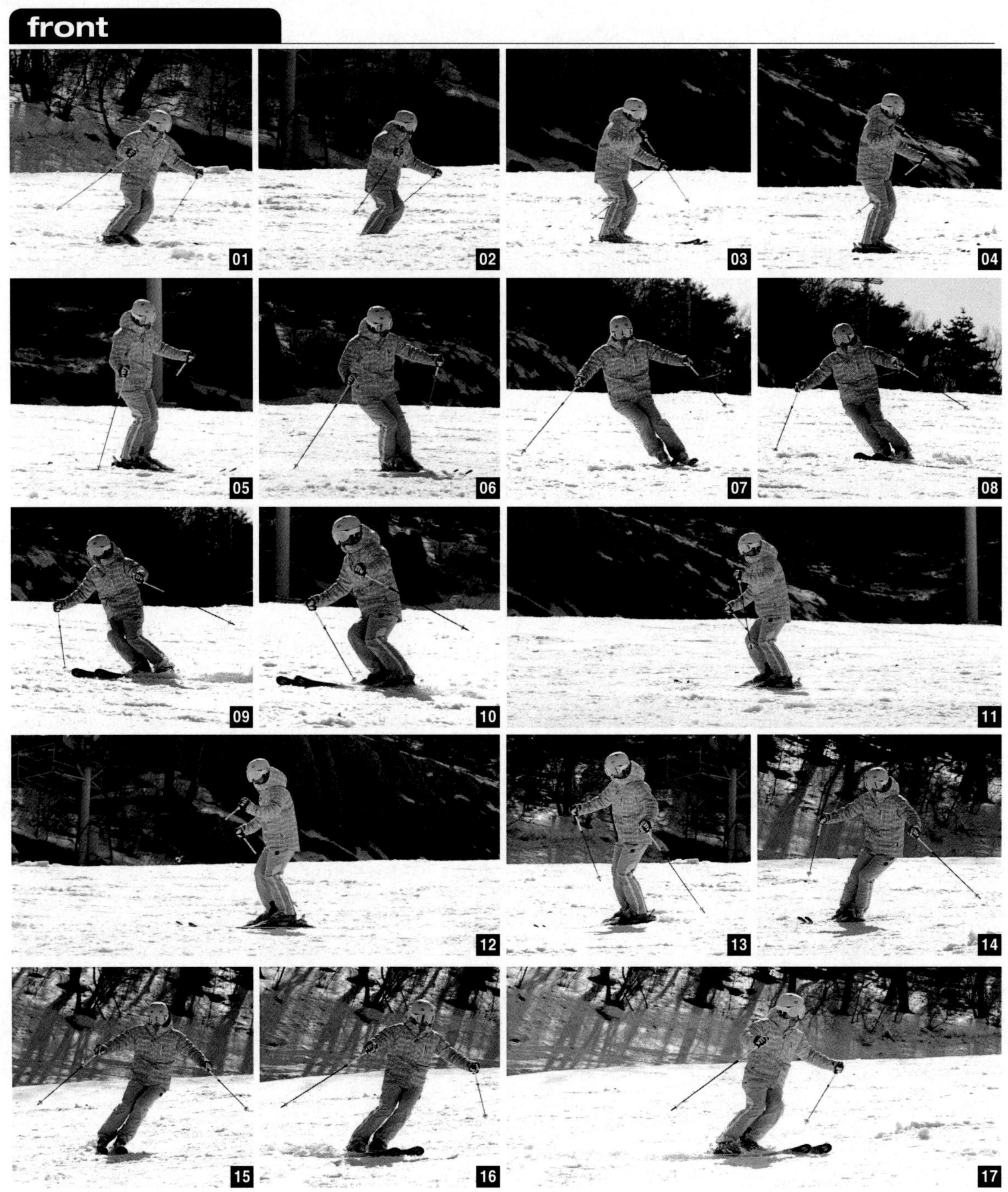

side

(1) 안쪽발의 회전을 의식한다.

업에서 안쪽발을 미리 넘겨놓고, 안쪽발을 적극적으로 돌려준다.

패러렐턴은 양발의 동시회전이 이루어져야 진정한 패러렐턴이라고 할 수 있는데, 대부분의 경우는 바깥발이 먼저 움직이고 안쪽발이 늦게 움직이는 경우가 많아서, 회전전반에는 슈템턴과 유사한 기술이 되어버리는 경우가 많다.

이를 위해서는 스키의 회전이 시작되는 다운은 물론이고, 회전을 마무리하고 다음 회전을 준비하는 업에서부터 이미 안쪽발이 넘어가는 이미지가 있어야 한다. 즉, 업을 하면서 다음 회전의 안쪽발을 미리 넘겨놓아서 오다리 모양을 만들어주면, 다운을 하면서도 양발을 동시에 움직이기도 좋고, 회전의 시작부터 마무리

까지 패러렐 스탠스가 제대로 만들어져 멋진 패러렐턴이 가능해진다.

(2) 하중의 전후이동을 의식한다.

업을 하면서 발바닥 앞쪽으로 하중을 이동시킨다.

다운을 하면서 뒤꿈치쪽으로 하중을 이동시킨다.

탑테일 슬라이드는 스키가 감겨드는 조작을 의미하는데, 이러한 탑테일 슬라이드가 본격적으로 사용되는 패러렐턴에서는, 특히 발바닥 안에서 하중이 앞뒤로 움직이는 하중의 전후이동이 중요해진다.

탑테일 슬라이드라고 해서 항상 탑과 테일이 같은 비율로 움직이는 것이 아니라, 하중의 전후이동에 따라서 회전전반에서

는 테일의 움직임이 커지고, 회전중반에서 후반까지는 하중이 발바닥 가운데를 지나서 뒤꿈치까지 이동하므로, 테일의 움직임이 작아지고 탑의 움직임이 상대적으로 많아지게 된다.

이를 위해서는 업다운을 하면서 발바닥 안에서 하중이 발의 앞꿈치부터 뒤꿈치까지 이동하는 감각이 있어야, 회전 전반부에 회전자세를 빠르고 쉽게 만들수 있고, 회전중후반에 스키가 설면에서 감겨드는 엣징을 만들기가 쉬워진다.

(3) 정확한 중립자세를 만든다.

슬로프에 수직한 이미지로 정확한 중립자세를 만든다.

중경포지션을 유지하며 정확한 중립자세를 만든다.

스키의 회전이란 오른쪽과 왼쪽의 회전자세를 만드는 연속적으로 만드는 것이며, 여기에는 반드시 가운데로 돌아오는 중립자세가 만들어지게 된다.

활주스피드가 빨라지면서 중립자세를 유지하는 시간이 짧아지게 되어, 중립자세에 대한 중요성을 잊게 되는 경우가 많지만, 중립자세를 잘 만드는 것이야 말로 회전자세를 잘 만들기 위한 전제조건이라고 할 수 있다.

패러렐턴에서 회전을 마치고 다시 중립자세로 돌아오면서, 발바닥의 하중점도 뒤꿈치에서 앞쪽으로 다시 돌아오게 되고, 하중배분도 바깥발에서 양발로 이동하며 스키의 엣지도 풀려서 다음 회전을 대비하게 되므로, 정확한 중립자세의 이미지를 가지고 회전하는 것이 정확한 패러렐턴뿐만 아니라 모든 회전을 확실하게 하는 지름길이다.

(4) 적극적인 크로스오버를 의식한다.

중심을 안쪽으로 이동시키며, 스키를 바깥쪽으로 밀어주는 이미지가 필요하다.

패러렐턴의 중립자세는 양스키가 몸 아래쪽에 있는 전형적인 중립자세가 만들어지게 되는데, 이는 양스키가 몸 바깥쪽에 있는 플루그보겐이나 슈템턴과는 반대되는 자세라고 할 수 있다.

이러한 중립자세에서 양스키가 몸의 바깥쪽에 위치하는 회전자세로 이동하기 위해서는, 스키의 진행방향과 중심의 이동방향이 크게 교차하는 적극적인 크로스오버의 이미지가 필요하다. 이를 위해서는 다운을 하면서 회전에 들어갈 때, 스키를 회전의 바깥쪽으로 밀어주는 조작과 함께, 몸의 중심을 회전의 안쪽으로 옮겨주는 동작이 함께 필요하게 된다.

처음 패러렐턴을 익히거나 활주 스피드가 낮은 베이직 패러렐턴의 경우에는, 몸의 중심을 안쪽으로 이동시키는 이미지보다는 스키를 바깥쪽으로 밀어내며 회전자세를 만드는 경우가 많은데, 활주스피드가 빨라지면 스키를 밀어주는 조작뿐만 아니라, 신체의 중심을 보다 적극적으로 옮겨주는 동작이 있어야 강한 원심력에 대응할 수 있다.

이러한 크로스오버에서는 특히 전진업을 함께 사용하며 하중의 전후이동이 함께 되어야 하고, 다운에 들어갈 때는 중심의

위치를 회전 안쪽으로 이동시키며, 적절하게 외경을 만들어줘서 바깥발 하중이 유지되어야 한다. 또한 다운에서는 하중의 위치를 발 뒤꿈치로 이동시키며 샤프한 회전을 만들어내야 한다.

(1) 하중의 전후이동이 없는 회전

정강이로 지나치게 부츠앞만 눌러주면 전후운동이 없어지게 된다.

정확한 탑테일 슬라이드를 위해서는 업다운에 맞춰서 발바닥의 하중이동이 필수적이다. 그러나 많은 스키어들이 지나치게 전경을 의식한 나머지, 회전의 중후반부에도 하중이동이 없이 전경만이 지속되며, 스키의 테일이 흐르고 스키가 감기지 않는 비효율적인 회전을 하는 경우가 많다.

133

이는 초보자때부터 전경을 너무 의식하여, 업다운시 고관절, 무릎, 발목이 고르게 사용되는 것이 아니라, 무릎만으로 부츠 앞을 강하게 누르는 업다운을 하는 경우에 많이 발생하게 된다.

이렇게 무릎만을 강하게 누르는 업다운은 회전시 하중이동을 방해하여, 스키의 센터와 테일에 하중이 잘 전달되지 않으며, 회전의 중후반부에도 스키의 테일이 지나치게 밀려서 스키가 감겨들지 못하는 일명 "찍찍이턴" 을 만들게 되는 원인이 되므로 주의한다.

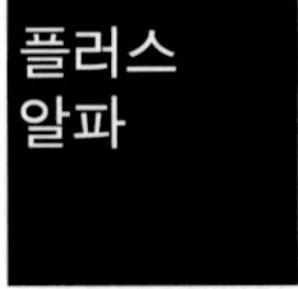

**플러스
알파**

(1) 패러렐턴에서의 외향자세와 하중
방향

탑테일 슬라이드는 회전에서 탑과 테일이 회전하는 비율은 회전구간에 걸쳐서 달라지게 되고, 여기에 맞도록 상체의 외향경 자세도 회전구간에 따라서 바뀌는 것이, 보다 샤프하고 매끈한 회전을 하는 지름길이다.

회전전반부에는 테일의 움직임이 커지므로 비교적 큰 외향 자세를 취한다.

즉, 회전전반에서는 몸 아래쪽에 있던 스키를 테일을 회전 바깥쪽으로 밀어내야 하므로, 상대적으로 힘의 방향도 회전의 바깥쪽으로 많이 향해야 하고, 여기에 맞게 상체의 외향자세도 상대적으로 커지게 된다. 하지만 테일 슬라이드에 비하면 테일을 움직이는 각도가 작기 때문에, 비교적 작은 외향자세를 만드는 것이 좋다.

회전 중반부부터는 테일의 움직임이 줄어들고 탑의 움직임이 커지게 되는데, 이를 위해서는 스키에 가해지는 힘의 방향도 회전의 접선방향에 근접하게 되므로, 상

체의 외향자세도 회전방향에 맞도록 근접하게 되어 외향자세가 줄어들게 된다.

또한 회전 후반부에서는 테일의 움직임이 더욱 줄어들고 탑의 움직임이 최대가 되는데, 이렇게 탑이 많이 움직여야 회전의 진폭이 커지게 된다. 이를 위해서는 힘의 방향이 스키의 진행방향으로 맞춰지고, 상체의 방향도 스키의 방향과 일치되는 정향자세로 되돌아오는 것이 보통이다.

이렇게 탑테일 슬라이드는 복잡한 운동이 일어나는 만큼, 신체의 동작이나 스키의 조작도 복합적으로 움직여야 하는데, 정확한 탑테일 슬라이드야 말로 상급자로 가는 첫걸음이고 필수과정이기 때문에 정확하게 익히도록 한다.

(2) 패러렐턴에서의 업다운과 전후
운동

저속이나 완사면 깊은 회전에서는 업다운의 사용이 커진다.

고속이나 급사면 얕은 회전에서는 업다운의 사용이 작아진다.

패러렐턴은 물론이고 일반적인 회전에서도 업다운과 전후운동의 양은 회전에 맞도록 끊임없이 변화하게 된다. 그러나 업다운은 회전에서 중요한 역할을 하기는 하지만, 어디까지나 보조동작이므로 필요에 따라서 업다운 없이 회전을 하는 것이 경제적일 때도 있다.

예를 들어서 저속에서는 원심력이나 반발력 등의 외력이 부족하므로, 업다운을 적극적으로 활용하면 보다 쉽게 회전할 수 있다. 하지만 고속에서는 외력이 커지므로, 이를 이용하면 업다운을 줄이고도 회전이 가능하며, 오히려 고속에서 지나치게 상하운동을 하게 되면 중심이 흐트러지기

쉬워져서 마이너스 요인이 되기도 한다.

그러므로 업다운과 전후운동은 필요에 따라서 적절하게 양을 조절하여야 보다 경제적이고 효과적인 회전이 가능하다. 저속에서는 원심력이 작아지므로 고속에서보다 업다운과 전후운동의 양이 커져야 쉽게 회전할 수 있다. 또한 급사면보다는 완사면에서 업다운과 전후운동이 커져야 하며, 얕은 회전보다는 깊은 회전에서 업다운과 전후운동이 커져야 보다 쉽게 회전을 할 수 있다.

이렇게 업다운과 전후운동은 필요에 따라서 그 크기가 달라져야 하므로, 상황에 맞는 폭 넓은 기술이 필요하게 되는데, 이를 위해서는 많은 시간을 다양한 방법으로 연습하여야 한다.

(3) 탑테일 슬라이드의 엣징 타이밍

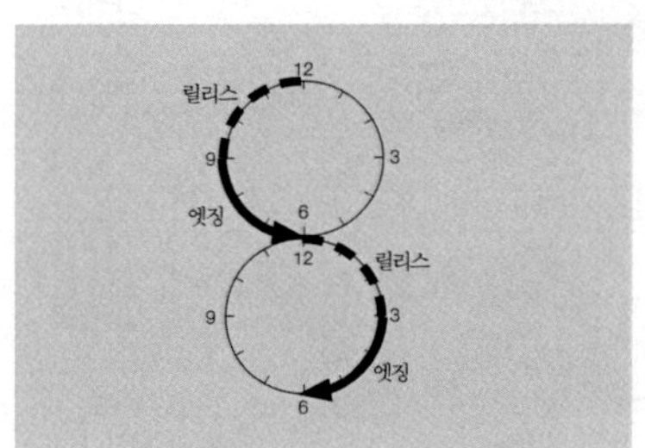

[탑테일 슬라이드의 엣징 타이밍]

탑테일 슬라이드는 기본적으로 테일 슬

라이드에 비해서는 엣징을 시작하는 타이밍이 빠른 것이 좋다. 특히 패러렐턴에서는 회전 전반부에 양스키를 밀어주며 바깥쪽으로 이동시켜야 하므로, 보다 일찍 엣징에 들어가야 한다.

일반적으로 탑테일 슬라이드에서 엣징에 들어가는 타이밍은 9시에서 10시 사이가 되는데, 플루그보겐에서는 조금 늦게 시작해도 되지만, 패러렐턴에서는 조금 일찍 엣징을 시작하여야 한다. 또한 엣징을 마무리하는 시점은 보통 6시에서 7시 사이가 되는데, 스피드를 줄이고 싶은 때는 조금 늦게 엣징을 마무리하고, 반대로 스피드를 유지하고 싶은 때는 조금 일찍 엣징을 마무리하는 것이 좋다.

이러한 엣징의 타이밍은 상황에 따라서 시시각각 변화하게 마련인데, 예를 들어서 스피드가 빨라질수록 조금 일찍 엣징에 들어가서 일찍 엣징을 마무리해야 스피드를 꾸준하게 유지할 수 있고, 깊은 회전을 위해서는 엣징을 늦게까지 계속 유지해야 스키가 깊게 말리며 깊은 회전을 할 수 있다. 또한 깊은 회전일지라도 빠른 스피드에서는 조금 일찍 엣징을 시작하여야 하고, 느린 스피드에서는 조금 늦게 엣징을 시작하여도 깊은 회전이 가능해진다.

24
탑테일 슬라이드 숏턴

숏턴은 스키어가 꼭 이루고 싶은 기술중 하나이고, 상급자의 대표적인 기술이라고 할 수 있다. 특히 숏턴은 스피드를 컨트롤하는 대표적인 기술이므로, 숏턴이 가능해지면 도전할 수 있는 사면이 무한대로 늘어날 수 있게 되어, 자연에 도전하는 스포츠인 스키의 매력을 더욱 확실하게 느낄 수 있다.

숏턴은 기본적으로 짧은 회전이므로 이를 위해서는 긴 회전인 롱턴과는 다른 움직임이 필요하게 된다. 즉 숏턴을 위해서는 상체의 방향을 슬로프의 아래방향인 최대 경사선 방향으로 고정시켜 놓고, 하체만으로 회전하는 동작이 만들어져야 리드미컬한 짧은 회전이 가능해진다.

이를 위해서는 하체가 스키와 함께 회전하더라도 상체는 일정하게 최대 경사선을 향하여 고정되어, 결과적으로 상체와 하체가 분리되는 세퍼레이션(Seperation) 현상이 일어나게 되는데, 이처럼 상체와 하체가 분리되어 다른 방향으로 움직이는 것을 카운터로테이션(Counter Rotation)이라고 하고, 상체가 아래방향으로 고정되는 것을 상체의 블로킹(Blocking)이라고 한다.

이렇게 만들어진 카운터로테이션은 회전에서 빠져나오며 풀어지는데, 이때 발생하는 회복력은 다음 회전을 만들어내는 원동력이 되므로, 숏턴에서 카운터로테이션은 필수라고 할 수 있다.

또한 숏턴은 짧고 리드미컬한 회전이 일어나게 되는

데, 이를 위해서는 리드미컬한 업다운이 필요하며 여기에 폴체킹을 맞춰주는 것이 중요하다. 업다운은 반발력이 약한 저속과 완사면에서는 비교적 크게 하지만, 속도가 빨라지고 경사가 심해지면 줄어들어서 나중에는 폴체킹만으로 숏턴의 리듬을 만들게 되므로, 정확한 숏턴을 위해서는 확실한 폴체킹이 필수라고 할 수 있다.

숏턴은 긴 회전인 롱턴에 비해서 짧게 회전하게 되므로, 짧은 시간에 스키를 회전방향으로 돌려주는 피봇팅 조작이 중요해지게 되는데, 여기에 업다운과 하중이동을 연동시켜야 하므로 많은 시간을 투자하여 연습하여야, 비로소 숏턴에 접근이 가능하게 된다.

이러한 다양한 조작과 복잡한 동작이 이루어져야 하는 숏턴을 익해기 위해서는 롱턴과는 다른 접근방법이 필요하다. 다음에 소개하는 방법으로 숏턴에 필수적인 피봇팅, 폴체킹, 업다운, 카운터로테이션 등을 익히면서 보다 체계적으로 숏턴을 익혀보자.

(1) 플루그화렌 + 폴체킹

숏턴에 들어가기 위해서 가장 먼저 해야 할 것은, 리드미컬한 업다운에 맞춰서 적극적으로 피봇팅을 하는 조작을 익히는 것이고, 여기에 맞춰서 폴체킹을 하는 동작을 연습해야 한다.

비교적 완만한 경사를 선택하여, 탑테일 슬라이드의 플루그화렌을 보다 짧은 리듬과 적극적인 피봇팅으로 실시하는데, 이때 마음속으로 두박자의 숫자를 세며 "하나"에서 하중을 가하며 피봇팅을 실시하는 엣징을 하고, "둘"에서 하중을 빼고 피봇팅을 풀어주며 중립자세로 되돌아오는 동작을 반복적이고 리듬감 있게 실시한다.

위의 동작에 맞춰 "하나"에서 엣징을 실시할 때 손목을 젖히면서 폴끝을 앞으로 내밀면서 폴체킹을 준비하고, "둘"에서 엣징을 풀어주며 가볍게 폴을 찍어주면서 원래의 자세로 돌아오게 되는데, 이때 중요한 것은 폴을 내밀때는 물론이고 폴이 돌아올때도 상체가 돌아가지 않도록 주의하는 것이다.

특히 폴을 내밀 때 지나치게 스키 앞쪽에 찍으려는 의식이 있거나 혹은 폴을 내밀면서 힘이 들어가면, 어깨가 움직여서 상체의 블로킹이 무너지는 경우가 많은데,

숏턴에서는 상체고정이 기본이므로 상체를 움직이지 않으면서 폴체킹과 엣징을 하는 연습을 한다.

(2) 플루그숏턴

숏턴에서 가장 중요한 것중 하나는 바로 상체를 아랫방향으로 고정시키고, 하체만으로 회전을 하는 것이다. 즉 카운터 로테이션을 만들어서 상하체를 분리시키는 연습을 하는 것이 숏턴 연습의 핵심이다.

비교적 완만한 경사를 선택하여 양폴을 하나로 모아서 가슴앞에 잡고 상체고정을 확인하는 도구로 사용한다. 상체를 고정시키기 위해서는 우선 시선이 아랫방향으로 고정되어서 머리가 움직이지 않아야 하며, 머리가 붙어있는 어깨도 함께 고정되어야 한다.

회전하면서 양손에 잡은 폴이 움직인다

면 신체가 고정되지 못한 것이므로, 폴을 고정시킨 상태에서 부드럽게 회전할 수 있도록 연습한다. 상체를 고정시킨 상태에서, 앞서 플루그화렌에서 연습한 두박자의 리듬을 활용하며 가볍게 업다운을 하면서, 리드미컬한 플루그스탠스의 작은회전인 플루그숏턴을 실시한다.

앞서와 마찬가지로 "하나" 에서 가볍게 다운을 하여 하중을 가하면서 하체를 회전방향으로 피봇팅하여 스키를 회전시키는데, 이때 발바닥의 하중이동을 실시하여 회전전반에서는 비교적 테일쪽이 많이 돌아가고, 회전중후반에서는 스키의 탑과 테일이 동시에 회전하는 감각이 있어야 매끈한 회전이 가능하다.

이때 바깥스키가 돌아가는 만큼 안쪽스키도 바깥스키에 동조되어 돌아가야 하는데, 특히 플루그숏턴을 하면서 스탠스의 변화가 크다면, 안쪽스키가 원활하게 돌아가지 않기 때문에 발생하는 현상이다.

이를 위해서는 안쪽스키도 바깥쪽 스키와 마찬가지로 탑테일 슬라이드가 되어야 하는데, 하중이 많이 실리는 바깥스키에 비해서 안쪽스키는 상대적으로 하중이 별로 실리지 않기 때문에, 안쪽발의

긴장을 줄이고 엣지를 푼 상태에서 피봇팅을 하여야 원활하게 회전할 수 있다.

회전이 끝나면 "둘" 에서 하중과 엣지와 피봇팅을 풀어주면서 가볍게 업을 하여 중립자세로 되돌아오면서 다음 회전에 들어갈 준비를 한다. 숏턴은 빠른 회전의 연속이기 때문에 긴 회전인 롱턴에 비해서 시간적인 여유가 없지만, 중립자세를 정확하게 만들고 다음 회전에 들어가야 보다 확실한 숏턴을 할 수 있다.

이렇게 상체를 고정시킨 상태에서 하체를 이용하여 숏턴을 하면 신체에서 고정된 부분과 움직이는 부분이 나뉘게 된다. 시선과 머리와 어깨는 고정된 상태를 유지하고 어깨에서 이어진 척추뼈들이 조금씩 회전을 하여, 골반은 스키가 회전하는 것에 반쯤 회전을 하고, 고관절 아래의 무릎이나 발목은 스키방향에 맞춰서 회전하게 된다.

이러한 상하체의 분리현상이 원활하게 이루어지기 위해서는 기본적으로 유연성이 필요하기도 하지만, 신체가 힘이 빠진 릴렉스한 상태를 유지하여야만 신체가 저항없이 원활하게 비틀어지게 된다.

(3) 플루그숏턴 + 폴체킹

플루그화렌과 플루그숏턴에서 리드미컬한 업다운과 피봇팅과 상하체의 분리조작이 익숙해졌다면, 이제는 숏턴의 리듬에 맞춰서 폴체킹을 하면서 보다 리듬감 있는 숏턴에 한발짝 더 접근한다.

플루그숏턴을 하면서 숏턴리듬에 맞춰서 폴체킹을 하는 것이 진정한 플루그숏턴이라고 할 수 있는데, "하나"에서 턴을 하면서 손목과 팔꿈치를 이용하여 폴을 내밀어서 폴체킹을 준비한다. 이때 어깨가 함께 내밀어지면 상체가 돌아가면서 상하체의 분리가 없어져버려서, 짧은 리듬의 숏턴을 하기가 어려워지게 된다.

폴체킹을 하면서 상체를 고정시키기 위해서는 폴체킹을 하는 손을 뒤로 살짝 당겨주고, 오히려 폴체킹을 하지 않는 손을 약간 내밀어준다는 이미지가 필요하게 되는데, 이렇게 폴체킹을 하지 않는 손이 뒤로 빠지지 않도록 고정시키는 것을 손의 블록킹(Blocking)이라고 한다.

이렇게 "하나"에서 준비된 폴체킹은 "둘"에서 회전을 빠져나오며 가볍게 설면에 찍어주게 되는데,
폴을 찍은 뒤에는 즉시 제자리로 돌아와서 다시 다음 회전을 준비해야 하기 때문에, 손목의 스냅을 활용하여 가볍게 찍어

준다는 의식이 있어야 리드미컬한 폴체
킹을 연속적으로 할 수 있다.

이러한 리드미컬한 폴체킹을 하기 위해서
는 심플한 동작으로 폴체킹을 하는 것이
중요한데, 양손의 관절을 최소한으로 움
직이며 폴체킹하는 것이 중요하다. 이를
위해서는 팔꿈치의 움직임을 줄이고 손목
과 손가락의 움직임을 잘 활용하는 것이
필요하다.

(4) 슈템숏턴

플루그숏턴에서 어느 정도 숏턴리듬과 조작에 익숙해지기 시작하였다면, 지금부터는 패러렐숏턴에 접근하기 위하여 다시 폴체킹을 하지 않은 상태에서 슈템숏턴을 실시한다.

어느 정도 경사가 있는 중사면을 선택하여 양폴을 가슴앞에 잡아서 상체를 고정시키는 도구로 사용하며 슈템숏턴을 실시하는데, "하나" 에서 플루그 스탠스에서 출발하고, "둘" 에서 안쪽스키를 모아주며 하중과 피봇팅을 하여 스키를 짧고 깊게 회전시킨다.

이를 위해서는 회전전반에 발바닥 앞쪽에 하중을 이동시켰다가, 회전을 하면서 발바닥 가운데를 거쳐서 발뒤꿈치까지 하중을 이동시키는 전후운동이 원활하게 되어야, 짧으면서도 깊은 회전을 하기가 수월하다.

이때 스키를 모으면서 상체가 뒤로 젖혀지는 경우가 많은데, 이런 경우에 스키의 엣지가 함께 풀리고 스키의 엣지그립이 약해져서, 스키가 밀리는 원인이 되므로 주의해야 한다. 또한 회전시 스키를 단순히 회전 바깥으로 밀어낸다는 느낌만으로는 둥글고 샤프한 회전이 어려우므로, 회전전반에 가볍게 스키를 회전 바깥으로 밀어내고, 회전 중후반을 거치면서 전후운동을 해주며 몸 앞쪽으로 돌려서 끌고 온다는 느낌이 있어야, 둥글고 샤프한 숏턴의 회전이 가능하다.

회전이 끝나면 "둘" 에서 다음 회전의 바깥쪽 스키를 넓혀주며 중립자세로 돌아오게 되는데, 이때 하중과 피봇팅을 풀어주는 것과 동시에 상체를 적극적으로 아랫쪽으로 낙하시킨다는 의식이 있어야, 보다 안정적이고 정확한 슈템숏턴이 가능하다.

슈템숏턴은 특히 급사면 숏턴을 위한 연습으로서도 유효한데, 회전에서의 정확한 엣징은 물론이고, 회전에서 빠져나오며 스키를 플루그로 넓히는 회전각을 만드는 동작이나, 하중의 전후운동과 상체를 아랫쪽으로 적극적으로 낙하시키는 동작은 급사면 숏턴에서 꼭 필요한 요소이므로, 급사면 숏턴을 위한 좋은 연습법이기도 하다.

(5) 슈템숏턴 + 폴체킹

슈템숏턴에서 적극적인 회전과 리듬이 익숙해졌다면, 이제는 폴체킹을 하면서 슈템숏턴을 한단계 업그레이드시켜야 하는데, 슈템숏턴과 폴체킹은 모두 2박자 리듬으로 행하여지기 때문에 비교적 쉽게 동작을 일체화할 수 있다.

비교적 경사가 있는 중사면에서 슈템숏턴을 실시하는데, "하나" 에서 스키를 모으며 회전시키는 것과 동시에 폴끝을 앞으로 내밀어 주는데, 슈템숏턴은 중사면 이상에서 실시하는 경우가 많아서 스키도 깊게 회전하게 되므로, 상하체의 확실한 분리가 필요하게 된다. 이를 위해서는 상체뿐만 아니라 양손도 확실하게 블록킹하여 연속적인 회전에 대비하여야 한다.

또한 경사가 급해진 만큼 상체의 전경각도가 정확하게 유지되어야 확실한 하중과 엣징이 가능한데, 몸전체를 경사면과 수직으로 유지하고 특히 회전을 하면서 상체가 일어나서 후경으로 빠지지 않도록 유의한다.

회전이 끝나면 "둘" 에서 엣징을 풀어주고 폴체킹을 하면서 회전에서 빠져나오게 되는데, 폴체킹을 하면서 폴을 지팡이처럼 이용하여 보다 적극적으로 상체를 낙하시키도록 한다. 또한 "하나" 에서 정확한 엣징을 하며 느껴지는 설면에서의 반발력을 "둘" 에서 잘 활용하면 보다 힘을 적게 들이는 경제적이고 효율적인 회전이 가능하다.

(6) 패러렐숏턴

슈템숏턴에서 어느 정도 하중과 체중이동의 감각이 익숙해지면, 이제는 양스키를 패러렐로 유지한 상태에서 숏턴을 하면서 완성형 숏턴에 한발짝 더 다가가도록 한다. 패러렐숏턴에서는 양발의 동시 조작은 물론이고 보다 적극적이고 리드미컬한 회전감각이 필요하다.

비교적 경사가 있는 중급사면을 선택하여 양폴을 앞에 잡고 상체를 고정시킨 상태에서 출발하는데, 출발상태의 중립자세에서는 스키가 몸 아래쪽에 있는 상태이기 때문에, 우선 전경에서 가볍게 하중을 가하기 시작하여 양스키를 회전의 바깥쪽으로 밀어내며 회전각과 엣지각을 만든 다음, 회전 중반부부터 보다 적극적으로 하중과 피봇팅을 가하면서 스키를 몸옆에서 휘감는 느낌으로 돌려준다.

회전후반부에는 발뒤꿈치에 하중을 가하며 스키의 테일을 사용하여 보다 샤프하고 반발력있는 엣징을 하며 회전을 마무리한다. 이때 회전의 전중반부에 몸옆으로 이동하였던 스키는 회전이 마무리되며 다시 몸앞으로 돌아오면서 옆방향으로 이동하는데, 이렇게 스키가 옆으로 이동하면서 회전의 폭이 생기는 것을 진폭(횡폭)이라고 한다.

반대로 숏턴에서 스키의 앞만 눌러서 회전하게 되면 거의 진폭이 생기지 않고 스키의 탑이 고정된 채 테일만 옆으로 밀어내는 일명 "찍찍이숏턴" 이 되므로 주의한다.

이렇게 회전을 할 때 바깥발의 움직임에 맞도록 안쪽발을 동조시키는 것이 중요한데, 회전을 시작하면서 오히려 안쪽발을 바깥발보다 한템포 빠르고 보다 적극적으로 움직이며, 오히려 안쪽발로 바깥발의 회전을 이끌어내는 이미지가 필요하게 된다.

이를 위해서는 다운에서 안쪽발을 움직이기 시작하는 것이 아니라, 업의 마지막에서 안쪽발을 미리 넘겨주어 회전시킬 준비를 한 다음, 다운에 들어가면서 바깥발보다 한템포 먼저 안쪽발을 움직여야, 회전의 시작부터 마지막까지 완성도 높은 패러렐숏턴이 가능하다.

회전을 마무리되면 다시 업을 하면서 중립자세로 되돌아가는데, 이때 상체를 적극적으로 아랫쪽으로 낙하시키는 의식이 있어야, 몸전체가 경사면과 수직을 유지하며 보다 효율적인 하중전달과 효과적인 조작이 가능해진다.

패러렐숏턴은 플루그숏턴이나 슈템숏턴에 비해서 상대적으로 빠른 리듬으로 실시되고, 보다 완성형에 가까운 숏턴이 되어야 하므로, 처음에는 두박자의 리듬으로 실시하지만 점차 익숙해지면 한박자의 리듬으로 발전하여, "하나" 에서 회전을 시작하고 동시에 마무리하는 연속성 있는 숏턴이 중요하다.

(7) 패러렐숏턴 + 폴체킹

패러렐숏턴 연습을 통하여 한 박자 리듬의 완성형에 보다 가까운 숏턴이 가능해졌다면, 이제는 폴체킹을 하면서 완성형 숏턴에 최대한 다가가보자.

어느 정도 경사가 있는 중급사면에서 출발하여, "하나" 에서 안쪽발을 먼저 움직이며 바깥발도 동시에 움직이며 회전에 들어가는데, 이때 폴도 함께 내밀어주면서 폴체킹을 준비하였다가 "둘" 에서 바로 업을 하면서 회전에서 빠져나오며 폴체킹을 하여준다.

이 단계는 완성형 숏턴에 접근하기 위하여 과도기적으로 연습하는 숏턴으로서, 각각의 회전을 깊고 확실하게 마무리하면서, 패러렐 스탠스에서의 동시조작과 숏턴의 리듬감각은 물론이고, 리드미컬한 폴체킹을 연습하여야 하는데, 특히 정확하고 확실한 엣징을 하면서 점차 설면에서의 반발력을 느낄 수 있어야 한다.

패러렐숏턴은 처음에는 업다운을 많이 활용하여, 주로 스키어의 근력인 내력으로 두박자 리듬의 회전을 하지만, 점점 완성도가 높아지면서 설면에서 오는 반발력과 스키의 탄성 등의 외력을 활용하며 업다운이 줄어들어, 한박자 리듬에 가까운 숏턴으로 진화하게 된다.

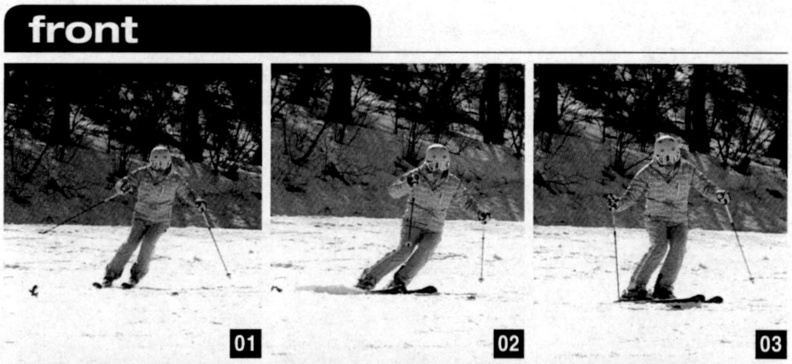

(8)숏턴

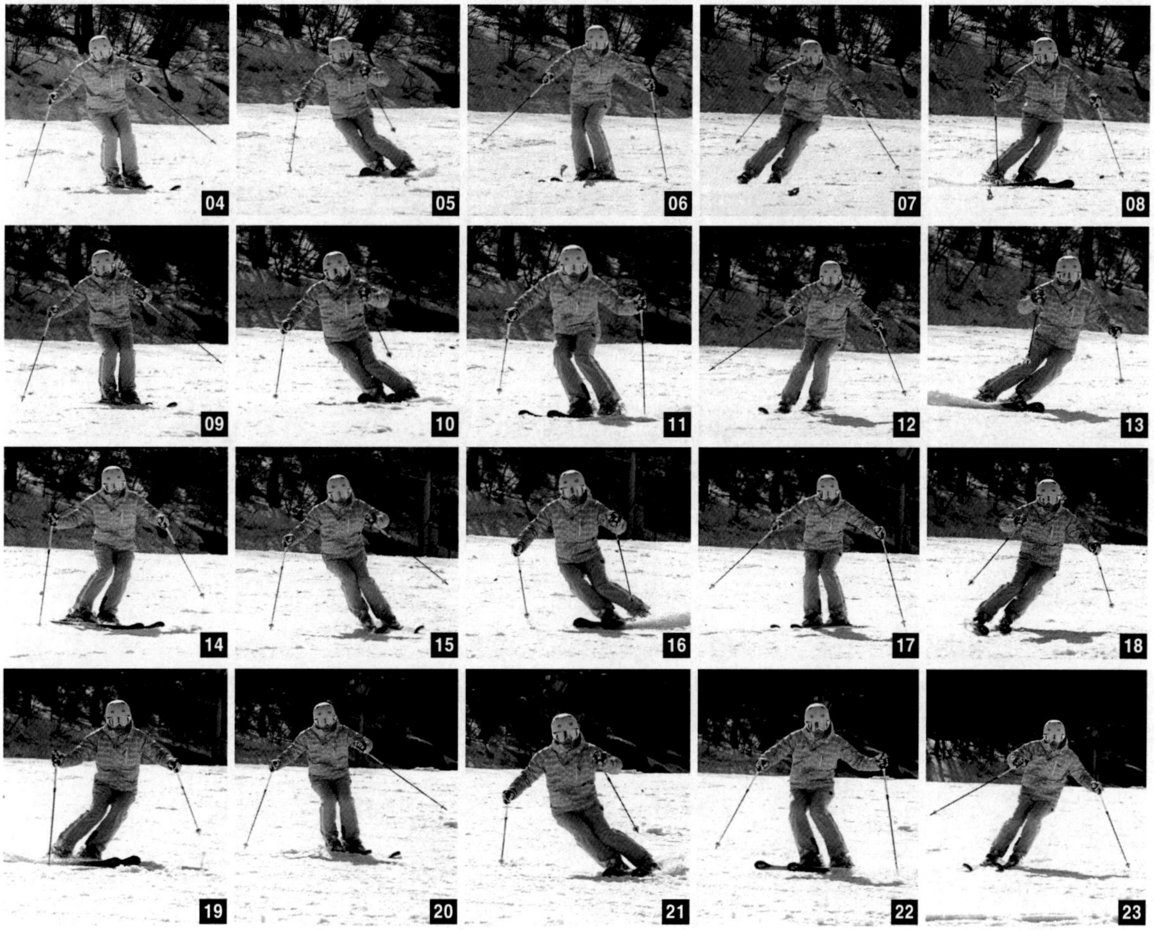

front

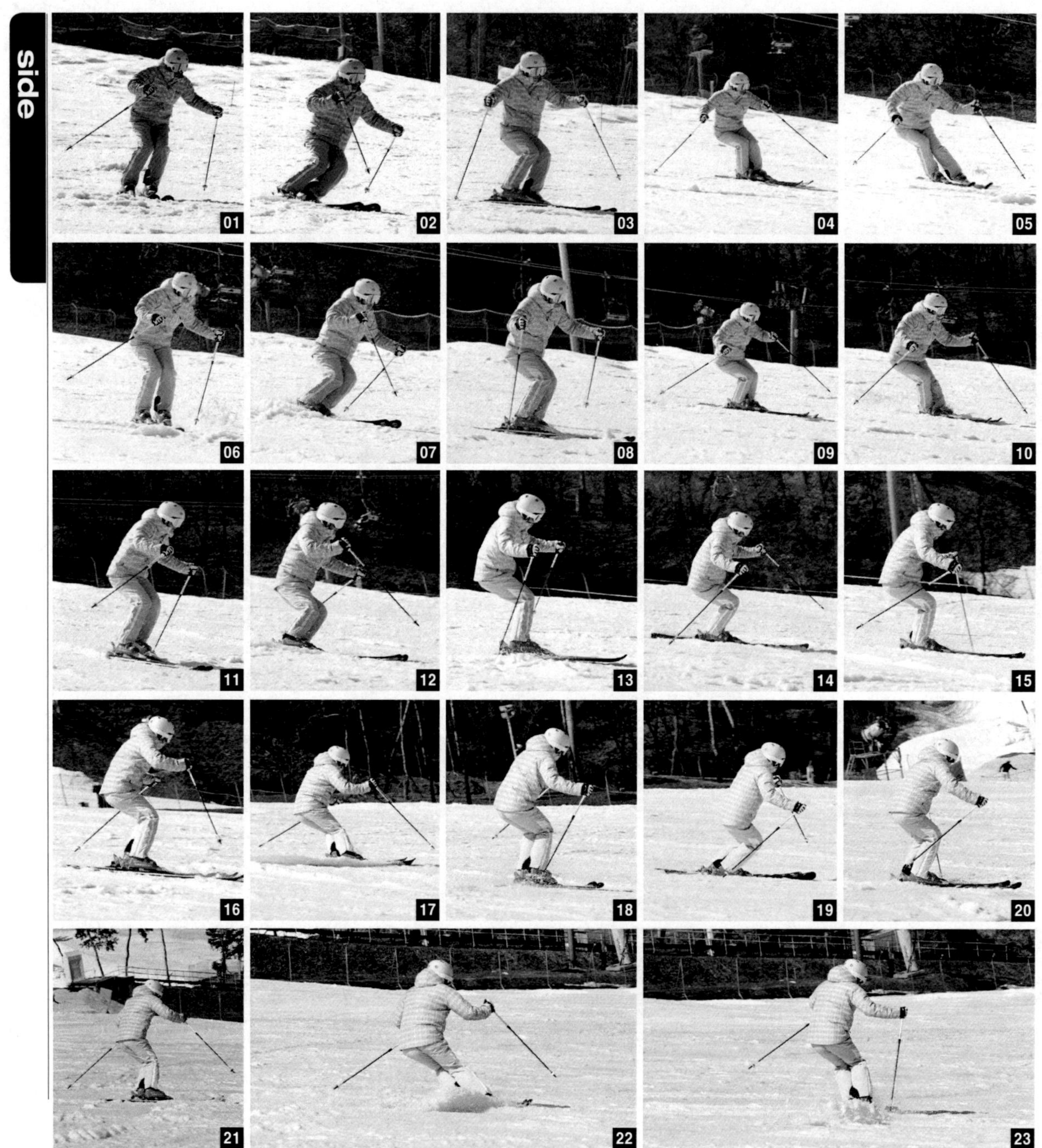

다양한 숏턴연습법으로 어느 정도 숏턴에 자신감이 생겼다면, 이제는 활주스피드를 올리고 활주경사면도 올려서, 설면에서의 반발력과 스키의 탄성을 이용한 실전적인 숏턴에 도전하여 보자.

스피드와 경사면이 높아진 만큼 외력이 증가하므로, 상대적으로 스키어가 사용하는 힘인 내력(업다운)을 조금 줄여서, 외력과 내력의 밸런스를 맞추면서 보다 효율적이고 경제적인 회전을 하며, 또한 급사면에서의 숏턴을 위한 확실한 스피드 컨트롤도 익힌다.

경사가 있는 중급사면을 선택하여 어느 정도 스피드를 붙여서 숏턴을 시작한다. 이때 경사가 급해지고 스피드가 빨라지는 만큼 신체의 각도를 경사면과 수직으로 정확하게 셋팅하여, 후경이나 전경과다로 빠지지 않도록 주의하고 시선의 높이도 일정하게 유지하도록 하여, 항상 스키에 수직으로 힘을 가할 수 있는 포지션을 만들어서 효율적이고 경제적인 조작을 하여야 한다.

회전에 들어갈 때는 스키의 탑에 가볍게 하중을 가하며 회전전반부터 샤프하게 엣징을 시작하도록 하는데, 이때 지나치게 업동작을 크게 사용하면 엣징에 들어가는 타이밍이 늦어져서, 회전후반에만 엣징이 집중되어 브레이킹이 많이 걸리는 숏턴이 되어버리므로, 업다운을 줄인 상태에서 회전을 하도록 한다.

또한 회전에 들어갈 때는 스키의 테일을 가볍게 밀어주면서 회전각을 만들어서 샤프하게 회전을 시작하고, 회전 중후반부에서는 발바닥 중간에서 뒤꿈치까지 하중을 이동시키며 피봇팅을 실시하여, 스키가 몸 옆에서 둥글게 감기면서 회전을 한다는 이미지를 갖도록 한다. 회전의 마무리에서는 뒤꿈치 하중에 의한 테일엣징으로서 스키의 반발력인 리바운드를 이끌어내고, 스키가 옆쪽으로 이동하여 회전의 진폭을 만들도록 한다.

회전 후반부에 테일엣징에 의하여 회전에서 빠져나온 스키는, 자동으로 스키의 몸 아래쪽으로 되돌아오게 되는데, 이때는 하체의 긴장감을 풀어주고 스키에 실린 하중도 빼주어서 보다 원활하게 중립자세로 되돌아오게 하고, 중립자세에서 멈추는 것이 아니라 그대로 스키를 몸 옆으로 보내서 다음 회전의 회전각을 만들면서 바로 회전에 진입하도록 한다.

스피드를 살리는 실전적인 숏턴에서는 기본적인 숏턴에 비해서 활주성이 높고 스피드도 빠른 회전을 하게 되므로, 엣징에 들어가는 타이밍도 조금은 빠르게 시작되고 엣징을 마무리하는 타이밍도 조금은 빠르게 마무리해야, 활주스피드와 반발력을 살리는 숏턴이 가능하다.

이렇게 실전적인 숏턴이 가능해지면 결과적으로 업다운은 점점 줄어들게 되어, 나중에는 업다운이 반대로 일어나서 다운에서 중립자세가 나오고 업에서 회전자세가 나오는 벤딩(Bending) 숏턴이 가능해진다. 이런 벤딩숏턴은 급사면이나 빠른 스피드에서는 필수적인 기술이고, 설면의 상황이 좋지 않은 조건은 물론이고 모글에서도 그 위력을 발휘하므로 최상급자가 되기 위해서는 반드시 습득하도록 한다.

벤딩숏턴을 위해서는 회전의 마무리에서 테일엣징에 의해서 발생한 설면 반발력을 하체를 구부리며 흡수하고, 중립자세를 지나서 하체를 펴주면서 회전 전반부의 엣징을 시작하게 된다.
처음에는 하체의 구부리고 펴는 동작에 의식을 집중하게 되지만, 나중에 익숙해지면 하체의 이완과 긴장의 감각만으로도 자동적으로 벤딩숏턴이 가능해진다. 이때 설면의 반발력에 비해서 지나치게 벤딩을 사용하면, 오히려 후경으로 빠지거나 엣징이 약해지는 원인이 되므로 주의한다.

(1) 신체를 설면과 수직으로 셋팅한다.

회전할 때 상체의 방향에 따라서 체감 경사가 바뀌는 롱턴에 비해서, 숏턴은 상체가 항상 최대경사선 방향으로 향하고 있으므로, 언제나 슬로프의 최대경사를 느끼면서 활주를 하게 된다.

특히 숏턴은 짧은 시간동안 스키를 지속적으로 회전시켜야 하므로 가장 효과적이고 효율적인 조작을 할 수 있어야 하는데, 이를 위해서는 슬로프 경사면과 신체를 수직으로 유지하며 회전할 수 있어야 한다. 이렇게 신체를 수직으로 유지한 상태에서 회전전반부에는 스키의 탑에 하중을 가하기 위한 전경이, 회전 중반부에는 스키의 센터에 하중을 가하는 중경이,

그리고 회전후반부에는 스키의 테일에 하중을 가하는 후경이 나와야 보다 샤프하고 반발력 있는 숏턴이 가능하다.

(2) 상체를 최대경사선 방향으로 유지한다.

상체를 최대경사선 방향으로 고정시킨다.

최근에는 상체를 회전방향으로 돌려주는 숏턴도 하고 있지만, 기본적으로 숏턴은 상체를 고정시키고 하체의 회전만으로 구사하는 기술이다. 이를 위해서는 항상 상체를 슬로프의 최대경사선 방향으로 유지하며 활주를 하여야 하는데, 특히 숏턴에서는 시선을 슬로프 아래쪽으로 고정시키는 의식이 있어야 전제되어야 상체를 고정시킬 수 있다.

상체를 고정시키기 위해서는 다양한 단계의 숏턴연습을 통해서, 하체만으로 회전하는 연습이 선행되어야 하는데, 특히 플루그숏턴에서 폴을 가슴 앞에 잡고 숏

턴을 실시하여 상체의 확실하게 고정시킬 수 있어야, 폴체킹에서도 상체가 돌아가지 않는다.

또한 폴체킹을 하지 않을 때는 상체를 고정시킬수 있지만, 폴체킹을 하게 되면 상체가 돌아가는 스키어들이 많은데, 이는 폴체킹을 위하여 폴을 내밀 때 지나치게 힘을 주거나 어깨를 내밀기 때문이다. 폴을 내밀 때는 폴전체가 아니라, 폴끝만을 살짝 들어주는 느낌을 가져야, 어깨가 따라서 돌아가는 것을 방지할 수 있다.

또한 폴체킹을 세게 하여 설면에서의 충격에 의해 어깨가 돌아가는 경우도 있는데, 폴체킹을 할 때는 손목의 스냅을 이용하여 최대한 가볍게 하는 것이, 설면에서의 충격도 줄이고 어깨가 돌아가는 것을 막을 수 있다.

(3) 둥근 회전호를 의식한다.

스키를 아래로 누르며, 앞으로 밀며, 돌려줘서 둥근 회전호를 의식한다.

숏턴을 처음 익히는 중상급자나 어느 정도 숏턴에 익숙한 상급자에게서도 자주 보이는 것이, 바로 숏턴이 둥근 회전호를 그리지 못하고 단순히 스키를 옆으로 밀어내어 스키의 방향만을 바꾸는 일명 "찍찍이숏턴" 이다.

찍찍이숏턴은 활주방향에 대하여 스키의 테일만을 옆으로 밀어내는 숏턴이므로, 지속적으로 설면에서 저항을 받아서 상대적으로 체력소모가 많고, 탑은 움직이지 않고 테일만을 교대로 움직이므로 회전의 진폭이 없어서 역동적인 활주가 어렵게 된다.

찍찍이숏턴의 가장 큰 원인은 바로 초보자때부터 익혀온 전경에 대한 지나친 집착 때문이다. 초보자때는 경사면에서 몸이 뒤로 빠지며 후경이 되기 쉽기 때문에 가벼운 전경을 취하는 것이 유리하지만, 중상급자가되면 다시 중경으로 되돌아와야 보다 다양한 기술구사가 가능해진다.

전경에서는 스키의 탑에만 하중이 실리고 상대적으로 테일이 가벼워지기 때문에 테일을 움직이기 쉬워진다. 이러한 전경은 회전의 중후반부에는 중경에서 후경까지 하중이동이 되어야 스키가 둥글게 회전하는 숏턴이 가능하다.

또한 회전의 전반부에 스키를 옆으로 밀어내어 회전각을 만들며 회전을 시작하였다면, 중반부부터는 스키를 앞으로 회전방향으로 밀어내며 옆으로 돌려주어야, 스키가 몸옆에서 감겨 돌아가서 둥근 회전호가 만들어지게 된다. 이렇게 감겨 들어온 스키는 회전의 마지막에 테일엣징에 의하여 옆쪽으로 이동하며 회전을 마무리하고 다음 회전방향으로 자동으로 이동하게 된다.

(4) 숏턴의 리듬을 의식한다.

회전을 하면서 미리 폴을 준비한다.(폴체킹 리듬에서 "하나"에 해당)

회전을 마무리 하면서 폴을 찍어준다.(폴체킹 리듬에서 "둘"에 해당)

스키는 리듬의 운동이다. 그중에서 가장 리드미컬한 기술이 바로 숏턴이라고 할

수 있는데, 리드미컬한 숏턴은 본인에게도 만족감을 주지만 보는이로 하여금 아름다움을 느끼게 하는 멋진 기술이기도 하다.

숏턴의 리듬은 처음에는 업다운에 많이 의존하게 되는데, 리드미컬한 업다운을 위해서는 회전을 하면서 마음속으로 "하나", "둘", "하나", "둘" 등으로 숫자를 세면서 회전을 하는 의식이 있어야 한다. 이렇게 리듬이 익숙해지면 일정한 회전호의 아름다운 숏턴이 가능해지고, 회전에 여유가 생겨서 보다 수준높은 숏턴이 가능해진다.

숏턴이 어느 정도 익숙해지면 자연스럽게 업다운이 줄어들게 되는데, 이 수준부터는 업다운으로 리듬을 맞추는 것이 아니라 폴체킹으로 회전의 리듬을 맞추도록 한다. 이를 위해서는 회전에서 엣징에 들어갈 때 폴도 함께 내밀어서 회전과 폴체킹이 정확하게 연동되어 움직여야 하는데, 대개의 경우 한쪽 폴체킹은 타이밍이 맞지만 다른쪽 폴체킹이 늦게 준비되어 숏턴의 리듬을 망치는 경우가 많다.

숏턴에서는 미리미리 폴체킹을 준비하여야 리드미컬한 회전이 가능하므로 거울 등을 보면서 폴체킹과 회전연습을 하여 리드미컬한 회전을 하도록 한다.

(5) S자 라인의 회전호를 의식한다.

회전의 중반부에서 다음 회전이 중반부까지의 "s"자 라인을 의식한다.

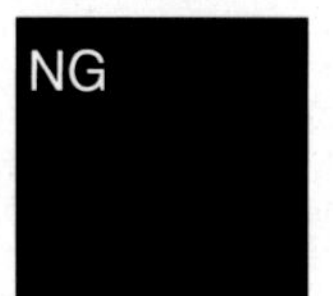

(1) 전경이 과다한 숏턴

전경이 지나친 숏턴은 테일이 밀리는 찍찍이 숏턴이 될 가능성이 높아진다.

중급자나 상급자의 경우는 하나의 회전을 회전전반부터 회전후반까지로 인식하여 알파벳 "C" 자 형태의 회전호를 생각하는데, 이는 컨트롤을 목적으로 하는 제동형 회전에서는 맞는 의식이다.

하지만 활주 스피드가 빨라지고 리바운드가 강해져서 스피드를 유지하는 성격이 짙은 활주성 회전에서는, 하나의 회전을 회전중반부터 다음 회전의 중반부까지로 인식하여 알파벳 "S" 자 형태의 회전호를 의식하게 된다.

이는 하나의 회전이 끝나고 다음 회전에 들어갈 때, 스키의 휘어짐이나 설면의 반발력에 의한 리바운드를 살려서 회전하려는 이미지인데, 활주성 회전에 가까워질수록 엣징에 들어가는 타이밍도 약간 빨라지고, 엣징을 끝내는 타이밍도 조금 빨라지게 된다. 이때 회전 마무리에서 엣지를 풀어주며 하중을 빼주면 둥글게 휘어졌던 스키가 펴지면서, 다음 회전방향으로 빠르게 이동하는 약진감 있는 회전이 가능해진다.

이렇게 약진감 있는 회전은 최상급자임을 나타내는 표식이기도 하고, 마치 스키가 살아있는 듯한 느낌이 들게 되어 스키의 재미를 배가시킬 수 있다.

전경은 스키에 꼭 필요한 요소이지만 전경만으로 스키를 타면 상급스키어가 되기가 어렵다. 하지만 상급 스키어 중에서도 전경만을 이용하여 숏턴을 하는 경우가 많은데 이는 전경에 의해서 스키의 탑에만 하중이 실리고, 테일이 가벼워지므로 상대적으로 테일이 쉽게 밀리기 때문이다.

이런 현상은 특히 급사면에서 많이 보이게 되는데, 급사면이라 할지라도 지나치게 전경만으로 숏턴을 하면 회전의 마지막에 테일을 사용하는 것이 어려워져서, 테일이 지나치게 밀리게 되고 결과적으로 회전이 마무리되지 않아 리드미컬한 회전이 힘들게 된다.

또한 회전의 마지막에 리바운드가 발생하지 않아서, 다음 회전을 위해서 지나치게 업을 하여 자신의 힘으로만 회전을 시작하므로 비효율적이고 비경제적인 숏턴이 되어버린다.

또한 지나친 업동작은 엣징에 들어가는 타이밍을 늦춰서 제동이 심하게 걸리는 숏턴이 되어버린다. 또한 지나친 업동작은 필연적으로 지나친 다운동작을 유발하게 되어 체력소모가 심한 숏턴의 악순환이 되어버린다.

숏턴은 신체를 중경으로 셋팅하고, 회전하면서 스키를 앞뒤로 움직여가며 하중이동을 하여야 샤프하고 정확한 엣징이 가능하다. 이를 위해서는 항상 자신의 기본자세를 확인하며 스킹을 하는 습관을 들이도록 한다.

(2) 후경자세의 숏턴

후경이 지나친 숏턴은 탑이 설면을 파고들지 못해서 원활한 숏턴이 어려워질 가능성이 높다.

전경과는 반대로 스키에 대하여 몸이 뒤로 빠져있는 상태인 후경자세로 숏턴을 하는 경우도 중급스키어 이상에서 많이 보인다. 스키를 잘 타기 위한 전제조건은 스키위에 정확하게 올라타야 하고, 특히 항상 상체를 최대경사선으로 향한 상태에서 회전을 하는 숏턴의 경우에는, 스키위에 정확하게 타서 슬로프 경사면과 수직을 유지하는 것이 특히 중요하다.

스키보다 몸이 뒤로 빠져서 회전을 하는 후경자세는, 대부분 경사에 대한 두려움 때문에 발생하게 되는데, 후경자세가 되면 스키어의 하중이나 조작이 스키에 전달되는 과정에서 손실이 생겨 효율성이 크게 떨어지게 되고, 뒤로 주저앉은 자세는 허벅지나 무릎에 무리를 주어 체력소모도 많고 관절에도 부담이 가게 된다.

후경자세로 회전을 하면 회전 전반부에 스키의 탑에 하중을 전달하는 것이 어렵게 되어 회전의 시작 자체가 힘들어진다. 특히 급사면에서는 회전전반에 스키의 탑에 하중이 실려야 설면을 파고들면서 회전이 시작되는데, 후경자세가 되면 급사면 숏턴 자체가 어려워지게 된다.

급사면은 물론이고 중급사면에서도 스키와 신체가 함께 낙하하는 의식은 기본이

고, 상급자가 되면 신체가 오히려 스키보다 먼저 움직이는 적극적인 의식이 있어야 보다 능동적인 회전이 가능하다. 스키를 타면서 기본자세에 대한 의식이 소홀해지는 경우가 많은데, 항상 기본자세를 확인하는 습관을 가져서 보다 빠르고 쉽게 스키기술을 익히도록 한다.

(3) 상체가 돌아가는 숏턴

숏턴에서 상체가 돌아가면 숏턴리듬을 유지하기 어렵고, 테일이 밀리기 쉬워진다.

숏턴은 기본적으로 상체가 고정되고 하체만으로 회전하는 기술이다. 하지만 실제로는 숏턴을 하면서 상체가 돌아가는 경우가 많은데, 숏턴에서 상체가 회전방향으로 돌아가는 로테이션(Rotation)은 상하체의 비틀림을 방해하여, 빠른 리듬의

숏턴을 하기 어렵게 되고 특히 엣징에 들어가는 타이밍을 느리게 하고, 회전 중후반부에 스키가 지나치게 밀리는 원인이 되기도 한다.

이러한 로테이션 현상의 원인은 기술적으로 미숙한 부분도 있지만, 신체적으로 원인이 있는 경우도 많다. 인간의 신체가 노화를 시작하면 가장 먼저 떨어지는 신체능력은 근력이 아니라 유연성이다. 숏턴에서 상체가 돌아가는 스키어중 많은 부분은 신체적으로 유연하지 못한 경우가 많다. 특히 척추나 고관절의 유연성이 떨어지는 스키어는 신체가 원활하게 비틀리지 않아서, 숏턴시 당연히 상체가 로테이션되는 경우가 많다.

이러한 로테이션 현상은 좌우동일하게 일어나는 것이 아니라, 대부분 한쪽방향에서 많이 일어나는 경우가 흔한데, 오른발잡이의 경우는 대부분 골반이 오른쪽을 틀어져있기 때문에, 상대적으로 왼발에 하중이 들어가는 오른쪽턴에서 로테이션이 일어나는 경우가 많다.

스키는 의외로 유연성이 많이 필요한 운동이며, 완벽한 좌우대칭 운동이기 때문에 뛰어난 신체능력이 필요하게 된다. 초급자때는 유연성이나 대칭성이 크게 영향을 미치지는 않지만, 중상급자가 되면서 이러한 요소의 중요성이 급격하게 증가하므로, 평상시에 스트레칭이나 트레이닝으로 유연성과 대칭성을 기르도록 한다.

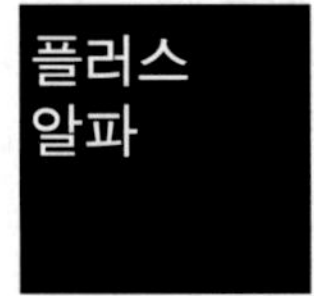

(1) 원폴라인vs. 투폴라인

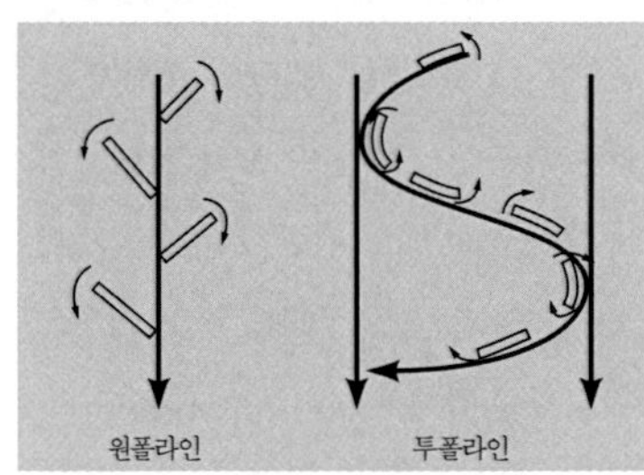

[원폴라인 VS 투폴라인]

숏턴을 하면서 많이 듣게 되는 단어중 하나가, 바로 하나의 폴라인으로 숏턴을 하는 원폴라인(One Fall Line)과 두개의 폴라인으로 숏턴을 하는 투폴라인(Two Fall Line)이라는 것이다. 이것은 숏턴의 질적인 면을 말하는 것으로서, 스키전체에 하중이 골고루 하중이 가해지는 질이 높은 회전과 스키의 탑에만 하중이 실리는 질이 낮은 회전을 구분하는 단어이기도 하다.

즉, 전경이 지나쳐서 스키의 탑에만 하중이 들어가면 스키의 탑은 움직이지 않고 테일만이 회전의 바깥쪽으로 밀리는 자동차의 와이퍼 같은 회전이 되어버리는데, 이때 스키의 탑이 하나의 폴라인 위를 따라서 활주하게 되므로 원폴라인이라고 한다.

반대로 스키의 전체에 순차적으로 하중이 실리며, 스키가 탑부터 회전을 시작하여 테일로 회전이 끝나면서 둥근회전을 하게 되고, 스키가 두개의 폴라인 위를 양옆으로 회전하는 결과가 되므로 투폴라인이라고 부른다.

숏턴에서 질 높은 회전을 원한다면 스키가 두개의 폴라인을 넘나들며, 둥근 회전을 그리는 투폴라인의 숏턴을 목표로 하자.

(2) 숏턴에서 부츠의 궤도

스키가 정확하게 탑테일 슬라이드를 하게 되면, 스키의 센터를 중심으로 탑과 테일이 동시에 돌아가게 되는데, 이때 스키 센터에는 부츠가 위치하고 있으므로, 결과적으로 부츠의 움직임이 중요하게 된다.

숏턴에서는 짧은 리듬에서 둥근 회전을 그리기 위해서, 하중의 전후운동과 피봇

숏턴에서는 신체를 중심으로 부츠가 옆으로 누운 "팔"자 모양으로 입체적으로 움직여야 샤프하고 매끈한 회전이 가능하다.

팅 등이 중요하게 되는데, 이를 위해서는 일단 회전전반에 스키부츠를 몸보다 뒤쪽으로 보내면서 바깥쪽으로 밀어내어야 한다.

그리고 회전을 할 때는, 스키를 앞으로 밀어내며 돌려주어서, 부츠가 몸 옆에서 둥근 궤도를 그려야 하고, 회전의 마지막에는 하체를 구부리면서 다시 몸 아래쪽으로 부츠를 가지고 와야 한다. 이렇게 스키가 둥근 회전호를 그리게 되면, 스키부츠도 여기에 맞춰 둥근 궤도를 지나가게 되는데, 양쪽 회전이 이어지면 이 궤도가 합쳐져서 옆으로 누운 "팔(여덟)자" 모양이 된다.

반대로 스키를 단순하게 옆으로 밀어내는 질 낮은 숏턴에서는, 스키가 와이퍼처럼 좌우로만 움직이고 부츠의 궤도도 단순히 옆으로만 움직이게 되어, 회전에서 저항을 많이 받아서 브레이킹의 요소가 큰 제동성 숏턴이 되어버린다.

(3) 숏턴에서의 폴체킹 위치

완사면이나 저속숏턴에서는 얕은 회전호를 그리므로 폴찍는 위치가 앞 바인딩 근처가 된다.

급사면이나 고속숏턴에서는 깊은 회전호를 그리므로 폴찍는 위치가 뒷바인딩 근처로 이동된다.

숏턴은 회전호의 깊이에 따라서 상하체가 비틀리는 정도가 달라지기 때문에, 여기에 맞춰서 폴을 찍어주는 위치도 다르게 하는 것이 유리하다.

즉 완사면이나 저속에서는 상대적으로 얕은 회전호를 그리게 되므로, 상하체의 비틀림이 작아지므로 폴을 찍는 위치도 스키의 앞바인딩 근처에 찍어주는 것이 좋다.

그러나 급사면이나 고속에서는 스피드를 컨트롤하기 위해서 깊은 호를 그리게 되므로, 상하체의 비틀림이 커지게 되는데, 상체를 고정시키고 스키를 깊게 회전시키기 위해서는, 폴체킹의 위치를 뒷바인딩 근처로 해주는 것이 좋다.

이렇게 회전호에 따라서 폴체킹의 위치를 바꿔주면, 상하체의 동작이 보다 자연스럽게 만들어져서 보다 편하고 쉽게 회전할 수 있다. 하지만 폴체킹만으로 각각의 회전호가 나오는 것은 아니므로 기본적으로 다양한 숏턴기술이 숙달되어 있어야 한다.

스피드 테크닉
Speed Technique

스피드 테크닉은 스키를 타면서 가장 빠르게 활주할 수 있는 기술로서,
상급자 이상의 스키어들이 정설된 슬로프에서 빠른 스피드를 추구할 때 사용하는 기술이다.

스피드 테크닉은 스키 전체에 하중을 가하여, 스키가 활처럼 둥글게 휘어지며 회전하는 카빙 조작을 사용하는데,
이때 스키의 움직임도 회전의 옆방향으로 밀림이 없이 칼로 자르듯 고속으로 회전하는
"카빙(Carving)" 형태가 만들어지게 된다.

스피드 테크닉을 잘 활용하면 회전시 스피드를 유지하는 것은 물론이고, 회전하면서도 스피드를 증가시키기도 하는
가속성 회전을 할 수 있는데, 스피드를 추구하는 것은 언제나 안전의 범위내에서 해야 하는 것이므로,
자칫 무분별하게 스피드만을 추구하는 것은 지양해야 한다.

25 카빙 플루그화렌

지금부터 배울 기술들은 스키의 다이내믹한 스피드를 느낄 수 있는 스피드 테크닉(Speed Technique)으로서, 스피드를 내기 위하여 스키가 설면을 자르면서 밀림이 없이 회전하는 기술이다. 이는 스키의 휘어짐을 만들어서 스키의 탑이 설면을 파고들면서 날카롭게 회전하도록 조작하는 카빙(Carving) 회전이다.

스키의 엣지가 선 상태에서 강한 하중을 실어서 스키가 둥글게 휘어지면, 스키어의 하중이 스키의 탑과 테일까지 전달되는데, 이 상태에서 회전을 하면 스키의 탑이 설면을 파고들면서 스키가 휘어진 상태에 따라서 옆으로 밀리지 않고 설면을 자르듯이 회전하게 된다. 이러한 회전을 카빙(Carving)이라고 하고, 이렇게 스키의 휘어짐이 만들어지며 회전하는 것을 탑컨트롤(Top Control)이라고 한다.

앞서 연습했던 테일 슬라이드나 탑테일 슬라이드에서는 스키어가 스키를 직접적으로 회전방향으로 회전시켰다면, 카빙에서는 스키어가 스키를 직접적으로 돌리는 것보다는, 스키가 돌아갈 수 있도록 조건을 만들어주는 일종의 간접조작이라고 할 수 있다.

카빙을 하기 위해서는 우선 엣지가 서야 하고 강한 하중이 필요하게 되는데, 엣지를 많이 세우기 위해서는 스키를 몸 옆으로 멀리 보내야 하므로, 몸이 회전의 안쪽으로 기울어지는 내경(Inclination)이 많이 필요하게 된다.

또한 스키가 둥글게 휘어지는 리버스캠버(Reverse Camber)를 만들기 위해서는 강한 하중이 필요하게 되는데, 이를 위해서는 업다운을 많이 활용한 "누르는 하중" 보다는 업다운을 줄인 상태에서 원심력에 의하여 발생하는 외력을 활용하는 "버티는 하중" 의 느낌을 갖는 것이 필요하다.

카빙 플루그화렌에서는 업다운을 줄인 상태에서 양스키를 넓게 벌려주면서, 엣지를 세우는 느낌과 동시에 스키의 휘어짐을 만드는 "버티는 하중" 의 느낌을 느끼도록 연습한다.

비교적 완만한 완사면을 선택하여, 양발의 스탠스를 허리넓이보다 넓은 와이드 스탠스를 유지한 채 출발한다.

어느 정도 스피드가 붙은 상태에서 하체의 긴장감을 유지하며 양스키를 진행방향과 평행하게 옆으로 밀어준다. 이때 양발의 스탠스가 넓어지면서 스키의 엣지가 많이 서게 되는데, 스키어가 버티는 하중과 설면에 반발력에 의한 외력에 의하여 스키가 자연스럽게 휘어지게 된다.

이렇게 양스키에 하중이 제대로 가해지면, 스키가 휘어지면서 양스키가 가운데로 모이려는 힘이 발생하는데, 양스키가 모이지 않도록 하기 위해서는 강한 외력에 대응하는 버티는 힘을 가하는 것이 중요하다, 이러한 버티는 하중을 실어주는 것이 카빙턴의 기본 하중이다.

버티는 하중의 감각이 느껴졌다면, 다시 하체의 긴장감과 하중을 풀어주면서 원래의 출발자세로 되돌아온다. 이때 하중을 가할 때는 물론이고 하중을 풀어줄 때도, 가능하면 업다운 동작을 이용하지 않고 일정한 하체각도를 유지하는 것이, 급격한 하중변화를 막고 부드럽게 하중을 가하고 풀어줄 수 있다.

물론 카빙도 느린 스피드에서는 어느 정도 업다운을 사용할 수도 있겠지만, 대부분의 카빙은 빠른 스피드에서 구사되므로, 업다운을 줄인 상태에서 버티는 하중을 부드럽게 가하고 빼는 것이 안전한 카빙의 지름길이다.

(1) 버티는 하중을 유지한다.

외력에 버티는 하중의 이미지를 갖는다.

카빙의 기본은 스키의 엣지를 세우고 하중을 가하여 스키가 휘어지게 만드는 것인데, 많은 하중을 가하는 것도 중요하지만 하중을 지속적으로 유지하는 것도 중요해진다. 이를 위해서는 업다운을 사용하기 보다는, 하체의 각도를 유지하면서 버티는 느낌으로 하중을 길게 걸어주는 것이 좋다.

카빙은 스키 전체에 고루 하중을 실어서 스키를 둥글게 휘게 하는 것이 중요하고, 이러한 스키의 휘어짐을 오래도록 유지하여야 보다 효과적인 카빙턴이 가능해진다. 이를 위해서는 업다운을 이용하여 순간적인 하중을 걸기 보다는, 원심력을 이용하여 하체를 버티며 외력에 대응하는 하중을 지속적으로 걸어주는 것이 필요하다.

그러므로 스키어의 내력으로 스키를 누른다는 느낌보다는, 외력에 버텨서 결과적으로 하중이 실려진다는 이미지가 필요해진다.

(2) 스윗스팟에 하중을 유지한다.

스키의 스윗스팟에 하중을 유지하는 이미지를 갖는다.

테니스나 골프에서는 스윗스팟이 있어서 그곳에 공이 맞았을 때 가장 강하고 멀리 나갈 수 있는데, 마찬가지로 스키에서도 스키를 가장 잘 컨트롤하고 하중이 잘 가해지는 스윗스팟(Sweet Spot)이 존재하게 마련이다.

스키에서는 부츠를 신는 곳 아래쪽에 보면 스키의 센터를 나타내는 표시가 된 곳이 보이는데, 바로 이곳이 스키의 스윗스팟이다. 이곳에 하중을 가하면 스키가 가장 잘 휘어질 수 있고, 이곳을 중심으로 스키를 컨트롤하면 스키가 가장 잘 움직이게 된다.

스키에 하중을 가할 때는 너무 앞쪽이나 뒤쪽이 아니라, 스윗스팟에 하중이 집중되도록 하중을 가하는 것이 기본인데, 카빙에서는 스키에 엣지를 세우고 하중을 가해서 결과적으로 스키가 회전하도록 만드는 간접적인 조작을 하므로, 탑테일 슬라이드에 비해서는 하중의 전후운동이 줄어들게 된다.

하지만 카빙숏턴과 같은 적극적인 조작이 필요할 때는 탑테일 슬라이드보다는 작지만 어느 정도 전후운동을 하는 것이 보다 원활한 회전을 할 수 있다.

(1) 신체의 외경이 지나친 경우

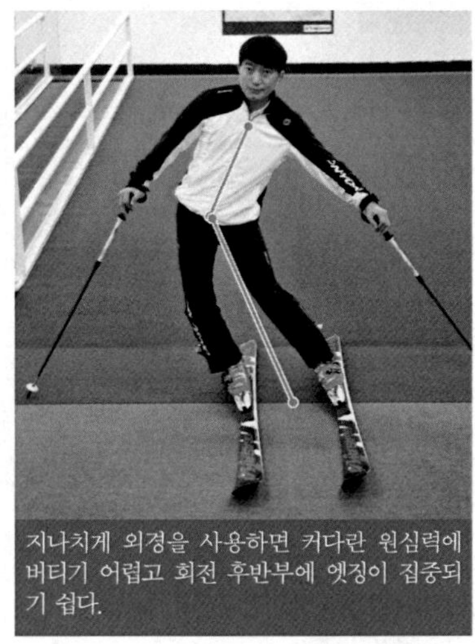
지나치게 외경을 사용하면 커다란 원심력에 버티기 어렵고 회전 후반부에 엣징이 집중되기 쉽다.

카빙턴은 빠른 스피드로 활주하게 되므로, 강한 원심력에 버틸 수 있는 자세를 만들어주는 것이 필요하다. 이러한 강한 외력에 버티기 위해서는 몸 전체가 하나의 봉처럼 회전의 안쪽으로 기울어지는 자세가 가장 이상적이라고 할 수 있다.

하지만 몸 전체를 일자로 유지하는 것은 밸런스를 유지하기에 상대적으로 불리하고, 재빠른 움직임에 대응하기도 어렵기 때문에, 적절한 외경을 섞어서 사용하는 것이 좋다. 하지만 외경의 비율은 내경에 비해서 작기 때문에, 전체적으로 내경을 중심으로 적절한 외경이 섞인 이미지가 된다.

카빙에서 외경의 비율이 지나치게 커지면 일단 원심력에 버티기 어려운 자세가 만들어지고, 특히 회전 후반부에 지나치게 바깥발에 하중이 걸려서 스키의 활주성이 감소될 수 있고, 신체에도 큰 부담이 될 수 있다.

(2) 지나친 업다운을 사용하는 경우

고속에서 지나치게 업다운을 사용하면 밸런스를 유지하기 어렵고, 압력변화가 심해져서 효율적인 카빙턴이 어렵게 된다.

카빙에서는 회전의 시작부터 마지막까지 꾸준하게 하중이 가해져서, 스키가 둥글게 휘어진 리버스캠버가 오랜 시간 동안 지속되어야 한다.

업다운에서는 하중이 일정하게 지속되기 보다는, 다운을 하면서 하중의 양이 증가하다가 다운이 끝나는 시점에 최대치가 되었다가 다시 감소하게 된다. 그러므로 비교적 일정하고 꾸준한 하중이 필요한 카빙에서 업다운은 저속회전에서만 활용하는 것이 좋다.

고속의 카빙에서 지나친 업다운을 사용하게 되면, 일단 중심이 아래위로 많이 움직여서 밸런스 유지에 마이너스 요인으로 작용하고, 또한 하중의 양이 일정하지 않으므로 스키의 휘어짐을 유지하기 어려워서, 보다 효과적인 회전이 어렵게 된다.

다만 고속의 카빙에서도 스키의 리바운드를 이용하여 회전의 약진감을 표현하고 싶을 때는, 업다운을 적절하게 활용하는 경우도 있다.

(1) 캠버와 리버스캠버

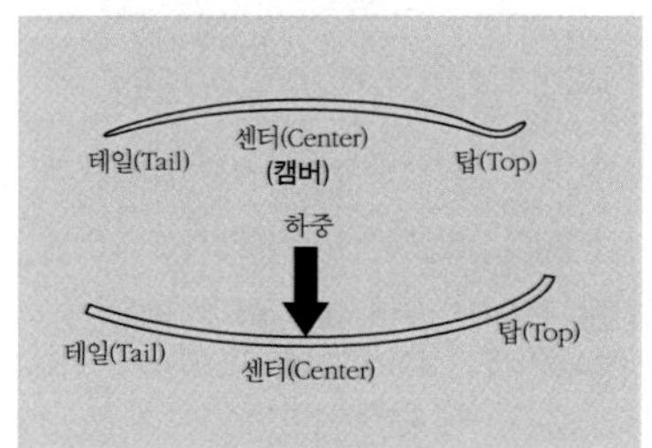

[리버스 캠버]

스키의 캠버는 스키어의 하중을 탑과 테일로 전달하는 역할을 하는데, 카빙턴에서는 캠버와는 반대방향으로 스키가 휘어지는 리버스캠버(Reverse Camber, 역캠버)를 만드는 것이 필요하다.

리버스캠버가 만들어지면 스키어가 가하는 하중이 스키의 탑과 테일로 효과적으로 분산되어서, 회전에서 스키가 설면을 파고드는 성향이 더욱 강해지게 되는데, 카빙에서는 스키의 엣지각도와 하중을 양을 조절하여, 스키탑의 파고듬을 조절(탑 컨트롤)하는 것이 컨트롤의 핵심이다.

다만 스키의 캠버가 지나치게 강하면, 회전의 전반부에 스키의 탑을 휘게 만들기가 부담스러워지고, 또한 회전의 마지막에도 스키 테일그립이 너무 강해져서, 오히려 스키가 산위로 말려 올라가는 성향이 강해지는 현상이 발생할 수 있다.

최근에는 이러한 카빙스키의 단점을 보완하고 보다 쉽고 경제적인 회전을 이끌어 내기 위하여, 스키의 탑과 테일이 조금 휘어져 있어서 부분적으로 리버스캠버가 미리 만들어진 락커(Rocker) 스키가 등장하여 서서히 세력을 확대하고 있다.

이러한 락커스키는 원래 프리스타일 스키나 백컨트리용 스키를 중심으로 사용되기 시작하였는데, 최근에는 인터스키는 물론이고 레이싱에서도 락커스키의 사용이 증가하고 있다.

(2) 카빙에서의 엣징감각

카빙턴의 엣징이미지

일반회전의 엣징감각

일반적인 탑테일 슬라이드의 회전에서는 스키를 회전시키기 위하여, 인엣지에 하중을 집중시키는 이미지를 가지고 하체를 회전 안쪽을 꺾어주며 회전을 하게 된다. 이는 스키어가 직접 스키를 회전시키는 조작을 많이 사용하기 때문에, 하체의 긴장감을 유지하면 보다 쉽게 스키를 피봇팅할 수 있기 때문이다.

여기에 비해서 카빙 회전에서는 스키의 휘어짐에 의해서 스키가 돌아가고, 스키어는 스키를 휘어지게 만드는 하중조작만을 하기 때문에, 하중이 인엣지에만 걸리는 것이 아니라 스키전체에 하중이 걸려서 회전이 이루어지는 감각을 가져야 한다.

발목을 지나치게 꺾지않고, 적절한 긴장감을 유지하여 발바닥 전체에 하중이 고루 실리는 이미지로 엣징을 한다.

이를 위해서는 하체의 긴장감을 많이 사용하여 회전안쪽으로 꺾기 보다는, 어깨부터 고관절, 무릎, 발목 등을 하나의 축으로 생각하여 일자로 유지하며 엣징을 하며, 이러한 축을 이용하여 스키의 각도를 컨트롤한다는 이미지를 가지는 것이 좋다.

또한 하체의 긴장감이 지나치게 커서 상하체가 꺾이게 되면, 강한 외력에 버틸 수 없어서 고속의 카빙에서는 하체의 근력이 많이 필요하게 되어 비효율적인 회전이 될 가능성이 있고, 신체의 일자축을 이용하여 엣징을 하면 몸 전체의 근력을 고루 사용하기 때문에, 비교적 적은 힘으로도 강한 외력에 버틸 수 있는 효율적인 회전이 가능하다.

다만, 이러한 신체의 일자축을 이용한 엣
징은 재빠른 리듬에 대응하기 어렵고, 신
체의 중심이동이 커지기 때문에 난사면
이나 리바운드가 커질 때는 자칫 위험한
경우가 생길 수 있으니 주의하며, 보다
부드럽고 신체동작과 정확한 스키조작을
익혀야 한다.

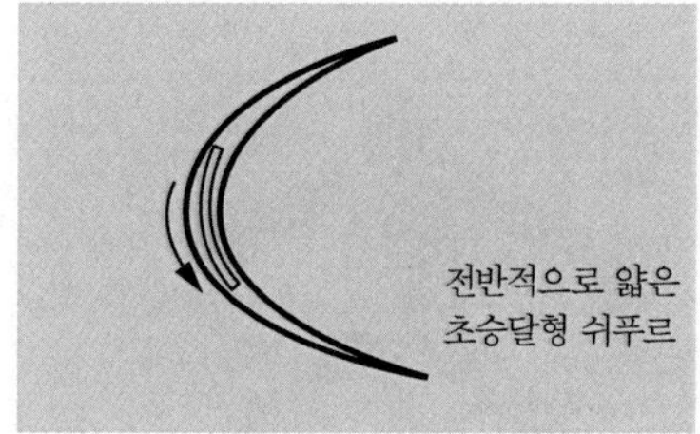

[카빙의 스킹 자국]

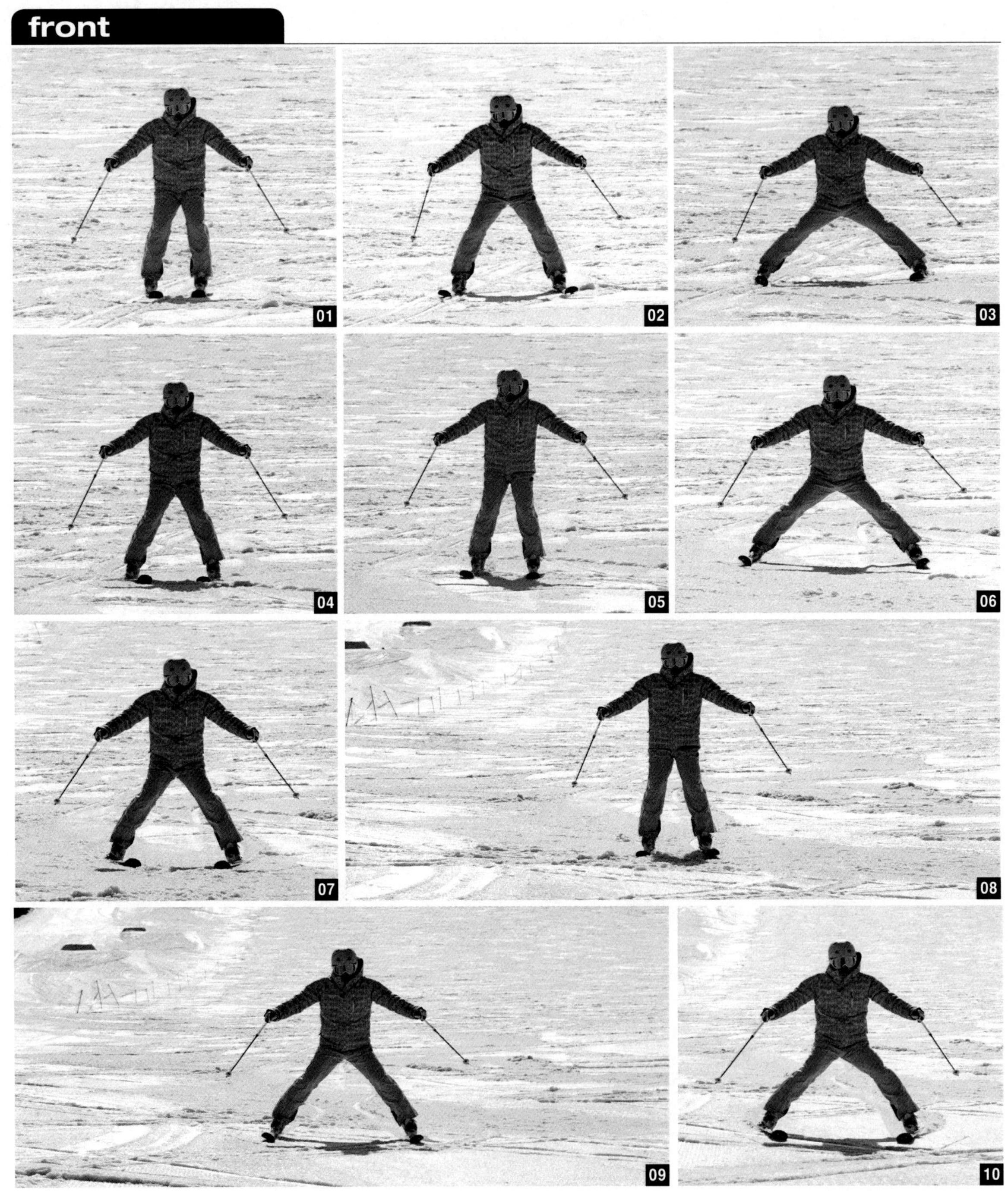

26 카빙 플루그보겐

카빙 플루그화렌에서 스키의 엣지를 세우고 하중을 가하여, 스키가 둥글게 휘어지며 설면에서 밀림이 없이 활주하는 카빙감각이 길러졌다면, 이제는 플루그보겐에서 스키를 회전시키며 본격적인 카빙턴의 토대를 마련하는 단계이다.

카빙 플루그 보겐은 여러가지 요소가 필요하게 되는데, 우선 몸의 중심을 회전의 안쪽으로 옮기고 엣지를 많이 세운 상태에서, 강한 하중을 가할 수 있는 자세가 우선적으로 만들어져야 한다. 이를 위해서는 깊은 내경각이 필요하게 되는데, 이것은 안쪽다리를 굽히고 바깥쪽 다리를 펴서 몸전체를 회전의 안쪽으로 기울이는 동작으로 만들어지게 된다.

이렇게 만들어진 깊은 내경각은 회전이 끝나면 다시 중립자세로 되돌아오고, 다음 회전의 안쪽으로 몸이 기울어져서 반대쪽 내경각을 만들게 되는데, 이는 양다리를 교대로 구부리거나 뻗어주는 동작에 의해서 만들어지게 된다.

카빙 플루그보겐에서는 스키어가 스스로 하중을 가하는 것보다는, 회전자세를 만들고 원심력에 의해서 버티는 하중을 걸어주는 것이 중요하다. 물론 회전의 전반부에서는 회전을 시작하기 위한 최소 하중을 스키어가 가해야 하지만, 본격적인 회전이 시작되면 스키어 자신이 내력으로 스키를 누른다는 느낌보다는, 회전에서 발생하는 외력에 버티며 꾸준하게 스키의 휘어짐을 유지하는 의식이 중요해진다.

카빙에서는 스키어가 회전에 필요한 하중이나 엣지각도 등의 필수요소를 만들어주고, 스키가 휘어짐에 따라서 결과적으로 회전을 만들어내게 되는데, 이때 스키의 탑이 보다 원활하게 설면을 파고들며 회전하기 위해서는, 하중의 방향을 회전의 안쪽으로 유지해야 한다. 이를 위해서는 상체의 방향을 회전이 안쪽으로 유지하는 내향(內向)자세가 필요하게 된다.

이러한 내향자세는 특히 회전의 전반부에 회전을 이끌어내기 위하여 커지게 되는데, 회전의 후반부에는 상체의 방향이 되돌아오게 되므로 조금 줄어들게 된다. 카빙에서는 내경자세와 내향자세가 합쳐져서 내향경(內向傾)자세를 유지하며 회전하게 된다.

어느 정도 경사가 있는 완중사면에서 출발하여 안쪽다리를 구부리고 바깥쪽 다리를 펴면서 상체를 회전의 안쪽으로 기울이기 시작한다. 이때 바깥발은 회전에서 발생하는 외력에 버티기 위하여 발목과 무릎과 고관절을 긴장시키고, 발바닥에서 엄지 발가락쪽을 내려주고 새끼 발가락쪽을 들어주어서, 엄지발가락 아래의 모지구부터 뒤꿈치까지 발바닥 안쪽을 중심으로 발바닥 전체에 하중이 걸리도록 한다.

이때 상체의 방향도 회전의 안쪽으로 돌려서 하중방향을 회전의 안쪽으로 향하게 하여, 스키의 탑이 보다 쉽고 빠르게 설면을 파고들며 회전을 시작하도록 만들어준다.

스키에 최소하중을 걸어서 스키가 회전하기 시작하면 상체의 내경각을 더욱 깊게 만들어주고, 회전시 발생하는 외력에 대응하며 버티는 하중을 걸어주어서, 스키의 휘어짐을 유지하며 지속적으로 회전하도록 만들어준다.

회전이 마무리되면 기울어졌던 상체를 다시 가운데로 되돌리며 중립자세를 만들어주는데, 이때는 업다운을 이용하기보다는 상체의 높이를 그대로 유지하면서, 양다리를 굽히고 펴면서 중립자세로 되돌아오는데, 회전에서 상체를 기울이거나 세우는 동작에서는 상체의 움직임에 맞도록 정확하게 양다리를 교대로 움직이는 것이 중요하다.

회전의 후반부에는 안쪽으로 향했던 상체의 방향도 스키의 진행방향으로 돌아와서 정향자세가 만들어지면서 중립자세로 되돌아오고, 다시 다음 회전을 시작할 때는 다시 상체를 회전의 안쪽으로 돌려주며 내향자세를 만들게 된다.

상태로 회전자세가 만들어지면, 안쪽어깨부터 바깥발까지 이어지는 파워라인이 만들어져서, 보다 외력에 잘 버티면서도 안정감이 높은 회전을 할 수 있다.

히 안쪽발의 선행이 중요해진다. 이렇게 카빙에서 안쪽발이 먼저 움직이며 적극적으로 회전을 이끌어내는 것을 내측주도(內側主導)라고 한다.

(1) 파워라인을 의식한다.

안쪽어깨부터 바깥쪽 발까지의 파워라인을 의식한다.

카빙에서는 빠른 스피드에 의해 높은 원심력이 발생하고 스키어는 이러한 큰 외력에 버틸 수 있는 자세를 만드는 것이 중요하다. 이를 위해서는 몸전체를 하나의 봉처럼 의식하여, 회전안쪽의 어깨부터 바깥발까지 이어지는 하중선인 파워라인(Power Line)을 만드는 것이 필요하다.

카빙은 기본적으로 몸을 회전의 안쪽으로 기울여주는 내경자세가 중요하지만, 실제의 회전에서는 바깥발 하중과 신체의 안정감을 유지하기 위해서 적절한 외경을 내경과 섞어서 사용하게 된다. 이렇게 내경을 중심으로 약간의 외경이 섞인

(2) 안쪽발의 움직임을 의식한다.

안쪽발을 움직여서 중심을 안쪽으로 이동시킨다

카빙에서는 깊은 내경각을 유지하며 빠른 스피드로 활주하게 되는데, 이는 위해서는 안쪽발의 적극적인 움직임이 필요해진다. 물론 탑테일 슬라이드도 안쪽발이 중요하긴 하지만, 탑테일 슬라이드의 패러렐턴이나 숏턴은 양발이 동시에 움직여서 양발의 일체감을 중요시하는 정도였다.

하지만 카빙에서는 양발이 구부려지고 펴지는 각기 다른 움직임을 하게 되고, 또한 안쪽발이 구부려지며 몸의 중심을 회전의 안쪽으로 이동시켜야, 바깥발을 뻗어주며 회전을 시작할 수 있기 때문에 특

회전시 뻗어졌던 바깥발은 다음 회전에서는 안쪽발이 되는데, 회전의 마무리에서 미리 바깥발을 구부려주며 중심을 서서히 원래의 위치로 이동시키고, 다음 회전의 시작에서 더욱 안쪽발을 구부려주어, 바깥발을 펼 수 있게 만들어주는 안쪽발의 움직임을 의식하도록 한다.

(3) 스키가 스스로 회전할 때까지 기다린다.

스키가 스스로 회전할 때까지 기다린다.

카빙을 처음 시도하는 중상급 스키어들 대부분이 내경자세를 만들어 놓고도, 스키가 휘어져서 돌아갈 때까지 참지 못하고 스스로 발뒤꿈치를 돌려서 스키를 밀어버리고 마는 경우가 많다. 카빙에서 스

키어는 회전의 필요조건을 만들어주고, 스키가 스스로 돌아갈 때까지 기다리는 간접적인 회전이라고 할 수 있다.

이를 위해서는 우선 비교적 빠른 스피드가 필요한데, 스피드가 빠를수록 스키가 휘어지기 쉬워서 카빙을 시작하기가 수월하다. 또한 단순하게 안쪽발을 구부리고 바깥발을 펴주는 것뿐만 아니라 하체의 긴장감을 유지하여 스키어가 가하는 하중이 스키의 인엣지에 집중되도록 하는데, 부츠안에서 엄지발가락을 내려주고 새끼발가락을 올려서 발바닥의 하중선을 만드는 의식을 갖도록 한다.

카빙이 어려운 이유는 하체의 긴장감이 유지되지 않고, 자기도 모르게 하체를 비틀어 피봇팅을 해버려서, 스키가 설면을 파고들지 못하고 옆으로 밀려버리기 때문이다. 카빙턴에서는 회전에 필요한 조건을 만들어주고, 스키가 스스로 회전을 시작할 때까지 기다려줄 수 있는 여유가 필요하다.

(4) 골반의 움직임을 의식한다.

카빙에서 안쪽발을 구부리고 바깥발을 펴면서 회전에 들어갈때는, 상체를 회전방향으로 돌려주면서 내향자세를 만드는

것이 필요한데, 일단 내향자세가 만들어져서 회전이 시작되면 골반을 회전방향으로 돌려주면서 스키가 보다 잘 회전될 수 있도록 적극적으로 유도한다.

골반의 움직임으로 회전호를 적극적으로 컨트롤한다.

카빙은 탑테일 슬라이드에 비해서 스키어의 조작이 줄어드는 간접적인 회전이지만, 골반을 적극적으로 돌려서 보다 능동적인 회전을 이끌어 내는 것이 중요하고, 특히 회전호가 깊어질수록 골반의 회전이 중요해진다.

이때의 움직임은 마치 컴파스의 움직임과도 비슷한데, 컴파스가 한쪽다리를 중심으로 바깥다리가 회전하듯이, 회전의 안쪽스키를 중심으로 골반을 돌리며 바깥스키를 회전시키는 동작을 하면 보다 능동적으로 카빙턴을 컨트롤할 수 있다.

(1)외경자세가 지나친 경우

카빙에서 외경이 지나치면 하체의 근력만으로 외력에 버텨야 하므로, 체력소모와 신체의 부담이 커지게 된다.

카빙스키가 등장한 이래, 스키기술은 발전을 거듭하여, 최근에는 외경자세의 중요성이 상대적으로 감소하고 내경자세이 중요성이 높아지기는 했지만, 바깥발에 하중을 주기 쉽고 상체의 안정감을 높일 수 있는 외경자세는 여전히 중요한 기술요소라고 할 수 있다.

하지만 카빙에서 이러한 외경자세가 지나치면, 상체가 회전의 바깥쪽으로 지나치게 꺾여서 오히려 원심력에 대응하기 어

려워지고, 또한 몸전체로 외력에 버티는 것이 아니라 하체의 근력만으로 외력에 버텨야 하므로 상대적으로 체력소모가 많아지고 많은 근력이 필요하게 된다.

카빙에서는 내경을 위주로 자세를 만들고 자연스러운 외경이 합쳐져야, 비로소 정확한 파워라인이 형성되어 효율성 높은 회전이 가능하다.

(2) 내도자세가 만들어진 경우

내경의 의식이 지나치면 신체가 안쪽으로 꺾이는 내도자세가 나오므로 주의한다.

내도(內倒)자세란 회전의 안쪽으로 상체를 기울이는 의식이 지나쳐서, 오히려 상체가 안쪽으로 넘어간 자세를 말하는데, 이러한 내도자세가 만들어지면 상체의 파워라인이 망가져서 강한 외력에 대

응할 수 없음은 물론이고, 자칫 안쪽발에 지나치게 하중이 걸려서 회전시 아웃엣지가 걸려서 넘어지는 것을 초래할 수도 있다.

많은 스키어들이 카빙턴은 내경만으로 회전한다고 생각하는데, 실제로 내경만으로 회전할 수 있는 조건은 지극히 한정적이고, 대부분 내경과 외경을 적절하게 섞어서 사용하게 된다. 다만 활주 스피드가 빨라질수록 외형적으로는 내경이 비율이 높아지는 것은 사실이다.

카빙에서는 파워라인을 항상 의식하여, 몸이 안쪽으로 꺾이지 않은 상태에서 카빙에 필요한 엣지각도와 파워라인을 잘 만들도록 한다.

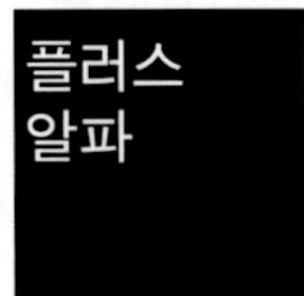

플러스 알파

(1) 고저차

카빙턴은 스키어가 스키를 적극적으로 돌려주기 보다는, 스키가 회전할 수 있는 각도와 하중을 만들어서 스키 스스로 회

전하도록 유도하는 요소가 크다. 또한 최근에는 스스로 하중을 가한다기 보다는, 원심력에 의한 외력으로 스키에 하중이 저절로 가해지고, 스키어는 외력에 버티는 힘만을 가하는 것이 시도되고 있다.

고저차(양스키의 높이차)를 잘 조절한다.

카빙에서는 회전의 3요소중 선회(피봇팅)나 하중의 중요성이 줄어들어서, 결과적으로 각도(Angle)의 컨트롤이 더욱 중요해진다. 이렇게 각도를 잘 컨트롤 하기 위해서는 신체의 내경각과 스키의 엣지각을 잘 조절해야 한다. 특히 신체의 내경각을 효과적으로 만들기 위해서는 양스키가 놓여진 높이의 차이인 고저차(高低差)를 잘 조절하여야 한다.

특히 최근에는 중력을 이용하여 자연스러운 낙하를 추구하는 회전이 시도되고 있는데, 이를 위해서는 회전전반부터 깊은 내경각을 만들어야 한다. 이렇게 깊은 내경각을 만들기 위해서는 양스키의 고저차를 잘 조절하여야 하는데, 특히 회전

전반에 안쪽발을 구부리는 적극적인 내측주도의 이미지가 있어야 깊은 내경각을만들 수 있다.

또한 회전후반에는 지나치게 깊은 회전을 하여 스키가 산 위쪽으로 올라가지 않도록, 다음 회전의 방향으로 몸을 되돌리며 내경각을 풀어주는 동작이 필요한데, 이때는 바깥발을 구부리면서 고저차를 조절하며 중립자세를 통과하여 다음 회전에 진입하여야 한다.

카빙에서는 탑테일 슬라이드에 비해서 스탠스가 넓어지므로 기본적인 스키의 고저차가 커지고, 또한 스키를 돌리는 조작보다는 스키의 각도를 조절하며 적극적인 낙하를 추구하기 때문에, 이러한 내경을 조절하는 열쇠인 고저차는 더욱 중요하다.

또한 테일 슬라이드나 탑테일 슬라이드에서는 "스키를 돌리기 위해서 중심이동을 하는 이미지" 였다면, 카빙에서는 "중심이동에 의해서 스키가 회전하는 이미지" 가 필요해진다. 이러한 중심이동으로 스키를 회전시키는 이미지는 카빙기술에서 생겨났지만 최근에는 스키딩에서도 적극적으로 사용되며, 현대 인터스키기술의 새로운 트렌드가 되어가고 있다.

(2)중심축과 이축

신체의 중심을 하나의 축이 통과하여, 봉처럼 회전하는 이미지

스키는 신체의 움직임을 이용하여 하중을 가하며 컨트롤을 하며 회전하는 스포츠인데, 보다 효과적인 회전을 위해서는 신체의 축을 효율적으로 사용해야 한다.

스키에서 사용되는 신체축의 개념은 크게 두 가지가 있는데, 하나는 신체의 중심을 하나의 축이 지나가고 이 축을 중심으로 몸전체를 동시에 돌려주는 "중심축" 이고, 다른 하나는 신체의 바깥쪽에 두개의 축을 가정하여 하나의 축을 중심으로 다른 축을 크게 돌려주는 "이축"의 개념이다.

중심축은 주로 정통적인 회전에서 나타나는 신체축으로, 머리부터 양발의 가운데까지 하나의 축이 신체의 중심이 지나가는 이미지로서, 주로 컨트롤계의 회전인 패러렐턴이나 숏턴에서 많이 사용된다.

이축은 최근에 제안되는 새로운 신체축으로서, 몸의 바깥쪽에 있는 양 어깨부터 양 고관절을 거쳐 양 발끝까지를 두개의 축으로 설정하는데, 주로 스피드계의 카빙롱턴이나 카빙숏턴 등에서 많이 사용된다.

신체의 바깥쪽을 두개의 축이 통과하여, 컴파스처럼 회전하는 이미지

이러한 축의 개념에 따라서 신체의 사용법이 각각 달라지는데, 중심축에서는 신체를 하나의 봉처럼 생각하여 몸 전체가 회전하는 이미지이고, 이축에서는 신체를 하나의 컴파스처럼 생각하여 안쪽축을 기준으로 바깥쪽축을 돌려주는 이미지로 회전한다.

27

카빙 플루그턴

Carving Pflug Turn

플루그보겐에서 어느 정도 카빙턴의 기초를 다졌다면, 이제는 패러렐 스탠스의 카빙롱턴으로 발전하기 위하여 플루그턴을 시도하여 본다.

플루그턴(Pflug Turn)이란 슈템턴과 마찬가지로 플루그보겐과 패러렐턴 사이에 위치한 과도기적인 기술로서, 플루그 스탠스로 출발하여 회전을 하면서 안쪽발의 엣지를 교환하며 패러렐 스탠스로 회전을 마무리하는 기술이다. 슈템턴과 플루그턴이 다른 점은 슈템턴이 안쪽발을 설면에서 떼면서 스키의 테일을 붙이는 회전이라면, 플루그턴은 안쪽발에 설면에 붙인 상태에서 안쪽스키의 탑과 테일을 동시에 돌려서 패러렐 스탠스를 만들어주는 기술이다.

카빙에서는 깊은 내경각을 유지하는 것이 필수인데, 슈템턴처럼 안쪽발을 설면에서 떼게 되면, 상체가 회전의 바깥으로 기울어져야 하므로, 내경각이 줄어들고 지나친 외경이 나올 수 있다. 그러므로 카빙에서는 깊은 내경각을 유지하기 위해서 안쪽발을 설면에서 떼지 않은 상태에서, 안쪽발을 적극적으로 조작하여 스키의 탑과 테일을 동시에 돌려주며 회전하는 플루그턴을 연습하는 것을 권하고 싶다.

회전을 하면서 내경각을 유지한 채 안쪽발을 움직이기 위해서는 기본적으로 빠른 스피드가 필요하며 섬세하고 유연한 안쪽발의 조작이 중요한데, 우선 탑테일 슬라이드에서 스키의 탑과 테일을 움직이는 연습이 충분히 되어있어야 한다.

카빙 플루그턴에서도 안쪽발의 움직임 자체는 스키의 탑과 테일이 동시에 움직이는 탑테일 슬라이드의 조작을 사용하게 되지만, 실제로 스키는 옆으로 밀리지 않는 카빙의 움직임에 가까운 회전의 이미지를 가지는 것이 좋다. 특히 스피드가 빨라질수록 스키의 카빙순도는 더욱 높아지는데, 결과적으로는 안쪽발이 움직이는 타이밍도 빨라지게 되어 자연스럽게 카빙 패러렐턴으로 발전할 수 있게 된다.

비교적 경사가 있는 중사면 이상을 선택하여 스피드를 붙여서 출발한다. 플루그 스탠스에서 안쪽발을 구부려주고 바깥발을 펴주며 신체의 중심을 안쪽으로 이동하고, 신체를 회전안쪽으로 기울이며 돌리는 내향경 자세에 의한 엣지각과 파워라인을 만들어서 스키의 휘어짐을 유도한다.

스키가 하중을 받아서 회전을 시작하면 원심력에 의하여 바깥발에 하중을 유지한 상태에서, 서서히 안쪽발의 발목, 무릎, 고관절을 비틀며 스키의 탑과 테일을 동시에 돌려줘서, 플루그에서 패러렐 스탠스로 변화시킨다.

플루그턴에서는 회전을 시작할 때 안쪽발을 선행하며 회전에 들어가지만, 회전 중반부부터 바깥발의 움직임에 맞춰서 안쪽발의 스탠스를 변화시켜야 하므로, 양발이 정확하게 연동되어 움직이는 것이 중요하다.

회전이 마무리되면 다시 바깥발을 구부리며 플루그의 중립자세로 되돌아오는데, 신체의 중심도 스키 위로 돌아오고 신체의 방향도 정면으로 향해야, 다음 회전의 깊은 내경각과 내향자세를 만들기가 수월해진다. 카빙에서는 중심을 적극적으로 다음 회전의 안쪽으로 이동시키는 것이 필요하므로, 탑테일 슬라이드에 비해서 중립자세를 유지하는 시간이 짧아지게 된다.

중립자세를 지나서는 다시 안쪽발을 구부리고 바깥발을 펴주며 중심을 적극적으로 안쪽으로 이동시켜서 다음 회전에 들어간다.

(1) 허벅지를 비틀어주는 의식을 가진다.

허벅지를 비틀어주는 의식으로 안쪽스키를 적극적으로 돌려준다.

회전을 하면서 스키를 설면에서 떼지 않고 스탠스를 변화시키기 위해서는, 기본적으로 탑테일 슬라이드 기술이 숙련되어 있어야 하는데, 플루그턴에서는 스키의 테일보다 탑을 많이 움직이는 조작을 구사해야, 적극적인 안쪽발의 움직임이 가능해진다.

이러한 안쪽발의 움직임을 위해서는 하체전체를 모두 잘 움직여야 하는데, 처음에는 각 관절의 움직임들을 모두 의식해야 조작이 가능하지만, 점차 익숙해지면 허벅지를 회전의 안쪽으로 비틀어주는 의식만으로도 하체전체가 함께 움직이며 스탠스의 변화를 일으킬 수 있다.

이러한 허벅지를 구부리면서 비틀어서 스키의 탑을 적극적으로 움직이는 조작은, 특히 카빙턴에서 필요한 내측주도의 감각을 익히는데 필수적인 요소이므로 잘 익혀두도록 한다.

(2) 안쪽 스키의 탑의 움직임을 의식한다.

안쪽스키의 탑을 적극적으로 움직이는 의식을 갖는다.

처음 카빙으로 플루그턴을 할 때 어렵게 느껴질 수 있는 것 중 하나가 바로 안쪽 스키를 탑을 적극적으로 움직이는 것이다. 즉 카빙턴의 내측주도의 이미지를 만들기 위해서는 안쪽스키의 탑이 테일보다 적극적으로 움직여야 하는데, 실제로는 안쪽스키의 테일만이 모아져서 슈템턴이 되어버리는 경우가 많다.

이것은 일반적인 탑테일의 패러렐턴이나 숏턴을 할 때, 특히 전경이 심해서 뒤꿈치만이 움직이며 스키의 테일만이 밀리던 버릇이 카빙에서도 그대로 나오는 것이다. 플루그턴에서 테일이 움직이는 슈템턴의 움직이는 조작을 하면, 내측주도의 이미지가 저하되어 적극적인 중심이동이 어려워지게 된다.

카빙턴에서는 회전호가 깊어질수록 안쪽스키를 잘 활용해야 하는데, 이를 위해서는 안쪽스키의 탑과 테일이 동시에 움직이는 숙련된 조작이 필요한데, 특히 탑이 테일보다 많이 움직이는 탑테일 슬라이드의 조작이 중요하다. 이를 위해서는 탑테일 회전에서 충분히 안쪽 스키를 돌려주는 연습을 하는 것이 중요하다. 또한 이러한 조작에 맞는 안쪽 고관절의 유연성도 기본이다.

(1) 플루그턴이 슈템턴이 되어버리는 경우

안쪽스키의 테일만을 움직이면 슈템턴의 형태가 되어버리므로 주의한다.

플루그턴에서 안쪽스키를 설면에 붙인 상태에서 탑을 적극적으로 움직이며, 카빙턴을 하는 것은 의외로 난이도가 높은 기술이다.

특히 카빙턴이 익숙하지 않은 스키어의 경우는 안쪽발을 움직이기 위해서, 스키를 설면에서 떼면서 내경각이 약해지는 경우도 있고, 안쪽발의 탑과 테일이 동시에 움직이지 않고 스키의 테일만을 바깥쪽 스키에 붙이는 슈템턴이 되어버리는 경우도 있다.

이처럼 슈템턴이 되어버리면 카빙턴에 필요한 내경각을 유지하기가 어려워지는 것은 물론이고, 스키의 테일을 밀어버리는 조작이 몸에 배어버려서 카빙회전을 하는데 치명적인 방해가 되는 경우가 생기게 된다.

카빙턴을 위해서는 내향경자세과 신체의 축에 의한 파워라인과 원심력에 의한 하중이 중요하므로, 정확한 자세를 만든 상태에서 확실한 플루그턴을 반복해서 연습한다.

(1) 내측주도와 외측종동

이축운동을 중심으로 카빙턴을 하다보면, 자연스럽게 안쪽발이 먼저 움직이며 회전을 이끌어가는 내측주도(內側主導=내각주도)와 안쪽발에 이어서 실제로 바깥발에 의해서 회전이 일어나는 외측종동(外側從働 =외각종동) 현상이 일어나게 된다.

앞발로는 밸런스를 잡고,
뒷발로는 추진력을 만드는
이축의 이미지

이러한 이축운동에 의거한 내측주도와

외측종동은 네발 달린 동물의 움직임을 스키의 회전에 적용한 것이라 할 수 있다. 즉 동물들은 빠른 속도로 달린 때, 앞발들과 뒷발들이 역할이 다르게 되는데, 앞발들은 주로 밸런스를 잡는 역할을 하게 되고, 뒷발들은 추진력을 만들어내는 역할을 하게 된다.

한발로 밸런스와 추진력을 동시에 얻어야 하는
중심축의 이미지

이와는 반대로 인간은 두발로 뛰기 때문에, 하나의 발로 밸런스를 잡으면서 동시에 추진력을 만들게 되므로, 네발 달린 동물들에 비해서 밸런스를 잡기도 어렵고 빠른 속도로 뛰기도 어렵게 된다.

회전중에서의 내측주도는 회전에 들어가면서 안쪽발을 먼저 움직이며 밸런스를 잡게 되고, 바깥발이 움직이며 하중을 받아들이고 실제로 회전을 하게 된다. 이렇게 안쪽발과 바깥발은 다른 역할을 하게 되지만, 마치 채찍을 휘두를 때처럼 안쪽발이 손잡이가 되고 바깥발이 채찍이 되어 유기적으로 긴밀하게 움직여야 한다.

채찍을 휘두를 때 손잡이가 먼저 움직이고 나중에 채찍이 움직이듯이, 회전에서 안쪽발이 먼저 움직이고 이어서 바깥발이 약간의 시간차를 두고 안쪽발을 따라서 즉시 움직이게 되는 이미지이다. 여기에 덧붙여 채찍의 끝에 해머가 달려있다면 손잡이의 움직임에 의해서 채찍의 끝은 큰 힘을 가지고 움직이게 된다. 마찬가지로 안쪽발은 먼저 움직이며 밸런스를 잡아주고 회전의 계기를 만들어내지만, 바깥발은 실제로 큰 힘을 받아들이며 회전의 추진력을 만드는 역할을 하게 된다.

이러한 내측주도와 외측종동은 스피드가 느린 경우에는 둘 사이의 시간차가 크지만, 스피드가 빨라질수록 둘 사이의 시간차가 작아지게 되므로, 빠른 스피드에서는 안쪽이 움직이자마자 바로 바깥쪽이 따라 움직이는 형태로 카빙이 이루어지게 된다. 그러므로 실제의 고속 카빙턴에서는 회전의 시작부에 안쪽발로 밸런스를 잡고 회전을 시작하자마자 즉시 바깥발로 하중을 받아들이게 된다.

28

카빙 패러렐턴 (카빙 롱턴)

Carving Parallel Turn
(Carving Long Turn)

카빙의 플루그보겐과 플루그턴에서 바깥발의 카빙감각과 안쪽발의 조작감이 익숙해졌다면, 이제는 실제로 "카빙롱턴" 이라고 불리는 카빙패러렐턴에 도전하여 보자.

카빙롱턴은 스키기술 중에서 가장 빠른 스피드로 활주하는 기술이므로, 항상 안전에 유의하여야 하며 반드시 헬멧등의 보호장구를 착용하고 연습하도록 한다.

카빙롱턴에서는 양발의 스탠스를 허리넓이보다 넓은 와이드 스탠스를 취하게 되는데, 와이드 스탠스는 강한 외력에 버티기도 유리하고, 밸런스를 잡기도 편하며 깊은 내경각을 유지하기도 쉬워진다. 다만 지나치게 스탠스가 넓어지면 오히려 안쪽발의 조작이 어려워지고 안쪽발을 활용하여 내경자세를 유지하기도 어려워지므로 주의한다.

카빙롱턴에서는 플루그보겐이나 플루그턴보다 더욱 빠른 스피드에서 깊은 내경각을 유지하며 카빙을 하게 되고, 스피드가 빨라진 만큼 외력도 강해지게 되어서 기본적으로 강한 근력이 필요하게 된다. 또한 스키의 휘어짐에 의한 반발력도 커지기 때문에, 스피드가 빨라질수록 부드러운 스키조작과 여유로운 신체동작이 필요하게 된다.

특히 신체의 내경각이 깊어지는 만큼 회전의 전반부부터 후반부까지 양스키의 고저차(高低差)가 많이 발생하게 된다. 즉 회전의 전반부에는 안쪽스키가 낮고 바깥쪽 스키가 높은 위치에 위치하지만, 회전의 후반부에는 바깥쪽스키가 낮고 안쪽스키가 높은 위치에 있게 된다. 그러므로 회전을 하면서 신체의 기울임을 만들거나 풀어주는 동시에 양발을 구부리거나 펴면서 양발의 고저차를 잘 조절하는 것이 중요해진다.

고저차를 조절하면서 부드럽게 회전에 들어가기 위해서는 특히 안쪽발을 잘 사용하는 것이 중요한데, 회전에 들어가면서 안쪽발을 구부리면서 적극적으로 신체를 회전의 안쪽으로 기울여주고, 회전을 마무리할때는 바깥발을 구부리면서 기울어졌던 신체를 되돌리며 바깥발의 엣지와 하중을 적절하게 풀어주면, 보다 빠르고 부드럽게 다음 회전에 대비할 수 있다.

상체의 방향은 내향을 유지하는 것이 기본이지만, 회전의 마지막까지 내향만을 고집하게 되면, 스키가 지나치게 산 위쪽으로 말려 올라가서 회전의 낙차를 만들기도 어렵고, 다음 회전에 부드럽게 들어가는 것도 힘들게 된다. 회전 후반부에서는 회전의 목적에 따라서 적당하게 상체의 방향을 정향으로 되돌아오게 하거나, 짧은 회전을 위해서는 오히려 적절한 외향을 사용하면 보다 다양한 카빙롱턴을 구사할 수 있다.

카빙에서는 안쪽발이 주도가 되어서 회전을 시작하는 내각주도(內脚主導)를 해주고, 이어서 바깥발에 실제로 하중이 실려서 회전을 하는 외각종동(外側從働)의 이미지를 가지면, 회전 전반부터 깊은 내경각을 유지하면서 중력을 잘 활용하고 근력의 소모를 줄이는 효율적인 회전이 가능하다.

카빙턴에서는 중심이동의 범위가 커지기 때문에 양팔과 양폴을 넓게 잡는 것이 유리한데, 탑테일 슬라이드에 비해서 스키 자체를 조작하는 요소는 줄어들고, 중심이동에 의하여 회전을 하는 요소가 커지므로 폴체킹의 중요성은 상대적으로 낮아지게 된다.

그러므로 본인의 필요에 따라서 폴체킹의 사용유무를 선택할 수 있는데, 폴을 찍을 때는 사면에 비스듬하게 가볍게 찍어서 스키의 움직임에 방해가 되지 않도록 하며, 고속의 카빙롱턴에서는 오히려 폴을 찍지 않고 양폴로 밸런스만을 유지하는 것이 더욱 효과적일 경우도 있다.

비교적 경사가 있는 중급사면을 선택하여 스피드를 충분히 받은 상태에서 회전을 시도한다. 회전을 시작하기 위해서 회전의 안쪽발을 구부리고 바깥발을 펴주면서, 신체를 회전의 안쪽으로 기울이며 돌려주는 내향경 자세를 취하며 적극적으로 회전을 이끌어낸다.

이때 회전에 들어가면서 폴을 찍어주게 된다. 폴체킹은 회전에서 빠져나오며 준비하였다가 중립자세가 되었을 때 가볍게 찍어주며 다음 회전에 들어가게 되는데, 스피드가 빠른 고속의 카빙롱턴에서는 폴체킹을 생략할 수도 있다.

스키가 휘어지면서 카빙턴에 들어가게 되면 중력과 원심력에 의하여 강한 외력이 발생하게 되는데, 카빙에서의 하중은 이 외력에 맞도록 적절하게 버티는 하중을 걸어주는 것이 기본이며, 이를 위해서는 하중이 주로 걸리는 바깥발을 굽히거나 펴지 않고, 일정한 길이를 유지하는 이미지가 필요하게 된다.

다만 활주스피드가 느린 경우에는 회전에 필요한 외력이 부족하므로, 적당하게 업다운을 하면서 부족한 외력을 내력으로서 보충하면서 회전할 수도 있고, 오히려 활주스피드가 너무 빠른 경우에는 외력이 지나치게 커지므로, 회전의 마무리에서 하체를 구부려주는 벤딩동작으로 불필요한 외력을 흡수하면서 활주하기도 한다.

회전의 중반부를 넘어서게 되면 스키는 산 위쪽을 향하여 거슬러 올라가는 산돌기 구간에 진입하게 되는데, 이때는 회전 전반부에 만들었던 깊은 내경각을 유지하기 보다는, 다음 회전을 위하여 내경각을 줄이며 신체를 일으키는 것이, 낙하력을 활용도가 높아져서 회전의 낙차를 유지하기 쉽고, 보다 자연스럽고 효율적인 카빙을 위한 열쇠가 된다.

하나의 회전이 마무리되면 기울어졌던 신체가 완전히 일어나면서 다음 회전을 위한 폴체킹을 준비하면서 중립자세로 되돌아오게 되는데, 빠른 스피드의 카빙턴이라도 중립자세를 확실하게 거쳐서 다음 회전에 들어간다는 의식이 있어야 보다 안전하고 완성도 높은 카빙을 할 수 있다.

(1) 정확한 중립자세를 의식한다.

정확한 중립자세를 의식한다.

카빙롱턴에서는 일반적인 패러렐턴보다는 중립자세의 의식을 현저하게 짧아지게 된다. 특히 스피드가 빨라질수록 중립자세는 더욱 짧아지게 되어서, 결과적으로 중립자세는 회전과 회전사이에서 지나치는 짧은 통과점이 되어버리게 된다.

이렇게 빠른 스피드로 활주하다 보면, 어느 순간부터는 중립자세에 대한 의식이 없이 회전과 회전만을 의식하며 활주하는 경우가 많지만, 오히려 스피드가 빨라질수록 중립자세를 정확하게 의식하는 것이, 다음 회전에서의 정확한 자세를 만들고 확실한 하중을 위한 기초가 된다.

회전을 마치면 상체를 일으켜 내경각을 줄이며 중립자세로 되돌아오게 되는데, 양스키가 설면에 평평해지면서 플랫(Flat)한 상태를 느끼는 것이 중요하다. 이때 일반적인 경우에는 업다운 없이 상체의 중심위치가 높아지면서 중립자세로 되돌아오지만, 스피드가 빨라지면 외력이 최대화되므로 바깥발을 구부리는 벤딩동작을 사용하여 중심을 낮게 유지하며 불필요한 외력을 줄이면, 보다 안전하고 정확하게 중립자세로 되돌아올 수 있다.

(2) S자 라인의 회전호를 의식한다.

회전중반부터 다음회전의 중반까지 S자 라인을 의식한다.

카빙에서도 보다 가속감과 스피드감을 높이기 위해서는 알파벳 "S" 자 모양의 회전호를 의식하여햐 하는데, 특히 리바운드를 살리는 약진감 있는 카빙롱턴에서는 "S" 자 회전호의 이미지가 더욱 중요하다.

즉 회전을 마치고 중립자세를 지나서 다음 회전에 들어가는 곳까지를 하나의 구간으로 생각해야 하는데, 이를 위해서는 회전의 마무리에서 내경자세와 하중과 엣지를 풀어주면서 중립자세로 되돌아가는 것과 다시 내경자세를 만들며 하중과 엣지를 가하며 회전에 들어가는 것이, 물 흐르듯 부드럽고 끊김없이 이루어져야 한다.

이렇게 S자 라인의 회전호를 의식하면, 회전의 마무리에서 스키가 휘어지면서 반발력을 축적하고, 회전에서 빠져나오며 축적된 반발력을 풀어주면서 리바운드를 이끌어내는, 보다 경쾌하고 약동감을 살리는 회전이 가능해진다.

이때 지나치게 리바운드가 강해지면 자칫 스키가 튀거나 몸이 팅겨나가는 위험한 상황이 벌어질 수 있으므로, 회전의 마지막에 지나치게 후경이 되지 않도록 주의하고, 불필요한 리바운드를 벤딩동작 등으로 흡수하면서 빠르지만 안전한 활주를 시도한다.

(3) 부드러운 회전의 이미지를 가진다.

부드러운 신체운동과 스키조작을 의식한다.

대개의 중상급 스키어들은 스피드가 빨라질수록 급격한 스키조작과 신체동작을 하는 경향이 있는데, 이는 스피드에 대한 경험이 부족하여 긴장감이 증가하고 마음이 급해지기 때문이다. 하지만 빠른 스피드에서의 급격한 조작이나 동작은 스키를 컨트롤하기도 어렵지만, 스키가 튀거나 신체의 중심을 잃기 쉽기 때문에, 실수가 발생하는 것은 물론이고 자칫하면 사고의 위험이 높아질 수 있다.

자동차 운전에서도 스피드가 빨라질수록 오히려 여유로운 핸들링과 악셀이나 브레이크 조작 등이 필요하듯이, 스키에서도 고속으로 갈수록 보다 여유롭게 스키에 하중을 가하거나 빼주는 조작을 하고, 몸을 움직일 때도 보다 부드럽게 동작을 하여야 보다 안전하고 확실한 조작이 가능하다.

(4) 다양한 포지션으로 활주한다.

내경을 위주로 한 카빙턴의 이미지

내경과 외경을 적절하게 섞은 카빙턴의 이미지

카빙롱턴에서는 일단 내향내경의 자세가 기본이지만, 슬로프 조건이나 활주의 목적등에 따라서 다양한 포지션으로 활주하면, 보다 안전하면서도 폭 넓은 기술구사가 가능하다.

즉, 질이 좋지 않거나 기복이 심한 슬로프 조건에서는 내경만으로 활주하는 것은 자칫 위험할 수가 있으므로, 하체를 적절하게 회전의 안쪽으로 꺾어주고 상체를 조금 일으켜 세워서 내경과 함께 외경을 적절하게 섞어서 활주하면, 바깥발의 활용도가 높아지며 보다 안전하고 확실한 회전이 가능하다.

다만 외경의 비율이 지나치게 높아지면 원심력에 대응하기가 어렵고, 하체의 근력만으로 강한 외력에 버텨야 하므로 체력소모가 심해지게 된다. 또한 회전 후반부에는 엣지가 지나치게 설면을 파고들어서, 활주성이 떨어져서 회전의 효율성이 낮아질 수 있으므로 주의한다.

이러한 외경의 적절한 사용은 특히 롱턴에서 숏턴으로 회전호를 바꾸는 종합활강 등에서 유효한 방법이다.

(1) 스피드만을 추구하는 위험천만한 활주

스키를 잘 타면 스피드가 빨라지지만, 스피드가 빠르다고 해서 꼭 스키를 잘 타는 것은 아니다.

카빙롱턴은 스키기술중 가장 스피드를 많이 낼 수 있는 기술이다. 스피드가 빨라지면 그만큼 스릴과 재미도 증가하겠지만, 이에 따르는 위험와 사고확률도 자연스럽게 증가하기 마련이다.

스키는 운전과도 비슷한데 운전을 잘 하면 당연하게 스피드가 증가하겠지만, 스피드만을 추구하는 운전자가 결코 운전을 잘 한다고 말하기는 어려운 법이다. 마찬가지로 스키의 경우도 스키를 잘 타면 활주스피드가 빨라지는 경향이 있지만, 활주스피드가 빠르다고 해서 꼭 스키를 잘 탄다고 하기는 어려운 법이다.

최근 카빙스키의 등장으로 약간의 기초기술과 담력만으로도 카빙을 구사하며 빠르게 활주할 수 있게 되었는데, 기본기도 없이 카빙만을 구사한다고 하여 자신이 상급스키어라고 착각하는 스키어들이 많은 것도 현실이다.

일부 스키어들은 테일 및 탑테일 슬라이드의 기술들이 채 익숙해지기도 전에, 카빙스키에 의존하여 스피드만을 추구하는 경향이 있는데, 이러한 스키어들은 기본기가 부족하여 오히려 스피드가 없으면 제대로 된 활주를 할 수 없는 경우가 많다. 이렇게 스피드와 장비에 의존하여 자신의 기술부족을 감추려는 스키어들은 결국 더 이상의 기술향상이 어렵고, 자신은 물론이며 자칫 다른 스키어들에도 위험한 존재가 될 수 있다.

스키에서 상급스키어가 된다는 것은 단순히 활주스피드를 올리는 것이 아니라, 기술의 깊이와 폭을 넓히는 것이라고 할 수 있다. 베이직 테크닉과 컨트롤 테크닉을 중심으로 스피드 테크닉과 모글 테크닉 등을 폭 넓게 익혀서, 보다 안전하고 즐거운 스키를 오래도록 즐길 수 있도록 하자.

(2) 내향자세가 지나친 활주

카빙에서 지나치게 내향을 많이 사용하면 오히려 역효과가 생길수도 있다.

카빙으로 회전할 때 상체의 방향을 회전의 안쪽으로 유지하는 내향자세는 중심을 안쪽으로 이동시키기도 쉽고, 바깥스키의 엣지가 걸리는 타이밍을 빠르게 하며 골반의 움직임도 원활하게 하여, 보다 쉽게 카빙을 구사할 수 있도록 도와준다.

하지만 지나치게 내향자세만을 추구하면 오히려 역효과가 발생할 수도 있다. 회전의 전반부는 스키가 슬로프의 아랫방향인 계곡쪽으로 떨어지는 계곡돌기 구간인데, 여기에서는 중력의 방향과 회전방향이 모두 아랫방향을 향하므로 중력을 활용하여 효율적으로 낙하하며, 회전의 낙차를 발생시킬 수 있게 된다.

이 구간에서 지나치게 내향자세를 구사하게 되면, 스키가 회전방향으로 급격하게 말리게 되어서 결과적으로 계곡돌기 구간이 짧아지게 되는데, 이 경우 회전에서 중력을 활용하는 시간이 짧아지게 된다.

또한 회전 후반부는 스키가 슬로프의 윗방향인 산쪽으로 말려 올라가는 산돌기 구간인데, 여기에서는 중력의 방향과 스키의 회전방향이 반대가 되므로, 중력의 활용도가 떨어져서 다소 비효율적인 회전운동이 일어나게 된다.

이 구간에서 내향을 지나치게 구사하게 되면, 스키가 산쪽으로 지나치게 말려 올라가게 되어서 결과적으로 산돌기 구간이 길어지게 되는데, 이 경우에는 저항이 커지므로 스키의 활주력이 감소되어 효율적이지 못한 회전이 되기쉽고, 신체의 기울기가 지나치게 오랜 지속되면 중립자세나 다음 회전으로 들어가기도 어려워진다.

내향자세는 회전의 성격과 목적에 따라서 적절하게 사용하여야 하는데, 이렇게 상황에 맞게 다양한 내향자세를 구사하는 것이 바로 "기술의 폭" 이라 할 수 있으며, 회전의 후반부까지 내향을 유지하는 경우는 스피드를 컨트롤하기 위한 깊은 회전에서만 사용된다.

일반적인 카빙회전은 회전의 후반부에는 상체가 정면으로 되돌아오는 정향자세로 취하거나, 상체를 다음 회전방향으로 미리 돌리는 적절한 외향자세를 만들어서, 보다 쉽게 중립자세를 만들고 다음 회전방향으로 빠르게 낙하하는 것이 유리하다.

(3) 전후차가 지나친 활주

카빙에서 외향이 지나치면 삼각다리가 나오기 쉽고 카빙에서의 회전성이 낮아져 버린다.

카빙턴을 구사하는 일부 중상급 스키어 중에서는 회전을 하면서 지나치게 스키의 전후차를 만들며 회전하는 경우가 많다. 스키의 전후차는 양스키가 앞뒤로 놓여진 간격을 말하는데, 스키의 전후차가 만들어졌다는 것은 상체의 외향자세가 만들어진 것이고, 외향에 따라서 자연스럽게 외경자세도 세트로 만들어지게 된다.

이러한 원치 않는 외향경 자세는 카빙에서 필요한 깊은 내경각을 방해하여 스키의 휘어짐을 만들기 힘들게 되고, 또한 상체가 회전 바깥쪽으로 꺾이게 되어 원심력에 버티기 어려운 자세가 만들어지게 된다. 더욱이 이런 자세가 만들어지면 카빙에서 회전을 컨트롤하는 중요한 요소인 골반의 움직임이 없어져서, 결과적으로 스키에 실려가는 수동적인 회전이 되어버린다.

카빙에서는 전후차를 최소화하여야 보다 효율적이고 효과적인 회전이 가능하다. 이를 위해서는 스키의 전후차를 반대로 만드는 "텔레마크턴" 등의 연습을 하며, 적극적으로 스키와 골반을 돌려주는 연습을 하는 것이 좋다.

플러스
알파

(1) 베이스턴과 리바운드턴

베이스턴의 회전 후반부 이미지

리바운드턴의 회전 후반부 이미지

카빙턴에는 회전시 상체의 사용법에 따라서 베이스턴(Base Turn)과 리바운드턴(Rebound Turn)으로 구분할 수 있다.

베이스턴은 회전 마지막에 상체의 방향을 스키의 진행방향으로 향하고, 회전 시작에서도 상체를 자연스럽게 회전방향으로 향하여 부드럽게 회전하는 카빙턴을 말하는데, 이렇게 상체의 방향을 회전방향으로 향하면 물 흐르듯 자연스럽게 회전이 연결되어 보다 부드럽고 효율적인 카빙이 가능하다.

반면에 리바운드턴은 회전 마지막에 상체의 방향을 약간 최대경사선 방향으로 향하고, 회전시작에도 상체를 회전 안쪽으로 미리 셋팅하여 리바운드를 추구하는 카빙턴을 말하는데, 이렇게 상체의 방향을 최대경사선 방향으로 적절하게 유지하면, 스키의 반발력을 이용하여 보다 약진감 있고 역동적인 카빙턴을 할 수 있다.

또한 베이스턴은 상체의 외경을 줄이고 내경이 큰 만큼, 신체의 무리가 적고 강한 외력에 효과적으로 버틸 수 있는 반면, 슬로프 상황이 좋지 못할 때는 위험성이 증가되고, 회전호가 작은 카빙턴을 하기에는 불리한 면이 있다.

반대로 리바운드턴은 상체의 내경요소과 적절한 외경요소를 섞어서 사용하는 만큼, 안정된 밸런스로 회전할 수 있고 재빠른 작은호의 카빙턴에도 잘 적응할 수 있으나, 상하체가 꺾이는 만큼 하체의 근력으로 외력에 대응하는 요소가 커서, 체력소모가 크고 신체부담이 많은 불리한 면이 있다.

그리고 베이스턴은 회전을 연결하는 전환부에서 스키가 물 흐르듯 부드럽게 빠져나가며 효율적인 회전이 되는 반면에, 리바운드턴은 전환부에서 일시적으로 스키의 움직임이 감소되며 휘어짐이 축적되었다가, 일시에 하중이 풀리며 리바운드를 받아서 한번에 빠져나가는 약진감 있는 회전이 된다. 따라서 효율성을 추구한다면 베이스턴을, 약진감을 추구한다면 리바운드턴을 추구하는 것이 좋다.

이러한 장단점이 있는 베이스턴과 리바운드턴은 슬로프의 상황이나 회전의 목적등에 따라서 적절하게 섞어서 사용하거나, 나눠 사용하는 것이 좋다.

(2) 카빙에서 중립자세의 타이밍

일반턴(테일/탑테일)에서의 중립자세의 이미지

카빙에서의 중립자세의 이미지

카빙에서는 중심이동의 양이 커지는 만큼 정확한 중립자세를 만드는 것이 특히 중요하다. 이상적인 중립자세는 슬로프 경사면과 수직으로 이루어져야 하지만,

원심력이 작은 테일이나 탑테일 회전에서는 슬로프에 수직으로 중립자세를 만들기는 어렵고 실제로는 산쪽으로 약간 기울어진 상태로 중립자세가 만들어지는 것이 보통이다.

하지만 카빙에서는 원심력과 중심이동의 양이 커지는 만큼 중립자세를 슬로프 경사면과 수직에 가깝도록 유지할 수 있고, 또한 정확한 수직의 중립자세가 만들어져야 다음 회전을 위한 내경자세를 만들기가 수월해진다.

이러한 정확한 중립자세를 만들기 위해서는, 중립자세의 타이밍을 일반적인 회전보다 한박자 늦게 만들다는 이미지가 있어야 설면에 수직으로 서기가 쉬워진다. 즉, 중립자세를 조금더 계곡쪽으로 이동하여 만든다고 생각하여야, 실제로 경사에 수직한 중립자세를 만들기가 쉬워진다.

카빙에서의 중립자세는 빠르고 크게 움직이는 중심이동의 하나의 통과점이지만, 각각의 회전사이에서 확실한 중립자세의 의식이 있어야 정확한 회전을 만들 수 있으므로, 언제나 중립자세를 통과하여 다음 회전에 들어가는 이미지로 카빙턴을 실시한다.

29

카빙 숏턴

Carving Short turn

카빙롱턴을 통해서 어느 정도 카빙의 스피드감과 회전감각이 익숙해졌다면, 이제는 짧은 회전반경으로 카빙을 구사하여 카빙숏턴에 도전하여 본다.

카빙숏턴은 빠른 스피드로 카빙을 구사하며 숏턴을 구사하는 기술이므로, 높은 수준의 스키기술과 밸런스 능력은 물론이고 강한 외력에 버틸 수 있는 강한 체력이 필요하게 된다. 또한 카빙숏턴은 스키의 밀림이 없이 카빙으로 숏턴을 하는 기술이므로, 카빙숏턴을 구사할 수 있는 슬로프 조건은 스키 기술중 가장 한계가 많다고 할 수 있다.

즉, 카빙숏턴은 일반적으로 잘 정설된 중급사면 정도까지만 구사할 수 있고, 이 이상의 조건에서 카빙숏턴을 구사하는 것은 지나치게 난이도가 높은 것은 물론이고, 자칫 사고의 위험도 급격하게 증가하므로 권하고 싶지 않다.

카빙숏턴은 일반적인 숏턴과 같이 짧은 회전호를 그리는 기술이므로, 기본적으로는 상체를 폴라인 방향으로 고정시키는 것이 원칙이지만, 깊은 회전호의 카빙숏턴을 구사할 때는 상체의 방향을 어느 정도 스키의 방향으로 향하게 하는 것이 보다 효율적인 회전이 가능하다.

특히 일반적인 숏턴에서는 회전의 마지막에 상체와 하체의 방향이 서로 분리되면서 강한 외향경 자세가 나오게 되는데, 이 경우에는 강한 외력에 버티기 어렵고 스키의 움직임이 일시적으로 감소되어, 카빙숏턴과 같이 빠른 턴 스피드가 필요한 회전에는 잘 맞지 않는 부분이 있다.

카빙숏턴에서는 스키어가 아래쪽으로 낙하하는 빠른 활주스피드와 더불어, 스키가 회전하며 움직이는 빠른 턴스피드가 필요하게 되는데, 이를 위해서는 엣징에 들어가고 빠져나오는 타이밍을 빠르게 하여 중력과 낙하력을 잘 활용하여야 하고, 또한 깊은 회전에서는 상체의 방향을 자연스럽게 회전방향으로 돌려주며 회전을 마무리하여, 스키의 움직임이 멈추지 않는 자연스러운 카빙숏턴을 구사하는 것이 좋다.

카빙숏턴에서는 스피드와 경사도가 증가할수록 회전의 마지막에 강한 외력에 의해서 스키가 튀어오르기 쉬워지는데, 벤딩을 활용하여 불필요한 리바운드를 잘 컨트롤하면 보다 약진감 있는 카빙숏턴이 가능하다.

하지만 스피드가 오버되거나 벤딩을 잘 활용하지 못하면, 스키가 튀어오르며 회전 전반부에 설면 컨택트를 잃어버려, 결과적으로 회전 후반부에만 엣징이 걸리는 제동요소가 큰 카빙숏턴이 되어버리거나, 스피드 컨트롤이 어려운 폭주성 카빙숏턴이 될 수도 있다.

카빙숏턴은 카빙턴의 요소와 숏턴의 요소가 합쳐지는 기술이므로, 카빙턴의 내경자세와 숏턴의 외경자세가 적절하게 더해지는 회전을 해야 한다. 이를 위해서는 내외경 자세가 함께 실현되어야 한다.

회전전반에는 양스키를 회전의 바깥쪽으로 이동시키며 상체를 기울이기 때문에 내경각이 주로 나오게 되고, 회전후반에는 몸에서 멀어졌던 양스키가 다시 몸아래로 되돌아오며, 상체의 각도도 어느 정도 폴라인 방향으로 고정되기 때문에 외경자세가 강해지는 경향이 있다. 마찬가지로 회전전반에는 내향자세가 나오고 회전후반에는 외향자세가 나오는 것이 보통이다.

카빙숏턴의 폴체킹은 카빙롱턴과 마찬가지로 선택사항이라고 할 수 있다. 일반적인 카빙숏턴에서는 회전의 리듬감을 이끌어내기 위하여 폴을 찍는 경우가 많은데, 하지만 피봇팅 요소가 줄어들고 중심이동이 커지기 때문에, 폴체킹의 중요성은 조금 줄어들게 된다.

카빙숏턴의 폴체킹은 폴을 비스듬하게 준비하고 있다가, 스키에서 먼 곳에 가볍고 비스듬하게 찍어주게 되는데, 종합 활강과 같이 활주스피드가 빠른 상태에서 재빠른 리듬의 카빙숏턴을 구사할 때는, 폴체킹을 하지 않고 양폴을 고정시켜서 중심을 유지하는 도구로 사용하는 것이 오히려 유리하다.

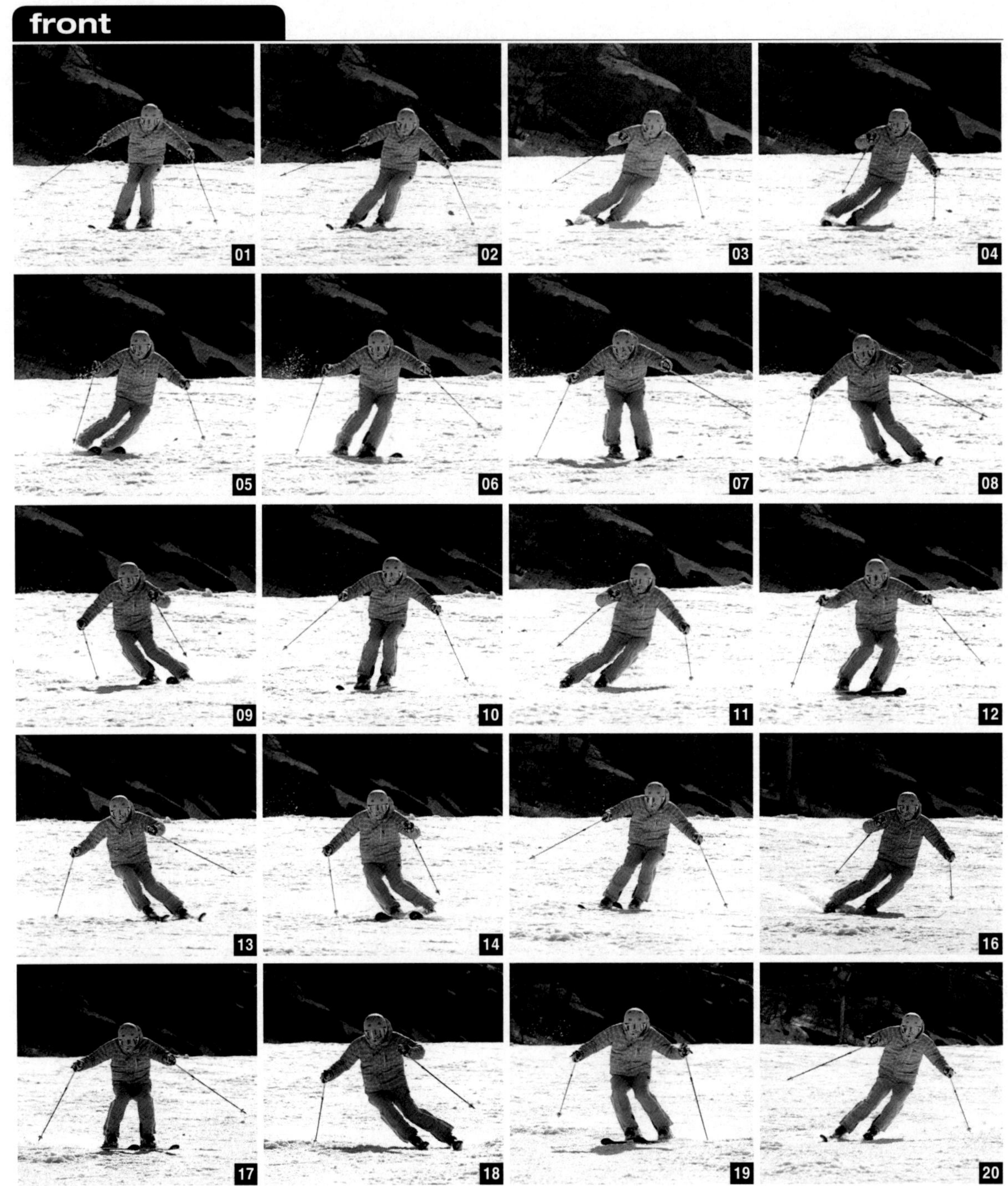

side
01
02
03
05
06
07
08
09
10
11
12
13
14
15
16
17
18
19
20

비교적 경사가 있는 중사면 이상을 선택하여 활주스피드를 붙인 상태에서 회전을 시도한다. 특히 카빙숏턴의 경우에는 활주조건의 제약이 많으므로, 일단은 중사면에서 중간 스피드로 실시하고, 어느 정도 스키를 컨트롤할 수 있는 수준이 되었을 때, 비로소 경사와 스피드를 올리도록 한다.

카빙숏턴에 들어가기 위해서 양스키를 회전의 바깥쪽으로 움직이며 하중을 가하기 시작하는데, 리듬이 짧고 얕은 회전호를 그리는 카빙숏턴에서, 상체를 고정시키고 하체의 움직임을 중심으로 카빙숏턴을 시작하지만, 여유로운 리듬의 깊은 회전호를 그리는 카빙숏턴에서는 하체의 움직임에 맞춰서 상체도 적절하게 내향경자세를 취하는 것이, 보다 효율적으로 카빙숏턴을 시작할 수 있다.

스키가 회전에 들어가면 하중을 가하며 스키의 휘어짐을 유도하는데, 일반적인 숏턴보다는 조금 빠른 타이밍부터 하중을 가해야 보다 가속성이 좋은 카빙숏턴을 할 수 있다.

하중을 가할 때는 본인이 누른다는 의식보다는, 원심력과 스키의 탄성에 의하여 발생되는 외력에 버티는 이미지로 하중을 가하게 되는데, 하중자세는 카빙롱턴에 비해서는 작은 내경각을 취하여 하중에 버틸 수 있는 자세를 만들면서도, 일반 숏턴과 같이 적절한 외경각을 만들어 재빠른 리듬에 대응하고 안정감이 높은 자세를 만들게 된다.

회전 후반부에는 하중을 풀어줄 때 발생하는 스키의 탄성을 최대한 이용하여 회전에서 빠져나오게 되는데, 일반적인 숏턴보다 일찍 엣징을 끝내야 회전 후반부에 제동요소를 줄이며 가속감 있는 카빙숏턴이 가능하다.

카빙롱턴에서는 골반의 회전을 활용한 이축운동의 요소가 강해서 전후운동의 중요성이 감소하였지만, 특히 리듬이 짧은 카빙숏턴에서는 숏턴의 요소가 강해지므로 적당한 전후운동을 활용하여 테일엣지로 회전에서 빠져나오는 것이 좋다.

카빙숏턴은 회전에서 빠져나올 때 휘어졌던 스키가 되돌아오며 강한 리바운드가 발생하게 되는데, 카빙숏턴의 관건중 하나는 하체의 흡수동작을 이용한 벤딩으로 리바운드를 잘 처리하여, 스키가 튀지 않고 다음 회전에 원활하게 진입하는 것이라 할 수 있다.

폴체킹은 회전에 들어가며 준비하였다가 회전에서 빠져나오며 가볍게 찍어주게 되는데, 카빙숏턴은 일반적인 숏턴에 비해서 회전호가 넓어지므로, 폴을 비스듬하게 움직이며 스키에서 멀리 찍는 이미지를 가져야, 스키의 움직임을 방해하지 않고 양팔에 전달되는 충격을 줄일 수 있다. 또한 폴을 찍는 타이밍도 일반적인 숏턴보다 한박자 늦게 찍어주는 이미지를 가져야, 보다 적극적인 중심이동에 도움이 된다.

(1) 부드러운 조작을 의식한다.

부드러운 스키조작을 의식하여 안정적인 컨트롤을 만든다.

카빙숏턴은 카빙롱턴처럼 빠른 스피드에서 실시하며, 일반숏턴처럼 빠른 리듬의 회전을 하는 기술이다. 이렇게 빠른 스피드에서 빠른 리듬의 카빙숏턴을 하기 위해서는 부드러운 조작은 필수라고 할 수 있다.

대개 스피드가 빨라지거나 리듬이 빨라지면 마음도 조급해지면서 급격한 조작을 하게 마련인데, 빠른 스피드에서 급격한 조작을 하게 되면 짧고 강한 엣징이 되어버려, 스키가 튀기 쉬워서 컨트롤이 나빠지고 리듬이 흐트러지는 주된 원인이 된다.

빠른 스피드와 리듬의 카빙숏턴일수록 마음의 여유를 갖고 부드러운 조작을 해야만, 스키가 잘 휘어져서 둥근 회전호를 그리기 쉽고, 스키가 펴지면서 생기는 탄성을 잘 이용할 수 있어서, 보다 역동적이고 안정감 높은 카빙숏턴을 할 수 있다.

(2) 정확한 벤딩동작을 의식한다.

정확한 벤딩동작으로 리바운드를 흡수한다.

카빙턴과 숏턴의 요소를 동시에 가지고 있는 카빙숏턴은, 설면과의 컨택을 유지하는 것이 스키의 컨트롤을 높이고 빠른 리듬으로 회전하기 위한 필수조건인데, 이를 위해서는 회전후반에 엣지과 하중을 풀면서 발생하는 리바운드를 잘 처리하는 것이 중요하다.

이때 필요한 것이 하체를 구부리며 리바운드를 흡수하는 벤딩동작인데, 회전 초중반부에는 스키가 몸에서 멀어져서 하체가 펴지며 스트레칭 동작이 일어나게 되는데, 이렇게 스트레칭된 하체는 회전 후반부에 스키의 엣지와 하중이 풀리면서 다시 몸 아래쪽으로 되돌아오게 된다. 이때 자연스럽게 하체가 구부러지면서 리바운드가 흡수되는 벤딩동작이 일어나게 된다.

이러한 벤딩동작을 잘 활용하여야 회전에서 발생하는 리바운드를 원활하게 흡수할 수 있고, 회전전반부터 설면 컨택트를 잘 유지할 수 있어서 보다 안정적이고 수준높은 카빙숏턴이 가능하다.

(3) 확실한 스트레칭 동작을 의식한다.

회전 전반부에 확실한 스트레칭 동작을 만들어낸다.

회전 후반부의 벤딩 동작만큼 중요한 것이 바로 회전 전반부에 스트레칭 동작이다. 카빙숏턴은 일반적인 숏턴만큼 빠른 리듬의 숏턴이긴 하지만, 일반숏턴에 비해서 스키가 옆으로 밀리는 것이 적고 휘어짐이 커지므로, 보다 큰 회전호를 그리게 되어 낙차와 진폭이 커지게 된다.

이러한 카빙숏턴에서 보다 낙차가 큰 회전호를 그리며, 보다 중력을 잘 활용하여 효율성이 좋은 회전을 하기 위해서는 회전 전반부에 스트레칭 동작이 중요해진다. 이때의 스트레칭 동작은 일반적인 회전에서 업을 하면서 생기는 자발적인 스트레칭 동작이 아니라, 신체와 스키의 거리가 멀어지며 결과적으로 생기는 수동적인 스트레칭 동작이라고 할 수 있다.

즉 회전 후반부에 하중과 엣지를 풀게 되면, 스키가 몸 아래쪽으로 자동적으로 되돌아오며, 스키와 신체의 거리가 짧아지게 되어 벤딩동작이 일어나게 되고, 이렇게 몸 아래쪽으로 되돌아온 스키는 신체가 기울어지며 몸 아래쪽을 통과하여 다시 회전 바깥쪽으로 이동하게 된다. 이때 스키와 신체의 거리가 멀어지면서 자동적으로 스트레칭 동작이 일어나게 된다.

이러한 확실한 스트레칭 동작은 회전 전반부에 깊은 내경각을 만들고 스키의 엣지를 잘 서게하여, 보다 빠르고 정확하게 하중에 들어갈 수 있게 하여준다. 카빙롱턴에서는 회전 전반부에 깊은 내경각을 만드게 되지만, 카빙숏턴은 빠른 시간에 내경각을 확실하게 만들어야 하므로, 오히려 카빙롱턴보다 정확한 동작이 필요하게 된다.

(1) 무릎의 움직임만을 이용한 카빙숏턴

지나치게 무릎만을 사용한 카빙숏턴은 커다란 외력에 버티기 힘들고, 큰 회전호의 카빙숏턴을 그리기 어렵게 된다.

카빙숏턴은 카빙턴과 숏턴의 요소가 함께 발휘되어야 하는 기술이므로 무릎의 움직임은 상당히 중요해진다. 특히 숏턴에서는 무릎이 회전방향으로 움직여주는 니드라이브(Knee Drive)가 중요한 요소임에는 틀림이 없다.

하지만 카빙숏턴 뿐만 아니라 일반숏턴에서도 양무릎만을 활용하는 것은, 회전호가 작은 숏턴에서는 비교적 가능한 기술이지만, 보다 다양한 회전호의 숏턴을 위해서는 발목, 무릎, 고관절을 전체적으로 활용하는 종합적인 조작이 필요하게 된다.

지나치게 무릎의 움직임만의 의식한 숏턴은 발목의 움직임을 고정시켜서 결과적으로 섬세한 컨트롤이 어렵게 되고, 또한 큰 회전호의 카빙숏턴에서는 양무릎의 움직임만으로는 강한 외력에 버티기 어렵게 되는데, 이때는 고관절의 움직임이 중요해 진다.

숏턴뿐만 아니라 롱턴에서도 하체 전체를 활용하는 종합적인 조작이 중요한데, 회전호의 크기에 따라 작은 회전에서는 발목의 활용도를 높이고, 큰 회전에서는 고관절의 활용도를 높이는 폭 넓은 조작이 필요하다.

(2) 엣징이 회전후반부에 집중되는 카빙숏턴

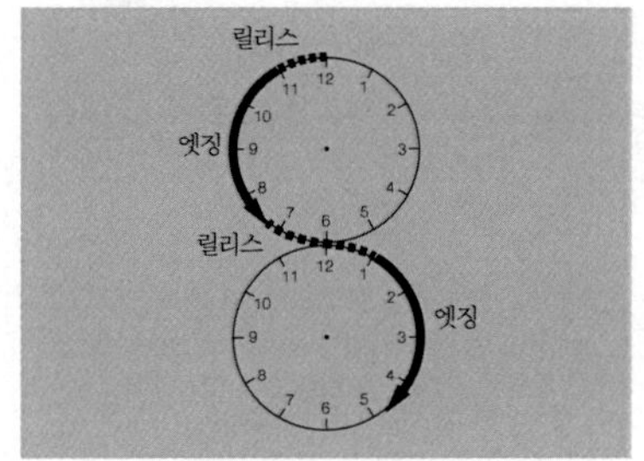

[카빙에서의 엣징 타이밍]

스키는 다양한 환경에서 다양한 목적의 활주를 하는 스포츠인 만큼 다양한 엣징이 필요하게 되는데, 이때 폴라인부터 엣징에 들어가서 회전의 마지막까지 엣징을 하는 제동성 엣징이 가장 기본이 된다. 이러한 제동성 엣징은 스피드를 줄이는 목적으로 사용되므로, 중저속이나 초중급자들에게는 대단히 유용한 엣징법이라 할 수 있다.

하지만 회전의 후반부에 엣징이 집중되는 제동성 엣징만으로는 다양한 상황과 목적에 적응할 수 없는데, 일반적인 숏턴에서는 폴라인 전부터 엣징을 시작하여 폴라인이 지나면 엣징을 풀어주는 활주성 엣징이 필요하게 되고, 카빙숏턴에서는 회전 전반부부터 엣징에 들어가서 폴라인이 지나서 미리 엣징을 풀어주는 가속성 엣징이 필요하게 된다.

보통 스피드가 빨라지거나 경사가 심해지면, 스키가 튀기 쉬워서 하중이 회전후반부에 집중되기 쉬운데, 회전후반부는 스키가 중력방향에 거슬러 산으로 올라가며 엣징이 이루어지기 때문에, 회전후반부의 엣징은 브레이킹 요소가 강한 엣징이 되어버리기 쉬워지고, 리바운드가 축적되었다가 일시에 풀리며 스키가 튀기 쉬워지게 마련이다.

스키가 튀게 되면 겉보기에는 역동적으로 보일수도 있겠지만, 실상은 스키의 활주력이 감소하고 급격한 엣징을 초래하게 된다.그러므로 회전전반부터 엣징이 이루어지지 않고 회전후반에만 엣징이 집중되는데, 이러한 회전은 중력의 활용도가 떨어지는 비효율적인 엣징의 악순환이라고 할 수 있다.

카빙숏턴은 물론이고 카빙롱턴에서도 적극적인 벤딩동작과 스트레칭 동작을 활용하여 회전 전반부터 샤프하게 엣징에 들어가는 가속성 활주를 하도록 하자.

(1) 중심축 요소와 2축요소가 함께 숨어있는 카빙숏턴

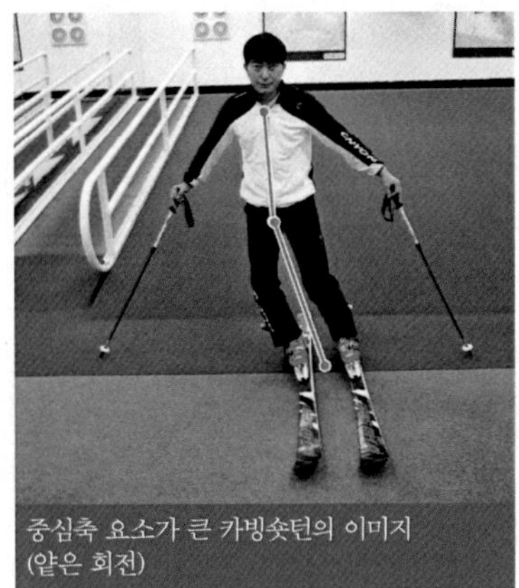

중심축 요소가 큰 카빙숏턴의 이미지
(얕은 회전)

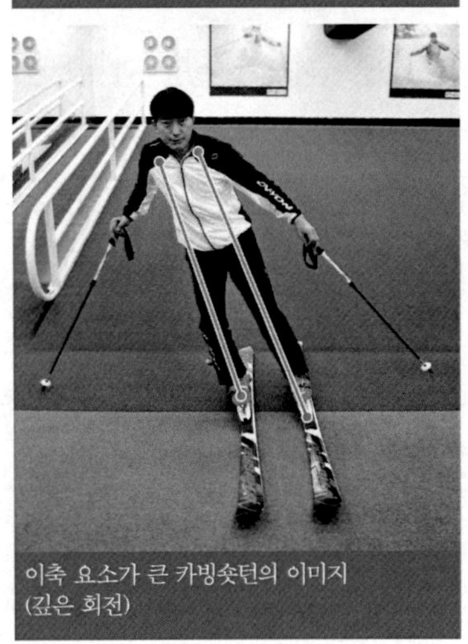

이축 요소가 큰 카빙숏턴의 이미지
(깊은 회전)

카빙숏턴은 카빙턴의 요소과 숏턴이 요소가 함께 이루어지는 회전이라 할 수 있다. 이러한 요소들은 회전호에 따라서 다른 비율로 섞이면서 카빙숏턴에 영향을 미치게 된다.

즉, 카빙숏턴에서 회전호가 작으면 일반적인 숏턴과 비슷한 중심축에 가까운 숏턴을 하게 되고, 회전호가 커지게 되면 조금씩 카빙롱턴이 요소가 강해져서 이축에 가까운 숏턴이 된다.

예를 들어서 카빙숏턴을 레일턴과 같은 아주 짧은 회전호로 실시하면, 일반적인 숏턴과 같은 중심축 운동을 하면서 스키가 카빙을 하는 형태가 되지만, 점점 회전호가 깊은 카빙숏턴을 하게 되면 내측이 주도하고 외측이 따라가는 이축요소가 증가하게 된다.

하지만 카빙숏턴은 카빙롱턴과 같이 극단적으로 깊은 회전호를 그리지는 않으므로, 어디까지나 중심축 요소를 중심으로 이축요소가 적절하게 섞이는 형태이고, 이축요소만으로 카빙숏턴을 하기에는 리듬이 맞지 않게 된다.

이러한 중심축과 이축의 요소가 섞이는 것은 카빙숏턴 뿐만 아니라 카빙롱턴에서도 마찬가지인데, 카빙롱턴은 회전호가 큰 만큼 카빙숏턴과는 반대로 이축요소를 중심으로 중심축 요소가 적절하게 섞이는 형태의 회전이 되는 것이 보통이다.

(2) 카빙 숏턴에서의 폴체킹 타이밍

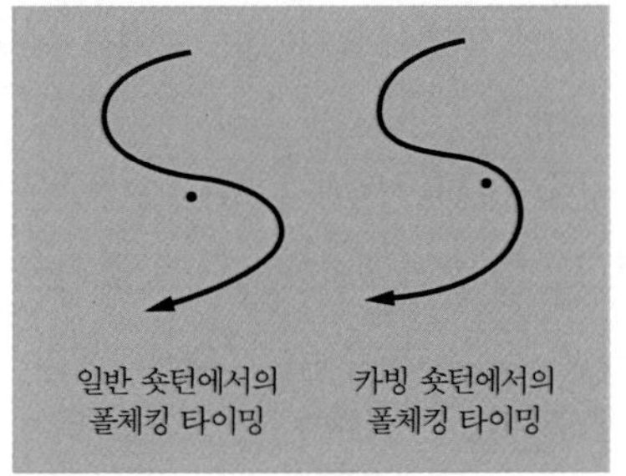

일반 숏턴에서의 폴체킹 타이밍　　　카빙 숏턴에서의 폴체킹 타이밍

카빙에서는 중립자세가 일반회전보다 한박자 늦게 설정된다는 이미지가 필요하듯이, 카빙숏턴에서도 특히 중심의 이동이 많은 깊은 회전호를 그릴 때는 폴체킹 타이밍에 유의하는 것이 좋다.

즉, 일반적인 숏턴처럼 회전에 들어가면서 준비하였다가 회전에서 빠져나오며 찍어주는 것이 아니라, 중립자세가 한박자 늦게 만들어지게 되므로 회전에 들어가면서 여유롭게 폴체킹을 준비하고, 회전에서 빠져나온 다음, 한박자 늦게 찍어주어야 중립자세의 타이밍과도 맞게 되고,

보다 적극적인 중심이동에 도움이 된다.

이러한 폴체킹의 타이밍은 카빙롱턴에서
도 마찬가지인데, 카빙롱턴에서도 중심이
동의 양에 따라서 폴체킹의 타이밍을 적
절하게 조절하여야, 보다 확실한 중심이
동을 만들기가 편해진다.

벤딩 테크닉
Bending Technique

벤딩 테크닉은 빠른 스피드나 모글사면과 급사면 등에서 신체의 안정감을 높이며,
또한 외력의 활용도를 높일 수 있는 기술로서, 최상급자가 되기 위해서 필수적으로 익혀야 하는 기술이라고 할 수 있다.

벤딩 테크닉은 회전을 하면서 하체를 펴주고, 중립자세에 들어가면서 하체를 구부려주는 벤딩을 기반으로
한 기술로서, 대부분 스키의 조작은 탑테일 슬라이드를 중심으로 실시하고,
스키의 움직임은 스키딩&카빙(Skidding & Carving) 형태가 된다.

이러한 벤딩 테크닉을 잘 활용하면 상체와 머리의 높이를 일정하게 유지하여 안정감을 높이는 것은 물론이고, 설
면에서 오는 압력의 변화에 잘 대응할 수 있어서 외력을 활용도를 높이며 효율적으로 활주할 수 있다.

30

벤딩 플루그화렌

Bending PflugFahren

지금부터 배울 벤딩기술은 기복이 심한 모글사면에서 필수적인 기술이며, 모글에서 하체를 구부리고 펴면서 모글의 요철을 극복하면서 상체를 일정한 높이에 유지할 수 있는 고난도 기술이다. 또한 벤딩기술은 설질이 일정하지 않은 난사면이나 빠른 스피드에서 안정감있게 활주할 때도 유용한 기술이라 할 수 있다.

일반적인 회전은 업에서 전환(크로스오버)을 하고 다운에서 하중을 가하므로, 이를 스트레칭턴(Stretching Turn)이라고 한다. 스트레칭턴은 외력이 적은 완사면이나 저속에서 자신의 근력인 내력을 활용하며 회전할 때 유용한 기술이라 할 수 있다.

이와는 반대로 벤딩턴은 다운에서 전환을 하고 업에서 하중을 가하면서 회전을 하는데, 처음에는 본인의 근력을 많이 활용하여 하체를 구부리고 펴면서 회전하게 되지만, 익숙해지면 점차 근력의 사용을 줄이고 외력의 활용이 늘어나서 보다 경제적인 회전이 가능하다. 또한 급사면이나 고속에서는 스키의 반발력과 원심력을 잘 활용하면, 하체를 긴장시키고 이완시키는 동작만으로도 자동으로 벤딩턴이 이루어지게 된다.

예를 들어 역기 등을 들어올릴 때도, 하체를 구부리면서 힘을 빼주고 하체를 펴면서 힘을 주는 것이 보통이기 때문에, 어쩌면 하체를 구부리면서 힘을 빼주며 중립자세로 되돌아오고 하체를 펴면서 힘을 주며 회전자세에 들어가는 벤딩턴이 더욱 자연스러운 동작일 수도 있다.

벤딩턴에서는 하체를 구부리며 중립자세로 되돌아오는 것은 어렵지 않지만, 하체를 펴면서 회전에 들어갈 때 하체의 긴장감을 유지해야 하기 때문에, 회전의 난이도가 올라가고 스키가 밀려버리기도 하므로 주의한다.

비교적 경사가 완만한 완사면을 선택하여 양발을 붙인 클로즈드 스탠스로 출발하는데, 모글에서는 양발의 고저차가 많이 발생하므로 양발을 붙인 클로즈드 스탠스가 유리하다. 모글에서 양발의 간격이 너무 넓으면 스키의 높낮이의 차이로 인해서 스키가 꼬이기 쉽게 된다.

출발자세는 몸을 낮춘 중립자세에서 시작하여, 하체를 펴면서 양스키의 테일을 몸옆으로 밀어내어 플루그 스탠스의 회전자세에 들어간다. 이때 양발의 하체를 긴장시켜서 확실한 엣징감각과 엣지그립을 느끼도록 하고, 설면저항에 의해서 마치 양스키가 자동으로 모여들 것 같은 저항감을 느끼도록 한다.

회전자세가 끝나면 다시 하체를 구부리며 엣지와 하중을 풀면서 스키를 모아서 패러렐 스탠스의 중립자세로 되돌아온다. 이때 하체를 펼 때와 마찬가지로 발목, 무릎, 고관절을 같이 움직여서 중경포지션을 유지하여야 한다.

처음에는 하체를 펴는 스트레칭 동작은 물론이고 하체를 구부리는 벤딩 동작에서도 자신의 내력을 많이 사용하게 되지만, 점차 벤딩이 익숙해지면 엣징의 반발력을 이용하여 자동적으로 스키가 되돌아오는 감각을 느끼는 것이 좋다.

(1) 상체의 각도를 유지한다.

상체의 각도를 유지하며, 발목, 무릎, 고관절을 고루 사용하여 하체를 움직인다.

다른 플루그화렌과 마찬가지로 벤딩 플루그화렌의 경우에도 중경자세를 유지한 상태에서 벤딩의 기본조작을 익히는 것이 주된 목적이다. 이를 위해서는 스키의 조작이나 신체의 동작을 하면서도 정확한 상체각도를 유지하는 것이 중요하다.

벤딩에서 상체각을 유지하는 것은 발목과 무릎과 고관절이 조화를 이루며 움직였을 때 비로소 가능해진다. 만약 고관절이 지나치게 움직이게 되면 다운에서 상체가 지나치게 숙여졌다가 업에서 상체가 젖혀지는 원인이 되고, 무릎이 지나치게 움직이면 다운에서 상체가 젖혀지고 업에서 상체가 숙여지는 원인이 된다.

또한 발목이 고관절이나 무릎의 움직임에 맞춰서 적절하게 움직이지 않으면 정확한 중경포지션을 유지하기 어려워진다. 일반적인 스트레칭턴은 물론이고 벤딩턴에서도 하체를 균형있게 움직여서 중경포지션을 유지하는 것이 중요하다.

(2) 하체의 긴장감을 유지한다.

발목, 무릎, 고관절 가볍게 꺾어서 하체 전체의 긴장감을 유지한다.

스트레칭턴은 하체를 구부리면서 회전에 들어가기 때문에, 상대적으로 하체를 꺾으며 긴강감을 유지하기가 쉽지만, 벤딩턴에서는 하체를 펴면서 회전에 들어가기 때문에 하체의 긴장감을 유지하기가 어려워지게 된다.
회전을 하면서 하체의 긴장감이 없어지면, 스키의 인엣지에 하중을 전달하는 것이 어려워져서 스키의 엣지그립이 약해져서 스키가 옆으로 밀리기 쉽게 된다.

이렇게 스키가 밀리면 회전의 반발력을 이용하기가 어려워져서, 자신의 내력만으로 회전을 하는 수준낮은 벤딩턴이 되어버리고 만다.

패러렐에서 하중을 가하여 플루그로 양 스키를 넓힐 때는, 하체의 긴장감을 유지하면서 스키의 엣지그립과 설면의 반발력을 느끼도록 한다.

(1) 외력을 사용하지 못하는 벤딩

벤딩턴이 익숙해질수록 설면에서 오는 반발력을 살려서 외력을 활용하여야 한다.

벤딩의 근본적인 목적은 모글과 같이 슬로프의 변화가 심한 조건에서, 내력을 절약하며 외력을 잘 활용하여 안정적으로 활주하는 것이다. 이를 위해서는 엣징의 반발력을 이용하여 자동으로 회전이 마무리되는 이미지가 있어야 한다.

처음에는 설면의 반발력을 이용하기가 어려워서 스키어의 내력을 주로 사용하지만, 익숙해지면 내력의 사용비율을 줄여서 보다 설면의 힘을 느끼고 이용하며 활주하여야 한다.
외력의 이용이 부족한 벤딩턴은 특히 고속에서 체력소모가 심해지고, 설면의 기복과 변화에 효과적으로 대응하기 어려워서 벤딩턴으로서 의미가 줄어들게 된다. 벤딩턴은 외력을 활용하는 것이 주된 목적이므로 보다 샤프한 엣징으로 벤딩턴의 완성도를 높여간다.

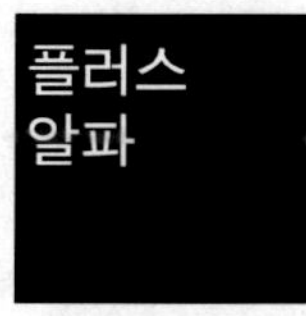

(1) 벤딩플루그화렌 + 폴체킹

벤딩플루그화렌이 익숙해지면 이번에는 폴체킹을 하면서 보다 수준높은 벤딩 플루그화렌에 도전하여 보자. 특히 벤딩턴은 모글에서 필수적인 기술이므로, 모글에서 필요한 폴체킹과 벤딩동작을 매칭시키는 것은 상당히 중요하다.

주로 모글에서는 숏턴으로 회전을 하게 되므로, 숏턴리듬의 폴체킹을 연습하는데, 다운의 중립자세에서 폴체킹을 준비하고 업을 하면서 설면에 가볍게 폴을 찍어주며 하중을 가한다.

이때 체킹한 폴이 뒤로 빠지지 않도록 주의하며, 손목의 움직임을 많이 활용하여 스냅을 주며, 심플한 폴체킹을 실시한다.

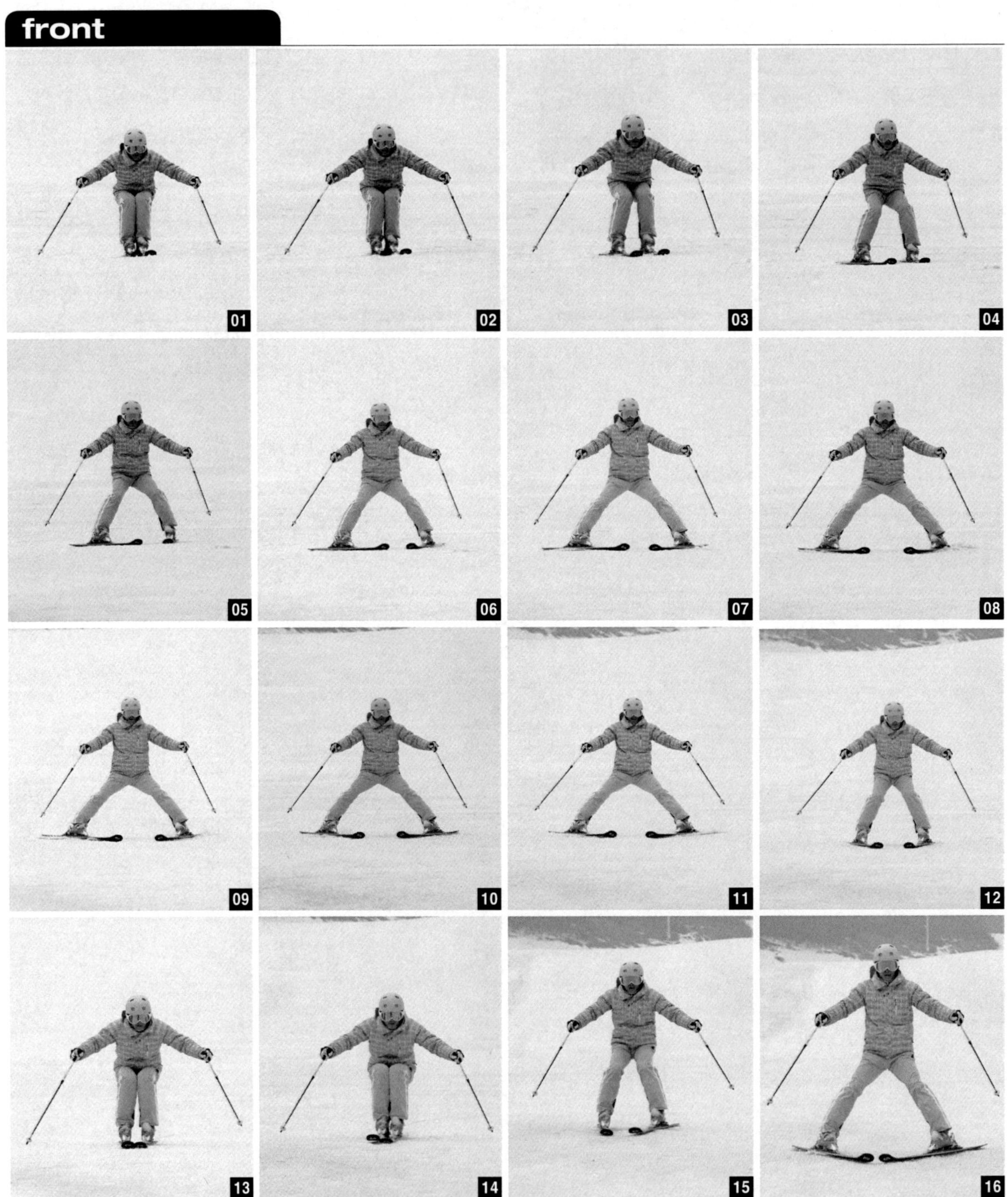

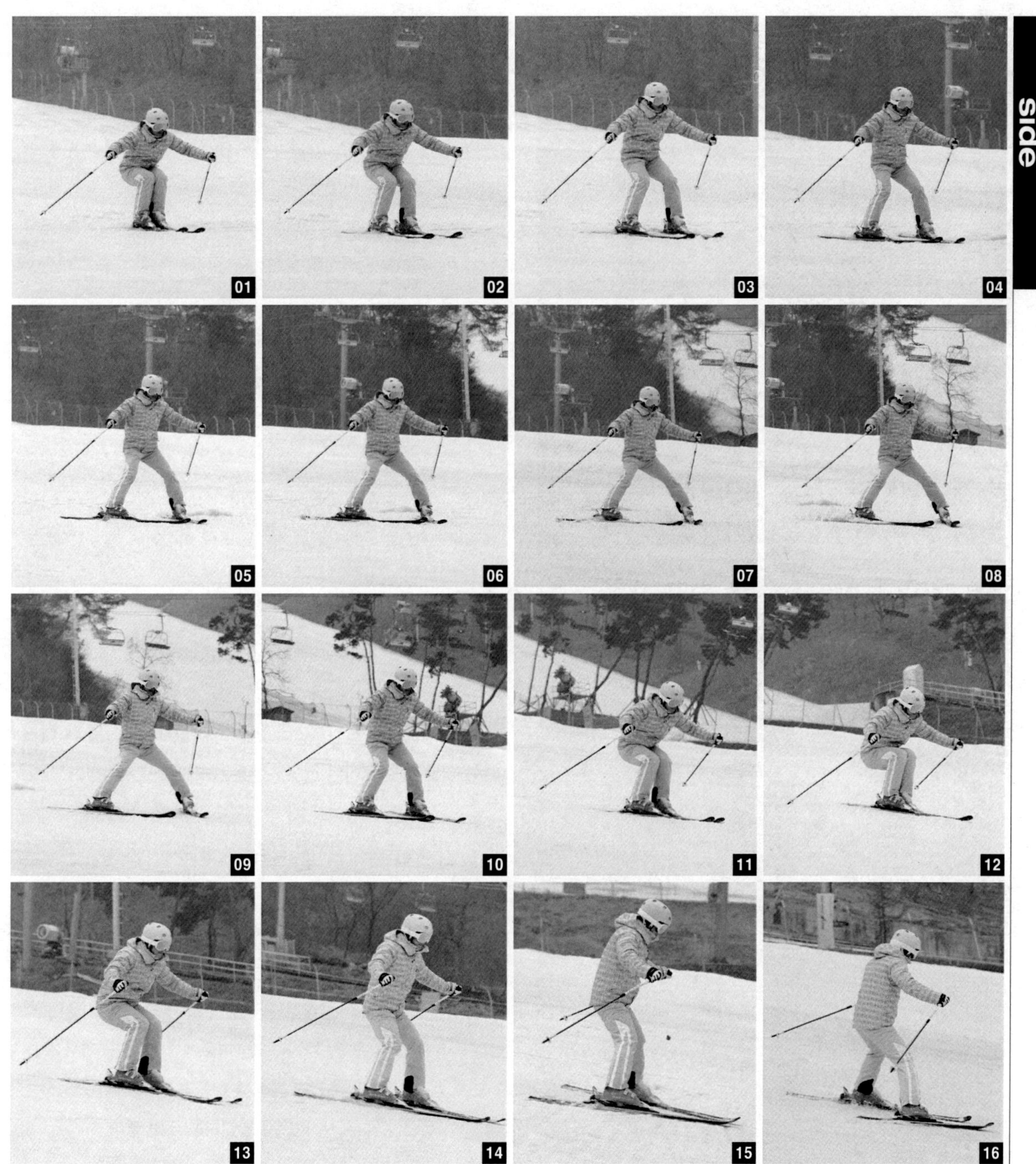

side

31

벤딩 플루그보겐

벤딩 플루그화렌에서 어느 정도 벤딩의 감각이 길러졌다면, 이제는 실제로 회전을 하면서 벤딩을 하는 벤딩 플루그보겐을 실시한다. 플루그화렌에서는 처음 벤딩의 감각을 익히기 위하여 테일 슬라이드의 이용하였는데, 플루그보겐부터는 스키의 탑과 테일을 동시에 돌려주는 탑테일 슬라이드로 보다 질 높은 회전에 도전한다.

벤딩 플루그보겐은 탑테일 슬라이드를 기본으로 하기 때문에, 적당한 외향경 자세가 만들어져야 회전에서 상체를 안정시키고 바깥발에 하중을 전달하기가 수월하다. 나중에는 숏턴형 벤딩 플루그보겐도 연습해야 하는데, 이때는 상체를 최대경사선 방향으로 고정시키고 하체만으로 회전하며 벤딩을 할 수 있어야 한다.

벤딩 플루그보겐에서도 머리와 상체의 높이를 일정하게 유지하며 회전을 하는 것이 중요인데, 이를 위해서는 회전을 마치고 중립자세로 되돌아올 때 하체를 구부리는 벤딩동작을 정확하게 구사하여야 하고, 회전에 들어갈 때 하체를 펴면서 스키를 회전시키는 스트레칭 동작도 확실하게 행해져야 한다.

벤딩 플루그보겐을 처음 익히는 단계에서는 스키어가 스스로 내력을 사용하여 하체를 구부리거나 펴면서 스키를 조작하는 비율이 크지만, 점점 기술이 익숙해지면 활주스피드를 빠르게 하여 설면에서 오는 반발력과 스키의 탄성을 이용하여, 외력을 활용하는 벤딩 플루그보겐으로 발전하는 것이 좋다.

벤딩 플루그보겐에서는 특히 회전에 들어갈 때 하체를 펴주면서, 스키의 탑테일 슬라이드를 만들기 위한 피봇팅 조작을 하여야 하는데, 처음에는 하체를 펴면서 비틀어주는 조작이 의외로 어렵고 하체의 긴장감을 유지하기가 수월하지 않기 때문에 많은 연습이 필요하다.

벤딩 플루그보겐에서도 회전의 전반부에는 가벼운 전경자세를 유지하여 스키의 테일을 많이 움직여서 회전각을 만들어주고, 회전의 중후반부에서는 중경자세를 지나서 약간의 후경자세를 만들어, 스키의 탑과 테일을 동시에 움직이며 샤프하게 회전을 마무리하게 된다. 이렇게 만들어진 약간의 후경자세는 중립자세를 지나면서 중경으로 되돌아왔다가, 다음 회전의 전반부에서 적절한 전경자세를 취하게 된다.

벤딩 플루그보겐도 탑테일 슬라이드를 사용하기 때문에, 외향경자세를 중심으로 회전을 하게 되므로, 기본적으로 어깨는 수평을 유지하는 것이 좋다. 또한 활주스피드가 점점 빨라져서 외력의 활용도가 높아지면, 조금 더 어깨를 회전의 안쪽으로 기울여서 증가된 원심력에 대응하는 자세를 만드는 것이 기술의 폭을 넓히는 지름길이다.

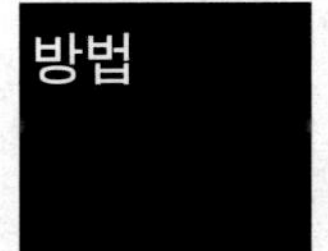

방법

비교적 경사가 완만한 완중사면을 선택하여 플루그 스탠스에서 하체를 구부린 상태로 출발한다. 회전을 시작하기 위하여 적당한 전경자세를 취한 상태에서, 하체를 펴주며 스키의 테일을 가볍게 밀어주면서 회전각을 만들며 회전에 들어간다. 이때 상체의 방향은 적절한 외향경자세를 만들어야 정확한 바깥발 하중이 가능하다.

스키가 회전에 들어가면서 하체에 하중을 가하고 회전의 안쪽으로 비틀어주며 피봇팅을 한다. 이때 하중을 발바닥의 앞쪽에서 가운데를 거쳐서 뒤꿈치로 옮겨주는 전후이동을 하여, 스키의 탑과 테일이 동시에 회전되는 정확한 탑테일 슬라이드를 구사한다.

회전을 할때는 바깥발의 움직임에 맞춰서 안쪽발도 같은 방향으로 회전이 되어야, 양스키가 동시에 원활하게 움직이며 정확한 플루그보겐이 구사되게 된다. 또한 회전을 하면서 신체의 중심을 자연스럽게 회전의 안쪽으로 이동시키게 되는

데, 스키어의 내력과 원심력에 의해 하중은 바깥발에 많이 실리게 되지만, 신체의 중심은 안쪽발 위에 위치하게 된다.

회전이 마무리되면 스키에 가해진 하중과 엣지를 풀어주면서 다시 중립자세로 되돌아오게 되는데, 이때 발목, 무릎, 고관절을 고루 사용하여 벤딩을 실시하고 상체의 방향도 스키와 방향과 같은 정향으로 되돌아오게 된다.

체크 포인트

(1) 정확한 동작으로 벤딩을 실시한다.

어느 정도 스키기술이 익숙한 중상급 스

키어라도 처음 벤딩턴을 익힐 때는 상당히 어색하고 부담스러울 수도 있다. 하지만 벤딩턴은 난이도가 높은 난코스나 고속에서 안정감을 높이기 위한 필수기술이므로, 최상급자가 되기 위해서는 꼭 익혀야 하는 기술이다.

이러한 벤딩턴을 익히기 위해서는 처음에는 다소 과장된 동작으로 연습을 시작하여, 어느 정도 익숙해지면 과장된 동작을 줄여서 보다 실전에 가까운 심플한 동작으로 벤딩턴을 구사하는 것이 좋다. 따라서 처음에는 비교적 낮은 스피드에서 조금은 큰 동작으로 벤딩턴을 연습하는 것을 권하고 싶다.

벤딩턴의 동작이 확실하게 만들어지기 위해서는 특히 하체를 구부리는 벤딩동작이 중요한데, 회전에서 빠져나와 중립자세에 들어갈 때, 확실하게 중심을 낮추어야 다음 회전에서 하체를 펴주는 동작에도 여유가 생겨서 정확한 벤딩턴을 구사할 수 있다.

(2) 스키를 감아주는 의식을 가진다.

하중의 전후이동을 이용하여 스키를 감아주는 의식을 가진다.

일반적인 플루그보겐과 마찬가지로 벤딩 플루그보겐에서도 하체를 이용하여 스키를 감아주는 의식은 필수적이라 할 수 있다.

이를 위해서는 하체를 펴면서 스키에 하중을 가할 때, 스키의 하중을 발바닥의 앞쪽에서 뒤꿈치로 이동시키며 피봇팅을 실시하는 복합적인 조작이 필요하게 된다. 이때 하체의 긴장감도 필수인데, 이렇게 정확한 조작으로 스키가 감기는 의식이 들어야만, 스키의 엣지그립이 확실하게 만들어지고 스키가 살아있는 느낌으로 회전을 하여, 보다 외력을 살리는 벤딩턴이 가능해진다.

(3) 정확한 외향경자세를 유지한다.

정확한 바깥발 하중과 탑테일 슬라이드를 위해서 확실한 외향경 자세를 유지한다.

벤딩 플루그보겐은 탑테일 슬라이드를 기본으로 하기 때문에 정확한 외향경자세는 필수라고 할 수 있다. 특히 회전을 시작하며 하체를 펴는 스트레칭 동작을 할 때, 상체가 회전의 안쪽으로 넘어가 버리는 경우가 많은데, 이는 안쪽발에 지나치게 하중이 걸리는 것은 물론이고, 엣지그립을 약해져서 스키가 밀리고 회전의 반발력을 잃게 만드는 원인이 된다.

벤딩 플루그보겐은 탑테일 슬라이드가 주된 조작인 만큼 상체의 외향경 자세를 적절하게 유지하고, 하체의 긴장감을 잃지 않아야 스키가 감겨드는 벤딩 플루그보겐이 가능하다.

를 구부리는 것이 아니라, 발목을 굽히며 스키를 끌어당기는 동작이 있어야 한다.

이렇게 적극적으로 중경포지션으로 되돌아 온다는 의식이 있어야, 다음 회전에서 전경을 유지하며 탑테일 슬라이드를 시작하기가 쉬워진다.

어느 정도 벤딩 플루그보겐이 가능해졌다면, 이제는 회전의 리듬도 짧게 하고 폴체킹도 추가하여 벤딩 플루그숏턴을 실시한다. 벤딩 플루그숏턴은 실제로 모글에서 사용되는 기술이므로, 확실하게 연습하여 모글로 향한 첫걸음을 내딛는 기초를 만든다.

일반적인 플루그숏턴과 마찬가지로 상체는 최대경사선 방향으로 고정시키고, 하체의 움직임 만으로 회전을 하게되는데, 벤딩에서는 하체를 펴면서 피봇팅을 하므로 더욱 적극적인 조작이 필요하게 된다.

또한 회전을 하면서 폴체킹도 함께 실시하여야 보다 실전적인 벤딩 플루그숏턴이 되는데, 하체를 펴면서 폴체킹을 준비하고 폴을 찍어주면서 하체를 구부리며 중립자세로 되돌아가게 된다. 이러한 플루그숏턴과 폴체킹을 제대로 할 수 있어야 모글에 들어갈 수 있는 준비가 되었다고 할 수 있다.

(1) 지나친 후경이 되는 벤딩동작

벤딩시 뒤로 주저앉아서 지나친 후경이 되지 않도록 주의하고, 하체를 구부릴 때 발목을 뒤로 당겨주는 의식을 갖는다.

벤딩을 하다보면 자연스럽게 하체가 구부러지면서 엉덩이의 위치가 낮아지게 마련이다. 이때 쉽게 보이는 미스가 바로 지나치게 후경자세가 되는 경우인데, 벤딩에서 지나친 후경이 발생하면 회전에서 다시 발앞꿈치로 하중을 이동시키는 동작이 어려워져서, 샤프한 탑테일 슬라이드가 어렵게 된다.

벤딩을 할 때는 회전 후반부에 발뒤꿈치에 있던 하중을 다시 발가운데로 끌고와야, 다음 회전에서 발앞꿈치로 수월하게 이동시키며 샤프한 회전이 가능하다. 이를 위해서는 벤딩을 할 때 단순하게 하체

(1) 벤딩플루그보겐 + 폴체킹

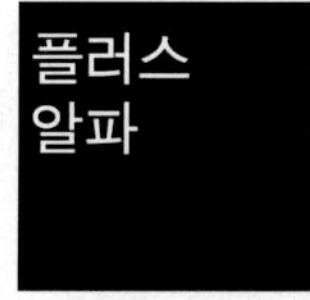

32 벤딩 슈템턴

벤딩 플루그보겐에서 어느 정도 벤딩을 이용하며 회전을 하는 감각이 익숙해졌다면, 이제는 슈템턴을 하면서 플루그와 패러렐 스탠스를 오가며 벤딩턴을 하는 감각을 익히도록 한다.

벤딩 슈템턴은 기본적으로는 탑테일 슬라이드의 슈템턴과 같은 구조를 가지고 있지만, 하체를 굽히며 중립자세에 들어가고 하체를 펴면서 회전자세에 들어가는 벤딩턴의 요소가 더해진 회전이라고 할 수 있다.

벤딩 슈템턴부터는 폴체킹을 하게 되는데, 회전이 마무리되면서 양스키를 넓히면서 폴체킹을 준비한 다음, 폴을 찍고 다음 회전에 들어가게 된다. 폴체킹은 일반적인 슈템턴과 마찬가지로 손과 발의 연동동작이 중요하므로, 양발을 넓히면서 폴체킹을 준비하는 동작을 함께 실시하고 폴을 찍고 스키를 붙여주어서, 폴체킹이 회전을 이끌어내는 연동감각을 익히도록 한다.

벤딩 슈템턴도 일반적인 슈템턴과 마찬가지로 회전의 전반부에 스키를 붙여주며 회전에 들어가는 것이 중요하므로, 벤딩 플루그보겐보다 섬세한 스키조작과 정확한 신체동작이 필요하게 된다. 특히 회전 전반부에 스키를 붙여주기 위해서는 정확한 외향경 자세를 취하여 바깥발 하중을 만들고, 회전에 들어가면서 피봇팅과 전후운동을 활용하여 보다 샤프한 회전을 만드는 것이 좋다.

벤딩 슈템턴에서는 양발을 플루그로 넓혀주면서 중립자세로 되돌아오게 되는데, 이때는 플루그보겐 때와 마찬가지로 양발의 발목을 당겨주면서, 정확하게 중경으로 중립자세를 만들어서 자칫 상체가 후경으로 빠지는 것을 막고, 다음 회전에서 손쉽게 전경으로 회전을 시작하도록한다.

벤딩 슈템턴부터는 본격적인 패러렐 스탠스가 도입되기 시작하는데, 바깥발은 물론이고 안쪽발도 바깥발의 움직임에 맞춰서 능동적으로 동조되어야 보다 원활한 회전을 할 수 있다. 이를 위해서는 안쪽스키를 바깥쪽 스키에 붙여줄 때, 새끼발가락쪽을 설면에 긁어주며 비비는 느낌으로 하체전체를 회전 안쪽으로 비틀어주는 동작이 필요한데, 이를 하중이 별로 실리지는 않으면서 엣징동작은 적극적으로 만들어져야 하므로, 일명 "헛엣징" 이라고 많이 불린다.

벤딩 슈템턴도 처음에는 스키어의 내력을 많이 사용하지만, 회전이 익숙해지면 서서히 내력의 사용을 줄이고, 엣지그립과설면에 반발력에 의한 외력을 활용하여 보다 경제적이고 약진감 있는 회전을 추구한다.

비교적 경사가 있는 중급사면을 선택하여, 양스키를 패러렐로 유지하며 비교적 높은 자세로 출발한다. 회전에 들어가기 위하여 벤딩동작을 하면서 양스키를 플루그로 넓히며 중립자세를 만든다. 벤딩을 할때는 고관절, 무릎, 발목이 골고루 사용되어야 중심이 후경으로 빠지지 않고, 중경을 유지한 상태로 정확하게 중립자세로 되돌아올 수 있다.

이때 중립자세를 만들며 폴체킹을 준비해야 하는데, 폴체킹을 준비하면서 중심이 낮아지는 벤딩동작을 함께 행하므로, 폴이 설면에 끌리지 않도록 일반적인 폴체킹보다는 적극적인 팔의 동작을 활용하여 폴체킹을 준비한다.

중립자세에서 폴을 찍어주면서 하체를 펴주는 스트레칭 동작을 하며, 안쪽스키를 바깥쪽스키에 붙여주면서 회전에 들어간다. 회전 전반부에는 다소 전경을 유지하여 테일이 많이 움직이며 보다 쉽고 빠르게 회전을 이끌어내고, 회전의 중후반부에는 중심을 가운데에서 뒤쪽으로 이동시키며 탑의 움직임을 활용하여 보다 매끈한 탑테일 슬라이드를 만드는 것이 좋다.

테일엣징을 이용하여 회전의 마지막을 잘 마무리하며 다시 벤딩동작을 하면서 폴체킹을 준비하여 다음 회전에 들어갈 준비를 한다.

(1) 벤딩동작과 폴체킹을 매칭한다.

하체의 벤딩동작과 상체의 폴체킹 동작을 매칭한다.

슈템턴은 기본적으로 스탠스의 변화와 폴체킹을 매칭시켜야 하는 회전이므로, 상대적으로 폴체킹의 난이도가 높다 할 수 있는데, 벤딩 슈템턴은 여기에 벤딩동작도 의식하여야 하므로 더욱 폴체킹이 어려워지게 된다.

벤딩턴은 슬로프 조건이 어려운 난사면이나 기복이 심한 모글사면에서 많이 사용되는 기술이므로, 정확한 폴체킹은 필수불가결한 요소라고 할 수 있다. 그러므로 벤딩 슈템턴을 하면서 확실하게 폴체킹을 익혀야, 앞으로 연습할 패러렐턴이나 숏턴에서도 보다 능숙한 폴체킹이 나오게 마련이다.

슈템턴은 스피드 컨트롤을 하기 쉬워서 조금은 여유롭게 회전이 가능하므로, 양 스키의 스탠스 변화는 물론이고 벤딩동작을 하면서 정확하게 폴체킹을 연습하는데, 슈템턴은 발의 움직임과 팔의 움직임이 기본적으로 함께 움직여야 한다. 회전에서 빠져나와서 다음 회전에 진입하기 위해서는 하체를 굽히며 스키를 넓혀서 플루그를 만들게 되는데, 이때 하체의 움직임에 맞춰서 팔도 함께 움직이며 폴체킹을 준비하도록 한다.

준비된 폴은 하체를 펴주는 동작에 맞춰서 가볍게 찍어주면 의외로 리듬을 맞추기가 수월해지는데, 이때 하체를 펴주는 스트레칭 동작과 함께 안쪽스키를 모아주면, 보다 쉽게 벤딩 슈템턴의 폴체킹 리듬을 습득할 수 있다.

(2) 안쪽발을 적극적으로 활용한다.

안쪽발을 비틀어주며 적극적으로 활용하여 바깥발의 움직임을 이끌어낸다.

벤딩턴을 할 수 있다면 이미 스키어의 수준은 중급을 넘어서 상급 스키어라고 할 수 있다. 상급 스키어는 보다 샤프하고 매끈한 회전을 자유자재로 구사할 수 있어야 하는데, 이를 위해서는 안쪽발의 적극적인 활용이 필수이다.

플루그보겐에서는 안쪽발이 바깥발의 움직임을 따라가는 보조적인 역할만을 하였다면, 슈템턴에서는 안쪽발의 독립성이 높아지고, 또한 바깥발을 리드하는 움직임을 익혀야 보다 쉽게 패러렐턴에 접근할 수 있는데, 특히 안쪽발을 붙이는 타이밍이 빠른 "전반모으기"에서는 더욱 안쪽발의 움직임이 중요해진다.

회전 전반부에 안쪽스키를 붙일 때는 단순하게 양발의 스탠스만을 패러렐로 만드는 것이 아니라, 안쪽발을 적극적으로 회전방향으로 돌려주며 능동적으로 바깥발의 움직임을 이끌어내야하는데, 이를 위해서는 발바닥의 새끼 발가락쪽하 중선을 앞에서 뒤로 설면에 긁어주는 의식과, 하체전체를 적극적으로 회전방향으로 비틀면서 피봇팅하는 감각이 필요하게 된다.

이때 안쪽발은 많은 하중이 실리지 않은 상태에서 적극적인 움직임을 가져야 하므로 흔히 "헛엣징"이라고 하고, 이 움직임은 패러렐턴이나 숏턴에서 매우 중요한 역할을 하게 된다.

(1) 안쪽 발이 잘 움직이지 않는 경우

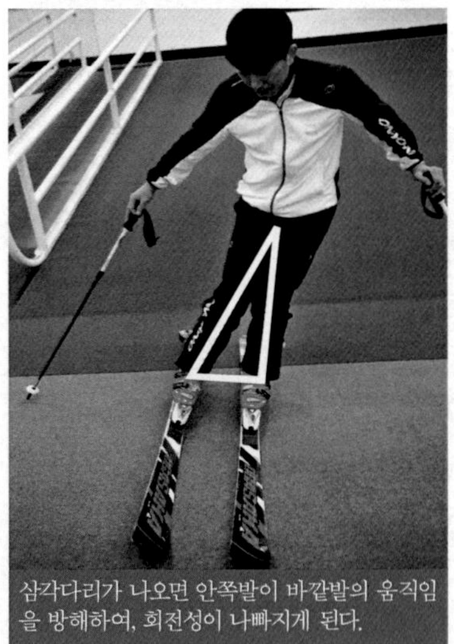

삼각다리가 나오면 안쪽발이 바깥발의 움직임을 방해하여, 회전성이 나빠지게 된다.

앞서 이야기했듯이 슈템턴부터는 특히 안쪽발의 중요성이 높아지게 되어, 완성도 높은 슈템턴을 위해서는 안쪽발의 활용이 필수라고 할 수 있다.

하지만 슈템턴에서 흔히 보이는 실수중의 하나가, 바로 회전 전반부에 안쪽발이 잘 움직이지 않아서 삼각다리가 나오는 것이고, 또한 벤딩동작을 함께 해야 하기 때문에 기술적인 난이도는 더욱 올라가게 된다. 회전 전반부에 삼각다리가 나오게 되면 바깥발에 비해서 안쪽발의 회전성이 떨어지기 때문에, 결과적으로 안쪽발이 바깥발의 회전을 방해하는 형태가 되어버린다.

회전의 전반부는 아랫쪽을 향하여 회전하는 구간이므로 경사면에 대하여 거꾸로 서있는 형태가 되는데, 이 구간에서 안쪽발을 잘 움직이기 위해서는 정확한 외향경 자세를 만들고 바깥발에 하중을 가하여, 안쪽발을 가볍게 만든 상태에서 회전에 진입해야 한다.

또한 평소 안쪽발을 움직이는 트레이닝을 많이 하여서 안쪽발의 고관절과 무릎, 발목을 부드럽게 사용하는 연습이 충분히 되어야만 한다.

플러스
알파

(1) 회전 전환기의 이미지

컨트롤 회전에서는 다음 회전의 바깥발을 펴면서 일어난다는 이미지를 가지고 중립자세에 들어간다.

스피드 회전에서는 다음 회전의 안쪽발을 구부리면서 일어난다는 이미지를 가지고 중립자세에 들어간다.

어떠한 종류의 회전일지라도 하나의 회전을 마치고 다음 회전에 들어가기 위해서는 중립자세가 나오는 전환기를 거쳐야 한다. 이를 위해서는 중심을 아래쪽으로 이동시키며 슬로프에 수직하게 몸을 셋팅하고 중립자세에 들어가야 하는데, 이를 위해서

는 다양한 이미지가 필요하게 된다.

중심을 이동시키는 이미지에는 크게 두 가지가 있는데, 탑테일 슬라이드의 컨트롤성 회전에서는 업다운을 주로 사용하며 중심의 좌우이동이 크지 않게 되므로, 주로 다음 회전의 바깥발을 펴면서 일어난다는 이미지를 가지고 중립자세를 거쳐서 다음 회전에 진입하게 된다.

이와는 반대로 카빙의 스피드계 회전에서는 업다운이 줄어들고 중심의 좌우이동이 커지게 되므로, 주로 다음 회전의 안쪽발을 구부리면서 일어난다는 이미지를 가지고 중립자세를 거쳐서 다음 회전에 진입하게 된다.

이러한 중심이동의 이미지는 절대적인 것은 아니고 주로 스피드에 따라서 변화하게 되는데, 컨트롤성 회전이라도 스피드가 빨라지게 되면 업다운이 줄어들게 되므로, 바깥발을 펴는 것을 중심으로 안쪽발을 구부리는 이미지가 합쳐져야 한다.

또한 스피드성 회전이라도 상대적으로 스피드가 느려지게 되면 약간의 업다운을 사용하게 되므로, 안쪽발을 구부리는 것을 중심으로 바깥발을 펴주는 이미지가 필요하게 된다.

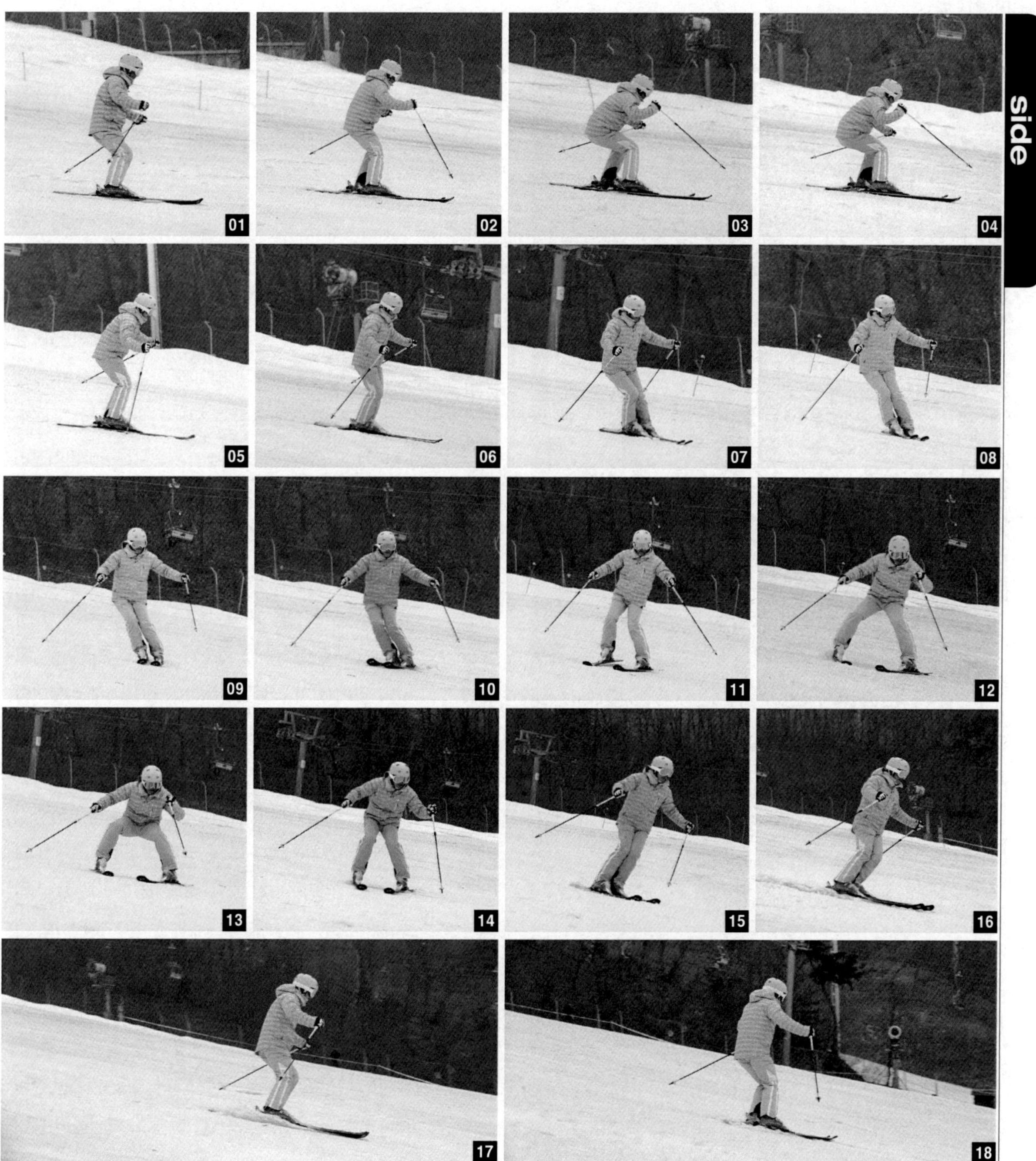

벤딩 패러렐턴

Bending Parallel Turn

벤딩 슈템턴에서 스탠스를 플루그에서 패러렐로 변화하며 벤딩턴의 감각이 향상되었다면, 이제는 회전의 시작부터 마무리까지 패러렐을 유지하며 더욱 완성도 높은 벤딩턴을 시도해 본다.

벤딩 패러렐턴에서는 회전전반에서 후반까지 정확하게 패러렐 스탠스가 유지되어야 하는 것은 물론이고, 양발의 정각이 각도도 평행한 패러렐 상태로 유지되어야 하므로, 슈템턴보다 높은 수준의 기술이 필요하게 된다. 이를 위해서는 정확한 안쪽발 조작이 필요하게 된다. 또한 양발을 동시에 움직여야 하기 때문에 보다 확실한 신체동작과 스키조작을 하여야 한다.

이것은 단순하게 안쪽발을 회전의 안쪽으로 넘기는 것으로는 불충분하고, 안쪽발의 긴장을 푼 상태에서 유연하게 허벅지를 비틀어주어, 하체가 회전방향으로 원활하게 움직이는 피봇팅 동작은 물론이고, 발바닥 안에서 하중의 전후이동이 원활하게 이루어질 때 비로소 이루어질 수 있다.

슈템턴과 마찬가지로 패러렐턴에서도 폴체킹을 하면서 적극적인 회전을 하는데, 슈템턴보다는 일찍 폴을 준비하고 찍어주어서 보다 리드미컬한 회전을 이끌어 내는 것은 물론이고, 뒤에 배울 벤딩 숏턴과의 연계성을 높이게 된다.

벤딩 패러렐턴도 기본적으로 탑테일 슬라이드를 이용하여 매끈한 회전을 만들어내야 하므로, 회전 전반부부터 정확한 외향경자세를 만들고, 확실한 바깥발 하중을 중심으로 섬세한 피봇팅 조작을 해주어야 한다.

또한 중립자세에 들어갈 때는 회전 후반부에 테일엣징을 하면서 앞으로 나갔던 스키를 다시 당겨주면서 정확하게 중경 포지션을 만들어야, 다음 회전이 전반부에 스키의 탑에 하중을 가하며 샤프하게 회전에 들어갈 수 있다.

벤딩 패러렐턴은 기복이 심한 급사면 등을 안전하고 효과적으로 내려올 수 있는 기술이고, 앞으로 배울 모글에서의 첫걸음을 위한 필수기술이므로, 잘 익혀서 진정한 최상급자로 향하는 발판을 마련하도록 한다.

방법

벤딩 패러렐턴부터는 어느 정도 스피드가 필요하기 때문에 비교적 경사가 있는 중급사면을 선택하여 회전을 시도한다.

높은 자세의 패러렐 스탠스에서 출발하여 서서히 하체를 구부리면서 중립자세에 들어간다. 이때 미리 폴체킹을 준비하였다가 벤딩동작을 하면서 폴을 찍어주어야 중립자세에서 정확한 타이밍으로 폴이 찍히게 된다. 폴을 찍은 후에는 팔이 아래로 쳐지거나 뒤로 돌아가지 않도록 손목의 스냅을 이용하여 잘 끊어주어야, 몸이 뒤로 빠지거나 흔들리지 않고 다음 회전에 원활하게 진입할 수 있다.

중립자세를 지나서는 서서히 하체를 펴주면서 회전자세에 들어가게 되는데, 패러렐턴은 슈템턴에 비해서 스키의 회전각이 작기 때문에, 전경을 유지하여 테일을 가볍게 한 상태에서 회전 바깥쪽으로 테일을 밀어주는 조작을 이용하면, 보다 쉽게 회전각을 만들며 보다 빠르고 안정적으로 회전에 들어갈 수 있다.

회전에 들어가면 스키에 하중이 가해지며 피봇팅 조작을 하게 되는데, 패러렐턴에서는 양발을 동시에 펴면서도 회전의 바깥발에 하중을 많이 가하며 회전을 해야 한다. 또한 회전을 매끈하게 이끌어내기 위해서는 하중의 전후이동이 필요하기 때문에, 높은 수준의 기술이 필요함은 물론이고 하체의 유연성이 중요하게 된다.

양발을 펴면서 회전을 할 때는, 발 앞꿈치에 있던 하중이 뒤꿈치 쪽으로 이동하며 테일엣지를 사용하며 회전을 마무리하게 된다. 이렇게 정확한 조작을 하며 벤딩 패러렐턴을 하다보면, 서서히 설면에서의 반발력이 강해지는 것을 느끼게 되는데, 익숙해지면 이러한 반발력과 스키의 휘어짐 등의 외력을 활용하여, 보다 효율적으로 회전을 마무리하고 시작할 수 있는 단계에 이를 수 있다.

회전이 끝나면 다시 폴체킹을 준비하고, 하체를 구부리면서 폴을 찍어주면서 다음 회전을 위한 중립자세로 되돌아가게 된다.

(1) 폴체킹을 미리 준비하고 찍어준다.

회전의 마지막에 미리 폴체킹을 준비하여 중립자세에 들어가며 가볍게 찍어준다.

벤딩 패러렐턴의 폴체킹은 슈템턴에 비해서 한박자 미리 준비하고, 한박자 미리 찍어주어야 중립자세 근처에서 폴이 찍히는 정확한 타이밍으로 폴체킹을 구사할 수 있다.

슈템턴은 중립자세에서 스탠스를 변화시키기 때문에 중립자세가 길어져서 폴체킹에 여유가 있지만, 패러렐턴부터는 중립자세가 회전과 회전사이의 한순간이 되기 때문에, 상대적으로 중립자세를 취하는 시간이 짧아지게 된다. 그러므로 미리 폴체킹을 준비하고 미리 찍어주어야 정확한 타이밍에 폴체킹을 구사할 수 있다.

이를 위해서는 회전의 마지막에 하체가 펴졌을 때 미리 폴체킹을 준비하고, 하체를 구부리면서 중립자세에 들어갈 때 폴을 찍어주어야 하는데, 이는 결과적으로 슈템턴에 비해서 한박자 빠르게 폴을 준비하여 한박자 빠르게 찍어주는 이미지가 있어야 가능하다.

(2) 안쪽발과 바깥발을 하나처럼 움직인다.

하체를 유연하게 준비하여 양발을 하나처럼 동시에 움직인다.

벤딩 패러렐턴은 양발을 동시에 굽혔다가 펴주면서 회전을 하게 되는데, 이를 위해서는 양발을 하나처럼 동시에 움직이는 이미지가 필요하다.

이렇게 양발을 하나처럼 움직이기 위해서는, 스탠스가 넓은 것보다는 스탠스를 좁게 유지하는 것이 유리한데, 보통 양발을 좁게 붙인 클로즈드 스탠스를 사용한 것이 좋다. 또한 양발을 하나처럼 움직이기 위해서는 양발이 비슷한 엣지각도를 유지하며 돌아가야 하는데, 특히 안쪽발의 움직임이 중요하다.

이를 위해서는 양쪽 허벅지를 같은 방향으로 정확하게 돌려줄 수 있는 조작능력과, 골반과 고관절이 잘 분리되어 하체가 각각 독립적으로 움직일 수 있는 유연성이 필요하다. 특히 연령대가 높아지면서 근력보다 오히려 유연성이 급격하게 떨어지게 되는데, 하체가 딱딱한 스키어들은 회전시 지나치게 엉덩이가 돌아가고 하체가 잘 꺾이지 않아서, 스키가 밀리고 조작이 어려워지는 결과가 생기게 된다.

스키를 잘 타기 위해서는 기술만큼이나 신체능력도 중요하게 된다. 특히 근력과 유연성은 현대의 모든 운동에서 가장 중요한 요소중 하나인데, 초보자때는 크게 중요하지 않을지 몰라도 상급으로 올라가면 그 필요성이 급격하게 증가하게 되므로, 꾸준한 트레이닝으로 신체능력을 향상시키는 것이 스키기술 발전에 숨은 필수요소이다.

(1) 한쪽 턴이 안좋은 경우

평상시 트레이닝과 한쪽턴을 집중 훈련하여 좌우턴의 밸런스를 맞춰준다.

스키는 완벽한 대칭운동이라고 할 수 있다. 운동중에서 대칭성이 높은 스포츠는 많지만 스키처럼 완벽한 대칭을 이루는 경우는 극히 드물다.

스키를 타게 되면 필연적으로 좋은 쪽 회전과 나쁜쪽 회전이 나뉘게 되는데, 대개의 오른손잡이의 경우는 오른발잡

이이기 때문에, 오른발에 하중을 가하는 왼쪽 턴이 좋은쪽 회전이고, 왼발에 하중을 가하는 오른쪽 턴이 나쁜쪽 회전인 경우가 많다.

이것은 여러가지 원인이 있겠지만 척추의 문제도 큰 원인중 하나이다. 즉 척추가 수직으로 서 있지 않고 한쪽으로 비뚤어진 경우인데, 이럴 경우에는 척추뿐만 아니라 골반의 높낮이도 다르기 때문에, 한쪽방향에서는 외향경 자세를 취하기가 쉽지만, 다른쪽 방향에서는 자꾸 몸이 넘어가는 원인이 된다.

대개의 오른손잡이들은 가방을 오른쪽에 메는 경향이 있어서, 척추가 미세하게 오른쪽으로 휘어져 있는 경우가 많은데, 이 경우 왼쪽턴에서는 외향경자세가 잘 나와서 하중이나 조작이 편하지만, 오른쪽턴에서는 몸이 넘어가서 조작감이 떨어지는 경우가 많다.

이를 수정하기 위해서는 한쪽방향으로만 회전하는 기르란데 회전등을 이용하여 나쁜 쪽의 회전을 집중적으로 연습하는 것도 필요하지만, 부츠의 깔창 등을 맞춤형으로 제작하여 교정을 해주는 것도 효과적이다.

또한 좌우비대칭이 심하다면, 스키 뿐만 아니라 일상생활에서도 신체의 한쪽에만 부담이 가게 되고 부상이나 질병의 위험도도 높아지게 되므로, 건강한 일상생활을 위해서라도 전문적인 치료를 받는 것이 좋다.

(1) 양발의 하중비율

중립자세는 회전사이의 중간지점이므로 바깥발과 안쪽발의 하중비율이 같아진다.

회전자세에서는 외력과 내력에 의해서 바깥발의 하중비율이 안쪽발보다 크다.

회전중에 한쪽발에 얼마만큼의 하중을 실어줄 것인가의 문제인 하중비율은 상당히 어려운 문제라고 할 수 있다. 하중이 한쪽발에만 실리는 것을 "한발스키"라고 하며, 하중이 양발에 동시에 실리는 것은 "양발스키"라고 한다.

과거의 노말스키 시대에는 스키의 회전성이 낮았기 때문에, 스키어의 하중을 거의 100%에 가깝게 바깥발에 실어준 상태에서, 거의 안쪽발을 들어주는 형태로 바깥발을 중심으로 피봇팅하며 회전을 하였다. 그러므로 이때의 하중비율은 하중이 최대로 실렸을 때 거의 바깥발 100% 라고도 할 수 있으며, 한발스키의 대표적인 형태라고 할 수 있다.

하지만 카빙스키가 등장하면서 스키의 회전성이 좋아지고 원심력도 강해지면서 안쪽발의 역할이 중요해지기 시작하였다. 특히 원심력에 버틸 수 있는 내경자세의 밸런스를 잡아주는 안쪽발은 카빙에서 중요한 위치를 차지하고 있다. 카빙에서 안쪽발을 들고 바깥발로만 밸런스를 잡으며 카빙을 하면 상당히 난이도가 높아지게 된다.

이렇게 안쪽발의 활용도가 높아지면서 안쪽발에도 적절하게 하중이 실리기 시작하였는데, 바깥발보다는 적은 하중이 실리지만 그래도 최소한 0% 이상의 하중이 실려야 설면과의 접촉을 이루면서, 신체의 밸런스를 유지하기 수월해진다. 이렇게 안쪽발과 바깥발에 동시에 하중이 실리므로 "양발스키"라고 할 수 있다.

바깥발에 하중을 실을 때는 일정한 비율로 고정된 것이 아니라, 활주스피드나 회전호의 깊이나 설질에 따라서 다르게 실리는데, 빠른 스피드에서 깊은 회전호를 카빙으로 그린다고 해도, 안쪽발을 완벽하게 들지 않았다면 바깥발 100%라고는 말하기 어렵게 된다.

아주 빠른 스피드로 깊은 회전호를 그린다면 바깥발에 90~95%의 높은 비율의 하중이 실릴 수도 있다. 하지만 여전히 안쪽발에 적은양의 하중이라도 실어주어야 밸런스를 유지하기가 쉽다. 반대로 느린 스피드로 얕은 회전호를 그린다면 바깥발에 60~70%의 낮은 비율의 하중이 실려서 회전하게 된다.

하중은 중립자세에서는 50:50으로 실리지만 회전에 들어가면서 작용하는 외력(원심력등)과 스키어가 가하는 내력에 의해서 서서히 바깥발의 하중비율이 높아지게 되는데, 대개의 최대 하중점은 최대 경사선을 지나면서 나오게 되므로, 이때의 하중비율이 그 회전에서의 최대 하중비율이라고 할 수 있다.

최대 하중점을 지나게 되면 다시 안쪽발의 하중비율이 높아지면서 중립자세에서 50:50으로 하중이 분산되게 된다. 그러므로 중립자세에서 50:50 이었던 하중비율은 회전에 들어가면서 서서히 바깥발의 하중비율이 높아지고, 결국은 최대 하중점에서 가장 바깥발에 하중이 많이 실렸다가, 다시 바깥발의 하중비율이 낮아지면서 50:50의 중립자세로 다시 되돌아가게 된다.

이렇게 스키에서 양쪽발에 하중을 동시에 주는 것이 양발스키의 기본이지만, 양스키에 같은 하중이 들어가는 것은 중립자세의 짧은 순간뿐이고, 보통 바깥발에 많은 하중이 실리게 된다. 또한 바깥발에 하중이 실리는 비율은 스피드나 회전호나 경사도에 따라서 변화하게 된다.

최대 하중에서 안쪽발과 바깥발의 하중비율을 잘 조절하는 것이 기술의 폭을 넓히는 것이므로, 단순히 수치적으로 하중의 비율을 정하려고 하지 말고, 다양한 조건에서 다양한 형태로 회전을 하면서 최적의 하중비율을 찾도록 하자.

저자 김창수프로가 추천하는 앗피리조트 (2009~2010시즌, 2010~2011시즌 레슨 영상 촬영)
"앗피리조트는 다양한 코스와 슬로프의 압설 상태관리가 뛰어난 스키장으로, 실력향상에 더할나위 없는 곳입니다."
스키장 총면적 282ha, 총 코스거리 45.1km, 평균 코스거리 2.1km, 최장코스길이 5.5km(야마바토)
매 시간 23,230명 수송능력, 숙박 수용능력 직영호텔 1,009실(약 4,000명)

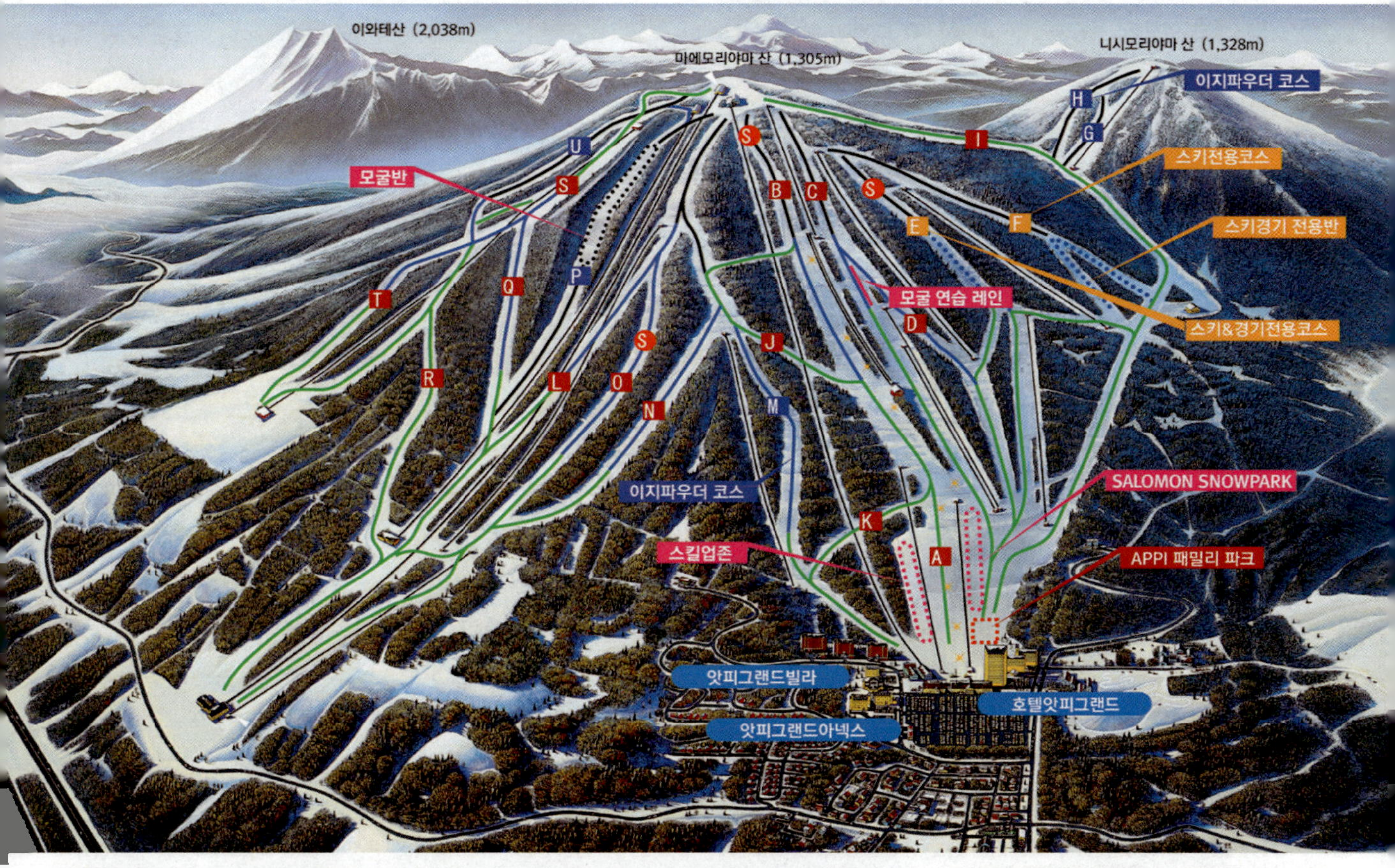

코스		활주거리	코스폭(m)	경사도(도)	설명
A	시라카바 겔렌데	1,000m	300~70	16~9	앗피 리조트센터 앞의 넓은 겔렌데. 초심자·패밀리 용 퍼스트 트라이 에어리어와 키즈 에어리어, 스노파크, 스킬업 존이 있음.
B	하야부사 코스	3,000m	70~30	30~19	가장 인기가 높은 코스 중 하나. 자이언트 슬라럼 공인 코스 야간에도 오픈.
C	오타카 코스	3,000m	70~30	31~16	정상의 급사면은 난이도가 높고, 하부는 초급자의 레슨에 적합한 코스
D	가케스 코스	1,500m	50~35	24~12	오타카에서 분리되는 완만한 사면의 코스. 폼 체크에 좋다.
E	각코 코스	2,800m	50~30	28~14	스키&이벤트 전용. 급사면과 완만한 사면이 섞여 있어 변화가 풍부한 레이아웃.
F	기츠츠키 코스	2,200m	50~30	28~12	스키 전용. 느긋한 크루즈를.
G	야마가라 코스	900m	50~20	32~23	앗피고원에서 가장 설질이 좋은 니시모리 겔렌데의 전면 비압설 코스.
H	이누와시 코스	1,000m	80~25	30~16	밤에 압설한 이후에 눈이 오면 정비된 파우더 코스가 되는 이지 파우더 코스
I	야마바토 코스	5,500m	30~15	20~15	마에모리야마 산정에서 시라카바 겔렌데까지의 5,500m 롱코스 초급자에게 추천.
J	세키레이 코스	1,600m	80~15	26~10	첫 스키와 봄 스키를 즐길 수 있는 코스 자일러에서 센트럴까지 이어준다.
K	가루가모 코스	1,200m	30~15	15~10	초급자 연습에 적당한 코스 앗피 그랜드빌라로 이어지는 코스
L	자일러 롱 코스	4,000m	80~30	26~14	자일러 산기슭까지 이어지는 롱 반. 앗피를 상징하는 메인코스의 하나.
M	제 1 자일러 코스 A	2,500m	80~25	22~10	세로 변화가 즐거운 레이아웃. 올 시즌부터 「이지 파우더 코스」로.
N	제 1 자일러 코스 B	2,800m	70~30	18~11	자일러 쿼드로 이어지는 중간정도 경사의 플랫반.
O	제 1 자일러 코스 C	1,000m	65~40	20~13	자일러 롱 코스의 분기점에서 똑바로 뻗는 코스.
P	제 2 자일러 코스 A	2,300m	70~30	34~16	압설차를 쓰지 않아 신설과 모굴들이 남겨져 있는 난코스
Q	제 2 자일러 코스 B	2,500m	60~30	26~11	세컨드에서 자일러 롱코스로 이어지는 중·완사면.
R	제 2 자일러 코스 C	2,000m	50~25	25~10	비교적 길고 완만한 코스 레이아웃. 인기 코스 중 하나.
S	세컨드 제 1 코스	2,500m	100~30	28~13	전체적으로 완만하여 초급자에서 상급자까지 즐길 수 있는 조망이 좋은 코스
T	세컨드 제 2 코스	1,000m	100~50	21~12	두 군데 뚝 떨어지는 곳이 있어 세로의 변화를 맛볼 수 있는 널찍한 코스.
U	세컨드 제 3 코스	800m	55~33	32~13	압설차를 쓰지 않아 눈이 온 뒤에는 깊은 눈을 즐길 수 있는 동쪽 끝의 숨은 코스

━━ 상급코스   ━━ 중급코스   ━━ 초급코스

■ ...압설반   ■ ...이지 파우더·비압설 파우더 코스   ■ ...스키 전용 코스   Ⓢ ...SAJ공인 코스

2011~2012 시즌
하이원 리조트와 업무제휴 특전

2011~2012 시즌 하이원 시즌권자에게 앗피의 리프트권을 증정합니다.
- 동시즌/본인에 한합니다.
- 횟수, 기간에 상관없이 전일정 제공합니다.
- 하이원 시즌권을 앗피에 지참, 제시해 주세요.

2011~2012 시즌 앗피 다녀오신 분께 하이원 주간1일권 교환권을 보내드립니다.
- 동시즌/본인에 한합니다.
- 1인당 한 장 제공합니다.
- 다녀오신 후 앗피 한국사무소에 신청해주세요.
appikorea@appi.co.kr

* 코스 내 아이템은 변경될 수 있습니다.

34 벤딩 숏턴

Bending Short Turn

벤딩 패러렐턴에서 스키를 패러렐로 유지하면서 벤딩으로 회전하는 감각이 어느 정도 익숙해졌다면, 이제는 회전의 리듬을 줄여서 벤딩 숏턴에 도전하여 보자. 벤딩턴은 롱턴보다는 숏턴이 더욱 쓰임새가 많고 특히 모글에서는 거의 숏턴만을 사용하므로, 벤딩 숏턴은 최상급자가 되기 위한 필수적인 기술이라고 할 수 있다.

벤딩 숏턴은 일반숏턴에 벤딩의 요소를 가미하여, 보다 설면 적응력과 신체 안정성을 높인 기술이므로, 벤딩 숏턴을 익히기 전에 일반숏턴이 어느정도 익숙해야 한다. 또한 벤딩 숏턴은 짧은 리듬의 회전을 벤딩으로 해야 하므로, 매끈하고 샤프한 회전을 위해서 보다 정확한 상체동작과 적극적인 하체의 피봇팅과 엣징조작은 필수이다.

일반적인 숏턴과 마찬가지로 벤딩 숏턴도 짧은 리듬의 회전이므로 상체가 최대경사선 방향으로 고정되어야 하고, 상하체가 분리되어 하체의 동작만으로 연속적인 짧은 회전을 그리는 것이 기본이다. 이를 위해서는 우선 신체의 유연성이 뛰어나야 하며, 특히 회전시 신체를 릴렉스한 상태로 유지해야 저항감 없이 상하체가 잘 분리된다.

처음 벤딩 숏턴을 익힐때는, 숏턴리듬보다는 하체의 벤딩동작에 집중하여 머리와 상체의 높이를 일정하게 유지하는 것을 의식하여야 하는데, 처음에는 다소 과장된 동작으로 벤딩을 하여야 상체를 일정하게 유지하기가 편리하다. 이렇게 과장된 동작으로 벤딩

숏턴을 하다보면 자연스럽게 숏턴리듬이 늘어지게 되는데, 익숙해지면 보다 심플한 동작을 구사해야 비로소 벤딩 숏턴이 가능하다.

벤딩 숏턴이 익숙해지면 벤딩동작을 줄여서 리드미컬한 벤딩 숏턴을 연속하는 것에 집중하는데, 이것은 지나친 벤딩동작은 엣징을 약하게 할 수 있기 때문이다. 심플한 벤딩동작은 엣지그립이 좋아지고 외력의 활용도가 높아져서, 보다 효율적이고 샤프하면서도 리드미컬한 벤딩 숏턴을 구사할 수 있다.

벤딩 숏턴의 폴체킹은 벤딩롱턴과 마찬가지로 회전의 마지막에 준비해서 중립자세에 들어가면서 가볍게 찍어주는데, 벤딩 숏턴은 벤딩롱턴에 비해서 리듬이 짧아지므로, 회전에 들어가면서 미리 폴을 내밀어준다는 의식이 있어야 폴체킹의 리듬이 맞게 된다. 또한 손목의 스냅을 잘 활용하여 가볍게 폴체킹을 하고, 또한 폴을 찍은 후에는 폴체킹을 잘 끊어주어야, 어깨가 돌아가지 않고 상체를 안정시키기 쉽다.

벤딩 숏턴은 모글에서는 물론이고 급사면이나 고속 숏턴에서도 꼭 필요한 기술이므로 확실하게 연습하도록 하며, 벤딩

숏턴을 하면서도 스키를 샤프하게 회전시키고 설면 반발력을 이끌어낼 수 있어야, 보다 다양한 조건에서 사용할 수 있는 실전적인 벤딩 숏턴을 완성할 수 있다.

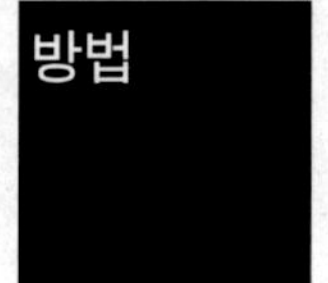

어느 정도 경사가 있는 중급사면을 선택하고, 상체를 최대경사선 방향으로 유지하여 회전을 시도한다. 하체를 편 스트레칭의 높은 자세에서 출발하여 하체를 굽히며 벤딩을 하면서 중립자세로 되돌아간다. 이때 스트레칭 자세에서 폴체킹을 준비하였다가 벤딩에 들어가면서 폴을 찍어주어 적극적인 회전이 이끌어낸다.

중립자세에서 회전에 들어가면서 스트레칭을 실시하며, 양스키를 회전의 바깥쪽으로 밀어내어 회전각을 만들어낸다. 이때 가벼운 전경포지션을 유지하여야 스키의 테일이 쉽게 움직여서 회전에 진입하기가 쉬워진다.

회전이 시작되면 하체를 적극적으로 펴주며 하중과 엣징을 해주는데, 하중의 위

치를 발바닥 가운데에서 뒤꿈치쪽으로 옮겨주며, 하체전체를 회전방향으로 피봇팅하여, 스키가 몸 옆에서 감겨 돌아가게 유도한다. 회전을 할 때는 하체의 긴장감을 유지하여 정확한 엣지그립이 유지되도록 신경을 써야 하는데, 특히 벤딩 숏턴에서는 엣징이 약해져서 스키가 밀리기 쉬우므로 특히 주의한다.

회전의 마지막에는 발뒤꿈치에 하중을 가하여 스키의 테일이 설면을 잡아주며, 스키의 탑이 회전의 옆방향으로 이동하며 회전의 진폭을 만들도록 한다. 벤딩 숏턴은 작은 회전을 연속하여 실시하므로 회전 마지막에서 미리 폴을 내밀어주어 다음 회전에 대비하도록 한다.

회전의 마무리에서 빠져나오면 다시 하체를 굽히고 폴체킹을 해주며 중립자세로 되돌아간다. 벤딩 숏턴은 처음에는 벤딩과 스트레칭을 다소 과장되게 사용하여 벤딩 숏턴의 감각을 익히지만, 익숙해질수록 하체를 굽히고 펴는 동작을 줄여서, 설면의 반발력과 스키의 엣지그립을 이용하여 보다 샤프하고 매끈하게 회전하도록 연습한다.

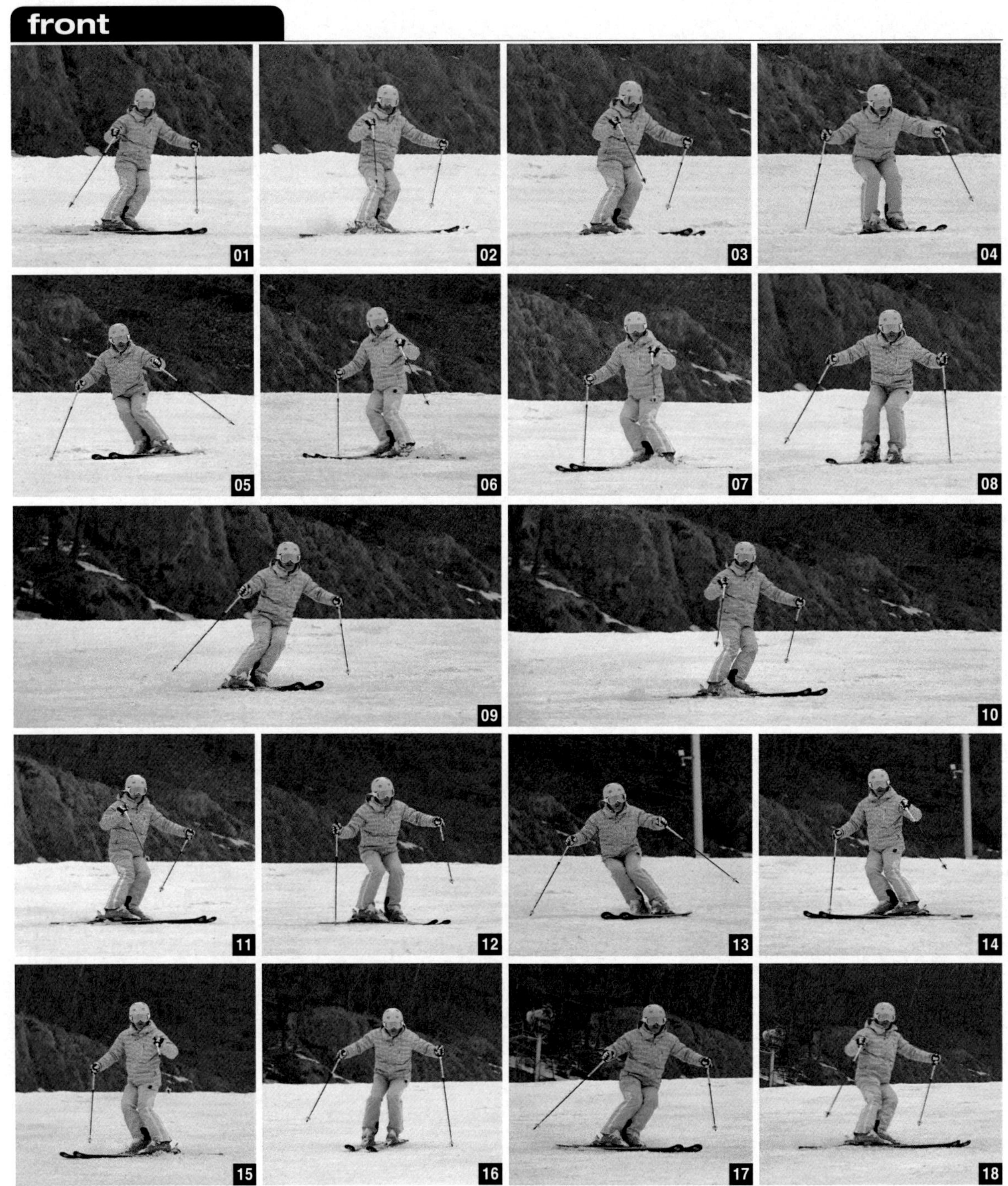

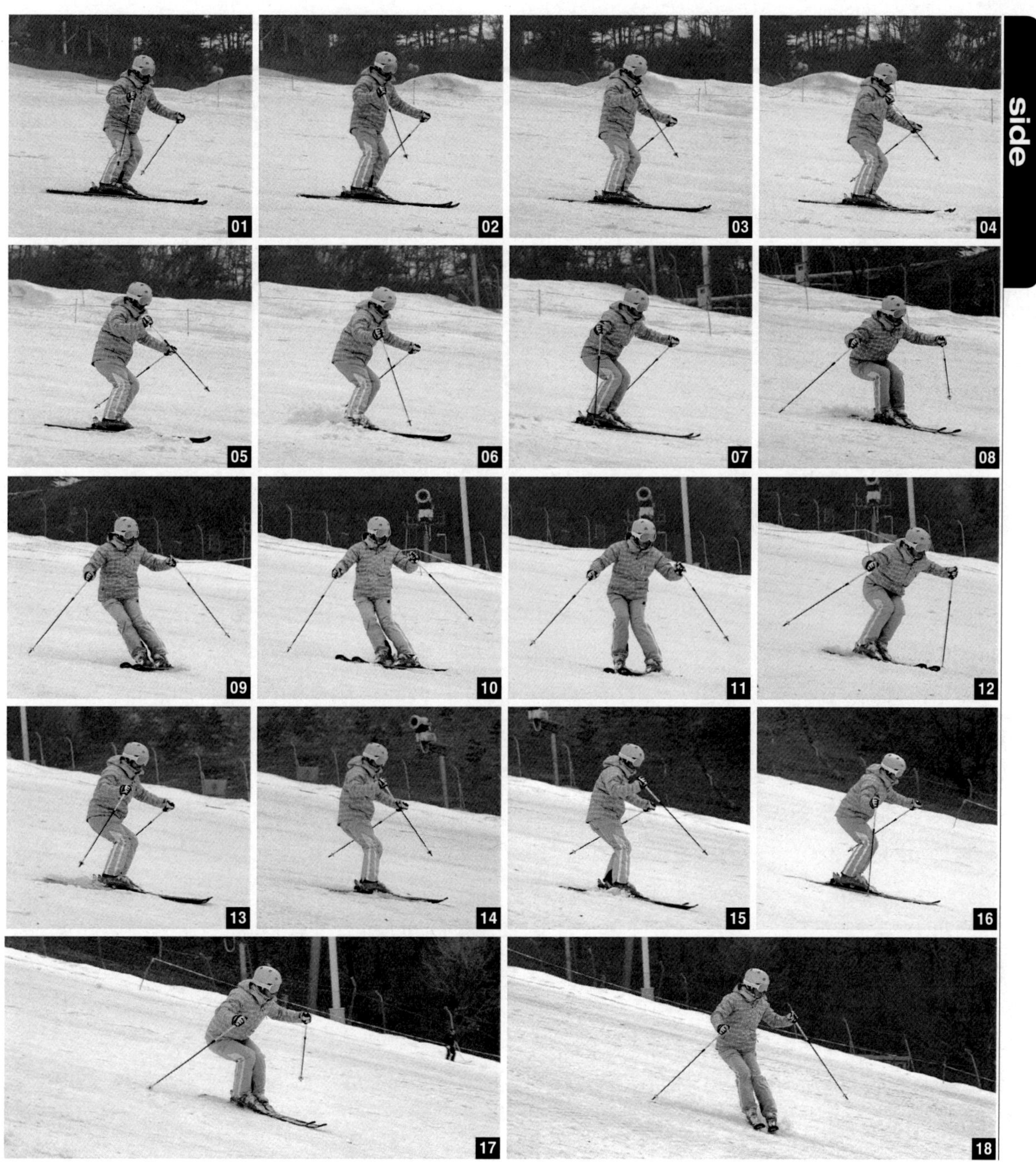

(1) 폴체킹과 벤딩동작을 매칭한다.

하체를 펴주면서 미리 폴체킹을 준비하고 하체를 구부리며 가볍게 폴체킹을 실시한다.

(2) 적극적인 벤딩동작을 의식한다.

머리의 높이를 일정하게 유지하도록 적극적인 벤딩동작을 의식한다.

숏턴에서는 리듬을 살리기 위하여 폴체킹이 중요하다. 특히 벤딩 숏턴에서는 일반숏턴과 반대인 다운업 동작으로 숏턴을 연속하게 되므로, 리드미컬한 숏턴을 만들어내기도 어렵고, 여기에 폴체킹을 매칭하여 적극적인 벤딩 숏턴을 만들어내기도 어려워지게 된다.

리드미컬한 벤딩 숏턴을 위해서는 기본적으로 하체의 동작을 리드미컬하게 연속하는 것이 중요하고, 여기에 맞도록 정확하게 폴체킹을 해주어야 하는데, 폴체킹에서는 양팔의 움직임이 커지면 심플한 폴체킹이 어렵고 리듬이 늘어질 수 있으므로, 가능하면 손목과 손가락의 움직임을 늘리고 팔꿈치의 움직임은 줄여서 심플한 폴체킹을 실시한다.

항상 폴체킹은 하체의 움직임과 매칭되어 정확하게 연동되어야 하므로, 하체를 펴주며 회전에 들어가면서 폴체킹을 미리 준비하고, 회전에서 빠져나오며 하체를 구부리면서 폴체킹을 해주어야 리드미컬한 벤딩 숏턴의 폴체킹이 가능하다.

벤딩 숏턴의 리듬감과 완성도를 높이기 위해서는 적극적인 벤딩을 해야 하는데, 벤딩롱턴과 마찬가지로 머리의 높이가 일정하게 유지되어야 하므로 보다 적극적인 벤딩을 의식하여야 한다. 벤딩 숏턴을 처음 익힐 때는 아직 신체동작이 익숙하지 않으므로, 다소 과장된 벤딩을 실시하여야 비로소 머리의 위치가 일정하게 유지되어 상체의 안정감을 높일 수 있다.

벤딩을 할때는 하체 전체를 적절하게 사용하여 스키를 당겨주는 느낌으로 실시하여야, 회전 후반부에 잠시 만들어졌던 후경이 중립자세에서 중경으로 되돌아오고, 다시 다음 회전에서 전경을 만들기도 수월해진다.

이때 적극적인 벤딩동작을 실시하면서 폴체킹도 함께 실시하는데, 폴체킹을 한 후에 팔이 뒤로 빠지면 중립자세에 들어가면서 자칫 후경이 될 가능성이 있으므로, 폴은 가볍게 찍어주고 손목을 꺾어주는 스냅동작으로 폴체킹을 마무리하여 심플하게 마무리한다.

(3) 적극적인 전후운동을 의식한다.

처음에 벤딩턴을 배우는 단계에서 가장 어렵게 느껴지는 것이, 바로 벤딩턴을 하면서 스키를 샤프하게 회전시키는 것인데, 특히 벤딩 숏턴은 회전호가 작고 리듬이 짧기 때문에 샤프한 회전이 더욱 어렵게 느껴지기 마련이다.

벤딩 숏턴도 스키의 탑과 테일이 동시에 회전하는 탑테일 슬라이드가 기본이기 때문에, 하체를 펴면서 하중을 발바닥의 앞쪽부터 뒤꿈치까지 옮겨주는 전후운동을 하여야, 비로서 스키가 샤프하고 매끈하게 회전하게 된다.

이를 위해서는 벤딩에서는 스키를 뒤쪽으로 당겨주며 회전 후반부에 발뒤꿈치에 실렸던 하중을 다시 발바닥 앞쪽으로 가져오고, 스트레칭에서는 그네를 밀어주는 감각으로 발목을 위로 젖히며, 적극적으로 하중을 발뒤꿈치로 이동시키며 스키를 앞쪽으로 밀어주어야 한다.

이러한 전후운동이 하중동작 및 피봇팅조작과 합쳐졌을 때, 비로소 샤프하고 매끈한 탑테일 슬라이드의 벤딩 숏턴이 가능하다.

NG

(1) 벤딩에서 지나친 후경자세가 만들어지는 경우

벤딩턴에서는 하체를 구부리면서 중립자세에 들어가게 되므로 자연스럽게 상체의 위치가 낮아지게 된다. 이때 흔히 일어나는 실수가 지나치게 뒤로 주저앉으며 후경자세가 만들어지는 경우이다.

이는 발목은 움직이지 않고 무릎과 고관절만을 굽혀서, 스키의 전후운동이 없이 단순하게 상체를 낮추기만 하기 때문이다. 이 결과 중립자세와 회전 전반부에도 후경포지션이 되어버려서 스키의 탑이 설면을 파고들기도 어렵고, 테일이 무거워서 회전각을 만들기도 힘들게 된다.

또한 억지로 회전을 만들어내기 위하여 상체를 흔들려서 밸런스가 무너져버리고, 스키의 테일만으로 엣징이 되어버려서 샤프한 회전도 어렵게 된다. 벤딩에서는 발목, 무릎, 고관절을 골고루 사용하여 전후운동을 하면서 보다 수준 높은 회전을 이끌어내도록 한다.

(2) 스트레칭에서 상체가 젖혀지는 경우

벤딩 숏턴은 일반적인 숏턴과 마찬가지로 항상 최대경사선으로 상체의 방향을 고정시킨 상태에서 회전을 하게 되므로, 활주중에는 슬로프의 경사를 언제나 최대로 느끼게 되므로, 신체의 전후밸런스를 유지하는 것이 중요하다.

이를 위해서는 특히 스트레칭 동작에서 상체의 각도를 유지하는 것이 필요한데, 많은 경우 적극적인 스트레칭을 지나치게 의식하여 상체가 뒤로 젖혀지는 경우가 많이 생겨버린다. 상체가 젖혀지면 회전에서 전후밸런스가 무너져서 원활한 스키조작과 정확한 신체동작도 어려워지게 된다.

벤딩 숏턴에서 전후운동을 의식하다 보면, 벤딩에서는 조금 상체가 숙여지고 스트레칭에서는 상체가 조금 일어나서 상체가 약간 움직일 수 있지만, 가능하면 신체의 전후 움직임을 줄여서 최대한 상체의 안정감을 유지하는 것이 중요하다.

벤딩 숏턴에서도 신체의 각도를 슬로프 각도와 수직으로 유지하여, 스키의 파워와 컨트롤이 손실없이 스키에 전달되도록 정확한 전후밸런스를 유지한다.

(1) 벤딩숏턴의 하체의 움직임

숏턴에서는 신체를 중심으로 부츠가 옆으로 누운 "팔"자 모양으로 입체적으로 움직여야 샤프하고 매끈한 회전이 가능하다.

벤딩 숏턴도 일반숏턴과 마찬가지로 하체를 입체적으로 움직이는 것이 중요하다. 즉 회전에서 스키를 단순하게 옆으로 밀어내는 것이 아니라, 회전전반에는 살짝 뒤로 밀어냈다가 회전중반부터 앞으로 끌어당기면서 돌려주는 의식이 필요하다.

이러한 의식으로 회전을 하게 되면, 하체가 상체의 옆에서 둥글게 회전하여 부츠가 옆으로 누운 팔자모양으로 회전하게 된다. 여기에 하체의 벤딩과 스트레칭 동작이 합쳐지면, 상체의 높이는 일정하게 유지된 상태에서 하체가 굽혀지고 펴지면서 입체적으로 회전하게 된다.

이렇게 하체가 입체적으로 움직여야, 비로소 숏턴에서 외력을 활용하는 샤프한 회전이 가능해진다.

진화하는 겔렌데 위를 날다
APPI

아스피린 스노
홋카이도를 능가하는 최고의 설질
수분이 적은 파우더 스노 중에서도
특히 상질의 눈을 말하는데
표고 1,300m이상의
북쪽 경사면이 많은 앗피는
이런 극상의 설질을
장기간 즐길 수 있는 것으로
유명합니다.

숙박권, 리프트권,기념품 등
다양한 상품이 걸린 이벤트가
아래 페이지에서 진행되고
있습니다.

앗피 한국사무소
http://appi.co.kr
appi@appi.co.kr

앗피 페이스북 페이지
http://facebook.com/appipage

모글 테크닉
Mogul Technique

모글 테크닉은 골곡이 심한 모글사면을 활주하는 기술로서, 벤딩 테크닉을 기본으로 모글 사면의 상황과 활주목적에 따라서 다양한 응용이 필요한 기술이라 할 수 있는데, 최상급자가 되기 위해서는 반드시 익혀야 하는 기술이다.

모글 테크닉은 벤딩 테크닉을 기본으로 하기 때문에, 역시 스키의 조작은 탑테일 슬라이드를 주로 사용하며, 스키의 움직임은 스키딩&카빙(Skidding & Carving)의 형태로 회전하게 된다.

이러한 모글 테크닉을 잘 익히고 활용하면, 활주할 수 있는 슬로프의 다양성이 크게 확대되므로 엑스퍼트의 필수요건이라 할 수 있는 "폭 넓은 기술"을 가지게 된다.

또한 모글 테크닉은 평사면 기술을 다시 되돌아보는 거울의 역할도 하고, 평사면 기술향상의 열쇠가 되기도 하므로, 어느 한쪽만을 고집하지 않고 평사면과 모글사면을 오가며 다양한 상황에서의 스킹을 하는 것이 좋다.

35

모글 플루그보겐

Mogul PflugBogen

다양한 벤딩턴 연습을 통해서, 어느 정도 벤딩동작을 하면서 회전하는 것이 익숙해졌다면, 이제는 모글사면에 들어가서 본격적으로 모글스킹을 시작하여 보자.

모글에서 가장 중요한 것 중 하나는 바로 모글의 요철을 하체의 움직임으로 극복하며 상체를 안정시키는 것이다. 이를 위해서 가장 필요한 것은 사전에 벤딩턴을 정확하게 익혀야 하는 것과 이러한 벤딩기술을 잘 발휘할 수 있도록 신체를 릴렉스하게 유지하는 것이다.

특히 처음 모글에 들어가면 긴장감으로 인하여 신체가 굳어지는 경우가 많은데, 신체가 굳어지면 제대로 된 신체의 움직임을 어려워서 쉽게 밸런스를 잃거나 넘어지게 되는 원인이 된다. 모글에서는 자신의 힘을 많이 사용하기 보다는 모글에서 생기는 외력을 활용하여 회전하게 되므로, 신체의 힘을 빼고 릴렉스한 상태로 활주한다.

모글스킹의 첫걸음은 모글에서 스피드를 컨트롤하는 것이므로, 일단 스키를 플루그 스탠스로 유지하며 스피드를 컨트롤하고, 상체를 최대경사선 방향으로 고정시킨 상태에서 하체만으로 회전하는 숏턴형의 플루그보겐을 실시한다.

상체를 고정시키기 위해서는 숏턴과 마찬가지로 시선을 한곳으로 고정시키고 양팔을 넓게 벌려서, 머리와 어깨를 고정시킨다는 의식이 필요하다. 또한 모글에서는 공포심 때문에 신체가 뒤로 빠지기 쉬운데, 보다 적극적으로 낙하한다는 의식을 가지고 중경포지션을 유지해야 보다 원활하게 회전할 수 있다.

일반적인 플루그보겐과 마찬가지로 모글에서도 전후운동을 의식해야 하는데, 특히 모글에서 빠져나와서 다음 모글의 골짜기로 진입하는 곳에서, 스키의 탑을 누르는 전경을 의식해야 스키가 모글과의 컨택트가 유지된다. 그러나 회전 후반부에는 스키의 테일이 모글에 걸리면서 저절로 테일엣징이 이루어지는 경향이 있고, 모글에서 후경으로 빠지면 위험하므로 회전 후반부의 후경의식은 상대적으로 줄이는 것이 좋다.

모글에서는 스키와 모글이 접촉되는 면적이 아주 작게 되므로 일반적인 슬로프보다 스키를 쉽게 돌릴 수 있는데, 이것은 반대로 말하면 조금만 밸런스를 잃어도 스키가 컨트롤하기 어려워진다. 특히 모글에서 상체가 돌아가면 스키가 급격하게 돌아가버려서 쉽게 밸런스를 잃게 되므로, 상체를 정확하게 최대경사선 방향으로 유지하는 것이 중요하다.

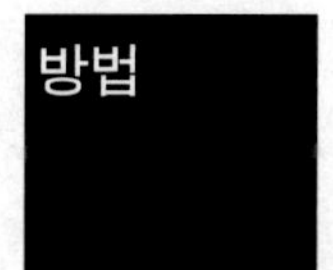

이 단계는 처음 모글스킹에 입문하는 단계이므로, 비교적 경사가 완만하고 골이 깊지 않은 모글을 찾는 것이 중요하다. 특히 경사가 조금 있더라도 골이 깊지 않는 모글사면이 특히 중요한데, 지나치게 골이 깊은 모글에서 플루그보겐을 하는 것은 어렵기도 하지만, 자칫 위험할 수도 있으니 주의한다.

스키를 플루그로 넓힌 상태에서 머리를 고정시키고 양팔을 넓혀서 밸런스를 잘 잡고 출발한다. 모글의 능선을 넘어가며 하체를 구부려서 상체의 높이를 일정하게 유지하며 안정된 중립자세를 만든다.

회전의 시작은 모글의 능선을 넘어서 골짜기로 진입하며 하게 되는데, 이때 신체 중심을 아래쪽으로 이동시키며, 발바닥 앞꿈치에 하중을 가하는 동작을 하여 스키의 탑을 눌러주어서, 설면과의 컨택트가 잘 이루어야 안정된 회전이 가능하다.

모글은 요철사면이므로 하나의 회전에서도 높낮이 차이가 많이 발생하는데, 플루

그보겐과 같이 양발을 넓게 벌린 상태에서는 하나의 회전에서도 양발이 각각 다른 높이에 위치하게 되므로, 바깥발과 안쪽발이 약간의 시간차를 두고 순차적으로 벤딩과 스트레칭되는 이미지가 아주 중요하다.

즉, 회전에 들어가면서 바깥발을 먼저 펴주면서 스트레칭을 시작하고, 이어서 안쪽발이 약간 늦게 펴지면서 바깥발을 따라가게 되는데, 이러한 조작을 잘 하기 위해서는 상체의 안정시키고 하체를 릴렉스하고 유연하게 유지하는 의식이 필요하게 된다.

모글스킹은 기본적으로 모글을 이용하여 회전하게 되므로, 하중이나 피봇팅 조작은 일반사면에 비해서 조금 작게 하는 것이 좋다. 중요한 것은 회전 전반부에 스키의 탑을 잘 떨어뜨려서 스키가 설면과 원활하게 컨택트가 유지된 상태에서, 모글의 골을 따라서 자연스럽게 회전하도록 만드는 것이다.

회전이 끝나면 스키가 골짜기에서 빠져나오며 다시 모글의 능선으로 올라가게 되는데, 이때 모글의 충격과 요철을 흡수하기 위하여 하체를 구부리는 벤딩동작을 사용하여 신체를 안정시키며 중립자세로 되돌아간다.

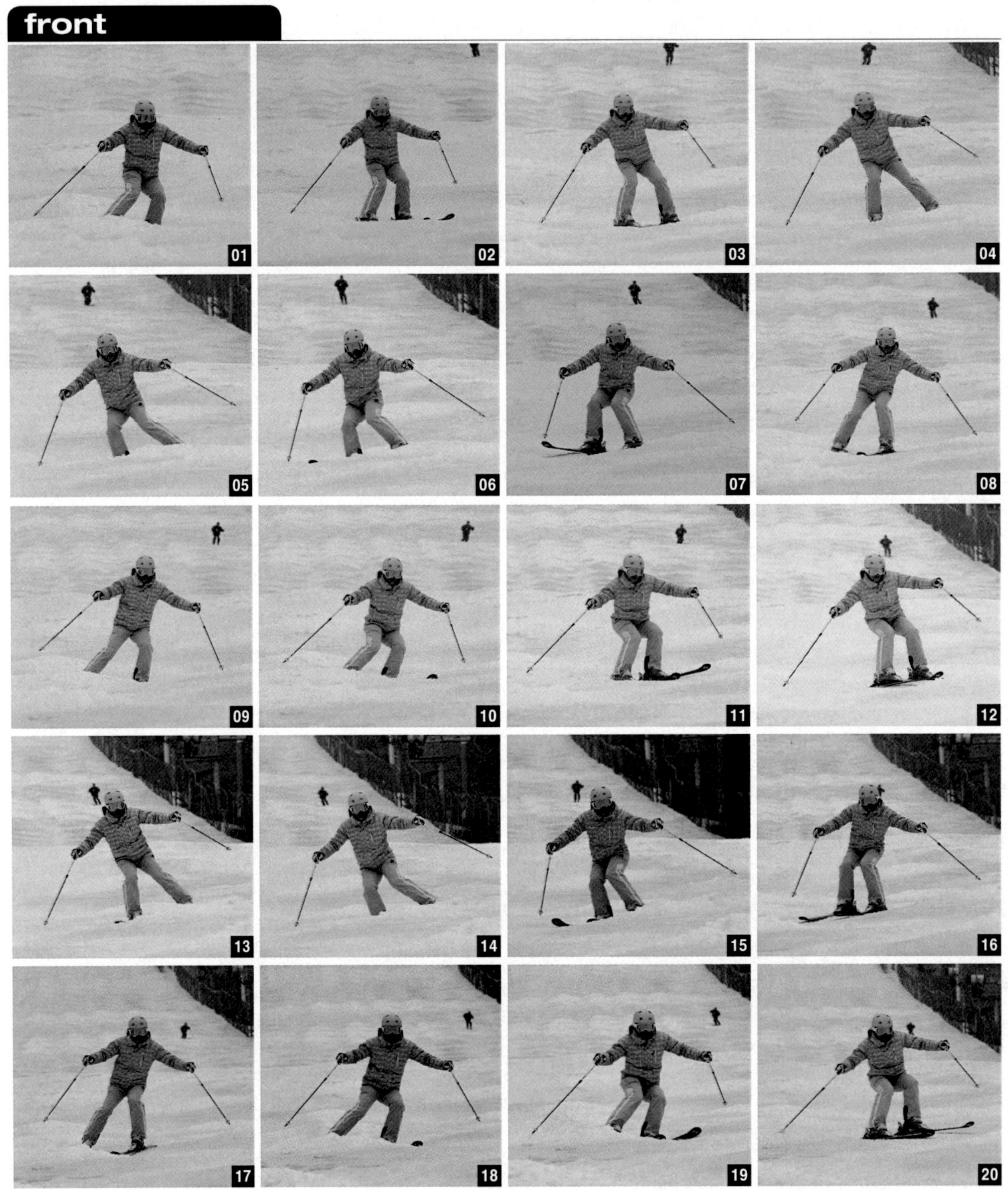

side

(1) 중경포지션을 의식한다.

모글사면과 정확한 중경포지션을 의식한다.

모글은 슬로프 자체의 기복도 심하고, 모글의 깊이가 심해질수록 충격도 커지기 때문에, 특히 전후밸런스를 잘 유지하며 중경포지션을 의식하여야 보다 안전하고 쉽게 활주할 수 있다.

특히 모글은 능선을 올라갈 때의 충격이 크므로, 일반 슬로프보다 상체를 약간 일으킨 기본자세를 취하는 것이 유리하게 된다. 하지만 상체를 일으켰다고 해서 전체적인 밸런스가 후경으로 빠지거나, 반대로 전경이 과다한 기본자세가 되어 버리면, 모글을 잘 탈 수 없는 것은 물론이고 모글에서 쉽게 넘어지게 되므로, 항상 중경을 의식하여 전후 밸런스에 신경을 써야 한다.

중경을 잘 유지하기 위해서는 우선 시선을 높게 유지하고 멀리 보면서 활주하는 것이 좋다. 또한 하체를 움직일 때 어느 한 관절을 지나치게 움직이지 않고 발목, 무릎, 고관절을 고루 사용해야 하는데, 특히 모글의 기복이 심할 때는 고관절을 잘 활용해서 커다란 하체동작을 만들어야 안정감을 높일 수 있다.

(2) 모글의 활주라인을 의식한다.

모글은 스키가 반복적으로 지나간 자리가 파지면서 만들어졌기 때문에, 스키가 지나가는 일정한 활주라인이 만들어지게 된다. 이를 "모글라인" 이라고 하는데, 이 라인을 잘 활용하면 신체의 근력이나 조작을 줄이고도 스키가 원활하게 회전하여, 보다 효율적이고 경제적으로 모글스킹을 할 수 있다.

일단 모글사면에 서면 급하게 출발할 것이 아니라 자신이 활주할 라인을 미리 읽고 정하고, 활주중에는 자신이 선택한 모글라인을 따라 내려가야 보다 편하고 안전하게 활주할 수 있다. 이러한 라인은 활주기술에 따라서 다양하게 선택할 수 있지만, 처음 모글을 접할 때는 모글이 파여진 모양에 따라서 수동적으로 라인이 결정되는 경우가 많다.

특히 깊게 골이 파인 모글에서는 스키가 골에 빠져서 라인의 선택권이 훨씬 더 줄어들게 되고, 깊게 파여진 골에 스키를 맞추며 회전하는 것도 어렵고 위험하므로, 처음에는 깊은 모글보다는 얕은 모글을 선택하여 라인을 읽고 컨트롤하며 모글에 도전하는 것이, 보다 안전하고 효과적인 방법이다.

(3) 여유로운 리듬으로 넓게 회전한다.

넓고 여유로운 리듬으로 회전한다.

일반 슬로프에서 벤딩턴이 익숙한 스키어라도, 처음 모글에 들어가서 재빠른 리듬으로 회전하기는 지극히 어려운 법이다. 그러므로 처음에는 비교적 짧은 거리를 활주하며 다소 플루그 스탠스를 넓게 하여, 스피드를 조절하면서 여유롭고 넓은 리듬으로 회전하는 것이 보다 안전하다.

이를 위해서는 기본적으로 골이 얕은 완사면 모글에서 스킹을 하고, 회전 전반부에 모글의 골짜기로 진입하면서 신체를 적극적으로 낙하시키며 스키의 탑을 눌러주어, 상대적으로 가벼운 테일을 회전 바깥쪽으로 밀어내어 깊은 회전각을 만들면서 넓고 여유롭게 회전하는 것이 중요하다.

또한 회전에서 빠져나올 때는 스키의 탑을 최대경사선 방향으로 바로 돌리지 말고, 스키가 충분히 옆으로 향하며 회전을 시작하도록 하여 지나치게 스피드가 나는 것을 방지한다. 이를 위해서는 스키의 엣지를 지나치게 세워서 스키가 설면을 자르는 느낌으로 활주하기 보다는, 스키의 면을 활용하여 스키가 옆으로 밀리면서 넓게 회전하도록 조작하는 것이 좋다.

이렇게 여유로운 조작을 하면서도 연속적으로 회전을 이끌어내기 위해서는, 상체를 항상 최대경사선 쪽으로 고정시켜서 상하체가 꼬였다가 풀어지는 카운터 로테이션을 잘 활용해야 한다.

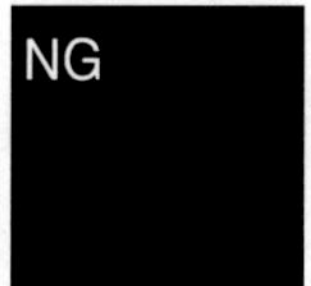

(1) 신체가 후경으로 빠지는 경우

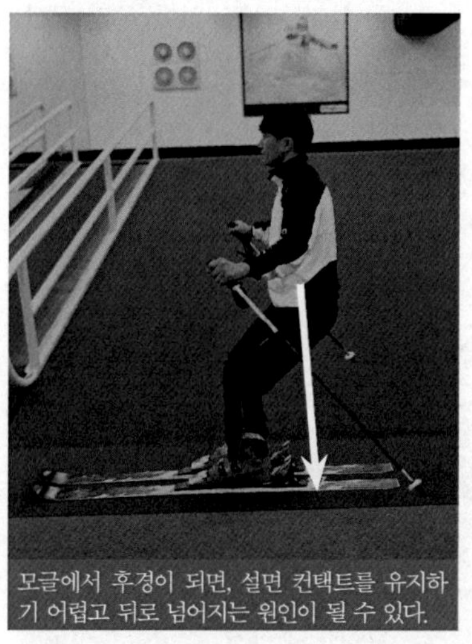

모글에서 후경이 되면, 설면 컨택트를 유지하기 어렵고 뒤로 넘어지는 원인이 될 수 있다.

처음 모글을 접하는 모글초보는 물론이고, 어느 정도 모글에 익숙한 스키어라도 고질적으로 접하게 되는 문제점은 바로 모글에서 몸이 후경으로 빠지게 것이다. 흔히 모글은 후경으로 탄다고 생각하는 사람은 많은데, 스피드가 느리고 경사가 완만한 모글에서는 몸이 후경으로 빠져도 큰 문제없이 활주할 수도 있지만, 활주 스피드가 빨라지고 경사가 급해질수록 신체를 적극적으로 중경으로 유지하며 확실하게 설면과의 컨택트를 추구하여야, 안정된 턴 컨트롤과 확실한 스피드 컨트롤이 가능하다.

만약 활주 스피드가 빠르고 경사가 급한 모글에서 후경이 되어버리면, 스키의 설면 컨택트가 이루어지지 않아서, 모글에서 모글로 뛰어내리는 형태가 되어버려서 모글에서 오는 충격도 커져 버린다. 또한 벤딩동작도 뒤로 주저앉는 자세가 되어버리고, 모글의 능선에 올라갈 때 스키가 들리면서 도망가버려서, 뒤로 넘어지는 원인이 될 수도 있으므로 주의해야 한다.

모글에서도 적극적으로 중경포지션을 추구하면서 확실하게 설면과의 컨택트를 이루는 것이 안정된 모글스킹의 첫걸음이다.

(2) 신체가 지나치게 전경이 되어버리는 경우

모글에서 전경이 과다하면, 원활한 벤딩동작을 하기 어렵고 모글에 걸려 넘어지는 원인이 될 수 있다.

모글에서 전경이 지나치게 나오는 것은, 모글 초보보다는 어느 정도 모글에 익숙한 중상급자에게서 나올 수 있는 문제인데, 이는 모글에서 적극적인 활주를 하려는 의식이 지나쳐서 신체전체가 지나치게 앞으로 쏠려버리거나, 활주중에 시선을 높게 유지하지 못하고 스키를 보면서 활주하여 상체가 앞으로 숙여지는 경우에 발생한다.

이렇게 전경과다가 되어버리면 일단 하체전체를 이용한 벤딩동작이 이루어지지 않고, 고관절 만을 움직여 상체가 숙여지

는 벤딩이 되어버려서 모글에서의 충격에 효과적으로 대응할 수 없고, 모글에서 오는 충격이 그대로 신체에 전달되어서 스키를 컨트롤하기가 어려워지게 되는 것은 물론이고, 최악의 경우 모글 둔덕에 걸려서 앞으로 구르면서 넘어질 수도 있으므로 주의해야 한다.

모글에서는 기본적으로 슬로프와 수직을 이루는 자세를 취하지만 상체의 각도를 일반 슬로프에 비해서 조금 일으켜서, 모글에서 오는 충격을 줄이면서 보다 안정되게 활주하도록 한다. 또한 모글에서는 항상 턱을 들어올리고 시선을 멀리 유지하여 머리와 상체를 안정시키며 활주하도록 한다.

(3) 상체가 돌아가는 경우

모글에서 상체가 돌아가면 밸런스를 유지하기 어렵고, 모글의 회전리듬이 깨지기 쉽다.

모글에서 가장 잘 발생하는 실수중 또 하나는 상체가 돌아가서 밸런스가 무너지는 경우이다. 요철이 심한 모글에서는 스키와 설면과의 컨택트가 최소한으로 줄어들어서, 약간의 조작으로도 쉽게 스키가 돌릴 수 있다.

이는 반대로 약간의 움직임에도 스키가 쉽게 돌아가게 되어, 상체가 조금만 움직여도 쉽게 밸런스를 잃어버리는 원인이 된다. 특히 모글에서는 숏턴으로 주로 활주하게 되는데, 스키가 모글의 골에 진입하면서 상체를 안정시켜 카운터 로테이션을 만들어야, 상체의 풀어짐을 이용하여 다음 회전에 원활하게 들어갈 수 있다.

만약 상체가 돌아가 버리면 다음 회전에 들어갈 때 스키가 지나치게 돌아가서 쉽게 밸런스를 잃어버리게 되는데, 이는 폴체킹을 지나치게 세게 하여 팔이 돌아가면서 생기기도 하지만, 주로 기본적인 숏턴 기술이 불충분할 때 자주 일어나는 문제점이다.

모글에서는 상체를 최대경사선 방향으로 안정시키고 하체의 회전만으로 활주를 하는 것이 기본이므로, 일단 벤딩 숏턴 기술을 향상시키고 상체를 안정시키

고, 보다 가벼운 폴체킹을 하여 안정적이면서도 적극적인 활주를 한다.

플러스
알파

(1) 모글의 정의

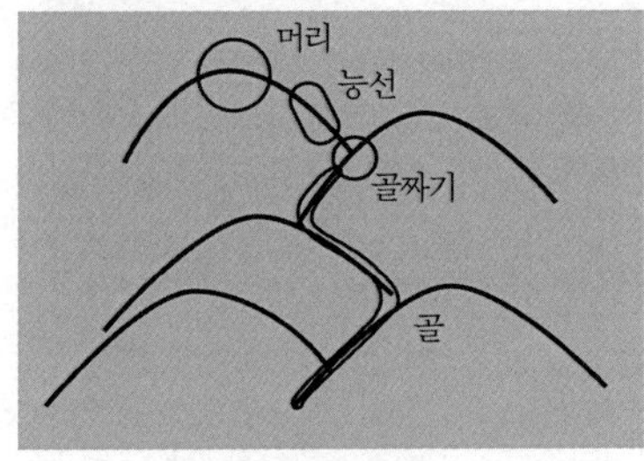

[모글의 정의]

모글을 잘 타기 위해서는 일단 모글이란 어떤 것이며, 모글의 구조는 무엇인지를 정확하게 아는 것이 중요하다.

모글이란 슬로프에 연속적으로 생긴 혹을 의미한다. 모글이 생기는 원인은 스키어들이 일정한 라인으로 꾸준하게 스킹을 하기 때문에 생기게 된다. 노말스키 시절에는 스키의 회전성이 작고, 회전에서 스키가 설면을 파는 힘이 작았기 때문에 볼록한 모글(플러스 모글)이 많이 생겼는데, 카빙스키가 등장하면서 스키의 회

전성이 비약적으로 향상되고, 스키가 설면을 파내는 힘이 강해졌기 때문에 오목한 모글(마이너스 모글)이 주로 생긴다.

이러한 모글에서는 공통적으로 다음과 같은 구조가 생기게 된다.
- 머리 : 모글의 가장 윗부분
- 능선 : 모글 위쪽의 볼록한 부분
- 골짜기 : 모글의 가장 낮은 부분
- 골 : 모글에서 파여진 부분

위의 명칭은 정식적인 명칭은 아니고 이외에도 다양한 이름으로 불리고 있지만, 그 의미는 대동소이하다. 모글을 배우기 위해서는 위의 명칭들을 잘 알고 있어야 보다 빠르고 편리하게 모글을 익힐 수 있다.

(2) 모글의 활주라인

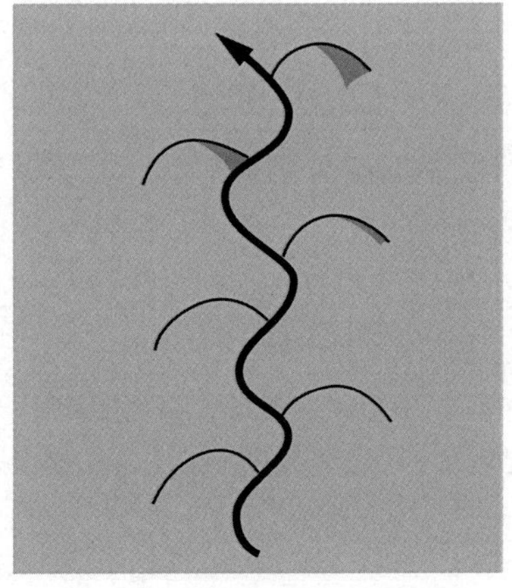

모글은 스키가 내려간 자국을 따라서 자연스럽게 생기게 되므로, 일정한 시간이 지나면 많은 스키어들이 공통적으로 내려간 골을 따라서 모글라인이 생기게 된다.

이러한 모글라인을 잘 이용하면 보다 힘과 노력을 적게 들이면서 모글스킹을 할 수 있고, 반대로 이러한 모글라인에 상관없이 모글스킹을 하려면 보다 높은 수준의 기술과 노력이 필요하게 된다. 그러므로 처음에는 모글라인에 스키를 맞추며 비교적 수동적인 모글스킹을 하지만, 모글스킹이 익숙해지면 보다 다양한 라인을 선택하여 다양한 형태의 모글스킹을 할 수 있다.

실제로 모글스킹을 할 때의 라인을 알아보면, 가장 직선적인 라인을 그리는 것은 스트레이트턴이고, 가장 깊은 라인을 그리는 것은 뱅크턴이다. 그리고 스트레이트보다 조금 깊은 라인을 그리는 것은 피봇팅턴이고, 그 다음에는 벤딩턴이 조금 더 깊은 라인을 그리게 된다.

즉 스트레이트턴〈피봇팅턴〈벤딩턴〈뱅크턴의 순으로 모글라인이 깊어지는데, 모글에서 스킹을 하기전에 일단 자신의 스킹에 맞는 라인을 가정하고, 그 라인에 맞

춰서 스킹을 하도록 노력해야 한다.

다만 모글의 골이 파인 정도에 따라서 라인의 선택이 어려워질 수도 있는데, 모글의 골이 지나치게 파여있으면 스키를 깊게 돌려주는 것이 어려워지므로, 피봇팅턴이나 뱅크턴등 스키를 깊게 돌려주는 활주기술은 상대적으로 구사하기가 어려워진다.

(3) 모글의 기본자세

[모글사면의 기본자세]

[일반사면의 기본자세]

모글스킹은 기복이 심한 요철사면을 내려오는 스킹이므로, 특히 모글에 부딪히면서 많은 충격이 스키어에 전달되는데,

모글을 탈 때는 이러한 충격과 요철에 잘 적응하기 위해서는 일반 슬로프와는 약간 다른 기본자세를 만드는 것이 유리할 수 있다.

특히 모글의 골이 깊어질수록 이러한 필요성은 높아지는데, 상체의 각도와 정강이 각도를 평행으로 유지하는 것이 일반 스킹의 기본자세라면, 상체의 각도를 조금 일으켜 세우고 정강이 각도를 조금 더 구부려주는 것이 모글스킹의 기본자세라 할 수 있다.

모글에서는 특히 골이 깊어질 때 충격이 커지게 되므로, 상체를 조금 일으켜 세워서 전방에서 전해오는 충격에 대비하는 것이 필요하게 되는데, 일반 스킹처럼 상체를 숙이게 되면 모글의 충격이 그대로 전달되어 밸런스를 잃기 쉬워진다.

또한 모글의 능선을 넘어선 다음에 하체를 펴주며 스트레칭을 할 때, 스키와 설면과의 컨택트를 유지하기 위해서는 정강이 각도를 조금 깊게 구부려주는 것이 좋다. 모글의 기본자세는 정강이를 조금 앞쪽으로 기대고 상체를 조금 일으켜서, 결과적으로 새로운 자세로 중경 포지션이 만들어지게 된다.

(4) 플루그숏턴 + 폴체킹

모글에서 어느 정도 플루그보겐이 가능해졌다면, 이제는 폴체킹을 추가하여 보다 실전 모글스킹에 가까운 플루그숏턴+폴체킹으로 한단계 업그레이드한다.

일반적인 플루그숏턴과 마찬가지로 상체는 최대경사선 방향으로 고정시키고, 하체의 움직임만으로 회전을 하게되는데, 모글에서는 상체를 고정시키고 하체만을 움직이며 회전하므로, 보다 고난도의 기술이 필요하게 된다.

또한 회전을 하면서 폴체킹도 함께 실시하여야 보다 실전적인 모글 플루그숏턴이 되는데, 하체를 펴면서 폴체킹을 준비하고 폴을 찍어주면서 하체를 구부리며 중립자세로 되돌아가게 된다. 이러한 플루그숏턴과 폴체킹을 제대로 할 수 있어야 본격적인 모글스킹으로의 첫걸음이 가능하다.

모글에서의 폴체킹은 자칫 모글의 요철에 의해서 충격이 커질 수 있으므로, 최대한 손목의 스냅을 잘 활용하여 충격을 줄이고 상체가 돌아가는 것을 방지해야 한다.

36

모글 피봇팅턴

Mogul Pivoting Turn

모글에서 플루그보겐을 연습하며, 모글의 요철을 극복하는 감각이 어느 정도 길러졌다면, 이제는 패러렐 스탠스를 유지하며 피봇팅턴을 실시하여 보다 정확한 스피드 컨트롤과 턴 컨트롤을 익혀보자.

피봇팅턴은 본격적인 모글스킹의 출발점이라고 할 수 있는데, 하체의 피봇팅 조작을 이용하여 스키를 좌우로 돌려주며 모글에서 안정적으로 활주하는 기술로서, 벤딩동작을 줄인 상태에서 모글의 라인만을 타고 내려오는 기술이라고 할 수 있다.

일반사면에서 피봇팅턴을 구사한다면 상체를 정확하게 최대경사선으로 고정시키고, 하체를 최대한 비틀어주는 의식이 필요하여 조금 어려운 기술이지만, 모글에서는 스키와 설면과의 컨택트가 줄어들어서 비교적 쉽게 스키를 돌릴 수 있게 된다.

또한 피봇팅턴부터는 폴체킹을 적극적으로 활용하게 되는데, 스키가 모글의 골에 진입하며 폴체킹을 미리 준비하고, 스키가 모글에서 빠져나오며 능선으로 올라갈 때 모글머리에 폴을 찍어주며 회전을 돕게 되는데, 특히 모글에서는 설면과의 접촉면이 작아서 폴체킹을 하는 것 만으로도 쉽게 회전을 할 수 있으므로, 정확하게 폴을 찍어주는 것은 정말 중요하다.

피봇팅턴을 위해서는 기본적으로 상체를 고정시키는 것이 중요한데, 일반사면과 마찬가지로 시선을 고정시켜서 머리와 상체를 안정시키는 것이 필요하고, 폴체킹을 하면서도 상체를 고정시키는 것이 중요한데, 이를 위해서는 폴을 최대한 가볍게 찍어서 모글에서 오는 충격을 줄어주고, 또한 폴을 찍지 않는 반대쪽 손을 앞으로 내밀어서 고정시키는 정확한 블로킹 동작이 필요하게 된다.

피봇팅턴은 스키가 둥근 호를 그린다기보다는, 벤딩동작을 별로 사용하지 않은 상태에서 부츠를 중심으로 스키의 탑과 테일을 동시에 돌려주며, 모글의 활주라인을 타고 내려가는 변칙적인 기술이므로, 신체가 항상 부츠 위에 위치하는 중경포지션을 유지한 상태에서, 부츠와 신체가 동시에 낙하한다는 이미지가 있어야, 밸런스를 잃지 않고 원활하게 피봇팅턴이 가능하다.

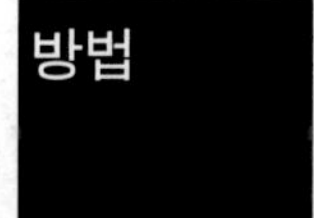

비교적 경사가 완만하고 모글의 골이 깊지 않은 완중사면의 모글사면을 선택하여 피봇팅턴을 실시하는데, 특히 모글의 골이 깊으면 피봇팅턴을 원활하게 구사하기 어려우므로, 특히 경사보다는 모글의 골을 잘 살펴서 모글사면을 선택하는 것이 좋다.

피봇팅턴은 스키를 회전의 바깥쪽으로 밀어내면서 회전하는 것이 아니라, 스키를 신체의 아래쪽에 둔 상태에서 탑과 테일을 동시에 돌리는 피봇팅조작으로 스피드를 컨트롤하는 회전이므로, 신체의 중경포지션을 유지한 상태에서 모글라인을 따라 활주하여야 한다.

중립자세에서 모글의 골로 진입하면서 스키의 탑과 테일을 동시에 돌려주며 회전을 하는데, 피봇팅턴에서는 하중의 전후이동이 없는 상태에서 스키를 돌려주게 되므로, 발바닥의 복숭아뼈 아래를 중심으로 발의 앞쪽을 돌려주는 의식이 강해야, 스키의 탑과 테일이 보다 재빠르고 쉽게 돌아간다. 이때 폴을 함께 내밀면서

폴체킹을 준비해야 리드미컬한 피봇팅턴을 연속할 수 있다.

회전을 마무리하면서 모글머리에 가볍게 폴을 찍으면서 모글의 골에서 빠져나오는데, 이때 벤딩동작을 사용하면 스키가 빠르게 낙하하며 활주스피드가 높아지게 되므로, 모글 능선으로 올라갈때 벤딩을 사용하지 않고 중립자세를 만들어야, 효과적인 스피드 컨트롤이 가능하다.

모글의 능선에서 골짜기로 내려갈 때는, 신체를 적극적으로 낙하시키는 감각으로 스키와 신체가 함께 미끄러지며 스키를 회전시키도록 한다.

(1) 상체의 블로킹을 의식한다.

상체와 폴 잡은 손의 블로킹을 의식한다.

모글에서는 스키가 모글과 접촉하는 면적이 작아서 스키가 쉽게 돌아가지만, 반대로 상체도 쉽게 돌아가서 밸런스를 잃기도 쉬워진다. 또한 피봇팅턴에서는 스키를 깊게 돌려주면서 스피드를 컨트롤하게 되므로, 특히 유연성이 부족한 스키어는 상체가 돌아가기가 더욱 쉬워지게 마련이다.

이렇게 상체가 돌아가게 되면 밸런스를 잃는 것은 물론이고, 카운터 로테이션이 없어져서 숏턴리듬으로 회전을 이어가기가 어려워진다. 그러므로 상체를 최대경사선 방향으로 고정시키는 블로킹(Blocking) 동작을 의식해야, 밸런스를

유지하며 리드미컬한 피봇팅턴을 구사하기 수월해진다.

이를 위해서는 시선을 고정시키는 것도 중요하지만, 폴체킹을 하지 않는 손을 앞으로 내밀어서 상체를 적극적으로 고정시키는 동작이 필요해진다. 이 동작은 상체의 블로킹과 마찬가지로 손의 블로킹이라고 하는데, 모글뿐만 아니라 일반적인 숏턴에서도 상체를 고정시키기 위한 효과적인 방법이다.

(2) 모글라인에 부츠를 맞추는 것을 의식한다.

모글라인에 부츠를 맞추면서 활주한다.

피봇팅턴은 부츠를 중심으로 스키의 탑과 테일을 동시에 돌려주며, 모글라인을 회전하는 기술이라고 할 수 있다. 이를 위해서는 일단 모글라인을 정확하게 읽고, 이 라인에 부츠를 맞춰주며 활주하는 것이 중요하다.

특히 피봇팅턴은 스키의 전후운동이나 하체의 벤딩과 스트레칭이 없이, 스키를 비틀어서 돌려주는 피봇팅 조작만을 이용하며 모글에서 활주하게 되므로, 언제나 신체의 중심이 부츠 위쪽에 바로 위치하게 되는데, 부츠를 모글라인에 맞추며 회전하면 결과적으로 신체의 중심도 모글라인을 따라서 자동으로 활주하게 된다.

(3) 신체를 유연하게 준비한다.

신체를 유연하고 릴렉스하게 준비한다.

피봇팅턴은 강한 엣징으로 스피드를 컨트롤하는 것이 아니라, 스키를 흘려주면서 깊게 회전시키면서 스피드를 조절하게 된다. 이를 위해서는 거의 스키가 상체에 대하여 직각이 되는 정도에 가깝게 회전을 하는 경우도 생기게 된다.

일반적인 사면에서 보통의 숏턴을 할 때는 이런 깊은 회전각으로는 거의 회전하지도 않고, 이렇게 깊게 회전하려면 상당

히 강한 하체의 피봇팅이 필요하게 된다. 모글에서는 접설면적이 작아져서 비교적 작은 피봇팅 조작으로 깊게 회전할 수는 있지만, 이러한 깊은 회전은 신체에도 부담이 될 수 있다.

피봇팅턴을 잘 하려면 일단 기본적으로 신체의 유연성이 필요하게 되는데, 우선 머리와 어깨를 아래방향으로 고정시키고 척추와 골반과 하체가 유연하게 옆으로 회전할 수 있어야 한다. 이러한 신체적인 유연성이 있어도 활주시 긴장하게 되면, 유연성이 그 기능을 제대로 발휘할 수 없어서 신체에 부담이 가게 된다.

모글을 잘 타기 위해서는 기본적으로 신체의 유연성을 높이고, 항상 신체를 릴렉스한 상태로 유지하여 보다 안전하고 쉽게 모글기술을 익히도록 한다.

(4) 정확한 폴체킹을 의식한다.

모글머리에 정확하게 폴체킹을 해준다.

모글에서는 접설면적이 작아져서 비교적 쉽게 스키가 돌아가는 유리한 면이 있지만, 반대로 밸런스를 잃기 쉽기 때문에 폴체킹을 잘 활용하여야 보다 쉽고 안전하게 모글을 탈 수 있다.

실제로 모글을 탈 때 가장 많이 의식하는 것 중 하나는, 바로 정확한 위치와 타이밍에 폴체킹을 해주는 것이다. 이는 모글과의 접설면적이 작아지는 만큼 폴체킹 동작만으로도 쉽게 스키가 회전하게 되고, 폴체킹을 잘 해야 모글에서 밸런스를 잘 유지할 수 있기 때문이다.

폴체킹을 잘 하기 위해서는 일단 미리 폴을 내밀어주는 감각이 필요한데, 일반적인 숏턴보다 한박자 빠르게 폴을 내밀어주어야, 보다 원활한 폴체킹이 가능하다. 폴체킹은 회전에서 빠져나오며 모글머리에 가볍게 찍어주게 된다.

이때 폴체킹을 지나치게 세게 하면 모글에서 충격도 커져서 상체가 흔들리기 쉬우므로, 가능한한 가벼운 폴체킹을 하고 폴을 찍은 후에는 손목스냅을 이용하여 팔이 뒤로 빠지지 않도록 한다. 특히 모글에서 폴의 길이가 지나치게 길거나 폴체킹이 지나치게 세게 하면, 테니스와 같은 팔꿈치 엘보가 올 수 있으므로 주의한다.

(1) 지나치게 강한 엣징을 하는 경우

피봇팅턴에서는 각(角)에 의한 강한 엣징이 아니라, 면(面)에 의한 부드러운 엣징을 사용한다.

피봇팅턴은 플루그보겐을 제외하고는 가장 먼저 익히게 되는 본격적인 모글의 회전기술이다. 모글에 익숙해지면 엣징을 사용하여 빠르게 활주할 수 있겠지만, 입문단계에서 지나치게 하체를 꺾어서 강한 엣징을 사용하게 되면, 오히려 피봇팅턴을 구사하기 어렵게 된다.

이것은 특히 스키의 사이드컷에 의존하여 카빙만으로 활주하는 스키어에게 많이 나타나는 현상인데, 자기도 모르게 하체를 꺾어주는 동작이 버릇이 되어, 모글에서도 습관처럼 강한 엣징동작이 나오게 되는 경우가 많다.

피봇팅턴에서 지나치게 엣지가 서면 스키가 모글에서 걸리게 되어 깊은 회전이 어려워지는데, 피봇팅턴에서 회전이 얕아지면 스피드가 붙고 스키가 폭주하게 되어 스피드 컨트롤이 어렵게 된다.

스키는 다양한 각도의 엣징이 필요한 스포츠인데, 피봇팅턴에서는 엣지를 푼 상태에서 스키를 회전시키는 면(面)적인 조작을 하는 것이 정확한 컨트롤을 위한 첫걸음이다.

(2) 신체가 후경으로 빠지는 경우

피봇팅턴은 조금은 방어적으로 모글에서 활주하는 기술이므로, 신체가 전경과다가 되는 경우는 별로 없지만, 반대로 신체가 뒤로 빠져서 후경이 되어버리는 경우가 종종 있다.

피봇팅턴에서 후경이 되면 밸런스를 유지하기도 어렵고 허벅지에 많은 부담이

가는 것은 물론이며, 스키의 테일에만 하중이 실리게 되므로 스키의 탑과 테일이 함께 돌아가지 않고 스키의 탑만이 회전하는 형태가 되어, 비효율적이고 재빠른 회전이 어렵게 된다.

피봇팅턴은 부츠를 중심으로 탑과 테일을 동시에 돌려주는 것이 필요하므로, 신체의 중경포지션을 유지하고 상체의 방향을 고정시키는 것이 가장 중요한 포인트중 하나이다.

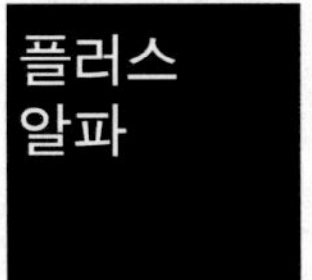

(1) 모글의 폴길이

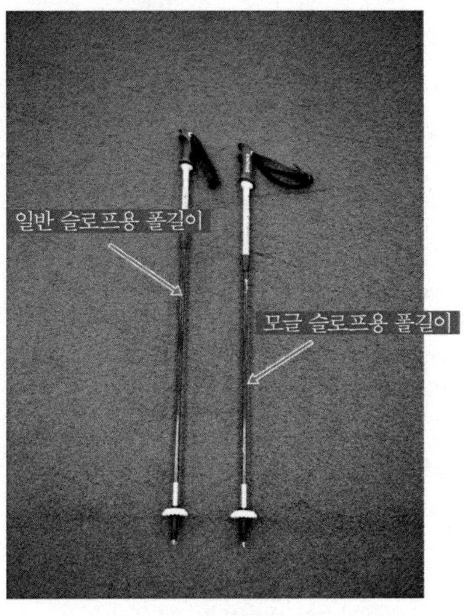

피봇팅턴부터는 본격적으로 폴체킹을 시작하게 되는데, 모글에서의 폴체킹은 회전을 돕는 중요한 역할을 하지만, 폴체킹을 하면서 상체가 돌아가 버릴 수 있는 양날의 칼이라 할 수 있다.

그러므로 최대한 상체의 안정감을 높인 상태에서, 정확하게 폴체킹을 하는 것이 모글 폴체킹의 관건이라고 할 수 있다. 이를 위해서는 폴의 길이를 평상시보다 조

금 짧게 사용하는 것이, 팔에 부담도 줄이고 폴이 모글에 걸리적대지 않고 효과적으로 폴체킹을 할 수 있다.

일반적인 폴의 길이는 자신의 키에 65~70% 정도의 길이를 사용하는데, 초보자의 경우는 70%에 가까운 폴길이를 사용하고, 중상급자는 이보다 짧은 65% 전후의 폴길이를 주로 사용한다. 예를 들어서 175 cm의 스키어의 경우는 초보자라면 120cm 정도의 폴을 사용하고, 중상급자의 경우는 110~115cm 정도의 폴을 사용하는 것이 보통이다.

모글에서는 위의 폴길이에서 5~10cm 정도 더 짧은 폴길이를 사용하는 것이 보통이므로, 중상급자를 기준으로 100 ~ 110cm 사이에서 폴을 선택하면 된다. 모글에서 활주스피드가 느리면 조금 길게 사용하고, 활주스피드가 빠르면 조금 짧게 사용하는 것이 좋다.

최근에는 길이 조절폴을 사용하는 스키어들이 많아졌으므로, 자신의 필요에 따라서 다양하게 폴의 길이를 조절하여, 보다 편하고 안전하게 모글에 도전하자.

(2) 일반사면에서의 피봇팅턴

모글에서 제대로 피봇팅턴을 하기 위해서는, 일단 평사면에서 피봇팅턴을 충분하게 연습하여야 한다. 피봇팅턴은 깊게 회전하는 기술이므로 어느 정도 경사가 있어야 수월하게 연습할 수 있다.

피봇팅턴의 원동력은 상하체의 비틀림이 생겼다가 풀어지는 힘이므로, 상체를 최대경사선 방향으로 유지한 상태에서 하체의 피봇팅을 적극적으로 활용하여, 스키의 탑과 테일을 최대한 돌려준다. 이때 폴체킹을 미리 준비해야 하고 상체를 고정시키기 위하여, 폴체킹을 하지 않는 손을 아래쪽으로 내밀어서 특히 어깨의 방향을 아래쪽으로 유지해야 한다.

다음 턴에 들어가기 위해서 폴을 찍어주며, 상하체가 풀어지는 힘을 효과적으로 이용하여 재빠르게 스키를 피봇팅하며 회전을 시작한다. 이때 폴은 최대한 가볍게 찍고 스냅을 잘 하여야 어깨가 돌아가지 않고 상체를 고정시키기 수월해진다.

피봇팅턴의 엣징은 하체를 많이 꺾고 엣지를 세우는 각(角)에 의한 엣징 이미지보다는, 하체를 꺾지 않고 스키의 베이스를 이용하는 면(面)에 의한 엣징의 이미지를 가지는 것이 좋다.

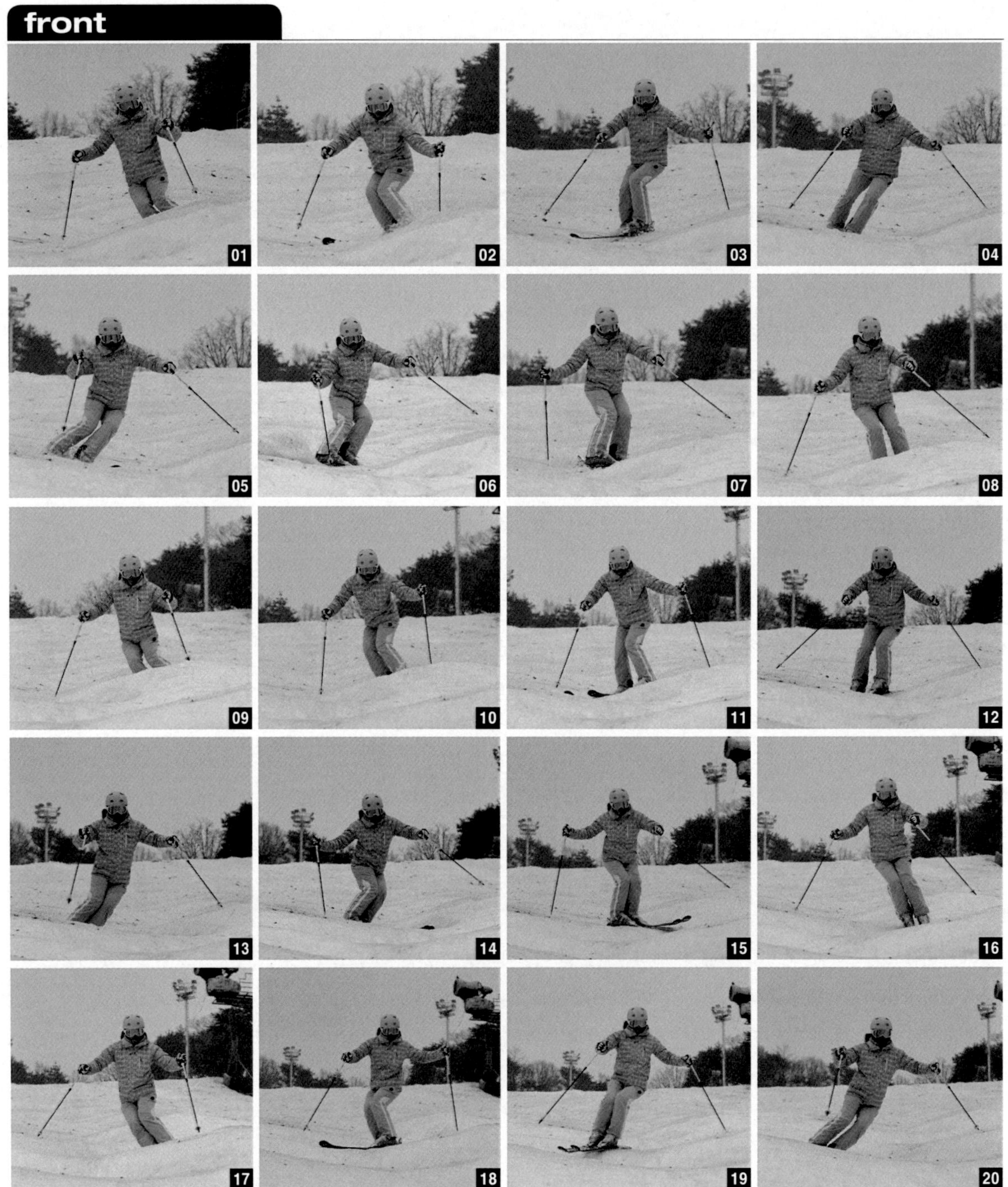

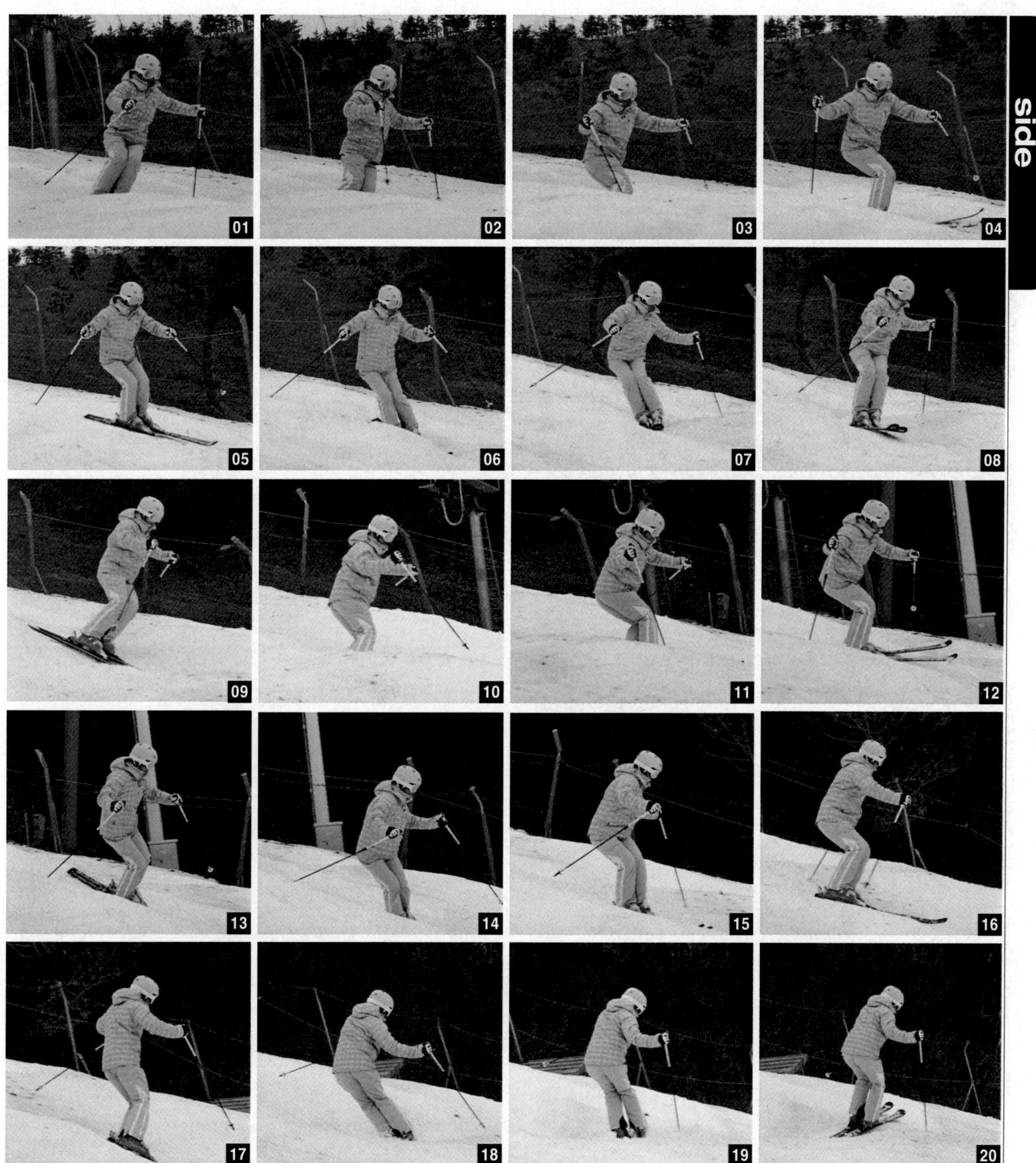

37

모글 벤딩턴

Mogul Bending Turn

피봇팅턴을 하면서 모글에서 적응력이 높아지고 조작감도 어느 정도 익숙해졌다면, 이제는 피봇팅턴에 벤딩동작을 추가하여, 보다 활주스피드를 올리고 모글의 요철에도 적극적으로 대처할 수 있는 벤딩턴을 익혀보자.

모글에서는 하체의 동작을 활용하여 요철을 흡수하는 것이 기술의 핵심이므로, 벤딩턴은 수동적인 피봇팅턴에서 탈피하여 능동적인 모글스킹을 시작하는 출발점이라고 할 수 있다.

벤딩턴은 피봇팅턴에 벤딩동작을 추가한 활주로서, 하체의 완충작용에 의해서 모글에 대한 적응력이 높아지고, 스키가 원활하게 회전하여 활주스피드도 높아지게 된다. 이를 위해서는 모글의 능선으로 올라가며 하체를 구부리고 모글의 골로 내려가며 하체를 펴게 되는데, 특히 하체를 펴면서 적극적으로 설면과의 컨택을 유지하는 것이 중요하다.

벤딩턴은 피봇팅턴과 같이 깊은 회전을 위주로 하여 스피드를 컨트롤하게 되지만, 피봇팅턴에 비해서는 상대적으로 회전도 조금 얕아지고 하중과 엣징이 조금씩 강해지며, 벤딩동작으로 스키가 모글에서 잘 빠져나오게 되어 자연스럽게 활주스피드가 빨라지게 된다.

벤딩턴에서의 폴체킹은 하체를 구부리기 때문에 피봇팅턴에 비해서 조금 길어지는 경향이 있는데, 그만큼 손목스냅을 잘 활용해야 팔이 뒤로 빠지면서 상체가 돌아가는 것을 방지할 수 있고, 활주 스피드가 빨라지는 만큼 다음 폴체킹을 미리 준비해야 회전리듬을 유지하기가 쉬워진다.

벤딩턴은 모글스킹의 표준이 되는 기술이라고 할 수 있을 정도로 많이 사용되며, 앞으로 배울 스트레이트턴이나 뱅크턴에도 응용되는 필수적인 기술이라고 할 수 있다. 또한 모글에서 벤딩턴 기술이 좋아지면 일반적인 사면에서의 숏턴기술 향상에도 도움이 되므로 잘 익혀두도록 한다.

어느 정도 경사가 있고 골이 깊지 않은 중사면 모글을 선택하여 벤딩턴을 시도한다. 벤딩턴은 피봇팅턴에 비해서는 회전호가 얕아지기는 했지만, 여전히 스키를 깊게 돌려주며 스피드를 컨트롤하게 되므로, 특히 모글의 골이 깊으면 기술구사가 어려워진다.

모글의 골짜기에서 빠져나오며 벤딩을 사용하여 모글의 기복과 충격을 흡수하며 중립자세로 되돌아오는데, 이때 모글의 머리에 폴을 찍어주어 밸런스를 향상시키고 적극적으로 상체를 계곡쪽으로 낙하시키는 감각을 갖는다.

모글의 능선에서 다음 모글의 골짜기로 내려갈 때, 스트레칭 동작을 하여 설면컨택트를 유지하면서 스키를 돌려주게 되는데, 이때 상체를 스키와 함께 낙하시키는 감각이 있어야 스키의 탑이 떨어지면서 설면과의 컨택트도 일찍 이루어지고, 탑에 하중이 실리며 샤프한 회전을 할 수 있다.

이때 다음 회전을 위한 폴체킹을 미리 준비해야 하는데, 일반적인 사면에서는 체킹한 폴이 다시 준비자세로 되돌아온 후에 다음 폴체킹을 준비하였다면, 모글에서는 한템포 빠르게 폴을 준비하여야 하는데, 체킹한 폴이 제자리에 돌아오는 동시에 다음 폴이 앞으로 나가는 "동시 폴체킹"의 감각이 있어야 결과적으로 폴체킹이 늦어지지 않는다.

폴체킹을 한 뒤에는 벤딩동작을 하면서 스키가 모글에서 빠져나오며 회전이 마무리되고, 다음 회전을 위한 중립자세로 진입하게 되는데, 이때 발목, 무릎, 고관절을 굽히는 흡수동작을 잘 활용해야 모글의 충격이 줄어들고 상체가 흔들리지 않게 된다.

회전에서 빠져나오며 흡수동작을 하게 되면 상대적으로 폴체킹한 손은 높아지게 되는데, 폴체킹의 충격에 의해 상체의 밸런스가 무너지지 않기 위해서는, 가벼운 폴체킹과 재빠른 손목스냅의 중요성이 더욱 높아진다.

(1) 하체의 스트레칭 동작을 의식한다.

하체의 적극적인 스트레칭 동작을 의식하여 설면과의 컨택트를 유지한다.

벤딩턴은 기본적으로 하체를 구부리는 흡수동작을 지칭하는 용어이긴 하지만, 모글에서는 벤딩보다는 스트레칭에 의식을 두어야 보다 원활한 벤딩턴이 가능하다. 왜냐하면 벤딩은 하체를 릴렉스하게 유지하면 모글의 충격으로도 비교적 쉽게 일어나게 되지만, 스트레칭은 적극적으로 하체를 펴주는 의식이 있어야만 잘 할 수 있기 때문이다.

특히 모글에서 충격을 줄이고 컨트롤을 높이기 위해서는 항상 스키가 설면에 붙어 있어야 하는데, 이를 위해서는 모글의 능선에서 골짜기로 들어가면서 능동적으로 하체를 펴주며, 적극적으로 스키와 설면과의 컨택트를 유지하는 의식이 있어야 한다.

이러한 의식은 스피드가 빨라지고 모글의 기복이 심해질수록 더욱 중요해지는데, 이러한 의식과 더불어 신체의 순발력과 민첩성이 필요하게 되어, 결국 강인한 근력과 수준높은 운동능력이 있어야 한다.

(2) 얕은 모글에서는 발목을, 깊은 모글에서는 고관절의 흡수동작을 의식한다.

얕은 모글에서는 발목의 움직임을 의식하고 깊은 모글에서는 고관절의 움직임을 의식한다.

모글의 기복과 충격을 잘 극복하며 활주하기 위해서는, 결국 하체전체를 잘 활용하여 벤딩동작을 해야 하는데, 하체의 사용비율은 항상 일정한 것이 아니라, 상황에 따라서 관절의 사용비율을 조절하는 것이 보다 경제적인 조작이라고 할 수 있다.

즉, 리듬이 빠르고 골이 얕은 모글에서는 재빠른 스키의 조작과 작은 벤딩동작이 필요하므로 발목을 많이 활용하는 것이 유리하고, 리듬이 크고 골이 깊은 모글에서는 여유로운 스키조작과 큰 벤딩동작이 필요하게 되므로, 고관절을 많이 활용하여 흡수동작을 하는 것이 경제적이다. 물론 위의 두가지 경우에서 무릎은 공통적으로 사용되게 된다.

(3) 스키탑의 움직임을 의식한다.

허리를 내밀어 중심을 떨어뜨리며 스키의 탑을 설면에 접촉시킨다.

피봇팅턴에서 벤딩턴으로 발전하게 되면, 엣징이나 하중도 증가하게 되지만 또 한 가지 중요한 것은 스키의 전후운동을 추가하는 것이다. 이는 일반적인 숏턴을 할 때와 비슷한데, 회전 전반부에서 스키의 탑에 설면을 파고들면서 샤프하게 회전이 되듯이, 모글의 골짜기로 진입하면서 스키의 탑이 움직이며 떨어져야 샤프한 벤딩턴이 가능해진다.

이와 반대로 모글에서 빠져나올 때는 테일을 의식하는 것이 상대적으로 줄어드는데, 이는 모글의 골짜기에서 빠져나올 때는 스키의 탑이 먼저 빠져나오고 테일만이 골에 걸리며, 자동적으로 테일엣징이 이루어지기 때문이다.

회전의 전반부에서 스키의 탑을 떨어뜨리기 위해서는 다양한 방법이 있는데, 벤딩턴에서는 하체를 구부렸다가 펴는 동작을 할 때, 적극적으로 허리를 내밀어 중심을 아래쪽으로 떨어뜨리는 동작에 의해서 비교적 쉽게 할 수 있다. 이때 지나치게 허리를 펴게 되면 오히려 상체가 뒤로 젖혀지면 역효과가 날 수 있으니 주의한다.

(1) 벤딩동작에서 후경자세가 되어 버리는 경우

상체가 젖혀지고 뒤로 주저 앉아서 후경자세가 되지 않도록 주의하며, 정확한 중경포지션을 유지한다.

벤딩턴에서 하체를 구부릴 때 특히 뒤로 주저앉으며 상체가 젖혀지며 후경자세가 되어버리는 벤딩동작이 되지 않도록 주의해야 한다.

모글에서 벤딩동작을 할 때는 상체를 가볍게 숙여주는 이미지를 가져야, 상체가 뒤로 젖혀지지 않으며 중경포지션을 유지하기도 수월해진다. 벤딩에서 후경이 되면 결과적으로 고관절과 무릎만이 구부러지게 되어버려서 스키가 앞으로 도망가게 되고, 모글능선에서 골짜기로 내려갈 때도 스키의 탑이 떨어지지 않아서

설면 컨택트도 어렵고 스키를 컨트롤하기도 힘들어진다.

모글에서는 턴의 국면에 따라서 상체의 각도를 적절하게 변화시키는 것이, 중경포지션을 유지하며 모글의 충격을 흡수하고 기복에 잘 적응할 수 있는 방법이다.

(2) 벤딩동작에서 상체가 숙여지는 경우

시선이 낮고 상체가 지나치게 숙여져서 전경과다가 되지 않도록 주의하며, 시선과 턱을 높게 유지하여 중경포지션을 만든다.

앞의 경우와는 반대로 모글에서 상체가 지나치게 숙여지는 것도 문제인데, 이 경우에는 벤딩동작을 하면서 상체가 앞으로 기울어져서 전경과다가 되어버리는 결과를 만들게 된다.

모글에서 벤딩동작을 할 때는 가볍게 상체를 숙여준다는 이미지가 있어야 신체의 중경포지션을 유지하기가 수월하지만, 이때 시선의 높이는 일정하게 유지해

야 상체가 지나치게 숙여지지 않고 모글에서도 걸리지 않게 된다.

모글에서 전경과다가 되는 스키어들은 일반적인 숏턴에서도 시선이 낮은 경우가 대부분인데, 특히 모글에서 전경과다가 되어버리면 모글에서 스키가 잘 빠져나오지 않아서 원활한 회전이 어려운 것은 물론이고, 모글의 충격이 그대로 신체에 전달되어 버려서 밸런스를 잃기가 쉬워진다.

모글에서 전경과다가 되지 않기 위해서는 시선의 높이를 일정하게 유지하고, 항상 턱을 들고 모글스킹을 한다는 의식이 있어야 보다 정확한 중경포지션을 유지할 수 있다.

(3) 폴체킹이 늦어지는 경우

폴체킹이 늦으면 회전 리듬도 늘어지므로 주의하고, 한쪽 폴을 찍을때 미리 다음 폴을 준비한다.

모글에서 가장 중요한 것 중 하나는 폴체킹이고, 모글에서 폴체킹을 제대로 할 수

있다면 모글기술의 반은 이미 습득한 것이라고도 할 수 있는데, 반대로 폴체킹이 익숙하지 않으면 모글스킹은 상당히 어려워지게 된다.

일반적인 숏턴에서 폴체킹이 늦어지는 경우도 문제이긴 하지만, 일반사면에서는 스키어가 숏턴리듬을 조절하여 폴체킹의 약점을 보완할 수 있다. 하지만 모글에서는 모글라인에 스스로의 숏턴리듬을 맞춰야 하므로, 폴체킹이 늦어지면 일반사면보다 몇배로 어려운 상황에 부딪히게 된다.

대부분의 오른발잡이들은 왼발에 하중이 들어가는 오른쪽 턴이 약하게 되고 상대적으로 왼손의 폴체킹이 늦어지게 되는데, 이러한 약점은 모글에서 오른쪽 턴이 잘 마무리되지 않고 왼쪽턴에 들어가는 것이 계속 늦어져서 리듬을 맞추기가 상당히 어려워진다.

폴체킹의 수정은 모글사면보다는 일반사면의 숏턴연습에서 보완하는 것이 보다 빠르고 쉬운 방법이다. 모글에서 한계를 느낀다면 다시 일반사면으로 가서 숏턴연습에 집중하는 것이 보다 빠르고 효과적인 방법이다.

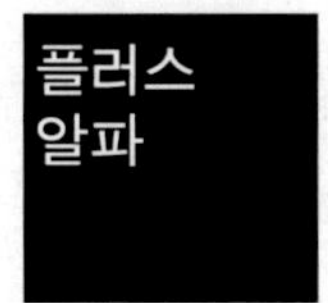

(1) 일반사면에서의 벤딩 숏턴

모글에서 벤딩턴을 정확하게 구사하기 위해서는, 평사면에서 벤딩 숏턴을 충분하게 연습하여야 하는데, 특히 하체의 스트

로크를 최대한 활용하여 다소 과장된 벤
딩과 스트레칭을 사용하며 벤딩 숏턴을
연습하는 것이 좋다.

이렇게 과장된 벤딩과 스트레칭 동작을
하기 위해서는, 무릎과 고관절을 깊게 구
부리면서 중립자세로 되돌아갔다가, 다
시 무릎과 고관절을 깊게 펴면서 회전자
세에 들어가게 된다. 이때 하체를 펴주면
서 폴체킹을 준비하고 하체를 구부리는
동시에 폴을 찍고 중립자세에 들어간다.

폴체킹을 하는 손은 스냅을 활용하여 잘
끊어주고, 폴체킹을 하지 않는 손은 앞으
로 뻗어주어 상체가 돌아가지 않도록 주
의한다. 이렇게 과장된 벤딩 숏턴을 리드
미컬하게 행할 수 있다면 모글스킹의 반
은 이루어졌다고 할 수 있다.

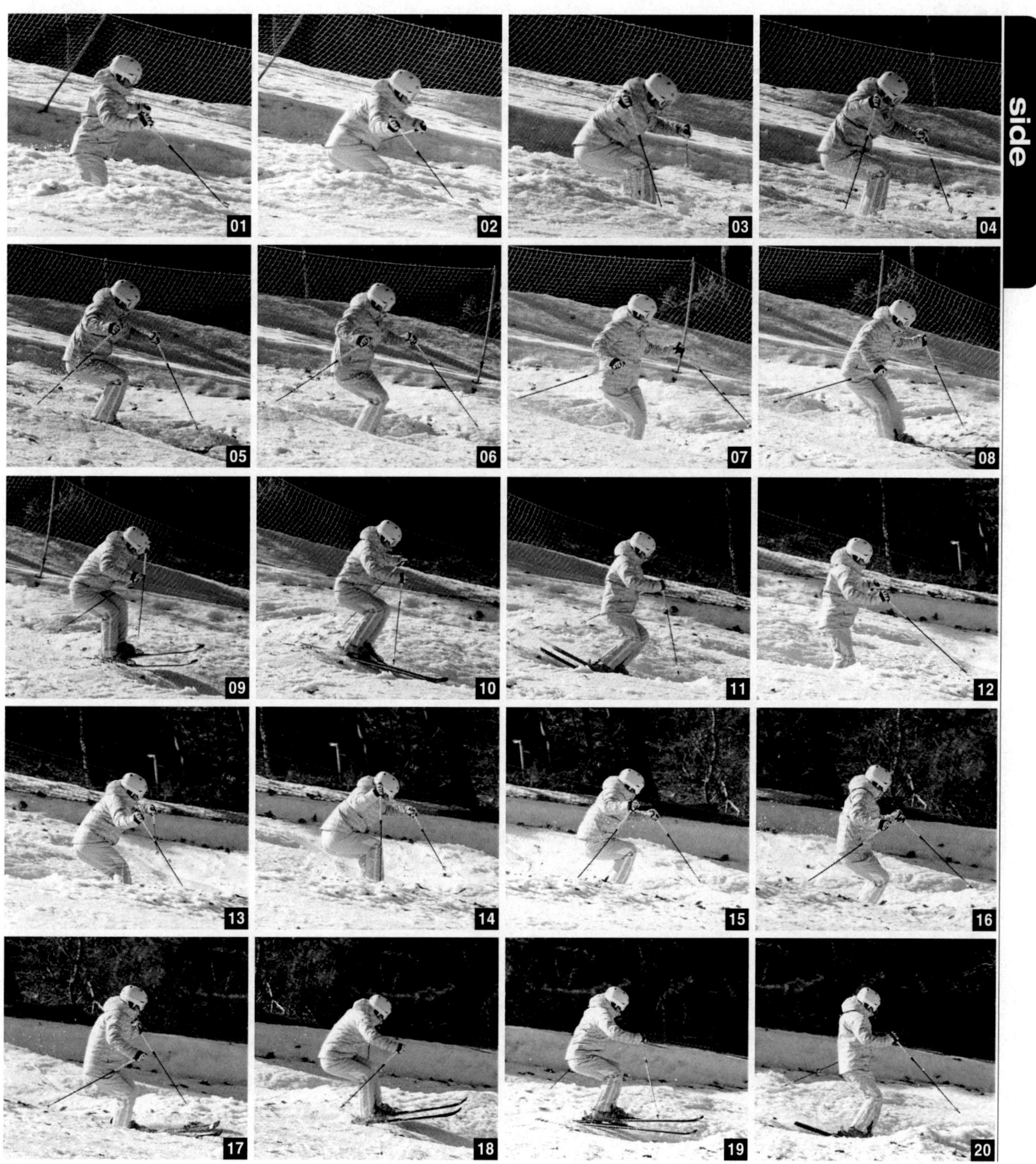

side

38

모글 스트레이트턴

Mogul Straight Turn

모글에서 플루그보겐부터 시작하여 피봇팅턴, 벤딩턴 등을 거치면서, 어느 정도 모글에 대한 적응력이 좋아지고 자심감이 붙었다면, 이제는 모글에서 가장 빠른 스피드로 활주할 수 있는 스트레이트턴을 시도하여 보자.

스트레이트턴은 말 그대로 모글에서 직선적인 라인을 추구하며 활주하는 기술로서, 보통 모글의 3부능선 정도를 노려서 모글라인의 최단거리를 내려오게 되는데, 최단거리의 라인을 추구하는 만큼 자연스럽게 얕은 회전호를 그리며 직선적으로 활주하게 된다. 이렇게 최단거리를 활주하기 때문에 당연히 활주시간도 짧아지게 되어, 특히 경기모글(Racing Mogul)에서 스트레이트턴을 많이 구사하고 있다.

스트레이트턴은 빠른 시간에 모글의 요철을 흡수하면서 활주하기 때문에 기본적인 벤딩능력은 물론이고, 강인한 체력과 부드러운 유연성이 겸비되어야 보다 확실하고 안전하게 활주할 수 있다. 특히 빠른 시간에 하체를 구부리고 펴는 동작이 계속되어야 하므로, 하체의 근력뿐만 아니라 체간(Body Core)중에서 등쪽근육인 배근이 발달이 특히 중요하게 된다.

스트레이트턴의 스피드 컨트롤은 기본적인 엣징에 의해서도 하게 되지만, 주로 스키를 모글에 부딪히며 스키판의 탄성을 이용하는 경우가 많은데, 직선적으로 활주하기 때문에 피봇팅 조작은 별로 사용하지 않고, 발목과 무릎을 주로 활용한 벤딩동작과 엣징동작을 주로 사용하게 된다.

특히 엣징동작에서는 하체의 내경을 별로 사용하지 않기 때문에, 스키가 몸 옆으로 크게 벗어나지 않고, 거의 신체의 아래쪽에서 발목과 무릎의 앵귤레이션을 이용한 심플한 외경자세로 엣징이 이루어지게 된다.

벤딩동작에서도 고관절을 활용하여 하체의 스트로크를 크게 하는 것보다는, 발목과 무릎을 주로 이용하여 활주스피드에 맞는 재빠른 동작을 하게 되는데, 벤딩과 동시에 스키의 탑을 떨어뜨리는 팁드롭(Tip Drop)을 함께 해야 하므로, 하체를 구부릴 때 뒤꿈치를 끌어당기며 엉덩이쪽에 붙여주는 이미지로 테일점프턴(Tail Jump Turn)을 시도하면, 보다 재빠르고 스키의 탑이 잘 떨어지는 효과적인 벤딩이 가능하다.

스트레이트턴에서는 빠른 스피드에 맞는 재빠른 폴체킹도 중요한데, 빠르게 활주하는 만큼 재빠르게 폴체킹을 준비하는 것은 물론이고, 스피드가 빨라질수록 폴을 찍어주는 위치를 모글머리 앞쪽 아니라, 모글머리 뒤쪽에 찍어주어야 충격을 줄이며 빠르게 활주할 수 있다.

스트레이트턴은 빠른 스피드로 모글사면을 활주하는 만큼 스릴이 넘치는 기술이기도 하지만, 그만큼 위험도도 함께 증가한다고 할 수 있다. 낙차가 큰 모글에서 무리하게 스트레이트턴을 구사하면 스키가 휘어지거나 모글에서 스키가 걸려 넘어지며 큰 부상을 당할수도 있으니, 스트레이트턴을 시도할 때는 사전에 모글라인을주의깊게 읽고 활주할 필요가 있다.

어느 정도 경사가 있는 중사면 정도의 모글을 선택하여 스트레이트턴을 시도한다. 처음부터 골이 깊은 모글에서 활주하면 상당한 부담이 되므로, 스피드를 내기 위하여 어느 정도 경사가 있고 골이 얕은 모글을 선택하여 스트레이트턴을 익히는 것이 안전하다.

중립자세에서 출발하여 폴체킹을 준비하며 스트레칭 동작을 하면서 다음 모글의 골짜기로 진입하게 되는데, 이때 스키의 탑이 먼저 떨어지며 샤프하게 모글에 진입하기 위해서는 벤딩을 하며 중립자세에 들어갈 때, 확실한 테일점프가 되어야

재빠르게 탑이 떨어지며 스키의 앞쪽부터 원활하게 회전에 진입할 수 있다.

모글의 골짜기로 스키가 진입하기 시작하였다면, 즉시 하체를 펴주어야 스키가 모글과 컨택트를 최대한 유지하며 회전을 계속할 수 있는데, 폴체킹은 스피드가 빨라질수록 모글에 진입하면서 즉시 실시하는 것보다는, 한템포 정도 기다렸다가 테일점프를 이용한 벤딩이 끝날 때쯤 모글머리 뒤쪽에 찍어주어야, 폴체킹의 충격도 줄이고 보다 적극적인 중심의 낙하가 가능하다.

중립자세는 벤딩동작이 최대한 발휘된 시점에서 나오게 되는데, 활주스피드가 빨라져서 리듬이 짧아지는 만큼 중립자세에서 미리 폴체킹을 준비하는 자세를 만들어야 하므로, 중립자세에서는 찍혀진 폴과 준비되는 폴이 서로 엇갈려 움직여서, 결과적으로 양폴이 서로 교차하는 "교차 폴체킹" 의 이미지가 필요하다.

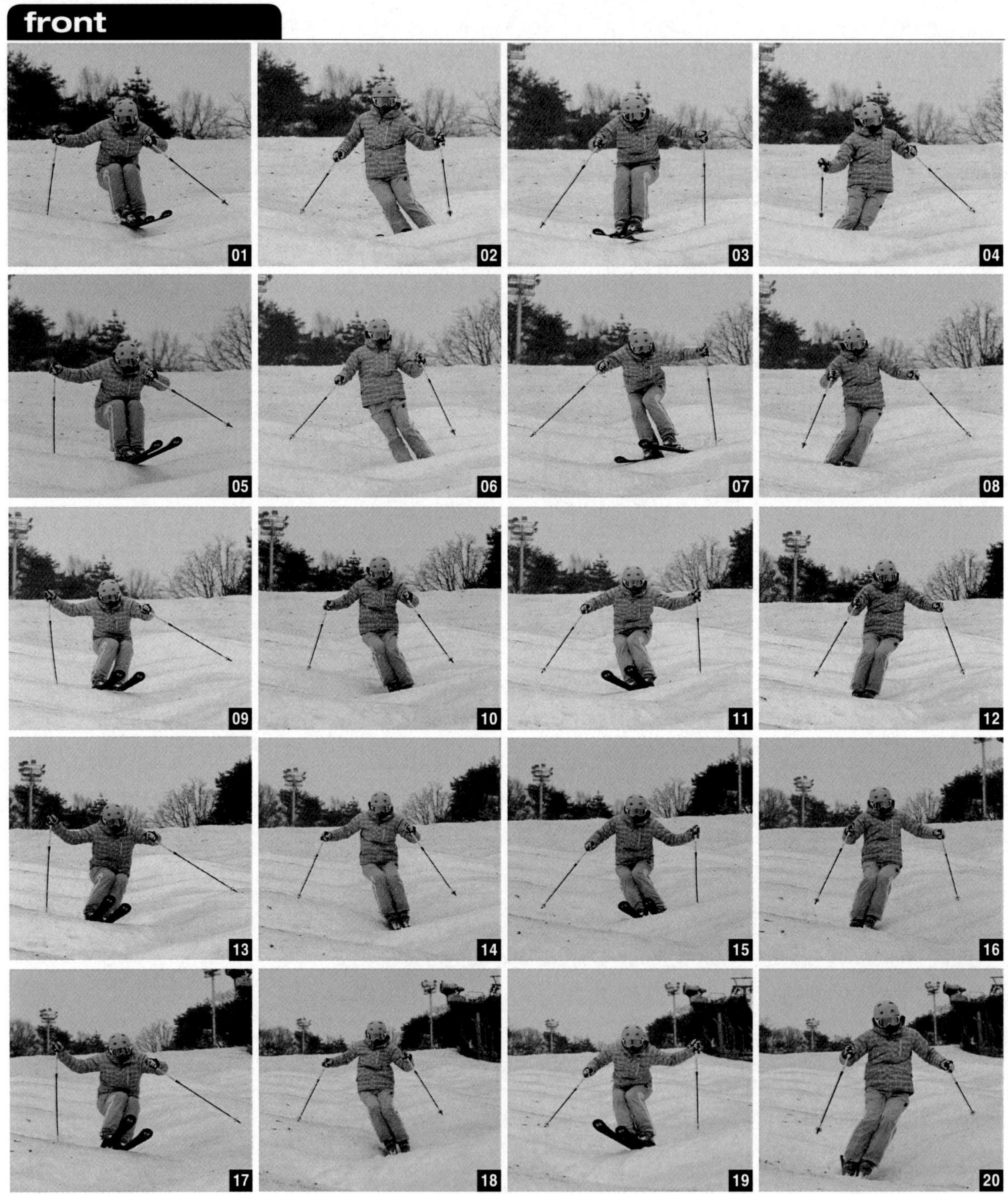

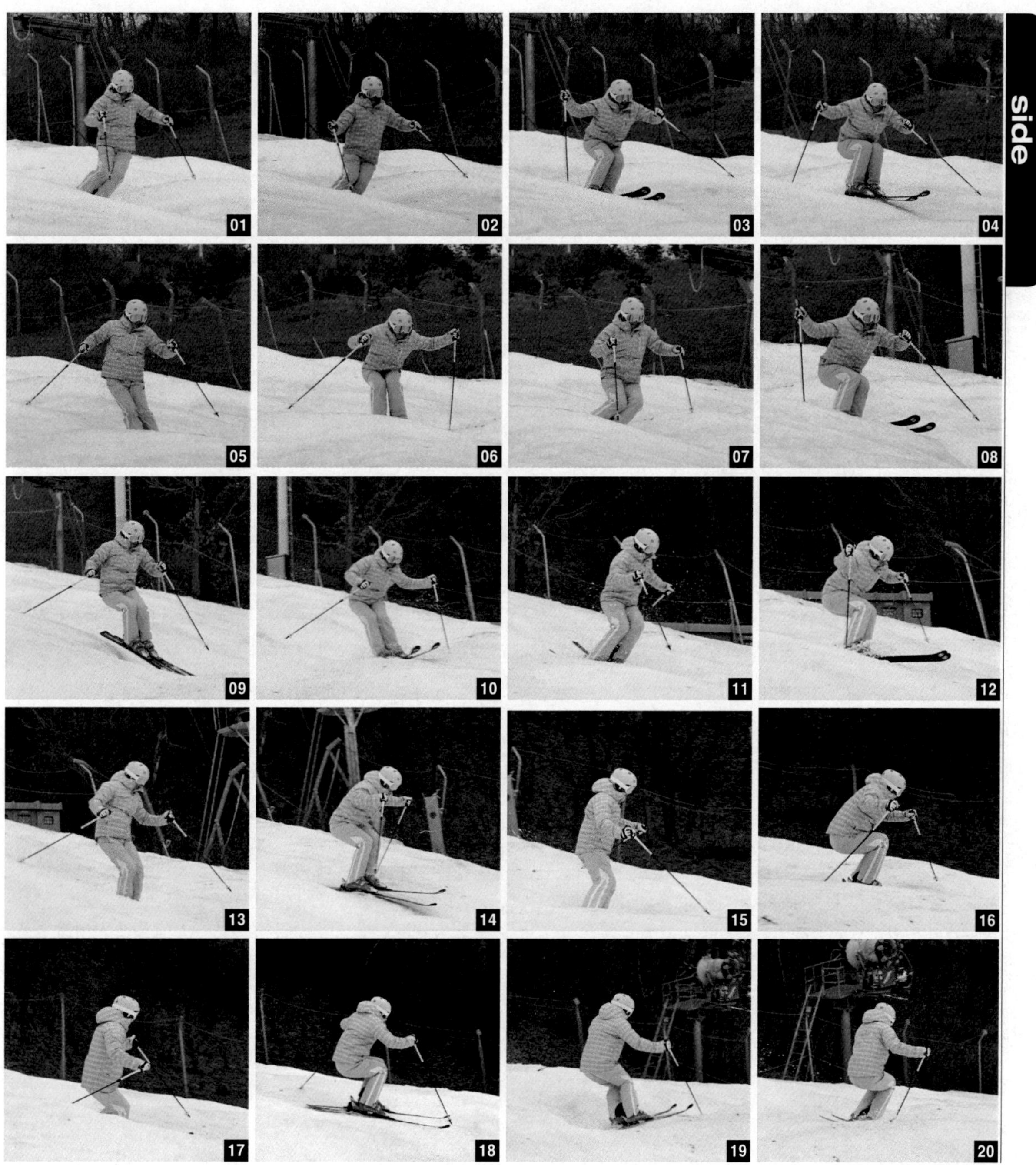

(1) 테일점프턴을 의식한다.

뒤꿈치를 엉덩이쪽으로 당기는 느낌의 테일점프턴으로 벤딩동작을 실시한다.

모글에서 요철과 충격을 흡수하고 스키와 설면 컨택트를 유지하는 방법에는 여러가지가 있는데, 가장 기본적인 동작은 벤딩턴에서 배운 단순하게 하체를 구부리고 펴는 동작이다.

스트레이트턴에서는 기본적인 벤딩동작을 빠른 활주스피드에 맞게 응용하게 되는데, 벤딩을 하면서 발뒤꿈치를 엉덩이쪽으로 끌어당기게 되면, 하체의 스트로크는 조금 작아지게 되지만 벤딩과 동시에 스키의 탑을 설면으로 떨어뜨리는 것이 가능해져서, 보다 재빠르고 효과적으로 활주할 수 있게 된다.

모글에서의 테일점프턴은 평사면처럼 하체 전체를 펴면서 테일을 점프시키는 동작을 하는 것이 아니라, 상체의 높이를 고정시킨 상태에서 하체만을 구부리며 점프하면서 테일을 들어올리는 벤딩의 이미지를 가져야 한다. 이러한 테일점프턴을 위해서는 처음에는 평사면과 같이 하체를 펴면서 테일점프를 연습하다가, 점차 익숙해지면 하체를 구부리면서 테일점프를 하는 연습으로 발전해 나가는 것이 좋다.

이렇게 테일점프턴을 이용한 벤딩동작을 하게 되면, 결과적으로 고관절보다는 발목과 무릎을 주로 사용하는 벤딩동작이 만들어져서, 일반적인 벤딩턴보다는 하체의 스트로크가 작아져서 심플한 동작이 가능해진다.

(2) 정확한 폴체킹을 의식한다.

폴을 미리 준비하고, 폴체킹 타이밍을 조금 늦춰서 모글머리 너머에 폴을 찍어주는 이미지를 가진다.

스트레이트턴도 비교적 느린 스피드에서는 하체를 구부려주는 동시에 폴을 모글머리에 찍어주기도 하지만, 스피드가 빨라진 상태에서 모글머리 앞쪽에 폴체킹을 하게 되면 폴체킹의 충격이 커져서 밸런스를 잃기도 쉽고, 스피드를 내기도 어려워지게 된다.

이를 방지하기 위해서는 모글에 진입하며 하체를 구부리면서 즉시 폴을 찍어주는게 아니라, 한 템포정도 늦게 찍어주어 하체의 벤딩이 끝날 무렵에 폴체킹이 되는 것이 보다 적극적인 중심의 낙하를 가져올 수 있고, 폴을 찍어주는 위치도 모글머리의 앞쪽보다는 뒤쪽에 찍어주어야 모글에서 오는 충격을 줄일 수 있다.

또한 스피드가 빨라지는 만큼 모글의 템포도 빨라지므로, 일반적인 숏턴에서 처럼 하나의 폴체킹이 끝나고 되돌아온 후에 다음 폴체킹을 교대로 내밀기보다는, 하나의 폴체킹이 끝나며 되돌아올 때 이미 다음 폴체킹을 동시에 교차하며 내밀어주어야, 빠른 템포에 맞는 재빠른 폴체킹이 가능해진다.

(3) 체킹 포워드를 의식한다.

스트레이트턴에서는 빠른 템포의 폴체킹을 하는만큼, 빠른 폴체킹의 의해서 양팔이 춤추듯 움직이는 경우가 많게 된다. 이렇게 팔의 움직임이 커지면 당연히 체력소모도 많아지고 양팔의 움직임에 의해서 중심이 뒤로 빠지거나 흔들릴 가능성이 많아지게 된다.

이것을 방지하기 위해서는 보다 심플한 폴체킹이 필요하게 되는데, 폴을 찍고나서 손목을 꺾어주며 팔을 앞으로 내미는 동작을 이용하여, 팔이 뒤로 빠지는 것을 최대한 방지할 수 있다. 이렇게 폴을 찍고 주먹을 앞으로 내미는 동작을 "체킹 포워드(Checking Forward)" 혹은 "체킹앤펀치(Checking & Punch)" 라고 한다.

이때 폴을 찍어주는 주먹을 단순하게 앞으로 내미는 것이 아니라, 손목의 스냅을 활용하여 폴체킹을 하고나서 손목을 꺾어서 폴을 눕혀주는 스내핑(Snapping)

동작과 함께 이루어질 때 비로소 진가를 발휘하게 된다.

(4) 적극적인 중심의 낙하를 의식한다.

스트레이트턴에서 스키의 조작만큼이나 중요한 것은 바로 신체를 아래방향으로 적극적으로 낙하시키는 의식이다. 어떻게 보면 스트레이트턴은 모글에서 가장 공격적인 활주이므로, 여기에 걸맞는 공격적인 의식은 당연한 것이다.

스트레이트턴은 빠른 리듬으로 직선적인 활주를 하기 때문에 전후운동을 크게 사용하지는 않지만, 그래도 스키가 모글능선을 넘어서 다음 모글의 골로 내려갈 때 신체의 중심도 함께 낙하한다는 의식이 있어야, 보다 공격적인 활주가 가능하며 오히려 안전하게 활주할 수 있다.

처음 모글에서 스트레이트턴을 시도할

때는, 특히 공격적인 의식이 없이 몸이 뒤로 빠져서 활주하는 경우가 종종 있는데, 몸이 뒤로 빠지면 테일점프가 어려워져서 효과적으로 컨트롤이 되지 않는 것은 물론이고, 자칫 스키가 앞으로 도망가서 모글능선에서 뒤쪽으로 크게 넘어지는 위험한 상황이 발생할 수도 있다.

모글의 기본기술이 숙련되지 않은 상태에서 무리하게 스트레이트턴을 시도하는 것도 좋지 않지만, 일단 스트레이트턴을 하면서 공격적인 의식이 없는 것도 한편으로는 위험한 활주라고 할 수 있다.

(1) 지나친 벤딩동작을 사용하는 경우

스트레이트턴을 하다보면 스피드가 빨라지며 모글의 충격이 커져서 당연히 벤딩

이 필요하게 되지만, 지나치게 큰 벤딩은 스피드를 내기도 어렵고 빠른 템포에 적응하기도 힘들어져서, 오히려 스트레이트턴에 적합하지 않은 경우도 있다.

스트레이트턴은 모글의 깊은 골을 타는 것이 아니라, 모글의 3부 능선 정도를 직선에 가까운 활주라인으로 내려가기 때문에, 다른 활주법에 비해서 스키어가 느끼는 모글의 요철은 상대적으로 작다고 할 수 있다.

이러한 스트레이트 라인에서 고관절을 크게 활용하여 지나치게 큰 벤딩동작을 실시하면, 불필요한 체력소모는 물론이고 동작이 커져서 빠른 템포에 적응하기가 상당히 어려워지게 된다. 비교적 작은 모글에서는 발목과 무릎을 위주로 벤딩을 해야 하는데, 스트레이트턴에서는 발목과 무릎을 이용한 벤딩동작에 발뒤꿈치를 끌어당기는 동작을 가미하여, 보다 심플하고 재빠르게 활주하도록 한다.

(2) 폴체킹을 지나치게 세게 하는 경우

폴체킹을 세게 하면 충격도 커지므로 주의하고, 가벼운 폴체킹으로 신체의 부담을 줄인다.

스트레이트턴과 같이 스피드가 빠른 활주에서는 당연히 충격에 의해서 폴체킹도 세지는 느낌이 들게 마련이다. 하지만 이것은 스키어 자신이 폴체킹을 세게 한다기 보다는, 가벼운 폴체킹을 시도하지만 모글의 충격에 의해서 결과적으로 폴체킹이 세어지는 것이다.

모글이나 평사면에서도 처음 폴체킹을 시도할 때는 다소 강한 폴체킹에 의한 반발력이 도움이 될 수도 있겠지만, 폴체킹은 회전의 보조수단이기 때문에 가볍게 찍어주는 것이 원칙이다. 특히 스트레이트턴과 같이 빠른 스피드로 활주할 때는, 강하게 폴체킹을 하면 충격에 의해서 신체에 부담이 오는 것은 물론이고, 자칫 중심이 흔들리는 원인이 되기도 한다.

스피드가 빨라지고 경사가 급해질수록 폴을 가볍게 찍어주며, 회전의 보조동작으로서의 본연의 목적에 맞는 폴체킹을 시도한다.

(3) 스키의 탑이 떨어지지 않는 경우

몸의 중심이 뒤로 빠져서 탑이 떨어지지 않는 것에 주의하고, 중경포지션에서 적극적으로 탑을 떨어뜨리는 의식을 갖는다.

스트레이트턴에서는 빠른 템포로 활주하기 때문에, 활주리듬에 맞춰서 스키의 탑을 떨어뜨리는 것이 상당히 어렵게 되고, 때로는 모글의 능선에서 골로 내려갈 때 스키의 컨택트가 이루어지지 않고 설면에서 떠서 낙하하는 경우도 생기게 된다.

이것은 하체의 스트레칭 동작이 모글의 템포를 미쳐 따라가지 못하기 때문에 발생하는데, 이때 중요한 것은 스키가 설면에서 떠오르는 경우에도 스키의 탑이 먼저 떨어져서, 다음 모글의 골짜기에서는 스키의 탑부터 회전에 들어가는 것이다.

특히 중심이 뒤쪽으로 빠져서 스트레이트턴을 하게 되면, 모글에 진입할 때 스키의 탑을 떨어뜨리기가 상당히 어렵게 되는데, 이 경우에는 모글에서 모글로 뛰어내리는 형태가 되어서, 충격이 뒤쪽으로 빠져나가지 못하고 고스란히 신체에 전달되게 된다. 또한 스키가 앞으로 도망간 상태로 벤딩동작이 시작되기 때문에, 자칫 뒤쪽으로 넘어지거나 다음 회전에서도 스키가 후경으로 떠오르는 악순환의 원인이 된다.

스트레이트턴에서는 중심을 회복할 시간적인 여유가 없으므로, 애초에 중경포지션이 무너지지 않도록 하고, 테일점프를 이용한 벤딩동작을 확실하게 하여 스키의 탑을 적극적으로 떨어뜨려야 한다.

플러스
알파

(1) 테일점프턴

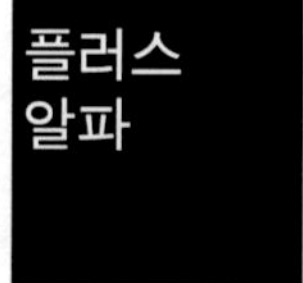

스트레이트턴을 더욱 업그레이드하고 활주스피드를 더욱 빠르게 하고 상체의 안정감을 더욱 높이기 위해서는 테일점프턴을 연습하면서 재빠른 벤딩과 확실한 팁드롭을 익히도록 한다.

테일점프턴은 일단 평사면에서 하체의 길게 뻗어주면서 실시하고, 익숙해지면 상체의 높이를 고정시키고 하체의 벤딩을 이용한 점프턴을 실시한다. 또한 평사면에서 테일점프턴이 익숙해지면 모글에서 테일점프턴을 시도한다.

경사가 비교적 완만한 슬로프를 선택하여 하체를 구부렸다가 펴면서 상체의 중심을 적극적으로 낙하시키며, 스키의 테일을 들어올리는 테일점프턴을 실시한다.

이때 스키를 점프하는 타이밍에 맞춰서 폴체킹을 해주면 보다 적극적인 테일점프턴의 보조도구로 사용한다.

테일점프턴에서는 일부로 전경자세를 만들어서 테일이 점프되며 탑이 떨어지는 조작을 하게 되는데, 이때 시선을 너무 낮게 유지하면 오히려 신체의 밸런스를 잃을 수도 있으므로 주의한다.

어느 정도 테일점프턴이 익숙해지면 이제는 모글사면에서 실시해본다. 너무 경사가 급하거나 골이 깊은 모글은 부담스럽기도 하고, 자칫 위험하기도 하므로 비교적 경사가 완만하고 골이 얕은 모글사면을 선택한다.

모글의 능선에서 하체를 굽히면서 폴체킹을 준비하고, 다음 모글의 골짜기로 내려가면서 모글머리에 폴을 찍어주며 하체를 펴줘서, 스키의 탑을 적극적으로 떨어뜨리며 팁드롭을 실시한다. 이때 신체의 중심을 적극적으로 낙하시키는 감각이 있어야 스키의 탑이 잘 떨어지게 된다.

스키의 탑부터 모글의 골짜기로 진입하면 모글의 충격이 뒤쪽으로 잘 빠져나가는 것을 느낄 수 있고, 하체의 벤딩을 이용하여 충격과 요철을 흡수하면서 폴을 내밀어서 계속해서 테일점프턴을 이어간다.

39

모글 뱅크턴

다양한 회전으로 모글의 기본기를 익혔고, 스트레이트턴을 하면서 모글에서의 스피드감도 익숙해졌다면, 이제는 모글에서 깊고 둥근 회전호를 그릴 수 있는 뱅크턴에 도전하여 본다.

뱅크(Bank)는 모글에서 옆으로 기울어진 벽(측벽)을 말하는 것으로서, 뱅크턴(Bank Turn)이란 모글의 뱅크를 타는 회전기술을 말하는데, 최근 회전성이 좋은 카빙스키가 주류를 이루면서 카빙스키의 높은 측면 압력으로 자연스럽게 모글에서도 뱅크가 많이 생기고 있다. 이러한 뱅크턴은 카빙스키의 높은 회전성을 이용한 새로운 활주기술이라고 할 수 있다.

뱅크턴은 모글의 7부능선 정도를 노려서 깊게 회전하는 기술이므로, 모글에서 가장 깊고 둥근 모글라인을 통과하는데, 모글의 가장 깊은 골짜기부터 모글의 머리 근처까지 높이차가 많이 생기는 회전을 하게 되므로, 하체를 적극적으로 굽히고 펴는 벤딩과 스트레칭 동작은 물론이고, 스키를 깊게 회전시킬 수 있는 높은 수준의 회전기술이 필요하게 된다.

뱅크턴은 두가지 패턴이 있는데, 상체를 고정시키고 하체를 깊게 회전시켜 몸의 비틀림이 최대가 되는 역(逆)뱅크턴이 있고, 반면에 상체를 함께 돌리며 회전시켜서 스키의 회전성을 살리는 순(順)뱅크턴이 있는데, 국내의 모글은 골이 깊으므로 상체의 안정성을 높일 수 있는 역뱅크턴을 배워보도록 한다. 다만 역뱅크턴은 상체를 고정시키고 하체를 깊게 회전시키는 만큼, 기술뿐만 아니라 높은 수준의 유연성이 필요하게 된다.

뱅크턴에서는 깊고 둥근 회전호를 그리기 위하여 하체전체를 활용하는 앵귤레이션과 엣징이 필요한데, 특히 하체의 스트로크를 최대한 이끌어내기 위해서는 고관절의 움직임을 살려서 회전하여야 한다. 하체전체를 이용한 엣징과 벤딩동작을 하는 만큼 스키를 최대한 몸옆으로 보내서 회전을 시작하고, 회전의 마무리에서 스키가 다시 몸 아래쪽으로 되돌아와야 하는데, 이를 위해서는 높은 수준의 하체의 굴신동작과 피봇팅 조작이 필요하다.

뱅크턴에서는 스키를 크게 회전시켜서 둥글고 깊은 회전호를 이용하여 스피드를 컨트롤하는데, 이를 위해서는 적극적인 전후운동을 실시하여 회전 전반부에 모글의 골로 진입할 때, 스키의 탑에 확실하게 하중이 실려서 탑이 떨어지며 회전이 시작하고, 회전 후반부에 테일엣징을 최대한 살려서 스키를 옆으로 보내며 회전의 진폭과 낙차를 크게 하는 이미지를 가져야 한다.

스트레이트턴은 테일점프를 이용하여 탑을 떨어뜨렸다면, 뱅크턴에서는 회전 전반부에 스트레칭 동작을 하면서 발목을

펴주는 조작으로 스키의 탑을 보다 크고 적극적으로 떨어뜨리게 되는데, 회전 후반부에는 발목을 들어올리는 조작으로 탑을 끌어올리며 테일엣징을 해주며 회전에서 빠져나오게 된다.

뱅크턴의 폴체킹은 스트레이트턴에 비해 스키에서 멀리 찍고, 폴체킹을 길게 유지하는 이미지가 있어야 깊고 둥근 회전호를 그리기 편해진다. 모글에 진입하면서 폴체킹을 준비하였다가 모글머리 앞쪽에 찍어주는데, 이때 상하체의 비틀림을 크게 만들기 위해서 뒷바인딩 근처에 멀리 폴을 찍어주고, 스키가 모글에서 빠져나갈 때까지 폴체킹을 길게 유지하여, 상하체의 비틀림을 살려서 스키가 테일엣징을 하며 옆으로 빠져나가도록 한다.

뱅크턴은 모글에서 깊고 둥근호를 그리는 것은 물론이고, 모글의 가장 높은 곳부터 가장 깊은 곳까지 스키가 지속적으로 이동하며 회전을 하기 때문에, 가장 난이도가 높고 기술성이 높은 회전이라고 할 수 있는데, 지나치게 골이 깊은 모글에서는 스키가 원활하게 회전하지 않으므로 코스선택에 주의하며 도전해 본다.

비교적 경사가 있고 골이 깊지 않은 모글을 선택하여 어느 정도 스피드를 붙여서 회전을 시작한다. 뱅크턴은 모글의 깊은 골짜기에서 높은 능선까지 오르내리는 회전이므로, 지나치게 골이 깊은 모글에서 뱅크턴을 구사하면 기술적으로나 신체적으로도 부담이 커지게 된다.

모글의 골짜기에서 빠져나올 때 하체를 구부려주는 벤딩동작을 크게 사용하여, 모글의 기복과 충격을 흡수하며 중립자세로 되돌아오는데, 이때 모글의 머리에 찍어준 폴체킹을 오래 유지한다는 느낌을 살려서 스키 테일의 하중을 길게 주며, 스키가 옆방향으로 멀리 빠져나가면서 깊고 크게 회전을 마무리한다.

스키가 능선에서 빠져나와 다음 모글의 골짜기로 떨어지기 시작하면, 상체를 적극적으로 낙하시키며 하체를 펴서 설면과의 컨택트를 추구해야 한다. 이때 발목을 펴면서 탑을 최대한 많이 떨어뜨리며 스키의 탑부터 다음 모글에 골로 진입하

도록 유도하고, 회전 전반부에 스키를 몸 옆으로 최대한 많이 보낸다는 의식이 있어야, 보다 크고 깊은 회전호를 그릴 수 있다.

스키가 모글의 골짜기로 진입하면서 회전을 시작하게 되면, 하중과 피봇팅을 가하며 스키를 돌려주게 되는데, 이때 발바닥 안에서 하중을 앞꿈치에서 뒤꿈치로 적극적으로 이동시키는 전후운동을 하면서 보다 샤프한 회전을 이끌어낸다. 이때 회전이 시작되면서 폴체킹도 함께 내밀어서 모글 머리에 찍을 준비를 미리 해준다.

회전의 후반부에는 발목을 들어올리며 스키의 테일에 하중이 들어가서 테일엣징이 되도록 하는데, 테일엣징을 조금 길게 끌어준다는 느낌을 가져야 스키의 탑이 옆쪽으로 빠져나가며 깊은 회전호를 그리기 쉬워진다. 이때 테일엣징에 들어가면서 스키에 가해지는 하중을 풀어주어야, 스키가 원활하게 앞으로 빠져나가며 다시 몸 아래쪽으로 되돌아와서 중립자세가 만들어지게 된다.

회전 후반부에 모글에서 빠져나오며 폴체킹도 함께 실시하는데, 역뱅크턴에서는 상하체의 비틀림을 최대한 살려야 하므로, 스키의 뒷바인딩 쪽에 찍어준다는 이미지를 가지는 것이 좋으며, 찍은 폴은 오랫동안 길게 유지한다는 느낌으로 회전을 마무리한다.

(1) 고관절의 움직임을 의식한다.

고관절의 움직임을 중심으로 한 커다란 벤딩 동작을 의식한다.

뱅크턴은 모글의 7부 능선부터 깊은 골짜기까지 하나의 회전에서 큰 낙차를 극복해야 하는 회전기술이다. 이를 위해서는 하체의 스트로크를 최대한 살리는 움직임이 필요한데, 하체전체를 크게 움직이는 벤딩동작을 위해서는 특히 고관절의 움직임을 잘 살려야 한다.

모글의 능선에 진입할 때 고관절을 크게 움직이며 벤딩을 해서 모글의 요철과 충격을 흡수하며, 골짜기로 들어갈 때는 다시 빠르고 크게 고관절을 펴면서 스트레칭을 하여 설면과의 컨택트를 추구해야 하는데, 이렇게 크고 빠르고 강하게 고관절을 움직이기 위해서는 하체의 뛰어난 유연성과 근력은 물론이고, 여기에 덧붙여 강력한 복근과 배근이 필요하게 된다.

스키에서는 흔히 하체의 근력만을 생각하게 되는데, 체간부(Body Core)의 근력이 좋아야 상체가 안정되어 하체의 근력을 발휘하기 쉬워지는 것은 물론이고, 신체의 유연성이 좋아야 보다 부상의 확률도 줄어들고 관절의 저항이 줄어들어 힘의 손실이 적어지며, 큰 스트로크를 발휘하여 깊고 큰 회전을 할 수 있다.

(2) 발목의 움직임을 의식한다.

스트레칭 동작에서 발목을 펴주며 설면과의 컨택트를 적극적으로 유지한다.

모글의 능선에서 내려오며 다음 모글의 골짜기로 진입할 때는, 스키의 탑부터 회전을 시작하기 위해서 스키의 탑을 떨어뜨려 주여야 하는데, 이를 위해서는 발목을 펴주며 스키의 탑을 누르는 조작이 필요하게 된다.

또한 모글에서 빠져나올 때는 스키의 테일에 하중을 걸어주며 테일엣징을 해주어야, 스키의 탑이 깊게 회전하면서 다음 회전의 옆방향으로 스키를 멀리 보낼 수 있게 되어, 보다 크고 깊은 회전호를 그리며 활주할 수 있다. 이를 위해서는 발목을 들어올려서 스키의 테일쪽에 하중을 걸어주고, 상대적으로 탑을 가볍게 만들어주는 것이 좋다.

이러한 발목의 움직임을 위해서는 일단 평사면에서 지속적으로 숏턴연습을 하면서 기술의 완성도를 높여야 하는 것은 물론이고, 발목이 원활하게 움직이도록 유연성과 근력을 키워야 한다. 특히 모글이나 숏턴에서 테일엣징을 잘 사용하기 위해서는 정강이 앞쪽 근육을 키워야 보다 강력한 발목의 움직임이 가능하다.

(3) 폴체킹을 길게 유지하는 의식을 가진다.

폴체킹을 길게 유지하며 상하체의 비틀림을 살리고, 스키를 옆으로 보내는 이미지를 가진다.

뱅크턴에서 크고 깊은 회전호를 그리기 위해서는 회전 전반부에 얼마나 스키를 회전 바깥쪽으로 멀리 보낼 수 있느냐가 관건이다.

이를 위해서는 회전 후반부에 모글머리에 찍은 폴체킹을 길게 끌어주면서 지팡이처럼 이용하여, 상체를 적극적으로 다음 모글방향으로 낙하시키는 것은 물론이고, 폴체킹을 오래 끌어주는 만큼 스키가 옆으로 이동하는 시간이 상대적으로 길어져서, 결과적으로 회전 전반부에 스키를 회전 바깥쪽으로 멀리 보낼수 있게 된다.

이렇게 폴체킹을 길게 끌어주기 위해서는 한박자 늦게 폴을 찍어주고 한박자 늦게 폴을 거둬들인다는 이미지가 필요하게 되는데, 이러한 템포로 폴을 찍게 되면 상하체의 비틀림이 최대인 상태에서 폴이 찍혀지므로, 결과적으로 스키의 뒷바인딩 근처에 멀리 폴이 찍혀지게 된다.

(4) 상체를 낙하시키는 의식을 가진다.

상체를 적극적으로 낙하시키며 하중의 전후이동을 만들어내는 의식을 가진다.

뱅크턴에서는 하체를 최대한 활용하여 깊고 큰 회전을 그리는 것이 포인트인데, 이를 위해서는 회전 전반부는 물론이고 회전 후반부에도 적극적으로 상체를 아래쪽으로 떨어뜨리는 의식이 필요하다.

회전 전반부에는 하체를 펴주면서 허리를 아래쪽으로 떨어뜨리는 이미지가 있어야, 스키와 중심이 함께 낙하하면서 보다 큰 회전호를 그릴 수 있다. 또한 회전 후반부에는 하체를 적극적으로 굽히면서 허리를 아래쪽으로 떨어뜨려야, 스키가 저항없이 옆방향으로 빠져나가며 보다 크고 깊은 회전을 그리기 쉬워진다.

이렇게 상체를 적극적으로 낙하시키는 것에는 반드시 하중의 전후이동을 동반하여야, 모글에서 오는 충격을 잘 빠져나가며 보다 안정되고 샤프한 둥근 회전을 할 수 있다.

(1) 벤딩동작이 지나치게 작은 경우

벤딩이 작아지지 않도록 주의하며, 고관절과 무릎을 이용한 큰 벤딩동작을 의식한다.

뱅크턴은 높은 능선부터 깊은 골짜기까지 모글에서 깊은 호를 그리며 회전하는 기술이므로 큰 벤딩동작이 필수인데, 만약 벤딩이 지나치게 작게 되면 뱅크턴 자체를 하기 어렵게 된다. 하지만 의식적으로 큰 벤딩동작을 하려고 해도 잘 되지 않는 경우가 있는데, 여기는 여러가지 원인이 있겠지만 기본자세가 무릎을 지나치게 앞으로 굽혀서 전경이 심한 경우에 많이 발생한다.

이렇게 무릎만이 굽혀지고 고관절이 지나치게 펴진 상태에서 모글에 진입하게 되면, 벤딩동작이 발목과 무릎의 움직임만으로 행해지고 고관절이 움직이기 어

럽기 때문에, 뱅크턴에 맞는 커다란 벤딩동작을 하기 어렵게 된다.

일반사면은 물론이고 모글에서도 정확한 기본자세는 가장 중요한 필수조건중 하나이다. 스키를 타다가 벽에 부딪히는 경우는 하나의 원인 때문에 생기는 것이 아니라, 여러가지 원인들이 복합적이고 연쇄적으로 일어나서 발생하게 되는데, 그 중 가장 큰 원인은 기본자세가 잘못되어 생기는 경우가 많으니, 기본자세를 우선적으로 체크하도록 한다.

(2) 상체가 돌아가는 경우

역뱅크턴에서는 상체가 돌아가지 않도록 주의하며, 특히 일반사면에서 숏턴연습을 충분하게 실시한다.

상체를 고정시키고 하체를 깊게 돌리는 역뱅크턴에서는 무엇보다도 상체의 고정이 중요한데, 신체가 유연하지 못하거나 숏턴기술이 익숙하지 않은 경우에는 상체가 의도하지 않게 돌아가게 된다.

이렇게 상체가 돌아가게 되면, 회전 전반부에 상체를 적극적으로 낙하시키는 것이 어려워져서 결과적으로 후경자세가 되기 쉬운데, 이렇게 후경이 되어버리면 엣징과 하중이 회전 마무리에 집중되어서, 스키가 잘 빠져나가지 않고 크고 깊은 뱅크턴의 호를 그리기도 어려워진다.

피봇팅턴이나 벤딩턴은 물론이고 스트레이트턴이나 뱅크턴에서도 상체의 고정은 거의 필수적이라고 할 수 있다. 상체가 의도하지 않게 돌아가는 경우는 모글만을 집착하지 말고, 일단 평사면에서 숏턴연습을 충분히 하여야 보다 빠른 기술향상이 가능하다.

(3) 하중의 전후이동이 부족한 경우

하중이 탑이나 테일에만 집중되지 않도록 주의하며, 중경포지션에서 하중의 전후이동을 의식한다.

모글에서 원활하게 뱅크턴을 하기 위해서는, 상체의 중심을 안정시킨 상태에서 발바닥의 하중포인트를 앞뒤로 움직여주

는 전후이동이 필수인데, 하중이 앞쪽에만 실리거나 뒤쪽에만 실리는 경우는 모두 뱅크턴이 어려워진다.

하중이 지나치게 뒤쪽에 실리면 회전 전반부에 스키와 신체가 함께 떨어지지 않아서 큰 회전호를 그리기도 힘들고, 스키의 탑부터 회전에 들어가기 어렵고 때문에 모글에서 오는 충격에 잘 대응할 수도 없고, 스키가 도망가면서 뒤로 넘어지기 쉽다.

반대로 하중이 지나치게 앞쪽에 실리면 회전 후반부에 스키가 모글에 걸리고 잘 빠져나오지 않아서, 스키를 옆으로 보내는 조작이 어려워지고 혹은 중심을 잃으며 앞으로 넘어지는 경우가 생길 수도 있다.

일반사면도 마찬가지지만 모글에서도 중경포지션을 유지하면서 필요에 따라 중심을 앞뒤로 움직일 수 있어야 진정한 최상급자라 할 수 있다.

(1) 난장이숏턴

뱅크턴에서 하체의 큰 스트로크를 사용하기 위해서는 고관절의 큰 움직임이 필요하게 된다. 이를 위해서 기본자세를 최대한 낮춰서 고관절이 많이 구부러진 상태에서 숏턴을 하는 난장이숏턴을 연습한다.

난장이숏턴을 위해서 폴의 2/3 지점을 잡아서 기본자세를 최대한 낮춘 상태에서 숏턴을 실시한다. 자세가 낮아진 만큼 상하체의 비틀림도 커지고, 하체가 최대한 굽혀진 만큼 보다 적극적인 발목의 감각이 길어져서, 결과적으로 뱅크턴에서의 발목조작이 좋아지게 된다.

기본적으로 난장이숏턴은 일반사면에서 연습을 하지만, 점차 익숙해지면 모글사면에서 도전해보며 지금까지 느끼지 못했던 새로운 상하체의 비틀림이나 하체의 조작감을 얻어본다.

(2) 모글과 숏턴과의 상관관계

모글스킹은 거의 숏턴으로 이루어지게 되므로, 일단 모글스킹을 위해서는 일반

사면에서 숏턴기술이 어느 정도 수준에 올라와야 한다. 특히 상체의 고정이나 폴체킹 동작이 익숙하지 않은 상태에서 모글에 들어가면 상당히 어려울 수 있다.

이와는 반대로 모글스킹이 좋아지면 일반사면에서의 숏턴이 좋아지는 경우도 있는데, 특히 급사면 숏턴이나 고속 숏턴에서 필요한 벤딩동작을 위해서는 모글에서 얻어지는 벤딩느낌을 그대로 살리는 것이 좋다.

다만, 이러한 벤딩느낌을 얻었다고 해도, 기본적으로 샤프한 엣징이 없다면 급사면 숏턴이나 고속 숏턴에서 벤딩이 결합되지 않는다. 그러므로 기본엣징의 향상은 스키기술 전체의 궁극적인 과제이자 테마라고 할 수 있다.

또한 어느 정도 모글에 익숙해지면 숏턴기술이 약해도 폴체킹과 벤딩만으로도 모글스킹이 가능할 수도 있는데, 이렇게 기초기술이 부족한 상태에서 모글 마일리지만이 쌓인 스키어들은 금방 기술적인 벽에 부딪히고 만다. 이때는 다시 평사면으로 되돌아가서 숏턴연습을 해야 근본적인 문제해결이 가능하다.

하지만 많은 스키어들이 모글스킹에만 집착하며 안주하는 경우가 많은데, 이는 모글을 탈 수 있다고 해서 자신이 최상급 스키어라고 믿어버리는 착각 때문이다. 모글은 익숙해지면 오히려 모글의 모양을 이용하여 쉽게 엣징을 만들고 회전할 수 있지만, 평사면은 스키어 스스로가 회전에 필요한 외력을 만들어야 하므로, 어떤 면에서는 평사면 숏턴이 더욱 어렵다고도 할 수 있다.

항상 모글과 숏턴은 뗄레야 뗄 수 없는 불가분의 관계이므로, 한곳에만 지나치게 몰입하지 말고 균형있는 스킹을 하도록 하자.

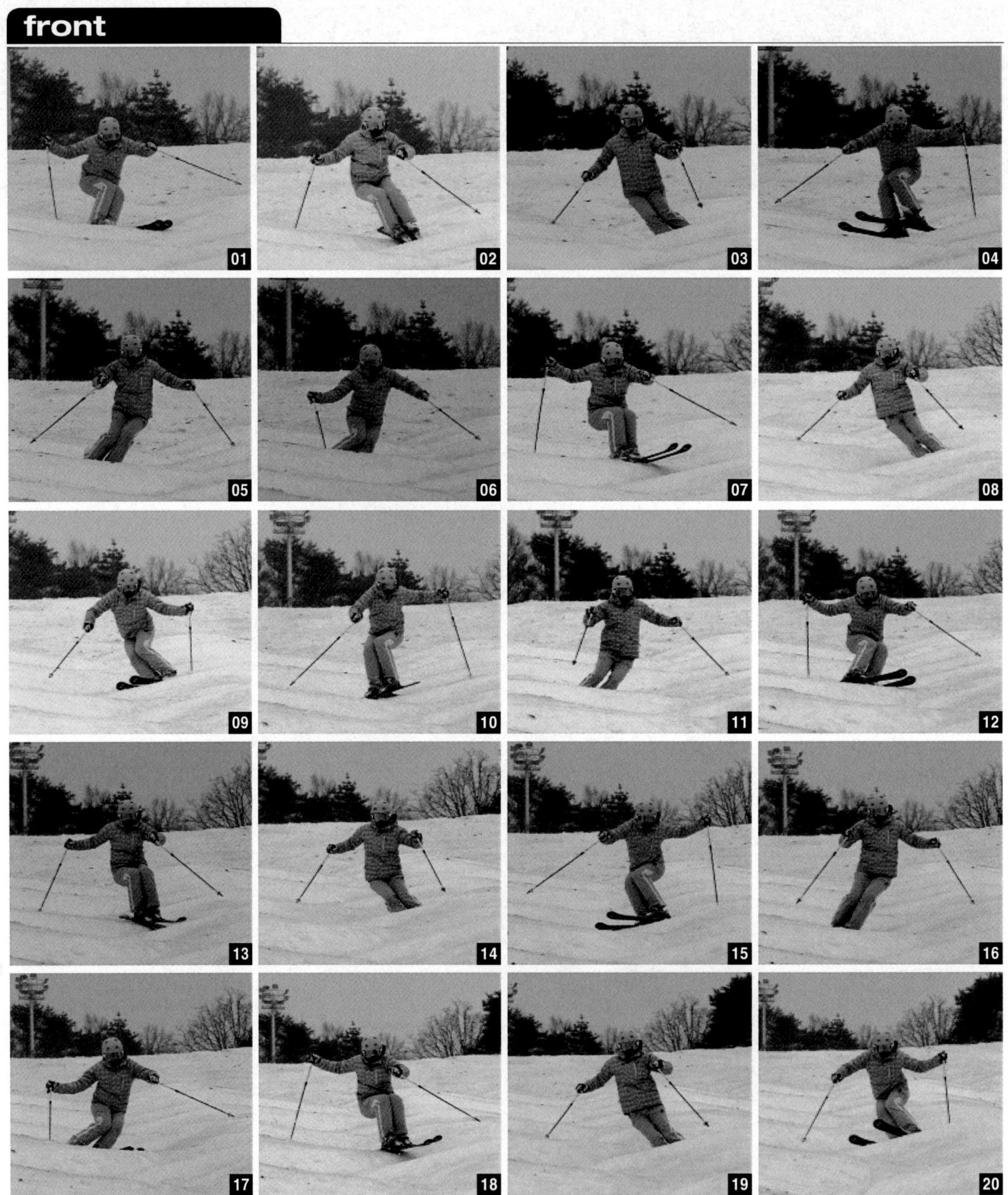

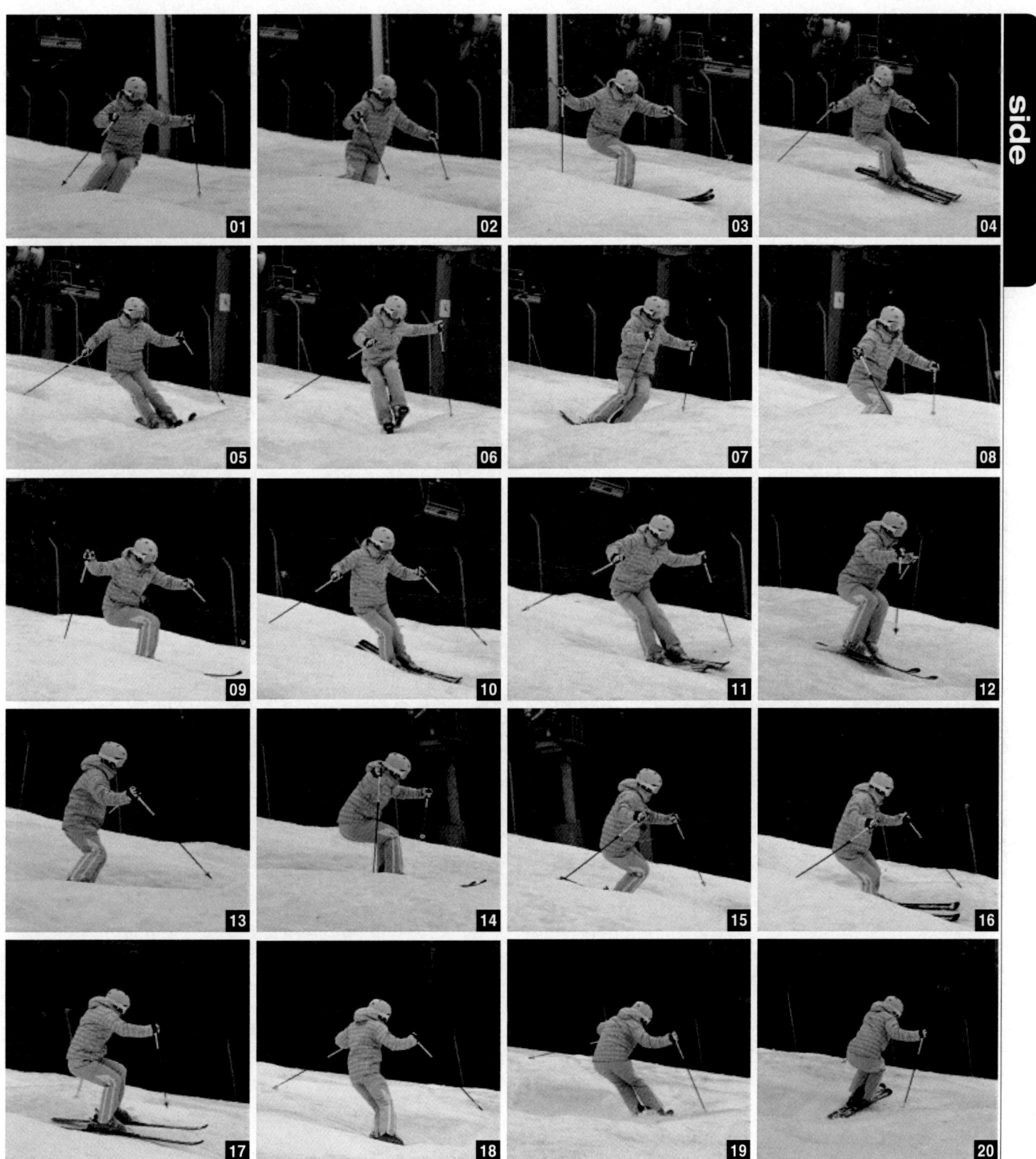

side

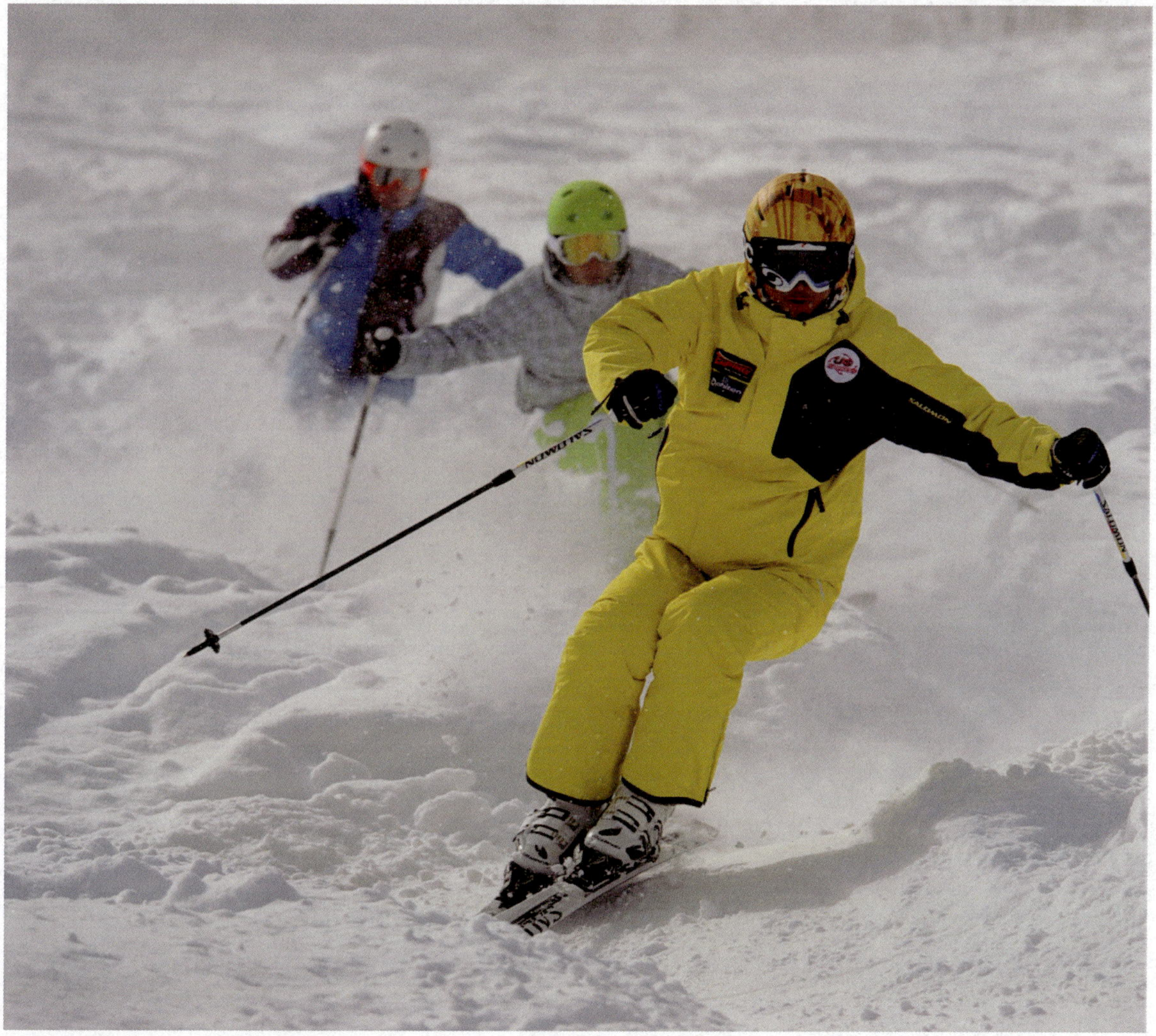

목동점

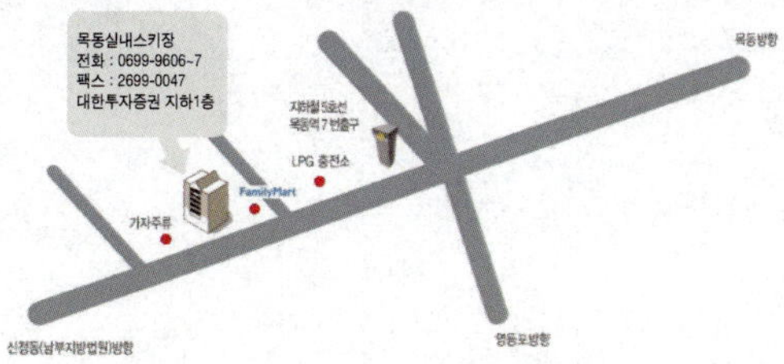

지하철 5호선 목동역 7번출구 20미터 앞(SK LPG 충전소 지나 패밀리마트 옆 대한투자증권 지하 1층)

잠실점

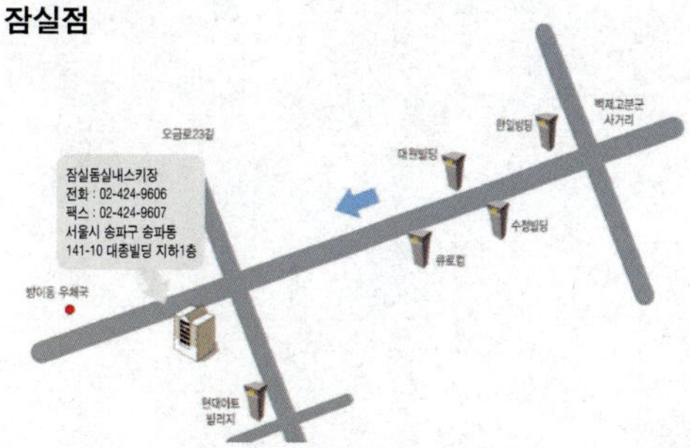

튜닝 테크닉
Tuning Technique

튜닝 테크닉은 스키어의 스키와 부츠 등의 장비를 최고의 상태로 관리 유지하는 기술로서,
최상급자는 물론이고 초급자에게도 도움이 되는 필수적인 기술이다.

스키튜닝에서는 새로 구입한 스키의 베이스와 엣지를 정비하고,
왁싱을 하여서 스키가 가장 잘 미끄러지며 회전하도록 만드는 것은 물론이고, 손상된 스키를 수리하는 기술도 포함된다.

부츠튜닝에서는 기성품인 스키부츠를 각양각색의 스키어의 발에 맞도록 조절하는 것은 물론이고,
스키부츠가 최고의 성능을 발휘하도록 인솔이나 포밍이너 등의 커스텀 파트를 제작하는 것도 포함된다.

이러한 튜닝 테크닉을 잘 활용하면 보다 즐겁고 쾌적하게 스키를 타는 것은 물론이고, 보다 쉽고 빠르게
기술향상을 할 수 있는 지름길이 되기도 하므로, 자신의 스키장비를 항상 최고의 상태로 유지하도록 노력한다.

40

스키튜닝 프롤로그

"스키튜닝은 초급 스키어와 신상품 스키일수록 더욱 필요하다"

스키튜닝이라고 하면 잘 모르는 스키어들도 많고, 스키튜닝을 알고 있는 스키매니아의 경우에도, 스키튜닝을 스키선수나 최상급자들만의 전유물로 생각하는 경우가 많다. 하지만 스키튜닝은 초급 스키어에게도 상당히 중요한 스키기술의 일부라고 할 수 있다.

초급 스키어의 경우는 '스피드가 빨라지면 무섭고 위험하니까, 스키는 잘 미끄러지지 않는 편이 안전하다'고 생각하는 스키어들이 많지만, 스키는 원래 미끄러지면서 회전하도록 만들어진 장비이므로, 스키가 잘 미끄러지지 않는다면 회전도 어려워져서 위험하기도 하고, 회전을 위해서 많은 힘과 노력이 필요해서 상대적으로 체력소모도 많아지게 된다.

또한 신상품 스키의 경우에는 스키의 비닐을 벗긴 다음에 그대로 스키를 타는 경우가 많지만, 신상품 스키의 경우는 스키의 바닥면인 베이스와 엣지가 평평하거나 혹은 엣지가 베이스보다 높아서 상대적으로 회전하기가 어렵게 만들어져 있는데, 특히 초급자용 스키일수록 이런 현상이 심해진다.

물론 일부 스키 브랜드에서는 즉시 회전이 잘 되도록 튜닝되어서 출고되는 모델이 있지만, 대부분의 스키들은 기본적인 마무리만 되어 있어서, 이러한 스키를 바로 신고 스키를 타면 스키가 잘 회전되지 않아서 능숙하게 회전하기도 어렵고, 기술향상에도 자칫 걸림돌이 될 수 있다.

이렇게 제대로 튜닝이 되지 않은 스키를 신으면 초급 스키어는 물론이고, 최상급 스키어들도 스키가 어려워지고 재미가 반감되기 마련이다. 그러므로 새로 구입한 스키는 일종의 미완성품이라고 할 수 있고, 자신에게 맞는 튜닝을 거쳐야만 진정한 완성품이 되어서 자신만의 스키가 되는 것이다.

SWIX
테이블
바이스
HF7
HF8
swix
핫타입 왁스
10B
경기용 왁스
swix
콜드타입 왁스
스톱퍼 고정용 밴드
브러쉬
SWIX
SWIX
스크래퍼
swix
swix
다이아몬드 스톤
FORZA
왁스용 다리미
SWIX
피텍스
화일과 집게
베이스 각도기
swix
Citrus Solvent
리무버
EDGE GUIDE
Setting guide
Setting guide
magic
magic
엣지 샤프너
샌드페이퍼
피니싱 매트
반창고

스키튜닝의 목적은 잘 미끄러지고 잘 회전하는 스키를 만드는 것이다. 스키의 베이스를 정비하고 엣지를 세우는 것만이 스키튜닝의 전부라고 할 수 없다. 잘 미끄러지는 스키를 만들기 위해서는 기본적으로 왁싱을 잘 하는 것만으로도 충분하므로, 일단 스키튜닝 경험이 없는 스키어나 핫왁싱 경험이 없는 스키어라면 일단 왁싱에 도전해 본다.

1. 스키튜닝의 사전준비

(1) 스키의 고정

스키튜닝을 잘 하기 위해서는 일단 스키를 잘 고정시켜야 한다. 스키가 잘 고정되지 않은 상태에서 스키튜닝을 하면 오히려 역효과가 나타날 수 있다.

| 바이스(Vice) | 스키의 바이스는 고가인 경우가 많지만, 스키의 정확한 고정은 스키튜닝의 결과를 좌우하는 중요한 요소이므로, 시즌방이나 동호회에서 단체구입하여 공동사용을 권하고 싶은 아이템이다. 스키 바이스의 경우는 2개로 고정시키는 것과 1개의 바이스로 스키센터를 고정시키고 앞뒤에 받침대를 설치하는 2가지 형태가 있다. 확실한 스키고정을 위해서는 2개를 이용하여 고정시키는 것이 좋다.

| 테이블(Table) | 바이스를 고정시키는 테이블에는 다양한 브랜드로부터 출시되고 있는데, 꼭 스키전문 테이블을 사용할 필요는 없다. 도배에서 사용되는 접이식 테이블도 많이 사용하는데, 특히 높이가 조절되고 간편하게 휴대가 가능하면서도, 단단하게 스키를 고정시킬 수 있는 튼튼한 테이블을 선택하는 것이 좋다.

| 고정방법 | 스키를 고정시킬 때는 스키의 탑과 테일에서 30~40센티 정도 떨어진 곳을 고정시키는 것이 좋다. 너무 탑과 테일쪽으로 고정하게 되면, 센터쪽을 작업할 때 스키가 휘어지면서 힘이 들게 되고, 반대로 너무 센터쪽으로 고정하게 되면 탑과 테일을 작업할때 마찬가지로 힘이 들게 된다.

스키를 고정시킬 때는 지나치게 힘을 주어서 바이스를 물리면, 스키의 사이드월에 손상이 갈 수 있으므로 적절한 힘으로 바이스를 물린다. 또한 사이드엣지를 손질할 때는 스키의 1/3정도를 물리게 해주는데, 이 이상 깊게 바이스에 물리게 되면 작업시 손이 바이스에 닿아서 불편하다.

(2) 손의 보호

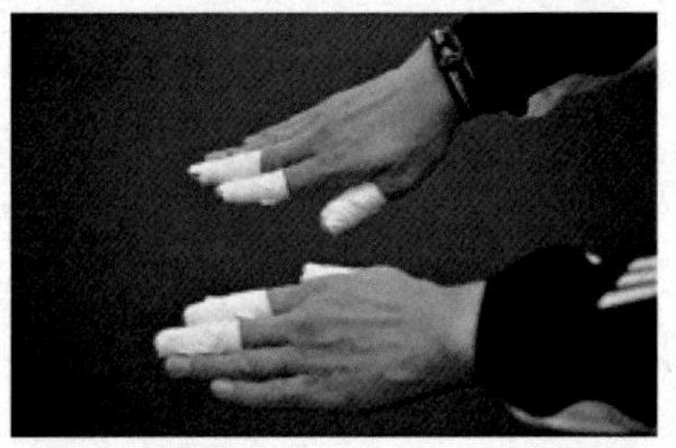

대개의 경우 스키튜닝을 할 때는 장갑을 끼고 작업을 하는 경우가 많은데, 손의 보호를 위해서는 장갑이 유용하지만, 자칫 손의 감각이 무뎌져서 섬세한 작업이 어려운 경우가 있다. 전문적인 튜닝을 할 때는 테이핑용 테이프를 이용하여 엄지와 검지와 중지를 두번째 관절 정도까지 테이핑하면 보다 섬세한 감각을 느낄 수 있으면서도 손을 보호하는 효과도 높일 수 있다.

특히 사이드엣지를 손질하거나 날카로운 파일을 사용할 때는 손을 벨 수가 있고, 다리미를 이용하여 핫왁싱을 할 때는 손

을 데일 경우도 있으니 주의해야 한다. 초
보자라면 얇은 장갑을 끼고 튜닝을 시작
하고, 점차 익숙해지면 손가락 테이핑을
이용하도록 한다.

(3) 스톱퍼 고정

스키 바인딩에 붙어 있는 스톱퍼(브레이
크)는 슬로프에서는 스키를 멈추게 하는
꼭 필요한 도구지만, 스키튜닝을 할 때는
방해물이 되므로 제거하거나 고정시켜야
한다. 드라이버를 이용하여 쉽게 탈착이
가능한 스톱퍼라면 분리를 하고, 그렇지
않다면 고무밴드 등을 이용하여 고정시
키도록 한다.

(4) 플랫체크

스키 베이스가 평평한지 확인하는 플랫
체크(Flat Check)는 스키튜닝에서 가장
중요한 과정중 하나이다. 스키 베이스의
상태를 정확하게 모르는 상태에서는 스
키튜닝의 의미가 반감되게 마련이다.

플랫체크에는 전용게이지를 사용하게 되
는데, 만약 전용게이지가 없다면 스틸소
재의 정밀한 자를 사용할 수도 있다. 게
이지를 활주면에 수직으로 대고, 게이지
와 활주면 사이를 통과하는 빛을 관찰하
게 되는데, 가능한한 눈의 위치를 활주면
에 가깝게 하는게 보다 정확한 결과를 알
수 있다.

정상적인 상태라면 활주면 전체에 균일
한 빛이 통과하게 되는데, 만약 센터쪽에
빛이 많이 보인다면 컨케이브(Concave)
의 오목한 상태이고, 반대로 양사이드쪽
에 빛이 많이 보인다면 컨벡스(Convex)
의 볼록한 상태이다.

이러한 플랫체크를 탑부터 테일까지
10~20센티 정도의 간격으로 실시하는
데, 특히 탑과 테일쪽은 스키의 두께가
얇아서 쉽게 변형되므로 잘 관찰한다. 스
키의 상태가 오목한 컨케이브 상태라면
엣지가 지나치게 걸려서 회전성이 떨어
지게 되고, 반대로 스키의 상태가 볼록한

컨벡스 상태라면 스키가 지나치게 밀려
서 조작성이 떨어지게 된다.

2. 활주면의 클리닝

(1) 우선 스크래퍼로 왁스를 제거한다.

플라스틱 스크래퍼를 이용하여 우선 오
래된 왁스와 이물질을 제거한다. 이때 스
크래퍼에 굴곡이나 상처가 있으면 활주
면에 흠집이 생기게 되므로, 스크래퍼는
반달파일이나 마무리용 샌드페이퍼(400
번)로 연마한 후에 사용한다.

스크래퍼의 사용법은 검지와 중지로 스
크래퍼를 고정하여 엄지로 누르는 방법
으로 사용한다. 이때 스크래퍼가 휘어지
지 않도록 주의한다.

(2) 리무버로 오염물질을 제거한다.

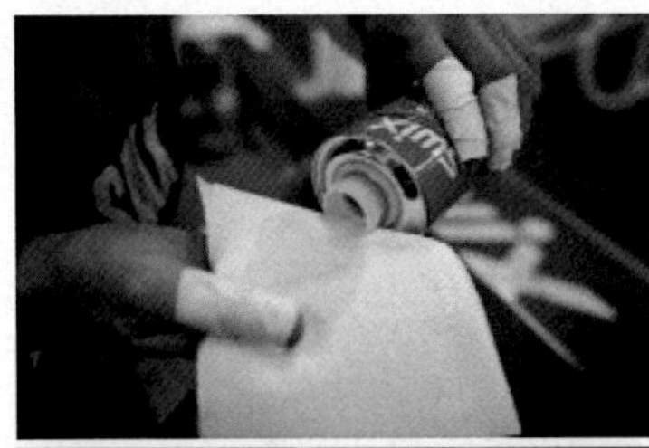

왁스와 이물질을 제거한 후에는 리무버를 이용하여 오염물질을 제거한다. 리무버를 활주면에 뿌려준 후에 페이퍼타월이나 휴지를 이용하여 닦아준다. 페이퍼타월에 더 이상 오염물질이 묻어나지 않을 때까지 몇번을 반복한다.

오염물질이 잘 닦이지 않을 때는, 리무버를 뿌린 후 1분 정도 그대로 둔 상태에서 닦아주면 잘 닦인다. 스키용 리무버가 아닌 경우에는 파라핀이나 시너가 함유되어 있어 활주면에 나쁜 영향을 끼치는 경우도 있으니, 가능하면 스키용 전용 리무버를 사용하는 것이 좋다.

리무버를 사용한 후에는 40분 정도 지나서, 리무버를 증발시킨 후에 왁싱을 하는 것이 좋다. 엣지에 녹이 슨 경우에는 연마용 고무나 마무리용 고운 샌드페이퍼로 제거한다.

3. 베이스 손질

왁스는 활주성을 좋게 만드는 역할을 하지만, 왁싱만으로 활주성을 극대화시키기는 부족하다. 실제로 눈과 접촉하는 것은 베이스(활주면)이므로, 베이스의 상태가 좋지 않으면 왁싱을 하여도 활주성 향상에는 한계가 있다. 그러므로 우선 베이스를 활주성이 좋은 상태로 만들 필요가 있다.

또한 스키장 등에 있는 스톤 그라인딩머신에 스키를 넣어서 활주면의 활주구조인 스트럭쳐(Structure)를 만들었을 때는, 이 작업을 할 필요가 없으므로 바로 왁싱을 하면 된다.

(1) 수작업에 의한 스트럭쳐 만들기

보다 활주성을 높이고, 왁스가 잘 스며들게 만들기 위해서는 활주면에 미세한 구조인 스트럭쳐를 만들 필요가 있다. 이를 위해서는 마무리용 샌드페이퍼를 홀더나 평평한 나무 등에 감아서 탑에서 테일까지 한번에 밀어준다.

이때 왕복으로 샌드페이퍼를 밀어버리면, 베이스에 불필요한 보푸라기가 생겨버리므로 탑에서 테일방향으로만 밀어야 한다. 샌드페이버는 120~240번 정도를 사용하는데, 건설(乾雪)에서는 보다 부드러운 샌드페이퍼로 얕은 스트럭쳐를 만들고, 습설(濕雪)에서는 조금 거친 샌드페이퍼로 깊은 스트럭쳐를 만들게 된다.

(2) 보푸라기 제거

스트럭쳐를 만들게 되면 보푸라기가 일어나는데, 이것들은 피니싱 매트를 이용하여 탑에서 테일방향으로 강하게 밀면서 제거한다. 이때도 탑에서 테일방향으로만 진행하여야 하며, 왕복으로 진행하

면 오히려 보푸라기가 더 많이 일어나게 된다.

다음에는 날카롭게 다듬어진 플라스틱 스크래퍼로 미세한 보푸라기를 제거한다. 피니싱 매트와 스크래퍼를 교대로 사용하면 보다 말끔하게 보푸라기를 제거할 수 있다.

(3) 브러쉬로 마무리

마지막으로 콤비 브러쉬로 쓸어주면서 미세한 보푸라기를 제거한다. 이 경우에도 방향은 탑에서 테일방향으로만 진행한다. 브러쉬의 방향은 메탈쪽을 앞쪽으로 잡고 진행한다.

4. 왁싱

(1) 왁스의 종류

왁스(Wax)에는 바르는 방법에 따라서 2가지 종류가 있는데, 열을 가하지 않고 왁스를 바르는 콜드타입(Cold Type)과 열을 가하여 왁스를 바르는 핫타입(Hot Type)이 있다.

(2) 콜드타입 왁스

대부분 간편하게 사용할 수 있는 왁스로 튜브, 겔, 고형, 리퀴드, 스프레이 등의 다양한 종류로 판매되고 있다. 이러한 콜드타입 왁스는 침투성이 좋지 않아서 내구성을 기대하기는 어렵지만, 일부 왁스는 간단하게 사용하여 단기간동안 활주성을 극대화 시킬 수 있는 것도 있다.

콜드타입 왁스는 일부를 제외하고는 설온에 크게 상관없이 사용할 수 있는 유니버셜(Universal) 타입으로서, 일반 스키어들이 편리하게 사용할 수 있다.

(3) 핫타입 왁스

핫타입 왁스는 대부분 고형왁스로 다리미로 열을 가해서 베이스에 발라주어, 침투성을 극대화시키고 스크래퍼를 이용하여 벗겨서 사용하는 타입이다. 핫타입 왁스는 활주면에 침투하므로 더러움이나 오염물질로부터 활주면을 보호하고, 베이스의 산화를 방지하는 역할도 하게 된다.

핫타입 왁스는 설온, 기온, 온도, 설질 등을 고려하여 선택하고, 필요할 때는 섞어서도 사용하게 되는 레이싱 타입이 있고, 대부분의 설질에 맞도록 만들어진 유니버셜 타입이 있는데, 일반 스키어의 경우는 적응온도가 넓은 유니버셜 타입을 권하고 싶다.

핫왁싱은 다소 힘들기는 하지만 확실한 활주성과 내구성을 자랑하므로 스키매니아라면 도전해 볼만한 작업이다.

(4) 왁싱의 실제

여기서는 일반 스키어에게 적합한 유니버셜 타입의 왁스에 대하여 설명하겠다. 유니버셜 왁스는 기본왁스인 베이스왁스를 입힐 필요가 없고, 시즌이 끝난 후에 보관용 왁스로도 폭넓게 사용된다.
또한 적응온도의 범위가 넓어서 시즌동안 한종류의 왁스로도 충분하므로 보다 경제적이라고 할 수 있다.

●왁스입히기

일단 스키 베이스를 실온에 맞추어 따뜻하게 하여야 하는데, 베이스의 온도가 지나치게 낮으면 왁스의 침투성이 낮아지는 것은 물론이고, 왁스와의 온도차가 심하면 베이스 자체의 변형이나 나쁜 영향이 있을 수 있다.

다리미를 적당히 뜨겁게 만들어서 왁스를 닿게 하여 왁스방울이 베이스에 떨어지게 하는데, 왁스의 양은 지나치게 많은 것 보다는 약간 부족한 느낌이 들 정도로도 충분하다. 많은 양의 왁스를 베이스에 발라도 한번에 침투할 수 있는 왁스의 양은 한계가 있으므로 비경제적이다.

왁스방울을 떨어뜨릴 때는 다리미에서 연기가 나지 않도록 주의해야 하는데, 만

약 연기가 높다면 다리미의 온도가 지나치게 높아서 왁스가 타는 것이므로 다리미의 온도를 적절하게 조절하는데, 보통 100도 정도가 적당하다. 가정용 다리미를 사용할 때는 온도 설정에 주의하고, 테프론 가공이 벗겨지는 경우도 있으니 주의해야 한다.

베이스에 떨어진 왁스방울은 다리미를 누르며 2~3회 밀어주며 왁스가 베이스에 침투하도록 한다. 이때 다리미가 왁스가 없는 곳에 직접 닿거나 같은 곳에 오랜 시간 머물게 되면, 활주면에 변형이 있을 수 있으니 주의한다.

●왁스 벗겨내기

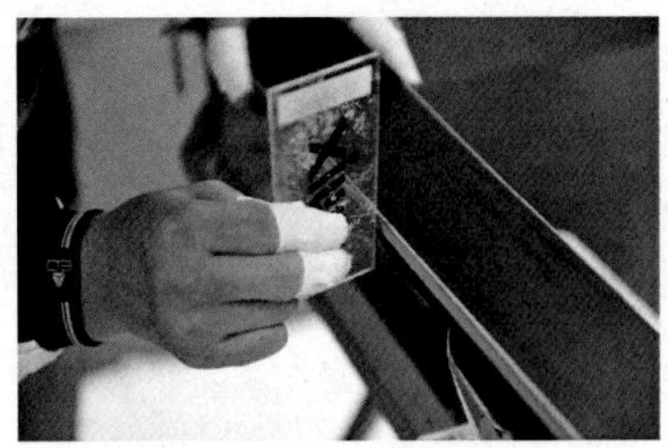

베이스로부터 사이드월이나 엣지 쪽으로 흐른 왁스는 굳기 전에 유니버셜 스크래퍼로 제거한다. 왁스를 입힌 스키는 60분 이상 실온에서 냉각시킨 다음에 왁스를 벗겨내야 하는데, 이때 추운 곳에서 급격하게 냉각시키는 것은, 스키 재질에 나쁜 영향을 초래할 수 있으므로 좋지 않다.

왁스를 벗겨낼 때는 플라스틱 스크래퍼를 이용하여 탑에서 테일방향으로 가능한한 길게 밀어내며 벗겨내는데, 활주면 위에 왁스가 완전히 없어질 때까지 반복하여 완벽하게 벗겨내야 한다.

이렇게 왁스를 입히고 벗겨내는 과정을 2~3회 반복하면 왁스의 침투성은 극대화되는데, 이 경우에는 마지막 왁스를 제외하고는 왁스가 따뜻한 상태에서 즉시 제거하여도 된다. 이때는 사이드월이나 엣지에 흐른 왁스는 한꺼번에 제거하여도 된다.

사이드월이나 엣지에 묻어 있는 왁스는 페이퍼타월로 깨끗하게 제거하는데, 이때 활주면에 브러쉬질을 하면 보다 활주성을 높일 수 있다. 스키를 보관하고 운반할 때는 왁스가드가 붙어 있는 케이스를 이용하거나, 혹은 스키의 탑과 테일에 2개의 스트랩을 사용하면 보다 왁스의 보존도가 높아진다.

엣지튜닝

카빙스키가 등장하면서 스키자체의 성능이 비약적으로 향상되었는데, 예전과 같이 베이스와 엣지가 평평한 상태가 되어버리면, 지나치게 엣지가 걸려서 오히려 매끈한 회전에 방해가 될 수도 있다. 이를 방지하기 위해서는 엣지의 모서리를 가공하는 베블링(Beveling)의 필요성이 높아졌다.

엣지의 베블링(Beveling)은 활주성과 조작성을 동시에 높이기 위해서, 베이스 엣지를 활주면에 대하여 0.5~3도 정도로 비스듬하게 가공하는 것인데, 일반 스키어의 경우는 베이스쪽 1도, 사이드쪽 1도 정도로 튜닝하여, 전체적으로 90도를 유지하도록 하는 것이 기본이다.

엣지각도는 스키의 성능, 스키어의 기술, 슬로프의 상황에 따라서 각각 다르게 튜닝하여야 한다. 엣지각도에 의해서 스키의 성격이 크게 변하는 경우도 있으므로, 자신에게 맞는 엣지각도를 스스로 찾아내는 것도 중요한 과제라 할 수 있다.

또한 이렇게 엣지각도를 변화시켜서 스키의 성능을 변화시키는 것이 스키튜닝의 재미라고 할 수 있으므로, 다양한 각도로 스킹을 하면서 튜닝의 재미를 느껴보자.

1. 베이스엣지 튜닝

(1) 엣지각도의 확인

플랫게이지를 이용하여 한쪽엣지에 게이지를 댄 상태에서, 다른쪽 엣지와 떨어진 양을 관찰하여 엣지각도를 측정한다.

(2) 경화된 엣지를 제거

경화된 엣지란 스키가 돌위를 지나가면

서 마찰에 의해 고열을 받은 후에, 다시 눈에 의해서 급격하게 냉각되어 아주 단단하게 굳은 엣지를 말하는데, 여기에 바로 화일을 대고 엣지를 깎으면 잘 깎이지도 않고, 파일의 날이 손상되는 원인이 된다.

경화된 엣지는 다이아몬드 파일, 오일스톤, 샌드페이퍼 등으로 표면을 벗겨내는 느낌으로 제거한다. 스키용 다이아몬드 화일은 고가이므로 일반 다아이몬드화일을 이용하여도 된다.

(3) 베이스엣지 튜닝

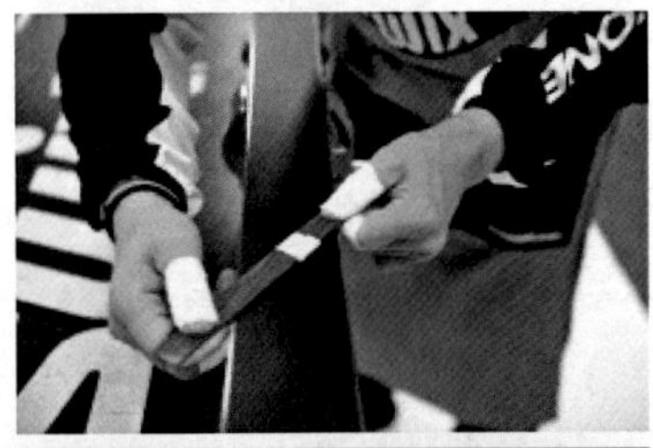

베이스엣지는 전용 샤프너를 이용하면 자신이 원하는 만큼 정확하게 베블링을

할 수 있지만, 화일을 이용하여도 어느 정도 만족할 만한 베블링이 가능한데, 파일의 가운데에 테이프를 2~3회를 감아주어 각도를 만들어서 한쪽씩 베블링이 가능하다.

베블링을 할 때는 한번에 많은 양을 하는 것이 아니라, 양쪽을 교대로 조금씩 실시하는 것이 좋다. 또한 파일의 양끝에 좌우균등의 힘을 가하여 파일을 휘게 만들어서, 양쪽의 엣지를 한번에 깎아내는 방법도 있지만, 좌우를 균등하게 깎아내기 위해서는 오랜 숙련이 필요하다.

엣지의 베블링에는 상당한 숙련이 필요하므로, 초보자의 경우는 전용 샤프너를 이용하는 것이 좋다.

2. 사이드엣지 튜닝

(1) 엣지각도의 체크

사이드엣지는 베이스엣지 각도를 기준으로 측정하는데, 엣지 자체가 90도 이상을 넘지 않도록 해야 하고, 90도 이상으로 엣지를 세우고 싶을 때는 사이드 엣지를 깎아내어 엣지를 세워야 한다.

사이드엣지를 확인할 때도 플랫게이지를 사용하는데, 베이스엣지와는 다르게 기준면이 없으므로 정확한 측정이 가능할 때 까지는 오랜 숙련이 필요한데, 각도기와 플랫게이지를 활용하면 비교적 정확하게 사이드엣지 각도를 측정할 수 있다.

(2) 보더의 제거

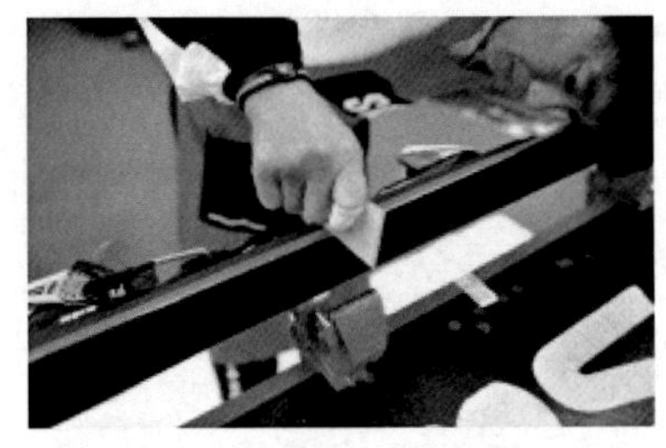

엣지를 보호하기 위하여 사이드월에서

높게 만들어진 곳을 보더(Border)라고 하는데, 이것은 특별히 활주에서 문제가 되지는 않지만, 사이드엣지를 깎아낼 때 방해가 되므로, 엣지튜닝에 앞서서 커터 칼이나 반달화일로 보더를 제거해 준다.

(3) 사이드엣지 튜닝

사이드엣지를 깎을 수 있는 전용 샤프너는 다양한 종류가 발매되고 있어서 선택의 폭이 넓다. 전용 샤프너를 이용하면 초보자라도 큰 실패없이 비교적 쉽게 사이드엣지를 튜닝할 수 있다.

어느 정도 튜닝이 익숙해지면 파일과 전용 앵글(Angle)을 이용하여 사이드엣지를 튜닝하는것도 가능한데, 이렇게 파일과 앵글을 이용하면 파일이 무뎌진 곳을 옮기며 보다 효과적으로 튜닝을 할 수 있다.

엣지를 깎아낼 때는 샤프너를 지나치게 강하게 활주면에 눌러주면, 자칫 활주면이 다칠수도 있으므로 가볍게 누르며 튜닝작업을 하는데, 특히 손목을 고정시켜고 팔전체를 사용하여 길게 움직여주도록 한다.

만약 샤프너가 엣지를 깎아내지 못하고 미끄러지는 느낌이 든다면, 이것은 경화된 엣지가 남아있다는 것이므로, 다시 경화된 엣지를 제거한 후 엣지 튜닝을 계속한다.

(4) 엣지튜닝 마무리

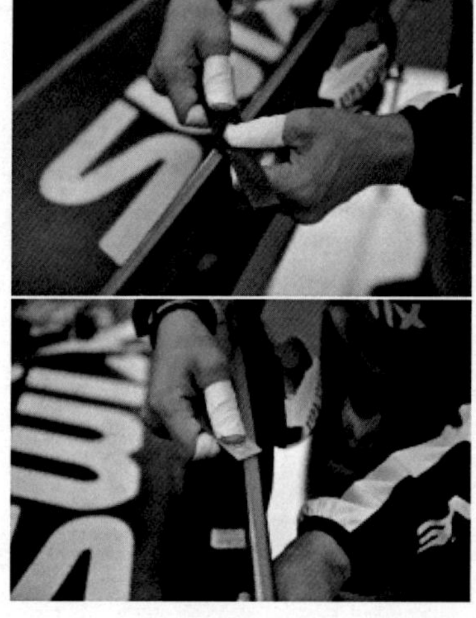

400번 정도의 샌드페이퍼를 파일에 감아주어 엣지가 깎여나가지 않도록 하며, 사이드엣지부터 시작하여 베이스엣지까지 마무리해준다. 아이스반에 대비하여 보다 엣지를 날카롭게 하기 위해서는, 워터스톤이나 오일스톤으로 마무리하며 엣지표면을 보다 매끄럽고 날카롭게 만든다.

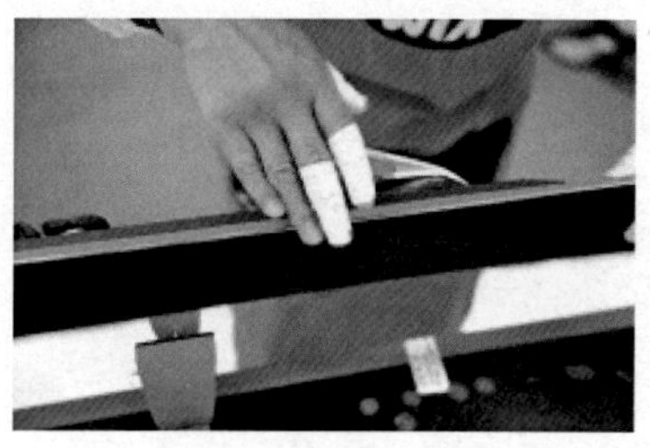

마무리가 끝난 후에는 손가락을 이용하여 엣지표면을 문질러서 엣지의 튜닝정도를 점검하고, 또한 거친면이 있는지를 확인한다.

(5) 탑과 테일의 디튜닝

스키의 탑부터 테일까지 엣지가 그대로선 상태에서는 탑과 테일이 설면에 걸려서 회전하기 어려운 것은 물론이고, 자칫 스키가 걸리면서 부상의 위험성도 높아진다.

일단 스키의 탑과 테일에서 접설면 밖에

있는 둥근 부분은 완전히 엣지를 둥글게 처리해주고, 스키 테일부분의 금속부분도 둥글게 마무리해 준다.

또한 접설면에서 스키의 탑과 테일의 일정부분을 둥글게 처리해 주는 것을 디튜닝(De-Tuning)이라고하는데, 보통 탑쪽은 10~15센티 정도 실시하고, 테일쪽은 5~10센티 정도 240~400번의 샌드페이퍼를 이용하여 둥글게 처리해 준다.

이러한 디튜닝은 설질이나 개인의 스타일과 활주목적 등에 따라서 다르게 실시하는데, 보통 스키복에 샌드페이퍼를 가지고 다니면서 필요에 따라서 즉시 디튜닝을 해주는 것도 좋은 방법이다.

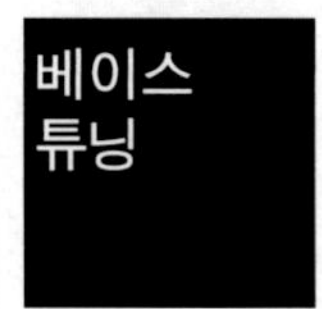

최근의 스키는 활주면에 신터드(Sintered) 베이스라하여 고분자 화합물인 폴리에틸렌 계열을 사용하고 있다. 신터드 베이스의 제조방법은 고분자 화합물을 파우더 형태로 반죽하여, 고온고압으로 압축하여 덩어리로 만들고 필요한 만큼 잘라서 사용하는 형태이다.

이러한 신터드 베이스는 사출형 방식인 익스투루드(Extruded) 베이스에 비해서 30% 정도 높은 내구성과 내마모성을 지니며, 3배 정도의 왁스 흡수력을 발휘하므로 주로 고가의 스키제조에 사용된다. 하지만 베이스가 단단한 만큼 신터드 베이스를 튜닝하기에는 많은 노력과 시간이 필요하게 된다.

또한 스키의 성능이 좋아진 만큼 수작업만으로 활주면이 가진 활주성을 100% 이끌어내기는 어려운 일이다. 그러므로 최근에는 스톤 그라인딩머신의 필요성이 높아지게 되었다. 하지만 어느 정도 베이스의 상태를 이해하고 정비를 하기 위해서는 역시 스스로 베이스를 정비할 줄 알

아야 한다. 여기서는 기본적인 베이스 튜닝을 익혀보도록 한다.

1. 플랫체크

앞서 설명한 것과 마찬가지로 일단 플랫체크를 하면서 스키의 상태를 확인한다. 스키의 상태에 따라서 작업의 내용이 크게 바뀌므로 탑부터 테일까지 세밀하고 정확하게 확인한다.

컨케이브와 컨벡스에는 각각의 튜닝방법이 있는데, 한대의 스키에 컨케이브와 컨벡스 상태가 혼재하는 경우도 있으므로, 각각의 튜닝방법을 이용하여 최종적으로 플랫한 베이스를 만들어야 한다.

2. 컨케이브(오목한 상황)

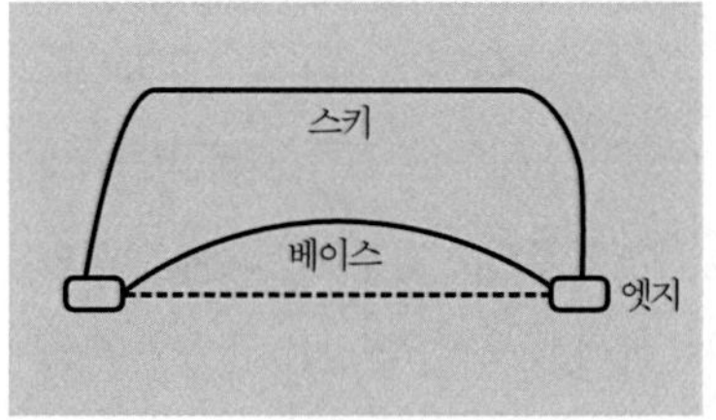

파일을 이용하여 엣지와 베이스에서 높아진 부분을 깎아낸다. 파일을 스키에 대하여 30~45도 기울여서 양손으로 잡고, 엣지에서 2~3센치 안쪽을 엄지손가락으로 잡아준다. 그다음 양손의 검지를 사이드월에 닿게 하여 좌우균등한 힘으로 가슴쪽으로 당겨주며 작업을 한다.

컨케이브 상황이 심한 경우에는 반달화일로 작업을 한 뒤에, 일반화일을 이용하면 보다 빠르게 작업이 가능하다. 파일에 찌꺼기가 묻어 있으면 베이스에 흠집이 나기 쉬우므로, 브러쉬로 3~4번에 1번정도로 파일을 청소해준다.

3. 컨벡스(볼록한 상황)

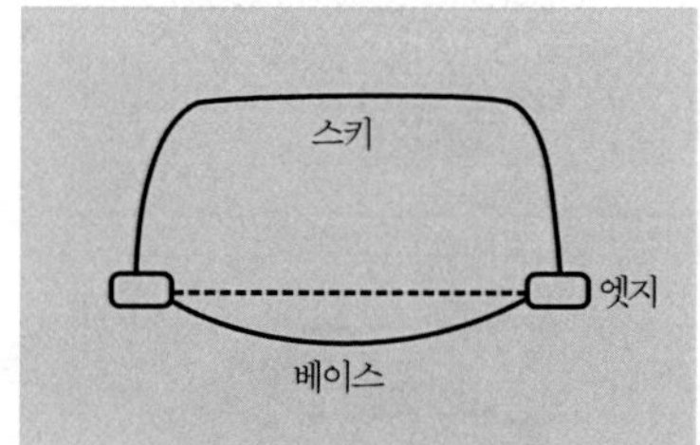

메탈 스크래퍼와 반달화일, 일반화일을 사용하여, 활주면의 높은 부분을 깎아내어 플랫하게 만들어준다. 컨벡스 상황이 작은 경우에는 반달화일로 초벌작업을 한 뒤에 일반화일로 작업하는 것 만으로도 좋은 결과를 얻을 수 있다.

컨벡스가 심한 상황에서는 메탈 스크래퍼로 초벌작업을 하는 것이 보다 효과적이다. 메탈 스크래퍼를 사용할 때는 일단 스크래퍼의 날을 세울 필요가 있는데, 일반 파일을 테이블 위에 올려놓고 스크래퍼가 휘어지지 않도록 잡고 깎아낸다. 스크래퍼의 표면이 거친 경우에는 오일스톤으로 마무리를 해준 다음에 사용하도록 한다.

메탈 스크래퍼의 사용법은 일반 플라스틱 스크래퍼와 비슷하지만, 스크래퍼가 휘어진 양을 조절하여 베이스가 깎여나가는 양을 조절하며 작업한다. 신터드 베이스는 잘 깎여나가지 않는데, 이때는 샌드페이퍼로 날을 세워서 깎아주면 보다 손쉽게 작업을 할 수 있다. 스크래퍼가 엣지에 닿을 정도로 작업을 하였다면, 이제는 파일을 이용하여 재벌작업을 한다.

4. 베이스 튜닝 마무리

플랫이 된 베이스의 마무리는 중간정도의 파일로 다시 한번 전체를 깎아내어 흠집을 세밀하게 제거한다. 그리고 다시 한번 탑부터 테일까지 플랫체크를 실시한다.

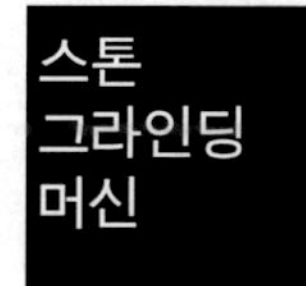

1. 스톤 그라인딩머신의 원리

현대 스키는 활주면이 고분자화(신터드 베이스)됨에 따라서 예전에는 수작업으로 스트럭쳐를 만들던 것이, 최근에는 거의 스톤 그라이딩 머신(Stone Grinding Machine, 이하 스톤머신) 이용하여 스트럭쳐를 만들게 되었는데, 이는 뛰어난 활주성을 이끌어내기 위해서는 필수적인 작업이다.

스트럭쳐나 스톤머신 등은 조금은 전문적인 영역이지만, 스키튜닝에서 꼭 알아야 할 부분이기에 조금씩 알아가도록 하자.

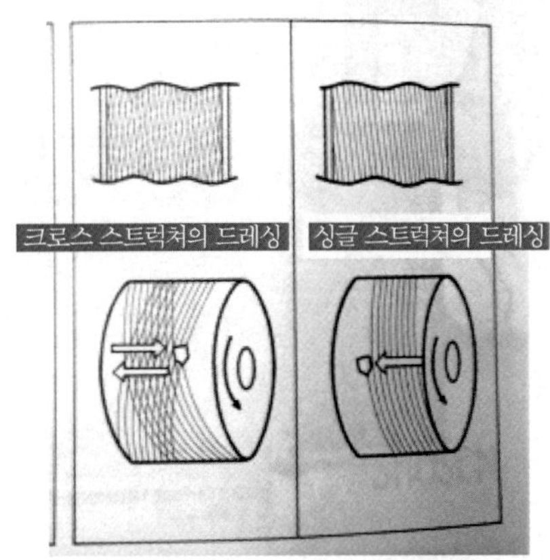

우선 스톤머신은 스키용으로 특수 제작된 오일스톤 위에 다이아몬드 비트가 수평으로 이동하며, LP판과 같은 미세한 홈을 오일스톤 위에 만드는 기계를 말한다. 이때 다이아몬드 비트가 한쪽방향으로만 이동하면 싱글스트럭쳐가 만들어지고, 왕복이동하면 크로스 스트럭쳐가 만들어지게 된다. 또한 다이아몬드 비트의 이동속도를 빠르게 하면 깊은 스트럭쳐가 만들어지고, 천천히 이동하면 얕은 스트럭쳐가 만들어진다.

이렇게 오일스톤 위에 물을 흘러주면서 회전시키고, 여기에 롤러를 이용하여 스키를 누르며 보내면, 오일스톤에 있는 스트럭쳐가 스키위에 마치 사진처럼 전사되어 새겨지게 된다. 이때 같은 모양의 오일스톤으로 작업을 해도, 회전수, 스키의 이동속도 등을 바꾸는 것에 의해 다양한 스트럭쳐로 바꾸는 것이 가능하다.

2. 스트럭쳐의 종류

스키의 스트럭쳐는 무수하게 많을 수 있다. 일단 크게 분류하면 싱글과 크로스로 분류할 수 있고, 깊은 스트럭쳐와 얕은 스트럭쳐도 있고, 또한 스트럭쳐의 각도를 다양하게 조절하며 만들 수 있다. 이 중에서 설질이나 스키종목에 따라서 가장 많이 사용되는 스트럭쳐를 구분하여 보자.

스트럭쳐의 역할은 스키와 설면의 사이에 미세한 수분입자를 만들어서 스키가 가장 잘 미끄러지게 만드는 역할을 하는데, 수분이 별로 생기지 않는 차가운 눈에서는 얕은 스트럭쳐가 유용하고, 수분이 많은 따듯한 눈에서는 깊은 스트럭쳐가 높은 활주성을 발휘하게 된다.

또한 회전계의 종목에는 크로스, 활강계의 종목에서는 싱글스트럭쳐를 사용하는 것이 보통이지만 이 또한 설질에 따라서 달라지기 때문에 상황에 맞게 다양한 선택이 필요하다. 실제로는 설상의 테스트에 따라서 스트럭쳐를 고르기 때문에 실제로는 활강종목에서 크로스 스트럭쳐를 사용하는 경우도 있다.

스톤머신에 의해서 스트럭쳐를 만드는 것은 스키어 자신이 할 수 있는 작업이 아니므로, 믿을 수 있는 전문샵을 찾는 것이 중요하다. 일반 스키어의 경우에는 차가운 눈에서는 얕은 크로스, 따듯한 눈에서는 중간 크로스 스트럭쳐가 활주성도 좋고 대체로 조작성도 괜찮은 편이다.

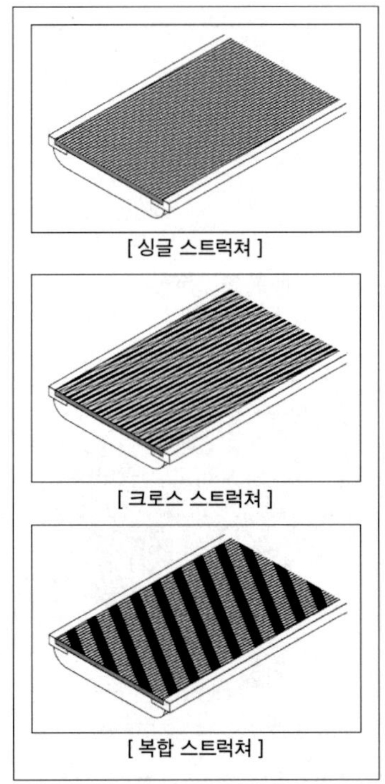

[싱글 스트럭쳐]

[크로스 스트럭쳐]

[복합 스트럭쳐]

활주면에는 상처가 없는 것이 최선이지만, 간혹 눈에 돌이 박혀있거나 이물질이 있을 경우에 생기는 상처를 수리하는 방법을 익혀보자.

1. 활주면 리페어

(1) 상처부분의 클리닝

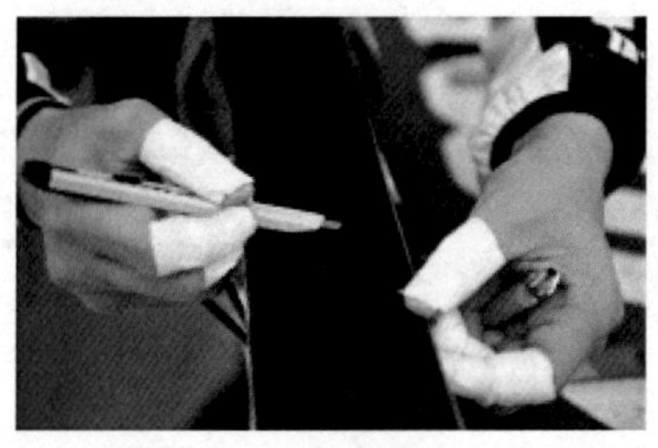

리페어(Repair) 제품(피텍스등)이 활주면에 잘 붙게 하기 위해서는 상처면을 리무버로 깨끗하게 닦고, 조각 칼등을 이용하여 상처면을 조금 크게 다듬으며 상처면을 모두 제거한다. 상처면에 왁스나 오염물질이 남아 있으면, 보기에도 좋지 않고 리페어 소재가 잘 붙지않아서 금방 떨어지게 된다.

(2) 리페어 제품의 부착

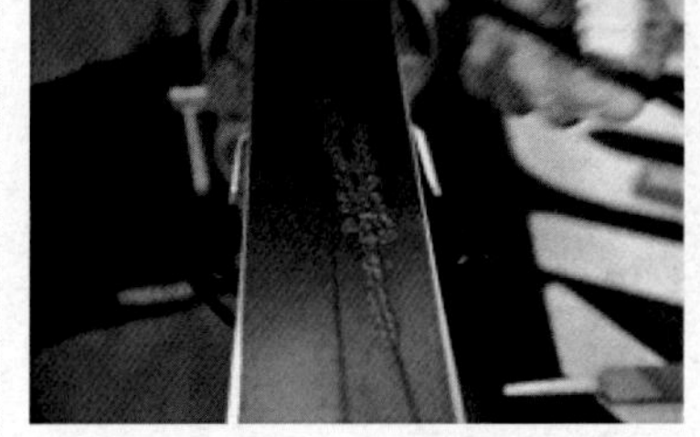

왁스 전문 브랜드로부터 발매되는 리페어 제품은 불을 붙여서 작업하는 타입과 다리미를 이용하여 작업하는 타입이 있는데, 불을 붙여서 작업하는 타입은 그을림이 들어갈 수 있고, 소재가 부드러워서 마찰에 약하므로, 가능하다면 다리미를 이용하는 리페어 제품을 사용하도록 한다.

다리미를 이용하여 리페어 제품을 녹여서 상처부분에 들러붙도록 하는데, 이때 조금 넉넉하게 붙여서 상처부위가 충분히 메워지도록 한다. 특히 신터드 베이스를 수리할 때는 신터드 베이스 전용제품을 사용해야 소재가 잘 달라붙어서 손쉽게 작업이 가능하다.

(3) 마무리

리페어 제품이 완전히 차가워져서 굳은 다음에는 반달파일과 메탈 스크래퍼로 리페어 제품을 긁어내고, 200번 정도의 샌드페이퍼를 파일에 감아서 표면을 매끈하게 마무리한다. 커터칼 등으로 작업을 하면 흠집이 생기기 쉬우므로 주의한다.

41

부츠튜닝
프롤로그

1. **스키부츠는 자신에 발에 맞을 경우에만 100% 성능을 발휘한다.**

스키부츠의 성능을 결정하는 요인은, 부츠자체가 가지고 있는 성능이 50%라 할 수 있고, 이 부츠와 스키어의 발이 얼마만큼 잘 맞느냐가 나머지 50%를 결정한다고 할 수 있다. 따라서 부츠자체의 성능이 아무리 높다 하여도, 그 부츠가 스키어에 발에 잘 맞지 않는다면, 실제로 부츠가 가진 성능의 반밖에 발휘할 수 없다.

그러므로 스키어의 발에 부츠를 최대한 맞춰서 나머지 50% 를 발휘할 수 있도록 하는 것이 무척이나 중요하다. 부츠가 스키어의 발에 맞는다는 것은 사이즈, 플렉스 등의 스키부츠를 살 때부터 알 수 있는 것은 스펙을 맞추는 것은 물론이고, 부츠의 소재나 구조 등의 스키어가 신어보고 알 수 있는 스펙을 맞추는 것도 중요하다.

이렇게 사이즈, 플렉스, 소재, 구조 등의 스펙을 잘 맞춘다고 해도, 이것이 그 부츠가 가진 성능을 100% 이끌어낸다고는 할 수 없다. 이렇게 자신에게 맞는 부츠를 고른 다음에 자신에 발에 맞도록 튜닝을 하여야, 비로서 그 부츠의 성능을 최대한 이끌어낼 수 있다.

2. **자신의 발에 100% 맞는 부츠는 없다.**

스키부츠를 설계할 때는 최고의 기술이 적용되어 최고의 성능을 발휘하도록 만들어져 있다. 이것은 부츠로서의 기능만을 고려한 것이 아니라, 스키의 엔진이라고 할 수 있는 발의 형상에 맞추어 골격이 최대한 기능을 발휘하도록 설계되어 있다.

이를 위해서 부츠 브랜드들은 다양한 발 모양을 연구하여, 최대로 공통점을 찾아서 부츠를 설계하게 된다. 물론 이것은 상식적으로 당연한 것이겠지만, 사실은 여기에 중요한 포인트가 숨어있다. 최대의 공통점이라는 것은 수치적으로 평균치로서 존재할 수 있겠지만, 실제로는 이러한 평균치 발모양(족형)은 상상속에만 존재한다는 것이다.

스키부츠가 그 성능을 100% 발휘하기 위해서는 설계단계의 평균치의 족형과 똑같은 발모양을 가지고 있어야 하는데, 실제로 인간의 발모양은 같은 것이 없기 때문에, 현실적으로 100% 성능발휘가 가능한 기성품 부츠는 존재하지 않는다.

물론 각각의 스키어의 발에 맞도록 한족 한족 커스텀 부츠를 만든다면 100% 성능이 나오는 부츠가 만들어지겠지만 이것은 불가능한 일이라 할 수 있다. 이렇게 상상속의 족형에 맞도록 설계되어진 기성품 부츠를 실제의 스키어의 발에 맞추는 과정이 바로 부츠튜닝이다. 이러한 부츠튜닝을 거치면 70%의 성능이 발휘되었던 부츠가 100% 가까운 성능을 발휘할 수도 있게 된다.

3. 발의 모양을 아는 것이 부츠튜닝의 시작이다.

스키부츠의 튜닝은 부츠의 아우터셀을 보강하거나 개조를 하는 것이 모두는 아니다. 부츠셀을 발전체을 감싸고 있는 포장지라고 생각하여, 최대한 부츠셀과 발이 잘 맞도록 조율(튜닝)하여 주는 것이다.

또한 부츠튜닝은 부츠안에 들어가는 발의 일부만을 생각하는 것이 아니라, 무릎, 발목을 포함한 다리전체의 모양을 고려하여 이루어져야 완벽한 부츠튜닝이라고 할 수 있다.

원래 모양이 좋은 발이라도 자신과 맞지 않는 부츠안에 들어가 버리면, 발의 모양이 변형되어 제대로 된 컨트롤을 발휘할 수 없고, 최악의 경우에는 발의 통증이나 변형을 가져올 수도 있다.

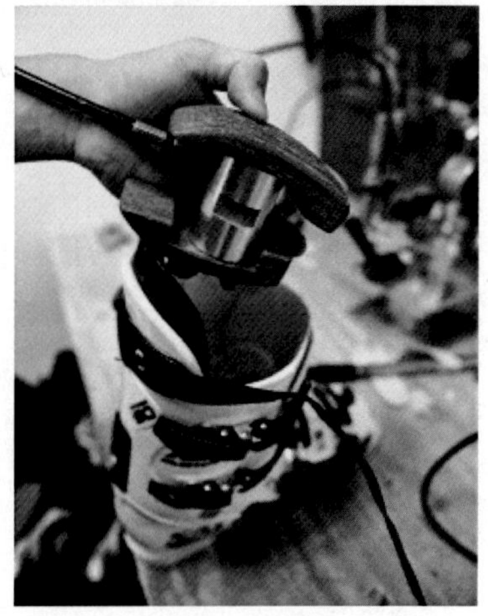

부츠튜닝을 할 때 가장 많이 나오는 것이 바로 하체가 X자 다리인가 O자 다리인가 하는 것인데, 이것은 단순히 부츠튜닝 뿐만 아니라 스키를 타고 활주할 때도 영향을 많이 미치는 것이므로, 매우 중요한 포인트중 하나이다. 그러므로 스키어라면 어느 정도 자신의 신체특징은 알아둘 필요가 있다.

하지만 부츠를 선택할 당시에는 하체가 어떤 모양인가는 크게 중요하지 않다. 왜냐하면 부츠는 평균치를 상상하여 만든 기성품이므로, 구입시에 X자, O자 다리냐에 따라서 맞거나 맞지 않거나 하는 것은 거의 없다. 그러나 발바닥의 넓이가 넓거나 좁거나 하는 것과 종아리가 굵거나 가늘거나 하는 것은 어느 정도 고려하는 것이 좋다.

부츠튜닝의 기본은 부츠 바깥쪽의 딱딱한 부분인 아우터셀(Outer Shell)의 가공이다. 부츠는 안쪽부분인 이너부츠(Inner Boots)와 아우터셀로 구성되어 있는데, 부츠 자체의 성능을 크게 좌우하는 것은 아우터셀이므로 일단 아우터셀을 자신에 발에 맞도록 가공하는 것이 부츠튜닝의 첫걸음이다.

아우터셀을 튜닝 할 때는 가공할 곳에 정확하게 마킹을 하고 작업을 하게 되는데, 주로 발이 아픈곳이나 지나치게 압박하는 곳을 늘리는 작업을 많이 하게 된다. 이러한 작업은 스키어 스스로가 작업을 하기에는 다소 무리가 있고, 자칫 잘못된 가공으로 역효과가 있을 수 있으므로 전문샵에 의뢰하는 것이 좋다.

1. 아우터셀 내부가공

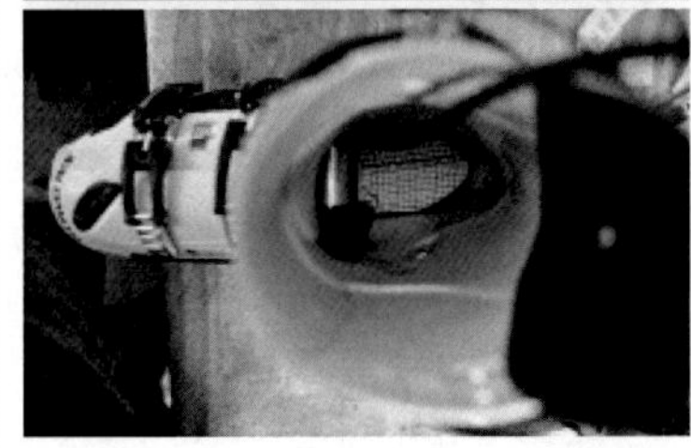

발이 아프거나 지나치게 닿는 곳을 마킹하고 아우터셀 오프너를 이용하여 벌려서, 마킹한 곳을 가공한다.

2. 아우터셀 열성형

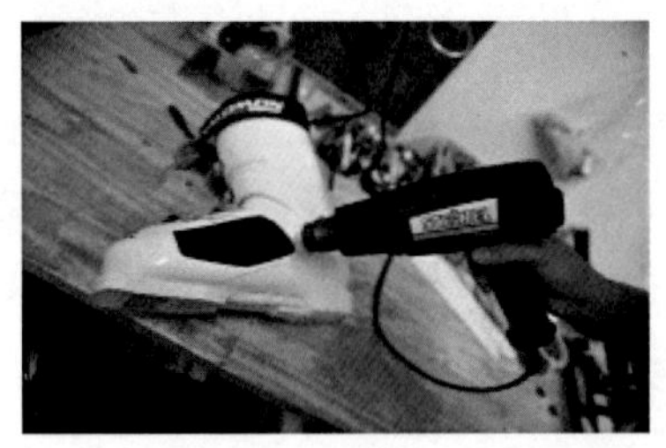

부츠를 신었을 때 발이 지나치게 아프다면 열성형 작업을 통하여 아우터셀을 늘려야 한다. 이를 위해서는 스키어의 발과 맞는 블록을 찾아서 셀오프너에 달아서 아우터셀을 늘려주고, 힛건(Heat Gun)등으로 열을 가하여 아우터셀을 성형한 다음, 서서히 냉각시키도록 한다.

커스텀 인솔

스키부츠로 인하여 스트레스를 받는 스키어들은 상당히 많다. 발가락이 아프거나, 새끼발가락 바깥쪽이 아프거나, 엄지발가락 안쪽이 아프거나 하여, 최악의 경우에는 스키를 타기 싫어지는 경우도 생기게 된다.

이러한 경우 아웃셸을 늘리는 것도 고려하지만, 근본적으로 발의 아치를 확인해 볼 필요가 있다. 인간의 발은 자연스럽게 아치가 만들어지도록 되어 있는데, 스키를 타면서 강한 하중을 받게 되면 아치가 무너지면서 발바닥의 넓이가 넓어져서 아픈 경우가 많다. 이 경우 커스텀 인솔을 만들어서 발바닥의 아치를 만들어주면 많은 경우 해결이 되는데, 이때도 해결이 되지 않는 곳이 있다면 부츠의 열성형을 고려해야 한다.

또한 인간의 신체는 좌우가 대칭이 아니고, 발바닥의 압력도 같지 않은데 비해서, 스키는 몇 안되는 완벽한 좌우대칭 스포츠중 하나이다. 그러므로 좌우턴이 다른 짝턴이 생기는 것이 오히려 자연스러운데, 커스텀 인솔을 이용하면 어느 정도 좌우비대칭을 해결할 수 있다.

또한 엣징이나 하중을 가할 때 아치부분이 눌리며 변형하게 되면, 컨트롤이나 파워에서 손실이 생기게 마련인데, 커스텀 인솔을 사용하면 이러한 손실을 최소화시킬 수 있는 장점이 있다. 커스텀 인솔은 투자대비 가장 효과가 좋은 투자이다. 커스텀 인솔은 한번 구입하면 오랜 시간을 사용할 수 있으므로, 스키 매니아라면 반드시 권하고 싶다.

1. 족압측정

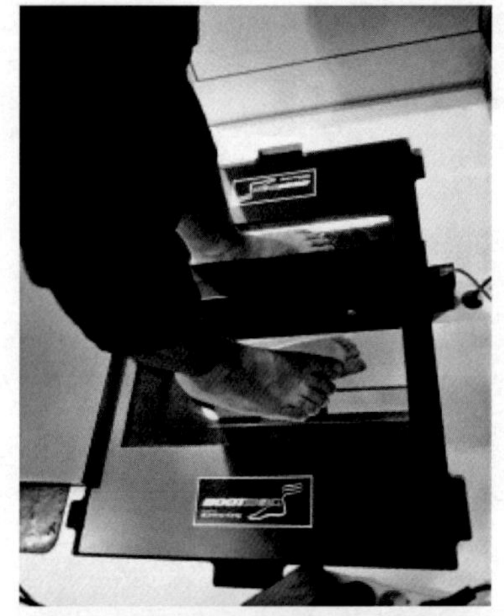

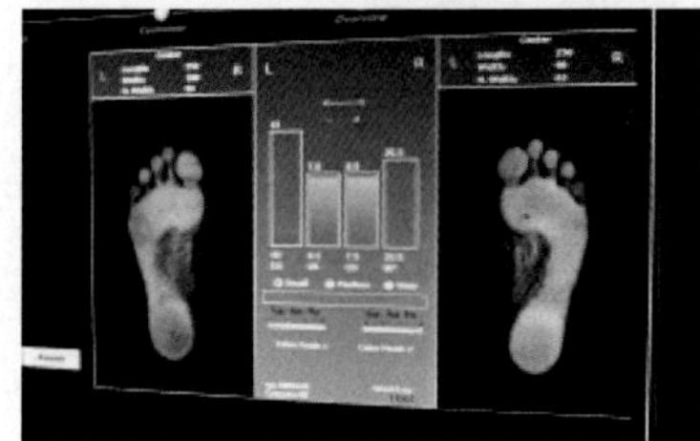

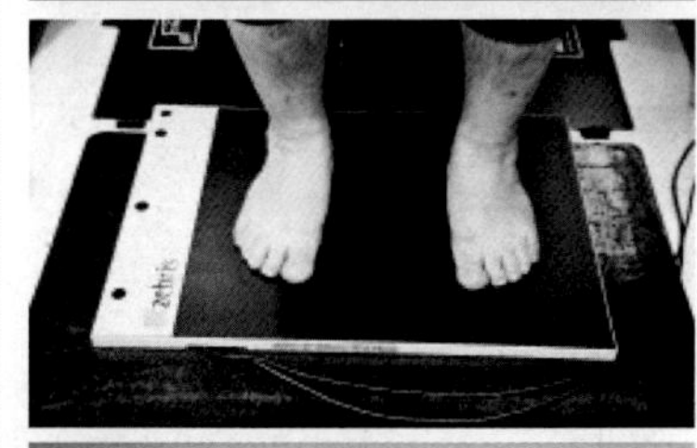

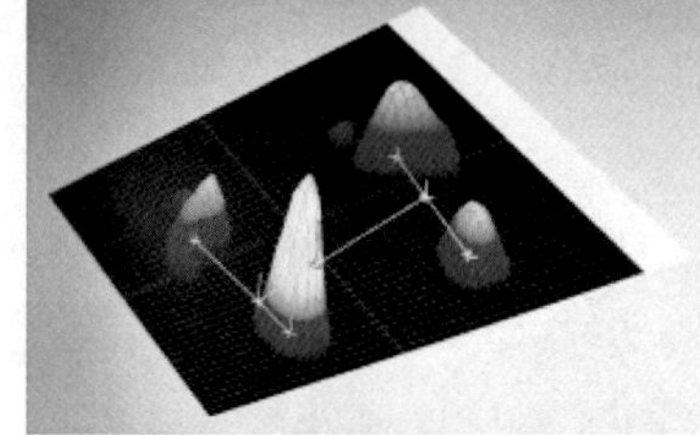

커스텀 인솔 제작의 첫단계는 바로 스키어의 압력분포인 족압의 측정이다. 이를 위해서는 전용 측정장비에 올라가서 발바닥내의 압력분포는 물론이고, 평발인지의 여부와 좌우대칭성의 정도를 확실하게 알아야 한다.

2. 인솔제작

인솔을 제작하는 방법에는 바큠장치(진공장치)를 이용하여 제작하는 방법이 있고, 3D 밀링머신을 이용하여 제작하는 방법이 있다.

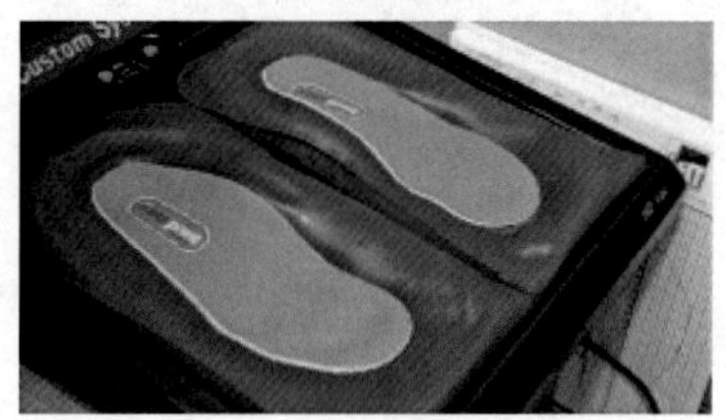

바큠장치의 경우에는 진공장치위에 올라가서 기본적인 족형의 틀을 만든 다음에, 열을 가한 인솔을 밑에 깔고 다시 올라가서 인솔의 모양을 성형하는 방식이고, 3D 밀링머신을 이용하는 경우는 족압측정에서 나온 압력분포와 발모양을 토대로, 보다 적극적으로 스키어가 원하는 모양대로 인솔을 설계하여, 다양한 탄성의 블록을 사용하여 3차원으로 인솔을 직접 깎아내는 방식이다.

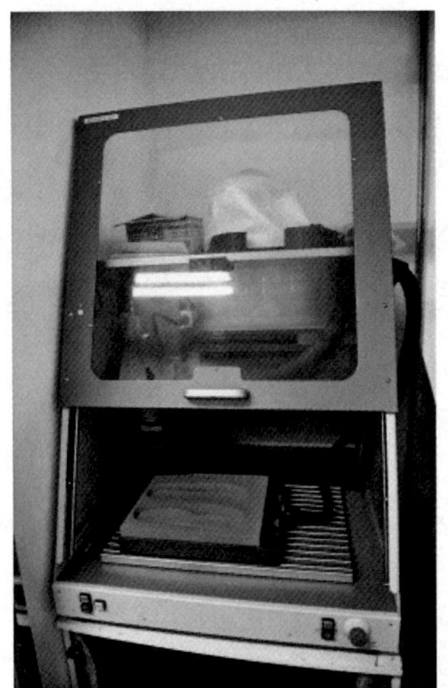

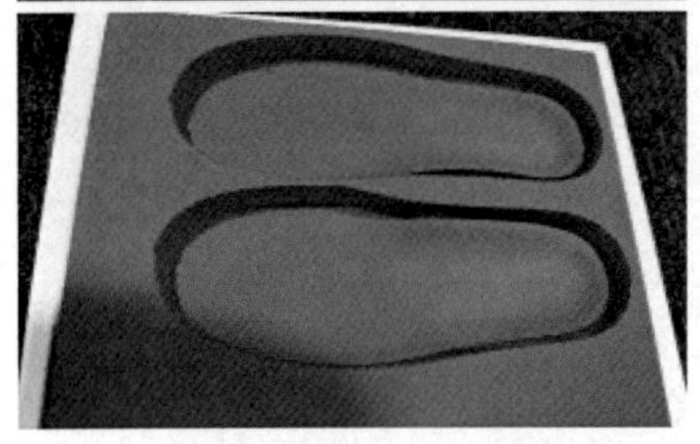

최근에는 보다 적극적으로 스키어가 원하는 커스텀 인솔을 만들 수 있는 3D 밀링머신의 사용이 늘어가는 추세이다.

포밍이너(Foamming Inner Boots)는 부츠의 피트감을 극대화시키기 위해서, 이너부츠에 액체를 주입하여 성형하여, 아우터셀과 발의 공간을 최소화시키는 이너부츠를 말한다.

포밍이너에 의해서 만들어지는 발과 부츠의 일체감은 확실히 뛰어난 피트감을 제공하는데, 발모양이 변형된 상태에서는 포밍이너의 효과도 반감되므로, 일단 아우터셀 튜닝과 커스텀 인솔이 만들어진 상태에서 포밍이너를 제작하여야 보다 높은 효과를 기대할 수 있다.

또한 발이 아픈 경우에 부츠 아우터셀을 무리하게 늘린 다음에, 포밍이너를 이용하여 빈공간을 채우려 하는 경우도 있지

만, 아웃셀이 지나치게 늘어나버리면 포밍이너의 역할도 줄어들게 되므로, 반드시 정확하게 부츠튜닝을 한 뒤에 포밍이너를 사용하는 것이 좋다.

포밍이너의 경우에는 가격이 비싼 것이 흠이지만, 한번 만들면 오랜시간을 사용할 수 있고, 부츠를 바꿔서도 사용할 수 있으므로 스키매니아라면 한번쯤 시도해볼 만 하다. 포밍이너의 경우는 스키어 스스로가 할 수 있는 작업이 아니므로, 꼭 전문점을 찾아서 세심한 상담을 받은 후에 작업을 하도록 한다.

1. 아픈 곳의 패드가공

오랜만에 스키를 타거나 저녁에 스키를 타게 되면 잘 맞던 부츠도 아프게 될 수 있고, 특히 저녁에는 발의 붓기가 생기므로 아픔이 심해질 수 있다. 이러한 경우에는 기술향상은 뒷전이고 스키자체가

싫어지기도 하는데, 이때 필요한 것이 이너부츠에 붙이는 패드가공으로 비교적 손쉽게 스스로 할 수 있는 DIY 튜닝이라 할 수 있다.

부츠를 신었을 때 가장 아픈 곳 중 하나인 복숭아뼈 부근을 예로 들면, 아픔을 느끼기 시작하였을 때 즉시 이너부츠에서 가장 아픈 곳을 마킹하고, 두터운 패드를 도너츠 모양을 잘라내서, 아픈 주변을 높이게 되면, 상대적으로 아픈 곳이 부츠와 덜 닿게 되면서 아픔이 덜하게 된다.

발의 통증은 일단 아픔이 심해지고 뼈가 튀어나오기 시작하면 위의 방법이 별 효과를 발휘하지 못하게 되므로, 아픔을 느끼는 즉시 위의 방법을 사용하면 어느 정도 효과를 볼 수 있다. 하지만 더욱 근본적인 해결을 원한다면, 전문샵을 찾아서 아우터셀 가공을 해야한다.

2. 헐거운 곳에 패드가공

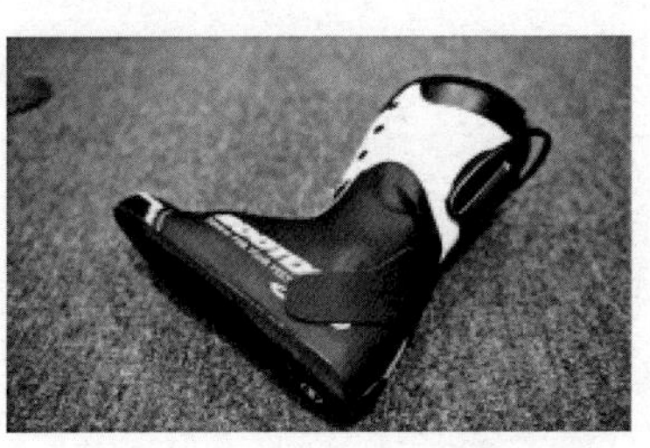

패드는 다양하게 쓰일 수 있는데, 아픈 곳에도 사용 가능하지만, 반대로 헐거운 곳에도 사용할 수 있다. 부츠를 오랫동안 사용하면 이너부츠의 탄성이 줄어들면서 상대적으로 헐거운 곳이 생기기 마련이다. 이때 버클을 강하게 조여주면 되겠지만, 버클만으로 해결이 어려운 곳이 있게 마련이다.

특히 뒤꿈치 쪽은 버클이 없기 때문에, 여기가 헐거워지면 패드를 이용하여 조여주는 것이 좋다. 한국인의 경우는 대부분 발목이 굵어서 뒤꿈치 쪽의 이너부츠가 쉽게 늘어나서 헐거워지는 경우가 많은데, 이때 패드를 사용하면 좋은 효과를 볼 수 있다.

또한 상대적으로 발바닥이 좁아서 부츠가 헐거워지는 경우도 있는데, 이때는 발등 쪽에 패드를 붙여주면 어느 정도 부츠의 홀드감이 향상된다.

가변적으로 변화시킬 수 있는 부츠이다. 요즘은 이 기능을 탑재하고 있는 부츠가 많으므로 이 기능을 조절하는 방법을 알아두어야 부츠의 성능을 최대한 이끌어 낼 수 있다.

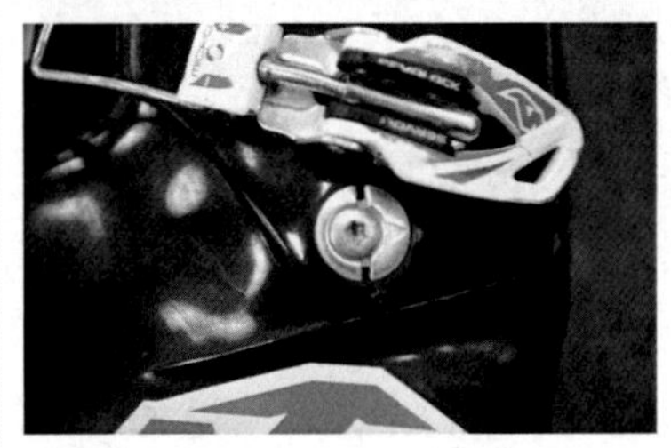

아쉽게도 이것을 정확하게 만족시키는 공식은 없다. 또한 캔트라면 X 다리나 O 다리와 관련이 있긴 하지만, 정확하게 다리에 형상에 맞도록 정강이 각도를 일치하게 조절하는 것은 상당히 어렵게 된다.

캔트를 조절하는 방법은 일단 캔트조절용 스크류를 풀어주고, 고관절의 간격과 부츠 안쪽의 간격을 똑같이 유지한 상태로 서서, 무릎이 스키밑바닥과 평행하게 되도록 앞뒤로 움직인다. 이렇게 무릎이 부츠밑바닥과 평행한 상태에서 무릎 가운데와 부츠의 가운데가 일치하였을 때, 캔트스크류를 조여주는 것이 가장 간단한 방법이다.

캔트(Cant)란 경사나 기울기를 의미하는 단어로서, 스키부츠에서 말한다면 발에 대하여 정강이뼈가 기울어진 정도를 말한다. 이러한 정강이 뼈의 각도는 각각의 스키어에 따라서 미묘하게 다르므로 기성품의 한가지 아우터셀로는 다양한 각도에 대응할 수 없는 것은 당연하다.

이러한 기성부츠의 단점을 보완하기 위하여 어퍼셀(Upper Shell)의 부착각도를

보통 어퍼셀과 언더셀(Under Shell)을 부착할 때는 리벳등으로 고정시키지만, 가변식 캔트부츠의 경우에는 스크류 등으로 부착각도를 조절할 수 있도록 만들어져 있다.

여기서 중요한 것은 셀을 움직이는 방법이 아니라, 스키어 자신이 도대체 몇도를 설정해야 좋은지를 아는 것이다. 그러나

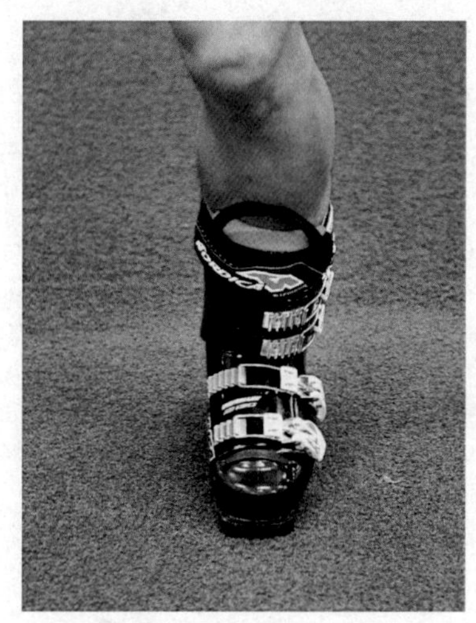

되게 되어서, 보다 하중과 컨트롤에서 큰 효과를 볼 수 있다. 캔트조절이 잘 이루어지지 않은 경우에는 스키어의 하중이 안쪽이나 바깥쪽으로 지나치게 치우칠 수 있어서 스키를 잘 타기 어려운 것은 물론이고, 자칫 발의 통증이 생기는 경우도 있으므로 주의한다.

이때 보다 세밀한 조절을 위해서는 여러 번 실시하면서 정확도를 높여야 하고, 무릎가운데에서 추를 늘어뜨려서 부츠 가운데와 맞추는 방법을 사용할 수도 있다.

특히 신체의 좌우밸런스가 맞지 않은 스키어는 골반도 틀어져있는 경우가 많은데, 이 경우에는 부츠를 신고 무릎을 움직였을 때 무릎의 중심이 부츠의 중심에서 벗어나게 된다. 또한 오른발잡이의 경우는 대부분 골반이 오른쪽으로 틀어져 있어서, 왼쪽발이 중심에서 벗어난 경우가 많으므로, 좌우의 무릎중심과 부츠의 중심을 잘 살펴서 캔트를 조절하여 본다.

이렇게 캔트기능을 잘 활용하면 스키어의 하중이 스키 가운데로 가장 잘 집중

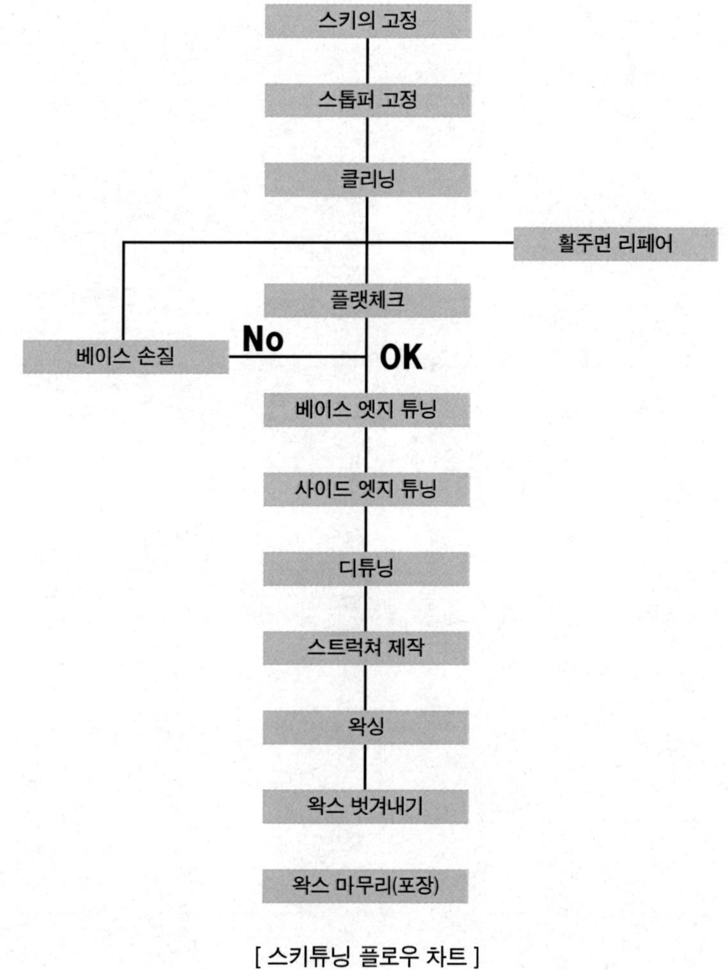

[스키튜닝 플로우 차트]

POC WO

POC WO. We always refused to address women with the usual "rosy-girly-stuff". we think it's ridiculous. Having said that. over the 6 years we have been around. we have come to learn a bit about anatomy and the differences between genders. There are differences and we admit that we have been discriminating. as a number of products only had male users in mind.

우리는 일반적으로 여성을 특별하게 "Rosy girl" 로 지칭하는 것에 대해
거부해왔으나 이것이 어리석었다는 생각이 든다.
우리가 6년 동안 해부학과 성별 차이점에 대하여 연구를 함으로써 분명하게도
성별 차이가 존재하고, 몇몇 제품을 생산할 때에, 우리의 생각 속에
남성 고객만을 염두에 둠으로써 우리가 성별에 대한 구별을 하지 않고,
차별하였었다는 점에 대하여 인정을 하게 되었다.

여성의 힙과 가는 허리, 등 보호대가 겨드랑이 아래로 딸려 올라가는 성향, 여성의 작은 얼굴
사이즈에는 너무 큰 헬멧과 고글등과 같은 다른 신체 조건을 감안하여 POC 여성제품을 연구 하였다.
또한 대부분의 여성의 손가락은 길고, 손이 더 좁기 때문에 좀더 빨리 얼기도 하였다.
따라서 우리는 위의 여러 상황을 고려하여 제품 개발을 해야 한다고 생각하였고
그로 인해 여성에게 적합한 제품을 더 많이 제공하게 되었다.

POCombos
Who are you?

POC TEAM ATHLETES: BODE MLLER / JULIA MANCUSO / TJ SCHILLER* / JON OLSSON* / BLAKE NYMAN / AURÉLIEN DUCROZ / TANNER HALL* / STEVEN NYMAN / ANDERS BACKE / MITCH TÖLDERER / JEREMY JONES

POC
HELMETS & ARMOR

Match it! Right naw! ▶

익스트라 테크닉
Extra Technique

익스트라 테크닉은 스키를 타면서 반드시 필요한 추가적인 기술들로서,
스키의학에 대한 사항과 최악의 스키 부상중 하나인 전방십자인대 부상을 방지하기 위한 방법,
또한 바인딩 셋팅법에 대한 자세한 설명이 포함된다.

또한 스키기술 향상에 필수라고 할 수 있는 스키용어도 스키연습이나 강습 등에서
반드시 알아야 할 기술들이므로 잘 숙지하도록 한다.

이러한 익스트라 테크닉은 잘 익혀두면 보다 안전하게 즐겁게 스키를 즐길 수 있음을 물론이고,
스키를 타면서 필요한 다양한 용어를 숙지하게 되어, 문무를 겸비한 진정한 스키 엑스퍼트가 될 수 있다.

42 스키의학

은 승 표 박사 저

정형외과/스포츠의학 전문의,의학박사
코리아정형외과/코리아스포츠메디슨센터원장

Extra Technique

CONTENTS

❶ 스키를 위한 스포츠 의학

(1) 스키의 생리학적 특성

현재 올림픽에서는 다섯 가지 종목의 알파인 스키가 행해지고 있는데, 활강(downhill), 회전(slalom)이 1936년 독일의 가미쉬(Garmisch)에서 열린 제4회 동계 올림픽에서 최초로 시작되었고, 대회전(giant slalom)은 1952년 오슬로(Oslo) 올림픽부터, 수퍼-G(super-G), 알파인 복합(Alpine combined)는 1988년 캘거리(Calgary) 올림픽부터 포함되었다. 각 종목의 운동학적 특성은 다음과 같다.

● 알파인 속도 종목 (Alpine speed)

1) 활강(downhill)

평균 거리 : 3048m

평균 표고차 : 남자 973m, 여자 878m

평균 속도 : 100 km/h

평균 경기 시간 : 약 2분

특징 : 선수는 최대경사선(fall line)에 가깝게 주행하기 위해 노력하며, 저항을 줄이기 위해 가급적 웅크리기 자세(crouching position)를 취하게 된다.

2) 수퍼-G(super-G)

평균 거리 : 1650m

평균 표고차 : 남자 500-650m, 여자 350-500m

평균 속도 : 81 km/hr

평균 경기 시간 : 약 1-2분

특징 : 활강 경기의 속도와 대회전 경기의 특성을 혼합한 형태

● 알파인 기술 종목 (Alpine technique)

3) 대회전(giant slalom)

평균 거리 : 1450m

평균 표고차 : 남자 250-400m, 여자 250-400m

평균 속도 : 61 km/hr,

경기 시간 : 약 60-90초

특징 : 카빙을 이용한 큰 호의 회전을 계속한다.

4) 회전(slalom)

평균 거리 : 530m

평균 표고차 : 남자 180-220m, 여자 120-180m

평균 속도 : 44 km/hr

경기 시간 : 약 40-60초

특징 : 기문간의 간격이 가장 짧으며 선수는 최대경사선(fall line)을 가로질러 회전을 한다. 가장 작은 호를 그리며 낮은 속도로 주행하게 되는 경기.

일반 스키어들은 각자의 취향에 따라 활강 경기 성향의 활주를 즐기는 사람, 회전 경기 성향의 짧은 회전을 즐기는 사람 등 각양각색이므로 일괄적으로 표현할 수는 없겠지만 위의 자료에 근거하여 알파인 스키의 공통적인 특성을 정리하자면 다음과 같다.

- 약 40초-2분 정도 쉬는 시간 없이 연속 동작으로 주행한다.
- 원심력 및 중력에 저항하는 과정에서 하지의 근육이 지속적인 수축을 유지한다. 특히 둔근과 허벅지의 대퇴 사두근 및 슬와근 등이 번갈아 가며 수축한다.

- 안정된 자세 유지와 체중 이동을 위한 예비동작(anticipation), 폴 사용 등을 위해서는 하지의 근육뿐 아니라 상지 및 몸통의 근육 들이 고루 사용된다.
- 다양하게 설면에 대응하기 위해서 균형력(balance), 민첩성(agility) 및 협응력(coordination)이 요구된다.
- 온도가 낮고, 산소가 희박한 고산 지역에서 행해지기 때문에 유산소 능력(aerobic power)이 요구된다.

운동 지속 시간 만으로 볼 때, 알파인 스키는 근육내 젖산(lactic acid) 축적을 유발하는 무산소 에너지 시스템(anaerobic energy system)을 주로 이용하는, 400m, 800m 육상 경기와 비슷한 특성을 지니는 것으로 보인다. 하지만 규격화된 경기장을 이용하는 육상 경기와는 달리 다양한 환경에서 벌어지는 스키는 더 다양한 신체 능력이 요구되는데, 예를 들어 달리기 동작에서는 짧은 시간 동안 원심적 근수축(concentric contraction : 근육의 길이가 짧아지는 근육 수축의 형태)이 주로 일어나는 반면, 스킹 동작에서는 비교적 긴 시간에 걸쳐 천천히 이심적 근수축(eccentric contraction : 근육의 길이가 길어지는 근육 수축의 형태)와 등척성 근수축(isometric contraction : 근육의 길이가 변하지 않는 근육 수축의 형태)이 많이 사용된다. 기문 사이의 간격이 크고 경기 시간이 긴 활강 경기로 갈수록 웅크린 자세(crouching position)로 인한 등척성 수축이 많이 일어나고, 회전 경기로 갈수록 폭발적인 근육의 원심적, 이심적 수축이 자주 반복해서 일어나는 것이 특징이다. 결국 알파인 스키는 근력, 파워, 근지구력, 심폐지구력, 협응력, 균형, 유연성 등의 피트니스의 요소들이 다양하게 요구되는 운동이라고 할 수 있다.

(2) 스키를 위한 체력 훈련 : 컨디셔닝(conditioning)

스키는 준비해야 하는 운동이며, 스키를 통해 건강을 증진시
킨다기 보다는 준비된 건강으로 스키를 즐긴다는 이야기가 더
설득력이 있다. 위에 열거한 스키의 생리학적 특성을 근거로
스키를 위해서 해야 할 신체적 준비 과정을 정리하자면 다음
과 같다.

1. 유산소 운동 (aerobic exercise)

속보, 장거리 달리기, 장거리 자전거 타기, 장거리 수영, 노젓
기, 크로스컨트리 스키, 로울러 스키, 인라인 스케이트, 하키/
스피드 스케이트 등

2. 무산소 근 지구력 운동

웨이트 트레이닝 (저중량/고반복)

3. 무산소 근력 운동

웨이트 트레이닝(고중량/저반복)

4. 무산소 파워 운동

플라이오메트릭 운동(장애물 높이 뛰기 등), 100m-200m 단
거리 스프린트 등

5. 민첩성 운동

8자로 달리기, 왕복 달리기 등

6. 유연성 운동

스트레칭

7. 스킹 동작과 유사한 응용 운동 (크로스 트레이닝)

인라인 하키, 아이스 하키 등

8. 스키에 도움이 되는 각종 레져 운동

축구, 테니스, 농구, 골프, 산악 자전거 등의 모든 스포츠

9. 스키

스키를 잘 타려면 역시 스키를 많이 타야 한다.

이런 운동들을 잘 조합한 트레이닝 프로그램과 적절한 영양, 이
론 습득 등으로 시즌을 준비할 때 비로소 스키를 위한 최적의
비시즌 준비(conditioning)가 이루어진다고 할 수 있다. 이렇게
생리학적 이해에 기초한 과학적 트레이닝을 이용하여 과거 80
년대 초반 미국 국가대표 스키 선수들이 경기력 향상 및 부상율
을 줄였던 모범적인 예가 있었다. 이런 과정은 선수뿐 아니고 일
반 스키어의 기술 향상이나 부상의 감소에도 많은 역할을 할 것
이다.

(3) 스키를 위한 영양학

스키를 대비한 신체 준비 과정 중 또 한 가지의 중요한 부분이
영양 섭취이다. 영양 섭취는 스키 동작을 수행하는데 영향을
미칠 수 있으며, 근육의 피로와 연관되어 부상의 원인이 될 수
있다.

40초 ~2분에 걸쳐 행해지는 스키 경기의 지속 시간은 스킹 행
위가 강력한 무산소 에너지를 요구한다는 것을 의미한다. 한편
하루 종일 스키를 타는 지속 시간을 고려한다면 여기에 유산소
에너지 까지도 필요한 점을 고려해야 한다. 무산소, 유산소 에너
지 시스템에 가장 필요한 영양소는 모두 탄수화물이고, 회전을
할 때에는 대부분 근육에 저장되어있는 글리코겐(glycogen) 형
태의 탄수화물을 사용한다. 따라서 스킹을 위해서는 근육의 글
리코겐 저장량을 늘이는 것을 목적으로 영양 섭취가 이루어져
야 한다. 근육의 글리코겐 저장량의 고갈이 하루 중 늦은 시간
대의 부상을 유발하는 원인으로 작용한다는 점이 이미 알려져
있듯이 일반 스키어에게도 중요한 부분이다.

근육을 탄수화물로 최대한 충전시키기 위해서는 평소에 적당한

영양소 비율의 식사를 유지해야 한다. 칼로리 구성이 탄수화물 65%, 단백질 15%, 지방 30% 이하 정도인 식사를 의미한다. 여기서 현실적으로 가장 어려운 부분은 '양질의 탄수화물을 고르는 일'과 '적당한 단백질을 섭취하는 일'이다.

탄수화물이 주 성분인 음식은 밥, 빵, 국수, 파스타, 과일 등과 과자, 사탕, 쵸코렛 등이다. 이중 단당류와 지방이 많이 포함되어있는 과자, 사탕, 쵸콜렛 등은 에너지 원으로는 적합하지 않은 대신, 고탄수화물 음식으로 알려져 많이 먹는 밥, 빵, 국수 등이 권장된다.

하지만 이런 음식들도 구성하는 탄수화물의 종류에 따라 차이가 난다. 탄수화물은 그 소화, 흡수 과정에 따라 '저 글라이세믹 수치'의 탄수화물과 '고 글라이세믹 수치'의 탄수화물로 나뉜다. 저 글라이세믹 수치의 탄수화물은 위장관에서 천천히 흡수된 후 근육 및 간에 저장되어 에너지원으로서의 역할을 해낸다. 반면 고 글라이세믹 수치의 탄수화물은 흡수 속도가 빨라 바로 에너지로 사용이 가능하지만 일부 소모된 나머지는 지방으로 저장되어 버린다. 예를 들어 같은 밥도 다 같지 않아서, 도정하여 만들어낸 흰 쌀로 지은 밥은 고 글라이세믹 수치의 음식이고 도정하지 않은 현미와 잡곡을 섞어서 지은 밥은 저 글라이세믹 수치의 음식에 해당된다. 이를 눈으로 간단히 구분하는 방법은 저 글라이세믹 수치'의 탄수화물로 만든 음식의 특징은 가공 과정이 적어서 보통 어두운 색깔에 거친 반면, 고 글라이세믹 수치의 탄수화물은 밝은색에 부드럽다는 점이다. '흰쌀밥과 잡곡밥', '부드러운 흰빵과 거친 잡곡빵' 등에서 그 차이를 알 수있다.

스키어는 평소에 주로 저 글라이세믹 수치의 탄수화물이 풍부

하고 적당한 단백질을 포함한 식사를 지속하여 주말 스킹에 필요한 연료를 근육에 비축하여야 한다. 식사에 양질의 탄수화물과 단백질을 늘이는 방법의 예는 다음과 같다.

- 식사 때마다 잡곡밥, 잡곡빵, 파스타, 시리얼 등을 섭취한다.
- 신선한 야채와 과일을 자주 곁들여 섭취한다.
- 양질의 고기, 닭고기 등의 육류를 섭취한다.
- 계란, 우유, 치즈, 요구르트 등의 유제품을 섭취한다.

한편 스킹 당일 아침이나 직전에는 고 글라이세믹 수치의 탄수화물 위주의 간식으로 에너지를 보충해주는 것이 적합하다. 스킹 1~2 시간 전에 섭취하는 음식은 바로 에너지로 쓰이지는 않지만 일단 배고픔이 일어나지 않게할 수 있고, 장시간 운동이 계속되는 경우 지속적으로 에너지를 공급해주는 역할을 한다. 하지만 이때의 음식은 양을 잘 조절해야 한다. 1시간 전부터는 너무 많이 먹지 않는 것이 좋겠는데, 음식이 위장관을 통과하기 전에 격렬한 운동이 시작될 경우 소화기 계통으로 가야할 혈액이 근육으로 몰려가 이로 인해 구토, 복통 등이 일어날 수있기 때문이다.

이때 적합한 음식은 쌀밥, 국수, 잼이나 젤리를 바른 빵, 저지방 요구르트, 저지방 우유, 과일 쥬스 등이다. 이때 저지방을 강조하는 것은, 지방이 위장관 통과 시간이 늦어서 문제를 일으킬 수 있고 즉각적인 에너지원으로도 쓰이기가 힘들기 때문이다. 또 섬유질이 너무 많은 과일이나 야채 등도 복통, 설사 등을 일으킬 수있으므로 과도한 섭취는 피하는 것이 좋겠다.

이런 목적에서, 경기 전후 영양분 및 수분의 섭취 목적에서 개

발된 '스포츠 음료' 나 '에너지바' 를 이용하는 것도 좋은 방법이다. 적당한 탄수화물, 단백질 등의 영양소와 미네랄 농도를 지닌 스포츠 음료나 에너지바를 섭취해주면 오랜 시간 동안 스킹을 지속하는 동안 혈중에 에너지원을 보충해주며 탈수 현상을 방지해주는데 도움이 될 것이다.

스킹 후의 음식 섭취도 중요하다. 에너지가 고갈된 근육을 다시 충전시키려면24시간 이상이 걸린다. 여러 날 이어서 스키를 타는 상황에서는 근육의 글리코겐 저장량이 서서히 감소할 수밖에 없다. 근육은 운동 직 후 약 30분-1시간 동안 에너지 흡수율이 최고에 이르며, 이를 '기회의 창(window period)'이라고 부른다. 이런 시간을 놓치지 않고 영양소가 골고루 포함된 충분한 양의 음식을 섭취한다면 다음 날의 스킹은 물론 근육 발달에 큰 도움을 줄 것이다.

❷ 스키 부상

(1) 스키 부상의 경향 (역학: Epidemiology)

스키 부상의 발생 양상은 그 동안 스키 장비 및 기술의 발달과 밀접한 관련을 가지고 변화해왔다. 때문에 스키 부상을 제대로 이해하려면 장비 및 기술에 대한 이해가 선행되어야 하며, 그 발달 과정에 대한 역사적 고찰이 필요하다. 이런 이유에서 스키 부상에 대한 많은 연구들이 이루어지고 있음에도 불구하고 믿을만한 역학적 자료를 찾아보기는 매우 어렵다. 1972년 이래 미국 버몬트 주 스키장에서 장기간 스키 부상 연구를 진행해 온 Johnson 등은 환자-대조군 조사를 통하여 스키 부상의 양상 및 부상율의 변화를 밝힌바 있다. **(Table 1, 2)**

Table 1. 가장 흔한 스키 부상 순위 (1972/1973)

알파인 스키 부상 (n=335) 1972/1973		
부상명	숫자	전체 중 비율 %
무릎 인대 손상	67	20.2
무릎 인대 손상	67	20.2
다리 타박상	35	10.5
발목 인대 손상	32	9.6
열상	26	7.8
엄지 손가락 손상	23	6.9
정강이뼈(경골) 골절	22	6.6
어깨 손상(인대, 탈구 등)	17	5.1
무릎 타박상	14	4.2
발목 골절	12	3.6
정강이뼈(비골) 골절	8	2.4

Table 2. 가장 흔한 스키 부상 순위 (1997/1998)

알파인 스키 부상 (n=335) 1972/1973		
부상명	숫자	전체 중 비율 %
무릎 인대 손상	167	21.5
엄지 손가락 손상	93	12.0
열상	60	12.0
어깨 손상(인대, 탈구 등)	47	6.1
다리 타박상	35	4.5
몸통 타박상	25	3.2
상지 타박상	23	3.0
정강이뼈(경골) 골절	22	2.8
발목 인대 손상	21	2.7
무릎 타박상	19	2.5

지난 30 여 년 간 스키 부상의 양상이 크게 바뀐 것을 볼 수 있다. 1972년부터 1994년까지 22년 간 전체 부상율은 44% 줄어

들어서 1970년대 초반 1000명 스키어 당3-6건 정도로 보고되던 부상율이 1980년대에 들어와서는 1000명 스키어 당 2.5건 정도로 감소하였다.

넘어질 때 풀리지 않는 비이탈식 바인딩 때문에 발생하던 발목(족관절) 인대 손상과 정강이뼈(경골) 골절 등은 60~70년대를 거쳐 이탈식 바인딩과 플라스틱 스키화가 대중화 되고 스키 장비에 대한 표준화 작업이 이루어지자 1970년대 말에 이르러 대폭 줄어들었다. 하지만 1980년대에 들어와서 전방십자인대 손상 등의 무릎(슬관절) 관절 손상이 급격히 증가하기 시작하였다. 1970년대와 비교하였을 때 다리 골절은 1990년까지 83% 감소하였으나 전방십자인대 손상만 3배 가까이 증가한 것으로 드러났다. 발목을 보호해주는 플라스틱 스키화 때문에 회전력이 무릎에 집중되어 발생한 현상이었다. 더불어 바인딩의 이탈 기능은 애초에 다리 골절을 염두에 두고 개발되었기 때문에, 훨씬 적은 힘과 다른 기전에 의해 발생하는 무릎 손상은 현재 바인딩 기능으로는 예방이 어렵다. 이에 스키장비 제작사들은 바인딩 등의 장비의 개선을 통해서 전방십자인대 손상을 줄여보려는 노력을 하였으나 현재까지 효과를 공식적으로 입증한 제품은 없다. 현재 무릎 인대 손상은 스키 부상 중 가장 큰 비율을 차지한다(전체 부상 중25.7%). 한편 예방이 가능한 다리 골절도 여전히 일부분 발생하고 있는데, 이는 장비 관리와 직접적인 연관이 있으므로 바인딩의 장착, 검사 및 보수, 이탈 수치의 바른 조절 등의 표준을 지키려는 노력이 필요하다.

최근 사용자가 급격히 증가한 카빙 스키는 전통 스키에 비해 머리와 꼬리 부분이 넓어서 스키어가 회전하기가 쉬우므로 초보자들이 빨리 배워 즐길 수 있는 장점이 있다. 그러나 회전성과 줄어든 회전 반경으로 인해 넘어질 경우에는 오히려 하지 손상의 위험을 증가시킬 수도 있다는 가능성이 제기되어왔다. 최근 조사에 의하면 카빙 스키를 사용한 상급자들의 경우 전통 스키를 사용했을 때 보다 높은 부상율을 보이는 경향이 있다. 앞으로 지속적인 관찰이 필요한 부분이다.

(2) 스키 부상의 예방

1) 무릎 전방십자인대 부상의 예방

여기에 소개하는 프로그램은 스킹으로 인해 발생하는 무릎의 전방십자인대 손상을 예방하기 위한 내용이다. 미국 버몬트의 스키부상 연구팀이 개발하여 과학적으로 부상 감소 효과를 입증한 프로그램이며 글쓴이에 의해 번역/편집 되었다.

비디오와 책자로 구성되어있는 본 프로그램의 일부로서, 실제 효과를 거두기 위해서는 먼저 내용을 이해한 다음 비디오의 반복 시청을 통해 동작을 습득해야 한다. 원리를 단순히 이해하는 것 보다는 상황을 감각적으로 익히는 것이 중요 하다.

프로그램의 핵심은, 전방십자인대의 손상을 일으키는 상황을 이해한 상태에서 이에 대한 방어 행위를 익힘으로써, 위험한 상황에 닥쳤을 때 무의식 중에 방어 행위를 취할 수 있도록 훈련하는 것이다.

■■■ **전방십자인대(Anterior Cruciate Ligament)**

슬관절을 연결하는 4개의 인대 중 운동 시 무릎의 안정성에 가장 중요한 역할을 하는 인대. 스키 부상은 주로 전방십자인대(Anterior Cruciate Ligament/ACL)나 내측측부인대(Medial

Collateral Ligament/MCL)가 파열되는데(전체 스키 부상의 20-30%), 특히 전방십자인대의 파열은 발목이나 경골 골절에 비해 훨씬 더 복잡한 치료가 필요하고, 오랜 기간 동안 후유증을 남기는 경우가 많다.

■■■ 왜 전방십자인대 손상이 문제인가?

'스키-바인딩-스키화'로 이어지는 현재의 연결 시스템(coupling system)은 기계적인 면에서는 충분한 기능을 보유하고 있다. 최신 모델들은 대부분 앞 바인딩의 상방 이탈 및 뒤 바인딩의 측방 이탈 기능을 포함한 다중이탈 방식을 택하고 있어, 제대로 정비만 했으면 어느 방향으로 힘이 가해지던지 다리가 부러지기 전에는 풀릴 수 있게 되어있다. 하지만 바인딩이라는 기계는 애초에 '스키어의 골절' 즉, 경골(장딴지뼈) 골절을 일으키는 기전 및 힘을 기준으로 개발된 것이기 때문에, 이와는 현저히 다른 상황에서 발생하는 전방십자인대 손상은 막을 수가 없다는 것이다.

스킹으로 인한 무릎 인대의 부상은 여러 가지 기전에 의해 가능하지만, 스키화의 목이 높아진 80년대 이후 일어나는 전방십자인대의 손상은 대부분 '유령발 기전(phantom foot mechanism)'이라고 불리는 현상에 의해서 발생한다.

■■■ 유령발 기전 (Phantom foot mechanism)

: 뒤로 중심을 잃고 뒤로 주저 앉아 무릎이 굴곡된 상황에서, 스키 테일의 내측 날이 눈에 걸리면서 무릎에 내회전을 일으켜 전방십자인대가 끊어지는 기전. **(그림 1)**

이런 현상을 처음 발견한 것은 미국 버몬트의 스키 부상 연구팀이었다(로버트 죤슨, 칼 에트린져, 자스퍼 쉴리 등). 1972년부터 미국 동북부 버몬트 주 슈거부시(Sugarbush) 스키장에서 스키 부상 환자에 대한 통계를 해마다 주시해오며 스키어의 골절을 대폭 줄이는데 큰 공헌을 했던 이들은, 80년대에 들어와서 전방십자인대 손상이라는 벽에 부딪히자, 메커니즘을 밝혀내기 위해 실제 부상 환자들의 비디오를 모으기 시작하였다. 이들은 10년 이상 모은 전방십자인대 손상 환자의 실제 부상 장면을 분석한 결과, '유령발 기전'을 일으키는 상황에서 발생하는 공통된 동작들을 찾아내었고, 이에 대한 방어 동작을 제시한 교육 프로그램을 만들었다. 그것이 바로 '전방십자인대 예방 프로그램(ACL Awareness Program)'이다. 그리고 전향적 연구 결과, 전방십자인대 손상을 62% 감소시키는 고무적인 결과를 1995년 미국 스포츠 의학지에 발표했다. 전방십자인대 손상 문제에 최초로 해결의 실마리를 찾은 것이다.

■■■ "ACL Awareness Program"
(전방십자인대 예방 프로그램)

'유령발 기전'(phantom foot mechanism)에 의해 전방십자인대 손상이 일어나는 전형적인 상황은 다음과 같다. 순간적으로 일어날 때 약간 뒤섞일 수는 있지만 대부분 이러한 여섯 가지 상황이 연속적으로 모두 일어났을 때 비로소 전방십자인대 손상이 일어난다.

(그림 1)

1. 산 위쪽 팔을 뒤로 짚고 넘어지면서

2. 균형이 뒤로 무너져 있고

3. 엉덩이는 무릎 아래로 내려가 있고

4. 산 위쪽 스키는 체중이 실려있지 않고

5. 체중이 산 아래쪽 스키 꼬리 부분의 내측 날에 집중 되어 있
   으며

6. 상체는 산 아래쪽을 향하고 있는 상황

'유령발 기전'의 전방십자인대 손상을 유발하는 원인이 되는 행동은 다음과 같다.

1. 넘어진 다음 미끄러지는 도중 일어나려 할 때

2. 균형을 잃은 상태에서 회복하려 애를 쓸 때

3. 균형을 잃은 상태에서 주저앉으려 할 때

위와 같은 상황에서 인대 손상의 위험으로부터 효과적으로 벗어나기 위해서는, 애초에 위험한 상황을 유발하는 행동을 하지 않는 방법과, 열거한 여섯 가지 위험 상황에 닥쳤을 때 방어 행동을 취하는 방법이 있다.

하지 말아야 할 행동은 다음과 같다.

1. 넘어질 때 무릎을 펴지 말고 구부린 상태로 두도록 한다.

2. 미끄러져 정지할 때까지 일어나려 하지 않는다.

3. 넘어질 때 손을 뒤로 짚지 않도록 한다.

'유령발 기전'에 해당되는 위험한 상황에 부딪혔을 때에는 다음과 같이 대처한다. **(그림 2 : A~C)** 이 방어 동작은 위험 상황을 야기한 '유령발 기전'의 여섯 가지 자세 중 몇 가지를 무의식 중에

안전한 자세로 바꿔주는 방법들이다.

1. 팔을 앞으로 뻗는다.

2. 스키를 가지런히 모은다.

3. 손을 스키 위에 위치한다.

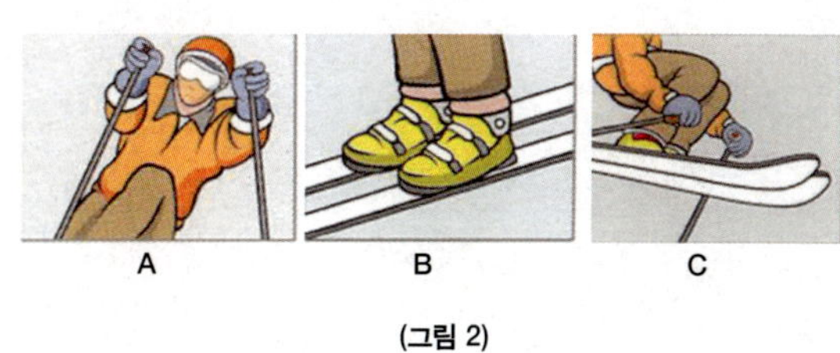

(그림 2)

그 중에서도 가장 중요한 동작이 '팔을 앞으로 뻗는' 것인데, 이 동작은 반사적으로 산 위쪽 다리를 모아주는 역할을 하여 산 위쪽 스키에 체중이 분산되게 만든다. 결과적으로 스키어는 균형을 회복하거나 아니면 다리가 모아진 상태에서 안전하게 넘어지게 된다. 역으로, 넘어지는 순간 산 위쪽 손을 뒤로 뻗어 균형을 잡던지 손을 뒤로 짚고 넘어진 다면, 산 아래쪽 다리가 벌어지면서 스키 테일의 안쪽 에지가 걸려 무릎 손상의 위험이 커진다.

한편 '스키를 가지런히 모으는' 행동은 마치 긴 지렛대처럼 작용하는 산 아래쪽 스키와 허벅지가 같은 방향으로 놓이게 해준다. 결과 무릎에 회전력이 걸리는 것을 막는 역할을 한다.

또 한 가지 중요한 부분은 자신의 스킹 테크닉 중 '유령발 기전'을 유발할 소지가 있는 나쁜 습관을 평소에 고치는 것이다. 대표적인 나쁜 습관에는 다음과 같은 것 들이 있다.

1. 산 위쪽 팔을 자꾸 뒤로 가져가는 습관

2. 중심이 자꾸 뒤로 가는 습관

3. 엉덩이로 주저 앉으려는 습관

평소 잘못된 스키 습관을 교정하여 인대 손상을 일으키는 기전이 시작하는 것을 근본적으로 막아야 한다는 것이다. 그 방법은 다음과 같다.

1. 팔을 항상 앞으로 뻗는다.
2. 균형 감각과 조종 능력을 항상 유지한다. (뒤로 넘어지는 것을 막기 위하여)
3. 엉덩이가 항상 무릎보다 위에 위치 하도록 자세를 유지한다.

버몬트 연구팀은 이 프로그램을 이용하여 미국 20개 스키장에 있는 약 4000명의 패트롤, 강사들을 교육 시킨 다음, 교육을 받지 않은 다른 지역의 자료 및 교육을 실시하지 않았던 지난 시즌의 자료와 비교하였다. 그 결과 이 '전방십자인대 인식 프로그램(ACL Awareness Program)'으로 교육 받은 집단의 경우 전방십자인대 손상이 62% 감소하였다는 결과를 1995년 미국 스포츠의학회지에 발표하였다. 장비의 개선을 통하여 부상을 줄여보고자 하였던 하드웨어적인 방법이 한계에 부딪히자, 대신 스키어의 행동에 근거한 소프트웨어적인 방법에서 해결의 실마리를 찾아낸 것이다.

우리나라의 경우, 스키 지도자를 비롯하여 스키에 대한 조언을 하는 입장에 있는 사람들에 대해 안전에 대한 지식의 홍보가 시급한 실정이다. 현재 대부분의 스키 교습은 '안전하게 넘어지는 방법'에 대한 설명과 실습이 부족하다. 위의 자료를 활용한 '넘어지는 법'과 '일어나는 법' 즉, '언제 넘어지고, 어떻게 넘어지고,

어떻게 멈추느냐' 등에 대한 지침이 포함되어야 하며, 이런 교육이 전방십자인대 손상을 줄이는데 기여할 것이다.

2) 바인딩의 이탈수치 조정과 이탈 검사를 통한 다리 골절의 예방

1970년대 이후 미국과 유럽을 중심으로 한 과학자들이 스키 장비에 대한 표준을 정하여 그 기준에 맞도록 장비를 만들고 관리하도록 하고 있는데, 바인딩의 이탈 강도에 대해서는 ASTM(American Society of Testing Material) 및 ISO(International Standard Organization)에서 정한 표준을 따르고 있다. 다음의 바인딩 이탈 강도 수치 조정표는 현재 표준으로 설정되어있는 방법이다. 회사 마다 다른 모양의 표를 배포하지만 같은 표준을 따르고 있기 때문에 내용은 같다.

■■■ 바인딩 이탈 수치 조정 표

| 체중 | 신장 | 스키어 코드 | 부츠바닥길이(mm) | | | | | | 바인딩 측방이탈(Nm) | 바인딩 상방이탈(Nm) |
kg	cm		1 250이하	2 251~270	3 271~290	4 291~310	5 311~330	6 331이상	5	18
10~13kg		A	0,75	0,75					8	29
14~17kg		B	1,00	1,00	0,75				11	40
18~21kg		C	1,50	1,25	1,00				14	52
22~25kg		D	1,75	1,50	1,50	1,25			17	64
26~30kg		E	2,25	2,00	1,75	1,50	1,50		20	75
31~35kg		F	2,75	2,50	2,25	2,00	1,75	1,75	23	87
36~41kg		G	3,50	3,00	2,75	2,50	2,25	2,00	27	102
42~48kg	148cm이하	H		3,50	3,00	3,00	2,75	2,50	31	120
49~57kg	149~157cm	I		4,50	4,00	3,50	3,50	3,00	37	141
58~66kg	158~166cm	J		5,50	5,00	4,50	4,00	3,50	43	165
67~78kg	167~178cm	K		6,50	6,00	5,50	5,00	4,50	50	194
79~94kg	179~194cm	L		7,50	7,00	6,50	6,00	5,50	58	229
95kg이상	195cm이상	M			8,00	8,00	7,00	6,50	67	271
		N			10,00	9,50	8,50	8,00	78	320
		O			11,50	11,00	10,00	9,50	91	380

이 표를 보는 방법을 예를 들어 설명해 보면 다음과 같다.

(예) 남자/30세

   키: 170cm

   몸무게: 65kg

   스키화 outer shell 길이(boot sole length): 300cm

   스키어 경향(skier type): 제 2형 스키어(type II skier)

■■■ 바인딩 이탈 수치 조정을 위한 스키어의 분류

이 방법은 스키어의 능력을 구분하는 방식이 아니고, 이탈 수치에 적용하고자 '스킹 경향'을 스키어 자신이 직접 분류하는 방법이다.

제 1형 스키어(Type I skier)

- 조심스럽게 스키를 타는 사람. (Ski conservatively)
- 저속, 중-하급자 경사를 선호하며 '이른 이탈'이 일어나더라도 평균 보다 낮은 수치로 조정하길 원하는 사람.
- 자신을 분류하기 조차 어려운 초보자에게 주로 적용된다.

제 3형 스키어(Type III skier)

- 저돌적으로 스키를 타는 사람. (Ski aggressively)
- 언제나 고속으로 질주하며 급경사면을 선호하고, 평균 보다 높은 수치로 조정하길 원하는 사람.

제 2형 스키어(Type II skier)

- 적당히 즐기는 사람. (Ski moderately)
- 여러 가지 스피드와 지형을 즐기고 가끔은 아주 어려운 곳도 가는 사람.
- 제 1, 3형 스키어에 해당되지 않는 모든 스키어.

1) 먼저 몸무게와 키를 이용하여 스키어 코드(Skier code)를 정한다.

- 몸무게(65kg)만 가지고 보자면 스키어 코드 'J'에 해당된다.
- 키(170cm)만 가지고 보자면 'K'에 해당된다.
- 이렇게 키와 몸무게의 코드가 다른 경우에는 표의 위 쪽에 해당되는 코드를 택한다.

여기 까지 결과, 이 사람의 스키어 코드는 'J'

2) 이어 '스킹 경향'에 따른 코드의 조정을 한다.

- 이 표의 기본은 제 1형 스키어를 대상으로 표시 되어있다.
- 제 2형 스키어는 아래로 한 칸, 제 3형 스키어는 아래로 두 칸 내려간다.
- 단, 키가 표시 되어있지 않은 위의 7칸에 해당되는 저 체중, 저 신장(주로 어린이)에 해당 되는 사람들은 제 3형 스키어이더라도 1칸만 내린다.

그래서 이 사람(제 2형 스키어)은 한 칸 내려 스키어 코드는 'K'가 된다.

3) 최종적으로 나이에 따른 코드의 조정을 한다.

- 나이가 50 이상인 스키어는 한 칸 올린다.

이 스키어(30세)는 상관 없으므로 최종 스키어 코드는 'K'이다.

4) 스키화의 outer shell의 길이(boot sole length) : 스키화 옆에 적혀있는 것을 보거나 아니면 자로 재보면 된다)에 따라 '이탈 강도 수치'를 결정한다.

- 스키어 코드 'K'에 해당하는 행과 스키화의 바깥 껍질 길이인 300mm에 해당하는 열이 만나는 칸의 수치는 5.5이다. 이것이 앞 뒤 바인딩의 창에 보이는 눈금을 맞추어야 하는 이탈 강도 수치. 즉 DIN 수치이다.

* 키, 몸무게에 비해 발의 크기가 너무 크거나 작아서 표의 빈칸에 해당되는 경우는 좌우로 이동하여 첫 번째 만나는 칸의 수치로 정한다.

5) 드라이버로 바인딩의 앞 뒤에 있는 조정용 나사를 돌려 수치를 조정한다.

- 이때 창이 달린 위치가 모델 마다 다르므로 창에 수직으로 수치를 읽어야 하는 점을 조심한다.

이로서 신체 조건 및 스킹 경향에 따른 바인딩의 이탈 수치 조정 작업이 이루어 졌지만 아직 끝난 것이 아니다.

바인딩에 표시된 수치를 조정하였다고 해서 실제 그 바인딩이 설정한 이탈 강도에서 풀린다는 보장은 없다. 특히 바인딩이 오래 되어서 스프링 강도가 변했거나 관리를 잘못하여 이물질이 끼어있는 상황이라면 설정 강도에서 이탈되지 않을 수 있다. 그래서 스키화-바인딩 시스템의 실제 이탈 강도를 측정하는 기계(release test machine)로 바인딩의 이탈 기능을 수시로 검사해 보아야 한다.

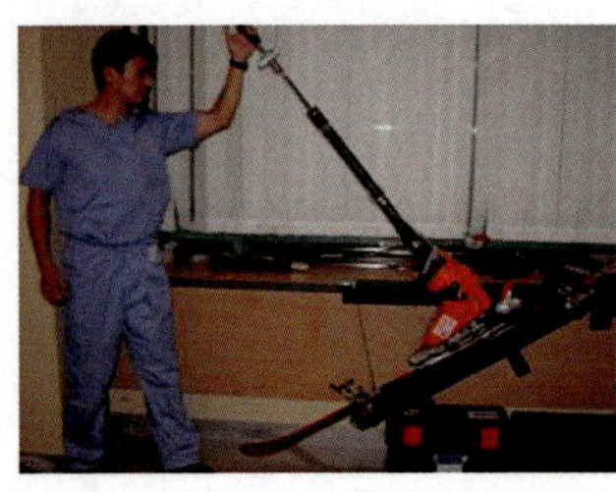
(그림: Vermont Calibrator 측정 장면)

표의 우측 끝에 스키어에게 권장되는 이탈 강도를 토크로 표기한 범위(torque range in Newton Meters : N*m)가 표시되어있다.

■■■ 참고 수치 (Reference value)
각 스키어 코드에 해당되는 이탈 강도(토크)

■■■ 허용 범위 (Min/Max range, Inspection tolerance)
참고 수치 바로 위 아래 수치 사이의 범위. 세 번 측정 한 것 중 가운데 수치를 택하여 이 범위에 들면 통과된다.

■■■ 사용 가능 범위 (In-use range)
바인딩의 사용 가능 여부를 결정하는 수치. 이 수치를 넘긴 바인딩은 사용할 수 없다. 이 범위 안에는 들어가는데 허용 범위(Min/Max Range, inspection tolerance)를 넘은 경우는 이탈 강도에 영향을 줄 수 있는 여러 가지 요소를 점검하여 (바인딩을 청소하거나 스키화의 바닥 상태를 점검하여 손상되어 있으면 스키화를 바꾸는 등) 다시 측정한다. 이런 조정 작업 후에도 허용 범위를 넘으면 최종적으로는 '이탈 강도 수치'를 다시 조정한 후에 다시 이탈 검사(release test)를 한다.

6) 표에서 허용 범위(inspection tolerance, min/max range)를 확인한다.

- 스키어 코드 'K'인 스키어에게 권장되는 이탈 토크의 범위 (torque range in Newton Meters : N*m)는

ㄱ. 앞 바인딩의 측방 이탈의 경우
참고 수치: 50, 허용 범위: 43-58, 사용 가능 범위: 37-67
ㄴ. 뒤 바인딩의 상방 이탈의 경우

참고 수치: 194, 허용 범위: 165-229, 사용 가능 범위: 141-271

7) 공인된 바인딩 이탈 측정기(binding release testing device)로 앞 바인딩의 측방 이탈 토크와 뒤 바인딩의 수직 이탈 토크를 각 3회씩 측정하여 가운데 수치를 기록한다.

- 이 스키어가 소유한 장비의 경우 이탈 측정기로 측정한 앞 바인딩의 이탈 토크가 50N*m, 뒤 바인딩은 200N*m로 측정되었다고 가정한다.

모두 허용 범위 내에 들어가므로 5.5의 '이탈 강도 수치'를 그대로 적용한다.

❸ 스키 경기를 위한 의무 지원

스키는 의료 시설이 취약한 산악 지역에서 벌어지며 특별한 보호 장비 없이 시속 100킬로가 넘는 고속 환경에 노출되기 때문에, 응급 의료 지원 시스템에 있어서 다른 차원에서의 준비가 필요하다.

(1) 응급 의료 시설 및 장비

1) 메디칼 스테이션

: 네 곳의 현장 의료 지원 시설을 만든다.

a. **Base medical tent :** 피니시 라인에 위치. 기본 응급 처치 장비 구비하여야 한다. 경기 중 부상 당해 내려온 환자를 치료하며, 환자 상태를 분류하여 후송 여부 및 후송 방법을 결정한다.

b. **Top of course station :** 스타팅 라인에 위치. 출발 전 선수의 건강을 체크한다.

c. **Intermediate course station :** 코스 중간에 위치. 시합 중 부상 선수를 치료한다.

d. **Anti-doping control station :** 대회 본부에 위치, 도핑 테스트 시행.

2) 병원

경기장 주변에 필요한 단계별 의료 지원 조건을 갖춘 병원들을 미리 지정하여 사고 시 후송 계획을 세운다.

a. **근접 병원 :** 가장 가까운 위치에 응급실, X-ray, CT, 검사실, 전문의, 당직 의사 등의 응급 처치 시설을 구비한 병원급 의료 기관을 지정한다.

b. **중증 외상 센터(Level 1 trauma center) :** 중상 치료 전문의 응급의학과 의사, 응급 수술이 가능한 외과 의사, 마취과 의사 등이 24시간 대기하고 있는 병원을 지정한다. 국제 경기의 경우 외국어 구사가 가능한 인원이 근무하는 지도 확인해야 한다.

3) 앰브란스

모든 경기에 최소 1대 이상의 앰브란스가 대기해야 한다. 환자 후송이 이루어지는 경우 백업 역할을 할 수 있는 앰브란스도 있어야 한다. 모든 앰브란스에는 advance life support 장비가 구비되어 있어야 한다.

4) 헬리콥터

경기장 상황을 고려하여 조직위원회의 권유에 따라 헬리콥터가 경기장 혹은 level 1 trauma center에 대기하여야 한다.

5) 메디칼 키트(Medical kit)

상황에 따라 필요한 물품을 구비한 basic medical kit, trauma kit 등을 준비한다.

6) 토보겐 키트(Toboggan kit)

(2) 의료진

스키 경기의 의료 지원 팀은 의사, 패트롤, 응급구조사 등으로 구성되는데, 다음과 같은 역할이 구분된다.

1) 의무 팀장 (Event Medical Director)

- 의무 팀장은 조직위원회의 구성원으로서 경기 기간 중 벌어지는 모든 의료 상황에 대한 처치를 지휘한다.
- 각종 부상 및 질병에 대한 진단, 환자 분류, 응급 처치와 수술 등에 익숙한 의사가 우선적으로 맡는다. 단 의사가 직접 참석하지 못하여 일반인이 대신하는 경우 의사 한 명을 자문 역할로 임명하여야 한다.
- 의무 지원에 필요한 시설 및 장비들의 리스트를 구성한다.
- 응급 상황 발생 시 환자 이송 수단 및 동선을 결정한다.
- 응급 상황 발생 시 백업 계획을 세운다.
- 경기 전 의무 회의를 통해 경기 주치의, 팀 주치의 등의 의료진들에게 의무 지원 계획과 정보를 전달한다.

2) 경기 주치의 (Event Medical Staff)

경기를 지원하는 의사의 근무 위치는 기본적으로 출발점에 2명, 베이스 텐트에 1명이 대기하여야 한다. 출발점에 있는 의사가 부상 발생 지점으로 이동해 내려가면 다른 한 명의 의사가 출발점에서 대기한다.

2) 패트롤 (Ski Patrol)

경기 의무 팀장과의 협조 하에 경기장 내에서의 일차 처치 및 후송 절차를 담당한다.

3) 응급 외상 팀 (Trauma Team)

중증 외상 환자 발생 시 응급 소생술을 시행할 수 있는 인원으로 구성되며, 4분 이내에 사고 장소로 이동할 수 있는 경기 코스 내에 위치한다.

4) 팀 주치의 (Team Physician)

각 팀 소속의 의사로서 팀과 행동을 같이 하면서 선수 및 임원들에게 의학적인 조언 및 치료를 담당한다. 시합 전에 경기 의무 팀장과 접촉하여 필요한 의학 정보들을 팀원들에게 전달한다. 경기 의무 팀장과의 협조 하에 경기장 내에서 환자 발생 시 치료에 참가할 수 있다. 상황에 따라서는 선수들을 위한 통역 역할도 담당한다. 조직위원회 소속은 아니다.

(3) Emergency Action Plan (EAP)

- 경기장 내 부상 발생 시 가장 먼저 현장에 접근해야 할 의료진(1st responder)은 패트롤이 담당한다.
- 부상 정도가 심각한 경우 출발지(Top of course medical station) 혹은 중간지점(intermediated medical station)에 있는 의사가 지원한다.
- 환자의 이동은 패트롤이 담당한다.
- 환자의 후송 여부의 판단은 도착지(Base medical tent)에 있는 의무 팀장 등이 판단한다.

환자 분류

- 1도 손상: 보조, 후송 등이 필요 없는 경미한 부상.

(예) 단순 염좌, 타박상 등

- 2도 손상: 후송이 필요하지만 심각하지는 않은 부상

   (예) 안정성 무릎 인대 손상, 골절 등

- 3도 손상: 후송 및 부목 등의 신속한 추가 조처가 필요한 부상

   (예) 불안정성 무릎 인대 손상, 개방성 골절, 어깨 탈구 등

- 4도 손상: 생명이 위독한 경우

   (예) 뇌출혈, 내장기 손상, 척추 골절, 대퇴골 골절 등

(4) 의무 지원 프로토콜(General Medical Coverage of Competition Protocol)

코칭 스태프와 의료진들이 참가하는 경기 전 회의에서 경기 의무 팀장은 다음과 같은 의무 지원 계획이 포함된 자료를 각 팀에 배포한다.

- 의료 지원 시설의 위치가 표기된 경기장 지도
- 경기 의무 팀장의 근무 위치 및 연락
- 손상 등급에 따른 후송 계획 및 헬리콥터 지원 원칙
- 중증 외상 센터(Level 1 trauma center)의 위치 및 연락처.
- 지역 병원, 치과, 약국 등의 위치 및 연락처

❹ 스키 안전 수칙

1. 스키 장비는 장비 점검 및 수리 능력이 있는 '스키 기술자(ski mechanics)'가 일하는 '스키 전문점'에서 구입한다.
2. 스키판은 자신의 실력 및 스킹 스타일에 맞는 것을 고른다.
3. 스키화는 자신의 발 크기/모양 및 다리 정렬에 맞는 것을 고른다.
3. 바인딩은 '바인딩 이탈 수치 표'를 참고하여 자신의 조건에 맞는 '이탈 수치(DIN)' 범위를 지닌 것을 고른다.
4. 폴은 키에 맞게 손잡이가 부드러운 것을 고른다.
5. 스키복은 방한, 방수가 잘 되는 것을 고른다.
6. 고글, 선그라스, 헬멧, 모자, 장갑 등의 보호 장구를 착용한다.
7. 헬멧을 쓸 경우에는 머리에 잘 맞으며, 시야 및 청각을 방해하지 않는 것을 고른다.
8. 스키 장비는 포장한 상태로 이동한다. 벗긴 상태로 차 위의 캐리어에 싣고 다니는 것은 장비의 수명을 줄인다.
9. 스키화를 신은 채로 거친 면 위에서 걷지 않는다.
10. 시즌 시작할 때, 시즌 중 15회 이상의 스킹 후에는 장비 전문점에 가서 장비를 점검한다. 특히 어린이의 경우 매 해 신체 조건이 바뀌므로 바인딩 이탈 수치를 재 조정해야 한다.
11. 오래된 장비를 다시 사용할 때에는 스키 장비 전문점에 가서 사용 가능 여부를 점검한다.
12. 바인딩 이탈 수치를 '이탈 수치 표'에 맞추어 조정한다.
13. 스킹 시작 전에 다시 장비를 점검하고, 바인딩을 의도적으로 이탈시키는 '이탈 테스트'를 시행한다.
14. 자신의 실력에 맞는 슬로프를 선택한다. 수준이 위인 동료들을 따라 무작정 상급자 코스로 가는 것을 피한다
15. 스킹 전 슬로프의 난이도, 주행 경로, 눈 상태, 위험물 등을 숙지한다.
16. 사람이 많은 곳, 슬로프가 만나는 곳 등에서는 직활강, 과속을 피한다.
17. 스킹 중 갑자기 정지하지 않으며, 슬로프 위에 서 있지 않는다.
18. 넘어질 때는 손을 스키 앞으로 가져가고 다리를 모은다.
19. 넘어져 미끄러지다가 일어나려 하지 않는다.

20. 넘어질 때 폴을 놓는 습관을 갖는다.

21. 스키 시작 전/후에 워밍업 운동 및 스트레칭을 실시한다.

22. 2-3 시간의 스킹 후에는 따뜻한 곳에서 30분-1시간 정도의 휴식을 취하며 체온을 높이고, 수분 및 영양을 보충한다.

23. 근육이 피로해지고 긴장이 느슨해지는 오전, 오후의 늦은 시간대를 주의한다.

24. 스킹이 끝난 후 적적한 양의 탄수화물, 단백질을 포함한 식품으로 충분한 열량을 섭취하도록 하며 수분을 충분히 보충한다.

25. 2-3일 스킹 후에는 하루 휴식을 취한다.

26. 스킹 전 날 무리한 음주 등을 삼가고, 충분한 휴식과 수면을 취한다.

27. 장시간 운전 후 도착한 날이나 떠나는 날에는 가능하면 쉬도록 한다.

28. 비 시즌 동안 기초 체력을 키운다.

29. 스키 기술, 장비 및 안전에 관한 자료를 지속적으로 습득한다.

30. 공인 강사에게 주기적으로 강습을 받아 스키 기술을 향상시키고 부상을 일으킬 수 있는 나쁜 습관을 고친다.

31. 스키장 측에서는 슬로프의 난이도를 정확히 표시하여 스키어들이 실력에 맞는 슬로프를 고를 수 있도록 돕는다.

32. 지속적인 설면 관리, 제설 작업을 실시하고 장애물을 제거한다.

33. 슬로프에 자격을 갖춘 안전 요원을 적절히 배치하여 안전한 스킹을 유도하고, 사고 발생시 응급 조치를 취할 수 있도록 준비한다.

34. 스키 강사, 패트롤, 시설 직원 및 일반 스키어들을 대상으로 안전 교육 및 캠페인을 시행한다.

도움주신 분 │ 은 승 표

정형외과/스포츠의학 전문의, 의학박사
코리아정형외과/코리아스포츠메디슨센터원장

- 가톨릭의과대학스키부 OB
- 미국버몬트대스포츠의학과스키부상연구팀 연수
- 경기대학교, 한국체육대학교 겸임 교수
- 대한 체육회 의무분과 위원
- 대한 스키지도자연맹 의무이사
- 대한 장애인스키협회 의무이사
- 국제스키안전협회(ISSS)한국지부장
- 대한 축구협회 의무분과 위원
- 보디빌딩지도자및심판
- 용인대학교 지정 병원
- 강원랜드스포츠단 지정 병원

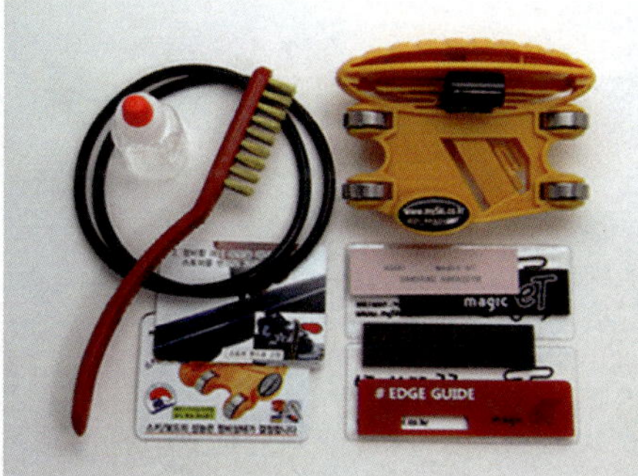

magic eT

www.myski.co.kr
031-4447-747

스키/보드 정비공구

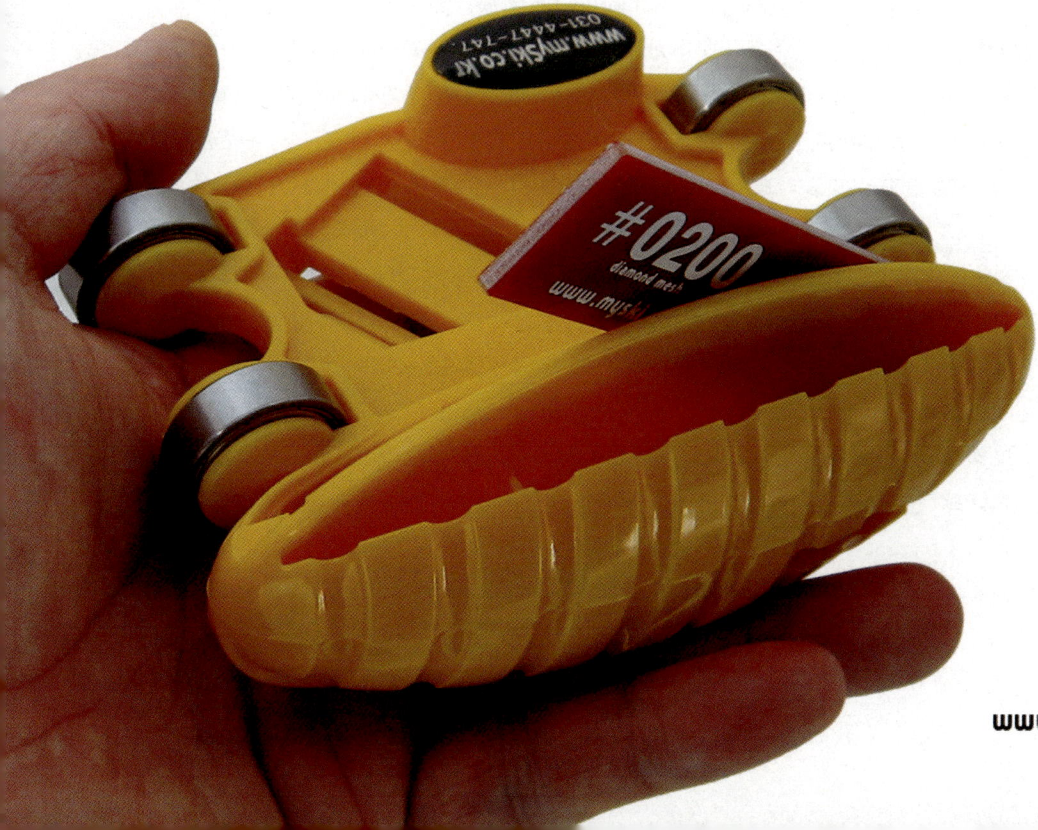

www.myski.co.kr

스키·스노우보드 용어 사전

박 순 백 박사 저

수필가, 언론학박사
대한스키지도자연맹(KSIA) 이사
대한롤러경기연맹(KRSF) 생활체육위원장

Ski·Snowboard Clossary

- **180 air / 180도 회전** : 반쪽 관에서 공중에서 180도를 돌아서 뒤로 타기 자세로 착지하는 것.(보드)

- **360 air (a.k.a. three) / 360도 돌기** : 뛰어 올라서 360도를 돌고, 앞으로 착지하면서 미끄러지는 것.(보드)

- **540 air / 공중 540도 돌기** : 공중에서 보더가 540도를 도는 것. 반쪽 관에 똑바로 올라가서 반대로 미끄러져 내려온다. 혹은 똑바로 벽을 올라가서 540도를 돌고, 똑바로 미끄러진다.(보드)

- **720 air (a.k.a. seven) / 720도 회전** : 공중에 뛰어 올라 720도를 돌아서 뒤로 가기로 착지하는 기술. 벽에 접근할 때는 앞으로 가서 720도를 돌고, 뒤로 내려온다.(보드)

- **900 air (a.k.a. nine) / 900도 돌기** : 공중에서 900도를 돌아서 반쪽 관에서 뒤로 타기로 착지하는 것. 반쪽 관에는 앞으로 들어갔다가 앞으로 나온다.(보드)

- **abfahrtlauf(독) / '활강'(滑降)**과 같은 뜻의 용어.

- **ability level / 능력 수준** : 초보자, 중급자, 상급자, 전문가 등 스키어의 스킹 능력에 따라 몇 가지고 구분하는 것을 의미한다. 스키 실력에 따른 스키 선택 등에 있어서 '능력 수준'을 "초급자에서 중급자까지"라는 식으로 표시할 때는 하이픈(-)을 사용하여, 초-중급자는 "beg-int"로 표기하고, 중-상급자는 "int-adv"로, 상급-전문가는 "adv-exp"로 표기한다.(미국 「스키」지 표기법.) '능력 수준' 상의 중간 단계는 다음과 같이 슬래쉬(/)를 이용해서 표시한다. 초/중급자(beg/int)는 초급자와 중급자의 중간 수준, 중/상급자(int/adv)는 중급자와 상급자 중간 수준, 상급/전문가(adv/exp)는 상급자와 전문가의 중간 수준이다.

- **absorption and extension / 충격 흡수 및 무릎 펴기** : 고르지 않은 사면(斜面)에서 눈 더미 등을 올라갈 때, 오르막에서는 무릎을 굽혀서 사면으로부터 주어지는 충격을 흡수하

고, 정점에서 내리막을 향하여 내려갈 때는 무릎을 펴서 스키가 설면에서 뜨는 것을 방지하는 기술. '무릎 굽혀 돌기'(bending turn)나 모글 스킹 등에서 필수적인 기술이다.

- **abrasion resistance / 마모 방지** : 스키 '상판' 혹은 기타 부위를 특수 소재를 사용하여 마모가 되지 않도록 하는 것.
- **abrasive gum / 연마용 지우개** : 미세한 다이아몬드 가루가 섞인 고무질의 지우개로서 날 등을 곱게 연마하여 광을 낼 때, 혹은 접설면 이외의 날을 죽일 때 사용된다.(정비)
- **abrasive paper / '사포'**와 같은 뜻의 용어.(정비)
- **ABS / Acrylonitrile-Butadiene-Styrene / "ABS 합성수지'(樹脂)** : 스키의 맨 위층이나 '옆벽'(sidewall)을 구성하는 단단하고 강한 플라스틱. 페놀(phenol: 석탄산) 합성수지 대신 사용되는 경우가 많다.
- **absorption / 충격 흡수** : 설면으로부터 스키에 가해지는 충격을 다리의 신축 운동 등 스키어의 몸놀림이나 점성이 있는 물질 등 특수 소재 등을 채택하여 완화시키는 것.
- **accel / 액셀** : 노르웨이의 피겨 스케이팅 선수 액셀 바울젠에 의해 개발되어 붙은 이름으로서 폴을 짚고, 공중에 뛰어 올라 횡으로 회전하는 기술.(묘기 스키)
- **accelerated turn / 가속 회전** : '옆 미끄러지기'(sideslip)를 최대한 줄여서 재빨리 회전하는 것으로 '날로 타기' 등 세계의 스킹 기술이 발전해 나가는 방향 중 하나이다.
- **acro / '묘기 스키'**(acro ski)와 같은 뜻의 용어.
- **acro event(competition) / '묘기 스키' 경기.**(자유형 스키)
- **acro ski / 묘기 스키** : '발레 스키'로 더 잘 알려진 종목으로 묘기를 의미하는 아크로바틱(ACRObatic)에서 연유된 이름이다. 피겨 스케이팅의 기술을 설면에서 행한다고 봐도 좋을 만큼의 현란한 동작이 많으며, 재주넘기 등 체조에 가까운 동작도 많다. 신장의 81% 길이의 스키와 130cm 이상의 긴 폴을

사용한다.(자유형 스키)

- **adaptive skier / 적응성 스키어** : 말 그대로 신설이건, 모글이건, 빙판이건, 어떤 눈에서나 마음먹은 대로 스키를 탈 수 있을 정도로 다양한 기술을 갖춘 스키어를 말한다.
- **adv/exp / 상급/전문가** : '능력 수준'의 중간 단계 중 하나로서 상급자와 전문가의 중간 단계. "adv"는 상급자(advanced)의 줄인 말. "exp"는 "전문가/전문 스키어"(expert)의 줄인 말이다. 미국 「스키」 지의 표기 방법이다.
- **advanced skier / 상급자** : '평행 회전,' '날로 타기,' '베델른' 등의 상급 기술을 자유자재로 구사하고, 블랙 다이아몬드 등의 상급자 코스에서 자유롭게 스킹할 수 있는 스키어를 말한다. 가끔 엑스퍼트 스키어라는 말과 혼동되어 사용되기는 하지만, 실질적으로는 "전문 스키어"(expert)가 되기 이전의 아마추어 단계의 스키어이다.
- **adv-exp / 상급자에서 전문가까지** : '능력 수준'에서 상급자로부터 전문가까지를 가리키는 표기. "adv"는 상급자(advanced)의 줄인 말. "exp"는 "전문가/전문 스키어"의 줄인 말이다. 미국 「스키」 지의 표기 방법이다.
- **aerial event(competition) / '공중제비'** 경기.(자유형 스키)
- **aerials 1 / 공중제비** : 보드로 '반쪽 관'의 벽에서, 혹은 자연적, 인공적 도약대를 뛰어올라 재주넘기 등의 기술을 구사하는 것.(보드)
- **aerials 2 / 공중제비** : 자유형 스키 종목 중의 하나인 '공중제비' 경기로서 경기용 도약대에서 뛰어 올라 다양한 형태의 '공중 기술'을 구사하는 것. 공중 기술을 선보이고, 연기 점수에 난이도 비례점이 가산된다. 총점의 20%가 공중 기술, 50%가 폼(자세), 그리고 30%가 착지 기술에 배정되어 있다. 기술적으로는 선 자세, 공중제비 기술, 공중제비가 없는 기술, 뒤집기의 형태 등으로 대별할 수 있다.(자유형 스키)

- **after boots / '휴식용 신발'**과 같은 뜻의 용어.

- **after shoes / 휴식용 신발** : 스킹 전후에 딱딱하고 무거운 스키화 대신 눈에서 가볍게 신을 수 있는 가죽 혹은 인조 가죽의 신발로서 털이 많이 달린 목이 긴 신발도 있고, 캉캉 스타일의 비교적 짧은 신발도 있다. 모양은 대체로 장화 형태가 많다.

- **agenouillement(프) / '앞 기울이기'**와 같은 뜻의 용어.

- **air (board) / 공중 기술** : 뛰어 오르기(jump)나 도약으로 설면을 떠난 상태나 허공에 몸을 띄우는 것, 혹은 공중에서 어떤 기술을 구사하는 것.(보드, 모글 경기)

- **air-to-fakie / 곧장 뒤로 타기** : '반쪽 관'에서 공중으로 똑바로 올라갔다가 그 상태에서 바로 뒤로 미끄러져 내려오는 것.(보드)

- **air trick / 공중 묘기** : 보드로 공중에 뛰어올라 행하는 기술 모두를 지칭하는 말.(보드)

- **Alberg ski / 알베르그 스키** : 알베르그에서 출생한 슈나이더가 주창한 'V'자 회전(pflug)과 '다리 벌려 돌기'(stem)계의 스키 기술을 총칭하는 말.

- **alberg strap / 알베르그 끈** : 과거의 바인딩에서 사용하던 스키화를 잡아매는 끈.

- **alley-oop / 반대로 돌기** : '반쪽 관'에서 위로 180도 이상의 돌기를 하는 것. 즉, 앞벽에서 뒤로 돌거나 뒷벽에서 앞으로 도는 것.(보드)

- **all mountain ski/ '전지역 스키'**와 같은 의미를 지닌 용어.

- **alloy / 합금** : 특정의 목적을 위하여 두 개의 금속을 섞어서 새로이 만든 금속. 스키 구조재 등에서 "타이태널"(titanal)은 알루미늄과 타이태늄의 합금이고, 녹이 덜 슬고, 강한 '날'을 만들 때는 크롬과 몰리브텐을 섞기도 한다.

- **all round / 전면 대응** : 다양한 보딩 스타일에 대응하는 것, 혹은 그런 능력.(보드)

- **all round board / 다기능 보드** : '산악용 보드'와 '자유형 보드'의 특성을 함께 가진 보드로서 여러 종류의 보딩 형태에 대응할 수 있는 것. 보딩 형태를 정하지 않은 보더는 이런 보드로 연습해 본 후에 결정하는 것이 좋다.(보드)

- **all terrain / 전지역(全地域)** : 다져진 슬로프를 포함한 눈 쌓인 모든 산야를 가리키는 말로서, "다목적"의 의미를 지니기도 한다. 일본에서는 이를 "산지활강"(山地滑降)의 의미로 사용한다.

- **all terrain ski / 전지역 스키** : 다용도, 다목적 스키를 가리키는 말로서 눈이 다져진 스키장은 물론, 기타의 '전지역'에서 탈 수 있는 스키이다.

- **alpin(독) / alpine / 고산(高山)** : 원래는 '알프스'와 관련된 모든 것을 의미하는 말이지만, 현재는 고산과 관련된 것을 지칭하는 말. 스키에서는 '장거리 경기'로 대표되는 노르딕에 대비되는 용어(알파인)이다.

- **alpine board / 산악용 보드** : 빠르게 '날로 타기'를 할 수 있는 딱딱하고 강한 보드의 종류.(보드)

- **alpine combination / 알파인 복합경기** : 알파인 스키 경기에서 활강, 회전, 대회전 등을 복합해서 우열을 다투는 경기. 복합 점수로 우승을 가린다.

- **alpine race / 알파인 경기** : 언덕에 장대를 꽂고 사면을 회전 및 활주하는 경기.(보드)

- **alpine ski / 알파인 스키** : 알프스를 중심으로 발전된 내리닫기(다운힐)식 스킹을 말하며, 북구의 노르딕 스키에 대비되는 용어이다. 스키장을 중심으로 행해지는 리크리에이션(recreation) 스키는 물론 '전지역 스키'(all terrain)가 이 영역에 속하며, 경기 종목으로는 활강, 회전, 대회전, 수퍼 대회전, 복합, 2인 동시 회전, 속도 경기가 있으며, 최근에는 자유형 스키 3종목으로 '공중제비,' '묘기 스키,' '눈 더미 통과' 등이 포함되고 있다.

- **alpine snowboarding / 산악 보딩** : 딱딱한 보드화와 판 바인딩을 가진 산악용 보드로 '날로 타기' 위주의 보딩을 하는 것.(보드)

- **alpin tour(독) / 산악 스키 여행** : '알펜'(alpin) 스키를 이용하여 '텔레마크' 기술로 산을 내리 달리거나, 평지를 달리거나, 스키 판 밑에 '미끄럼 방지천'(seal)을 붙여 눈 쌓인 산을 오르는 등 스키를 이용한 산악 여행. '장거리 경기'용 스키를 이용하는 경우도 있다.

- **aluminum oxide files / '기름 돌'**의 또 다른 이름.(정비)

- **analogue turn / 이어진 회전** : 계속 부드러우면서도 매끄럽게 연결되는 회전을 의미한다. 특히 '바닥 타기'(sole gliding)를 위주로 한 소회전의 연속을 가리킨다.

- **andrecht / 판 잡고, 손으로 서기** : '반쪽 관' 위에서 앞의 손으로 보드를 잡고, 반대편 손으로 '반쪽 관' 위를 잡고 거꾸로 것.(보드)

- **angle / 각도** : 무릎, 허리, 혹은 '밖으로 기운 자세' 등에서처럼 몸을 측면으로 굽히는(꺾는) 정도.

- **angulation / 꺾기** : 스킹의 중요한 자세로서 하반신이 회전의 중심으로 향하며, 상체는 바깥쪽으로 좀 꺾어서 수직이 된 자세이다. '옆으로 가기' 자세에서는 허리를 위쪽에 밀어붙이고, 상체를 아래쪽으로 기울여야 하며, 회전 시에는 무릎, 허리를 회전 안 쪽에, 상체를 회전 바깥쪽으로 기울여야 한다. 특히 회전의 후반에서 강하게, 약하게 '꺾기'를 해서 스키의 회전을 조절해야 한다.

- **ankle angulation / 발목 꺾기** : '꺾기'의 일종으로 주로 발목을 이용하는 것.

- **Anorak / 아노락 / 방한 재킷** : 비교적 가벼운 생사(生絲)로 만든 방한용의 소매 달린 짧은 상의. 하지만 지금은 화학 섬유로 만든 재킷도 "아노락"으로 부른다.

- **ansatz(독) / 도움닫기** : 회전의 마지막 순간에서 일어나는 움직임.

- **anstemmen(독) / 경사선쪽 돌리기** : 회전할 때 바깥쪽 스키의 꼬리 부분을 벌려서 최대경사선 방향으로 스키를 돌리는 것.

- **anticipation 1 / 예비 동작** : 회전을 할 때 상체를 앞으로 움직이면서 회전 방향으로 몸을 감아 들어가는 것.(보드)

- **anticipation 2 / 예비 동작** : 회전하려는 방향으로 미리 상체를 돌리는 동작으로서, 미리 돌린 상체를 따라서 스키의 자연스러운 회전이 유도된다. 예전에는 '선행(先行) 동작'이라는 용어로도 쓰였었다.

- **anti cross / 겹침 방지기** : 스키 앞부분의 접설면 끝에서 뒤로 10cm 정도에 설치하는 장치로서 플라스틱이나 금속으로 만들어져 있으며, 스키의 앞부분이 서로 겹쳐지는 일이 없도록 방지해 주는 장치.

- **apeel(프) / '미리 틀기'**와 같은 뜻의 용어.

- **apparel / 스키복** : "어패럴"은 단순히 복장을 의미하는 단어이나, 스키에서는 '스키복' 전체를 지칭하는 단어로 자주 쓰인다.

- **apres boots(프) / '휴식용 신발'**을 의미.

- **apres ski / 스키 후(後)** : 스킹을 마친 후의 활동을 의미하는 말. "아쁘레" (apres)는 불어로 "후" (後: after)를 의미한다.

- **aramid / 아라미드 섬유** : '케블라' 참조.

- **arc / 아크 / 호(弧)** : 스킹을 할 때 설면에 활이 휜 것처럼 둥글게 그려진 곡선의 스키 자국.

- **archbend / 허리 휨** : 스키 중간의 휘어진 부분. "웨이스트벤드"(waistbend)라고도 불림.

- **arkansas stone / 아칸소 돌** : 이것은 미국의 아칸소 (Alkansas) 등지에서 생산되는 천연의 '기름 돌'과 같은 것이다.(정비)

- **artificial slope** / '**인공 사면**'(斜面)과 같은 뜻의 용어.
- **artificial snow** / **인공눈** : 제설기로 만든 눈. 자연설의 반대 개념.
- **asymmetrical** / **비대칭** : 스키나 보드 좌우의 '옆 들림'(sidecut), 휨(bending) 강도, 혹은 '날'(edge)의 상태가 서로 다른 것을 의미하며, '차동'(differential: 差動)이란 용어로도 사용된다. 즉, 양쪽이 "달리 동작"한다는 의미이다. 이는 자동차가 회전할 때 회전 바깥의 바퀴가 안쪽의 바퀴보다 더 많은 거리를 달리게 되기 때문에, 그 차이를 "차동 톱니바퀴"(differential gear)를 이용해서 해결하는 것과 같다. 즉, 같은 문제를 겪는 스키도 '옆 들림' 등을 조절하여, 두 스키가 진행하는 데 있어서의 차이(불일치)를 줄이기 위하여, '비대칭' 형의 스키가 필요하다는 이론에 근거한다. '비대칭'은 97-98 시즌 스키의 경향이기도 하다.(스키, 보드)
- **ATM(American Teaching Method)** / **미국식교습법** : 150cm의 짧은 스키로 처음부터 '평행 회전' 방법을 가르친 후 숙달이 되면, 스키의 길이를 늘려 나가는 방법. 1970년대부터 'PSIA'에서 채택한 방법으로 요즘은 별로 채택되지 않는다. 왜냐하면 스키 학교에서는 이같은 특정 길이의 스키를 많이 갖춰 놓아야 하는 부담이 있기 때문이다.
- **aubssenlage(독)** / '**밖으로 내민 자세**'와 같은 뜻의 용어.
- **aufsprung(독)** / '**뛰어 오르기**'와 같은 뜻의 용어.
- **Automatic Friction Control** / **AFC** / **자동 마찰 방지(장치)** : 기존의 바인딩에서와 같이 마찰 계수가 낮은 수지인 테프론(Teflon) 판을 바인딩의 스키화 밑에 붙여서, 스키화 이탈 시의 마찰을 줄이는 것이 아니라, 기계적인 장치를 통해서 스키화가 이탈될 때 마찰이 없이 잘 미끄러지게 하는 장치. 참조: '미끄럼 판'
- **avalanche(영, 불)** / **눈사태** : 눈이 여러 번 내려 많이 쌓인 상태에서 눈의 층 간에 밀림이 생겨 사태(沙汰)로 발전한 것.

- **avalement(프)** / **삼키기** : 설면으로부터의 충격을 다리의 신축 운동을 통하여 흡수하는 것을 의미하며, 프랑스의 "아바르망"은 '삼키기'가 '앉아 타기' 자세와 병행된다.
- **AVS / Anti Vibration System** : 테크니카(Tecnica) 사가 스키화에 채용한 진동 방지 장치.
- **axial** / '**액셀**'과 같은 용어.

- **back flips** / **뒤로 뒤집기** : 공중에 뛰어오르면서 스키를 차올려 거꾸로 한 바퀴 이상 돌고 떨어지는 기술.(공중제비)
- **backpacking** / **등짐 여행** : 배낭을 등에 메고, 산야(山野)를 여행하며 캠핑 등을 하는 여행. 최근의 '등짐 여행'은 산악 스키를 동반하는 경우가 많다.
- **backside** / **뒷면** : '반쪽 관'의 벽을 이용해서 묘기를 구사할 때, 혹은 '반쪽 관' 안에 있을 때 등뒤에 있는 면.(보드)
- **backside air** / **뒷면 공중 기술** : '반쪽 관'의 뒷벽에서 행하는 공중 기술.(보드)
- **backside handplant** / **뒷면 물구나무** : 양손이나 뒷손을 벽의 가장자리에 대고 서는 물구나무.(보드)
- **backside rotation** / **뒤로 돌기** : 자신과 반대 발잡이(왼발/오른발)의 방향으로 도는 것.(보드)
- **backside turn** / **뒷면 회전** : 활주 중 보드의 발뒤꿈치 쪽에 무게 중심을 이동하면서 회전하는 기술.(보드)
- **backside wall** / **뒷면 벽** : 반쪽 관에서 등지고 있는 벽.(보드)
- **back somersaults** / **뒤로 재주넘기** : 앞으로 재주넘기와 비슷하게 폴을 양 옆구리에 끼어 설면에 대고, 뒤로 살짝 기울였다가 한 발부터 차올려 뒤로 재주를 넘는 기술. '뒤로 뒤집기'

와 '뒤로 재주넘기'는 결국 같은 의미이지만, 같은 '자유형 스키' 종목이면서도, '뒤로 재주넘기'는 '폴'을 사용하는 '묘기 스키' 기술 중 하나인 점에서 다르다.(묘기 스키)

- **backward lean / 뒤 기울이기** : 설면에 대하여 수직으로 선 몸을 뒤로 기울여, 발꿈치 쪽에 체중이 실리도록 하는 것으로 흔히 후경(後傾)이라 불리기도 한다.

- **backward parallel / 뒤로 평행 회전** : 산 쪽을 바라보며, 평행 회전 기술을 뒤로 구사하는 것으로서, 이 때는 고개를 깊이 돌리는 것이 관건이다. 뒤의 왼쪽으로 천천히 회전할 때에는 고개를 오른편으로 계속 틀어 돌리는 등으로 하면 되지만, 빠른 '뒤로 평행 회전'을 할 때는 자신이 편한 쪽, 하나로 고개를 돌린 채 회전을 계속한다.(묘기 스키)

- **bahn(독) / 사면** : 영어의 "슬로프"(slope)에 대응되는 말로서 언덕의 경사진 설면.

- **bail / 손잡이** : 보드용 '판 바인딩'(plate bindings)에서 '딱딱한 (보드) 신발'(hard boots)을, 혹은 묘기 스키용 바인딩에서 스키화 뒤축을 고정시킬 수 있도록 강철 줄에 연결된 딱딱한 플라스틱 혹은 알루미늄 손잡이로서 탄성 한계 넘김으로써 강하게 고정한다.(보드 혹은 묘기 스키)

- **bail 2 / 부딪히기** : 부딪히거나 떨어지는 것.(보드)

- **bail binding / 손잡이 바인딩** : '손잡이'(bail)를 꺾어 채우는 바인딩.(묘기 스키, 산악 스키)

- **ballet ski / 발레 스키** : '묘기 스키'를 가리키는 말. '국제스키연맹'의 결정에 따라서 발레 스키라는 용어는 이제 쓰이지 않고, '묘기 스키'(Acro ski)라는 말로 변화되었다.

- **bank / 둑** : 한쪽 면에만 경사가 있는 코스를 말한다.

- **banked slalom / 둑방 회전** : '둑'(bank)을 이용한 코스에 '장대'를 꽂아 속도를 겨루는 경기로서, 산악(alpine) 스타일과 자유형 스타일이 합쳐진 회전 형태이다.(보드)

- **banking / 중심으로 기울이기** : 몸을 회전의 중심으로 기울여서 원심력을 중화하며, 균형과 '날 세우기'(edging) 상태를 유지하는 것.

- **base / 바닥** : 설면과 접촉하는 스키의 가장 아래 부분으로서 눈에서 잘 미끄러지는 폴리에틸렌(P-Tex)과 양옆의 강철제 날로 구성되어 있다. "솔"(sole), "보텀"(bottom) 등과 같은 뜻의 용어. 일본에서는 "활주면"(滑走面)이라 부른다.

- **base fix / '평판 깎개'**와 같은 뜻의 용어.

- **baseless bindings / 바닥 없는 바인딩** : 바닥 판(base plate)이 없는 바인딩. 설면으로부터의 느낌이 잘 전해 오기 때문에 선수들이 선호한다. 하지만 이런 의견은 제작사들의 과장 광고에 지나지 않는다고 보는 보더들도 많다.(보드)

- **base mark / 바닥 줄(홈)** : 정비 시에 '거친 면(粗面) 가공' 단계를 거쳐 바닥에 만들어진 여러 개의 매우 가느다란 줄. 물과 공기가 통과하는 통로로 활용되어, 마찰과 압력으로 녹은 눈이 미세한 물 구슬(bearing)의 역할을 하게 하여, 스키의 활주성을 높인다.

- **base wax / 보호용 왁스** : 스키 활주면에 기본적으로 칠하는 왁스로서 활주(glide)보다는 스키의 보호에 더 큰 목적이 있다.(정비)

- **basic tuneup(tune-up) / 기본 정비** : 일반적인 스킹을 위해서 실시하는 최소한의 정비 형태이다. '거친 면 가공' '크리스탈 가공'(crystal processing) 등 고도의 정비는 생략된다.(정비)

- **basket / '눈고리'(ring)**와 같은 뜻의 용어.

- **bathtub / 파임** : 설면에 넘어진 스키어에 의하여 움푹 파인 곳을 말하며, 그 모양을 과장하여 "목욕통"(bathtub)으로 표현한 것.

- **beat / 안 좋음 1** : 보더들이 무엇이든 안 좋다(no good)는 것을 말할 때 사용하는 말.(보드)

- **beg/int / 초/중급** : '능력 수준'의 중간 단계 중 하나로서 초급자과 중급자의 중간 단계. "beg"는 초보자(beginner)의 줄인 말, "int"는 중급자(intermediate)의 줄인 말이다. 미국 「스키」 지의 표기 방법이다. 두 개의 줄인 말 중간에 슬래쉬를 사용하느냐, 하이픈을 사용하느냐에 따라서 의미가 달라짐에 유의해야 한다.

- **beginner / 초급자** : 스키를 처음 시작하거나 'V자 회전' 등의 초급 기술을 익히는 단계에 있는 스키어.

- **beg-int / 초급자에서 중급자까지** : '능력 수준'에서 초급자로부터 중급자까지를 가리키는 표기. "beg"는 초보자(beginner)의 줄인 말, "int"는 중급자(intermediate)의 줄인 말이다. 미국 「스키」 지의 표기 방법이다. 두 개의 줄인 말 중간에 슬래쉬를 사용하느냐, 하이픈을 사용하느냐에 따라서 의미가 달라짐에 유의해야 한다.

- **beinspiel(독) :** '흔들기'와 같은 뜻의 용어.

- **beinspiel(독) / 다리만 움직이기** : '연속 소회전' 등에서 상체는 그대로 두고, 다리만을 좌우로 빨리 움직이는 동작.

- **bend / 휨** : 스키나 스키어의 다리 등이 구부러진 모양.

- **bending turn / beugedrehen(독)/ 무릎 구부려 돌기** : 무릎을 굽히며 회전을 시작하는 기술로서 일어서는(up) 동작 대신 앉는(down) 동작으로 시작하는 평행회전이 가장 좋은 예이다. 이 기술은 기본적인 '무릎 굽혀 돌기,' 제트 회전(jet turn), 그리고 캉가루 회전의 세 가지 변형이 있다.

- **bergstemme(독) / 위로 벌리기** : 스킹을 하면서 위쪽에 있는 스키를 벌리는 동작으로서 '가위 벌리기'도 이런 동작에 속한다.

- **beugedrehen(독) / '무릎 구부려 돌기'**와 같은 용어.

- **beveled edge / 예각 날** : '날'을 직각이 아니라 85도에서 89도까지의 각도를 가지게 갈아낸 날.

- **beveling / 기울여 날 세우기** : 날을 예각(대체로 85-89도)으로 만들기 위하여, '옆날'이나 '바닥날'을 줄 등으로 깎아 내는 (filing) 것.(정비)

- **beveling sleeve / 예각 정비용 관(管)** : 바닥날을 예각으로 만들기 위하여 줄에 끼우는 장치. 플라스틱으로 만들어져 있으며, 1도부터 5도에 이르는 각도로 구성되어 있다.(정비)

- **bevel plate / 뒤꿈치 쐐기** : 발뒤꿈치를 위로 들어올리기 위한 쐐기.(보드)

- **bevel sharpener / 예각(銳角) 날 갈개** : 경사각 조절 장치가 달린 '날 갈개'로서 85도에서 90도까지 조절할 수 있다. '예각 날 갈개'에는 옆날 갈개와 바닥날 갈개가 따로 있으며, 두 가지가 복합된 것도 있다.(정비)

- **biathlon / 스키 2종 경기** : 스키 장거리와 사격을 합친 경기 종목. 사격 솜씨와 시간으로 채점한다.

- **big foot / 발바닥 스키(왕발 스키)** : 스키화보다 앞뒤로 10여 cm 정도 더 긴 스키로서 '폴' 없이 탈 수 있는 스키. "빅풋"(Big Foot)은 오스트리아의 크나이슬(Kneissl) 사가 만든 '발바닥 스키'의 상표명이다. '산악용 발바닥 스키'(Figl)가 이의 원조이다.

- **binding / 바인딩** : 스키화를 스키에 연결시키는 결속구(結束構). 최초에는 쇠로 만든 판을 스키에 고정한 후에 가죽끈으로 묶는 형태였으나, 게제(Geze) 사에서 칸다하(Kandahar) 모델을 만든 이후에 비로소 기계적인 특성을 지닌 '안전 바인딩'(safety binding)으로 발전하기 시작했다. 일본에서는 '체결구'(締結具)라 불리기도 한다.

- **binding vise / 바인딩식 고정쇠** : 근년에 나온 덮개식 스키(cap ski)도 정비(tuning)할 수 있도록 만든 아이디어 상품. 이것은 기존의 고정쇠(vise)가 옆벽(sidewall)식 스키의 정비에는 유효하나, 덮개식 스키는 사다리꼴의 형태여서 쉽게 고정쇠에서 빠져 나오는 것에 착안하여, 스키화를 바인딩에 고정시키는 것과 같은 방식으로 고정쇠에 스키를 고정 시킨다. 윈터스포

츠 프로덕트 사(Wintersport Products, Inc.)의 "스키 캡터"(Ski Captor)가 이런 방식의 대표적인 제품으로서 왁스 제작사로 유명한 스윅스(Swix) 사에서 이런 형태의 제품을 발매하고 있다. 앞으로는 모든 고정쇠가 이런 방식을 채택할 것으로 예상된다.

- **bindung(독)** / '**바인딩**'과 같은 뜻의 용어.

- **bindungen(오)** / '**바인딩**'과 같은 뜻의 용어.

- **birchleg race** / **버취레그 경기** : 노르웨이에서 행해지고 있는 35km '장거리 경기.'

- **bite 1** / **날세워 서기** : 스키 날을 설면에 깊이 박아 서는 것.

- **bite 2** / '**날 먹는 힘**'과 같은 뜻의 용어.

- **black course** / **상급자 코스** : 'PSIA'가 정한 '스키기술수준'(SKⅢ) 6에서 7의 수준으로 좁은 '평행 회전'으로 효과적인 속도 조절을 할 수 있는 스키어에게 알맞은 코스.

- **black diamond 1** / **최고난도 코스** : "최상급자 코스"라고도 불리며, 'PSIA'가 정한 '스키기술수준'(SKⅢ) 8에서 10의 자연설, 모글, 빙판 등 모든 설질과 조건에서 스킹할 수 있는 상급자 및 선수 수준의 최상급자들이 도전할 수 있는 가장 어려운 등급의 코스.

- **Black Diamond 2** / **블랙 다이아몬드 사** : "블랙 다이아몬드"는 인수봉의 취나드 코스를 개척한 세계적으로 유명한 산악인 이본 취나드(Y. Chinard) 씨가 미국에서 설립한 등산 및 산악 스키 전문 회사의 이름이기도 하다.(스키복, 보드복, 등산복, 낚시복 등의 야외 의류 전문 회사로 유명한 파타고니아 사도 취나드 씨가 설립한 회사이다.)

- **bladder** / **안 쪽 신발** : 이중 보드화의 속에 있는 또 하나의 신발.(보드)

- **blade** / '**고르개**' : 왁스를 긁어내는 (쇠) '바닥 고르개'(scraper)를 일컫는 또 다른 용어.(정비)

- **blindside** / **못 보는 쪽** : 일반 보더(boarder)에게는 시계 방향 회전, '오른발잡이'(goofy) 보더에게는 시계 반대 방향 회전에서 막상 그 방향을 보는 것이 힘들어서 생긴 용어.(보드)

- **blizzard** / **폭풍설** : 폭풍이 불 때처럼 몰아닥치는 눈을 의미하며, "블리저드"(Blizzard)는 오스트리아제 스키의 상표명이기도 하다.

- **block** / **긴장된 준비** : 다음 회전을 하기 위한 마음 자세를 말하며, '돌리기' 기술에서는 다음 회전을 위한 신체적인 준비 상태를 말한다. 일본에서는 이를 '순간 근육 긴장'이라 부르기도 한다.

- **blue course** / **중급자 코스** : 'PSIA'가 정한 '스키기술수준'(SKⅢ) 5에서 6의 수준으로 '평행 회전'에 접어든 스키어가 공략할 만한 코스.

- **board** / '**판**'과 같은 뜻의 용어.(스키)

- **boarder cross competition** / **장애물 경기** : 장애물이 설치되고, 깃대가 꽂혀 있는 경기 코스에서의 스노우보드 경기로서 여러 명이 동시에 내리 달린다.(보드)

- **boarders cross** / **동시 출발 경기** : 여러 명의 보더가 한꺼번에 출발해서 장애물을 넘어가는 경기.(보드)

- **bobsleigh** / **밥슬레이** : 핸들과 브레이크가 달린 대형 썰매로서 플라스틱과 쇠 등을 사용해서 만들어 지며, 올림픽 경기의 한 종목이다.

- **bocage(프)** / '**긴장된 준비**'와 같은 뜻의 용어.

- **body separation** / **동작 분리** : 상하체의 동작을 분리하는 것으로서 실제로는 상체와 다리의 동작이 분리된다. 하체는 스키를 따라(혹은 선도해서) 빠르게 움직일 수 있지만, 상체는 그렇지 못하므로 동작 자체가 분리될 수밖에 없으며, 균형의 유지를 위하여 상체의 고정이 바람직하다.

- **bogen(독)** / '**V**'**자 회전** : 다리를 'V' 자로 벌리고 좌우 다리의

힘을 조절해 가며 좌우로 도는 저속 회전 기술. 원래는 "곡선" 혹은 "원호"를 뜻한다.

- **boilerplate / 단단히 뭉친 눈** : 단단하게 뭉쳐진 눈이나 얼음을 의미하며, 보딩을 할 때 덜그럭대는 소리가 날 정도의 매우 곤혹스러운 설질이다.(보드)

- **bone / 내 뻗기** : 한 발 혹은 두 발을 완전히 내 뻗는 것.(보드)

- **boned / 튀기** : 어떤 기술을 행하면서 동작을 가장 크게 하거나 강조하는 것. 원래는 발 하나나 둘을 앞으로 쭉 펴는(뻗는) 것을 의미한다.(보드)

- **bone outer / 공중 내어 뻗기** : '뛰어 오르기' 후에 공중에서 앞발을 내어 뻗는 기술.(보드)

- **bonk / 충돌** : 보드로 어떤 물체에 심하게 부딪히는 것.(보드)

- **bonk box / 충돌 상자** : 보드로 뛰어 넘기를 하기 위해 사용하는 상자나 통.(보드)

- **boot-out / 스키화 끌림** : 스키화의 넓이가 스키 판 허리(waist)보다 넓기 때문에 아주 깊이 기울여 날 먹이기(edging)를 할 때 스키화가 설면에 끌리는(dragged) 현상. 이런 현상은 올바른 날 먹이기를 막고, 회전 방향의 미세한 조절을 못 하게 하며, 속도를 저하시킨다.

- **boost / 공중 뛰어 오름** : 반쪽 관에서 많이 뛰어 오르는 것을 묘사하는 말.(보드)

- **boots / 스키화** : 플라스틱으로 만들어진 스키 전용의 신발로서 딱딱한 껍질(shell)과 플라스틱 거품(foam)을 소재로 부드럽게 만든 '안 쪽 신발'로 구성되어 있다. 과거에 쉽게 얼어붙곤 하던 가죽 스키화의 문제점을 해결하기 위하여 로버트 랑게(Robert Lange)가 발명했다.

- **bottom / '바닥'**과 같은 뜻의 용어.

- **bottom edge / 바닥날** : 바닥의 양쪽에 평평하게 놓인 날. 바닥의 양쪽에 평평하게 놓인 날을 말하며, 이것은 '옆날'(side

edge)에 대비되는 개념이다.

- **bounce / 튀기(뛰기)** : 스키가 설면에서 충격으로 튀거나, 스키에 무게를 주지 않기 위하여 스키어가 의도적으로 스키를 살짝 띄우는 것을 의미한다.

- **bowl / 사발** : 나무가 적고, 오목한 형태의 사면(slope)을 지닌 스키장.(보드)

- **brake / 멈춤 장치** : 스키화가 바인딩에서 이탈되었을 때 미끄러져 내려가는 스키를 정지시키기 위하여 바인딩에 부착해 놓은 멈춤 장치. 스키 역사 상 매우 중요한 발명으로 여겨지고 있다. 전에는 '안전 끈'(safety strap)을 사용하여 바인딩과 스키어의 발목 혹은 스키화를 묶었는데, 이것은 스키를 잃어버리지 않도록 하는 역할은 했으나, 스키어가 이끌려 온 스키에 맞아 부상하는 일이 잦았다.

- **brake retainer / 고정줄** : '정비' 시에 바닥 쪽으로 나와 있는 '멈춤 장치'가 바닥 수리 등에 방해가 되므로 이를 위쪽으로 고정시키는 고무줄.(정비)

- **braking snow / '폭넓힌 V 자 눈밀기'**와 같은 뜻의 용어.

- **brass brush / 놋쇠 솔** : 정비 시 왁싱 이전에 '바닥'에 물길을 내는 '거친 면 가공'을 위하여 사용하는 놋쇠로 만든 솔이며, 그 재료는 말 그대로 놋쇠도 있지만, 흔히 구리도 사용된다. 이것은 '날 갈기'와 바닥 때우기 등을 한 후에 스키 앞에서 뒤로 길게 여러 번(눈의 온도에 따라서) 쓸어 주면 된다. "브론즈"는 청동을 가리키지만, 'bronze brush'는 실제로는 놋쇠로 만들어진 솔이다.(정비)

- **breathable fabric(cloth) / 숨쉬는 천(옷)** : 스키어의 몸(피부)에서 자연적으로 발생한 수분(moisture vapor)을 밖으로 방출시킬 수 있는 천.(옷.) 사람들은 체온을 수분의 증발을 통해서 조절하므로, 옷감의 숨쉬는 능력은 매우 중요하다. 기능성 옷감에 있어서 숨쉬는 기능과 방수 기능은 반비례하는 경

향이 있다.

- **breites(영) / 폭** : 스키를 일정한 폭으로 벌려 미끄러지는 안정된 스키 기술을 가리킨다.
- **breit schwung(독) / 평행 회전** : 스키의 좌우 간격을 20cm 정도 벌린 고속의 '평행 회전.'
- **bremspflug(독) / '폭넓힌 V 자 눈밀기'와 같은 뜻의 용어.**
- **bremspflug(독) / 서서 눈 밀기** : 서기를 강화한 'V'자 눈 밀기(pflug).
- **brittleness / 메짐성** : 한자어로 취성(脆性), 즉 물질이 충격에 대하여 부스러지기 쉬운 여린 성질을 의미한다. 스키에서는 날이 지나치게 강한 경우 부스러짐이 생기기 때문에 적당한 '메짐성'을 가져야 한다.
- **bronze brush / '놋쇠 솔'과 같은 뜻의 용어.**(정비)
- **buckelpiste(독) / 요철(凹凸) 사면** : 눈 더미가 자잘하게 튀어 나와 있는 고르지 않은 사면.
- **buckle / 채움쇠(스키화)** : 스키화를 닫거나, 조이기 위하여 사용하는 쇠고리.
- **bullet / 총알** : 바인딩을 자리가 넓어지거나 망가지면 그것을 메우면서 다시 너트를 돌려 끼우기 쉽게 만든 플라스틱제의 마개로 가운데가 뚫려 있고, 밑부분은 갈라져 있다.(설치)
- **bump(영) / 눈 더미(모글)** : 스키어들이 한 지점을 중심으로 많이 회전을 하면서 설면에 자연적으로 아래가 넓고, 둥글게 솟아오른 봉우리. 일정 사면에 적절히 깃대를 꽂아 한동안 그대로 둠으로써, 그것을 돌아가는 스키어들에 의하여 모글이 생기도록 만들기도 한다. 일본에서는 '혹'이라 부른다.
- **bumpster / 범프광** : 범프를 즐기는 사람, 모글 스키어(mogulist)
- **bunny slope / 초보자용 사면(斜面)** : 가장 쉬운 '초심자'의 언덕.(보드)

- **Bupperi turn / 뷔페리 회전** : 프랑스의 "세리지 뷔페리"가 시도한 회전 기술로서 고속에서 설면에 손을 대면서 몸을 한계껏 기울여 회전하는 상급 기술.(보드)
- **burger flip / 버거 뒤집기** : 반쪽 관에서 뒤로 타기로 뒷면 벽에 접근하여 공중에서 180도를 돌고 다시 '맥트위스트' 기술로 다시 반쪽 관에 진입하는 기술. 토드 리챠즈(Todd Richards)가 처음 시도한 기술.(보드)
- **bust / 해치움** : 어떤 기술이나 동작을 한다(to do)는 것을 애써 강조하는 말.(보드)
- **button lift / 원반형 승강기** : 원추형의 물건을 'T-바'처럼 다리 사이에 끼고, 한 사람씩 올라가게 만든 승강 장치.
- **buttplant / 엉덩이 찧기** : 엉덩이로 나가떨어지는 것.(보드)

- **caballerial / 떠올라 뒤로 돌기** : '떠오르기'로 뛰어 올라 착지하기 전에 180도를 돌아 '뒤로 가기'의 자세를 취하는 것. 처음엔 180도 도는 것만을 이렇게 불렀는데, 이제는 한 바퀴 완전히 도는 것도 이 용어로 부른다. '까바레리얼'이란 원어는 유명한 스케이트 보더인 "스티브 까바렐로"(Steve Caballero)의 이름에서 비롯되었다.(보드)
- **camber / 가운데 들림** : 스키를 평평한 바닥에 두었을 때 허리 부분(archbend)이 위로 약간 휘어 올라간 부분. 스키어의 체중을 스키 전체에 좀 더 균등하게 분배해 주기도 하고, 회전을 한 후에 중심을 잘 잡도록 하기 위해 만들어진 것이다.
- **Canadian bacon / 캐나다 베이콘** : 공중 기술의 일종으로 뒷손이 뒷다리의 뒤로 가서 튀어나온 뒷다리를 뻗고 있는 상태에서 두 개의 바인딩 사이에 있는 날을 잡는 기술.(보드)

- **candle / 초** : 바닥재와 같은 재료인 폴리에틸렌(피-텍스) 막대를 가리키며, 여기에 불을 붙여 그 촛농으로 바닥의 상한 부분을 메운다.(정비)
- **cant / 기울이개(경사 보조구)** : 바인딩 밑에 장착하는 두께 2-3cm 정도의 원반형 장비로 무릎이 자연스레 안 쪽으로 경사지게 하는 것. 발의 안 쪽으로 갈수록 점점 얇아진다.(보드)
- **canting / 옆 기울이기(개)** : 스키화의 목을 양옆으로 굽혀지도록 조절하는 것, 혹은 그 조절 장치로서 대체로 상급자용의 값비싼 스키화에는 이런 기능이 있어서 무릎 중간과 스키화의 중심을 맞출 수 있도록 해 준다.
- **cap 1 / 스키모** : 강사들이 사용하는 야구 모자 형태의 모자, 혹은 털모자 등을 가리킨다.
- **cap 2 / 덮개** : '덮개식 스키'의 '상판'(top sheet)을 의미.(하지만 '덮개식 스키'에서는 '상판'이 따로 없이 한 판이 덮개와 벽을 대신한다.)
- **cap ski / 덮개식 스키** : 기존의 '옆벽'(sidewall)이 따로 있는 스키에 비하여 한 개의 판으로 상판과 벽 모두를 덮은 형태의 스키. 로시뇰 사의 듀얼텍(Dualtec)은 덮개식 스키와 옆벽식 스키의 특징을 모두 가지고 있다.
- **carbon fiber / 탄소 섬유** : 스키의 보강재로 사용되는 탄소를 기초로 한 섬유로서 '유리 섬유'보다 훨씬 강도가 높고, 완충 효과가 크며, 가격도 비싼 섬유. 그래파이트(graphite)는 탄소 그 자체를 의미하는 수도 있다.
- **carbon wax / '탄소 첨가 왁스'**와 같은 뜻의 용어.(정비)
- **carrier / 운반기** : 자동차 위에 매달아 스키를 운반하는 장치. 전에는 너트를 돌려 장기적으로 부착하는 것이 많았으나 최근에는 자석이나, 진공 흡착 방식을 사용한 압착식 제품이 많고, 부착 및 제거가 손쉽게 되었다.
- **carve plate / '올림판'**과 같은 뜻의 용어.

- **carved turn / 날로 타기** : 스키 허리 부분의 '옆 들림'이 한껏 휘도록 체중을 실어서 최소한의 미끄러짐만으로 타는 기술로서, 설면에는 둥글게 휜 날 자국만 좁게 나는 특징을 가진다. 조각도로 잘라 낸 듯한 자국이 난다고 하여 '조각 회전'(彫刻 回轉)이라고도 부른다.
- **carving ski / 카빙 스키 / 날로 타기 스키** : '날로 타기'(carving turn)가 보다 손쉽도록 '옆 들림'을 크게 만든 스키로서, 많은 '변형 스키'의 일종이다.
- **carving turn / '날로 타기'**와 같은 뜻의 용어.
- **case hardened edge / 경화된 날** : 돌 등에 부딪혀 불꽃이 튄 후에 급작히 냉각되어 부분적으로 더 강해 진 날. 이런 부분은 미리 '다이아몬드 숫돌' 등으로 갈아내고, 줄질(filing)을 해야만 한다. 아니면 줄의 이빨이 상하게 된다.(정비)
- **catch / 파고들기** : 스키의 '머리'와 '꼬리' 부분에 날이 많이 서 있을 때, 그 날이 눈을 파고들어 원치 않는 방향으로 가게 되는데, 이를 '파고들기'라 한다. '파고들기' 현상을 없애려면, '접설면' 바로 안쪽에 있는 날을 '날 죽이개'를 이용하여 무디게 해주거나, 예각으로 갈아주어야 한다.
- **catching / 힘껏 밟기** : 온 체중을 한 개의 '날'에 실어, 힘껏 밟아 주는 것으로서 '날로 타기' 기술 등을 구사할 때 아래쪽 스키의 안 쪽 날을 이런 식으로 처리한다.
- **catching air / 공중 기술** : 뛰어 오르기로 설면을 떠난 상태.(보드)
- **center stance / 중심 자세** : 무게 중심을 앞 뒤 어느 곳으로도 기울이지 않고, 가운데로 서는 표준적인 스키 자세. '중립 자세,' '자연스런 자세'와 같은 의미이다.
- **centrifugal force / 원심력** : 회전하는 물체에 작용하는 밖으로 밀리는 힘.
- **centripetal force / 구심력** : 회전의 안 쪽으로 작용하는 힘.

- **ceramic stone / '기름 돌'**의 또 다른 이름.(정비)
- **chairlift / 의자식 승강기** : 스키장에서 출발 지점(정상)까지 오르기 위하여 사용하는 많은 의자가 유동 케이블에 달린 승강기. 미국의 선 밸리(Sun Valley) 스키장에서 최초로 사용하기 시작했다.
- **chamonix(프) / 샤모니** : 최초의 동계 올림픽 개최지로서 1924년 이곳에서는 점프와 '장거리 경기'가 개최되었다. 알프스 등산의 시발지로서 프랑스 국립등산스키학교가 소재한 곳이다.
- **Charleston / 찰스톤** : 찰스톤 댄스를 추는 것처럼 스키를 타는 기술. 찰스톤은 미국 남부의 한 도시 이름.(묘기 스키)
- **chasse neige(프) / 'V 자 회전'**과 같은 뜻의 용어.
- **chatter / 떨림** : 빠른 속도와 회전 중간에서 일어나는 보드의 불필요한 진동.(보드)
- **check 1 / '날 세우기'**와 같은 뜻의 용어.
- **check 2 / '폴 찍기'**와 같은 뜻의 용어.
- **checking / '날세운 감속'**과 같은 뜻의 용어.
- **chicken salad / 치킨 샐러드** : 앞다리를 내 뻗는 상태에서 뒷손이 다리 사이로 들어가서 두 바인딩 사이의 뒷날(heel edge)을 잡는 것.(보드)
- **chopper / '헬리콥터'**와 같은 뜻의 용어.(묘기 스키, 공중제비)
- **chord length / 머리-꼬리 직선 길이** : 스키의 '머리' 끝에서 '꼬리' 끝까지를 위에서 직선 거리로 잰 것.
- **christie / 크리스티** : 노르웨이의 수도 오슬로의 옛날 이름인 '크리스차니아'(Christiania)에서 나온 단어로서 그 자체로 스키의 '회전'을 의미하게 되었다.
- **christy(영) / '크리스티'**와 같은 뜻의 용어.
- **chrome edge / 크롬 날** : 강도가 센 크롬의 합금으로 만든 '날'로서 거의 녹이 슬지 않는 장점이 있으며, 한 번 날을 갈아 놓으면 그 날카로움(sharpness)이 일반 탄소강 '날'에 비하여 5배 이상 더 지속되는 것으로 알려지고 있다. 아토믹(Atomic)사가 채택하고 있다.
- **circa(노) / 써카 / 스키 부대** : 원래는 노르웨이의 스키 부대를 가리키는 말이다.
- **citizen racing / 시민 참여 경기** : 북구나 일본 등지에서 벌어지는 장거리 경주로서 참가를 희망하는 모든 사람들에게 개방된다.
- **cleaner / 세척제** : 왁스를 제거하거나 스키의 오물을 제거하는 휘발성이 강한 액체로서 감귤산(citrus)이 섞인 일종의 용제(solvent)이다.(정비)
- **cleaning brush / 쇠솔** : 놋쇠나 쇠(스틸)로 만들어져, '날'을 가는 장비에 붙은 쇠 부스러기 등을 청소하는 쇠솔(steel brush)이다.(정비)
- **climbing / '벌려 바로 오르기'(直登行)**와 같은 뜻의 용어.
- **clip binding / 끼우개 바인딩** : '손잡이 바인딩'과 같은 뜻의 용어.(묘기 스키, 산악 스키)
- **closed gate / 닫힌 기문** : 회전 경기 시 두 개의 기문을 옆에서 보면 닫힌 것처럼 보이므로 붙인 이름. 일본에서는 폐기문(閉旗門)이라 부른다.
- **closed legs / 닫힌 다리** : 두 다리를 틈이 안 생기게 붙인 것. '닫힌 다리' 평행 회전 등에서와 같이 두 개의 스키가 완전히 달라붙어 있으므로 가장 기민하게 짧은 회전을 할 수 있다. 일본에서는 '폐각'(閉脚)이라 부른다. 영어로는 '닫힌 다리'이지만 우리말로는 "붙인 다리"라고 하는 것이 원 의미에 더 가까울 것 같다.
- **closed parallel / 닫힌 다리 평행 회전** : 두 다리를 완전히 모은 상태에서 '평행 회전'을 하는 것. 전통적인 프랑스 스키(Ski French style) 기술의 최고봉으로 두 개의 스키는 항상 서

로 다른 날(한쪽은 '안 날,' 또 한 쪽은 '바깥 날')이 한 조가 되어 스킹을 하게 된다. 두 개의 스키가 완전히 하나처럼 움직이므로 매우 기민한 동작을 취할 수 있으며, 재빠른 '짧은 회전'이 가능하다.

- **closed vertical gate / 세워 닫은 기문** : 회전 경기에서 두 개의 기문이 수직으로 놓여 있어서 위에서 내려다보면 마치 닫힌 것처럼 보여서 붙은 이름. 일본에서는 "수직 폐기문"으로 부른다.

- **coarse brush / '놋쇠 솔'이나 '나일론 솔'**과 같은 뜻의 용어.(정비)

- **coarse file / '반달 줄'**과 같은 뜻의 용어.

- **coarse structuring / '거친 면 가공'**과 같은 뜻의 용어.

- **combi brush / 복합 솔** : '거친 면 가공'을 위한 '놋쇠 솔'과 '(나일론) 솔'이 한 개의 솔에 복합된 편리한 제품이다.(정비)

- **combination brush / '복합 솔'**과 같은 뜻의 용어.

- **combination pole / 복합 폴** : 폴의 재료로 탄소 섬유와 알루미늄을 복합적으로 사용하는 폴로서, 당연히 두 가지 폴의 특성을 함께 가진다. 탄소 섬유 폴은 가볍지만 깨어지기 쉬운(breakable) 경향을 지니고, 알루미늄 폴은 무겁지만 반발력(resilience)이 좋다.

- **combination ski / 다용도 스키(all terrain ski)** : 다져진 사면(groomed slope)은 물론 각종의 눈이나 각종의 사면에서 회전, 활강 등의 목적으로 다용도로 사용할 수 있는, 적응성이 강한 스키.

- **combined race / 복합경기** : 노르딕 경기에서 70m급 점프와 15km 장거리 경기의 점수를 합산하여 우열을 가리는 경기.

- **comma-like position / 유선형 자세** : 활강 등에서 몸을 최대한 웅크려 달걀 모양으로 만든 자세. 실제로는 '웅크리기'와 같은 자세.

- **commitment / '기울이기'**와 같은 뜻의 용어.

- **commitment turn / 기울인 회전** : '기울이기'를 이용한 회전으로서 모든 회전은 '기울인 회전'의 성격을 가지지만, 특히 '기울이기'에 집중을 했을 때의 회전.

- **compact ski / 간편한 스키** : 초보자에게 알맞은 짧은 길이의 스키로 '옆 들림'(sidecut)이 없이, 위아래의 넓이가 같은 특징이 있다.

- **compact snow / '다져진 눈'**과 같은 의미의 용어.

- **compact snow / 치밀한 눈** : '다져진 눈'과 같은 의미의 용어.

- **competition / 경기(競技)** : 선수들이 시합을 통해 우승(우열)을 다투는 것.

- **competition ski / 경기용 스키** : 경기에서 사용하는 스키로서 강인한 체력을 가진 선수들이 사용하기에 알맞은 형태이며, 그 스키를 제작한 회사에서 가장 앞선 기술과 좋은 구조재를 이용하여 만들어진다. 한 스키 회사의 기술력이 그들의 경기용 스키에 집적되어 나타나기 때문이다. 경기용 스키는 두 가지가 있는데, 하나는 시판되는 경기용 모델 그대로를 경기에 사용하는 것이고, 또 하나는 선수들이 특별 주문하여 경기용 모델에 약간의 변경을 가한 것들이다. 스키의 강도를 높이기 위하여 가느다란 'FRP' 한 장을 덧대거나 날을 바꾸는 등의 조치이다.

- **competition stepping / 찍어 타기** : '꼬리 옆 미끄러짐'(skidding) 혹은 '옆 미끄러지기'(side slipping) 등으로 인한 감속을 막기 위하여 회전해야 하는 곳에서 몸의 중심을 역동적으로 넘김(crossover)과 동시에 강하게 스키의 날(edge)을 먹여 가며 타는 기술. 날을 위주로 타는 강력하고, 긴 회전, 혹은 연결된 회전이나 경기에서 이런 기술이 자주 사용되며, '바꿔 밟기 회전'(step turn) 등에서도 이런 동작이 나타난다.

- **composite pole / 합성 폴** : 탄소 섬유(graphite/carbon)로 만든 폴을 의미한다. 원래 대부분의 스포츠 용구를 재료로 분류할 때 "캄퍼지트" 는 'FRP'와 알루미늄, 혹은 탄소 섬유와 알루미늄 등이 함께 사용된 것을 의미하는데, 유독 스키 장비에서는 탄소 섬유 폴을 '합성 폴'이라 부른다. 탄소 섬유와 알루미늄을 복합하여 만든 폴은 '복합 폴'(combination pole)이라 부른다.

- **concave base / 오목(凹) 바닥(sole)** : 스키를 제작한 직후에 바닥이 변형되어 들어가거나, 스키를 오래 타서 스키의 바닥이 '날'보다 더 들어가 있는 상태. 이럴 때는 필히 정비를 해야 한다. 이런 상태를 가리켜 철로의 레일과 비슷하다고 하여 '철로 날'(railed edges)이라고 한다.

- **concaved / 오목면(凹面)** : '오목 바닥'을 의미.

- **contact edge / 접설(接雪) 날** : 스키나 보드를 눈에 놓고, 스키어가 올라섰을 때 설면에 닿는 날. '접설 날' 안쪽의 날은 '정비' 시에 일정 길이를 갈아서 무디게 해 놓아야 회전에 용이하고, '날'이 원치 않는 방향으로 먹혀 들어가지 않는다.

- **contact length / 접설 길이** : 스키나 보드를 눈에 놓고, 스키어가 올라섰을 때 설면에 닿는 길이.

- **continuous turn / 연속 회전** : 짧은 리듬의 연속 회전의 총칭으로 '연속 소회전'이 대표적인 연속 회전에 속한다.

- **control post / 조절 관문** : 스키 경기에서 사용하는 관문.

- **conventional ski / 기존 스키** : 수퍼 사이드컷 스키, 차동형(差動型) 비대칭 스키 등 새로운 경향의 스키들이 많이 출현함에 따라서 그같은 방식이 아닌 기존의 방식으로 제작된 스키들을 가리키는 말.

- **conventional ski / 기존 스키** : 수퍼 사이드컷 스키, 차동형(差動型) 비대칭 스키 등 새로운 경향의 스키들이 많이 출현함에 따라서 그같은 방식이 아닌 기존의 방식으로 제작된 스키들을 가리키는 말.

- **convex / 볼록면(凸面)** : '정비'에서는 '볼록 바닥'을 의미하고, '사면'을 가리킬 때는 사면에 형성된 '눈 더미'를 가리키기도 한다.

- **convex base / 볼록(凸) 바닥(sole)** : 스키를 제작한 직후에 바닥이 변형되어 '날'보다 바닥이 더 튀어나온 것. 이럴 때는 필히 정비를 해야 한다.

- **convexity / 튀어나옴** : '볼록 바닥'의 상태 혹은 그 정도를 가리킨다.

- **coping / 긴 모서리** : 원래는 수영장의 긴 모서리 부분을 말하는 것으로서 반쪽 관의 '입술' (lip), 즉 꼭대기의 기다란 모서리를 의미한다.(보드)

- **corduroy / 빗금** : '눈 다지는 차'(정설차/압설차)가 만든 빗금 무늬, 혹은 빗금 무늬가 그려진 설면. '코듀로이'는 원래 갈비살 무늬를 의미하는 말이다.

- **core / 심재** : 스키 '판'을 만드는 소재를 의미한다. '판'의 소재로는 유리 섬유, 탄소 섬유, 알루미늄, 플라스틱 거품, 나무 등 다양한 구조재들이 사용된다.

- **corkscrew / 콜크스크류** : 일반 보딩이나 반쪽 관에서의 보딩 시에 아주 빠르고, 짧게 이어진 돌기(rotation)를 하는 것.(보드)

- **cornice / 돌출된 눈** : 얼어붙은 눈덩이가 설면에 튀어나온 것.

- **corn ice / 밀려 쌓인 눈** : 눈이 바람에 밀려 쌓여서 돌출 부분을 만드는 것.

- **corn snow / 알갱이 눈** : 해동과 결빙이 엇갈려 일어나서 눈이 싸라기처럼 동글동글하게 알갱이가 된 눈.

- **corridor / 낭하** : 회전 경기에서 사용되는 깃발의 구성이 계단처럼 되어 있어서 붙은 이름.

- **cosak / 코작** : 두 팔을 모아 밑으로 최대한 뻗고, 두 다리는 최대한 옆으로 벌려서 'V' 자로 펴 올린 자세.(묘기 스키, '공중 기술')

- **cosmetic function / 눈가림식 기능** : 화장하듯 본질은 변함이 없이 겉모양만 바꾼 기능을 의미하는 용어. 신상품임을 강조하기 위하여 실제로는 같은 기능이면서도 새로운 이름을 붙이거나, 장비의 모양을 바꾸는 것.

- **counter rotation / 반대로 틀기** : 스키의 움직임과 반대로 몸을 틀어야 상체가 언덕 아래를 향하게 할 수 있으므로 상하체를 반대로 트는 동작. 실제로는 '분리'와 같은 동작이라고 할 수 있다.

- **counter-turn / '미리 틀기' 혹은 '반대로 틀기'**와 같은 뜻의 용어.

- **Coupe de Monde(프) / 스키 월드컵**

- **course record / 코스 기록** : 스케이트 링크와는 달리 스키 코스는 매번 적설량이나 지형의 변화에 따라서 달라질 수밖에 없다. 그러므로 스키에는 속도 경기를 제외하고는 신기록이라는 것을 가지고 있지 않다. 하지만 키즈뷔헬과 같이 매년 알파인 경기가 개최되는 유명한 곳에서는 해당 코스에서의 기록을 매번 모아 전보다 빠른 기록이 나타났을 때는 이를 코스 기록으로 선포한다.

- **cracked edge / '끊긴 날'**과 같은 뜻의 용어.

- **crail air / 크레일 공중 기술** : 뒷발을 내어 뻗은 상태에서 뒷손이 다리 사이로 들어와 앞발 쪽의 날을 잡는 것.(보드)

- **cranking / '무릎 꺾기'**와 같은 뜻의 용어.

- **crash helmet / 보호 헬멧** : 활강 경기 등에서 선수의 머리를 보호하기 위하여 쓰는 헬멧.

- **crater / 분화구** : 심하게 떨어져서 한 구석에 처박히는 것.(보드)

- **crest / 물마루** : "정점," 즉 '눈 더미'의 가장 높은 곳이나 사면의 가장 높은 곳을 의미한다.

- **crest attack / 물마루 치기** : 눈 더미(mogul/bump)의 맨 꼭대기(물마루)를 충격 흡수 및 무릎 펴기(absorption and extension) 기술을 주로 이용하여 공격적으로 넘어가는 기술이다.

- **crevasse / 틈** : 빙하에서 볼 수 있는 것과 같은 사면 중의 깊은 틈새.

- **crippler air / 크리플러 공중 돌기** : 반쪽 관에 앞으로 접근하여 공중으로 뜨면서 90도를 돌고, 몸을 돌리면서 다시 90도를 돌려서 앞으로 미끄러져 내려오는 것.(보드)

- **crooked cop air / 크룩트 캅 공중 기술** : 일반 보딩을 할 때 '모기 공중 기술'을 구사하는 것.(보드)

- **crossbone method air / 뒤로 뻗어 돌기** : 뒤쪽 다리를 내어 뻗고 도는 기술 전체를 가리키는 말.(보드)

- **cross country / 장거리 경기** : 노르웨이에서 행해지던 스키 경기, 혹은 레저 스키의 이름으로서 노르딕 경기의 주요 종목이다. 이 종목의 코스는 오르막, 내리막, 평지가 각각 1/3씩으로 구성되어 있다. 거리 경주, 혹은 거리 경기라고도 불린다.

- **crossed tip roll / 교차된 머리 구르기** : 한쪽 스키의 꼬리를 다른 쪽 스키 위로 넘겨서 가로질러 밟고, 뛰어 오르며 '머리 구르기' 기술을 행하는 것. 이것은 매우 위험해 보이기 때문에 "다리 부러뜨리기 II" 라고도 불린다.(묘기 스키)

- **crossover(cross-over) / 넘기기** : 회전의 방향을 바꿀 때 원심력과 균형을 이루도록 무게 중심을 한쪽 스키에서 다른 쪽 스키로 옮기는 것을 의미한다. 넘겨 놓기, 혹은 전진 업(前進 up)이라고도 불린다.

- **crossunder / 엉덩이 넘기기** : 빠른 회전을 할 때는 거의 '넘기기'가 하체에서만 일어나게 되는데, 이 때 상체가 고정된 상

태에서 '서고 앉기'를 이용해 몸 전체를 띄우는 것이 아니라, 엉덩이를 좌우로 넘기는 것을 의미한다.

• **crouching / 웅크리기** : 스키가 달릴 때 몸을 '유선형 자세'로 만들기 위하여 온몸을 웅크려서 달걀 모양의 자세로 만드는 것. 이 때 바람의 영향을 줄이기 위하여 '폴'은 겨드랑이 사이에 끼고, '눈 고리'가 하늘 쪽으로 향하지 않도록 웅크린 자세와 평행하게 만든다.

• **crud / 뭉친눈** : 눈의 표면이 낮에 녹았다가 다시 추위로 얼은 견고한 것.

• **crust / '물결눈'**과 같은 뜻의 용어.

• **crystal processing / 크리스탈 가공** : 정비 중 '날 갈기'의 최종 단계에서 10개 이상의 다양한 거칠기를 지닌 '기름 돌'을 이용하여, 날을 거울처럼 반짝대도록 가공하는 과정. 경기에 출전하는 선수들을 위한 특별한 날 정비 과정이다.(정비)

• **cuff / 끝동** : 스키화의 목 위 부분이나 스키복의 손목 부위 끝 부분.

• **cut edge / '끊긴 날'**과 같은 뜻의 용어.

• **cut ski / 컷 스키** : '수퍼 사이드컷' 스키를 가리키는 말.

• **cut swing / 잘라 흔들기** : 활주 중 몸 전체로 보드에 압력을 가해 보드를 감속시키지 않고, 짧은 회전을 하는 것.(보드)

• **cutting turn / 자르는 회전** : '날로 타기'를 가리키는 말.

• **dampener / 완충 장치** : 스키에 가해지는 저주파 충격을 감소시키기 위하여 스키, 스키화, 폴 등의 내외부에 설치하는 장치. 대체로 내부에는 점도가 높은 액체와 함께 쇠 구슬이 들어 있다. 어떤 것은 수은(mercury)이나 쇠부스러기들이 들어 있

어서 이것이 전후좌우로 흔들리면서 충격을 완화하도록 되어 있다.

• **damper / '완충 장치'**와 같은 뜻의 용어.

• **dauerlautf(독) / 내구 경기** : 30km, 50km의 '장거리 경기'처럼 인간의 내구력을 시험하는 경기.

• **dead heat record / 간발(間髮)의 기록** : 1/1,000초 정도의 차이로 승부가 결정되는 기록.

• **deburrer / '날 죽이개'**와 같은 뜻의 용어.

• **deck / 갑판** : 스키나 보드의 허리에서 바인딩을 설치할 수 있는 부위. 실제로 갑판처럼 돌출 되어 있는 경우도 있다. '갑판'은 "바인딩 자리" 라고도 불린다.

• **deck pad / 미끄럼 방지판** : 뒷발을 바인딩에서 빼었을 때, 혹은 설면을 지쳐 나가다 발을 올려놓을 수 있는 앞 뒤 바인딩 사이에 설치된 판. 일반적으로는 플라스틱으로 만들어진다.(보드)

• **deep snow / 깊은 눈** : 눈이 많이 쌓여서 발목 이상이 빠지는 눈. 심설(深雪)이라고도 한다.

• **deflector 1 / 자차(自差) 수정기** : 스키 머리 부분에 설치하거나 원래 스키 제작 시에 부착된 장치로 스키가 기문(gate)에 걸리지(hooking) 않도록 하는 역할을 한다.

• **deflector 2 / tip guard / 선단(先端) 보호기** : 스키의 선단에 설치하여 충돌 시에 충격을 흡수하거나 스키의 머리 부분에서 스키의 구조재가 떨어지지(delamination) 않도록 하는 장치 모두를 지칭한다.

• **deflex / '반발력 배가 장치'**의 일종.

• **delaminate / 갈라짐** : 적층된 보드의 각층간에 틈이 생기는 것.(보드)

• **demonstration / 시범** : 뛰어난 실력을 가진 사람, 혹은 공인 '시범자'가 대회나 강습 등에 앞서서 올바른, 혹은 묘기적인 스키 기술을 선보이는 것.

- **demonstrator / 시범자** : 스키 강사들의 모임에서 스키 기술을 뛰어나게 시범 보일 수 있는 스키어로 선정된 사람. '국제스키지도자회의'(Inter Ski)처럼 전세계 시범자들이 한꺼번에 모여 경연을 벌이기도 한다.

- **derapage(프) / '옆 미끄러지기'** 와 같은 뜻의 용어.

- **descend(영) / 내려가기** : 등산이나 스킹에서 내려가는 모든 현상을 지칭하는 용어. '하강'이라고 표기하기도 한다.

- **descente(프) / '내려가기'** 와 같은 뜻의 용어.

- **detune / 날 죽이기** : 지나치게 날카로운 날을 죽이는 것.(보드)

- **detuning / 날 죽이기** : 스키 정비 시에 '접설 날'(contact edge) 바깥 부분의 날을 무디게 만드는 작업. 접설면 외곽은 날 죽이기를 하지만, 그 안쪽은 보통 '예각 날'로 만드는 경우가 더 많다.(정비)

- **DH / downhill / '활강'** 을 줄여서 부르는 용어.

- **diagonal release / 사선 방향 이탈** : 바인딩에서 스키화가 이탈될 때 상하 좌우로만 이탈되는 것이 아니라 좌우의 사선(/ 혹은 \) 방향으로도 이탈되는 것을 의미한다. 스킹 중에 일어나는 다양한 이탈 현상을 생각할 때 매우 중요한 기능이다.

- **diagonal sidestep / 대각선 옆 오름** : '옆 오름'과 같은 뜻의 용어. 대각선으로 해야 함을 더욱 강조하기 위한 용어.

- **diamond disk edge finish / '기계 날갈이 마무리'** 와 같은 뜻의 용어.

- **diamond whetstone / 다이아몬드 숫돌** : 줄처럼 생긴 납작한 플라스틱 네모 막대에 무수히 많은 극히 미세한 인조 다이아몬드 가루를 접착시킨 후에 이를 크롬(chrome)으로 도금한 도구. 아주 강한 줄의 역할과 같아서 부분 경화된(case hardened) 날을 갈아낼 때 사용한다. 거친 것, 중간, 고운 것의 세 가지가 있으며, 푸른빛이 도는 초경도의 '플라즈마 날'을 수작업으로 갈아낼 수 있는 유일한 도구이다.(정비)

- **differential / 차동(差動)** : '비대칭'과 같은 뜻의 용어.

- **digital turn / 끊어진 회전** : 부드럽고 연속적인 회전에 비하여, '뛰어 돌기'(jump turn)와 같이 회전이 단속적(斷續的)으로 이루어지는 회전.

- **DIN 1 (Deutsch Industrial Norms) scale / '바인딩 수치'(數值)** 와 개념적으로 같은 용어.

- **DIN 2 (Deutsch Industrial Norms) / 독일산업표준** : 우리나라의 KS(Korean Standard)와 같은 국가 표준 규격.

- **DIN scale / '바인딩 수치'(數值)** 와 같은 뜻의 용어.

- **directional stance / 방향에 따른 자세** : 왼발잡이냐 오른발잡이냐에 따라서 보딩하는 방향이 달라짐을 가리키는 말.(보드)

- **direct parallel / 직접 평행 회전** : 초보 스키 교습에서 'V'자 회전이 아닌 '평행 회전'부터 교습을 시작하는 것. 미국의 'ATM'과 'GLM'은 이런 교습 방식이다.

- **disaster / 참화** : 반쪽 관 위의 '입술'에 보드가 수직으로 걸리는 것. 원래는 스케이트 보딩을 하면서 반쪽 관 위의 모서리에 스케이트보드의 바퀴를 달고 있는 트럭(바퀴 고정축)이 걸리는 것을 의미했다. 보딩에서는 트럭이 없으므로 실제로는 아무렇지도 않지만, 스노우보더 중에는 스케이트보더 출신이 많아서 이런 명칭이 사용되고 있다.(보드)

- **distance race / '장거리 경기'** 와 같은 뜻의 용어.

- **DNF / Did Not Finish / 기문 미통과** : 경기 코스의 '기문'을 거치지 않고, 지나간 것. 이 경우는 당연히 실격 처리가 된다.

- **DNS / Do Not Start / 미출발** : 경기에서 몇 번 출발하지 못해 실격을 당하는 것.

- **DOE, Design of Experiment, 실험에 의한 디자인** : 스키를 구조적으로 디자인함에 있어서 철저한 사전 실험을 통하여 통계치에 의한 과학적인 디자인을 하는 방법.

- **double grab / 두 번 붙잡기** : 공중에서 두 가지의 분리된 묘

기를 행하는 것. 즉, 뛰어 오르면서 한 번 보드를 잡았다가 떨어지기 전에 다른 방식으로 보드를 잡는 것.(보드)

• **double handed grab / 양손 붙잡기** : 공중에서 양손으로 보드를 잡는 것.(보드)

• **double pole(poling) / 밀어 나가기** : 두 개의 폴을 한꺼번에 뒤로 밀면서 달려나가는 것.(장거리 경기)

• **double vertical offset / 이중수직반달형 기문** : 회전 경기에서 2조(4개)의 기문을 1조씩 수직으로 놓고, 상하 기문의 좌우 간격을 펼침으로써 반달 모양을 그리며 회전하도록 한 기문.

• **down(hill) turn / 아래쪽 돌기** : 한 번의 회전으로 최대경사선을 두 번 통과하는 회전으로서 비스듬히 활강을 시작해서 최대경사선을 넘은 후, 반대 쪽의 경사로 돌아 들어가는 회전. '골짜기 돌기'란 용어로도 불린다.

• **downhill / (줄여서) DH / 활강(滑降)** : 스키로 달려 내려가는 모든 행위를 말하며, 알파인 스키 종목 중 하나이기도 하다. 경기는 표고차 약 1,000m 거리로 계산하여, 3,000m-3,5000m 정도로 약 2분 전후로 활강한다. 평균 시속 100km를 상회하는 속도이다.

• **downhiller / 활강 선수** : 활강 경기 부문에 뛰어난 선수. 참조: '활강.'

• **downhill ski / 아래쪽 스키** : 스키가 최대경사선을 가로질러서 있을 때 밑에 있는 스키. 전엔 이를 일본의 영향으로 '골짜기 쪽 스키'라 불렀다.

• **down stem / 아래로 벌리기** : 스키를 밀어 폭을 벌릴 때 밑에 있는 스키를 아래 쪽으로 벌리는 것.

• **down unweighting / 아래로 무게 덜기** : '위로 무게 덜기'와 같이 스키에 가해지는 체중에 의한 압력을 더는 것으로서, 다리를 굽히며 아래로 주저앉는 동작을 취할 때 생기는 무게 덜기(拔重) 현상을 말한다.

• **drag / 끌기** : 스키의 일부분을 설면에 끌어서 회전 동작에 변화를 주거나, 감속하는 것.

• **drag force / 끄는 힘** : 공중에 떴을 때 공기 저항으로 물체에 가해지는 힘. 공중제비 동작에서 혹은 폴을 움직일 때의 바람의 저항 등을 가리킨다.

• **drift turn / 비트는 회전** : 보드로 회전을 하는 방법 중 하나로서, 보드를 미끄러뜨리면서 정지력을 구사하여 속도를 조절하면서 회전하는 것. 보드는 '비트는 회전' 방법과 보드의 구조적인 특성을 이용해서 '날로 타기'식으로 회전하는 방법이 있다.(보드)

• **drop / 떨구기** : 스키가 잘 회전하도록 하기 위해 스키에 무게가 실리지 않도록 몸을 재빨리 낮추는 것.

• **drop off / 경사 바뀜** : 갑자기 평지에서 가파른 경사로 바뀌는 것.

• **dry slope / artificial slope / 인공 사면(斜面)** : 매우 강한 플라스틱 솔(brush)을 바둑판처럼 배열시켜 놓고, 그 위에서 스키를 타도록 만든 것으로서 미끄러짐을 좋게 하기 위하여 스프링클러로 물을 뿌린다. 국내에서는 천마산 스키장에 제일 먼저 설치된 바 있다.

• **dual mogul / 동시 '모글' 경기** : 연속적인 눈 더미를 통과하는 모글 경기에서 결승에 남은 선수를 동시에 출발토록 하여 모글 경기를 더욱 박진감 있게 만든 것.(자유형 스키)

• **dual radius / 이중 반경** : 스키 양쪽의 '옆 들림'이 서로 다른 반경을 가지고 있는 것으로서, '비대칭' 스키 혹은 '차동'(differential: 差動) 스키의 경우를 말한다. 피셔(Fischer) 사의 라닥(Ladarc)과 같은 모델이 대표적인 예이다.

• **dual slalom / '2인 동시 회전'**과 같은 의미를 가진 용어.

• **duckfoot / 오리발** : 보더의 발이 오리처럼 서로 반대 방향으로 고정된 것을 말한다.(보드)

- **duckfoot / 오리발** : 양발가락이 반대 방향으로 비스듬하게 놓인 자세.(보드)
- **dulling / '날 죽이기'**와 같은 뜻의 용어.(정비)
- **duplex / 듀플렉스 / 반발력 배가(倍加) 장치** : 스키화가 누르는 힘을 스키의 앞뒤로 잘 전달하고, 스키의 탄성을 크게 해주는 장치로서, 1cm 정도의 높이로 '스윗 스팟'(sweet spot) 부위에 설치한다.
- **dynamic anticipation / 역동적 예비 동작** : '예비 동작'과 같은 의미이지만, '예비 동작'을 역동적으로 취하는 것이 바람직하기 때문에 생긴 말.

Ⓔ

- **early weight shift / 미리 무게 옮기기** : 회전을 할 때 곡선의 변화점(변곡점)에서 체중을 한쪽 발에서 다른 쪽 발로 미리 옮기는 것. 변곡점에서 미리 체중을 이동시키면 보다 매끄러운 회전 곡선을 그릴 수도 있고, 또 스키의 뒤가 벌어지는 중급자들의 고질적인 병폐에서 벗어날 수 있다.
- **edge / 날** : 스키 판의 좌우에 앞뒤로 길게 설치된 탄소강의 날카로운 직각 모서리로서 설면에 기울임에 따라 마찰력을 크게 할 수 있다. '날'의 종류에 따라서 '통날'과 '끊긴 날' 등으로 구분된다.
- **edge change carving turn / 날 바꿔 날로 타기** : 가장 전형적인 날로 타기 방법으로서 몸을 넘겨 날을 바꾸는(edge change) 시점에서부터 날로 타기를 시작해서 계속 그 자세를 유지하는 것으로서 '순전한 날로 타기'라고도 불린다.
- **edge checking / 날세운 감속(減速)** : '날'을 많이 세워 가면서 속도를 줄이는 것.

- **edge grip / 날 먹는 힘** : 날이 설면에 얼마나 잘 먹혀 들어가는 지(파고 들어가는 지)를 가리키는 마찰력을 의미.
- **edgeset 날 먹임** : 스키의 날을 세워 설면에 박는 것.
- **edge hold / '날 먹는 힘'**과 같은 뜻의 용어.
- **edge polishing block / '연마용 지우개'**와 같은 뜻의 용어.(정비)
- **edge remover / 날 죽이개** : 80번 정도의 거친 '연마용 지우개'로서 스키 판의 접설면 이외의 부분이 설면을 파고들지 않도록 날을 죽이는 역할(deburring)을 한다.(정비)
- **edge sharpener / 날 갈개** : 특별한 손잡이에 조그만 줄이 달려 있어서 쉽게 직각, 혹은 예각으로 날을 갈아낼 수 있는 도구. 이 손잡이에는 '줄,' '반달줄,' '기름 돌' 등을 끼워서 쓸 수 있다.(정비)
- **edge sharpening / 날 갈기** : '줄'(files)이나 '기름 돌' 등을 사용하여, '날'을 직각이나 예각으로 세우는 것.(정비)
- **edge transfer / 날 바꾸기** : 회전을 시작할 때의 조작 방법으로서 한쪽 날을 세운 상태에서 반대 쪽 날을 세우는 상태로 방향을 바꾸는 행위. 이를 통한 방향 바꾸기는 스키와 몸 중심의 위치 변화를 통해서 비로소 가능해 진다.
- **edging / 날 세우기** : 스키화나 몸을 기울여서, 혹은 적절한 힘을 가해서 날이 설면에 파고들게 하는 것. 이로써 커다란 마찰력을 주거나 일정 방향으로 스키가 진행할 수 있는 각도를 줄 수 있다.
- **effective edge / 유효 날** : 보드의 날 중 눈에 닿는 부분.(보드)
- **eggflip / 달걀 뒤집기** : 180도를 도는 대신에 거꾸로 뒤집어서 반쪽 관으로 다시 들어가는 기술.(보드)
- **egg-like position / '유선형 자세'**와 같은 뜻의 용어.
- **eggplant / 손 짚고 달걀 돌기** : 앞의 손을 반쪽 관의 꼭대기의 가장자리를 잡고, 뒤로 뒤집으며 180도를 도는 기술.(보드)

- **egg-shaped / 달걀 모양 웅크리기** : 스키가 달릴 때 몸을 유선형으로 만들기 위하여 온몸을 웅크리고, '폴'을 양쪽 팔굽 안으로 끌어들여서 달걀 모양의 자세로 만드는 것. '유선형 자세'와 같은 뜻의 용어.

- **eisbahn(독) / 얼음판(氷板)** : 스키 코스 중의 일부에 형성된 얼음판을 가리키며, 스케이트장 등의 얼음보다는 훨씬 무른 경우가 많다. 스키장의 다져진 눈은 자연설이 아니므로, 입자가 결정화되어 있지 않고, 둥글며, 이것은 쉽게 뭉쳐지고, 또 녹게 된다. 낮 동안에 한 번 녹은 눈은 밤의 낮은 온도로 얼게 되지만, 계속 새로 만든 눈을 뿌리므로, 얼음판이 나타나는 것은 표면에 새로 뿌린 눈이 깎여 나가는 점심 시간 전후이다.

- **eisplatte(독) / '단단히 뭉친 눈'** 과 같은 뜻의 용어.(스키)

- **elastic control / 탄력 조절 장치** : 스키화가 바인딩에서 이탈되기 위해서 움직였더라도, 그 충격이 아주 심하지 않을 때는 움직였던 '앞 바인딩,' 혹은 '앞 바인딩'의 날개(wing)가 제자리로 되돌아 오는 것(control), 혹은 그렇게 하도록 만든 장치(device). 탄력 조절의 범위가 클수록 좋은 바인딩이며, 이로써 '이른 이탈'을 방지할 수 있다.

- **elastic pants / 신축성 바지** : 흔히 '바지'라는 용어로만 불리기도 하는 스키용의 바지로서, 스판 계통의 천을 사용하여 세로 단방향, 혹은 가로, 세로 양방향으로 쉽게 늘어나게 만들어진 바지를 의미한다.

- **elastomer / 완충용 합성 고무** : 스키에 전해지는 충격을 완화시키기 위하여 개발된 합성 고무.

- **elbow gate / 팔꿈치형 기문(旗門)** : 회전 경기에서 2조(4개)의 기문이 팔꿈치처럼 비스듬히 휘어서 놓여 있는 것.

- **electra base / 정전(靜電) 바닥** : 바닥재를 '눌러 깎은 바닥'으로 만들 때 그 과정에서 폴리에틸렌에 탄소(carbon)를 혼합시켜서 도전성(導電性)과 열전도성을 갖도록 해줌으로써 습도가 적은 눈에서 생기는 스키 활주면의 정전기를 흡수하고, 마찰열을 방열(放熱) 시켜 과도한 수분의 발생을 억제하고 이로 인한 이동 속력의 저하를 막아 준다. 이론상 고온 고습과 저온 저습의 극단적인 설질에서 탁월한 효과를 발휘하는 스키로서, 실제로도 경기용 스키의 대부분이 이러한 바닥재를 사용하고 있다. 이의 단점은 검은 색의 탄소가 많이 섞여서 기존의 스키에서와 같이 '바닥'에 상표 등을 써넣을 수 없다는 것이다.

- **elgeurial (bfm) / 엘그리얼** : 뒤로 타기로 반쪽 관에 다가가서 뒤에 있는 손으로 짚고 뒤로 360도를 돌아서 앞으로 착지하는 기술.(보드)

- **endress track ski / 무한 궤도 스키** : 무한 궤도 형태로 만들어진 '잔디 스키'를 말한다.

- **entlastung(독)** : '무게 덜기'와 같은 뜻의 용어.

- **epoxy / 에폭시** : 스키나 보드를 만들 때 쓰는 강력한 접착제. 물과 열에 강하며, A액(합성수지)과 B액(경화제)으로 구성되어 있고, 이 두 액체를 섞어야 경화된다. 1제곱 cm당 인장 강도가 거의 250kg에 달하는 대단한 접착력을 가지고 있다. 스키 제작 시에는 보통 '글루'(glue: 접착제)라는 용어로 불린다.

- **equalizer / 압력 배분기** : 피셔(Fischer) 사가 채택하고 있는 '올림판'의 이름으로서 기능은 '올림판'과 같다.

- **escape / '이탈'** 과 같은 뜻의 용어.

- **escape route / 탈출 경로** : 예기치 않은 사태 등에 의하여 안전 장소로 내려오거나, 굳이 갈 필요가 없는 위험 장소 등을 피하여 통과하는 길.

- **Euro curve / 유로 커브** : 회전 시 보드를 옆으로 미끄러뜨리지 않고, 상반신을 쓰러뜨리듯이 하면서 주로 '옆 들림' 등 보드의 구조적인 특성을 이용해서 크게 회전하는 기술.(보드)

- **event / 행사** : 스키장이나 관련 전문점 등에서 벌어지는 스

키 관련의 특별한 행사를 의미. '엘란 스키 데모팀 클리닉' 등
의 스키장 행사를 "이벤트" 로 부른다.

- **expert skier / 전문 스키어** : '상급자'의 단계를 지나, 스키 전
  문가의 위치에 오른 사람으로서, 어떠한 설면이나 조건에서도
  능숙하게 스킹을 할 수 있을 뿐만 아니라, 스키에 대한 전문적
  인 식견을 가지고 있어서 스키의 의견 지도자(opinion leader)
  역할을 할 수 있는 사람을 말한다. 전문 스키어는 직업 스키어
  (professional skier)와는 구별되는 개념이지만, 아마추어로서
  의 전문가나 직업 스키어 전부를 가리키는 말이다. 단순히 "전
  문가"라고 불리기도 한다.
- **extension / 펴기** : 다리를 굽혔다가 펴는 것. '눈 더미' 등에
  오를 때는 다리를 굽혔다가 정점을 지나면서 '펴기'를 해야
  한다.
- **extremer / 극한(極限) 스키어** : '극한 스키'를 즐기는 스키어
  를 지칭하며, 일반적으로 직업 스키어들로서 스키회사의 후원
  이나 기록 영화 및 광고 방송 출연료로 생활한다. 가장 유명
  한 '극한 스키어'로는 K2 사가 후원하는 글렌 플레이크(Glen
  Plake)가 있다.
- **extreme ski / 극한(極限) 스키** : 다져진 사면(slope)이 아닌
  절벽 등에서 '뛰어 오르기' 등을 하고, 급경사면을 고속으로 내
  리 달리는 등 한계에 도전하는 스킹. 스키와 낙하산을 착용하
  고 수 백 메타의 절벽에서 뛰어내리기도 한다.
- **extruded base / 밀어 펼친 바닥** : 폴리에틸렌을 녹인 후에
  압력을 주어 사출하는 방식으로 만든 바닥. 대부분의 값싼 스
  키들은 이런 방식으로 만들어진다.

- **fakie / 뒤로 타기** : 왼발잡이 보더가 한 바퀴 돌아서 오른발
  을 앞발로 하여 보딩하는 것.(보드)
- **falling leaf / 낙엽** : 스키를 타면서 앞으로 향한 '옆으로 가
  기'와 뒤로 향한 '옆으로 가기'를 반복하여, 마치 스키가 낙엽
  이 떨어지듯 좌우로 왔다갔다하며 미끄러지는 것을 말한다.
  스키가 지나가는 모양이 갈 지(之) 자와 비슷하다.
- **falling leaf / 떨어지는 잎** : 마치 나뭇잎이 떨어지듯이 '날 세
  우기'(edging)를 조절해 가면서 '옆으로 미끄러지기'를 하는
  것.(보드)
- **fall line / fallline / 최대경사선(最大 傾斜線)** : 언덕의 위에서
  아래로 가장 가파른 경사, 가장 짧은 거리, 그리고 가장 빠르
  게 도달할 수 있는 지점을 가상적으로 연결한 선을 의미한다.
  즉, 언덕의 경사면에서 공을 굴린다고 할 때, 이 공이 굴러가는
  길을 선으로 연결한 것이라고 볼 수 있다. 언덕의 설면이 매우
  불규칙하기 때문에 이 전체가 직선일 수 없으며, 그 방향도 지
  형에 따라 제각각 달라진다.
- **fat ski / 신설 전용 스키** : 아토믹 스키 사가 개발하여 보편화
  시킨 자연설(신설)용 스키로서 일반 스키에 비하여 폭이 넓고, 길
  이가 짧은 것이 특징이다. 헬리 스키용 스키로 많이 사용된다.
- **fatty / fatties / 신설 전용 스키** : 'fat ski'의 애칭.
- **fersenschub(독) / 뒤꿈치 밀어내기** : 특정의 회전 동작에서
  안 쪽이나 바깥쪽으로 뒤꿈치를 밀어내는 동작. 회전력을 보
  강하기 위한 조치이다.
- **fiberglass / 유리 섬유** : 유리를 고열로 녹인 후, 이를 아주
  가느다란 구멍을 통해서 사출(射出)시켜 실로 만든 것으로, 강
  도가 매우 높다. 이 실로 얼기설기 천을 짜서 이를 합성수지
  (樹脂)에 적침시켜서 스키의 구조재로 사용되는 아주 강한 플

라스틱 판을 만들거나 헬멧 등을 만든다.

- **fibertex / 표면 닦개** : 스카치 브라이트(Scotch Brite)와 같이 기물의 표면을 닦아 내는 플라스틱 수세미를 의미한다. '스키 서피스 폴리쉬'(ski surface polish)라고도 불린다.(정비)

- **fifty/fifty / 50/50 / 50 대 50** : 반쪽 관 꼭대기의 입술을 타고 미끄러지는 것. '갈아내듯 타기'(grind)와 같은 의미이다.(보드)

- **fifty/fifty / 50 대 50 / 50/50** : 반쪽 관 꼭대기의 입술을 타고 미끄러지는 것. '갈아내듯 타기'(grind)와 같은 의미이다.(보드)

- **fifty-fifty / 50:50 / 50 대 50 / 반반(半半)** : 두 개의 스키에 같은 체중을 걸고 '평행 회전' 방식으로 스킹하는 것을 의미한다. 대부분의 회전은 '안 날'에 체중을 걸고 이루어지지만, '50 대 50'에서는 항상 '안 날'과 '바깥 날'을 함께 쓰게 된다. 이 경우 관건은 두 스키의 간격을 최대한으로 좁게 하는 것이며, 대체로 '닫힌 다리 평행 회전'을 하게 된다.

- **figl(독) / 산악용 발바닥 스키** : 스키화보다 앞뒤로 10여 cm 정도 더 긴 스키로서 '폴' 없이 탈 수 있는 스키이며, 알루미늄으로 만들어져 있고, 산을 오를 때는 '바닥'에 "미끄럼 방지천" (seal)을 붙인다.

- **fil / 전나무** : 가볍고, 탄성이 좋아서 가문비나무(spruce)와 함께 스키의 심재(core)로 많이 사용되는 나무.

- **file / 줄** : 거칠어진 날을 갈아내거나 거친 바닥을 갈아낼 때 쓰는, 크롬 등의 강한 쇠로 만들어진 연마용 도구이다. 영어로는 '파일,' 덴마크어로는 '페일레'(feile), 불어로는 '리메'(lime), 이태리어로는 '리마'(lima), 스웨덴어와 네델란드어로는 '필'(fil)이라 불리고, 일본에서는 '야스리'(yasli)라 불린다. 정비용 줄은 이빨이 한 방향으로 나 있는 것이 일반적이다.(정비)

- **file card / 줄 카드** : 줄에 붙은 쇠 부스러기 제거용의 솔로서, 나무 손잡이에 강철 솔이 촘촘히 박힌 카드 모양의 플라스틱 판이 붙어 있다.(정비)

- **film crust / 녹은 표면** : 낮에 눈의 상단이 녹아서 매끄러운 수막(水膜)을 형성하므로 스키가 잘 미끄러지는 상태가 된 눈의 표면.

- **fine file / 고운 줄** : 날 갈기의 마지막 단계에서 사용되는 줄로서, 날 갈기를 이것으로 마감하거나 더 고운 '기름 돌' 등으로 최종 마감하게 된다.(정비)

- **fine structuring / '고운 면 가공'**과 같은 용어.(정비)

- **fine texturing / 고운 면 가공(정비)** : '거친 면 가공'에 대응하는 용어로서 아주 가는 홈(물길)을 내는 것. 날씨가 더우면 바닥을 거칠게 가공해야 하고, 추운 경우에는 곱게 가공해야 한다.

- **finish line / 결승선** : 경기가 벌어지는 '사면'의 끝을 알리는 양쪽 기문을 가로지르는 가상의 선.

- **first timer / '초심자'**와 같은 개념.

- **FIS** / Federation of International Ski / Federation Internationale de Ski(프) / 국제스키연맹

- **FIS point / FIS 점수** : 국제스키연맹이 부여하는 점수로서 선수의 순위 랭킹, 시이드 배정, 출발 위치 등을 결정하는 점수제도.

- **flail / 잘못 탐** : 보딩을 잘하지 못하는 것을 가리키는 말.(보드)

- **flamenco / 외발 타기** : 한 발을 들어올리고, 남은 한 발로 '폴'을 찍어 가며, 양쪽날을 이용하며 스키의 '옆 들림'을 이용하여 회전을 하는 기술.(묘기 스키)

- **flat gauge / 평탄도 측정기** : '평판 막대'와 같은 역할을 하는 모든 측정 장치를 의미하는데, 스키 '바닥'이 얼마나 균일한가를 측정한다.(정비)

- **flatland / 평평한 기술** : 장애물이 없는 평평한 사면에서 행하는 기술들.(보드)

- **flat ski / 평평한 스키** : 설면에 '바닥'을 평평하게 놓아, '날 세우기'가 안된 스키.

- **flat swing / 단조롭게 흔들기** : 자유형 보딩의 일종으로 보드의 중앙을 중심으로 '날 세우기'가 없이 상반신과 하반신을 반대 방향으로 틀면서 그 반동력을 이용해서 짧게 회전하는 기술.(보드)

- **flatter / 평판 고르개** : 스키의 바닥이 평평하지 못할 때 '바닥날'과 함께 바닥을 깎는 일종의 대패와 같은 장비이다. 대패 같은 형태로 토코 사의 제품처럼 앞뒤로 두 개의 손잡이가 달린 것도 있고, 콩퀘스트(Conquest) 사의 제품처럼 막대 모양으로 생겨 양쪽에 손잡이를 단 제품도 있다.(정비)

- **fleece / 인조 양털** : 스키복이나 스키모 등에서 사용되는 양털과 거의 똑같은 감촉을 지닌 '인조 양털'로서 자연 섬유나 자연 섬유의 기능을 지닌 인조 섬유로 만들어진다. 원래 '플리스'(fleece)는 가죽에 달린 양털을 의미한다.

- **flex / 탄성(彈性)** : 스키나 보드의 굽는 정도나 강도.

- **flexibility / 탄성** : 탄력 있고 유연한 스키 판의 성질.

- **flexible file / 반달 줄** : 거친 줄의 일종으로서 줄의 이빨이 매우 크고, 거칠며, 반달처럼 생겼다. 이것은 지나치게 거칠기 때문에 사용할 때 주의해야 하며, 바닥과 바닥날을 함께 고를 때 사용된다. 말 그대로 "유연한 줄" 이라고 부르는 경우도 있다. 일반 공구상에서는 "양은 줄" 이라 불린다.(정비)

- **flexion / 굽히기** : 스킹에서 허리나 다리를 구부리는 것.

- **flexion-extension / 굽히고 펴기** : 회전 기술에서는 고속일수록 허리의 위치를 안정시켜 발목, 무릎, 허리의 관절을 이용한 유연한 신축 운동이 필요하며, 특히 다리를 굽히고 펴는 조절이 필수적이다.

- **flex pattern / 상대 강도** : 보드의 앞, 중간, 뒷부분의 상대적인 강도.(보드)

- **flight / 날기** : 스키가 설면 위에 떠올라 비행을 하는 상태.

- **fling(독) / 돌진 출발** : 경기에서 강하게 뛰어 올라 출발하는 것으로서 강력한 출발을 위하여 한 다리를 뒤로 휘둘러 차며, 앞으로 돌진한다.

- **flip / 재주넘기** : 앞이나 뒤로 몸을 굴러 넘는 것을 의미하며, 흔히 "뒤집기"(소머솔트)라 불리는 기술을 총칭하는 말이다. 때에 따라서는 구르기(roll) 기술까지 포함하기도 한다.(묘기 스키)

- **floater / '올림판'**과 같은 뜻의 용어.

- **floating / 떠오름** : 깊은 눈 등에서 스키가 가라앉지 않고 설면의 윗부분으로 뜨는 것을 의미한다. '허리 휨'(archbend)이 굵을수록 '떠오름' 현상이 커진다.

- **flow line / 흐름 선** : '최대경사선'을 가리키는 또 다른 말이다. 참조: 최대경사선.

- **fluorine carbon / 불화 탄소** : '탄소 첨가 왁스'에 사용되는 탄소.(정비)

- **flying squirrel air / 날 다람쥐** : 무릎을 굽히고, 보드의 뒤쪽 날을 양손으로 잡되, 앞의 손은 앞발에 가깝게, 뒤쪽 손은 뒷발에 가깝게 잡는 것.

- **foggy / 안개(낀)** : 안개가 끼어 시야가 좋지 않은 상태.

- **foot twist carving turn / 발 돌려 날로 타기** : 날로 타기의 한 방법으로 약간의 "꼬리 미끄러짐" (skidding)을 일으키며, 발을 돌려(foot twisting) 돈 후에 날로 타기를 하는 것.

- **forebody / 앞부분** : 스키화가 위치한 스키의 앞쪽 부분.

- **fore entry / 앞에서 신기** : 보통 신발을 신 듯 스키화를 앞에서 벌려 신고, '채움쇠'를 채우는 방식의 스키화.

- **forerunner / 선주자** : 경기에 앞서서 코스의 최종적인 점검을 위하여 미리 달리는 시범 주자.

- **forward lean / 앞 기울이기 1** : 설면에 대하여 수직으로 선

몸을 앞으로 기울여, 엄지 발가락 쪽에 체중이 실리도록 하는 것으로 흔히 '전경'(前傾)이라 불리기도 한다.

- **forward lean / 앞 기울이기 2** : 부드러운 바인딩(끈 바인딩)의 등(highback)이 가진 각도, 혹은 딱딱한 보드화의 각도.(보드)

- **forward-lean / 앞 기울이개** : 고급 스키화는 효과적인 "앞 기울이기" 동작을 만들기 위하여 스키화 자체가 앞으로 굽어질 수 있도록 장치를 해 놓고 있다. 이를 가리켜 앞 기울이개라 한다.

- **freeriding / 자유로이 타기** : 어떤 형태의 보드로나 자유롭게, 재미를 추구하며 타는 기존 방식의 타기를 의미한다.(보드)

- **freestyle board / 자유형 보드** : 앞 뒤, 즉 머리와 꼬리 부분의 모양이 같은 보드로서 속도 위주의 타기(ride) 보다는 적당한 속도와 회전 및 '돌리기'(spin) 등 자유로운 보딩을 추구하기 위하여 제작된, 대체로 부드러운 보드.(보드)

- **freestyler / 자유형 스키어** : 자유형 스키를 타는 사람을 말하며, 핫도거(hotdogger)라고도 불린다.

- **freestyle ski / 자유형 스키** : 70년도 초에 미국에서 '핫독 스키'(hot dog ski)라는 이름으로 시작된 스키의 형태로 자유로운 스킹을 추구하는 스키이다. 공중제비(에어리얼), 모글(눈더미 통과), 묘기 스키(아크로)의 3개 종목으로 구성되어 있다.

- **fresh fish air / 신선한 생선** : '썩은 생선' 공중 기술을 뒷면(backside)으로 한 것.(보드)

- **front flips / 앞으로 뒤집기** : 공중에 뛰어오르면서 고개를 떨궈 몸을 앞으로 굽히면서 한 바퀴 이상 돌고 떨어지는 기술.(공중제비)

- **front foot / 앞의 발** : 보드의 앞부분 쪽에 있는 발. 일반적으로는 왼발.(보드)

- **front hand / 앞의 손** : 보드의 앞부분 쪽에 있는 손. 일반적으로는 왼손.(보드)

- **frontside / 앞면** : 몸의 앞에 놓인 지역을 의미한다.(보드)

- **frontside air / 앞면 공중 기술** : 다리 사이의 앞쪽 날을 잡고, 반쪽 관의 앞벽에서 행하는 공중 기술.(보드)

- **frontside handplant / 앞면 물구나무** : 앞의 손을 벽의 가장자리에 대고 서는 물구나무.(보드)

- **frontside rotation / 앞으로 돌기** : 앞뒤꿈치가 가리키는 쪽으로 도는 것.(보드)

- **frontside spin / 앞으로 돌리기** : '왼발잡이'(regular stance)가 시계 반대 방향으로 돌리는 것.(보드)

- **frontside wall / 앞벽** : '반쪽 관'에서 앞에 보이는 벽.(보드)

- **front spoiler / 채움쇠 보호 장치** : 스키화의 첫 번째 혹은 첫 번째와 두 번째 '채움쇠'(buckle)를 보호하기 위하여, '채움쇠' 바로 앞부분의 수지(樹脂)를 불쑥 튀어나오게 만든 장치. '채움쇠 보호장치'가 있으면, 스키어가 넘어지면서 스키화의 '채움쇠'가 딱딱한 눈이나 얼음, 혹은 기타 물체에 부딪혀 파손되는 일이 없다.

- **frostbite / 동상(凍傷)** : 피부가 추위 때문에 혈액 순환이 되지 않아서 제 기능을 상실하는 것. 동상이 심하면 그 부위를 잘라 내야 한다.

- **FRP /Fiberglass Reinforced Plastic / 유리 섬유 강화 수지(樹脂)** : 플라스틱에 유리 섬유를 넣어 강도를 향상시킨 합성 수지. 보호용 헬멧 등은 FRP로 만들어진다.

- **g(G) / 외력(外力)** : "중력 가속도"를 의미한다.

- **gap jump / 사이 뛰기** : 뛰어오르기와 착지 사이에서 행하는 뛰기.(보드)

- **garland(영) / 뱀 미끄러지기** : '옆으로 가기'(traverse)를 하는 도중에 파도와 같은 모양을 그리며, 뱀이 지나듯 활주하는 것. 일본에서는 이를 '사행 활주'(蛇行 滑走)라 부른다.

- **gate / 기문(旗門)** : 깃발이나 장대의 배열을 뜻하며, 경기를 할 때 사면의 회전이 이뤄져야 할 곳에 깃발이 매달린 장대를 세운다. 활강과 대회전의 깃발은 사각형이고, 회전에서는 삼각형의 깃발을 사용한다.

- **gatekeeper / 경기 심판** : 선수가 성공적으로 '기문'을 통과했는 지를 판정하는 코스의 심판.

- **gay twist / 게이 트위스트** : '붙잡기'(grab)를 곁들인 '떠올라 뒤로 돌기' 기술.(보드)

- **gears / 장비** : 일반적인 스키 장비를 총칭하는 말.(equipments와 같은 의미.)

- **gegen verwinden(독) / '반대로 틀기'**와 같은 뜻의 용어.

- **gelande(독) / 사면** : 스키장의 사면, 연습장, 혹은 스키장 그 자체를 의미하는 말.

- **gelandesprung(독) / small jump / 뛰어 넘기** : 스킹 중에 장애물을 뛰어 넘기 위한 '뛰어 오르기.'

- **giant slalom(GS) / 대회전(大回轉)** : 활강과 회전의 중간적인 성격을 가지고 있는 알파인 경기 종목으로서 활강보다는 코스의 전체 길이가 짧고, 회전보다는 '기문' 구성의 규모가 큰 종목. 어떤 의미에서는 알파인 경기 중에서 회전 기술이 가장 요구되는 경기로서 달릴 길을 결정하는 방식이나, 회전의 마무리, 강인한 체력, 약동적인 신체의 움직임에 따른 '날 세우기' 조작 등이 관건이다.

- **girlande(독) / '뱀 미끄러지기'**와 같은 뜻의 용어.

- **glamour ski / 글래머 스키** : '수퍼 사이드컷 스키'의 모양이 허리가 잘록하고, 위아래가 넓어서 글래머 여성의 몸매와 같다는 비유로 일본에서 붙인 별명.

- **gleitpflug(독) / 좁게 벌린 회전** : '꼬리'를 벌리는 폭을 좁게 하고, 제동을 덜하면서 미끄러지는 회전.

- **glide wax / 활주용 왁스** : 보호용 왁스(base wax)에 대응하여, 미끄러짐을 최대한으로 늘이기 위하여 바르는 왁스.

- **gliding / 활주(滑走)** : 스키가 미끄러지는 것.

- **GLM(Graduated Length Method) / 길이조절교습법** : 'PSIA'에서 채택한 1m 정도의 짧은 스키를 10cm씩 길이를 늘려 가면서 처음부터 평행 회전 방식으로 교습을 하는 방법. 이 방법은 가장 이상적이지만, 스키 학교에서 각 길이별로 다량의 스키를 구비하고 있어야 하기 때문에 실패하였다.

- **glove 1 / 보드 장갑** : 보드 전용의 장갑을 의미. 보딩에서는 폴을 사용하지 않으므로 장갑의 비중이 상당히 크다. 장갑을 설면에 짚으면서 회전하는 경우도 있고, 설면에 주저앉는 일도 많으며, '공중 기술'에서 '붙잡기'를 행한다던가, '반쪽 관'에서 꼭대기의 '입술' 부분을 손으로 잡고 하는 등의 동작에서 필수적이다. 보드 장갑은 방수가 철저하고, 목이 길며, 심한 마찰 등에도 견딜 수 있도록 손바닥과 손가락 끝에 '탄소 섬유'처리가 되어 있다.(보드)

- **glove 2 / 스키 장갑** : 가죽 제품의 스키 장갑은 방수 처리와 함께 발수 처리가 잘 되어야 하며, 손가락이 다 있는 것과 벙어리 장갑 형태가 있다. 후자는 '손잡이'를 잡는 데 있어서 세밀한 움직임을 전하기 힘들다. 목이 긴 것과 짧은 것이 있으며, 두 개의 장갑을 함께 묶어 놓을 수 있는 고리가 있다.

- **glue / 접착제** : 스키 구조재를 함께 붙이는 재료로서 스키나 보드의 제작 시에 "글루"(glue)라는 말을 사용하면 거의 대부분 에폭시(epoxy)를 의미한다.

- **goal line / '결승선'**과 같은 뜻의 용어.

- **goggle / 보안경** : 방풍설과 보안을 목적으로 사용하는 보안경. 안경의 알이 크고, 교체가 가능하며(interchangeable), 고

무 띠가 포함된 끈(strap)이 달려 있다.

- **gondola / 곤돌라** : 삭도(索道/케이블카)와 같은 형태로 만들어진 장거리용의 수송 수단으로서 바람막이 시설이 되어 있고, 여러 명이 동시에 탈 수 있다. 스키는 곤돌라에 설치된 스키 보관대에 꽂아 놓을 수 있다.

- **goofy / 오른발잡이** : 왼손잡이의 경우는 보드의 앞에 오른발을 올려놓는 것이 편한 자세가 된다. '오른발잡이'란 말은 보더를 가리키기도 하고, 오른발 우선의 자세를 가리키기도 한다.(보드)

- **Gore-tex / 고어 텍스** : "W. L. Gore and Associates" 사의 특수 처리된 섬유(천)로서 방수, 발수, 방풍 등의 효과가 뛰어난 특징을 가지고 있으며, 모든 방수 및 발수 기능 섬유의 효시가 되었다. 이것은 천의 표면에 특수 제재를 덧칠하면, 그 표면에 극히 미세한 수많은 구멍(pores)들이 생기는데, 그 구멍의 크기가 물방울보다는 작고 땀이나 수증기보다는 커서, 땀은 배출하되 물은 들어오지 못하도록 하는 것이다.

- **G-pulling turn / 강력한 회전** : 활강이나 대회전 경기 등에서의 회전처럼 중력(G: gravity)에 의한 가속도의 영향을 받는 강한 회전을 의미한다.

- **grab / 붙잡기** : '공중 기술'에서 한 손 혹은 양손으로 보드의 날 가까운 부분을 붙잡는 자세.(보드)

- **gradient / 기울기** : 경사 혹은 경사도를 말한다.

- **grand trick / 대단한 묘기** : 일반적인 설면 위에서 행하는 전반적인 기술을 총칭.(보드)

- **graphit / '탄소 섬유'**와 같은 뜻의 용어.

- **graphite / '탄소 섬유'**와 같은 의미로서, 탄소(carbon) 그 자체를 의미하는 경우도 있다.

- **graphite wax / 탄소 첨가 왁스** : 탄소의 특징인 두 가지의 전도성, 즉 전기와 열을 전하는 기능을 이용하여, 왁스에 탄소 가루를 첨가함으로써 정전기를 흡수하기도 하고, 열을 전도(흡수)하여 이 바닥에 닿는 설면이 지나치게 녹지 않도록 하는 왁스.

- **grass ski / 잔디 스키** : 잔디에서 스킹을 즐길 수 있도록 무한궤도(endless track)나 로울러를 1m 내외의 판 밑에 장착한 스키로서, 일명 "9월 스키"(September ski)라고도 불린다.

- **green course / 초보자 코스** : 'PSIA'가 정한 '스키기술수준'(SKIII) 1에서 5의 수준으로 다리를 넓힌 자세에서 초보적인 '평행 회전'으로 내려올 수 있는 코스.

- **grind / 갈아내듯 타기** : '미끄럼 막대'나 '통나무'에 뛰어 올라, 옆으로 길게 미끄러지는 기술.(보드)

- **grip 1 / 손잡이(장비)** : 폴 윗부분의 플라스틱으로 만든 손잡이로서 끈(strap)이 달린 것과 끈이 없는 "노 스트랩"(no strap) / "오픈 그립"형이 있다.

- **grip 2 / 잡기** : '손잡이'를 잡는 방법.

- **grip 3 / 통제(기술)** : 회전 중에 회전의 크기를 조정하기도 하고, 보드의 움직임이 어긋나는 것을 막기 위해 적절히 보드에 압력을 가하는 것.(보드)

- **grip 4 / "마찰력 부가"의 의미** : 다른 용어와 결합하여 사용될 때, 즉 '날 먹는 힘'(edge grip)에서의 경우와 같이 'grip'이란 용어의 영향을 받는 다른 용어에 마찰력을 부가하는 역할.

- **grip wax / 정지력 강화 왁스** : 눈과의 마찰을 증가시키고 스키의 정지력을 높이는 왁스.(장거리 경기)

- **grit / 이빨 굵기** : 줄(file) 등에서 이빨의 날과 날 사이가 얼마나 굵은가를 나타내는 단위.

- **grommet (grom) / 어린 보더** : 작고, 어린 스노우보더로서 보딩에 빠진 사람.(보드)

- **groomed slope / 다져진 사면(斜面)** : '눈 다지는 차'로 작업을 해 놓은 사면.

• **grooming / 다지기** : '눈 다지는 차'(정설차 혹은 '압설차/押雪車')로 눈을 다져 평활하게 만드는 것.

• **groove / 바닥 홈** : 바닥 중간에 접설면 정도의 길이 만큼을 1cm 정도의 넓이, 1mm 이하의 깊이로 파 놓은 것. 최근의 스키에는 '바닥 홈'이 적으며, 특히 회전용 스키에는 '바닥 홈'을 파지 않는 것이 관례이다. 이의 역할은 공기의 통로를 만들어서 스키와 눈 사이에서 생기는 물을 미세한 물방울로 만들어 스키의 미끄러짐을 좋게 하기 위함이다.

• **ground skiing / 설면 스킹** : 설면에서 스키를 떼지 않고 하는 스킹. 즉, '뛰어 오르기'나 '공중제비' 등이 없는 스킹 기술.

• **GS / giant slalom / '대회전'**을 줄여서 부르는 용어.

• **guard tape / 보호용 테이프** : 스키의 윗부분이 '날' 등에 걸려서 상하지 않도록 붙이는 투명하고도 질긴, 두꺼운 테이프. 스키는 제작 시에 이러한 테이프가 사용될 것을 고려치 않고 만든 것이기 때문에 이를 사용하는 경우, 원래의 '탄성' 등에 영향을 미칠 수 있다.

• **gulley / 도랑** : 모글 스킹 등에서 눈 더미 사이로 많은 스키어들이 지나가서 깊게 파인 곳.

Ⓗ

• **Haakon flip / 하콘식 뒤집기** : 티. 하콘센(Terje Haakonsen)이 개발한 기술로서 뒤집힌 720도 기술이다. 보더가 뒷벽을 뒤로 타기로 올라가서 뒷면 쪽으로 돌고 뒤집는 것.(보드)

• **hair band / 머리띠** : 스킹을 할 때 머리가 흩날리지 않도록 매는 띠. 남녀용의 구분이 없이 사용한다.

• **hairpin / 급한 돌기** : 영어의 "헤어핀 벤드"(hairpin bend) 즉 'U'자형으로 굽은 도로에서의 급한 커브(curve)라는 말에서 나온 용어로, 급하게 꺾어 도는 동작을 의미한다.

• **half-cab / 설면 떠올라 뒤로 돌기** : '떠올라 뒤로 돌기'를 반쪽 관이 아닌 일반 설면에서 행하는 것.(보드)

• **half cab / 연속 뒤로 타기** : '반쪽 관'에서 행하는 기술로 연속으로 '뒤로 타기' 자세를 반복하는 것이다.(보드)

• **halfpipe / 반쪽 관(管)** : 다량의 눈(雪)을 쌓아 'U' 자 모양의 거대한 도랑으로 만든 것으로서, 마치 엄청난 크기의 관(pipe)을 횡으로 반쪽을 내어놓은 것 같다고 하여 붙여진 이름이다. 양편의 높은 벽을 이용하여 보더들은 가속력을 얻고, 그 힘으로 '공중 기술'을 구사하게 된다.(보드)

• **hamstring / 다리 힘줄** : 뒷다리 관절 뒤의 힘줄로서 "오금 힘줄"이라고도 한다. 스킹에서 많이 쓰이는 근육이다.

• **handplant / 물구나무** : '반쪽 관'에서 행하는 기술로 보더들이 벽 위에 올라 한 손이나 양손으로 벽의 꼭대기를 잡고, 거꾸로 서는 것.(보드)

• **hand stand / 손 짚고 서기** : 폴 없이 설면에 손을 짚고 거꾸로 서는 기술.(묘기 스키)

• **hard boots / 딱딱한 신발** : '산악용' 보드에 설치하는 '판 바인딩'과 결합될 수 있는 스키화와 비슷한 생김새의 보드용 신발.(보드)

• **hard pack / 단단한 눈** : 스키어들의 스킹이나 '눈 다지는 차'의 '다지기,' 혹은 추운 날씨 등으로 응축되거나 단단해 진 눈. "compact snow" 혹은 "packed snow"라고도 한다.

• **head / 머리** : 스키 판의 앞부분을 말한다.

• **head wall / 윗벽** : 사면 중간을 도로가 가로질러서 생긴 곳으로서 공중 기술을 구사하기 좋은 곳.(보드)

• **heel binding / 뒤 바인딩** : 뒤꿈치 쪽에 있다고 해서 "힐 바인딩"이라고 부르며, 스키화의 뒤축으로 누르면 바인딩이 탄성 한계를 넘어가면서 강하게 뒷굽 상단의 튀어나온 부분을

물어준다. '밟아 넣기'식, '회전대식,' 그리고 '판 바인딩'과 '손 잡이 바인딩' 등이 있다.

- **heel drag/overhang / 뒤꿈치 끌기** : 보드에 바인딩을 설치 했을 때 부츠가 크면 그것이 보드 밖으로 튀어나와 보딩 시에 설면에 끌리는 것.(보드)
- **heel edge / 뒤쪽 날** : 보드에 발을 올려놓았을 때 발뒤꿈치 쪽의 날.(보드)
- **heelside weighting / 발뒤꿈치 무게 주기** : 활주 중 보드의 발뒤꿈치 쪽에 무게 중심을 이동하여, '뒷면 회전'을 할 때의 '날' 조작 기술.(보드)
- **heel thrust / 뒤꿈치 밀어내기**와 같은 뜻의 용어.
- **helicopter / 헬리콥터** : 눈 더미에서 뛰어 올라 공중에 서 360도 이상을 회전하는 기술. 헬리콥터의 속어인 "챠 퍼"(chopper)라고도 불린다.(묘기 스키, 공중제비)
- **heli-skiing / 헬리 스킹** : 헬리콥터를 이용하여 산의 정상으 로 올라가서 즐기는 스킹을 말하며, 북아메리카의 록키 산맥, 알프스 등지, 남반구의 뉴질랜드와 호주 등지에서 행할 수 있 다.
- **herringborning(독) / 벌려 바로 오르기** : 스키의 앞끝을 벌 리고 '안 날'을 세우고 번갈아 스키를 올려 디디면서 '폴'의 도 움을 받아 올라가는 것을 말하며, 완사면(緩斜面)에서 오르기 에 적당하다. 일본에서는 이것을 "개각등행"(開脚登行), 혹은 "직등행"(直登行) 등으로 부르기도 한다.
- **hickory / 호도 나무** : 북미의 호도과 나무의 이름인 '히코리' 는 일반적으로는 재목으로 쓰이나, 한 때는 스키 판의 심재로 가장 많이 쓰였던 나무이다. 한 때 '히코리'(Hickory)란 스키의 상표도 있었다.
- **highback binding / 등높은 바인딩** : 자유형 보드에 '부드러 운 신발'을 고정시키는 바인딩. 보드에서는 '바인딩'이라고 하

면 '등높은 바인딩'을 의미한다.(보드)

- **high back bindings / 등 높은 바인딩** : 높은 등(highback) 이 달려 있는 바인딩. 일반적인 자유형 보드에 달려 있는 합성 수지 끈(plastic strap)식의 부드러운 바인딩의 뒷부분으로서 장딴지에 닿을 때 지지대의 역할을 한다. 이로써 보더의 움직 임을 효과적으로 날에 전달한다.(보드)
- **high position / 올림판** : 스키 바닥에서 일어나는 진동을 흡 수하면서, 바인딩의 높이를 높여 스키의 방향 조절성(steering ability)을 보다 향상시키고, '날 세우기' 능력을 강화하기 위하 여 스키와 바인딩 사이에 설치하는 장치. 전엔 따로 상품이 나 왔지만, 최근에는 바인딩과 일체가 되어 있는 경우가 많다. 소 위 '비틀림 막대'(torsion bar)란 것도 '올림판'의 일종이다.
- **highway / 고속도로** : 반쪽 관의 바닥이나 벽 위에 나 있는 커다란 홈.(보드)
- **hike up / 등산 보딩** : 승강기 등을 이용하지 않고, 등산 을 하여 산정에서부터 보딩을 해서 내려오는 것. '극한 보딩' (extreme boarding)의 일종.(보드)
- **hip / 엉덩이** : 보드 뒤쪽의 가장 넓은 곳.(보드)
- **hip angulation / 엉덩이 꺾기** : '꺾기'의 일종으로 '엉덩이 꺾 기'라는 용어와는 달리 실제로는 '허리 꺾기'를 행함으로써 실 행된다.
- **hip crossover / 엉덩이 넘기기**와 같은 뜻의 용어.
- **hocke(독) / 웅크리기**와 같은 뜻의 용어.
- **hocky stop / 급정지** : 빠른 속도로 달리다가 정지할 때, 스 키를 평행으로 모아 놓고, '폴'에 의한 회전력을 바탕으로 옆으 로 돌려 최대경사선과 대각선의 상태에서 강하게 '날'을 세워 서는 것. 아이스 하키에서의 정지 기술과 같아서 붙은 이름. 가 장 효과적인 정지 기술이다.
- **ho ho / 호 호** : 두 손 물구나무의 옛 이름.(보드)

- **hole pattern / 구멍 뚫는 형식** : 보드의 바인딩 구멍은 두 가지, 즉 네 구멍과 세 구멍으로 형식이 표준화되어 있는데, 현재는 네 구멍이 보편적이다.(보드)
- **Holmenkollen(노) / 홀멘콜렌 경기** : 노르웨이의 오슬로에서 열리는 세계에서 가장 오래된 스키 장거리 경기.
- **honeycomb / 벌집 구조** : 70년대 이후 스키 '판'의 심재로 사용되어 온 구조재로서, 원래는 항공기나 우주선의 구조재이다. 알루미늄이나 플라스틱으로 만들어진 6각형의 벌집 모양을 하고 있으며, 그 구조의 특성상 가벼우면서도 강한 특징이 있다.
- **hop / 뛰기** : 설면에서 스키를 띄운다는 면에서는 '뛰어 오르기'와 비슷하지만 이는 스키를 설면에서 띄워 '무게 덜기'의 목적을 달성하려 한다는 점에서 차이가 있다.
- **horizontal lamination / 수평 적층** : 여러 재료를 수평으로 겹쳐 놓고, 접착하는 기술.
- **host / 호스트 / 특별 안내원** : 스키장에서 모든 코스에 익숙한 상급자를 임시로 고용하여 필요한 경우 고객과 함께 각 코스를 함께 안내하며, 스키장의 홍보를 담당토록 하는 안내원을 의미한다. 안전 요원의 역할과는 다르며, 스키장에서는 이를 위한 특별 교육을 실시하고, 시즌권을 내어 준다. 호주(Australia) 스키장의 제도.
- **hot dog ski / 핫독 스키 / 자유형 스키** : 자유형 스키의 최초 이름. 자유형 스키는 미국에서 시작된 스키로서 미국적인 스키라는 의미에서 핫독이란 이름을 붙였다.
- **hoting schi(독) / 호팅 스키** : 스웨덴의 호팅에서 발견된 4,000여년 전의 스키. 현존하는 가장 오래된 스키로 알려지고 있다.
- **hot waxing / 뜨거운 왁싱** : '왁서'나 다리미, 혹은 인두로 왁스를 녹여 바르는 형태의 왁싱 방법. 과정은 까다로우나 가장 효과적인 왁싱 방법이다. 그 이유는 스키의 바닥을 충분히 데워 놓으면 바닥재인 폴리에틸렌의 분자들 간의 간격이 넓어져서 보다 많은 왁스를 흡수할 수 있기 때문이다.(정비)
- **hourglass ski / 물시계 스키** : '수퍼 사이드컷 스키' 즉, '날로 타기 스키'와 같은 용어로서 수퍼 사이드컷 스키가 물시계처럼 아래위가 넓고, 가운데가 좁은 것에서 나온 말이다.
- **HRC / Hardness Rockwell** : 강도 지수(强度 指數): 락웰(Rockwell) 사가 표준을 정한 쇠의 강도를 나타내는 지수. 기존의 쇠 날(steel edge)은 약 44-48 HRC이며, 현재 스키에서 사용되는 가장 강한 날로 알려지고 있는 '플라즈마 날'은 58-65 HRC로 알려지고 있다.
- **hucker / 허커** : 되는대로 공중에 뛰어 올라서 다리 이외의 부분으로 떨어지는 사람.(보드)
- **huftknick(독) / '꺾기'**와 같은 뜻의 용어.
- **hybrid construction / 혼합형 구조** : 항공 역학 등의 다양한 기술과 플라스틱, 철, 나무 등 각종 구조 재료를 복합해서 제작된 스키나 보드들. 최근의 장비들은 모두 '혼합형 구조'를 채택하고 있다.

- **ice bahn / '얼음판(氷板)'**과 같은 뜻의 용어.
- **Ice Control Edge / I.C.E. / 아이스** : 특수한 장비를 이용해서 스키화 바로 아래에 해당하는 스키 바닥 날(bottom edge)의 중간에 아주 가늘고, 긴 홈(micro groove)을 내어 얼음판에 강하게 만든 날. 즉 머리카락 3배 굵기 정도인 "0.15mm 깊이/0.5mm 넓이"의 홈을 30cm 정도의 길이로 냄으로써 이중의 날을 만들어, 원래의 날이 가진 마찰력을 극대화하는 것. '아이스 콘트롤 에지'의 약자가 "I.C.E."이므로 이 기계를 이용한 튜닝을 '아이스' 처리라고 부르기도 한다.

- **iguana air / 이구아나** : 뒷손이 꼬리에 가까운 날을 붙잡는 기술로서 대미안 샌더스(Damian Sanders)가 유행시켰다.(보드)
- **image training(skiing) / 상상 훈련(스킹)** : 실제로는 스키를 타지 않으면서 머릿속으로 스키를 타는 모든 상황을 그려 보며, 상상만으로, 혹은 눈을 감고, 동작을 취해 가며 훈련하는 방법. 어떤 동작을 취하는 데 있어서는 근육의 발달도 중요하지만, 이들 근육의 움직임을 관장하는 것은 작은 뇌의 명령 계통이므로, 머리 속에서 어떤 움직임을 완벽하게 재현하는 훈련을 하면 실제의 운동에서도 큰 효과를 볼 수 있다는 이론.
- **inadvertant release / '이론 이탈'** 과 같은 뜻의 용어.
- **in-between / 중간 넓이(스키)** : '중간형 수퍼 사이드컷 스키' (moderate ski)와 같은 의미를 지닌 용어.
- **inclination / 기울이기** : 몸 전체를 회전의 안 쪽으로 기울이는 것으로서 다음 회전의 방향으로 미리 자세를 잡아가는 선행 동작이다. 커미트먼트(commitment)와 같은 의미로서, 전에는 이를 '내향 자세'라 불렀다.
- **incline / '기울이기'** 와 같은 뜻의 용어.
- **incline flush / 비스듬한 기문** : 회전 코스의 일종으로 경사진 사면에 비스듬히 연속으로 꽂은 기문.
- **indy air / 인디** : 뒷발을 내뻗은 상태에서 앞날의 두 바인딩 사이를 뒷손으로 붙잡은 상태로 뒤쪽으로 공중 기술을 행하는 것. 대체로 보드가 보더의 머리보다 높아지게 된다.(보드)
- **in edge / '안 날'** 과 같은 뜻의 용어.
- **innenkante(독) / '안 날'** 과 같은 뜻의 용어.
- **innenlage(독) / 안쪽 기울인 자세** : 회전 중에 상체가 회전 방향 안쪽으로 기울어진 자세.
- **inner boots / '안 쪽 신발'** 과 같은 뜻의 용어.
- **inner skiing / 내면 스킹** : '상상 스킹'과 같은 의미로서 티모시 갤웨이(T. Gallwey)와 밥 크리거(B. Kriegel)가 공저한

「Inner Skiing」이란 책이 1977년에 출간된 후에 보편화된 말이다. 이 책의 2판은 그 출간 20주년을 기념하여 1997년에 발간되었다.
- **inserts / 삽입 나사** : 바인딩을 설치할 때 볼트(bolt)를 돌려 끼울 수 있는 중앙의 '갑판'(deck) 부위의 암나사. 이 '삽입 나사'는 보드 제작 시에 삽입 및 접착된다.(보드)
- **inside / 안 쪽** : '최대경사선'의 두고 볼 때, 회전의 중심이 되는 쪽.
- **inside edge / 안 날** : 두 개의 스키가 착용하고 있을 때, 안 쪽에 있는 두 개의 날을 지칭하는 용어. 흔히 엄지발가락 쪽의 날이라 부른다.
- **inspection / 조사** : 경기 전의 코스를 미리 살펴보는 것으로 설면 상황과 '장대' 혹은 '기문' 설치 상황을 점검한다.
- **instructor / 강사** : 스키장에서 스키를 가르치는 전문적인 스키 지도자로서 국가나 지역의 공인 자격증을 소지한 자.
- **insulation / 차단** : 외부로부터 공기나 열이 내부로 들어오는 것을 막는 효과. '차단' 효과가 좋은 스키복이 바람직하다.
- **int/adv / 중/상급자** : '능력 수준'의 중간 단계 중 하나로서 중급자와 상급자의 중간 단계. "int"는 중급자(intermediate)의 줄인 말. "adv"는 상급자(advanced)의 줄인 말이다. 미국 「스키」 지의 표기 방법이다.
- **int-adv / 중급자에서 상급자까지** : '능력 수준'에서 중급자로부터 상급자까지를 가리키는 표기. "int"는 중급자 (intermediate)의 줄인 말. "adv"는 상급자(advanced)의 줄인 말이다. 미국 「스키」 지의 표기 방법이다.
- **intermediate skier / 중급자** : 스키 학교에서 정식 강습을 받은 경우, '스키기술수준'(SKIII) 5, 즉 스키 학교로 보아 C 수준의 최고 단계 정도까지 이르러 '평행 회전'의 습득을 눈앞에 둔 스키어. 이 경우 그린(Green) 코스를 편안히 스킹할 수 있

으나, 윗 단계인 가파른 블루(Blue) 코스에서는 더 발 넓은 자세가 되며, 연결된 회전에는 어려움이 있다. 빙판에서도 상당한 어려움을 겪는다.

- **intermediate turn / 중간 회전** : 스키 회전의 자연적인 반경(natural radius)으로 따져 볼 때는 대충 11m-27m 정도의 반경으로 한 회전이 이루어지는 것을 의미한다. 하지만 무게 이동, 폴 등 스키 기술을 이용하는 경우에는 스키 길이의 2내지 3배 정도의 길이를 '중간 회전'으로 구분한다. 자연적인 반경으로는 11m 이하의 회전을 "짧은 회전"으로, 27m 이상 40m 정도의 회전 반경을 '긴 회전'으로 구분할 수 있다.(40m는 '수퍼 사이드컷 스키'가 아닌 기존 스키의 자연스런 회전 반경이며, 회전의 길이를 대, 중, 소로 구분하는 데 대해서는 다양한 이견이 있음.)

- **Inter Schi(독) / '국제스키지도자회의'**와 같은 뜻의 용어.

- **Inter Ski / 국제스키지도자회의** : 4년마다 열리는 스키 지도자들의 회합으로서, 스키 기술, 이론, 지도법 등 스키 지도에 관련되는 모든 문제를 토의하는 국제적인 모임. 국제 스키 용어 등을 토의하고 통합하기 위한 특별 위원회를 창설하기도 했으며, 각국 '시범자'들의 시범 경연도 벌어진다.

- **interval 1 / 간격** : 보드 경기 시 코스에 설치된 장대와 장대 사이. '간격'이 넓은 것은 속도 위주의 경기, 좁은 것은 기술 위주의 경기이다.(보드)

- **interval 2 / 기문 간격** : 경기 등을 위하여 설면에 꽂아 놓은 기문과 기문 사이의 간격.

- **interval speed / 기문간 속도** : 회전 경기에 있어서 기문과 기문 간에서의 속도를 의미한다.

- **interval timing / 구획간 활주 시간** : 코스 구획간을 달린 선수들의 활주 시간.

- **inverts / 뒤집힘** : 머리가 보드 밑에 놓인 상태, 즉 거꾸로 공중에 뜬 상태에서 행해지는 묘기들.(보드)

- **inward lean / '안쪽 기울인 자세'**와 같은 뜻의 용어.

- **IOC(International Olympic Committee) / 국제올림픽위원회**

- **iridium / 이리듐** : 원래는 지구상에 존재하지 않던 원소로 6,500만년 전에 공룡이 멸망하던 시기에 떨어진 대규모의 운석에 의하여 지구상에 유입된 원소. 이리듐이 도포(coating)된 스포츠 글라스는 난반사를 제거하는 데 특효가 있으며, 이리듐이 도포된 표면은 워낙 평활해서 매끄러운 특성을 가진다.

- **iron cross / 철십자** : 공중에서 두 개의 스키를 십자로 교차하게 만드는 기술.(공중제비)

- **ISA** / Intermountain Ski Association) / 국제스키연합회

- **ISF** / International Snowboard Federation / 국제스노우보드연맹

- **ISO(Int'l Standard Organization) / 국제표준기구** : 전 세계의 모든 표준 규격을 결정하는 기구로서 스키에서 가장 많이 사용되는 규격은 '바인딩 수치'를 나타낸 "ISO scale"이다.

- **ISO(International Standard Organization) scale / 바인딩 수치(數値)** : 바인딩의 강도를 계수로 나타낸 것. 스키에서 가장 많이 사용되는 국제 표준 규격은 이 '바인딩 수치'인데, 이 규격은 관련 시장에서 이미 확립된 규격(de facto)을 채택하는 경우가 많아서 바인딩의 종주국이랄 수 있는 독일공업규격(DIN)의 수치를 그대로 수용하였다.

- **isotrophy / 균등 배분력** : 스키 각 방향으로 골고루 미치는 힘을 말하며, 한 예로 덮개식 스키는 옆벽식 스키보다 스키어의 체중을 보다 균등하게 배분해 줄 수 있다.

- **ISRD / Importer's Suggested Retail Price** : "수입자 권장 소비자 가격"을 가리키는 말이다. 우리 나라는 '개방가격제'(Open Price) 도입 이전에 터무니없이 높은 ISRD로 스키의 시장 가격에 혼란이 온 바 있다.

- **Japan air / 일본식 공중 기술** : 앞발의 앞날을 앞의 손으로 붙잡고, 양 무릎은 구부리며, 뒷다리를 내뻗어서 보드를 머리 정도 수준으로 끌어내는 것.(보드)

- **javelin turn / 십자가 회전** : 한쪽 스키를 다른 스키의 위로 들어 올려서 십자가 형태로 교차되게 만든 상태에서 회전하는 기술(묘기 스키)

- **jetting / 내뻗기** : '내뻗기 회전'에서 스키를 분사시키듯 내뻗는 동작.

- **jet turn / 내뻗기 회전** : 상당히 기술적인 회전 방법으로서 회전의 마지막 단계에서 스키어가 몸을 뒤로 젖힌 후 스키에 가해지는 압력을 감소 시켜서 스키를 분사(jet)시키듯 내뻗어 빠른 속도로 회전을 마무리하는 회전.

- **jib / 미끄러짐** : '미끄럼 막대,' '통나무,' '충돌 상자'(bonk box) 등에서 미끄러지는 것을 의미하는 용어.(보드)

- **jig / 위치 잡이** : 정해진 위치를 잡아 주는 장치. 바인딩을 스키에 부착시킬 때 바인딩 제작사에 따라서 너트(nut)를 박는 위치가 다른 경우가 있으며, 또 위치를 정확히 잡아 줄 수 있도록 고정해 주는 '위치 잡이'의 도움이 필요하다.

- **j-tear / J 자 돌기** : 마이크 재코비(Mike Jacoby)가 처음 시도한 기술로서 반쪽 관 위의 벽 가장자리에 한 손이나 양손을 대고 앞면 쪽으로 540도를 돌아 뒤집는 돌기 기술.(보드)

- **jump / 뛰어 오르기** : 스키를 설면에서 도약(跳躍) 시키는 것.

- **jumping hill / 언덕 뛰어넘기** : 조그만 언덕을 '뛰어 넘기' 동작으로 통과하는 것.

- **jump lamp / 도약대** : 보드로 '뛰어 오르기'를 하는 대.(보드)

- **jumpover / 뛰어 넘기** : 설면에 장애물이 있을 때 이를 뛰어 넘는 동작.

- **jump start / '급출발'**과 같은 뜻의 용어로서 "끌리 스타일" 출발 자세를 말한다.

- **jump stop / 뛰어 올라 정지** : 뛰어오르며 돌아서, 바로 정지하는 것.

- **jump suits / 점프복형 스키복** : 방수/발수/방풍 처리가 된 나일론 계통의 소재로 원피스 형태로 만들어진 스키복. 이런 형태의 스키복은 원래 낙하산 복으로 만들어진 것이 원형이므로 이를 "점프 수트"로 부르게 되었다.

- **jump turn / 뛰어 돌기** : 주로 스키의 꼬리 부분을 설면에서 강하게 차올려서 좌우로 뛰며 회전하는 기술. 도약(跳躍) 회전이라고도 한다.

- **jump Wedeln / 뛰어 오르기 연속 소회전** : 연속 소회전에 '뛰어 오르기'를 가미한 회전.

- **J 자 돌기 / j-tear** : 마이크 재코비(Mike Jacoby)가 처음 시도한 기술로서 반쪽 관 위의 벽 가장자리에 한 손이나 양손을 대고 앞면 쪽으로 540도를 돌아 뒤집는 돌기 기술.(보드)

- **Kandahar binding / 칸다하 바인딩** : 독일의 게제(Geze) 사가 만든 근대적인 바인딩으로서 안전 바인딩의 시효가 되었다. 칸다하는 오스트리아의 지명이다.

- **kante(독) 1 / '날'**과 같은 뜻의 용어.

- **kante(독) 2 / 도약대** : 점프대의 도약을 위한 발판을 의미하며, 동시에 '날'(edge)을 의미하기도 한다.

- **kevlar / 케블라** : '아라미드 섬유'로 만들어진 스키 구조재의 소재로서 매우 강하고, 단단하며, 완충에도 뛰어난 효과가 있다. '탄소 섬유'보다 가벼우나, 작업하기가 쉽지 않고, 가격이

높다. 케블라로 천을 짜서 재킷 속에 넣어 만든 옷이 바로 방탄복이다.(유명한 스미스 앤슨사의 방탄복은 케블라가 주요 소재이다.)

- **kick / 차기** : 발(스키)로 설면을 차는 것.
- **kick Christiania(영) / 차올린 회전** : 프랑스의 스키 기술로서 '뛰어 돌기'(jump turn)와 비슷하지만, 스키의 머리 부분을 설면에 대고 꼬리 부분만 껑충 뛰어 회전하는 동작이다.
- **kicked tail / 들어올린 꼬리** : 설면에서 떠오르는 굴곡을 가진 꼬리.(보드)
- **kickturn / 차서 돌기** : 슬로프 중간에서 스키를 앞으로 차서 머리를 180도 돌려놓고, 남은 다리를 앞의 스키와 같이 가지런히 놓는 것.
- **kick up / 차오르기** : 폴을 양옆에 꽂고 뛰어 오르면서 스키를 'V'자로 벌리는 기술로서 엉덩이의 높이가 최소한 폴의 손잡이 부근 정도까지 올라와야 한다.(묘기 스키)
- **kilometre lance(프) / 고속 경기** : 직선 활강 코스에서 최고 시속을 다투는 경기.
- **kinesthetic sense / 운동 감각** : 몸의 위치와 움직임에 대한 감각.
- **kink / 거친 곳** : 비정상적이거나 거친 표면을 가진 설면.(보드)
- **klister wax / 습설용 왁스** : 습기가 있고, 쌓여 있는 눈에서 사용하는 왁스. 일반적으로 '장거리 경기'용 왁스로 사용된다.(정비)
- **km run(영) / '고속 경기'**와 같은 뜻의 용어.
- **knee angulation / 무릎 꺾기** : '꺾기'의 일종으로 무릎을 바깥쪽으로 꺾여서 스키어가 설면에 대하여 수직이 된 자세이다.
- **knee crank / 무릎 회전력** : 한 쪽, 혹은 양쪽 무릎에 의해 생기는 강한 회전력.
- **kneeling / 무릎 꺾기** : 가해지는 무게를 받치고, 날을 세우기

위해 무릎을 구부려 약간의 각도를 주는 것. "니 앵귤레이션"(knee angulation)과 같은 뜻의 용어.

- **knick(독) / 완사면 변이** : 급사면에서 완사면으로 이행하는 경사도 변화점을 의미한다.
- **knicklage(독) / '꺾기'**와 같은 뜻의 용어.
- **konvex(독) / '볼록면(凸面)'**과 같은 뜻의 용어.
- **krust(독) / '물결눈'**과 같은 뜻의 용어.
- **KSA / Korea Ski Association / 대한스키협회** : 1946년에 산악인 김정태 선생을 주축으로 창립된 "조선스키협회"의 후신으로 현재에 이른 우리 나라의 공인된 스키 협회.
- **kurzschwingen(독) / 쿨츠쉬빙겐** : '연속 소회전'을 의미하는, 베델른(Wedeln)의 원명.

- **lame / 안 좋음 2** : 좋지 않음(not good)을 표현하기 위한 말.(보드)
- **laminate / lamination / 적층** : 스키 '판'을 만들 때처럼 얇은 판으로 만들어진 각종의 구조재에 접착제(glue/대체로 epoxy)를 칠하면서 합판(合板)처럼 여러 층 종횡으로 쌓는 것.
- **laminate ski / 적층 스키** : 스키 '판'의 구조가 마치 합판(合板)과 같이 여러 층의 구조재를 종횡으로 쌓아 만든 스키로서 1930년대에 만들어지기 시작하였다. 그 이전에는 한 개의 나무판을 구부려 만든 '단판 스키'가 주류를 이루었다.
- **landing / 내려서기** : 공중에 떴던 스키가 설면에 내려앉는 것. 착지(着地)라고도 한다.
- **landing bahn(영) / 착지 사면** : 스키가 내려앉는 사면.
- **langlauf(독) / '장거리 경기'**와 같은 뜻의 용어.

- **lateral release / 측면 이탈** : 스키어들이 넘어지면서 발목의 비틀림이 일어날 때는 바인딩의 전후좌우 이탈 능력만으로는 발목의 부상을 막을 수 없어서, '사선 방향 이탈'(diagonal release)이 필요하다. 이를 '측면 이탈'이라 부른다.

- **lateral stability / 측면 안정성** : 스키어의 움직임이 그대로 스키 '날'에 전달되려면, 스키화 양옆이 발목 위부터 맨 윗부분까지 충분히 딱딱해야 하며, 이것이 딱딱할 때 그 스키화는 '측면 안정성'을 가지고 있다고 판단한다.

- **lateral stiffness / 측면 굳기** : 스키화의 양옆 부분이 얼마나 단단한가를 가리키는 말. 이것은 '측면 안정성'에 직접 연결된다.

- **late weight shift / 늦은 무게 이동** : 회전을 할 때 곡선의 변화점(변곡점)에서 체중을 한쪽 발에서 다른 쪽 발로 늦게 옮기는 것. 변곡점에서 늦게 체중을 이동시키면 곡률 변화가 심해서 매끄러운 회전 곡선이 나오지 않고, 또 스키의 뒤가 벌어지는 중급자들의 고질적인 병폐가 나타난다.

- **launch / 급출발** : 60년대 후반 불세출의 스키 선수인 쟝 끌로드 낄리(J. C. Killy)에 의하여 시도되고, 완성된 출발 방법으로서, 출발선에서 있는 힘을 다해서 뛰어올라 처음부터 가속을 받은 상태로 출발토록 하는 기술. 현재는 모든 선수들이 다 이런 방식으로 출발하고 있다.

- **lawn mower / 잔디 깎기** : '안짱다리' 기술을 연결 동작으로 계속하는 기술.(묘기 스키)

- **layback / 드러눕기** : 스키를 타면서 드러누웠다가 일어나는 동작.(묘기 스키)

- **layback handplant / 드러누운 물구나무** : 떠오른 뒤에 뒷손을 벽의 가장자리에 대고 물구나무를 서서 앞면으로 도는 것.(보드)

- **layout / 펴서 돌기** : 몸을 곧게 편 채 느리게 도는 동작.(공중 제비)

- **leagen slalom(독) / '대회전'(大回轉)**과 같은 뜻의 용어.

- **lean back / '뒤 기울이기'(後傾)**와 같은 용어로서, '앉아 타기' 기술의 근간이 된다.

- **leash / leash cord / 안전 끈** : 보드가 달아나지 않도록 앞쪽 다리에 잡아 묶는 끈.(보드, 자연설 스키)

- **leash strap / '안전 끈'**과 같은 뜻의 용어.

- **left/right ski / 좌/우 스키** : 좌우의 스키가 기능적으로 완전히 구분되어 있어서 좌우를 구분해서 타야 하는 스키. 참고: '비대칭'

- **leg breaker / 다리 부러뜨리기** : '안짱다리' 기술 참조.(묘기 스키)

- **leg cross / 다리 꼬기** : 한쪽 스키화를 다른 쪽 다리의 일부에 꼬아 붙이는 것으로서 360도 회전 등을 할 때 사용하는 기술.(묘기 스키)

- **level shoulder / '반대로 틀기'**와 같은 뜻의 용어.

- **leverage / 지레 힘** : 스키어의 움직임과 설면의 변화에 따라서 스키에 가해지는 압력으로서, 스키어가 자신의 체중을 스키 중심과의 상호 관계에 따라 앞뒤로 움직이면서 변하는 힘과 회전의 동작을 복합적으로 의미하는 말이다.

- **lien air / 리엔** : 스케이트보더인 닐 브렌더(Neil Blender)가 개발한 기술로서, 앞의 손이 뒤꿈치 쪽 날을 잡고, 몸은 보드의 앞쪽으로 기울인 것. '리엔'이란 닐(Neil)의 영문자를 거꾸로(lien) 발음한 것이다.(보드)

- **lifter / '올림판'**과 같은 뜻의 용어.

- **lift ticket / 승강기권(昇降機券)** : '의자식 승강기' 등 스키장 내의 모든 종류의 승강기를 사용할 수 있는 표. 새벽권, 오전권, 오후권, 전일권, 야간권, 시즌권 등 다양한 '승강기권'이 발매된다.

- **ligament / 인대(靭帶)** : 텐던(tendon)은 건(腱/힘줄)을 의미하는데, 인대와 건을 같은 것으로 오해하는 경우가 많다. 건 중에서 잘 알려져 있는 것이 아킬레스 건으로서 발목 뒤에 붙어 있다. 근육은 근섬유가 모인 다발이고, 인대가 이들을 묶어서 잡아주고 있고, 그 끝 부분은 건의 형태로 뼈에 부착되어 있다. "리가먼트"는 힘줄의 모양 그대로 끈이나 띠를 의미하는 말이었다.

- **liner 1 / 안감** : 스키화나 스키복 등의 안감을 의미.

- **liner 2 / 안감** : 안감 / liner 2: 스키화 등에서 껍질과 '안 쪽 신발' 중간의 겹치는 부분에 삽입된 다양한 굵기의 합성수지 거품(foam)으로서 자유로운 움직임을 가능케 하고, 충격을 완화시킬 수 있다.

- **linking step / 연결 동작** : 산 쪽으로 회전하여 몸이 거꾸로 되었을 때, 왼발을 들어 꼬리를 눈에 끌면서 왼쪽으로 연속 2회전하며 미끄러져 내려오는 것.(묘기 스키)

- **lip / 입술** : '반쪽 관'의 꼭대기 날(edge)을 가리키는 말.(보드)

- **Lipe Release Check / 이탈 검사기** : 바인딩의 강도를 검사하는 기계 장치. 스키화를 바인딩에 물려 놓은 상태에서 스키화에 압력을 가하면서 이탈될 때 정확한 바인딩 수치에서 이탈이 되는 가를 검사하는 장치.

- **liveliness / 생기(生氣)** : 스키가 튈 듯 탄성이 좋고, 스키어의 움직임에 따른 미세한 반응이 좋은 특성. 엘란(Elan)이란 스키의 이름은 '생기'를 의미한다.

- **log / 통나무** : '미끄럼 막대'의 역할을 하는 나무. '갈아내기'(grind) 응용 기술을 실시할 때 사용.(보드)

- **longitudinal flex / 세로 탄성** : 스키의 앞 끝에서 뒤끝까지 사이에서 용수철처럼 '판'이 굽혔다 펴졌다 하는 탄성을 말한다.

- **long radius turn / '긴 회전'**과 같은 뜻의 용어.

- **long turn / 긴 회전** : 스키가 가진 '옆 들림'(sidecut)의 구조에 따른 대부분의 자연스러운 회전은 기존의 스키(conventional / non shaped ski)에서 일반적으로 반경 40m 정도에서 일어나며, '수퍼 사이드컷' 스키에서는 18m에서 27m 이내에서 일어난다. 하지만 여기에 '폴'을 축으로 만들고, '날 세우기'를 곁들이고, 무게 중심을 조절하는 등의 조치를 하면, 대체로 11-15m 정도의 반경까지 회전의 길이를 줄일 수 있다.(물론 "짧은 회전"은 이보다 훨씬 더 반경이 줄어들어 스키의 길이 정도까지 줄어든다.) 대충 11m-27m 정도를 "중간 회전"으로 구분할 때, 27m 이상 40m 정도의 회전 반경을 '긴 회전'으로 구분할 수 있다.(이에 대해서는 다양한 이견이 있음.)

- **LST(Listed Stemming Turn) / 안 다리 들어 돌기** : '다리 벌려 돌기'(stem turn)로 회전을 하면서, 안 쪽 다리를 설면에서 떼어 들어올린 후에 회전하는 것.

- **luge(프) / 나무 썰매** : 목재로 만든 썰매로서 1인승, 혹은 2인승이며, 올림픽 경기 종목 중 하나이다. 이에 비하여 밥슬레이는 금속과 플라스틱으로 만들어진다.

- **mambo / 맘보** : 회전을 할 때 상체가 회전하는 다리를 유도하는 것으로서 비교적 매끄러운 눈에서 뱀처럼 율동하는 회전을 말한다. 현대의 스킹은 상체는 고정된 채 엉덩이 아래 부분만 움직이는 것이므로 이와 많은 차이가 있다.

- **mania / maniac/ 광(狂)** : 뭔가에 (좋은 의미로) 미친 사람. "ski mania(c)," "skiphile" 등의 용어에서 사용.

- **mashed potatoes / 으깬 감자** : 무겁고도 습기가 많은 눈.

- **material length / 바닥 길이** : 스키의 '머리' 끝에서 '꼬리' 끝까지를 바닥에서 잰 것.

- **material optimierung(독) / '정비'(整備)**와 같은 뜻의 용어.
- **Mcegg / 맥에그** : 벽에 앞의 손을 대고 뒷면 쪽으로 540도를 돌아서 앞으로 미끄러지는 것.(보드)
- **McTwist / 맥트위스트** : 반쪽 관으로 올라가면서 540도를 앞으로 굴러 도는 것. 유명 스케이트보더인 마이크 맥길(Mike Mcgill)의 이름에서 나온 용어.
- **medium / 중간 자세** : 높지도 낮지도 않은 적당한 자세.
- **medium radius turn / '중간 회전'**과 같은 용어이다.
- **melonchollie air / 메롱코리** : 앞다리를 내뻗은 상태에서 앞의 손이 앞다리 뒤로 들어가서 바인딩 사이의 뒤꿈치 쪽 날을 붙잡은 것.(보드)
- **metal scraper / 쇠(로 만든) 바닥 고르개** : 튀어나온(convexed) 바닥을 깎아 내는 얇은 스테인리스 강판.
- **method air / 메써드** : 앞의 손은 뒤꿈치 쪽 날을 붙잡고, 양 무릎은 구부리며, 보드를 머리와 같은 수준으로 끌어당긴 것.(보드)
- **mid entry / 가운데서 신기** : '채움쇠'(buckle)가 중간에 장착되어 있어서, 위에서 발을 집어넣을 수 있게 된 스키화로서 '앞에서 신기'(fore entry)식과 '뒤에서 신기'(rear entry)식의 중간 형태이고, 착용이 편하다.
- **mid-length ski / 중간 길이 스키** : 보통 스키보다 조금씩 길이가 짧은 기존의 스키로서 '옆 들림'이 대체로 깊게 들어간 스키. '수퍼 사이드컷 스키'의 탄생 이전에 있었던 스키이다.
- **mill bastard / '날 갈기'용 줄(file)**을 총칭하는 용어이다.
- **Miller flip / 밀러 뒤집기** : 반쪽 관에 앞으로 접근해서 앞의 손을 대고 앞으로 360도 구르기를 한 후에 뒤로 타기를 하는 것.(보드)
- **milling / '날 갈기'(filing)**와 같은 용어이다.
- **mind skiing / '내면 스킹'**과 같은 뜻의 용어.
- **mirror lens / 거울 렌즈** : 스포츠 글라스에 많은 특수한 렌즈로서 수은(mercury) 코팅을 하여, 거울처럼 밖의 물체가 반사되는 렌즈. 밖에서는 렌즈 안이 들여다보이지 않는다.
- **misty flip / 540도 뒤로 뒤집기** : 뛰어 올라서 540도로 뒤로 뒤집는 기술. 앞으로 시작해서 뒤로 타기로 나온다.(보드)
- **mittens / 벙어리 장갑** : 엄지손가락만 따로 있고, 다른 손가락은 모두 한 군데 넣도록 만든 장갑. 따뜻하기는 하지만, 폴을 잡을 때의 착용감이 좋지 않고, 폴의 미세한 조절이 힘들다.
- **mit uben(독) / 미트 위벤 / 단계 이행 교습** : 스키를 교습하면서 한 기술을 완전히 습득하지 않고, 불완전하더라도 다음 단계로 이행하여 변화를 추구하는 방법. 모든 스키 기술은 상호 연관성이 있으므로 한 가지 기술에만 매달리다 보면 오히려 발전이 없으므로, 상위 단계의 기술을 연습하는 가운데 아래 단계의 기술을 은연중에 익히는 사례가 많아 생긴 교습법.
- **mobius flips / 꼬아 뒤집기** : 뫼비우스의 띠처럼 공중에서 몸을 옆으로 한 바퀴 이상 비틀어 뒤집고 떨어지는 기술.(공중 제비)
- **moderate incline / 중간 경사** : 초/중급자들이 탈 만한 너무 급하지 않은 경사. 미국의 '블루 코스' 정도를 말한다.
- **moderate terrain / '중간 경사'**와 같은 의미를 가진 용어.
- **moderate type ski / 중간형 수퍼 사이드컷 스키** : 일반적인 수퍼 사이드컷 스키처럼 머리, 허리, 꼬리의 비례가 지나치게 과장되지 않고, 기존의 스키보다 약간 더 '옆 들림'을 깊게 한 스키.
- **mogul(event) / '모글' 경기** : '눈 더미 통과 경기'를 의미하며, 자유형 스키의 한 종목으로서 울퉁불퉁한 눈 더미가 인공적으로 설치된 급사면을 내리 달리며, 사면의 변화에 대응한 안정감 있는 기술의 구사로써 점수를 평가한다. 속도와 공중 묘기, 그리고 회전 기술 등이 평가의 기준이 된다.(자유형 스키)

- **mogul(오) / 눈 더미** : 스키어들이 한 지점을 중심으로 많이 회전을 하면서 설면에 자연적으로 아래가 넓고, 둥글게 솟아오른 봉우리. 일정 사면에 적절히 깃대를 꽂아 한동안 그대로 둠으로써, 그것을 돌아가는 스키어들에 의하여 모글이 생기도록 만들기도 한다. 일본에서는 '혹'이라 부른다.

- **mogulist / 모글 스키어** : 모글 스킹을 좋아하는 사람, 혹은 모글 선수.

- **momentum / 운동량** : 질량과 속도를 가지고 움직이는 물체가 받는 힘. 관성은 물체가 자신의 운동 상태를 그대로 유지하려는 성질을 말하며, 육상에서는 최고 속도에 도달하여 달리는 상태를 "관성 달리기"라고도 한다.

- **monoblock / '일체형 구조'**와 같은 뜻의 용어.

- **monocoque / 일체형 구조** : 스키 제작 시에 모든 재료를 일체형으로 만들어서 모양과 기능에 있어서 스키의 용도 및 목적에 정확히 부합하게 만드는 방식. 이런 구조의 스키는 전문성을 고려해서 만들어졌으므로, 스킹 형태에 따른 정확한 선택을 한다면 뛰어난 성능을 즐길 수 있다.

- **mono ski / 외짝 스키** : 한 개의 스키 판에 두 개의 바인딩이 부착된 스키로서 1969년에 마이크 도일(Mike Doyle)이 개발한 스키.

- **mosquito air / 모기** : 앞의 손이 앞의 다리 뒤로 들어가서 두 바인딩 사이의 뒤꿈치 쪽 바인딩 쪽 날을 잡은 후에 앞 무릎을 굽혀서 보드가 닿도록 만드는 것.

- **mounting / 바인딩 설치** : 바인딩을 '갑판'(deck: "바인딩 자리")에 고정시키는 것.

- **MSRD / 제작사 권장 소비자 가격** : "Manufacturer's Suggested Retail Price"를 가리키는 말이다.

- **mule kick / 노새 차기** : 공중에 뛰어 올라 '머리 떨구기'와 비슷한 자세를 취하면서 노새가 발차기를 하듯 옆구리 쪽으로 두 스키를 차올리며, 무릎을 굽히는 기술.(공중제비)

- **multi directional release / 전 방향 이탈** : 바인딩이 스키화를 모든 방향으로, 즉 입체적으로 이탈되도록 하는 기능. '사선 방향 이탈,' 혹은 '측면 이탈'은 전 방향 이탈과 같은 의미라 할 수 있다.

- **mute air / 앞날 잡기** : 앞의 손으로 발 사이의 앞의 날을 잡거나 앞발의 앞에 있는 날을 잡는 것.(보드)

- **n/cm / 마력 대비 힘** : 말의 힘(horse power)을 기준치로 하여 이를 cm로 대비시킨 힘.

- **NASTAR / 미국표준경기** : "NAtional STAndard Race"의 약자로서 미국의 전국 규모의 아마추어 스키어들의 스키 대회를 말한다.

- **neutral position / 중립 자세** : 스키를 탄 상태에서 어느 쪽으로도 기울지 않은 자세. "기본 자세"라고도 한다. '자연스런 자세'와 같은 뜻의 용어.(스키, 보드)

- **new snow / powder(snow) / 새 눈** : 인공눈보다는 하늘에서 바로 내린 신설(新雪)을 의미한다. 이 눈의 결정(crystal)은 인공눈과 전혀 다르게 밀도가 낮다.

- **noble ski(한) / 양반 스키** : 스키어들이 농담 삼아 만든 말로, 스키를 서둘거나 조바심하지 않고 느긋하게 타는 것으로서, 여유 있게 산장에 앉아 차를 마시기도 하고, 스키장의 경관도 구경하며, 남들의 스킹 모습도 지켜보는 관조형의 달관된 스키 행위. 참조: '머슴 스키'

- **nollie / 코로 떠오르기** : 웅크리고 가다가 머리(코)를 설면에 붙이고, 보드를 180도로 돌려, '뒤로 가기'(fakie)의 형태로 만

들고 진행하는 것.(보드)

- **nollie frontflip / 코앞으로 구르기** : 보드의 코를 앞으로 대고 튀어 오르면서 앞으로 구르기를 하는 것.(보드)

- **nordic / 노르딕** : 노르웨이에서 행해지던 스키 경기로서 '장거리 경기,' '점프,' '이어 달리기,' '2종 경기,' '복합경기' 등을 포함하는 종목의 이름이다. 원래 노르딕은 '북구'를 의미하는 용어로서 알프스를 중심으로 한 '알파인'에 대비되는 개념이다.

- **normal file / 중간 줄** : 중간 이빨을 가진 줄로서 가장 쓰임새가 많다.(정비)

- **normal tuneup / 일반 정비** : 일반적인 스킹에서 필요한 '거친 면 가공' 등 모든 정비 단계를 포함한 정상적인 정비 형태이다. '크리스탈 가공' 등 고도의 정비는 제외된다.(정비)

- **nose / 코** : 보드의 앞부분이나 앞끝.(보드)

- **nose bonk / 코로 충돌** : 보드의 앞부분(코)으로 어떤 물체에 부딪히는 것.(보드)

- **nose grab air / 코 잡기** : 앞의 손으로 보드의 코를 잡고 행하는 공중 기술.(보드)

- **nose ollie 180 / '코로 떠오르기'**와 같은 의미를 가진 용어.

- **nose pad / 콧등 걸이** : 보안경(goggle)이나 스포츠 그라스의 콧 등 위 부분에 설치되는 스펀지나 고무질의 걸이로서, 안경 등이 흘러내리지 않도록 하는 것.

- **nose poke air / 코로 찌르기** : 앞의 발을 내뻗어 보드의 코로 뭔가를 찌르는 것처럼 하는 동작으로서 이 때 어떤 형태로든 한 손은 날을 붙잡고 있어야 한다.(보드)

- **nose roll / '코로 떠오르기'**와 같은 의미를 가진 용어.

- **nose slide / 코로 미끄러지기** : 보드의 코(앞부분)로만 미끄러지는 동작.(보드)

- **no stick skiing / 폴 없는 스킹** : '날로 타기' 스키(carving ski)가 많아짐에 따라 나타난 경향으로서 폴이 없이, 마치 스노우보딩을 하듯 맨 손으로 무릎을 깊게 구부려 '날로 타기'를 하며, 설면에 거의 몸을 댈듯이 손을 짚어 가면서 타는 것. 이에 따라 기존의 스키 장갑보다는 스노우보딩용의 장갑을 사용하는 새로운 경향도 생기고 있음.

- **novice / 초심자** : '초급자'와 비슷한 개념.

- **nuclear air / 핵(核) 공중 기술** : 뒷손이 몸 앞으로 가로질러 나와서 앞쪽 발의 뒤꿈치 쪽 날을 잡는 것.(보드)

- **nylon brush / 나일론 솔** : '거친 면 가공'의 후반부에서 사용되는 솔로서, 왁싱을 한 후에 '놋쇠 솔'로 가공한 홈(groove)을 다시 나타나게 하기 위하여 이것으로 쓸어 주게 된다.

- **oblique gate / 사행(斜行) 기문** : 회전 경기에서 두 개의 기문이 아래 쪽으로 비스듬히 놓인 것을 의미한다.

- **offset flush / 깃발 배열** : 회전 경기 시에 사용되는 깃발의 배열 모양.

- **offset hairpin / 반달형 기문** : 회전 경기에서 2조(4개)의 기문을 비스듬하게 계속적으로 배치하여, 이를 통과하기 위해서는 반달 모양을 그리며, 달리도록 한 기문.

- **offset waisting / 거리차 상쇄** : 기존의 스키에서 회전 중심에서 바깥쪽 스키가 안쪽 스키보다 달리는 거리가 많은 것에 착안하여, 같은 방향의 '옆 들림' 간의 회전 반경을 달리 하여, '차동'(差動)의 문제를 해결하는 방법. '거리차 상쇄,' 즉, "오프셋 웨이스팅" 방법은 스키의 허리 부분을 조절하여 양 스키 사이의 거리 차이를 "상쇄"(offset) 시킨다는 것이므로, 결국 '비대칭' 스키 방식을 의미한다. 참조: '비대칭'

- **oil stone / 기름 돌** : 줄(files)로 날을 갈고 난 후 표면이 매끈

해지도록 끝처리를 하는 숫돌로서 정비 시에 물은 묻혀도, 기름을 묻히지는 않는다.(정비 이외의 일에서는 기름을 묻혀서 연마하는 일이 많아서 붙은 이름.) 불에 강한 알루미나 성분의 연마제를 줄(files)이나 네모 막대나 판의 형태로 고온에서 소성(燒成)하여 만든다.(정비)

- **ollie / 떠오르기** : 웅크리고 가다가 꼬리를 설면에 붙이고, 보드의 머리를 들어 몸을 펴면서 뛰어 오르는 것으로서 원래는 스케이트보드에서 유래한 기술이다. 선 자세에서 '떠오르기'를 통해 '공중 기술'을 구사할 수도 있다. 이 상태에서 장애물을 넘기도 한다.(보드)
- **one-footed skiing / '외발 타기'**와 같은 의미를 가진 용어.
- **one legged 360's spin / 외발 360도 돌리기(묘기 스키)** : 한 발을 든 상태에서 360도로 돌리는 기술.
- **one piece edge / 통날** : '끊긴 날'에 대비되는 개념으로 '날'이 한 개의 쇳조각으로 만들어져 있는 것을 의미한다.
- **one ski spin / 한 발 돌리기** : '묘기 스키'에서 한 쪽 발을 설면에 대고, 다른 발을 들어 추진력을 주면서 돌리는 것.(묘기 스키)
- **open gate / 열린 기문** : 회전 경기에서 두 개의 기문이 횡(橫)으로 놓인 것. 각 경사 코스가 이 두 기문 사이를 가로지르게 되어 있다.
- **open grip / 끈 없는 손잡이** : '손잡이'에 끈이 따로 달려 있지 않고, '손잡이'의 플라스틱을 연장하여 '폴'을 잡은 손을 감싸게 만든 '손잡이'로서 넘어졌을 때 쉽게 놓을 수 있어서 안전하고, '의자식 승강기'에 탈 때 한 손에 모아 쥐기가 편하고, 내릴 때는 쉽게 잡을 수 있어서 편하다. 이 손잡이는 좌우의 구분이 있다.
- **open legs / 열린 다리** : 두 스키 사이를 떼는 것을 의미한다. 일본에서는 "개각"(開脚)이라 부른다. 영어로는 '열린 다리'이지만 우리말로는 "벌린 다리"라고 하는 것이 원 의미에 더 가

까울 것 같다.

- **open parallel / 열린 평행 회전** : '평행 회전'을 하면서 자연스럽게 어깨 넓이 이하로 발을 벌린 채 회전하는 것.
- **open price / 개방가격제** : 스키 수입상(도매상)에서 스키 가격을 높여 놓고, 소매상(전문점)들이 이를 대폭의 할인율로 출혈 경쟁하지 않도록 하기 위하여, 수입 원가를 적절히 정한 후에 소매상에서 적정 이윤을 남기고 자유롭게 가격을 정하는 제도. 이 제도가 도입되면 제품에 붙어 있는 가격표에는 수입상이 붙여 주던 터무니없이 높은 권장 소비자 가격은 사라지고, 수입상은 수입 원가만을 표시하며, 그 수입 원가에 준해 소매상들이 가격을 정하게 된다.
- **open technique / 열린 기술** : 노르웨이의 크제틸 앙드레 아아모트(Kjetil Andre Aamodt) 선수 등에 의하여 최초로 사용된 기술. 스키가 최대 경사선을 향하기까지는 돌리기(swing) 동작이 무릎에서 시작하여 허리, 상체 등 전신을 사용(full-body inclination)해서 중심 이동을 하고 동시에 그 각도로 날을 먹여 발목-무릎-허리-상체의 가상적인 축이 스키 위에 똑바로 놓임으로써 고속에서 강한 날 먹이기가 가능한 기술.
- **outer shell / 바깥 껍질** : 스키화 바깥의 딱딱한 폴리우레탄(PU)을 의미하며, 최초에는 이 껍질이 아디프렌(Adiprene)이란 합성수지로 만들어 졌다. 최근에는 폴리우레탄 껍질이 강추위와 강한 압력으로 깨어지는 일이 생김에 따라 부분적으로는 매우 경화된 폴리에스터(PE)를 사용하는 경향도 있다.
- **outrigger / 노 걸이** : 노가 배에 걸친 것처럼 위쪽 다리를 굽혀 앉은 자세에서 산쪽 날을 걸고, 아래 다리를 밖으로 길게 내뻗으며 사면을 옆으로 미끄러지는 기술.(묘기 스키)
- **out-run / 원만한 언덕** : '스키 점프'에서 선수들이 공중에서 낙하한 뒤 안전하게 속력을 늦춰 정지할 수 있도록 언덕을 점차적으로 완만한 수평이 이루어지도록 하는 언덕의 구획.

- **outside / 바깥쪽** : 스키가 최대경사선에서 움직일 때 회전 중심의 반대쪽.
- **outside edge / 바깥 날** : 스키를 착용했을 때 왼쪽 스키의 왼편 날, 오른쪽 스키의 오른쪽 날처럼 바깥으로 놓인 날을 의미한다.
- **outward stance / 밖으로 내민 자세** : 몸이 허리를 중심으로 '〈'형으로 꺾인 자세로서, 상체가 무릎을 누르는 것에 대응하여 약간 밑으로 기울여서 균형을 잡는 것이다. 이것은 회전하는 순간 원심력에 대처하는 중요한 자세이다. 참조: '꺾기'
- **overhang / 돌출부** : '수퍼 사이드컷 스키'(super sidecut ski)처럼 허리 부분이 좁은 스키의 경우, 스키화의 바닥이 스키의 양측면 밖으로 튀어나오게 되는데, 이 튀어나온 부분을 '돌출부'라 한다.
- **OWG(Olympic Winter Games) / 동계 올림픽** : 대체로 4년마다 열리는 겨울 올림픽. 특별한 사정으로 2년만에 열린 대회도 있다.

P

- **pack / 추락** : 보더의 충돌이나 추락을 의미하는 말.(보드)
- **packed snow / '다져진 눈'**과 같은 뜻의 용어.
- **packed snow / '다져진 눈'**과 같은 의미의 용어.
- **Palmer air / 팔머식 공중 기술** : 숀 팔머(Shaun Palmer)가 개발한 기술로서 보드의 코를 붙잡고, 보드를 몸 앞으로 끌면서 코가 밑으로 향하게 하는 기술.(보드)
- **panel / '판'**과 같은 뜻의 용어.(스키)
- **pansar file / '반달 줄'**과 같은 뜻의 용어.
- **pants / 바지** : 스키용 바지로서 스판 계통의 천을 사용하여

세로 단방향, 혹은 가로, 세로 양방향으로 쉽게 늘어나게 만들어진 바지.
- **parabolic ski / 포물선 스키** : '수퍼 사이드컷 스키'의 '옆 들림'이 "포물선"처럼 과장되어 있다는 비유로 만들어진 '수퍼 사이드컷 스키'의 별명 중 하나.
- **parallel / '평행 회전'**을 의미.
- **parallel schuwung(독) / '평행 회전'**과 같은 뜻의 용어.
- **parallel slalom / 2인 동시 회전** : 프로 경기의 일종으로 관중들의 박진감을 높이기 위하여 두 명의 선수가 동시에 출발해서 양옆으로 분리 배치된 코스에서 각자 달려 내려오는 회전 경기이다. 이러한 경기에서는 기량도 중요하지만, 옆에서 달리는 선수와의 경쟁심 등 심리적인 요인도 크게 작용한다.(스키, 보드)
- **parallel turn / 평행 회전(平行 回轉)** : 다리를 모아 두 개의 스키를 평행으로 놓고, 무게 중심의 이동을 주로 하여 회전하는 기술. 중상급의 기술이며, 다리를 닫은 형태와 다리를 연 형태가 있다.
- **passgang(놀, 독) / 내밀기** : '옆으로 가기'(traverse)를 할 때 경사면 위쪽 어깨와 스키를 약간 앞으로 내민 자세, 혹은 약진 활주법. 일본에서는 '교호 활주'(交互 滑走)라 부른다.
- **patrol / 안전 요원** : 스키장의 안전을 확보하기 위하여 일하는 직원들로 공인 '안전 요원' 자격증을 가진 사람들 중에서 채용된다. 자격증을 가진 사람 중에서 임시직으로 채용되는 경우도 있다. 대부분의 스키장에서는 '강사' 자격을 함께 가진 사람들을 채용함으로써 때에 따라 두 가지의 일을 함께 맡기기도 한다.
- **pedal pushing / 페달 밟기** : 자전거 페달을 밟듯이 평행 회전 등에서 양쪽 스키의 안쪽 날을 빠르게 번갈아 밟는 연습을 하는 것. 효과적인 '연속 소회전'의 연습 방법이다.

- **pedaltrittartige bewegung(독) / '페달 밟기'**와 같은 뜻의 용어.

- **pencil pole / 연필 굵기 폴** : 1991년에 데이브 구디(Dave Goode)에 의하여 최초로 만들어진 '탄소 섬유'(graphite/carbon) 폴로서, 그 굵기가 기존의 알루미늄 폴과 비교가 안 될 정도로 가늘어서 붙인 이름.

- **peremeter weighting / 머리 꼬리 하중 분포** : 스키 머리와 꼬리에 대한 하중 분포

- **performance ski / 성능 추구 스키** : '전지역 스키'(all terrain ski)의 아래 급에 해당하는 스키로서, 이보다 하급의 '리크리에이셔널 스키'와는 구별되는, 비교적 싼 가격에서 높은 성능을 추구하며 만든 스키이다. 즉, 가격 대 성능비가 높은 스키이다. 보통 초중급자를 겨냥해서 만들어진다.

- **peripheral vision / 옆눈** : 바로 보는 직시(直視) 상태에서 양옆의 안 보이는 부분을 보는 것. 일본에서는 "측시"(側視)란 용어를 사용한다.

- **pflug(독) / 'V'자 눈밀기** : 스키의 '꼬리'를 벌려 눈을 미는 듯한 자세를 취하는 것. 일본에서는 제설(除雪) 동작, 혹은 전제동(全制動)이라 부른다.

- **pflug(독) / 'V 자 회전'**과 같은 뜻의 용어.

- **Phillips 66 / 필립스 66** : 스케이트보더인 제프 필립스(Jeff Phillips)가 개발한 기술로서 반쪽 관에 뒤로 타기로 올라가서, 뒷손을 벽의 모서리에 대고, 앞으로 구르기를 하면서 앞으로 떨어져 내려오는 것.(보드)

- **piezo electric ski / 압전(壓電) 스키** : 스키에 불필요한 충격이나 저주파의 진동, 그리고 강한 압력을 받으면 그것을 전기로 만들어 중화시켜 버리는 스키로서, 충격을 전기로 바꾸는 압전 효과를 이용한 획기적인 완충 장치를 가진 스키.(K2 사의 발명품.)

- **pike / 무릎 뒤 잡고 돌기** : 무릎 뒤에 손을 대고 허리를 최대한 굽혀서 도는 중간 돌기 동작.(공중제비)

- **Pipe Dragon / 반쪽 관 다지기 기계** : 도욱 워그(Doug Waugh)가 발명한 기계로서 반쪽 관을 다지는 기계이다. 이것은 눈 다지는 기계의 뒤에 반쪽 관의 모양과 같이 굽어진 팔(arm)을 설치하는 것이다.(보드)

- **piste(독) / 눈 언덕** : '사면'을 의미하는 용어로서, 때로는 스키장을 의미하기도 한다.

- **piste machine / '눈 다지는 차'(정설차)**와 같은 뜻의 용어.

- **pistol / '폴리건'**과 같은 뜻의 용어.

- **piston / 압설차** : 눈을 다지는 설상차.

- **pivot 1 / 축** : 활주 중에 양다리의 중심 부분을 선회 축으로 하여 두 발로 보드를 돌리는 것.(보드)

- **pivot 2 / 축** : 회전의 축.(스키)

- **pivoting turn / 축 회전(軸 回轉)** : 활주 중, 혹은 서 있는 자세에서 모아 있는 두 발의 스키화 중간 밑부분을 축으로 하여 스키를 돌리는 것. 피봇(pivot)은 로테이션(rotation)과 함께 쓰여지는 용어로서, 일반적으로 축을 중심으로 작게 회전하는 것을 뜻한다.

- **plasma edge / 플라즈마 날** : 스키 '날'의 모서리 끝(양쪽에서 각 0.25mm) 부분에 전리(電離) 기체, 즉 원자핵과 전자가 분리된 섭씨 12,000-13,000도의 기체(플라즈마)를 1/10초 동안 집중시켜서 '날'의 쇠가 녹기 직전인 1,200도 정도까지 온도를 올린 후에 이를 급격히 냉각시켜서, 표면(약 0.3mm)의 쇠 분자가 치밀하게 재결합하도록 변형을 초래시킨 날. 얼음판에서도 쉽게 상하지 않는 강한 '날'이 만들어진다. '기계 날갈이'를 이용하면 대체로 한 번에 0.1mm씩 갈리는데, 세 번 정도 '기계 날갈이'를 하면, '플라즈마 날'의 대부분이 갈려 나가서, 기존의 탄소강이 나타난다. 오스트리아 피셔(Fischer) 사의 특허 공법.

- **plastic / 합성수지(合成樹脂)** : 플라스틱을 가리키는 말.
- **plastic scraper / 합성수지 왁스 제거판** : 왁싱을 하고 나서 여분의 왁스를 긁어내는 고르개로서 아크릴 합성수지류의 네모판. 귀퉁이는 날에 묻은 왁스를 긁어내기 위하여 네모나게 잘려 있다. 대체로 플렉시글라스(Plexiglas)가 재료로 사용된다.(정비)
- **plate / 올림판** : 전엔 우리 나라에서 스키 판을 "플레이트" 혹은 "보드"(board)라는 말로 부른 적이 있는데, 이는 명백히 틀린 것이다.(그리고 그런 식의 용어 사용은 엉터리 영어라 할 수 있다.) 이는 리프터(lifter)나, 더비(derby), 플랫폼(plateform), 혹은 플레이트폼(plateform) 등으로 불리는 올림판을 의미하는 용어이다. 이같은 올림판은 스키화와 스키 판 사이에 장착되어 스키화의 위치를 높임으로써 카빙 시에 스키화가 설면에 닿지 않게 하고, 또 날 먹이기(edging)를 보다 효과적으로 만드는 기능을 한다. 이와 같은 의미로 사용되는 용어로는 carve plate, carving plate, high position, spacer, riser, floater, powerflex plate 등이 있다.
- **plate binding 1 / 판 바인딩** : '거취'(Gertch), '버트'(Burt) 등 현재는 생산되지 않지만, 세 개의 분리된 부분으로 구성된 알파인용의 안전 바인딩. 스키화 바닥에 부착시키는 금속판, 스키에 그 금속판을 고정시키는 앞부분과 뒤꿈치 부분의 결합구 등이 설치된다. 모든 방향으로 이탈될 수 있는 가장 안전한 바인딩이지만, 한 때 미국에서만 유행하다가 사라졌다.
- **plate binding 2 / 산악 스키용 판 바인딩** : 텔레마크(Telemark) 방식의 산악 스키에서 쓰이고 있는 바인딩으로서, 텔레마크 기술 구사를 위하여 앞 바인딩은 붙어 있는 채 경첩처럼 열고 닫힘으로써, 스키화(등산화 겸용)의 뒤꿈치가 쉽게 들리도록 되어 있다. 스키화에 고정된 판(plate)이 앞뒤 바인딩으로부터 분리될 수도 있는 구조이며, '이탈 방지 끈'도 내장되어 있다.
- **platforms 1 / 편평(扁平)한 곳** : '반쪽 관' 위의 '입술' 밑부분의 편평한 곳을 의미한다.(보드)
- **platforms 2 / 대(臺)** : 스키의 바인딩 자리 부분을 앞뒤로 길게 약간 위로 튀어나오게 한 부분으로서 완충기를 설치하거나 '날 세우기'를 강화하려는 목적으로 두껍게 만든 것이다. 참조: '갑판'
- **Plexiglas scraper / 플렉시글라스 왁스 제거판** : 합성수지 '왁스 제거판' 참조. 플렉시글라스는 아크릴 합성수지 계통의 특수한 플라스틱이다.
- **plough(영) / 'V 자 회전'** 과 같은 뜻의 용어.
- **polarized lens / 편광 렌즈** : 난반사를 방지하기 위하여 특수하게 만들어진 렌즈.
- **pole 1 / 폴** : 스키용 지팡이로서 회전의 '축'을 마련해 주거나 균형을 유지해 주며, 스키를 밀고 가는 데도 사용된다. 알루미늄 폴은 1940년대에 들어서 최초로 제작되었으나, 현재와 같이 얇은 벽과 끝이 좁아지는 형태의 가벼운 폴은 1958년 에드 스코트(Ed Scott)에 의해 비로소 만들어졌다.
- **pole 2 / 장대** : 경기를 위해 설면에 설치하는 기다란 나무.
- **pole checking** / '폴 찍기'(꽂기)
- **pole movement / poling / 폴질** : 폴을 움직이는(꽂는) 동작.
- **pole planting / 폴 찍기** : 회전의 축을 만들기 위하여, 폴을 설면에 꽂는 동작.
- **pole touch** / '폴 찍기'(꽂기)
- **polycarbonate / 폴리카보네이트** : "폴리탄산에스테르"를 가리키는 말로, 충격에 매우 강한 합성수지이며, 최근에 만들어진 '스포츠 글라스'들은 거의 대부분 렌즈로 이를 채용하고 있다.
- **polyethylene / 폴리에틸렌** : 스키나 보드의 '바닥' 재료로

사용되는 유연하고, 가벼운 합성수지. 스키 바닥재로 사용되는 폴리에틸렌은 흔히 '피-텍스'(P-Tex)로 불린다.

- **polygun / 폴리건** : 플라스틱 접착제를 녹여서 붙이는 '글루 건'(glue gun)과 비슷하게 피-텍스를 녹여서 바닥을 수리하는 장비로서 300와트 짜리와 1,000와트 짜리 제품이 있다.(정비)

- **polypropylene / 폴리프로필렌** : 겨울철 의류용 재료로서 단열재의 기능을 하며, 부드럽고 가벼운 합성수지의 섬유.

- **polyurethane / 폴리우레탄** : 스키화의 껍질(shell)과 바인딩, 혹은 거품(foam) 형태로 스키나 보드의 심재(core)로 사용되는 재료. 흔히 줄여서 "PU"라고 부른다.

- **poly wire / 폴리 와이어** : '피-텍스'가 줄 형태로 타래에 감겨 있는 것.(정비)

- **pop tart / 뒤에서 앞으로 돌기** : 일부러 빨리 돌지 않고, 반 쪽 관에서 뛰어 올라 천천히 뒤로 타기에서 앞으로 서서히 자연적으로 도는 것.(보드)

- **pore / 미세 구멍** : 고어 텍스 등으로 방수 처리를 했을 때, 혹은 스키 '바닥'의 재질인 '피-텍스'에 뚫려 있는 -- 왁스를 잘 흡수할 수 있는 -- 극히 미세한 구멍을 의미한다.

- **powder 1 / 새 눈(新雪)** : 새로 내린 눈을 의미하며, 눈의 결정이 뾰족하거나 각이 지고, 눈의 내부가 치밀하지 않아서 폭신한 감을 준다. 무릎 이상 빠지는 '새 눈'에서 스킹을 할 때는 '떠오름'(floating)이 좋은 스키를 사용해야 하고, 회전을 보다 원활히 하기 위하여 회전과 함께 앞의 팔을 내밀어 치켜올린다.

- **powder 2 / 가랑눈(粉雪) / 가랑-눈** : 매우 잘게 내리는 눈으로서, 한자로는 분설(粉雪), 혹은 세설(細雪)이라고도 한다. 가랑눈은 매우 곱게, 가루처럼 부서지는 경향이 있다. 참조: '새 눈'(新雪)

- **powder free turn / 자유 신설 회전** : 신설에서 형태에 구애되지 않고, 기분 내키는 대로 보딩을 하는 것.(보드)

- **powder ski / '신설 전용 스키'**와 같은 뜻의 용어.

- **powder skiing / 신설 스킹** : 발목 이상의 깊이로 새로 내린 눈이 많이 쌓인 곳에서 스킹을 하는 것. 약간의 '뒤 기울이기'와 함께 회전력을 부가하기 위하여, 회전 직후에 앞의 손을 높이 쳐드는 동작 등이 중요하다. 그리고 '떠오름' 기능이 좋은 '전지역 스키'(보통 허리 부분의 두께가 굵은 것.)나 '자연설 스키'를 사용하면 큰 도움이 된다.

- **pre jump / 미리 뛰기** : 사면에 낮은 '눈 더미'가 있을 때 그 앞에서 미리 뛰어 오름으로써 부드럽게 이를 넘어가는 기술. 혹은 활강 코스에서 갑자기 급경사로 변하면서 스키가 떨어지는 곳을 만날 때, 스키가 비행하지 않도록 경사 변화 지점 바로 앞에서 미리 점프하여 떨어짐으로써 비행 거리를 줄이는 기술.(비행 거리가 길어지면 속도가 늦어진다.)

- **pre-preg / 사전 처리 방식** : 스키 구조재에 열만 가하면 모든 부분이 접착될 수 있도록 미리 준비 처리를 하는 방식. 매우 강한 접착이 이루어져 구조적인 강성(强性)이 증가하고, 작업 과정이 현저하게 줄어든다.

- **premature release / '이른 이탈'**과 같은 뜻의 용어.

- **prepared slopes / 준비된 사면** : 미리 '눈 다지는 차'로 다져 놓은 사면, 즉 '다져진 사면'을 가리키는 말.

- **prerelease / pre release / 이른 이탈** : 바인딩이 충격이나 힘을 받았을 때, 다리 부상의 위험이 없는데도 불구하고 미리 이탈되는 현상으로 이것은 바인딩의 문제점이다. 특히 이런 현상은 바인딩이 강하게 조여진 상태에서도 일어날 수 있다. 참조: '탄력 조절 장치'

- **presentation / 시범** : '시범'(demonstration)과 동일.(보드)

- **pressure / 내려 밀기** : 다리를 펴며, 스키(혹은 보드)로 설면을 꾹 눌러 압력을 가하는 것.(加壓)

- **pre turn 1 (preturn) / 미리 틀기** : 스키를 회전하려는 방향과 반대로 뒤트는 동작으로서 다음 회전을 예비하는 자세.
- **pre turn 2 / 미리 돌기** : '미리 틀기'와 개념상으로는 큰 차이가 없는 용어로서, 아래쪽 회전의 계기를 만들기 위하여 "작은 산 쪽 돌기"(위쪽 회전)를 하는 것을 말하며, 결국은 반동을 주기 위한 예비 동작이다.
- **professional skier / 직업 스키어** : 스키를 직업으로 하는 전문 스키 강사, 혹은 개인 전문 강사 등, 오로지 스키 한 가지만으로 생계를 꾸려 가는 사람을 의미한다.
- **pro jump / 떨어져 내리기** : 경기 코스에서 1메타 이상 떨어져 내리는 것.(보드)
- **pro shop / 전문점** : 대체로 스키 정보에 박식한 사람이 운영하고, 스키만을 전문적으로 취급하는 상점을 말한다. 일반 양판점에 비하여 전문적인 사후 봉사(after service)를 받을 수 있다.
- **PSIA / Professional Ski Instructors of America)** : 미국 프로스키강사협회: 미국 전체의 프로 스키 강사들이 모여서 만든 연합체로서 각종의 정보 교류와 함께 협회 차원에서 강사들에 대한 지속적인 훈련과 레벨 1, 2, 3의 수준 검정을 실시한다. "레벨 3"은 '스키의 신'(ski god)으로 부른다.
- **P-Tex / 피-텍스** : 스위스의 인터몬타나 스포츠 사에서 개발한 폴리에틸렌 스키 바닥재. '밀어 펼친 바닥'(extruded base)용(압출형)과 '눌러 깎은 바닥'(sintered base)용(소결형)이 있는데, 후자가 왁스를 잘 흡수하는 고급의 바닥재가 된다. 후자는 폴리에틸렌 분자 사이의 미세한 구멍들이 보다 많기 때문에 열을 가하는 '뜨거운 왁싱'(hot waxing)을 하면 그 크기가 늘어나서 왁스의 분자를 효과적으로 다량 흡수하게 된다.
- **P-Tex candle / '초'**와 같은 뜻의 용어.(정비)
- **P-Tex chip / 피-텍스 조각** : 바닥 수리용 '피-텍스'가 조그만

덩어리로 만들어져 있는 것.(정비)
- **P-Tex strip / 벗겨 쓰는 피-텍스** : '피-텍스' 판에 세로로 흠집을 내놓아 찢어 쓸 수 있도록 만든 것.(정비)
- **pure carving turn / 순전히 날로 타기** : 가장 전형적인 날로 타기 방법으로서 몸을 넘겨 날을 바꾸는(edge change) 시점에서부터 날로 타기를 시작해서 계속 그 자세를 유지하는 것. 날 바꿔 날로 타기를 한 후에 계속 스키의 진행 방향을 따라서 날로 타기를 행한다.
- **pusher(노) / 푸셔 / 짧은 스키** : 노르웨이 스키 부대가 사용하는 짧은 스키.
- **putty / 채움재** : 스키의 상판(top sheet) 등에 난 흠집을 메울 때 쓰이는 채움재(fill-up material)로서, 30분 간격으로 조금씩 바르고, 완전히 건조된 후에는 이를 파일이나 사포(砂布)로 갈아낸다. 일본어에서, 혹은 공구상 등에서는 '빠데'라 부른다.

- **quarterpipe / 외벽 관(管)** : 한 개의 벽만을 가진 잘린 '반쪽 관.'(보드)
- **quer sprung(독) / '뛰어 돌기'**와 같은 뜻의 용어.
- **quick twist 270 / 빠른 비틀기 270도** : 앉은 자세에서 다리를 펴서 뛰어오를 때 몸과 머리를 한쪽으로 강하게 돌리고, 스키도 돌려 차면서 옆으로 공중 회전을 하는 것.(묘기 스키)

- **rack / 원래는 '운반기'**를 의미하는 말인데, 우리 나라에서는 스키 '보관대'를 의미하는 용어로 더 많이 쓰인다.

- **radial file / '반달 줄'**과 같은 뜻의 용어.

- **radial ski / 방사상 스키** : 래디얼 타이어의 지면 접착력이 높은 것에 착안하여, 스키의 모양을 사다리꼴(trapezoid)로 만들어 '날 먹는 힘'을 강화시킨 스키. '덮개식 스키'는 래디얼 스키의 일종이다.

- **rail / 철로** : '옆벽'과 '날'로 구성된 보드의 측면.(보드)

- **railed edges / (=concaved base) / 철로 날** : 바닥이 닳아서 양쪽날이 튀어나온 상태.

- **railing / 철로 타기** : 빠르게 되는대로 보딩하는 것.(보드)

- **rail slide / 철로 미끄럼** : 단순한 설면이 아닌 어떤 형태의 장애물이 있는 상태에서 그것을 미끄러지기. 쓰러진 나무의 가지, 반쪽 관의 모서리, 긴 테이블 등.(보드)

- **ratchet buckle / 톱니식 채움쇠** : 스프링이 달린 톱니와 같은 모양의 죔 쇠(fastener).(보드)

- **rattlesnake turn / 방울뱀 회전** : 일명 '꼬리 흔들기' 혹은 '회전 중의 회전'이라고도 불리는 회전 기술로서 큰 회전을 하는 가운데, 작은 회전을 병행하는 것.

- **reaction injection molding (RIM) / 주사 성형** : 나무 심재의 둘레에 합성수지를 쏘아 넣어서 보드를 만드는 방식. 이로써 강하고, 효율적인 보드가 만들어지지만, 대체로 무겁다.(보드)

- **realignment / 정돈** : 회전이 마무리될 때 '분리'('반대로 틀기') 동작이 끝나서 상체가 스키의 방향과 같게 되는 중립 상태에 들어가는 것.

- **rear entry / 뒤에서 신기** : 스키화의 뒷부분을 경첩을 열 듯 당겨 낸 후에 발을 뒤에서 앞으로 밀어 넣도록 만들어진 스키

화. 한 때 랑게 사의 연구원이었던 핸슨(Hanson) 형제가 개발한 방식으로 '핸슨' 스키화가 그 효시를 이루었다.

- **rear foot / 뒷발** : 보드의 꼬리 쪽에 있는 발. 일반 보더들의 오른발.(보드)

- **rear gear / '허리 주머니'**와 같은 뜻의 용어.

- **rear hand / 뒷손** : 보드의 꼬리 쪽에 있는 손. 일반 보더들의 오른손.(보드)

- **recovery / 회복** : 스킹 중 균형을 잃었다가 다시 제 자세로 돌아오는 것.

- **recreational ski / 일반용(一般用) 스키** : 경기용 스키에 대비되는 일반 스키어들이 사용할 수 있는 초중급자용의 스키로서 가격이 싼 편이다. 넓게는 '전지역 스키'도 이 계열에 포함시키지만, 대체로 '전지역 스키'보다는 하급의 스키가 이 계열에 속하는 경향이 있다. 대체로 부드럽고, 가벼운 모델들이 많아서 초보자들이 사용하기에 편하다.

- **regular footed / 왼발잡이 2** : '왼발잡이'(regular stance)와 같은 의미의 용어.(보드)

- **regular stance / 왼발잡이** : 오른손잡이의 경우는 보드의 앞에 왼발을 올려놓는 것이 편한 자세가 되고, 이것이 일반적인 자세이다.(보드)

- **reine Kristiania(독) / '평행 회전'(平行 回轉)**과 같은 뜻의 용어.

- **reine schwung(독) / 제동없는 평행 회전** : '평행 회전'과 같으나 거의 제동을 걸지 않는 순수한 고속 회전 기술.

- **relay / 이어 달리기** : '장거리 경기'의 일종으로 육상의 이어 달리기와 같은 방법으로 행하는 경기이다.(노르딕)

- **release / 이탈(離脫)** : 스키화를 스키에 고정시켜 주는 장치인 바인딩에서 스키화가 떨어져 나오는 것. 이를 해방(解放)이라 부르기도 하지만, 그보다는 '이탈'이 더 정확한 표현이다.

- **remover / 제거액** : 왁스를 제거하거나 스키의 오물을 제거

하는 휘발성이 강한 액체로서 감귤산(citrus)이 섞인 일종의 용제(solvent)이다. 벤젠, 크실렌, 톨루엔, 신너, 일반 솔벤트 등의 고휘발성 제품들은 스키의 수지(樹脂)류를 녹일 위험성이 있으므로, 가급적 '제거액'을 사용해야 한다.(정비)

- **repair / 수리** : 스키 장비의 고장을 고치는 것.(정비)
- **repair iron / 수리용 인두** : '피-텍스'를 녹여 바닥에 붙일 때 쓰는 도구.(정비)
- **restitution / 원상 회복력** : 스키의 움직임에 따라 휘거나 펴지는 데 있어서 최초의 상태를 얼마나 잘 유지하는가를 나타내는 힘.
- **retainer(rubber) / '고정줄'**과 같은 뜻의 용어.
- **retention / 고정** : 바인딩에 의하여 스키화가 스키에 정확히 물려지는 기능. 바인딩은 '고정'과 '이탈'(release)이 두 가지의 대표적인 기능이다.
- **retraction / 오그리기** : 다리를 굽히는 것.
- **reverse(d) edge / 반대 날 걸림** : 스키에서는 회전 바깥쪽으로 날이 걸려 넘어지게 되며, 흔히 '逆에지'라고도 불린다. 하지만 보딩에서는 활주 중에 회전 안 쪽의 날이 걸리는 것을 의미한다.(보드)
- **reverse camber / 거꾸로 들림** : '위로 들림'이 완전히 반대 모양이 되어, 밑으로 배가 나온 모양이 되는 것. 이것은 아래쪽 스키에 온 체중을 걸고, '날'을 강하게 세울 때 일어나는 현상으로 '날로 타기'의 요체이다.
- **reverse kickturn / 차 돌리기** : 스키가 움직일 때 스키를 산 쪽으로 돌리고, 몸이 산 쪽으로 완전히 돌았거나 약간 덜 돌았을 때 '차서 돌기'(kickturn)를 행하여 최대경사선을 타고 내려오는 것.(묘기 스키)
- **reverse step across / 안짱다리** : '다리 부러뜨리기' 기술 두 개 중 첫 번째의 것으로서 한쪽 스키를 다른 스키 쪽으로 머리부터 꺾어 넣은 후에 다른 쪽 스키를 빼어 내는 기술.(묘기 스키)

- **revert / 발 바꾸기** : 뒤로 타기에서 앞으로 타기로, 혹은 그 반대로 하는 것.(보드)
- **rewind / 되감기** : 어떤 동작을 반대로 행하기 시작하는 것.(보드)
- **ridge / 능선(稜線)** : 산이나 언덕 따위의 정상이 길게 이어지는 것을 의미. 언덕 정상 밑의 가상의 선을, 전체 높이를 10으로 보고, 높이에 따라 7부 능선, 8부 능선 등으로 부른다.
- **riller bar / 거친 막대** : '거친 면 가공' 장비로서 줄(files)처럼 생긴 막대의 좁은 등에 거친 면을 만들기 위한 날들이 튀어 나와 있다.(정비)
- **ring(영) / 눈 고리** : '폴' 아래 부분에 설치된 여러 가지 형태의 플라스틱 고리로서 폴이 설면에 너무 깊이 박히지 않도록 하는 장치. '바스켓'(basket)이라고도 한다.
- **riser / '올림판'**과 같은 뜻의 용어.
- **roast beef air / 튀긴 쇠고기** : 뒷다리를 내뻗은 상태에서 뒷손이 다리 사이로 들어가서 뒤꿈치 쪽의 두 바인딩 사이의 날을 잡은 것.(보드)
- **rock'n roll / 록큰롤** : 폴을 삼각형으로 만들어 설면에 세운 뒤에 뛰어올라 아랫배를 두 개의 폴 손잡이 위에 걸치고 재주를 넘는 기술.(묘기 스키)
- **rocker / 라커** : 초기 스노우보드 중에는 신설에서의 보딩을 위해 옆 들림(sidecut)이 반대로 된 것이 있었다. 즉 양옆이 둥글게 나온 보드이다.(보드)
- **rocket air / 로켓** : 보드가 지면에 수직이 된 상태에서 앞의 손이 앞발 앞의 날을 잡고, 뒷발은 내뻗은 상태의 공중 기술.(보드)
- **rodeo flip / 거꾸로 앞쪽 540도 뒤집기** : 뛰어 올라서 540도를 돌아 떨어지는 기술.(보드)

- **rolling down the windows / 창에서 구르기** : 보더가 중심을 잃고, 중심 회복을 위해 팔을 이리저리 흔드는 것.(보드)

- **rollout deck / 평평한 꼭대기** : 반쪽 관 위의 양 모서리 사이의 평평한 곳.(보드)

- **rotation / 돌리기** : 스키나 몸을 돌리는 것을 의미한다.

- **round turn / 둥근 회전** : 길고, 둥글게 스키를 회전시키는 것을 의미한다.

- **royal Christy / 로열 회전** : 한쪽 스키를 뒤로 빼며, 몸을 굽혀서 바닥이 하늘을 향하게 쳐들고, 외발 스키로 달리는 기술. 원래는 프란즈 로열 박사(Dr. F. Reuel)에 의하여 최초로 시범된 데서 나온 명칭이다.(묘기 스키)

- **ruade(프) / 꼬리 뛰기** : 스키의 꼬리를 힘차게 설면에서 끌어올려 옆으로 뛰어 회전하며, 스킹하는 기술. '뛰어 돌기'와 큰 차이가 없으나 '뛰어 돌기'는 스키 전체가 설면에서 떨어질 수도 있음에 비하여, '꼬리 뛰기'는 단지 꼬리만을 차올리는 것이 다르다.

- **rucklage(독) / '앉아 타기'** 와 같은 뜻의 용어.

- **run 1 / '사면'**(slope)과 비슷한 의미로 스킹을 하는 길.

- **run 2 / 횟수** : 스키를 몇 번 타고 내려왔는가의 횟수를 나타내는 말.

- **running length / 접설 길이 2** : 보드가 달릴 때 설면에 닿는 부분. "접설면"을 가리킨다.(보드)

- **running surface / '바닥'** 과 같은 뜻의 용어.

- **russel / 눈 다지기** : 자연설을 다져서 스키나 보드를 탈 수 있도록 설면을 조성하는 것. 적설기 등산에서 선두에 선 사람이 눈을 다지며 길을 만들어 올라가는 것. 원래 "러셀"(Russel)은 영국제 눈 다지는 기계의 이름이다.

- **SAB / Shock Absorbing Bridge / 충격 흡수판** : '올림판' 형태로 앞 뒤 바인딩 사이에 설치하여 충격 흡수 및 힘을 전달(transmission)하는 장치.

- **saddle point / 말안장 지점** : '눈 더미'와 '눈 더미' 사이에 말안장처럼 움푹 들어간 부분.(모글)

- **sad plant / 모양낸 물구나무** : 모양이 좋게 앞발을 내뻗은 상태에서 물구나무를 서는 것.(보드)

- **safety binding / 안전 바인딩** : 넘어지거나 무리한 힘을 받을 때 스키가 스키화에서 자동적으로 이탈될 수 있도록 만든 '체결구'(締結具).

- **safety strap / 안전 끈** : '안전 끈'(leash cord)과 동일.(스키, 보드)

- **sanding brush / 거친면 가공 솔** : 거친면 가공을 위해 사용되는 '놋쇠 솔'이나 '나일론 솔'을 총칭하는 말.(정비)

- **sandpaper / 사포(砂布)** : 단단한 종이 위에 고운 모래알처럼 생긴 강한 연마제를 접착시켜 놓은 것으로서 바닥이나 날을 정비할 때 다양하게 사용된다. 연마제의 굵기에 따라 80, 100, 120 등으로 번호가 작을수록 거친 것이다.(정비)

- **sandwich / 샌드위치** : 각종의 구조재들을 적층해 놓은 것.(판)

- **sandwich laminated construction / 샌드위치 적층 구조** : 각종의 보드용 구조재들을 적층해 놓고, 압력을 주어 접착시키는 구조로서 가장 노동력이 많이 들어가는 방식이다.(보드)

- **satz(독) / '뛰어 오르기'** 와 같은 뜻의 용어.

- **schanze(독) : '언덕 뛰어넘기'** 와 같은 뜻의 용어.

- **scheren(독) / 가위 벌리기** : '바꿔 밟기 회전'(step turn)에서 추진력을 얻기 위하여 산 쪽으로 다리를 벌리는 동작이다.

- **scheren bogen(독) / 가위 회전** : 가위로 자른다는 의미에서 나온 용어로서, 스키의 끝을 가위 모양으로 벌리는 동작이다.

- **scherstellung(독) / '가위 벌리기'**와 같은 뜻의 용어.

- **schi heil(독) / 스키 만세(쉬 하일)** : 독일이나 북구에서 스킹에 나선 사람들이 서로 건네는 인사말.

- **schmieren(독) / 옆으로 밀기** : 미끄러질 때 '날'을 세우지 않고, 스키를 평평하게 옆으로 밀어젖히는 동작.

- **schrittbogen(독) / '차올린 회전'**과 같은 뜻의 용어.

- **schrittbogen(독) / 쉬리트보겐** : '차서 돌기'를 시작하여, 바깥쪽 스키를 먼저 들어 올려서 균형을 유지하며, 도는 동작.

- **schuss(독) / 직활강(直滑降)** : '최대경사선'을 따라서 회전이 없이 내리 달리는 것.

- **schussboomer(독) / 슈쓰부머 / 난폭자** : 무모하고 난잡하게 스키를 타는 사람.

- **schussfahren(독) / 고속 직선 활강** : '직활강'과 비슷하지만, '최대경사선'이 지역에 따라서 약간씩 각도의 변화가 생기는데, 이를 무시하고 거의 직선으로 내리 닫는 활강.

- **schwanz(독) / '꼬리'**와 같은 뜻의 용어.

- **schwung(독) / '회전'**과 같은 뜻의 용어.

- **scissors / '가위 벌리기'**와 같은 뜻의 용어.

- **scraper / 왁스 깎개** : 이것은 항시 '플라스틱 왁스 깎개'를 지칭하는 말이다. 쇠로 만든 스크레이퍼는 절대로 왁스를 깎는데 사용되지 않고, 튀어나온 바닥을 깎아 내는데 쓰이므로 '(쇠) 바닥 고르개'라 부른다.(정비)

- **scrub cork / 문지르개** : 8x7x6cm 크기 정도의 코르크로 만들어진 정비 도구로서 왁스를 칠하고 나서 이를 문질러 펴는 역할을 한다.(정비)

- **seal / 미끄럼 방지천** : 스키로 '눈 다지기'(russel)를 하며, 산을 오를 때(登行) 미끄럼을 방지하기 위하여 스키의 밑바닥에 다는 기다란 천. 원래는 "실"(seal)이라는 용어 그대로 물개의 가죽으로 만들었으나, 현재는 물개의 털처럼 한쪽으로만 기울어지는 털을 가진 나일론 천이 사용된다. 올라갈 때는 털이 일어나서 마찰력을 극대화시켜 준다.(산악 스키)

- **seam sealing / 솔기 메움** : 스키복이나 장갑의 솔기 사이로 물기가 들어오지 않도록 방수가 되는 천으로 접착을 하고, 바늘구멍도 특수 방수 처리를 한 실로 메워서 방수 처리를 하는 방법.

- **season ticket / 시즌권** : 한 스키 시즌 내내 모든 승강기를 탈 수 있는 승강기권(lift ticket).

- **seatbelt air / 안전벨트** : 앞발을 내뻗은 상태에서 앞의 손을 뒤로 돌려 꼬리를 붙잡는 기술.(보드)

- **segmented edge / 끊긴 날** : 스킹 시 '날'에 가해지는 충격을 완화시키기 위하여, 날을 깊지 않게 횡으로 2.54cm 정도의 간격으로 조금씩 실낱같은 홈을 파서 끊어 놓은 날로서 "분절(分切) 날"이라고도 부른다. '얼음판' 등과 같이 진동에 의한 충격이 많은 곳에서 유효하며, '얼음판'에서의 '날 세우기' 효과도 좋은 특징이 있다.

- **seitratschen(독) / '옆 미끄러지기'**와 같은 뜻의 용어.

- **selective control / 선택적 조절** : 바인딩에 설치된 장치의 이름으로 설면의 상황에 따라서, 바인딩의 동작 상태를 세 가지로 선택할 수 있도록 만드는 장치. 즉, 신설이나 모글, 단단한 눈이나 다져진 눈, 그리고 딱딱한 눈이나 얼음판이고 고속일 때의 세 가지 중에서 하나를 선택할 수 있다. 설질과 사면, 그리고 속도에 따른 구분으로서 마커(Marker) 사가 채택한 방식이다.

- **separation / 분리** : 회전 시 스키는 좌우로 돌기 때문에 하체는 스키의 움직임과 같이하지만 이와는 무관하게 얼굴과 상체는 항상 언덕 아래를 향하는 것.

- serpentinesprint(스) / '**삼키기**'와 같은 뜻의 용어.

- **set ski** / '**일체형 스키**'와 같은 의미의 용어.

- **set up** / **설치** : 스키에 바인딩을 다는 작업.

- **shaped ski** / **변형 스키** : '수퍼 사이드컷 스키,' '자연설 스키,' '발바닥 스키' 등과 같이 기존의 스키와는 형태가 다른 스키. 다양한 스킹의 경험을 추구하려는 경향에 따라서 더욱 다양한 '변형 스키'가 등장할 전망이다.

- **sharpener** / '**평판 깎개**'와 같은 뜻의 용어.

- **shea** / '**양방향 벌려 타기**'와 같은 뜻의 용어.

- **shea-guy** / **양방향 벌려 타기** : 한쪽 스키를 뒤로 빼어, 좌우 스키의 머리를 서로 반대편으로 향하게 만든 후에 스킹하는 동작.(묘기 스키)

- **shifty air** / **평범한 공중 기술** : '붙잡기'(grab)를 하지 않고, 상체와 하체를 반대 방향으로 틀었다가 정상으로 돌아오는 기술로서 항상 앞발은 내뻗어야 한다.(보드)

- **shimmy(독)** / **빗나감** : 똑바로 스키가 미끄러짐에도 불구하고, 자꾸 양옆으로 스키가 빗나가려는 경향.(지형 등의 영향.)

- **shin** / **정강이** : 발목으로부터 무릎에 이르는 부분 전체를 가리킨다. 회전 시에는 스키화의 '혀'(tongue)에 '정강이'를 의지하고, 그 양옆에 압력을 줌으로써 회전의 정도를 결정할 수 있다. 즉, 정강이의 정면을 12시 방향이라고 할 때 10시와 2시 방향을 정강이로 누르면 '짧은 회전'이, 11시와 1시 방향을 누르면 '긴 회전'이 된다.

- **shin straps** / **정강이 끈** : 일부 '등높은 바인딩'의 선택 사항인 바인딩 끈.(binding strap)(보드)

- **shock absorption** / **충격 흡수** : 다리를 굽히고 펴는 동작 등으로 스키어에게 가해지는 충격을 흡수하는 것을 말하며, 스키 장비에 완충 장치를 만들어 넣어서, 저주파의 진동을 흡수하는 것을 의미하기도 한다.

- **short radius turn** / **짧은 (반경의) 회전** : '짧은 회전'과 같은 뜻의 용어.

- **short ski** / **짧은 스키** : 예전에는 어린이용 스키처럼 1m 전후의 스키를 의미했으나, 이제는 그런 것과 함께 '스레드 독'이나 '발바닥 스키'와 같이 스키화보다 조금 긴 정도의 스키까지 포함한다.

- **short swing turn** / '**연속 소회전**'과 같은 뜻의 용어.

- **short turn** / **짧은 회전** : 스키의 구조에 의한 자연스런 회전인 '긴 회전'보다 훨씬 짧은 회전으로서 스키의 길이, 혹은 그보다 조금 크게 1회의 회전이 일어나는 것으로부터 10여 메타 이내의 회전 반경으로 회전이 일어나는 것을 말한다. 10여 메타 정도의 회전은 스키의 구조에 따른 자연적인 반경(natural radius)의 최소치에 가까운 회전이다. 이같은 소회전(小回轉)은 스키어의 몸 동작과 '폴' 등의 많은 요소들의 복합적인 물리적 작용에 의하여 가능해 진다.

- **shoulder** / **어깨** : 보드 끝부분의 가장 넓은 부위.(보드)

- **shoulder roll** / **어깨 구르기** : 한 손에 폴을 세워 잡고, 이에 의지하여 반대쪽 어깨를 앞으로 굴러 도는 동작.(묘기 스키)

- **shovel** / **머리 부분** : 스키 '판' 머리 부분의 '삽'처럼 생긴 부위로서 접설면 앞에서 위로 굽어져 올라간 부분 전체를 말한다.

- **shred** / **보드(board) 타기** : "쉬레드"는 "찢는다." 말로서, 박력 있는 보딩의 모양을 표현하기 위하여 미국인들이 즐겨 사용하는 말.(보드)

- **shute(독)** / **sok(퉁구스)** / **썰매** : 우리 나라의 전통 스키인 "설매"(썰매)와 같은 설상 용구.

- **sick** / **대단히 좋음** : 속어(slang)로 누군가가 아주 멋진 기술을 행했을 때 하는 말.(보드)

- **side camber** / '**옆 틀림**'(sidecut)과 같은 용어.

- **sidecut** / **옆 틀림** : 스키 판을 위에서 놓고 볼 때, 좌우 허리

부분이 중앙으로 둥글게 휘어져 들어간 부분. '옆 들림'이 클수록 회전 반경이 짧아지는데, '옆 들림'에서의 1mm 줄이기는 실제 회전에서 5m 이상 회전 반경을 줄여 준다.

- **side edge / 옆날** : '옆벽'(sidewall) 밑의 수직으로 보이는 날.('바닥날'과 대비되는 개념.)

- **side slip(sideslip) / 옆 미끄러지기** : 최대경사선과 거의 가로놓인 선에 스키를 두고 세웠던 '날'을 풀면서 밑으로 천천히 미끄러지는 것. 비스듬히 앞으로, 또는 아래, 옆으로 미끄러지는 것이 보통이며, 경사에서 뒤로 미끄러지는 수도 있다. 전엔 옆 미끄러짐이라는 의미로 횡활강(橫滑降)이라고도 불렀다.

- **sidestep / half treppen shritt(독) / 옆 오름** : 사면에서 스키를 완전히 옆으로 놓아, '최대경사선'에 대각선이 되게 하고, 윗발을 떼어 언덕 쪽으로 놓으며, 윗 '날'을 걸고, 지탱을 한 후에 아랫발을 떼어 올리고, '안 날'을 걸어 놓고, 다시 윗발을 떼는 식으로 올라가는 것을 말한다. 중사면이나 급사면에 어울리는 등행 방식이다.

- **side vision / '옆눈'**과 같은 뜻의 용어.

- **sidewall / 옆벽** : '적층' 스키의 양옆에 'ABS'나 페놀(phenol) 합성수지를 이용해서 만들어 세운 측면벽(側面壁). '덮개식 스키'에서는 '상판'(top skin / sheet)이 옆벽까지 내려온다. 듀얼텍(Dualtec) 방식의 로시뇰 '덮개식 스키'는 덮개가 있음에도 불구하고, 낮은 '옆벽'을 별도로 가지고 있다.

- **sidewall ski / 옆벽식 스키** : '덮개식 스키'에 대비되는 기존의 스키로서 상판과 바닥(날)의 중간 양쪽면에 페놀(phenol) 혹은 ABS 합성수지로 만들어진 벽이 있다.

- **signature board / 서명(署名) 보드** : 유명 스노우보더(선수)가 자신의 보딩 특성에 알맞게 군소 스노우보드 업체에 부탁하여 수작업으로 만든 보드를 말한다. 이런 전통이 이어져서 현재는 대소를 막론하고 유명 선수를 지원하는 스노우보드 업체는 물론, 대부분의 스노우보드 제작사에서는 특정 선수의 이름을 붙인 스노우보드를 생산하여 시판하고 있다.(보드)

- **sintered base / 눌러 깎은 바닥** : 고온과 고압으로 눌러 만든 - 소결(燒結)된 - 통나무 형태의 폴리에틸렌을 깎아서 만든 '바닥.'

- **sintering tool / 바닥 고르개** : 눌러 깎은 '바닥'을 고르는 '(쇠) 바닥 고르개'(metal scraper)를 의미한다.(정비)

- **sitting back / 앉아 타기** : 윗몸을 뒤로 눕혀, 앉은 자세로 스키를 타는 것. '서고 앉기'를 자유자재로 할 수 있는 이점이 있어서 '삼키기' 기술과 함께 충격을 흡수하며 스킹을 할 수 있다. 이태리의 구스타보 도에니(Gustavo Toeni) 선수가 이 기술을 시작하고, 완성한 것으로 알려지고 있다.

- **skating(board) / 지치기** : 자유로운 뒤쪽 발로 보드를 미는 것.(보드)

- **skating / 지치기** : 스케이트를 타듯이 설면을 지쳐 나가는 기술. 스키의 뒤가 서로 겹치지 않게 적절히 다리를 벌리고, 밀면서 앞의 발에 체중을 거는 요령이 중요하다.

- **skavla(노) / '물결눈'**과 같은 뜻의 용어.

- **skavler(영) '물결눈'**과 같은 뜻의 용어.

- **sketching / 바깥쪽 미끄러지기** : 회전하는 동안, 혹은 중심을 잃었을 때 바깥쪽으로 미끄러지는 것.(보드)

- **ski / 스키** : 원래는 스키의 발상지인 노르웨이 말로 기다란 나무, 혹은 쪼갠 장작을 의미하는 단어.

- **ski board / 스키(달린) 자전거** : 자전거의 바퀴 대신에 스키를 달아 놓은 겨울 운동구.(두 단어를 붙여서 "skiboard"라고 쓰면 그것은 초기의 스노우보드를 의미한다.)

- **skiboard / 스키보드** : 톰 심스(Tom Sims) 등이 붙인 초기 스노우보드의 이름으로서 상표로도 사용된 용어이다.(보드)

- **skidded turn / 미끄러짐 회전** : 보드의 '옆 들림'을 이용하여

'날로 타기'를 하는 것이 아니라, 몸전체를 이용해서 보드를 옆
으로 미끄러뜨리며 회전하는 것.(보드)

- **skidding / 꼬리 옆 미끄러짐** : '날로 타기'보다는 주로 꼬리
부분의 바닥을 날을 많이 세우지 않고, 옆으로 미끄러뜨리는
것. '바닥 타기'를 할 때 주로 사용하는 기술.

- **Ski Dek / ski ski dek(deck) / 실내 스키 연습기** : 실내에
서 스키 연습을 하기 위하여 카페트로 만들어진 운반 벨트
(conveyer belt)를 아래쪽에서 위쪽으로 지속적으로 움직이는
인공 언덕. 'Ski Dek'은 상표의 이름.

- **ski drag / 스키 끌기** : 최대경사선에 대해 사각으로 한 다리
를 구부려 앉아 체중을 건 뒤, 다른 스키는 앞의 스키에 90도
의 방향으로 두고, 끌면서 나아가는 것.(묘기 스키)

- **skier's thumb / 엄지 부상** : 스킹을 하면서 가장 많이 입는
부상으로 넘어졌을 때 손을 짚으면서 엄지가 뒤로 밀려나서 힘
줄에 손상을 받는 부상.(부상 통계에 의하면, 스킹에서 두 번째
로 많은 부상은 무릎 부상이다.)

- **ski fields(영) / 스키 지역** : 영국령의 국가들에서만 쓰이는
말로 "ski resorts"와 비슷한 개념으로 사용되며, 여러 개의 스
키장이 한 군데 몰려 있는 경우를 가리킨다.

- **ski footwear(footgear) / 스키용 신발류** : 스키화, '휴식용
신발' 등을 의미.(양말 등은 제외.)

- **ski god / 스키의 신(神)** : 미국의 프로스키강사협회(PSIA)의
자체 검정에서 "레벨 3"에 이른 프로 강사를 가리키는 말. 말
그대로 스키의 모든 것을 통달한 스키어로서 필기와 실기 시
험을 함께 통과해야 한다. 영어로 표기할 때는 필히 소문자로
"ski god"라고 써야 한다.

- **skiing / 스키 타기** : 스키를 타는 행위.

- **skiing direct / 곧바로 타기** : 눈 더미(mogul)의 물마루 사이
에 있는 골(trough)을 통과하는 방법으로서 모글과 모글 사이
를 말안장점(saddle point)을 거의 곧바로 내려가는 기술이다.
맨 처음 범프에서는 6-8 능선으로 진입하고, 그것과 두 번째 범
프의 사이에 위아래로 있는 말안장점을 비스듬히 지나서 다시
세 번째 범프의 6-8부 능선으로 진입함으로써 골과 골 사이만
을 통과하는 것보다 훨씬 더 직선 거리를 확보하는 기술이다.

- **skiing on the inside edge / 안 날 타기** : '안 날'에 체중
을 걸고, '안 날'을 위주로 스킹하는 것을 의미하며, 대부분의
회전은 '안 날 타기'로 이루어진다. 특히 '날로 타기'(carving
turn)와 같은 상급 기술은 아래쪽(downhill) '안 날'에 거의 전
체중을 걸면서 스키를 휘게(bending) 하면서 회전한다.

- **skiing on the outside edge / 바깥 날 타기** : 산 위쪽 스
키의 윗날을 세워 체중을 걸고 스키를 타는 것. 얼음판(ice
bahn)에서는 '바깥 날 타기'가 필수적인 스킹 방법이다. 바깥
날 하나에 의지하여 스키를 탈 때 아래쪽 스키는 설면에서 떼
어도 되나, 설면에 '날 세우기'를 하지 않은 상태에서 가볍게
놓는 것이 보기에 좋다.

- **SKIll(스키기술수준) / Ski Skill Level** : 미국의 프로스키강
사협회(PSIA)가 정한 스키어의 기술 수준 측정 방식으로서 초
보 1단계로부터 최상급 10단계까지로 구별된다. 이 용어를 영
어 단어로 표기할 때는 항상 "SKIll"과 같이 앞의 스키(ski)를
모두 대문자로 "SKI"라 쓰고, 그 뒤에 소문자로 'l'을 두 개 붙
인다. 이 기술 수준은 스키 기술 지도에 대한 편의성 제고와,
그에 따른 장비 선택에 도움을 주기 위해 제정된 것이다.

- **SKIll(스키기술수준) 1 / 스키 학교 A 수준** : 스키를 처음 타
는 첫 날의 수준으로서 걷고, 미끄러지고, 서고, 오르고, 도는
것을 배우며, '초심자' 리프트를 탈 수도 있는 정도이다.

- **SKIll(스키기술수준) 2 / 스키학교 B 수준** : 하루나 이틀 스키
를 탄 수준으로서 안정된 'V 자 회전'을 구사하고, 경사 없는
사면에서 정지할 수 있다.

- **SKIII(스키기술수준) 3 / 스키학교 B 수준의 최고 단계** : 며칠 간 스키를 탄 수준으로서 그린(Green) 정도의 코스에서 'V 자 회전'을 연결 동작으로 구사할 수 있으며, 속도를 조절하고, 나아가 마음먹은 대로 정지할 수 있다. 리프트를 타고 내리는 데 아무런 문제가 없다.

- **SKIII(스키기술수준) 4 / 스키학교 C 수준** : 그린 코스에서 자신감을 가지고 연결된 'V 자 회전'을 할 수 있으며, 블루(중급자) 코스에도 도전해 볼만 한다. 스킹의 속도와 흥분을 느끼기 시작한다.

- **SKIII(스키기술수준) 5 / 스키학교 C 수준의 최고 단계** : 그린 코스를 편안하게 스킹할 수 있으나 아직 속도의 조절과 가파른 블루 코스에서의 연결된 회전은 힘들다. 블루 코스에서는 발을 넓게 떼어야 하고, 회전을 하다 보면 'V 자 회전'이 나오기도 한다. 회전의 앞부분에서는 스키를 평행으로 놓을 수 있다. 빙판에서는 조심스럽고, 항상 상체가 골짜기 쪽을 향하도록 하는 데 어려움이 있다.

- **SKIII(스키기술수준) 6 / 스키학교 D 수준** : 블루 코스와 다져진 블랙(상급자용) 코스를 상당히 다리를 좁힌 상태로 스킹할 수 있으며, 효과적으로 속도를 조절할 수 있으나 가끔 회전을 연결시키지 못한다. 잘 안될 때는 넓은 자세나 '벌려 돌기'를 하게 되며, 7.5센티 메타 이상의 신설에서는 걱정이 앞서고, 어려운 코스나 '눈 더미'에서는 자주 넘어지게 된다.

- **SKIII(스키기술수준) 7 / 스키학교 D 수준의 최고 단계** : 중급자용 블루 코스, 그리고 가끔 상급자용 블랙 코스를 자신감을 가지고 스킹할 수 있으며, 빠르지 않은 속도에서 웬만한 '눈 더미'는 스키 조정에도 별 문제를 느끼지 않고 다룰 수 있다. 다져진 코스에서 최대경사선을 따라서 상당히 짧은 '평행 회전'을 할 수 있으며, 최대경사선을 가로질러 '날로 타기' 형태로 '평행 회전'을 할 수 있다. 동료 스키어들의 눈치를 보지 않는 경우, 경사가 센 코스, 큰 범프나, 어려운 설질에서는 망설이게 된다. 적당한 속도에서 다져진 블루 코스나 쉬운 블랙 코스에서 연결된 '평행 회전'을 좋아한다.

- **SKIII(스키기술수준) 8 / 스키학교 E 수준** : 상급자용 블랙-다이아몬드 코스를 자신감을 가지고 스킹할 수 있으며, 세지 않고 공간이 넓게 배열된 범프는 빠르지 않은 속도로 균형을 잘 유지하며, 적절히 다룰 수 있다. 촘촘한 '눈 더미'에서는 가끔 이탈할 수 있으며, 어려운 설질에서는 연결된 회전을 하기 힘들다. 회전의 반경과 모양을 다양하게 조절할 수 있다. 그리고 길거나 짧은 '날로 타기'를 할 줄 안다.

- **SKIII(스키기술수준) 9 / 스키학교 F 수준** : 상급자 혹은 전문 스키어의 수준이다. 모든 다져진 코스에서는 자신감을 가지고 멋지게 스킹할 수 있다. 기문 코스, 범프, 빙판, 깊은 파우더 등에서 실력을 가다듬길 좋아한다. 코치나 클리닉(clinic: 스킹 진단) 프로그램에 도전한다. 다져진 사면에서는 스키 기술 수준 10처럼 보이고, 또 스킹을 할 수 있지만 천연의 큰 '눈 더미'와 깊고 습한 눈과 같은 조건에서는 균형을 잡는데, 가끔 실수를 한다.

- **SKIII(스키기술수준) 10 / 최고 수준** : 가장 높은 수준이어서 스키학교 차트에서 벗어난다. 선수가 될 수도 있고, 최고 수준의 강사, 혹은 '안전 요원'이 될 수도 있다. 전지역은 물론 모든 설질에서 자신감과 우아함을 가지고 스킹을 한다. 어려운 '눈 더미'도 그 꼭대기나 옆 등으로, 다양한 방식으로 내려올 수 있다. '새 눈'의 자연설 스킹이나 나무 사이 스킹도 훌륭히 해치운다. 빠른 속도로 가파르고 탁 트인 코스를 내려 올 수 있다. 재미로 다져지지 않은 코스나 기문 통과 등을 한다.

- **skiloter(노) / 눈신** : 눈에서 신는 장화처럼 생긴 신발.

- **ski maniac / 스키광(狂)** : (좋은 의미로) 스키에 미친 사람, '스키광.'

- **skiphile / 스키광(狂)** : '스키광'과 같은 뜻의 용어.
- **ski resort / 스키장** : 스키 리조트는 스키 행락지의 의미를 가지며, 스키와 관련해서 말할 때는 단순하게 "리조트"라고만 해도, 스키 리조트를 의미한다.
- **ski tube / 스키 열차** : 외국의 경우는 마을에서 스키장까지의 거리가 멀고, 스키장 내에 숙박 시설이 없는 경우가 많은데, 그런 경우 산록에서 스키장까지 왕복으로 운행하는 열차를 가리키는 말. "튜브"란 말은 중간에 굴(tunnel)을 지나는 일이 많기 때문이다.
- **SL / slalom / '회전'** 을 줄여서 부르는 용어.
- **slalom / 회전(回轉) 경기** : 사면에 깃대를 꽂아놓고, 이를 빠른 속도로 회전하면서 내려옴으로써 시간을 다투는 경기. 회전 경기용의 스키는 경기의 특성에 맞게 따로 제작된다. 예민한 신경, 과감한 돌진 등을 통하여 0.01초를 다투는 경기로서, 일순간의 실수가 승부를 좌우하며, 약 50초 정도의 시간으로 결승선에 들어오는 무산소적인 운동이고, 순발력과 뛰어난 반사 신경이 필요한 경기이다.
- **slavery ski(한) / 머슴 스키** : 스키어들이 농담 삼아 만든 말로, 급하고, 서두르며, 식사시간을 아까워하면서까지 한 번이라도 더 '승강기'를 타려고 조바심을 하고, 남들은 안중에도 없이 자기만의 스킹을 즐기는 행위. 참조: '양반 스키'
- **Sled Dog / 스레드 독** : 스키화와 그 스키화의 앞뒤로 머리와 꼬리가 약간 튀어나온 스키를 일체화하여 만든 스케이트형의 새로운 스키. '폴'이 없이 스케이팅 등으로 지칠 수 있으며, '재주넘기' 등 다양한 기술을 구사할 수 있다.
- **slicler(노) / 긴 스키** : 노르웨이 스키 부대에서 사용하는 긴 스키.
- **slide bar / 미끄럼 막대** : '갈아내기'(grind) 응용 기술을 실시할 때 사용하는 긴 막대로서, 여기에 뛰어 오른 후 보드를 옆으로 돌려 미끄러져 나갈 때 사용한다.(보드)
- **slide rails / 미끄럼 난간** : 쇠관(pipe)으로 만들어진 '미끄럼 막대'를 가리키는 용어.(보드)
- **sliding pad / 미끄럼 판** : '테프론 판'이나 '자동 마찰 방지(장치)'와 같이 스키화가 바인딩에서 쉽게 이탈되도록 미끄러짐을 강화하는 장치.
- **slope / 사면(斜面)** : 눈이 쌓여 스키를 타고 내려올 수 있는 언덕을 말하며, 때로는 스키장 자체를 가리키기도 한다.
- **slope edge / 경사도 변화지** : 언덕에서 경사도가 갑자기 많이 변화하는 지점.
- **slopes of easy to medium difficulty / 초중급자용 사면** : 초중급자가 탈 정도의 난이도를 가진 '사면'(slope)을 의미.
- **slopestyle / 사면 묘기** : 설면 가까이에서 행하는 모든 보드 기술들.(보드)
- **slopestyle competition / 슬로프스타일 경기** : 다양한 '뛰어 오르기'를 하면서 치르는 자유형 경기로서 보딩 중에 행한 여러 기술을 토대로 채점한다.(보드)
- **slush / 질퍽한 눈** : 봄철의 눈처럼 눈이 녹아 빙수처럼 질퍽하게 변해 버린 눈.
- **small jump / '뛰어 넘기'** 와 같은 뜻의 용어.
- **Smith grind / 스미스식 타기** : 반쪽 관 위의 모서리에서 보드의 코를 밑으로 하고, 꼬리를 위로 한 채로 옆으로 미끄러지는 것으로서 원래는 스케이트보드의 기술이다.(보드)
- **snake / 뱀** : 승강기 라인에서 앞으로 휙 지나치는 사람이나 반쪽 관에서 바로 앞에 떨어져 내려오는 사람.(보드)
- **snap / 손목 놀림** : '폴'의 '손잡이'를 돌리는 등의 동작을 의미.
- **snow blindness / 설맹(雪盲)** : 강한 햇빛과 눈의 반사광 때문에 잠시 사물을 보지 못하는 현상으로서 눈 쌓인 산의 등산이나 스킹 등에서 나타난다.

- **snowboarding / 스노우보딩** : 파도타기(서핑)와 스케이트 보딩에 그 기원을 두고 성장한 스포츠로서 심즈(Sims)와 버튼(Burton) 두 선구자에 의하여 개척된 신종의 겨울 스포츠.

- **snowboard park / 보드 공원** : 보딩을 위한 '미끄럼 막대,' '충돌 상자'(bonk box), '미끄럼 난간,' '반쪽 관,' '외벽 관' 등 인공 및 자연 시설이 되어 있는 보딩 전문 지역.(보드)

- **snowcat / '눈 다지는 차'**와 같은 뜻의 용어. 눈을 다지거나 편평(扁平)하게 하는 특수 자동차의 일종.

- **snowcat skiing / 스노우캣 스킹** : 스노우캣은 '눈 다지는 차'(정설차, 압설차)의 이름이며, 이것을 이용하여 다져지지 않은 사면에 올라가서 '신설 스킹'(powder skiing) 등을 즐기는 것을 말한다.

- **snow gun / '제설기(製雪機)'**와 같은 뜻의 용어.

- **snowline / 눈비 경계선** : 지대가 높은 스키장에서 비가 눈으로 바뀌는 경계선을 의미.

- **snow making machine / 제설기(除雪機)** : 인공적으로 눈을 만들어 내는 장치. 영하의 날씨에서 미세한 구멍을 통해 높은 압력으로 분출된 물방울들이 눈으로 얼어 떨어지게 하는 장치이다. 그러므로 이 인조눈은 눈의 결정과는 다른 모양의 미세한 얼음 알갱이라 할 수 있다.

- **snow mobile / 설상차** : 설상(雪上)에서 달리는 차를 의미하며, 스키장용의 모토싸이클과 같다. 스키두(Skidoo)가 대표적인 상품이다.

- **snowplow(plough) turn, pflug bogen, chasse neige(프), wedge turn(미) / V자 회전** : 'V 자 눈밀기' 동작으로 다리를 'V'자로 벌려서 너무 빨리 미끄러지지 않도록 제동을 가하면서, 무게 중심을 좌우의 스키로 번갈아 이동하면서 회전하는 기술. 체중을 건 스키의 반대 방향으로 스키가 진행하게 된다. 일본에서는 제동 회전(制動 回轉)이라 부른다.

- **snowplow(snowplough) / V 자 눈밀기** : 스키의 '꼬리'를 'V' 자로 벌려 눈을 미는 듯한 자세를 취하는 동작으로서, '날'을 많이 세우고 있으면 스키가 제동이 되어 미끄러지지 않고, '날'을 풀면(덜 세우면) 스키가 천천히 미끄러진다.

- **snow vehicle / 눈 다지는 차** : 스키장의 인공눈이나 자연설을 스키를 탈 수 있는 상태로 다지는 차로서 정설차(整雪車), 혹은 압설차(押雪車) 등의 용어로도 불린다.

- **snowy season / 적설기(積雪期)** : 눈이 내리는 계절 혹은 기간.

- **snurfer / 스너퍼** : 셔먼 포펜(Sherman Poppen)이 1965년에 만든 선구적 스노우보드. 넓은 나무판에 방향 조정과 이탈 방지를 위한 끈이 앞부분에 부착되어 있었다. 이것은 '스노우 서퍼'(snow surfer)를 줄여서 만든 말이어서, 보더를 의미하기도 한다.(보드)

- **soft boots / 부드러운 신발** : '자유형 보드'에 사용되는 등산화와 비슷한 보드용 신발로서 끈을 매어 쓰며, 합성수지(樹脂) 끈(plastic strap) 형태의 '등높은 바인딩'으로 보드에 고정된다.(보드)

- **sole / '바닥'**과 같은 뜻의 용어.

- **sole gliding / 바닥 타기** : 가급적 '날'을 먹이지 않고 스키의 바닥을 위주로 하여 양옆으로 미끄러지면서 자유롭게, 힘을 들이지 않고 스킹하는 것. 최근 스킹의 경향 중 하나이다.

- **sole sanding / 바닥 갈기** : '거친 면 가공'을 거친 '사포'로 하는 경우를 가리켜 '솔 샌딩'으로 부른다.(정비)

- **somersaults / 재주넘기** : 몸을 굴려 넘는 기술. '뒤집기'라고도 표현한다.(묘기 스키)

- **spacer / '올림판'**과 같은 뜻의 용어.

- **space walks / 공중 산보** : 공중에 뛰어 올라 허공을 걷듯이 발을 크게 벌리는 기술. 미국에서는 이 기술을 '미친 오리'

(daffy duck)란 별명으로 부르기도 한다.(공중제비)

- **spaghetti air / 스파게티** : 뒷다리를 내뻗은 상태에서 뒷손이 다리 사이로 나가서 앞발의 바로 앞의 앞부분 날을 잡는 것. 팔이 꼬인 모양 때문에 국수와 같다고 표현한 말.(보드)

- **special tuneup / 특별 정비** : 경기에 출전할 선수를 위한 특별 정비로서 '거친 면 가공,' '크리스털 가공' 등의 대단히 복잡하고 전문적인 정비를 포함하는 정비 형태이다. 이것은 완전 수작업이다.(정비)

- **speed check / 속도 줄이기** : 너무 빨리 뛰어 오르기를 했을 때 옆으로 미끄러지며 속도를 줄이는 것.(보드)

- **SPF / Sun Protection Factor / 자외선 차단지수** : 스키용 자외선 차단 크림에서 사용되는 '자외선 차단지수'는 차단 지수 곱하기 10에 해당하는 분(minutes) 동안 자외선 차단 효과가 있다. 즉, 지수 20의 경우 200분간 효과가 지속된다.

- **spilit tail / 갈라진 꼬리** : 회전 종반의 움직임을 부드럽게 하기 위하여, '꼬리'의 중간을 제비 꼬리처럼 갈라놓은 것. 80년대에 나온 헥셀(Hexcel) 스키의 "스프리테일"(Spilitail)이 대표적인 제품이다. 스노우보드의 '제비 꼬리'(swallow tail)와 비슷한 개념.

- **spin / 돌리기** : 어떤 것을 축으로 하여 스키를 180도, 혹은 360도 등으로 돌리는 것.(묘기 스키)

- **spine / 척추** : 두 개의 가까운 벽에서 한쪽에서 뛰어 올라 다른 쪽으로 가는 등 왔다갔다하면서 보딩하는 것. 가까이 있는 두 개의 벽을 가리켜 척추로 표현한 것이다.(보드)

- **spitze(독) / '앞 끝'**과 같은 의미의 용어.

- **spitz kehren(독) / 아래로 돌리기** : 스키를 아래쪽으로 돌리는(회전시키는) 동작.

- **sport glass / 스포츠 글라스** : 말 그대로 "운동용 안경"으로서, "스키 글라스"라고도 부르며, 일반적인 선글라스와 비슷하지만, 격렬한 움직임에서도 잘 벗어지지 않고, 스킹시 습기의 제거가 용이하며, 바람이 눈에 잘 부딪히지 않고, 자외선 방지 렌즈를 채용한 선글라스로서 대부분 '폴리카보네이트' 렌즈를 사용하여 강도도 매우 높다.

- **sports eraser / '연마용 지우개'**와 같은 뜻의 용어.(정비)

- **sports radio / 운동용 무전기** : 스피커와 마이크를 한 데 모은 헤드셋(headset)이 달린 저출력의 무전기로서 스킹을 하면서 자유롭게 대화를 나눌 수 있는 통신 장치. 모토롤라 사의 스포츠 7, 10 등의 제품이 유명하다.

- **spotting / 착지점 찾기** : 공중에 뜬 상태에서 내려 앉을 지점을 찾는 것.

- **SPP / Super Powerflex Plate** : ESS 사가 채택하고 있는 '올림판.'

- **spread eagle / 다리 벌려 뛰기** : 공중에 뛰어 올라 두 팔과 두 다리를 최대한 옆으로 벌리며 날아가는 기술.(공중제비)

- **sprint / 스키 단거리 경기** : '장거리 스키'로 짧은 거리에서 속도를 다투는 경기.

- **spruce / 가문비나무** : 가볍고, 탄성이 좋아서 전나무(fil)와 함께 스키의 심재(core)로 많이 사용되는 나무.

- **spur(독) / piste(독) / 스키 자국** : 스키가 지나가면서 설면에 새겨진 자국.

- **square ski / 사각 스키(옆벽식 스키)** : 덮개식(cap) 스키의 출현 이후에 기존의 옆벽식 스키를 지칭하는 용어.

- **staircase / 층계** : 설면에 눈이 층이 지게 생겨 있는 것. 일부러 이와 같은 설면을 만들어 보더크로스(boardercross) 보딩 시합을 개최하기도 한다.(보드)

- **stale egg / 썩은 달걀** : '썩은 생선'식의 붙잡기를 하면서 '손 짚고 달걀 돌기'를 하는 것.(보드)

- **stalefish air / 썩은 생선** : 뒷다리를 내뻗은 상태에서 뒷손으로 뒷다리 뒤의 뒤꿈치 쪽 날을 잡는 기술.

- **stance 1 / 다리 넓이** : 스키를 탈 때 다리를 벌린 넓이를 의미한다.
- **stance 2 / 자세** : 보드에 올려 놓는 발의 위치.(보드)
- **stancewide / 앞 뒤 폭** : 앞발과 뒷발의 폭.(보드)
- **stand by / 준비 상태** : 어떤 동작을 취하거나 경기에서 출발하기 위하여 준비하는 상태.
- **start gate / 출발 관문** : 경기를 시작하는 관문으로서 출발대를 의미하기도 한다.
- **star turn / 별 모양 돌기** : 제자리에 서서 스키를 조금씩 한쪽으로 돌려서 제자리로 돌아오는 연습. 이같은 돌기에 의하여 만들어진 눈 자국이 별 모양이어서 "별 모양 돌기"라는 이름이 붙었다.
- **steel wire brush / 쇠솔** : '날 갈기'를 할 때 줄에 달라붙은 날 부스러기를 떼어내는 가느다란 놋쇠선이나 철사로 만들어진 솔.(정비)
- **steep terrain / 급경사** : 상급자와 선수들에게 알맞는 대략 30도 이상의 심한 경사.
- **steering / 방향 전환** : 최대경사선을 통과한 다음, 스키가 미끄러질 방향과 회전 호의 크기를 결정한 후 동작을 바꾸기 시작하는 것. 일본에서는 '키잡이'란 의미로 부르고 있다.
- **steering angle / 방향 전환 각(角)** : 방향을 바꿀 때 스키가 몸보다 앞서 움직일 때 생기는 30도 정도의 각도를 말한다.
- **steig wachs(wax)(독)** : 장거리용 왁스: 등행(登行), 활강 등에 모두 사용할 수 있는 '장거리 경기'용의 왁스 중 하나.
- **stem(미) / stemm(영) / stemmen(독) / 벌리기** : 한쪽, 혹은 양쪽 스키의 '꼬리'를 밀어서 벌리는 것. 일본에서는 이를 반제동(半制動)이라 한다.
- **stem Christiania / '다리 벌려 돌기'와 같은 뜻의 용어.
- **stem girlande(독) / 벌려 미끄러지기** : 다리를 벌리고 옆으로 지치는 데 있어서 위쪽 스키를 'V'자 형으로 벌려 스키를 밑으로 내리고, 벌려 낸 스키를 아래쪽 스키로 끌어당겨 평행으로 맞추면서 옆으로 지치고, 이 조작을 계속하는 기술.
- **stemm(독) / '벌리기'와 같은 뜻의 용어.
- **stemmen(독): '벌리기'와 같은 뜻의 용어.
- **stemmiark(독) / 텔레마크식 다리 벌려 돌기** : '텔레마크 회전'과 비슷한 '다리 벌려 돌기'의 일종.
- **stemm Kristiania(독) / '다리 벌려 돌기'와 같은 뜻의 용어.
- **stemm Wedeln(독) / 다리 벌린 연속 소회전** : '연속 소회전'의 일종으로 발을 열고, 꼬리를 벌려가며 연속으로 짧게 회전하는 것. 일본에서는 '반제동 연속 소회전'(半制動 連續小回轉)이라 부른다.
- **stem turn(미) / 다리 벌려 돌기** : 회전을 시작할 때 스키를 벌렸다가 회전의 후반부에서 스키를 다시 모으며 나아가는 회전. 일본에서는 이를 '반제동 회전'(半制動 回轉)이라고 부르며, 우리 나라에서는 '꼬리 밀어 돌기'라고도 한다. 이 기술은 알파인 스키 기술을 개척한 마티어스 즈달스키가 오스트리아의 리리엔펠트에 살고 있을 때, 노르웨이의 노르딕 스키 기술을 알프스에 맞는 스킹 형태로 바꾸기 위하여 1890년부터 1896년 사이에 단독으로 개발한 기술이다. "쉬템"은 즈달스키가 붙인 이름이고, 그는 2.4m의 노르딕 스키를 1.8m의 알파인 스키로 개량하고, 리리엔펠트식 바인딩을 발명했다.
- **step / 바꿔 밟기 / 걸음새** : 위쪽 스키, 또는 한 쪽 스키를 힘차게 설면에 딛고, 다른 한쪽 스키로 내디디면서 방향을 바꾸는 동작.
- **step across / 가로지르기** : 첫 번째 기술은 최대경사선을 따라 내려가다가 한쪽 스키를 들어 다른 쪽 스키 위로 가져 간 후에 체중을 옮기면서 스키를 가로질러 넘겨 놓고 진행하는 기술이다. '가로지르기'의 두 번째 기술은 한 발은 그대로 가면

서 다른 발을 들어 반대편 발위로 뛰어올라 방향을 90도로 바꿔 로열 회전(royal Christy)으로 전환하는 것이다.(묘기 스키)

- **step Christy(영) / '바꿔 밟기 회전'**과 같은 뜻의 용어.
- step in / 밟아 넣기 : 최초의 바인딩처럼 끈으로 묶거나 쇠줄(cable)을 이용하여 스키화를 고정하는 방식이 아니라, '앞 바인딩'과 분리되어 있는 '뒤 바인딩'을 스키화의 뒤축으로 밟으면 고정되도록 되어 있는 편리한 장치. 현재의 알파인용 바인딩들은 거의 모두 이런 고정 방식을 사용하고 있다.
- **step turn(미) / 바꿔 밟기 회전** : 좌우의 발을 바꿔 가며 옮겨 놓는 회전으로서 양 스키를 번갈아 바꿔 딛음으로써 회전을 계속 시동하는 효과가 있으며, 이런 적극적인 동작으로 새로운 방향으로의 가속이 가능해 진다. 매우 공격적인 회전 방법으로 대회전 선수들이 한 개의 기문을 돌고, 다음 자세에서 공격적으로 '가위 벌리기'식으로 발을 바꿔 다음 회전으로 들어 갈 때 사용하는 기술. 상급자와 선수들이 애용하는 기술이다. 일본에서는 "교체 회전"이라는 용어로 쓰이기도 하고, 순 우리말로 "걸음새 회전"이란 용어도 있다.
- **stepping / 발 바꾸기** : 바꿔 밟기 회전(step turn) 등에서 다음 회전에 즈음하여 몸의 중심과 함께, 발을 바꾸는 동작.
- stick / '폴'과 같은 뜻의 용어.
- **stiffy air / 뻗고 붙잡기** : 양다리를 내뻗고, 보드의 날 부위를 붙잡은 채 행하는 모든 공중 기술을 총칭.(보드)
- **stinky / 다리 벌리기** : 다리와 무릎을 벌리고 보딩하는 것.(보드)
- stock / '폴'과 같은 뜻의 용어.
- **stock work / 폴 동작** : '장거리 경기'에서 폴을 움직이는 동작. '폴질'(poling)과 같은 뜻의 용어.
- **stoked / 흥분** : 속어(slang)로서, 보딩을 잘하는 것을 보고, 가슴이 뛸 때 하는 말.(보드)

- **stomp / 멋진 착지** : 멋지게 착지한 것을 가리키는 말로서 원래는 "빠르고 강한 리듬의 노래" 를 의미하는 말이다.(보드)
- **stomp pad / 미끄럼 방지판** : 뒷 발을 바인딩에서 빼었을 때, 혹은 설면을 지쳐나가다 발을 올려놓을 수 있는 앞 뒤 바인딩 사이에 설치된 판. 일반적으로는 플라스틱으로 만들어진다.(보드)
- **stone finish / 기계 날갈이 마무리** : 스키 제작의 마지막 공정에서 바닥과 날을 '기계 날갈이'(stone grinder)로 갈아서 마무리하는 것.
- **stone grinder / 기계 날갈이** : 날 갈기를 위해 특별히 제작된 대형의 정비 기구. '플라즈마 날' 처럼 강한 날은 '기계 날갈이'가 필수적이며, 몇 년 동안 정비를 안 해서 바닥이 엉망이 된 스키의 경우도 수작업으로 바닥을 깎아 내려면 2-3시간이 걸리므로, 보통은 '기계 날갈이' 처리를 해야 한다.(정비)
- **stone grinding / 기계 날갈이 정비** : 스키를 수작업이 아닌 '기계 날갈이'를 이용해서 정비하는 것.(정비)
- **stopper / '멈춤 장치'**와 같은 뜻의 용어.
- **straight downhill / 직활강** : 원래 의미는 최대경사선을 따라 빠르게 달려 내려가는 것이지만, 실제로는 최대경사선이 지형에 따라 달라지므로, 꼭 최대경사선만을 따라 달린다고 보기는 힘들다. 독일어로는 이를 "슈쓰"(schuss)라 한다.
- **straight edge 1 / 곧은 날** : '(쇠) 바닥 고르개'의 일종으로서 칼처럼 한쪽 날만 갈아진 도구이다. 스키 바닥에 녹여 붙인 여분의 '피-텍스'를 깎아 낼 때 사용된다. '(쇠) 바닥 고르개'는 직각으로 날을 갈아서 양면을 사용한다.(정비)
- **straight edge 2 / 직각 날** : 스키 '바닥'이나 측면이 직각을 이루고 있는 지를 측정하는 기구.(정비)
- **strapless grip / '끈 없는 손잡이'**와 같은 뜻의 용어. 1970년대 중반에 가장 많은 인기를 모았는데, 그 이후 줄어들었다. 넘

어질 때 폴이 손에서 쉽게 빠져나가므로 부상의 위험을 줄여
주고, 폴을 잡고, 빼기가 편하다.

- **street jumping competition / 거리 점핑대회** : 도시의 길
거리 주변 넓은 터에 도약대를 만들어 눈을 뿌리고 치르는 스
노우보드 점핑 대회.(보드)
- **stretch / 기지개** : 공중에 뛰어 올라 마치 기지개를 켜듯 양 손
을 뒤로 한껏 뻗고, 다리는 뒤로 구부렸다가 펴는 기술.(공중제비)
- **structure / 거친면** : '거친면 가공' 혹은 '거친면' 그 자체를
의미하는 용어.(정비)
- **structure brush / 거친면 가공술** : '거친면 가공'에 사용되
는 '놋쇠 솔'이나 '나일론 솔'과 같은 뜻의 용어.(정비)
- **structuring / 거친 면 가공** : 스키를 잘 달리도록 하기 위하
여, 설면의 온도에 따라서 '바닥'을 '놋쇠 솔'이나 '사포', 혹은
'거친 막대' 등으로 다양한 굵기의 홈(물길)을 내는 것. 날씨가
더우면 바닥을 거칠게 가공해야 하고, 추운 경우에는 곱게 가
공('고운 면 가공')해야 한다. 이를 가리켜 "물길(水路) 내기"라
부르기도 한다. 왜냐하면 이렇게 가공한 홈으로 공기가 공급
되면서 바닥에 달라 붙은 물이 공기와 섞여서 미세한 구슬처
럼 변하여, 물의 표면 장력을 없앰으로써 '빨아들임'(suction)
이 없이 스키를 잘 나가게 하기 때문이다.(정비)
- **style-oriented parallel turn / 모양새 위주의 평행 회전** : '닫
힌 다리 평행 회전'을 가리키는 용어.
- **suction / 빨아들임** : 스키 바닥의 마찰과 스키어로부터 가해
진 압력에 의하여 녹은 설면 표면의 물이 바닥에 들러붙어 표
면 장력 때문에 스키를 빨아들이는 현상. 이런 현상을 없애려
면 '거친면 가공'을 해야 한다.
- **suitcase air / 짐가방** : '메써드'와 비슷한 공중 기술.(보드)
- **suits / 스키복 2** : '스키복'(apparel)과 같이 스키복 전체를 가
리키기보다는 "다운힐 수트"(활강용 경기복) 등의 용어에서처

럼 탄성 소재를 사용하여 원피스 형태로 만들어진 경기용 스
키복을 가리키는 용어.
- **Sunday skiers / 일요(日曜) 스키어** : 스키에 대한 철학이 없
이, 스키를 주말에만 즐기는 가벼운 운동으로 여기는 사람을
비꼬는 말. 승강기 라인 밑에 담배꽁초를 던지는 사람들이 대
체로 이 부류에 속한다.
- **super G / 수퍼 대회전** : 활강의 속도를 지닌 대회전 형식의
경기. 1982년도 월드컵에서부터 채택되었다.
- **super gliding parallel / '돌며 미끄러지기'**와 같은 뜻의 용어.
- **super sidecut ski / '날로 타기 스키'**와 같은 뜻의 용어.
- **surform blade / 평판 깎개** : 채칼과 비슷한 구조를 가진 도
구로서 바닥을 수리한 후에 여분의 피-텍스를 깎아내는 역할
을 한다. 공구상에서는 '석고 대패'란 이름으로 부른다.(정비)
- **swallowing(영) / '삼키기'**와 같은 뜻의 용어.
- **swallow tail / 제비 꼬리** : 스노우보딩의 역사 초기에 서핑
보드의 디자인을 본따 만든 보드로서 꼬리 부분이 제비 꼬리
처럼 갈라져 있다. "윈터 스틱" 보드는 아직도 이런 디자인을
사용하고 있다.(보드)
- **sweet spot / 스윗 스팟** : '중심 자세'를 취했을 때, 최대의 힘
이 미쳐서 스키가 가장 효과적으로 반응하게 되는 고효율(高
效率) 부위로서 부츠 바로 밑을 중심으로 한 부위이다.
- **swing / 흔들기** : 다리 부분을 자유롭게 좌우로 흔드는 동작
으로 '연속 소회전' 등에서 나타나는 동작.
- **swing & gliding / 돌며 미끄러지기** : 노르웨이 선수인 올레
크리스티앙 후루세쓰(Ole Christian Furuseth) 등이 주로 사
용한 1990년도 초의 대회전용 신기술로서 이는 신소재를 채
용하고 '옆들림' 큰 스키가 출현과 것과 관련되어 있다. 이것
은 심한 엉덩이 꺾기(hip angulation)를 하지 않고 회전과 회
전 사이엔 활주면을 최대로 설면에 대어 미끄러짐(gliding)으

로 속도를 높이면서 날(edge)을 바꾸는 특징을 가진다. 이 같은 무릎 넘겨주기로 위로 하중 덜기 과정을 대신하는 것이다. 이것은 강한 반대로 틀기(counter-rotation) 등 기존의 동작을 사용하지 않는다.

- **swing turn / 흔들기 회전** : 짧은 회전(short turn)에서 볼 수 있는 동작으로 이것은 무릎과 허리를 많이 꺾어(angulation) 회전하는 긴 회전(long turn)에서와는 달리 거의 무릎(knee angulation)만 사용해서 회전을 유도하는 짧은 회전의 한 형태이다. 이 회전 방식의 전형적인 모델이 바로 베델른(wedeln)으로서 이의 궁극적인 목표는 베델른에 있다.
- **swing weight 1 / 돌리는 무게** : '판'의 각 부분의 무게를 말한다. 이들 무게는 서로 다른 데 중앙이 무겁고, 앞뒤가 가벼우면 '돌리는 무게'는 적어지고, 회전이 쉽게 된다.(스키)
- **swing weight 2 / 회전 무게** : 회전에 대한 보드의 무게와 저항을 가리키며, 보드의 길이나 두께가 늘어나면 '회전 무게'가 늘어난다.(보드)
- **Swiss cheese air / 스위스 치즈** : 뒷다리를 내뻗은 상태에서 뒷손이 앞다리의 뒤로 들어가서 양다리 사이로 앞발의 뒷날을 붙잡는 것.(보드)
- **switch stance / 발바꿔 타기** : 왼발잡이가 오른발잡이처럼 발을 바꿔 보딩하는 것.(보드)
- **swivel / 다리 돌리기** : 빠르게 다리를 선회(旋回)시켜 가며 회전하는 모습을 말한다.
- **synthetic cork / 합성 코르크** : '문지르개'를 말하며, 기존의 자연산 코르크로 만들어진 것이 아니라 폴리스티렌 거품으로 만들어진 '문지르개'를 '합성 코르크'라 부른다.(정비)
- **system ski / 일체형 스키** : 스키, 바인딩, 스키화의 삼대 요소 제품들이 상호간에 가장 적합한 연관성을 가지고 결합된 한 벌(組/set)의 스키를 말한다. 이들 각 요소 제품들이 독자적

인 성능을 강화하면서 다른 장비들 간에 많은 기능들이 겹치게 되고, 다른 장비의 기능에 큰 영향을 미치고 있다. 이에 따라 유명 스키 관련 장비 회사들은 이 문제를 해결하기 위하여 관련 회사를 합병하는 방법 등으로 모든 제품을 한 회사가 만드는 쪽으로 나아가고 있다.

- **table top / 책상 위** : 길고 평평한 설면에서 뛰어올랐다가 착지하는 것을 반복하는 것.(보드)
- **tail / 꼬리** : 스키 판의 맨 뒷부분으로 그 끝은 약간 위쪽으로 들려 올라가 있다.
- **tailbend / 꼬리 휨** : 스키 판 맨 뒷부분의 휘어진 부분.
- **tail bonk / 꼬리쪽 충돌** : 꼬리가 어떤 물체에 부딪히는 것.(보드)
- **tail grab air / 꼬리잡기** : 뒷손으로 보드의 꼬리를 잡는 것.(보드)
- **tail jump / '꼬리 뛰기'**와 같은 뜻의 용어.
- **tail poke / 꼬리 찌르기** : 뒷발을 내뻗고, 꼬리를 잡은 상태에서 꼬리를 몸에서 떼어 내며 찌르듯이 내뻗는 것.(보드)
- **tail slide / 꼬리 미끄러지기** : 보드의 꼬리만으로 설면이나 기타 물체에서 옆으로 미끄러지는 것.(보드)
- **tail stand / 꼬리 서기** : 두 손으로 폴의 손잡이(grip)을 잡아 양팔 안 쪽에 끼고, 스키의 두 꼬리를 설면에 꽂은 후, 눕는 자세를 취하는 것.(묘기 스키)
- **tail swing turn / 꼬리 흔들기 회전** : 보드의 회전축을 앞발에 놓고, 뒷발로 보드의 뒷부분을 흔들 듯이 하면서 빠르게 회전하는 기술. 스키의 '베델른'과 같은 기술이다.(보드)

- tail tap / '꼬리쪽 충돌'과 같은 의미의 용어.

- tail wheelie / 꼬리 윌리 : 꼬리로 행하는 윌리 기술.(보드)

- Taipan air / 타이판 : 앞의 손이 앞발의 뒤로 가서 두 바인딩 사이의 앞날을 잡고, 앞 무릎을 굽혀서 보드를 몸으로 끌어당기는 것.(보드)

- talstemme(독) / '아래로 벌리기'와 같은 뜻의 용어.

- taper / 좁은 꼬리 : 보드 머리 부분에 비하여 꼬리 부분이 좁은 것으로서 그 정도에 따라 회전의 특성을 달리 할 수 있다.(보드)

- T-bar / 'T자형 승강기' : T자 모양의 쇠막대가 케이블 위쪽에 매달려 있으며, 이를 다리 사이에 끼우고 매달려 올라가는 승강기. 두명의 스키어가 양쪽에서 엉덩이를 걸치고 올라가는 형태도 있다.

- TC meeting / Team Captain Meeting / 경기전 회합 : 경기 직전에 작전을 짜기 위하여 가지는 모임을 말한다.

- teeth / 이빨 : 줄(files)에 나있는 홈(grooves)들을 가리키는 말. 정비용 줄은 이빨이 단방향으로 만들어져 있다.(정비)

- Teflon plate(pad) / 테프론 판 : 바인딩에서 스키화가 이탈될 때 잘 미끄러질 수 있도록 스키화 밑에 부착되는 마찰 계수가 가장 낮은 불소 수지판.(불소 수지는 기름이 없이 사용될 수 있는 프라이팬이라든가, 창문의 레일 등에 사용되는 수지이다.) 참조 : '미끄럼 판'

- Telemark(노) / Telemark turn / 텔레마크 기술 : 산악 스키에서의 전통적인 회전 기술로서 원래 텔레마크는 노르웨이의 한 지명이다. 이 기술은 스키화와 비슷한 구조의 등산화와 뒤꿈치가 들리는 특수한 바인딩을 가져야 구사할 수 있다.

- tempering / 담금질 : 쇠를 달군 후에 찬 물에 담금으로써 쇠를 강하게 만드는 것. 스키 날은 대부분 탄소강으로 만들어져 있고, 담금질을 통하여 강한 날로 만들어진다.

- tempo schwung(독) / 고속 평행 회전 : 고속의 '평행 회전'을 말한다. 템포는 일정 박자에 의한 빠른 속도를 의미하고 있다.

- terrain / 지역 : 다양한 스키장의 지역이나 지형을 의미하는 말로서, '사면'(slope) 또는 언덕 등의 의미와 혼용된다.

- texture of the base / structure / 거친면 : '거친면 가공' 혹은 '거친면' 그 자체를 의미하는 용어.(정비)

- texturing / '거친 면 가공'과 같은 뜻의 용어.

- texturing brush / 거친 면 가공 솔 : '거친 면 가공'에서 사용하는 '놋쇠 솔' 및 '나일론 솔' 등을 의미한다.(정비)

- Thermo ski / 열반응 스키 : 스키가 온도에 반응하는 바이메탈처럼 설면의 온도가 낮을 때는 밑으로 가라 앉아서 '날 세우기'를 좋게 하고, 온도가 높을 때는 위로 솟아 올라서 '떠오름'이 좋게 하는 특성을 가진 스키. 블리저드(Blizzard) 사의 발명품이다.

- Thinsulate / 씬슐레이트 : 3M 사가 개발한 섬유로서 일반 섬유보다 훨씬 가늘어서 같은 면적에 보다 많은 섬유를 사용할 수 있어서 가볍고, 보온 효과가 높은 섬유. 가늘다(THIN)는 단어와 "차단하다," 혹은 "단열하다."의 의미를 지닌 인슐레이트(inSULATE)를 합친 말이다.

- three-sixty / 360's spin / 360' / 한 바퀴 돌기 : 폴을 축으로 하여 스키를 완전히 한 바퀴 돌리는 기술. 흔히 "쓰리 씩스티"(3, 60)라고 부른다.(묘기 스키)

- time race / 시간 경기 : 규제된 코스를 조금이라도 빨리 활강하여 시간을 겨루는 경기.

- tip / 앞 끝 : 스키 선단(先端)의 뾰족한 부분.

- tip deflector / 스키 머리 보호기 : 스키 머리(팁)가 회전 깃봉에 걸리지 않도록 하는 장치. 스키 머리에 끼워서 쓴다.

- tip dragging reverse kickturn / 머리 끌며 거꾸로 차 돌리기 : 경사선을 내려갈 때 한쪽 스키의 머리를 설면에 끌다가

거꾸로 차돌리는 기술.(묘기 스키)

- **tip drag pivot / 머리 끌기 축** : 한쪽 스키의 머리를 설면에 꽂고 이를 축으로 해서 다른 스키를 미끄러뜨리는 것.(묘기 스키)

- **tip drop / 머리 떨구기** : 공중에 뛰어 올라 꼬리가 엉덩이에 닿을 정도로 무릎을 굽히면서 스키 머리를 설면 쪽으로 떨어뜨리는 기술.(공중제비)

- **tip roll / 머리 구르기** : 폴 두 개를 설면에 꽂고, 이것을 축으로 삼아, 하나 혹은 두 스키의 머리를 꽂으면서 설면에 뛰어오르는 반동과 회전력을 이용해서 반대편으로 구르는 것.(묘기 스키)

- **tip stand / 머리 서기** : 두 손으로 폴의 머리를 잡고 설면에 꽂은 후, 다시 스키 머리 두 개를 설면에 꽂으면서 약간의 반동을 주어 일어 선 후, 계속 서있는 기술.(묘기 스키)

- **tip-tail spin / 머리-꼬리 돌리기** : 스키의 머리와 꼬리를 축으로 해서 연속으로 도는 기술. 한쪽 스키를 앞이나 뒤로 빼어 한쪽 스키의 머리와 다른 쪽 스키의 꼬리가 가장 가깝게 다가온 상태에서 이를 축으로 계속 회전하는 것.(묘기 스키)

- **titanal / 타이태널** : 타이태늄(titanium)과 알루미늄의 합금인 구조재로서 매우 강도가 높고, 가볍다.

- **titanium / 타이태늄** : 지구상에 매우 흔한 원소로서 가공은 힘들지만 가공되고 나면 열과 충격에 매우 강한 구조재가 되며, 이를 도포(coating)하면 이리듐과 같이 표면의 평활성이 뛰어나 매우 감촉이 좋으면서도 강하게 된다. 이런 특성 때문에 '타이태늄'을 '옆날'(side edge)에만 도포(塗布)하면 옆날만 강해져서, '바닥 날'이 스킹과 함께 자동적으로 갈려 나가고, '옆날'은 그대로 있는 소위 '셀프 샤프닝 에지'(self sharpening edge: 스스로 갈아지는 날)가 만들어진다. '날 갈기'용의 줄(file)의 재료로도 사용된다.

- **toe binding / 앞 바인딩** : 두 개의 바인딩 중 앞(발가락쪽)에 설치된 바인딩.

- **toe edge / 앞쪽 날** : 보드에 발을 올려놓았을 때 발가락쪽의 날.(보드)

- **tongue / 혀** : 스키화 '바깥 껍질'(outer shell) 아래 중앙부에 혹은 보드화의 끈 밑에 있는, 발등으로부터 정강이에 이르는 플라스틱 거품(foam) 덮개나 스폰지를 덧댄 가죽 덮개를 말한다. 발등과 정강이를 보호하고, 발을 정확히 눌러 고정하는 역할을 한다.

- **tongue plate / 혓바닥 판** : 일부의 '등높은 바인딩'에 있는 발등과 '합성수지 끈'(plastic strap) 사이의 보호물.(보드)

- **top / '앞 끝'**과 같은 의미의 용어.

- **topbend / 머리 휨** : 스키 앞 부분의 휘어 올라간 부분.

- **top sheet / 상판** : 스키나 보드의 맨 위에 덮여 있는 'ABS' 등의 한 층.

- **top skin / '상판'**과 같은 뜻의 용어.

- **tornado / 휘돌이 바람** : 가로지르기(step across)와 '머리 끌기 축'(tip drag pivot) 기술을 합쳐서 연결 동작을 하는 기술.(묘기 스키)

- **torsion / 비틀림** : 스키는 아무리 잘 만든다고 해도, 길이가 길어서 앞뒤로 미세하게 비틀리는 현상이 있는데, 이를 가리키는 말이다. 안정된 스킹을 위해서는 비틀림에 대한 견고성(rigidity/stiffness)이 매우 중요하다.

- **torsional flex / 비틀림 탄성** : 스키 앞 부분의 휘어짐, 혹은 비틀림에 대한 저항 능력을 비틀림 탄성이라 한다. 이 특성이 좋은 스키는 '날 세우기'를 한 상황에서 굳은 눈이나 '얼음판'에서 보다 안정된 진행을 하게 된다.

- **torsional rigidity / 비틀림 강도** : '비틀림'을 견디는 힘을 말한다. '비틀림 강도'가 강한 스키가 좋은 스키이다.

- **torsional strength / '비틀림 강도'**와 같은 의미의 용어.

- **torsion bar / 비틀림 막대** : '올림판'과 비슷한 기능을 하는 막대로서 '앞 바인딩'과 '뒤 바인딩' 사이에 걸쳐 있다.

- **torsion box / 비틀림 상자** : '판'의 구조재들을 한 데 모아 상자 같은 틀 속에 알맹이처럼 박아 넣은 형태의 스키 구조. '비틀림 상자' 구조를 채택한 스키는 딱딱해지는 특성이 있으며, '비틀림 탄성'이 강해서 '날 세우기' 능력이 좋고, 빠른 회전을 유도할 수 있다. 이것은 스키나 보드의 '심재' 주위를 합성 수지류의 보강 재료로 한 바퀴 둘러싸는 정교한 제작 방법으로 만들어진다.

- **TPS / Traction Power System** : 헤드(Head) 사가 채택한 '올림판' 형태의 충격 흡수 및 힘 전달(transmission) 장치.

- **tracking stability 진행 안정성** : 스키가 달릴 때 스키와 설면 사이에서 일어날 수 있는 많은 작용/반작용에도 불구하고 이것이 얼마나 안정되게 미끄러지는가를 나타내는 성질.

- **trail / 샛길** : 눈쌓인 스키 코스로서 주된 길이 아닌 길 사이의 작은 길을 의미한다.

- **trail map / 스키장 지도** : 스키장의 모든 코스와 지형 지물이 그려져 있는 안내 지도.

- **train / 외줄 연속활강** : "기차"라고도 불리는 것으로 스키어들이 2-3m 간격으로 일렬로 서서 활강하는 방법.

- **transition (tranny) / 전환부** : 반쪽 관의 둥글게 휜 부분으로서 평평한 바닥과 수직으로 올라간 벽의 중간부.(보드)

- **transition / 전환점** : '반쪽 관'의 벽의 수직 부분과 바닥 부분 사이의 굽은 부분.(보드)

- **trapezoid ski / 사다리꼴 스키** : 최근의 '덮개식 스키'(cap ski)는 모두 그 단면의 모양이 사다리꼴로 되어 있으며, 이것은 스키어의 체중과 힘을 적절히 날에 분산시켜 주어 '날 먹는 힘'을 증가시켜 주는 역할을 한다.

- **traverse / 옆으로 가기** : '최대경사선'을 내리 달리는 것과는 달리, 사면을 가로 질러 가는 등의 동작으로서 일본에서는 사활강(斜滑降) 혹은 횡단(橫斷) 등의 용어로 불린다.

- **tree line / treeline / 나무 생장 한계선** : 고도가 높아짐에 따라 온도가 낮아지기 때문에 더 이상 나무가 자라지 않는 한계선. 고산에 위치한 스키장들은 '나무 생장 한계선'을 지나서 있는 경우가 많으므로, 암반 위에 눈만 쌓여 있게 된다.

- **true bar / 수평보기** : 네모 막대처럼 생긴 것으로서 바닥면이 얼마나 고른가를 측정하는 수평보기 도구이다. '수평보기' 중에는 둥근 형태의 막대도 있다.(정비)

- **TT / turntable** : '회전대식 바인딩'의 회전대(TurnTable)를 줄여서 만든 말.

- **tuck / 무릎 굽혀 돌기** : 공중제비 묘기에서 공중에 뛰어 올라 무릎을 최대한 굽히고, 손으로는 발목을 잡은 후에 빠르게 도는 동작.(공중제비)

- **tuck / 웅크려 당기기** : 바람의 저항을 줄여, 고속을 내기 위하여 몸을 낮게 웅크리는 것.(보드)

- **tuck knee / 무릎 웅크려 당기기** : 한쪽 무릎을 굽히고, 발목을 옆으로 굽혀서 바인딩 사이의 보드에 무릎을 닿게 하는 것.(보드)

- **tumbling / 폴 잡고 재주 넘기** : 한 손은 폴의 손잡이를 잡고, 다른 손은 '눈 고리'(basket)의 바로 위를 잡고 스키를 차올리며 옆으로, 혹은 앞으로 재주를 넘는 것.(묘기 스키)

- **tuning(tuneup) / 정비(整備)** : 스키 장비의 성능을 최대한으로 발휘시키기 위하여, '날'을 갈고, '바닥'을 고르거나, 왁싱을 해주는 등의 작업으로서, 스키, 바인딩, 부츠, 폴 등 모든 장비들이 '정비'의 대상이 된다.

- **turn / 회전(回轉)** : '최대경사선'을 중심으로 해서 좌우로 스키의 방향을 바꿔 가며 돌면서 내려가는 행위. 부분적으로는 '옆으로 가기'(traverse)를 하면서 회전을 하기도 하며, 단순히 스

키가 돌거나 이를 의식적으로 장비와 몸 동작의 힘을 빌어 돌
리는 동작을 의미하기도 한다.

- **turned up tail / 올린 꼬리** : '묘기 스키'나 기타 자유형 스키
  에서 처럼 스키의 꼬리가 많이 굽어져 올라가 있는 것.
- **turn follow / 회전 후 동작** : 회전이 이루어진 후에도 같은 방
  향의 사면으로 계속 나아가는 동작. 실제로 계속 나아가기보
  다는 나아간다는 기분으로 회전을 충분히 마무리하기 위한 동
  작. 테니스의 '팔로우 쓰루"follow through와 같다.
- **turn preference / 회전 성향** : 어떤 스키가 가진 회전의 특
  성을 가리킨다. 다시 말해서 회전 반경을 두고, 반경이 짧다,
  중간이다, 길다 등의 표현을 하는 것은 그 스키의 '회전 성향'
  이 서로 다른 것을 의미하는 것이다. 회전 전용의 스키와 대회
  전용 스키, 혹은 활강용 스키는 스키의 탄력성, 활주성 등 많
  은 면에 있어서 '회전 성향'이 전혀 다르다.
- **turntable(TT) binding / 회전대식 바인딩** : 일반적인 스텝
  인(step in) 바인딩과는 달리 스텝인 식으로 채워질 수 있으나,
  '뒤 바인딩'의 밑에 스키화와 바인딩이 함께 돌아갈 수 있는 회
  전대(turntable)가 달려 있어서 유사시에 다양한 방향으로 '이
  탈'이 가능한 바인딩. '회전식 바인딩'의 최대 장점은 스키화의
  뒤축 옆에 좌우에서 스키화를 잡아 주는 장치가 있어서, 스키
  화 뒤축이 불시에 옆으로 밀려서 원치 않는 이탈(premature
  release)이 일어나지 않는다는 점이다.
- **tweaked / 트윅트** : 세 가지의 뜻이 있는데, 하나는 묘기에
  있어서 모양을 강조하는 것, 두 번째는 다치는 것, 세 번째는
  제대로 기술을 구사 못 하는 것을 가리킨다.(보드)
- **tweek / 최대로 밀기** : 최대한 보드를 비틀며, 한계까지 밀어
  내는 것.(보드)
- **Twin Cam / 이중 캠(cam)** : 기존의 바인딩들은 바인딩의 2
  대 기능인 "고정"(hold/retention)과 "이탈"(release)를 하나의

캠으로 처리하는데, 마커(Marker) 사의 바인딩은 이를 두 개의
캠으로 나눠서 처리하고 있다.

- **twin tip / 쌍둥이 머리** : 자유형 보드에서와 같이 머리와 꼬
  리가 같은 모양으로 굽어져 올라간 것.(보드)
- **twist 1 / 비틀기** : 폴을 설면에 꽂고 뛰어 올라 스키를 공중에
  서 옆으로 돌리면서 몸을 비트는 동작.(묘기 스키)
- **twist 2 / 틀기** : 자유형 기술 중 하나로 상반신과 하반신을 반
  대로 트는 '뛰어 오르기' 기술.(보드)
- **two step glide** / 이보 활주(二步 滑走) : 두 걸음을 전진한
  후에 폴로 밀어서 활주하는 방법.(장거리 경기)

- **umsetzen(독)** / '바꿔 밟기 회전'과 같은 뜻의 용어.
- **umspringen(독)** / '뛰어 돌기'와 같은 뜻의 용어.
- **umsprung(독)** / '뛰어 돌기'와 같은 뜻의 용어.
- **umsteigschwung(독)** / '바꿔 밟기 회전'과 같은 뜻의 용어.
- **umtreten(독)** / '무게 이동'과 같은 뜻의 용어.
- **unstemmen(독) / 위쪽 다리 펴기** : 경사진 곳에서 회전을 하
  기 직전에 위쪽(언덕 쪽)에 있는 다리를 펴서 회전하는 것.
- **unterlage(독)** / '바닥'과 같은 뜻의 용어.
- **unweighting / 무게 덜기** : 여러 가지 방법으로 스키에 가해
  지는 무게를 순간적으로 줄이는 것. 몸을 띄워 '무게 덜기'를
  할 수도 있고, 몸을 숙이면서, 혹은 허리의 위치를 유지하면서
  무릎을 껴안듯이 들어올려서 무게를 덜 수도 있다. 일본에서
  는 이를 발중(拔重)이라 부르며, 하중(荷重) 덜기, 하중 빼기 등
  의 용어로도 불렸다.
- **up-down / 서고 앉기** : 스키에 가하는 압력을 조절하기 위하여,

다리를 굽히고 펴는 동작. 보통 "업다운"이라 불리는 동작이다.

- **uphill / 오르막** : 사면에서 위 부분을 말하며, 역사면(逆斜面), 혹은 경사면이라고도 불린다. "uphill ski"라고 하면 '오르막' 쪽의 스키, 즉 '위쪽 스키'를 가리킨다.

- **uphill ski / 위쪽 스키** : 스키어가 사면에 옆으로 서 있을 때 산 쪽(uphill)으로 놓여진 스키를 말한다.

- **uphill spin(turn) / 산 쪽 돌리기** : 밑으로 천천히 내려오다가 한쪽 다리를 산 쪽으로 움직여 회전을 하면서 또 한 다리도 따라서 돌도록 하여, 한 바퀴 회전을 하는 것.(묘기 스키)

- **upsteigen(독) / 바꿔 타기** : 한 쪽 스키에 체중을 주어 타고 있다가, 다른 쪽 스키로 체중을 옮기며, 스키를 바꿔 타는 동작을 말한다.

- **up stem / '위로 벌리기'**와 같은 뜻의 용어.

- **upturn / 굽은 오름** : 스키가 눈에 빠지지 않도록 머리나 꼬리 부분을 둥글게 굽어지며 올라가도록 만든 것. 꼬리 부분이 많이 올라간 것은 '올린 꼬리'라 한다.

- **up unweighting / 위로 무게 덜기** : 몸을 위로 들어올림으로써 스키에 가해지는 압력을 줄이는 것을 의미한다.(拔重)

- **upward release / 위로 이탈** : 스키어가 뒤로 넘어질 때 생기는 발목 인대의 부상을 막기 위하여, 바인딩의 날개가 위쪽으로도 들려 빠지도록 하는 것.

- **UV / UVR / 자외선** : 눈에 보이지 않은 빛인 "울트라 바이올릿"(ultra violet/ray), 즉 자외선을 의미한다.

- **vacuum technique / 진공 접착 기술** : 스키 구조재에 접착제를 바른 후 이를 진공 상태에 두어 접착제(glue)가 각 구조재의 틈으로 골고루 스며들어 강력하게 접착되도록 하는 기술로서, 압착식 접착 방법은 나중에 밀려나온 접착제를 깎아 내야 함에 비하여, 이런 과정을 생략할 수 있는 장점이 있다. 피셔(Fischer) 사의 공법.

- **VAS / Vibration Absorption System / 진동흡수시스템** : 로시뇰(Rossignor) 사가 채택한 완충기로서, 완충 고무 띠에 쇠로 만든 케이블을 넣어 스키에 전해지는 불필요한 진동을 제거하는 장치. 이 완충 장치를 짧게 끊어서 이를 진동이 생기거나 진동을 전하는 부분에만 넣음으로써 불필요한 진동만을 흡수할 수 있도록 한다.

- **velcro / 찍찍이** : 지퍼(zipper) 대신에 사용하는 달라붙는 천으로 암수로 된 두 개의 천을 맞대면 강하게 달라붙으므로 스키복이나 가방, 모자 등에서 많이 쓰인다.

- **ventilation / 통풍, 통풍성** : 바람이 통하는 것, 혹은 바람이 통하는 성질. 스키복과 스포츠 글라스에서의 통풍성은 스키어의 쾌적함과 건강에 도움이 됨은 물론, 안경의 안개(fog) 현상을 제거하여 시야를 맑게 한다.

- **verschroben(독) / 비틀기** : 관절을 돌려 틀어서 회전을 행하는 것, 혹은 '비틀기'를 이용한 회전.

- **vertical (vert) / 수직부** : 반쪽 관 벽 위의 수직으로 선 부분.(보드)

- **vertical drop / 표고차** : 스키 경기 시 출발선과 결승선 사이의 고도차를 의미.

- **vertical lamination / 수직 적층** : 스키나 보드의 구조재로서 측면에 앞뒤로 길고 좁은 나무를 적층하는 것으로서 강한 탄성을 주고, 내구성이 강한 '심재'의 역할까지 한다.

- **vibration damping / 진동 흡수** : '충격 흡수'와 비슷한 개념으로 "완충"이라 불리기도 한다. 설면으로부터 스키에 가해지는 충격을 다리의 신축 운동 등 스키어의 몸놀림으로 완화시키거나, 점성이 있는 물질 등 특수 소재를 스키 장비에 채택하여 완화시키는 것.

- **virage(프)** / **'회전'**과 같은 뜻의 용어.
- **virgin snow / 처녀 눈** : 아무도 지나간 자국이 없는 새로 내린 눈. 이른 아침에 일어나 처음으로 움직이기 시작하는 승강기나 스노우캣(눈 다지는 차)을 타고 올라가 이같은 눈을 즐기는 스키어들이 많다.
- **vise / 고정쇠** : 스키 정비를 하기 위하여 스키를 고정시키는 물림 장치.(정비)
- **vise blocks / 고정쇠 버팀대** : 고정쇠에 스키를 물렸을 때, 나무나 플라스틱으로 벽돌처럼 만들어 스키 판 앞 뒤 아래에 놓아 스키가 더 이상 눌려지지 않도록 보조하는 장치. 최근에는 손잡이를 돌려 높이를 조절하는 승강기식이 많이 사용된다.(정비)
- **vorage(독)** / **'앞 기울이기'**와 같은 뜻의 용어.

- **wachs(독) / 왁스** : 영어의 'wax'와 같은 뜻의 용어.
- **wagging tail / 꼬리 흔들기** : '연속 소회전'(베델른)과 같은 뜻의 용어.
- **waistbend / 허리 휨** : 스키 '판' 중앙부의 휘어 올라간 부분. '들림'을 가리키는 또 다른 용어이다.
- **waist pack / 허리 주머니** : 간단한 소지품이나 음식물을 넣기 위하여 허리에 차는 주머니.
- **walking / 평지 걷기** : 스키를 착용한 채로 굽힌 무릎에 체중을 실어 가며, 좌우 스키를 앞으로 가볍게 움직이면서 나아가는 것.
- **warm up / 준비 운동** : 운동에 앞서서 몸을 펴고, 구부리는 등의 여러 가지 굴신(屈伸, 屈身) 운동을 통하여 신체의 근육이나 관절을 풀어 주는 운동.

- **water beads / 물방울** : 스키가 달림에 따라서 마찰과 압력 때문에 바닥 밑에 생긴 쇠 구슬(ball bearing) 형태의 물방울을 가리키는 말이다.
- **wax / 왁스** : 불화 파라핀(fluorinated paraffin)으로서 바닥에 발라 스키의 활주성을 높이고, 바닥을 보호하는 역할을 한다. 최근에는 단색의 보편 왁스(universal wax)로서 어떤 온도에서도 쓸 수 있는 왁스가 나왔으나, 전에는 찬색은 설면 온도가 낮을 때, 따뜻한 색은 설면 온도가 높을 때 사용하는 왁스로 구분했다. 우리말로는 "밀랍"(蜜蠟)이라 부르지만, 이제는 '왁스'란 용어가 워낙 보편화되어 있다.
- **waxer / 왁서** : 스키 왁스를 담는 통이 달린 왁싱용 다리미.(정비)
- **wax iron / 왁스 다리미** : 왁스를 녹여서 스키 '바닥'에 바를 때 사용하는 다리미로서 스팀(김내기) 기능이 없는 여행용 다리미와 같은 것이다. "매직 왁서"(magic waxer)와 같은 본격적인 '왁스 다리미'는 많은 양의 왁스를 담는 통과 함께 다리미의 기능을 한다.(정비)
- **WC(World Cup) / 스키 월드컵**
- **wear resistance / 마모 방지** : 스키 장비가 마모되지 않도록 조치를 취하는 것. 스키에서는 날이나 '상판' 등이 상하지 않도록 특수한 쇠(carbon steel)나 합성 수지(ABS 등)를 사용한다.
- **wedeln(독) / 연속 소회전(連續 小回轉)** : 상체를 고정시키고, 두 스키를 최대한 붙인 상태에서 하체, 특히 엉덩이 아래만 빠르게 좌우로 흔들리듯 스키를 빠르게 회전해 나가는 기술. 스키 꼬리의 움직임이 마치 개가 꼬리를 치는 것과 같다고 하여 '꼬리 치기'(wagging), 혹은 '뱀꼬리'(snake tail)라고도 부른다. 한 회전의 종결 단계가 직접적으로 다음 회전에 대한 준비로 이어져야 하는 평행 회전이라 할 수 있다. 모든 알파인 스키어

들이 종국적으로 지향하는 기술이다.

- **wedge 1 / 쐐기** : '예각 판'과 같은 뜻의 용어.(보드)
- **wedge 2 / 'V 자 회전'**과 같은 뜻의 용어.(wedge 혹은 wedge turn)
- **weighting / 무게 주기** : 스키와 눈에 스키어의 몸무게가 미치는 압력을 조절하는 것으로서 무게는 주로 스키의 앞 뒤, 한쪽이나 양쪽, 또는 같은 방향의 날 등 다양하게 작용한다. '가중'(可重), 혹은 '하중(荷重) 주기'라고도 불린다.
- **weight transfer / 무게 이동** : 다리를 바꿔 밟는 등, 무게 중심을 이동하여 스키의 회전에 필요한 힘을 적절히 분산하거나 집중하는 것.
- **wellen(독) / 무릎 깊은 회전** : 무릎을 깊이 구부린 채 행하는 회전 동작.
- **wellentechnik(독) / '삼키기'**와 같은 뜻의 용어.
- **Welt Cup(독) / '스키 월드컵'**과 같은 의미의 용어.
- **wheelie / 윌리** : 눈 더미에서 폴을 축으로 하고, 또 여기에 의지하면서 스키 앞부분을 공중에 튀쳐 올렸다가 옆으로 부챗살 모양으로 펼치며 떨어지는 기술. 원래는 모토싸이클에서 비롯된 기술이다.
- **wide ski / '신설 전용 스키'**와 같은 뜻의 용어.
- **wide stance / breit(독) / 넓은 자세** : 다리를 넓게 벌려서 보다 안정된 자세를 취하는 것. 고속일수록 '넓은 자세'가 필요하다.
- **wind break / 풍압 감속** : 바람의 속도가 빠를 때 이에 의하여 스킹의 속도가 감해 지는 것.
- **wind crust / 물결눈** : 강한 한풍(寒風)이 불어닥쳐서 설면의 표층(表層)이 딱딱해 진 눈을 말하며, 마치 고기 비늘이나 파도 모양으로 굳는다. 간단히 '크러스트'(crust)라고도 부른다.
- **windmill / 풍차** : 한쪽 스키를 다른 쪽 스키를 건너 넘겨 놓은

상태에서, 넘긴 다리에 전 체중을 걸어서 축(pivot), 즉 '넘겨 놓기 축'을 만들어 360도 회전을 하면서, 이 상태에서 다른 스키의 팁을 진행하는 방향 쪽으로 돌려 빼어 내는 기술.(묘기 스키)

- **wind up(windup) / 반대로 틀기** : '미리 틀기' '미리 돌리기'로 부르기도 한다.
- **wiper / 창닦이** : 눈 더미에서 뛰어 올라 스키의 앞부분을 양 옆으로 흔든 후에 착지하는 기술. 윌리(Wheelie)가 한쪽 방향으로만 돌려 떨어지는 것에 비하여, 고난도의 기술이다.(묘기 스키)
- **wooden plug / 나무 마개** : 바인딩을 떼어 낸 자리 등을 막는 나무로 된 도구. '나무 마개'를 박은 후에 나머지는 잘라 낸다.(설치)
- **wrap / 팔 감싸안기** : '미리 틀기,' '반대로 틀기' 등을 빨리 행하기 위해 팔을 최대한 몸 가까이로 붙이는 것.
- **WSC(World Ski Championship) /** 세계스키챔피언쉽

- **zecchino / '등번호'**와 같은 뜻의 용어.
- **zecken(노) / 등번호** : 경기나 강습을 할 때 선수, 혹은 강습생의 가슴과 등에 붙이는 번호가 인쇄된 천 표식. 끈으로 묶는 것과 옷처럼 입는 것이 있다. 한자어로는 '배번'(背番)이라 표기한다.
- **zeichen(독) / '등번호'**와 같은 뜻의 용어.
- **ziel(독) / '결승선'**과 같은 뜻의 용어.
- **zweir schritt(독) / '이보 활주'(二步 滑走)**와 같은 뜻의 용어.

[참고문헌]

스키기술지침서(2009) - 스키지도자연맹

일본스키교정[기술편] 자연스럽고 즐거운 스키의 추천 - 일본스키연맹

캐나다 스키교본(Skiing and Teaching Methods) - Canada ski instructor's alliance

오스트리아 스키교본(Die osterreichische) - Snowsport Austria

스위스 스키교본(Sports de neige en Suisse) - Swiss snowsports

김동환의 스키레슨 - 김동환

어재석의 스키 타러가자 - 어재석

허승은과 함께하는 초보자도 쉽게 배우는 스키비법 - 허승은